بسم الله الرحمن الرحيم

NEDÂ

Yayın No: 13

Kitabın Adı: *İslam Hukuku Açısından TEKFİR*

Şartları-Engelleri ve Ahkâmı

Yazar: *Faruk Furkan*

Tashih&Redakte: *Abdullah Yıldırım*
Kapak Tasarım: *Mustafa Erikçi*

Baskı: *Çetinkaya Ofset (332 342 01 09)*
    Fevzi Çakmak Mah. Hacı Bayram Cad. No: 18 Karatay/KONYA
    Sertifika No:25537
Baskı Tarihi: *Şubat/2020*
    1.Baskı: *Temmuz/2010*
    2.Baskı: *Eylül/2011*
    3.Baskı: *Nisan/2012*
    4.Baskı: *Mart/2016*
    5.Baskı: *Eylül/2018*

İletişim
İhlas Kitabevi
Şükran mah. Başarali cd. No:6
RAMPALI Çarşı No: 12 Meram/KONYA
Tel: 0 332 350 4687
0 541 834 0273
www.nedakitap.com

İSLAM HUKUKU AÇISINDAN
"TEKFİR MESELESİ"
ŞARTLARI-ENGELLERI VE AHKÂMI

FARUK FURKAN

İÇİNDEKİLER

HUTBETÜ'L-HÂCE

Hamd Allah'a özgüdür. O'na hamd eder, O'ndan yardım ister ve O'ndan bağışlanma dileriz. Nefislerimizin şerrinden, yaptıklarımızın kötülüklerinden O'na sığınırız. Allah kime hidayet ederse onu saptıracak yoktur. Kimi de saptırırsa onu doğru yola sevk edecek biri bulunmaz. Allah'tan başka hiçbir (hak) ilahın olmadığına, O'nun tek ve ortağı bulunmadığına şahitlikte bulunur, Muhammed *sallallâhu aleyhi ve sellem*'in O'nun kulu ve Rasûlü olduğuna tanıklık ederiz.

"Ey iman edenler! Allah'tan korkun ve sizler kesinlikle Müslüman olarak ölün." (Âl-i İmrân, 102)

"Ey insanlar! Sizi bir tek canlıdan yaratan, ondan eşini vücuda getiren ve o ikisinden birçok erkekler ve kadınlar üreten Rabbinize karşı gelmekten sakının. Adını anarak birbirinizden dilekler dilediğiniz Allah'tan korkun. Rahimlerin haklarına saygısızlıktan da sakının. Şu bir gerçek ki Allah, Rakîb'dir, sizin üzerinizde sürekli ve titiz bir gözetleyicidir." (Nisa, 1)

"Ey iman edenler! Allah'tan korkun ve doğru söz söyleyin ki Allah amellerinizi düzeltsin ve günahlarınızı affetsin. Allah'a ve O'nun resulüne itaat eden, gerçekten büyük bir başarıyı elde etmiştir." (Ahzâb, 70, 71)

En doğru söz, Allah'ın kelamı ve en doğru yol, Muhammed *sallallâhu aleyhi ve sellem*'in rehberlik ettiği yoldur. Yoldan saptıran en şerli şeyler, bidatlerdir (dine sonradan eklenen şeylerdir.) Dine sonradan eklenen her şey bidattir. Her bidat sapkınlıktır ve her sapkınlıkta azabı gerektirir.

ÖNSÖZ

Hiç şüphesiz ki tekfir meselesi, İslam'ın en önemli konularının başında gelmektedir; zira bu mesele sayesinde kişi kâfir olan ve dinden çıkarak irtidat eden kimselere karşı konumunu belirler, onlara karşı nasıl muamele edeceğinin sınırlarını çizer.

Fıkıh kitaplarını gözden geçirdiğimizde birçok ahkâmının tekfir meselesi üzerine bina edildiğini görürüz. Örnek verecek olursak;

1) Yöneticilerle Alakalı Hükümler: Müslüman yönetici ile beraber olmak, onu desteklemek, ona itaat etmek, açık bir küfür işlemedikçe ona isyan etmemek veya itaatsizlik yapmamak, İslam dairesinde kaldığı ve İslam şeriatını uyguladığı sürece iyi veya kötü olsun arkasında namaz kılmak ve beraberinde cihada çıkmak vaciptir. Yine Müslüman yönetici, velisi olmayan Müslümanların velisi konumundadır.

Kâfir yönetici hakkında ise ona bey'at etmek, onu yönetici edinmek, desteklemek, yardım etmek, onu dost edinmek, sancağı altında onunla beraber savaşa çıkmak, arkasında namaz kılmak, onun hükmüne başvurmak caiz değildir. Böylesi bir kâfire itaat yoktur. Aksine ona karşı çıkmak, yönetimden uzaklaştırmak ve yerine Müslüman yöneticiyi getirmek vaciptir.

2) Velayet İle Alakalı Hükümler: Kâfirin Müslümana velayeti geçerli değildir. Kâfirin, Müslümanlara veli (yönetici) yahut namaz imamı olması caiz değildir. Müslüman kadına nikâhta veli olması, Müslüman çocuklara veli yahut vâsi olması yahut onlardan yetim olanların malları hakkında velayet makamında olması caiz değildir.

3) Nikâh İle Alakalı Hükümler: Kâfirin Müslüman kadınla nikâhlanması caiz değildir ve nikâhta ona veli olamaz. Müslüman erkek, Müslüman kadınla evlendikten sonra mürted olursa, aradaki nikâh bâtıl olur ve ikisi birbirinden ayrılır.

4) Miras İle Alakalı Hükümler: Bütün âlimlere göre din farklılığı mirasçı olmaya engeldir.

5) Kısas ve Kan Diyetleri İle Alakalı Hükümler: Kâfirin kanına karşılık olarak Müslüman öldürülmez. Muharip kâfirin veya mürtedin bilerek veya yanlışlıkla öldürülmesi kefaret ya da diyet vermeyi gerektirmez. Öldürülenin Müslüman olması halinde ise, durum bunun aksinedir.

6) Cenazeler İle Alakalı Hükümler: Kâfir için cenaze namazı kılınmaz, kâfir yıkanmaz, Müslüman mezarlığına defnedilmez, kendisi için istiğfar caiz değildir ve kabrinin başında durulmaz. Müslümana karşı uygulanan hükümler ise böyle değildir.

7) Yargı İle Alakalı Hükümler: Kâfir kişi Müslümanlar için yargıç olamaz, Müslüman hakkında kâfirin şahitliği geçerli olmaz, küfür yasaları ile karar veren kâfir yargıcın mahkemesine başvurmak caiz değildir. Bu yargıcın verdiği hükümler uygulanmaz ve o hükümlere gereken sonuçlar terettüp etmez.

8) Savaş İle Alakalı Hükümler: Kâfir, müşrik ve mürted ile savaşmak, Müslüman bâği ve asiler ile savaşmaktan farklıdır. Kâfirler ile savaşırken kaçanları kovalamak ve öldürmek mübah olduğu halde, asi ve bâğilerden kaçanlar izlenmez, yaralıları öldürülmez, malları yağmalanmaz, kadınları esir alınmaz. Müslümanın imanı sebebiyle kanı, malı ve namusu diğer bir Müslüman için haramdır. Hâlbuki kâfir hakkında asıl olan, kanı, malı ve namusu, Müslüman olmadıkça mubah olduğudur.

9) Velâ ve Berâ (dostluk ve düşmanlık) **İle Alakalı Hükümler:** Müslümana velayet vacip olup tümden onunla ilişkiyi kesmek caiz değildir. Sadece günah olan fiillerinden uzak durmak gerekir. Kâfire velayet ve Müslümanlara karşı kâfire destek vermek veya Müslümanların sırlarını kâfire bildirmek haramdır. Kâfirden ilişkiyi kesmek ve ona buğzetmek vacip olup onu dost edinmek caiz değildir.

Bu ve buna benzer nice ahkâm, hep tekfir meselesi üzerine bina edilmiştir. Bu nedenle tekfir meselesinin fıkıhtaki yeri basite alınamayacak kadar büyüktür. İşte bundan dolayı, meselenin ciddiyetini kavramış olan İslam uleması, bu konuya son derece önem atfetmiş ve onunla alakalı olan meseleleri çok geniş bir çerçevede ele almıştır.

Bu önemli konu hakkında insanlar –tarihte olduğu gibi– günümüzde de üç gruba ayrılmış durumdadırlar:

1-) İfrat Ehli İnsanlar (Aşırıya kaçanlar)

Bunlar, hiçbir kâide ve kural tanımaksızın işlemiş oldukları günahlar nedeniyle Müslümanları tekfir edenlerdir. Tarihin en çalkantılı dönemleri, hep bu fikrin temsilcilerinin sahnede olmaları nedeniyle yaşanmıştır. Bunlar *"Havâric"* diye adlandırılan ekolun müntesipleridir. Bu gün küfre götürmeyen bir takım günahlar nedeniyle Müslümanları tekfir edenler de –her ne kadar kendilerine bu ismi yakıştırmasalar da– onların uzantısı mesabesindedirler. Tekfirdeki menhec ve metotları onlarla bir olduğu için hükümde de onlarla birdirler.

2-) Tefrit Ehli İnsanlar (Olması gerekenin gerisinde olanlar)

Bunlar da Allah'ın koymuş olduğu ahkâmı işlevsiz bırakarak, küfürleri güneşin parlaklığı kadar açık olan kimseleri bir takım sebeplere binaen tekfir etmekten uzak duran kimselerdir. Şüphesiz ki Allah'ın hükümlerini âtıl bir vaziyette işlevsiz bırakmak asla caiz değildir. Dolayısıyla Allah *celle celâluhu* bir şeyi küfür olarak adlandırmışsa, bizim de kaçınılmaz olarak o işe küfür adını vermemiz gerekmektedir. Bunun neticesi olarak da o küfrü işleyenlerin hak ettikleri ismi almaları kaçınılmazdır. Hakikat budur. Gerçek budur. Hakikat ve realite bu olmasına rağmen mezkûr sınıfta yer alan insanlar "Tekfirin ne faydası var? Bize ne? Biz mükellef miyiz?" demek sureti ile kendilerinden istenilen seviyenin çok gerisinde durmuşlardır. İşte bu fikir tarihte *"Mürcie Ekolu"* olarak kendisini göstermiştir. Bu ekolün uzantıları günümüze kadar ulaşmış; hatta dünyada ki mevcut fikir akımlarının büyük birçoğunu etkisi altına almıştır.

3-) Vasat Ehli İnsanlar (Orta yolu takip edenler)

Bu gurupta yer alanlar ise, ne ilk guruptakiler gibi işlemiş oldukları günahlar sebebiyle Müslümanları tekfir ederler, ne de ikinci guruptakiler gibi küfrü açık olan kimseleri tekfirden geri dururlar; aksine onlar, vasat seviyeyi yakalamış oldukları için her hak sahibini hak etmiş olduğu ad ile adlandırırlar. Bu guruptaki insanlar Kur'ân ve Sünnetin öğretilerini birbirinden ayırmadan telakki ettikleri için tenakuza düşmeyerek orta bir yolda ilerlemişlerdir. Bunlar Rasûlullah *sallallâhu aleyhi ve sellem*'in kendilerinden övgüyle bahsetmiş olduğu sünnet ehli insanlardır.

Burada önemine binaen bazı noktaların altını çizmek istiyorum:

1-) Bu kitap ele alınıp birkaç saat içerisinde alelacele okunacak bir kitap değildir. İçerisindeki konuların ağırlığı, mevzuların ehemmiyeti ve içeriğin ilmiliği nedeniyle anlayarak ve dikkatlice okunması zorunludur. Aksi halde, İslam'ın en önemli konularından birisi olan bu mesele yine hakkıyla anlaşılmayacak ve hâlâ ümmetin kanayan yarası olarak kalmaya devam edecektir.

2-) Kitap içerisinde yer alan konuları birbirinden ayırarak okumak bir dizi hataları beraberinde getirecektir. Bu kitabın amacı –müteaddit yerlerde de ifade etmeye çalıştığımız gibi– hem Haricîlerin ifratından koruyarak, hem de Mürciîlerin tefritinden muhafaza ederek Ehl-i Sünnet'in bakış açısını Müslümanlara kazandırabilmektir. Eğer okuyucu konuları birbirinden ayırarak okumaya kalkışırsa, bizleri iki aşırı uçtan birisine nispet etmek gibi bir hataya düşer ki, bu durumda Rûz-i Mahşer'de âlemlerin Rabbinin huzurunda hesap vermek gibi bir pozisyonla karşı karşıya kalabilir.

3-) Bu meseleyi hakkıyla anlayabilmek için kitap içerisinde yer alan konuları hiçbirini atlamaksızın, tamamıyla okumak gerekir. Aksi halde bazı konular anlaşılmazlığını ve kapalılığını sürdürmeye devam edecektir. Bunu şöyle örneklendirebiliriz: Okuyucu, kitaptaki *"Bazı İtikadî Fırkaların Görüş ve Değerlendirmeleri"* bölümünü okumadığında, bizim kitapta sürekli atıfta bulunduğumuz Mürcie ve Haricîlerin kimler olduğunu anlayamayacaktır. Ya da *"İntifâu'l-Kast"* konusunu okumadan geçerse *"Luzumî Tekfir ve İltizâmî Tekfir"* meselesinin ne olduğunu bilemeyecektir. Böyle olunca da tekfir konusunda net bir bilgiye ulaşılmayacak ve vardığı sonuçlarda mutlaka hataya düşecektir. İşte bu nedenle tekfir meselesini etraflıca öğrenmek isteyenlerin kesinlikle bu konuları bağlamlarından ayırmaksızın okumaları gerekmektedir. Aksi halde işaret ettiğimiz hatalara düşmek kaçınılmaz olur.

4-) Kitabı, atıfta bulunduğuz noktalara dikkat etmeksizin okumak isteyenlere tavsiyemiz; bu kitabı okumamalarıdır. Zira İslam'ın en önemli meselelerinin başında yer alan bir konuyu bu şekilde değerlendirmeye kalkışan birisine yapılacak en iyi tavsiye kanımızca budur.

5-) Kitap içerisinde yer alan tercihe açık bazı konuların dışındaki tüm hatalarımızdan –bi iznillah– vazgeçeceğimizi ve ısrarcı davranmayacağımızı kardeşlerimizin şimdiden bilmesini isteriz. İlmî bir üslupla, usulüne uygun olarak hatalarımız bize iletildiğinde bu hatalardan döndüğümüzü, en azından kitabın diğer baskılarında belirtir ve gereken düzenlemeleri yaparız. Ömer *radıyallahu anh* der ki:

"En sevdiğim insan, bana kusurlarımı hatırlatan insandır. En çok takdir ettiğim insan, haksız bir iş teklif edildiğinde, kendi menfaatine bile olsa bütün varlığıyla 'hayır' diyebilen insandır."

Son olarak kardeşlerimize bir tavsiye de bulunmak istiyoruz: Unutmayalım ki tekfir meselesi; şartları, sebepleri ve engelleri gözetilmediği zaman insanı gerçekten de tehlikeli bir girdabın içerisine çeker. Bu girdaba kapılan bir kimsenin oradan kurtulması çok zordur. Günümüzde –Allah'ın merhamet ettikleri hariç– bazı insanlar, bunun neticesinde dinlerini dahi terk etmişlerdir.

Bu tehlikeli girdaba kapılmamak için gereken tüm tedbirleri almamız gerekmektedir. Bunında yolu, tekfirin şartlarını ve manilerini iyi bilmekten geçer. Şayet bilmeye gücümüz yetmiyorsa, o zaman yapacağımız en iyi şey bunu bir bilenine havale etmek, aksi halde susmaktır.

"Hakkında ilim (kesin bir bilgi) sahibi olmadığın şeylerin ardına düşme! Çünkü kulak, göz ve kalp (evet) bunların hepsi ondan sual edilecek/hesaba çekilecektir."
(İsra, 36)

Kaleme aldığımız bu çalışma içerisindeki tüm doğrular, Allah Teâlâ'nın yardımı ve inayetiyledir. Bütün hatalar ise nefsimizin eseridir. Bundan dolayı kitabımızın içerisindeki hatalarımızdan berî olduğumuzu, delil üzere ispat edilen hatalarımızdan mutlak surette rucû edeceğimizi bildirir; kitabımızı okuyan herkesten lehimizde âlemlerin Rabbine dua etmelerini, hatalarımızı ise tarafımıza bildirmelerini istirham ederiz.

Hiç şüphesiz başında ve sonunda hamd, âlemlerin Rabbi olan Allah'a mahsustur.

BİRİNCİ BÖLÜM

YAPILMASI ZORUNLU OLAN BAZI UYARILAR

GİRİŞ

Tekfire dair konulara girmeden önce zarurî bazı başlıkların mutlaka izah edilmesi gerekmektedir. Zira bu başlıklar iyi bir şekilde anlaşılmadan tekfire dair verdiğimiz veya vereceğimiz tüm hükümler hâliyle tutarsız olacaktır.

Tekfir meselesi, son dönemlerde ne yazık ki hep işe ehil olmayan insanlar tarafından gündem edilmektedir. Maalesef bu alanda eser veren yazarlar bile meseleyi hakkı ile ele almamakta, tekfirin can alıcı noktalarını hep ihmal ederek kitaplarını piyasaya sunmaktadırlar. Oysaki üzerinde titizlikle kalem oynatılması gereken bir mesele varsa, o da hiç kuşkusuz tekfir meselesidir. Bu meselede yapılacak bir hata, diğer meselelerde yapılacak hatalara asla benzemez. Bu nedenle bu mesele üzerinde –müspet veya menfi– son derece titizlikle durulmalı ve verilen hükümlerin kesinlikle ehil olan kimseler tarafından verilmesi gerekmektedir.

BİRİNCİ UYARI

İSLAM NE İLE SABİT OLUR?

Tekfir meselesi günümüzde insanların çoğu tarafından karıştırılan meselelerden bir tanesidir. Tekfir; İslam'ı sabit olmuş, şirk ve küfürden berî olan muvahhid insanlar hakkında sakınılması gereken bir hüküm olduğu halde, kimileri bunu şirk içerisinde yaşayan, hayatına Allah'tan başkalarının karıştığı, yaşantılarında İslam'ın yalnızca sureti olan ve sadece *"kimlik Müslümanı"* diyebileceğimiz bazı zevat hakkında sakınılması gereken bir olgu olarak lanse ederek tekfirin kural ve kâidelerini bu gibi insanlar üzerinde tatbik etmekte ve içerisinde bulundukları şirk ve küfür amellerinden dolayı onlara Müslüman muamelesi yapmayan insanları *"tekfircilik"* ve *"haricilik"* ile suçlayabilmektedirler.[1] Oysa tekfirin kâide ve kurallarını böylesi insanlar üzerinde tatbik etmeden önce, tekfirin kimin hakkında geçerli bir hüküm olduğunun tespit edilmesi gerekir. Gerçekten de hayatında İslam'ın *'i'*si dahi olmayan ve şirk bataklığına bulaşmış insanlar için bu kurallar geçerli midir? Yoksa bu kuralların, haklarında işletilmesi gerekli olan insanların Allah'a teslim olmuş ve kendisini şirkten uzak tutmaya çalışan mü'min kimseler olması mı gerekir? Bu sorunun çok iyi tespit edilmesi gerekmektedir; aksi halde küfre giren birisine *'Müslüman'* hükmü vermek veya mü'min birisine *'tekfirci'* damgası vurmak gibi bir hataya düşmüş oluruz. Her iki durumda da mahzurlu bir iş yapmışız demektir.

Biz şimdi burada, öncelikle kişinin Müslümanlığının ne ile sübût bulacağını tespit ederek konuya giriş yapacağız. Bu tespit edildikten sonra tekfir hükmünün kimler hakkında verilip-verilemeyeceği ve kimlere bu hükmü verirken sakınmamız gerektiği Allah'ın izniyle açığa çıkmış olacak. Şimdi tekrar başlığa dönerek bu sorunun cevabını arayalım.

---

[1] Nitekim ileride de geleceği üzere tekfirin tanımının genel olarak *"İslam akdi sabit olan bir kimsenin küfürle nispet edilmesi"* şeklinde yapılması, tekfire dair bütün kaidelerin İslam'ı sabit Müslümanlar üzerinde icra edileceğini göstermektedir. Bu özellikle dikkat edilmesi gereken bir noktadır. Zira bugün bu önemli noktanın ihmal edilmesi, aslen Müslüman olmayan, üzerlerinde İslam akdi sabit bulunmayan kimselerin Müslüman olarak isimlendirilmesi gibi büyük bir hataya yol açmıştır.

Kişi Ne İle Müslüman Olur?

Gerek Kitap ve Sünnet'in nasları, gerekse İslam ulemasının kavilleri, fertler ve toplumlar için tevhid kelimesi *'La İlahe İllallah'*ı ikrar etmeleriyle birlikte İslam akdinin başladığını ortaya koymaktadır. Bu hususta herhangi bir tartışma söz konusu değildir. Allah'ın Rasûlü *sallallâhu aleyhi ve sellem*, kendisine gelenlerden bu kelimenin ikrarını onların İslam'ı için yeterli görmüş ve bu kelime sayesinde onların mal ve canlarını koruma altına almıştır. İbn Receb el-Hanbelî şöyle der:

"Kesin olarak bilinen şeylerden biride şudur: Peygamber *sallallâhu aleyhi ve sellem*, İslam'a girmeyi isteyerek kendisine gelen kimseden yalnızca şehadeteyni kabul eder ve bu sebeple onun kanını korur, kendisini Müslüman addederdi."[2]

İbn Ömer *radıyallâhu anh*'den rivayet edildiğine göre Rasûlullâh *sallallâhu aleyhi ve sellem* şöyle buyurmuştur:

"Allah'tan başka ilâh olmadığına ve Muhammed'in Allah'ın elçisi olduğuna şahitlik edinceye, namaz kılıncaya ve zekât verinceye kadar insanlarla savaşmakla emrolundum. Şayet bunu yaparlarsa -İslâm'ın hakkı hariç- kanlarını ve mallarını benden korumuş olurlar, hesaplarını görmek ise Allah'a aittir."[3]

Ebu Hureyre *radıyallâhu anh*'den nakledilen diğer bir rivayette ise şöyle geçer:

"Bana *'Lâ ilâhe illallah'* deyinceye kadar insanlarla savaşmak emredildi. Artık her kim *'Lâ ilâhe illallah'* derse -İslam'ın hakkı müstesna- malını ve canını benden korumuş olur. Artık onun hesabı Allah'a aittir.[4]

İmam Nesâî'nin Sünen'inde ise şöyle bir farklılık vardır:

"Bana Allah'tan başka (hak) bir ilâhın olmadığına ve Muhammed'in Allah'ın kulu ve Rasûlü olduğuna şahadet edene kadar müşriklerle savaşmak emredildi..."[5]

Hadis kitaplarında bu konuya ilişkin birçok rivayet bulmak mümkündür. Maksat hâsıl olduğu için biz bu rivayetlerle iktifa ediyoruz. Tüm bu hadisler, yukarıda da söylediğimiz gibi Tevhid Kelimesi'nin ikrârının, İslam akdinin sabit olması için yeterli olduğunu ve insanların mallarını ve canla-

---

[2] "Câmiu'l-Ulûm ve'l-Hikem", sf. 118.
[3] Buhârî, Kitabu'l-iman, 17; Müslim, Kitabu'l-iman, 20.
[4] Müslim, Kitabu'l-iman, 21.
[5] Nesâî, hadis no: 3903.

rını koruma altına aldığını göstermektedir. Bununla beraber hadisin zâhirinde bir müşkilatın varlığı da aşikârdır. Zira verdiğimiz hadislerin zâhiri, savaşı sadece Tevhid Kelimesi'ni ikrâr etmeyen, namaz kılmayan ya da zekât vermeyen kimselere hasretmekte; tevhid kelimesini ikrar edip namaz kılan ve zekât verenlerle –nübüvveti ya da ahireti inkâr etseler dahi– savaşılamayacağını göstermektedir. Hâlbuki Rasulullah'ın risaletini kabul ettiği halde risalet iddiasında bulunan taifelerle savaşılacağı hususunda sahabenin icması mevcuttur.

Diğer taraftan hadislerin zahirine göre bütün insanlarla bu şartlar tahakkuk edene kadar savaşmak vaciptir. Ancak bilindiği üzere cizye ödeyen ve anlaşma yapan bazı taifelerle savaşılmamaktadır. İşte hadislerin zahirinde mevcut olan bu müşkilattan dolayı, İslam âlimleri tarafından hadis tevil edilmiş, diğer naslarla beraber anlaşılmıştır. Bundan dolayı Hafız İbn Hacer *rahimehullah*: "Rasulullah'ın risaletine şahitlik etme şartı, O'nun getirdiği şeylerin tamamına iman etmeyi gerekli kılar. Aynı zamanda hadiste geçen 'ancak İslam'ın hakkı müstesna' ifadesi bunların tümünü kapsamaktadır"[6] dedikten sonra hadisin teviline dair 6 görüş getirmiştir. Bunlardan en çok kabul gören yorum şu ikisidir:

Hadiste geçen "...insanlar..." ifadesinin orijinal metninin başındaki "Elif Lam/el takısı" umum ifade eder. Buna göre her türlü kâfir ve müşrik ifadenin kapsamına girer. Ancak bu umum ifade diğer naslarla tahsis edilmiştir.

İkinci olarak ise "...insanlar..." ifadesinin orijinal metninin başındaki "Elif Lam" ahd-i zihnî bildirir ki, bununla genel ifadeden özel bir şey yani ehli kitap dışındaki müşrikler kastedilmiştir.[7]

Sonuç olarak hadisten anlaşılan, tevhid kelimesi La İlahe İllallah'ın ikrarı ile İslam akdinin sabit olacağı kâidesi, tüm toplumlar ve tüm fertler için geçerli değildir. Bu noktada bir ayrım kaçınılmazdır. Yeryüzünün neresinde ve hangi akideye sahip olursa olsun herkes, sadece tevhid kelimesini ikrar etmekle Müslüman olarak addedilemez. Ayrıca kişi sadece tevhid kelimesini ikrar etmekle Müslümanlara uygulanan hakların tamamını da elde edemez. Buna karşılık bu kelimenin ikrarı, kâfirlerin aleyhine olan bazı hükümlerin –kılıç hükmü gibi– uygulanmasını da durdur.

---

[6] İbn-i Hacer el-Askalânî, "Fethu'l-Bârî", 1/114.
[7] Daha geniş bilgi için bkz. "Fethu'l-Bârî", 1/114.

Konuya Dair İslam Âlimlerinin Görüşleri

Gerek Selef'ten olsun, gerekse Halef'ten konuya dair açıklamalarda bulunan İslam âlimlerinin hemen hemen tamamı, yukarıda vermiş olduğumuz sonuç parağrafındaki cümlelerimizi sarih bir şekilde eserlerinde belirtmişlerdir. Örneğin;

• İmam Hattabî der ki: "Malumdur ki bununla ehli kitap değil putperestler kastedilmiştir. Çünkü ehli kitap olanlar *'Allah'tan başka ilâh yoktur'* derler de yine de onlarla savaşılır ve tepelerinden kılıç inmez."[8]

• Kadı İyâz der ki: "Mal ve can dokunulmazlığının 'La İlahe İllallah' diyenlere mahsus oluşu imana icabetin ifadesidir. Bu sözle kastedilenler Arap müşrikleri olan putperestler ve bir Allah'ı tanımayanlardır. İlk defa İslam'a davet olunanlar ve bu uğurda kendileri ile harb edilenler bunlardır. La İlahe İllallah kelimesini telaffuz edenlere gelince onların dokunulmazlığı için yalnız 'La İlahe İllallah' demeleri kâfi değildir. Çünkü onlar bu kelimeyi küfür halinde iken söylemektedirler. Zaten Allah'ı birlemek onların itikatları cümlesindendir."[9]

• İbn Battâl şöyle der: "Hz. Peygamber *sallallâhu aleyhi ve sellem* bu bâbın hadisini Allah'ı birlemeyen ve kendilerine 'Lâ ilâhe illallah' denildiğinde büyüklük taslayan putperestlerle savaş ortamında söylemiş ve bunun akabinde onları Allah'ı birleyerek putları terk etmeye davet etmiştir. Onlardan kim bunu ikrar ederse zahiren İslam'a girmiş oluyordu. Rasûlullâh *sallallâhu aleyhi ve sellem* Allah'ı birledikleri halde kendi peygamberliğini kabul etmeyen küfür ehli diğer insanlarla ise savaşını sürdürmüştür."[10]

• İmam Beğavî der ki: "Bu, tevhidi kabul etmeyen putperestler hakkındadır. Böyleleri, Kelime-i Tevhid'i ikrar ederlerse onların Müslüman olduklarına hükmedilir. Tevhidi kabul ettiği halde peygamberliği inkâr eden kimseye gelince; bu kimse *'Muhammed Allah'ın Rasûlüdür'* demediği sürece sırf *'Lâ ilâhe illallah'* demesi sebebiyle İslam'ına hükmolunmaz. *'Muhammed Allah'ın Rasûlüdür'* derse o zaman Müslüman olur. Ancak bu kimse 'Muhammed yalnızca Araplara gönderilmiş bir peygamberdir' diyen kimselerden is, Rasûlullâh'ın tüm insanlığa gönderildiğini ikrar edene kadar yine İslam'ına hükmedilmez. Sonra ahirete inandığını ve İslam'ın haricindeki tüm dinlerden uzak olduğunu ikrar etme noktasında imtihan edilmesi güzel görülmüştür."[11]

---

[8] Bkz. İmam Nevevî, "Şerhu Sahîhi Müslim", 1/167.
[9] Bkz. İmam Nevevî, "Şerhu Sahîhi Müslim", 1/167.
[10] İbn Battâl, "Şerhu Sahîhi'l-Buhârî", 2/53.
[11] İmam Beğavî, "Şerhu's-Sünne", 10/243. 2562 nolu hadisin şerhi.

• Bedreddin el-Aynî şöyle der: "Hadisin zahiri müşrik(ler) hakkında söylendiğini gösteriyor. Bir müşrik 'Lâ ilâhe illallah' derse bununla, onun Müslüman olduğuna hükmolunur. Şayet ölünceye kadar bu hâl üzere devam ederse cennete gider. Fakat şahadet getiren kimse Allah'a inanıp da, Muhammed *sallallâhu aleyhi ve sellem*'in Peygamberliğini tasdik etmez yahut Onun hassaten Araplara gönderildiğini iddia ederse sırf 'Lâ ilâhe illallah' demekle Müslüman olduğuna hükmedilmez. Mutlaka 'Muhammedun Rasûlüllah' demesi gerekir."[12]

• İmam Muhammed *"es-Siyeru'l-Kebîr"* adlı değerli eserinin 4510. bendinde şöyle der: "Daha öncede belirttiğimiz gibi kâfir, üzerinde bulunduğu inancın hilafına bir şeyi açığa vuracak olsa onun Müslüman olduğuna hükmedilir. Bu konuda temel dayanak Peygamber *sallallâhu aleyhi ve sellem*'in *'İnsanlar lâ ilâhe illallah deyinceye kadar onlarla savaşmakla emrolundum'* sözüdür. Peygamber *sallallâhu aleyhi ve sellem* bunu söylemeyen putperestlerle savaştı. Nitekim yüce Allah onlar hakkında şöyle buyurmaktadır:

"Çünkü kendilerine 'Lâ ilâhe illallah=Allah'tan başka ilâh yoktur' denildiği zaman kibirle direnirlerdi." (Sâffât, 35)

Dolayısıyla Rasûlullah *sallallâhu aleyhi ve sellem* kişilerin 'Lâ ilâhe illallah' demelerini imanlarına alamet saymıştır. Ayrıca Medine'de Yahudileri İslam'a davet ettiğinde peygamberliğini ikrâr etmelerini de imanlarına alamet saymıştır…"

• İmam Muhammed 4519. bentte de şöyle der: "Bu gün Müslümanlar arasında yaşayan Yahudi ve Hıristiyanlardan biri 'Lâ ilâhe illallah Muhammedün Rasûlullâh' diyecek olsa, o bu sözü ile Müslüman olmaz."

Kitabı şerh eden büyük Hanefî âlimi İmam Serahsî ise bu metni şöyle açıklar: "Çünkü herkes biliyor ki aramızda yaşayan her Yahudi ve Hıristiyan bunu söylemektedir. Kendisinden bu sözü ile ilgili açıklama istediğimiz zaman: 'Muhammed Allah'ın size gönderilmiş Rasûlüdür, İsrailoğullarına değil' derler…" "…O halde onlardan birinin Müslüman olduğuna hükmedebilmemiz için bu söze ilave olarak kendi dininden teberrî ettiğini (beri olduğunu) da ifade etmesi gerekir. Mesela Hıristiyan ise 'ben Hıristiyanlıktan beriyim', Yahudi ise 'ben Yahudilikten beriyim' demesi gerekir. Kendi inancına muhalif olan bu sözü ilave etiği zaman ancak Müslüman olduğuna hükmedebiliriz."

İmam Muhammed şöyle devam eder: "Hıristiyan biri: 'Allah'tan başka ilâh bulunmadığına şahitlik ederim, ben Hıristiyanlıktan beriyim' dese bu sözle Müslüman olmaz."

---

[12] Bedreddin el-Aynî, "Umdetü'l-Kari Şerhu Sahihi'l-Buhârî", 8/5970.

İmam Serahsî bu bendin şerhinde der ki: "Olabilir ki bu sözüyle Yahudiliğe girdiğini anlatmak istemektedir... Ancak kişi, bu sözü söyledikten sonra İslam'a girdiğini belirtirse, söz konusu ihtimal ortadan kalkmaktadır. Artık o kimse Müslümandır."[13]

Burada oldukça dakîk bir nükteye dikkat çekmek isteriz. Hanefî âlimlerinden olan İbn-i Abidin Hâşiyesi'nde İmam Serahsi'nin bu sözünü zikrettikten sonra şöyle der:

"Bir putperest 'Ben Müslümanım, Muhammed'in dini üzerindeyim...' derse bu sözü ile Müslüman olur. Aynı şekilde bizim beldemizdeki Yahudi ve Hrıstiyanlar da bu sözleri ile Müslüman olurlar. Zira bizim beldemizdeki Yahudi ve Hristiyanlar (kendi dinleri üzerinde iken) 'Ben Müslümanım' demezler. Nitekim onlar bir işi yapmamaya azmettikleri zaman 'Eğer böyle yaparsam Müslüman olayım' derler."[14]

Burada dikkat çekmek istediğimiz husus şudur: Yukarıda vermiş olduğumuz nakillerde İmam Muhammed ve İmam Serahsî, bir Yahudi ve Hrıstiyan'ın "Ben Müslümanım" demesiyle Müslüman olmayacağını belirtirlerken aynı mezhepten olan İbn-i Abidin zahiren muhalif bir fetva vermektedir. İmam Muhammed ve İmam Serahsi'nin fetvalarının illeti, o dönemde yaşayan Yahudi ve Hrıstiyanların kendi dinleri üzerinde iken "Ben Müslümanım" diyor olmalarıdır. İbn-i Abidin'in fetvasının illeti ise, kendi döneminde ve kendi beldesinde yaşayan Yahudi ve Hrıstiyanların bu lafzı kullanmamalarıdır. Bundan anlaşılan ise şudur: Bir kimsenin Müslüman olarak kabul edilebilmesi için, Müslüman olmadan önce taşıdığı akidenin önemi büyüktür. Bu noktada temel kural İmam Muhammed'in de yukarıda vermiş olduğumuz sözünden anlaşılacağı üzere, kişinin mevcut akidesini terk ettiğini ortaya koyan söz ve ameli ile Müslüman olarak isimlendirilebileceğidir. Nitekim bunun açıklaması olduça geniş bir şekilde bir sonraki başlığımızda ele alınacaktır.

Burada son olarak İmam Tahavî'nin konuya dair oldukça nefîs açıklamalarına yer vermek isteriz. İmam Tahavi konu hakkında yukarıda vermiş olduğumuz bilgilerin benzerlerini zikrettikten sonra şöyle der:

"Kâfir bir kimse, Allah'tan başka ilah olmadığına, Muhammed'in Allah'ın Rasulü olduğuna şehadet getirmedikçe, İslam'ın dışındaki bütün dinleri reddedip onlardan uzak kalmadıkça Müslüman olmaz, onun lehine ve aleyhine İslam'ın hükümleri tahakkuk etmez. Rasulullah *sallallahu aleyhi ve sellem* kendisine İslam'ın alametine dair soru sorulunca Muaviye b.

---

[13] Bkz. "Şerhu's-Siyeri'l-Kebîr", 4510. madde ve devamı.
[14] Haşiyetu İbn-i Abidin 4/228

Hayde'ye: 'Kendimi Allah'a teslim ettim ve (onun dışındaki her mabuddan) uzaklaştım deyip namazı dosdoğru kılman, zekâtı vermen, müşrikleri bırakıp Müslümanlara katılmandır' diye cevap verdiğine, terk edip uzaklaşmak ise bütün dinleri terk edip Allah'a yönelmek olduğuna göre, bununla İslam'ın dışındaki her türlü inançtan uzaklaşmayan kimsenin sadece bu kadarı ile İslam'a girdiğinin bilinmeyeceği de sabit olmaktadır. İşte bu İmam Ebu Hanife'nin, Ebu Yusuf'un ve Muhammed'in de –Allah'ın rahmeti hepsinin üzerine olsun– görüşüdür."[15]

Yukarıda "Ayrıca kişi sadece tevhid kelimesini ikrar etmekle Müslümanlara uygulanan hakların tamamını da elde edemez. Buna karşılık bu kelimenin ikrarı kâfirlerin aleyhine olan bazı hükümlerin –kılıç hükmü gibi– uygulanmasını durdur" sözümüze dair İbn Hacer'in şu kavlini de nakletmek yerinde olacaktır:

"Bu hadiste 'La İlahe İllallah' diyen bir kimsenin –buna başka bir şey ilave etmese dahi– öldürülmesinin engelleneceğine dair bir delil vardır. Bu böyledir; ancak kişi sırf bununla Müslüman olur mu? Tercih edilen görüşe göre bununla Müslüman olmaz. Denenene dek öldürmekten el çekmek gerekir."[16]

Sonuç olarak üstte Rasûlullâh *sallallâhu aleyhi ve sellem*'den naklettiğimiz hadislerde yer alan "insanlarla savaşmakla emrolundum" ifadesinde ki "insanlar"dan kasıt tüm ulemaya göre putperest Arap müşrikleridir. Zaten bu, İmam Nesâî'nin rivayetinde açıkça ifade edilmiştir.[17]

Hadislerin yorumuna dair âlimlerden yaptığımız alıntılar son derece önemlidir. Onların tamamı 'Lâ ilâhe illallah' şahadetini putperestler gibi aslen onu kabul etmeyen kimseler hakkında geçerli saymışlardır. Haddi zatında onu kabul ettiği halde, halen şirkî inançlarında devam eden kimseler hakkında ise bu kelimeyi, onların İslam'ı için yeterli görmemişler, bununla beraber üzerinde bulundukları şirki reddeden sarih ifadeler kullanmalarını da şart koşmuşlardır.

Burada bu konuya ilişkin bazı noktalara işaret etmekte fayda vardır:

1-) Allah'ın Rasûlü *sallallâhu aleyhi ve sellem* kendisine gelen müşriklerden sadece 'Lâ ilâhe illallah' demelerini onların Müslüman olmaları için yeterli görüyordu. Bunun nedeni ise lâ ilâhe illallah şahadetinin içerdiği harflerin söylenmesi ile İslam'a alamet değil; bilakis şirkten tevbe etmeye sembol

---

[15] "Şerhu Meâni'l-Âsar", 5/212-213
[16] İbn Hacer el-Askalânî, "Fethu'l-Bârî", 12/392
[17] Bkz. Nesâî, 3903 nolu hadis.

oluşuyla İslam'a alamet olmasıdır.[18] Yani o zamanın insanı bu kelimeyi telaffuz ettiğinde bununla üzerinde bulunduğu akideyi terk ettiğini ilan etmiş oluyordu. Bu nedenle de Rasûlullâh *sallallâhu aleyhi ve sellem* onları Müslüman kabul ediyor ve hem canlarını hem de mallarını güvence altına alıyordu. Daha sonraki dönemlerde aynı kelimeyi telaffuz ettiği halde üzerinde bulunduğu şirk akidesini terk etmeyen insanların türemesi sonucu Rasûlullâh'ın varisleri olan müctehid âlimler bu meseleyi ele almış ve şirk halinde 'Lâ ilâhe illallah' diyen kimselerin İslam'ını geçerli saymamışlardır. Bu noktada Kadı Iyaz'ın tespitini tekrar hatırlatmakta gerçekten de çok yarar vardır. Ne diyordu o değerli İmam?

"La İlahe İllallah kelimesini telaffuz edenlere gelince; onların dokunulmazlığı için yalnız 'La İlahe İllallah' demeleri kâfi değildir. Çünkü onlar bu kelimeyi küfür halinde iken söylemektedirler. Zaten Allah'ı birlemek onların itikatları cümlesindendir."[19]

Haydar Hatipoğlu şöyle der:

"Onlar (yani Ehl-i Kitap) tevhid kelimesini, Müslümanlığı kabullenmek üzere getirmezler. Putlara tapanlar ise Allah'a bir takım ortaklar koşarlar ve bunların hepsinin ilâh olduğunu söylerler. Bu itibarla putlara tapan müşrikler Tevhid kelimesini getirmekle Müslümanlığı kabul ettiklerini itiraf etmiş olurlar."[20]

2-) Üstte Rasûlullâh *sallallâhu aleyhi ve sellem*'den nakledilen hadisler de bazı farklılıklar vardır. Bu hadislerin bazısında insanların sadece 'Lâ ilâhe illallah' demelerini yeterli görmüşken, bazılarında da 'Muhammedun Rasûlullâh' demelerini şart koşmuştur. Diğer bazı rivayetlerde de bu iki şarta ilaveten bizim kıldığımız gibi namaz kılmayı, bizim kıblemize yönelmeyi ve bizim kestiklerimizi yemeyi de ayrıca zikretmiştir. Bu farklılıkların sebebi ise, İmam Taberî ve başka âlimlerin belirttiğine göre şöyle izah edilebilir: Rasûlullâh *sallallâhu aleyhi ve sellem* birinci şartı, haddi zatında Allah'ı birlemeyen müşriklere getirmiştir. İkinci şartı, Lâ ilâhe illallah'ı kabul ettiği halde Rasûlullâh *sallallâhu aleyhi ve sellem*'in peygamber oluşunu inkâr edenlere şart koşmuş. Üçüncü şartı ise, bunların her birini kabul ettiği halde İslam'ın emir ve yasaklarına boyun eğmeyenlere getirmiştir.

Bu taksimattan anlaşıldığına göre, Rasûlullâh *sallallâhu aleyhi ve sellem* her insanın eksik olduğu noktayı tespit ediyor ve onun bu eksikliğini giderme adına onun için şartlar getiriyordu. Örneğin Lâ ilâhe illallah'ı kabul eden

---

[18] Bkz. "Güncel İtikat Meseleleri", sf. 18.
[19] Bkz. İmam Nevevî, "Şerhu Sahîhi Müslim", 1/167.
[20] Haydar Hatipoğlu, "İbn-i Mâce Şerhi", 10/133.

birisinin Müslüman olabilmesi için ona 'Lâ ilâhe illallah de!' demiyor; aksine böylesi biri için 'Muhammedun Rasûlullâh' demesini zorunlu kılıyordu. Ya da şehadeteyni kabul ettiği halde İslam'ın ahkâmına boyun eğmeyenlere hükümlere itaat etmelerini şart koşuyordu. Bu da gösterir ki, bizlerin de aslen 'Lâ ilâhe illallah Muhammedün Rasûlullâh' dediği halde hayatından şirki atamamış insanlara Müslüman muamelesi yapabilmesi için onların şirki reddeden cümlelerini duyması gerekmektedir. Bu, hadislerden elde edilen güzel bir çıkarımdır.

3-) İmam Serahsî ve Aynî gibi âlimlerin de belirttiği üzere, Allah'ı birleyip Rasûlullâh'ı kabul ettiği halde şirk içerisinde olan bir insan 'Lâ ilâhe illallah Muhammedun Rasûlullâh' dese, böylesi birine Müslüman hükmü verebilmemiz için kesinlikle onun ağzından var olan şirkini reddeden bir cümle duymamız gerekmektedir; aksi halde ona İslam hükmü veremeyiz.

İmam Aynî der ki: "Âlimlerimizin çoğunluğu *'Lâ ilâhe illallah Muhammedun Rasûlullâh'* diyen ehli kitap birisinin İslam'ının sahih olabilmesi için şehadeteyni telaffuz etmesinin yanı sıra bir de *'İslam dininin dışındaki tüm dinlerden beri oldum'* demesini şart koşmuşlardır..."[21]

Tüm bu nakillerden sonra diyoruz ki: Bu gün 'Lâ ilâhe illallah Muhammedun Rasûlullâh' dedikleri halde şirk bataklığında boğulmuş olan, hayatlarının geneli küfür üzere devam eden, yaşantılarına helal ve haram sınırlarını Allah'tan başkalarının çizdiği, tâğuta kul ve köle olmuş insanların, bu kelimeyi söylemiş olmaları neticesinde kendilerine İslam'ı yakînen sabit olmuş Müslümanlara yapılan muamelenin aynısının yapılması son derece tutarsızdır. Bir kere bunların bizim nezdimizde İslamlarının sabit olması için kesinlikle Kelime-i Şehadeti telaffuz ediyor olmaları yeterli değildir; çünkü onlar bu kelimeyi –Kadı Iyaz'ın da belirttiği gibi– küfür ve şirk halinde de söylüyorlar. Bizim onların İslamlarını kabul etmemiz için Kelime-i Tevhid'i ikrar etmelerinin yanı sıra, bir de şirk akidelerinden uzaklaştıklarını gösteren açık karinelere şahit olmamız gerekmektedir. Bu karineler olmaksızın onlara İslam hükmü vermemiz ve bu tezimizi de Rasûlullâh *sallallâhu aleyhi ve sellem*'den nakledilen hadislere dayandırmamız, hadislerin maksat ve muradını göz ardı ederek zâhire yapışmamızdan başka bir şey olmaz. Üstte görüldüğü üzere 'Lâ ilâhe illallah' diyen, hatta buna 'Muhammedun Rasûlullâh' cümlesini ekleyen Kitap Ehli kimselere ulemadan hiç birisi –sırf bu şahadetleri sebebiyle– Müslüman hükmü vermemiştir. Onların Kitap Ehli olması ile asrımızdaki insanların hüküm açısından hiçbir farkı yoktur. Onlar Rasûlullâh'ın nübüvveti noktasında şirke düş-

---

[21] Bedreddin el-Aynî, "Umdetü'l Kârî Şerhu Sahihi'l-Buhârî", 8/5971.

müşken, bu günküler Allah'ın en bariz hakkı olan "teşri" yetkisini (yani yasama ve kanun koyma yetkisini) kendilerinde görerek veya bu hakkı insanoğluna vererek şirke düşmüşlerdir. Her iki taifenin de ortak noktası "şirk"tir. Aralarında illet birliği olduğundan dolayı onların Ehl-i Kitap olması, bunların ise kendilerini İslam'a nispet etmesi sonucu değiştirmez. İmam Muhammed der ki:

"Kim daha önce üzerinde bulunduğu bilinen itikadının aksini ifade edip (Müslümanlık iddiasında bulunursa) onun İslam'ına hükmedilir."[22]

Bizim, akidesi bozuk olan ve şirk içerisinde hayatlarını idame ettiren insanlara İslam hükmü vermemiz –İmam Muhammed'in de belirttiği gibi– içinde bulundukları itikadın hilafına bir şey ortaya koymalarından sonra ancak mümkündür. Örneğin, hâkimiyeti Allah'ın elinden alıp başkalarına veren ve Allah'ı göklere hapsedip yeryüzünde ilâhlık taslayan çağdaş Firavunlara itaat eden birisinin, bizler yanında Müslüman muamelesi görebilmesi için bu inancından vazgeçtiğini izhar etmesi ve bizim de bunu bir şekilde öğrenmesi gerekmektedir. Aksi halde sapkın itikadının hilafını izhar etmediği için, sırf Kelime-i Şehadet getiriyor diye tarafımızca onun İslam'ına hükmedilmesi söz konusu değildir.

Bu hususu dile getirmemizin gerekçesi ise; kitabın ilerleyen sayfalarında detaylıca ele alınacak olan tekfir kâidelerinin bu gibi insanlar üzerinde uygulanmayacağı, aksine bu kâide ve kuralların uygulanabilmesi için kişinin kesinlikle ve kesinlikle yakînen İslam'a girmiş ve şirkten tamamen kendisini arındırmış birisi olmasının zorunlu olduğunun bilinmesidir. Bu mesele iyice anlaşılmadan, tekfir konusu hakkında kesinlikle isabetli bir sonuca varmış olamayız. İsabetli bir sonuç elde etmek istiyorsak, şirk üzere hayatlarını sürdüren insanlarla, bir maniden dolayı şirke düşmüş muvahhid Müslümanları muhakkak birbirinden tefrik etmeliyiz. Bu tefrik edilmeden ne tekfir meselesi vuzuha kavuşacaktır ne de insanların hükmü...

---

[22] "Şerhu's-Siyeri'l-Kebîr", 4510. madde.

İKİNCİ UYARI

MÜSLÜMAN OLMAK İÇİN ŞİRKTEN TEBERRÎ ETMEK ŞARTTIR

Bir önceki başlıkta Tevhid Kelimesi'nin ikrarının kişilere ve toplumlara fayda verebilmesi için üzerlerinde bulundukları bâtıl inancı reddettiklerini ortaya koymaları gerektiğini izah etmiştik. Burada ise üzerinde duracağımız husus, kişilerin üzerinde taşıdıkları dinden çıkaran bir ameli terk etmeksizin Tevhid Kelimesi'ni ikrâr etmelerinin kendilerine bir fayda sağlamayacağı gerçeğidir. Diğer bir ifadeyle; La ilahe illallah'ın ikrârı, kişinin her türlü küfür ve şirk ameline tevbe etmesi, kendisini dinden çıkaracak tüm söz ve fiillerden uzaklaştığını beyan etmesi demektir.

Bilindiği üzere dinimiz İslam, şirki ve küfrü yok ederek tevhidi hâkim kılma maksadıyla Rasûlullâh *sallallâhu aleyhi ve sellem*'e gönderilmiş bir dindir. İslam'ın temel gayesi yeryüzünde var olan şirki yok etmek ve şirkin insanların gönüllerine uzanan dallarını kökünden kurutmaktır. Bu nedenledir ki Rabbimiz Kur'an-ı Kerim'in birçok ayetinde bu hakikate dikkat çekmiştir. Rabbimiz şöyle buyurur:

"Fitne kalkıp din (hâkimiyet) tamamen Allahın oluncaya kadar onlarla savaşın." (Bakara, 193)

"Hiçbir fitne kalmayıncaya ve din (egemen düzen) bütünüyle Allahın oluncaya kadar onlarla savaşınız." (Enfâl, 39)

Tefsir ulemasının tamamı, ayetlerde geçen "fitne" kelimesinden muradın "şirk", "din" kelimesinden muradın da "hâkimiyet, egemen düzen ve şeriat" olduğu hususunda ittifak etmiştir.[23]

Tekrar belirtmek gerekirse; İslam'ın temel hedefi yeryüzünden şirki ve küfrü yok etmektir. Bu nedenle de Rasûlullâh'a yeryüzünde şirki hâkim kılmak isteyen insanlarla mücadele etmesi emredilmiştir. İslam'ın temel hedefi bu olmasına rağmen bu gün şirk yeryüzünde süslü gösterilmekte ve tüm vesilelerle insanlar ona yönlendirilmektedir. Bunun neticesinde de karşımıza şirke bulaşmış büyük bir insan kitlesi çıkmaktadır. Bu insanların

---

[23] Geniş bilgi için bkz. "el-Muharraru'l-Vecîz", "Tefsiru't-Taberî", "Mefâtihu'l-Ğayb", "Fethu'l-Kadîr", "Beydâvî" ve diğer tefsir kitaplarının ilgili bölümleri.

kâhir çoğunluğu, –maalesef– içinde bulunmuş oldukları korkunç durumun farkında bile değillerdir. Şirkten beri olmadan insan İslam'a giremediği halde bu insanlar kendilerini –tüm şirk ve küfür itikatlarıyla birlikte– İslam'ın bir neferi olarak addetmekte ve kendilerini ahirette Ehl-i necat'tan kabul etmektedirler. Gerçekten de bu, insanı hüzne boğan çok acı bir durumdur. Allah böylesi insanlara şuur, İslam davetçilerine de onları hidayete ulaştırma aşkı nasip etsin. (âmin)

Bilinmelidir ki, bir insanın Müslüman olup kanının ve malının güvence altına alınabilmesi için kesinlikle şirk ve küfürden teberri etmesi şarttır.[24] Şirk ve küfürden beri olmaksızın kişinin, ne söylemiş olduğu 'Lâ ilâhe illallah' Kelime-i Tevhidi kendisine yarar sağlayacaktır ne de Allah'a sunmuş olduğu amellerinden her hangi bir fayda görecektir. Bunların hiç birisi kişinin kurtuluşa ermesi için faydalı olmayacaktır. Kişi eğer bir kurtuluşa nail olmak istiyorsa, her şeyden önce üzerinde bulunduğu şirk itikatlarını terk etmelidir. Aksi halde ne bir kurtuluş söz konusu olur ve ne de cennet... Allah *celle celaluhu* şöyle buyurur:

"O haram aylar çıkanca, artık müşrikleri nerede bulursanız öldürün. Onları yakalayın. Onları alıkoyun. Onların bütün geçit yerlerini tutun. Eğer tevbe edip namaz kılar ve zekât verirlerse, yollarını serbest bırakın. Gerçekten Allah Gafurdur, Rahimdir." (Tevbe, 5)

Ayetin baş tarafında haram ayların hemen akabinde Allah'a şirk koşan insanlarla savaşılması emredilmekte, son kısmında ise bu insanların tevbe etmeleri halinde artık onlarla savaşılmaması gerektiği vurgulanmaktadır. Burada ayetin delil olma yönü *"eğer tevbe ederlerse"* ifadesinde mevcuttur. Acaba kendileri ile savaşılacak bu insanlardan neye karşı tevbe etmeleri istenmektedir? Yollarının serbest bırakılması ve İslam'ın bir neferi olarak kabul edilmeleri için kendilerinden istenilen tevbenin mâhiyeti nedir? Bu soruyu müfessirlerin görüşleri çerçevesinde ele alarak cevaplandırmaya çalışalım.

• Mukâtil b. Süleyman derki: "Eğer onlar şirkten tevbe ederler ve namazı kılıp zekâtı verirlerse onların yollarını serbest bırakın ve onlara zulmetmeyin."[25]

---

[24] Abdurrahman b. Hasan der ki: "Sahabe, Tabiîn, İmamlar ve Ehl-i Sünnet ulemasının tamamı bir kişinin şirkten tamamen soyutlanmadan Müslüman olamayacağı hususunda icma' etmiştir." bkz. "ed-Dürerü's-Seniyye", 11/545.

[25] "Tefsiru Mukatil b. Süleyman", 2/50.

• Kadı Beydâvî der ki: "Eğer onlar iman etmek sureti ile şirkten tevbe ederler ve hem tevbelerinin hem de imanlarının doğruluğunu kanıtlamak için namaz kılar ve zekât verirlerse onları bırakıverin..."[26]

• İmam Taberî ise şöyle der: "Eğer onlar Allah'a şirk koşmaktan ve Muhammed *sallallâhu aleyhi ve sellem*'in peygamberliğini inkâr etmekten, Allah'ı birleyerek ibadeti diğer ilâhlara değil de yalnızca ona has kılmaya ve Muhammed *sallallâhu aleyhi ve sellem*'in peygamberliğini ikrar etmeye rucu' ederlerse onları bırakın, sizin beldelerinizde gezsinler ve Beytullah'a girsinler."[27]

• İmam Kurtubi şöyle der: "Asıl kâide şudur: Öldürme her ne zaman şirkten kaynaklanıyorsa, şirkin son bulmasıyla öldürme fiili de yok olur. Tevbe Suresi'nin 5. ayeti *'Tevbe ettim'* diyen bir kimsenin fiilleri arasına tevbenin hakiki bir tevbe olduğunu ortaya koyan hususları da eklemedikçe bu sözü ile yetinilmeyeceğine delildir."[28]

Yukarıda yapmış olduğumuz nakillerde de görüleceği üzere müfessirler, ayette geçen *"...eğer tevbe ederlerse..."* ifadesini açık bir şekilde "şirkten uzaklaşırlarsa..." şeklinde tefsir ederlerken, İmam Taberi *rahimehullah* konu üzerinde sözünü daha sarih kullanmış ve fertlerin ya da toplumların can güvenliğine ulaşmalarının ancak açık bir şekilde üzerlerinde bulundurdukları şirkten beri olma şartına bağlamıştır. İmam Kurtubi'den naklettiğimiz alıntı ise gerçekten konuya mükemmel bir şekilde ışık tutmaktadır. Zira İmam Kurtubi İslam'da kanın mübahlığının sebebinin şirk olduğu durumlarda bunun ancak şirke tevbe etmek ve bu tevbenin hakiki olduğunu ortaya koyan emareler göstermekle zail olacağını söylemektedir. Yani aslen müşrik olan bir kimsenin kanı ve canı bu şirki nedeniyle mübahtır. Bu kişinin kanının ve malının haramlığı ise ancak kendisinde şirkin son bulmasıyla, yani şirke tevbe etmesiyle mümkündür. Allah *subhanehu ve teâlâ* yine aynı surenin 11. ayetinde şöyle buyurmaktadır:

"Eğer tevbe ederler, namazı kılarlar, zekâtı verirlerse dinde kardeşleriniz olurlar. Biz ayetleri bilen bir kavme açıklarız." (Tevbe, 11)

Allah *subhanehu ve teâlâ* bu ayette de, dinde kardeş olmayı yine şirkten teberri etme şartına bağlamıştır. Nitekim bu ayetin tefsirinde de hemen hemen bütün müfessirler bu hususu vurgulamışlardır.[29]

---

[26] "Envaru't-Tenzil", 1/396.

[27] "Tefsiru't-Taberi",14/135.

[28] "el-Cami li Ahkâmi'l-Kur'ân", 4/12,13.

[29] Geniş bilgi için şu tefsirlere müracaat edebilirsiniz: "Tefsiru Rûhi'l-Meânî", "Tefsiru'l-Kurtubî", "Tefsiru Ebi Suud", "Tefsiru'l-Hâzin", "Fethu'l-Kadîr", "Zadu'l-Mesîr", Elmalılı ve diğerleri...

Bu iki ayette dikkat çeken bir diğer husus ise, ayetlerin tamamıyla zahiri İslam'dan bahsediyor olmalarıdır. Böylece İrca ehli tarafından dile getirilen *"La ilahe illallah'ın şartlarına dair gelen bütün haberler, hakiki İslam'a dairdir. Kişilerin zahiren Müslüman olarak kabul edilmeleri ise sadece bu kelimeyi ikrar etmelerine bağlıdır"* şeklindeki görüşlerinin de batıl olduğu açığa çıkmıştır. Zira ayetlerden ilkinde müşriklerin yollarının serbest bırakılmasından, ikincisinde ise dinde kardeş olmalarından bahsetmektedir ki, bunlar tamamen zahiri İslam hükmü için şirkten teberri etmenin vucûbunu ortaya koymaktadır.

Kişilere zahiren Müslüman muamelesi yapabilmenin şirkten teberri etme şartına bağlı olduğuna dair bir diğer delil, Rasulullah sallallahu aleyhi ve sellem'in şu sözüdür:

"Kim Allah'tan başka ilah yoktur der ve Allah'tan başka ibadet edilenleri reddederse malı ve kanı haram olur. Hesabı ise Allah'a kalmıştır."[30]

Bu hadis de, yukarıdaki ayetlerde verilen mesajı tekid etmektedir. Hadise göre fertlerin ya da toplumların Müslüman kabul edilerek kan ve mallarının dokunulmazlığı sadece tevhid kelimesini ikrar etmelerine değil, bununla birlikte Allah'tan başka ibadet edilenleri reddetmelerine bağlanmıştır. Ki burada Allah'tan başka ibadet edilenlerin reddedilmesi esası yukarıda müfessirlerin tanımladığı şirkten beri olmanın ta kendisidir. Nitekim İmam Kurtubi de Tevbe Suresi'nin 5. ayetinin tefsirinde Kadı Ebu Bekir İbnu'l-Arabî'den *"Bu şekilde Kur'an ile Sünnet birbirini desteklemektedir"*[31] ifadesini nakletmektedir. İbnu-l-Arabî'nin kastettiği hadis ise *"İnsanlarla Allah'tan başka ilah yoktur deyinceye kadar savaşmakla emrolundum"* hadisidir.[32]

Bu konuda İmam Ebu Batîn şöyle demektedir:

"La ilahe illallah'ı söylemekten kasıt; Allah'tan başka ibadet edilenleri reddedip onlardan beri olmak ve her türlü büyük şirki reddetmektir. Arap müşrikleri kendi lisanları olduğu için Arapçayı çok iyi bildiklerinden dolayı La ilahe illallah kelimesinin ne manaya geldiğini çok iyi biliyorlardı. Onlardan herhangi birisi 'La ilahe illallah' dediği zaman bu sözü, şirki ve Allah'tan başka ibadet edilenleri reddederek söylerdi. Eğer bir kimse hem Allah'tan başkasına ibadet etmeye devam eder hem de 'La ilahe illallah' derse, bu kelime onun canını ve malını koruma altına almaz."[33]

[30] Müslim, İman, 23.
[31] "el-Cami li Ahkami'l-Kur'an", 4/12.
[32] Müslim, İman, 23.
[33] "Mecmuatu'r-Resail ve'l-Mesail" içerisinde.

Sonuç olarak; zikri geçen iki ayetten ve o ayetlere ilişkin müfessirlerin görüşlerinden anlaşılmaktadır ki, şirk üzere olan birisi İslam dairesine girmek ve Allah'a iman eden bir kul olmak için her şeyden önce bünyesinde barındırdığı şirklerden uzaklaşarak tevbe etmelidir. Böyle bir tevbe ilan edilmeden şirk üzere olan birisinin İslam'ı asla geçerli değildir.

İçinde yaşamış olduğumuz toplum maalesef birçok açıdan şirke bulaşmış bir toplumdur. Hayat kurallarını Allahtan başkalarından alarak, Allah'ın en önemli hakkı olan teşri' (yasama) hakkını kendisi gibi aciz kullara vererek, kâfirlere velayet hakkı tanıyarak, onlara Allah'ın izin vermediği konularda itaat ederek ve daha sayamayacağımız birçok konuda şirke bulaşarak Allah'tan uzaklaşmış bir topluluktur. Aynı zamanda bu toplum –tüm bu şirkleriyle beraber– 'Lâ ilâhe illallah' diyen bir toplumdur. Böylesi bir toplumu 'İslam toplumu' kabul etmek gerçekten de büyük bir yanılgıdır. Şimdi bu insanlar sadece bir kere 'Lâ ilâhe illallah' deyivermeleriyle şirk akidelerini terk etmeden hemen Müslüman mı kabul edilecekler? Oysaki bu, Allah ve Rasûlü'nün muradı ile çelişen bir durumdur. Çünkü Peygamber *sallallâhu aleyhi ve sellem* 'Lâ ilâhe illallah' demeyi kişilerin Müslümanlığına alamet sayarken, bunu şirkten beri olma ve tüm tâğutlardan uzaklaşma aracı kabul ediyordu. Nitekim yukarıda vermiş olduğumuz hadis bunun en güzel delillerindendir.

Hadisin mefhum-u muhalifinden anlaşıldığına göre, bir kimse 'Lâ ilâhe illallah' der, ama Allah'ın dışında ibadet ve itaat edilenleri reddetmezse o zaman onun malı ve canı korunmuş olmayacaktır. Malı ve canı korunmuş olmayan bir insan da, malum olduğu üzere Müslüman değildir.

İmam Müslim'in bu hadisi *"Bana 'Lâ ilâhe illallah' deyinceye kadar insanlarla savaşmak emredildi. Artık her kim 'Lâ ilâhe illallah' derse –İslam'ın hakkı müstesna– malını ve canını benden korumuş olur. Artık onun hesabı Allah'a aittir"*[34] hadisinden sonra getirmesi de gerçekten manidardır. Demek ki her zaman 'Lâ ilâhe illallah' demek, kişilerin İslam'ı için yeterli değildir; bununla beraber Allah'ın dışında ibadet ve itaat edilenlerin, yani tâğutların ret ve inkâr edilmesi lazımdır. Konuya tevbenin şartları açısından da yaklaştığımızda ortaya çıkan sonuç aynıdır. Zira gerek Tevbe Suresi'nin adı geçen ayetlerinde, gerekse de vermiş olduğumuz hadiste kan ve mal dokunulmazlığı şirke tevbe etmek ile ilişkilendirilmitir. O halde burada makbul bir tevbe nasıl olmalıdır sorusunun cevabını bulmakta fayda vardır. Allah *celle celaluhu* şöyle buyurur:

---

[34] Müslim, İman, 21, 22.

"İndirdiğimiz apaçık hükümleri ve doğru yolu, insanlara biz Kitab'da beyan ettikten sonra, gizliyenler (var ya), şüphesiz Allah onlara lânet eder ve bütün lânet edebilenler de, onlara lânet okur. Ancak tevbe edenler, ıslâh olanlar ve gerçeği ortaya koyanlar müstesna; onları ben bağışlarım. Zira Ben tevbeleri kabul ederim ve merhametliyim." (Bakara, 159, 160)

Ayetten anlaşılacağı üzere hakkı gizleyenlerin gelişi güzel bir tevbe ile bu günahtan kurtulamayacakları, tevbe etmeleri ile birlikte gizledikleri hakkı beyan etmeleri ve kendilerini de ıslah etmeleri şartları getirilmektedir. Nitekim ayetin tefsirinde müfessirlerimiz de aynı noktayı vurgulamışlardır. Örneğin, Fahreddin er-Razî bu ayetin tefsirinde şöyle der:

"Böylece bu ayet, tevbenin ancak caiz olmayan her şeyi terk etmek ve caiz olan her şeyi yapmakla meydana geleceğine delalet eder."[35]

Razi'nin bu ifadesini konumuzla ilişkilendirecek olursak; kişilerin 'La İlahe İllallah' diyerek tevbe etmeleri, caiz olmayan her şeyi, yani şirki reddetmekle, caiz olan her şeyi, yani Tevhid'i ikame etmekle mümkündür. Aynı ayetin tefsirine dair İmam Kurtubi de şunları söylemektedir:

"Bizim ilim adamlarımıza göre kişinin 'tevbe ettim' demesi bu sözünden sonra, önce yaptıklarının aksi kendisinden görülmedikçe yeterli değildir. Eğer kişi irtidat etmiş ise, İslam'ın şeri hükümlerini açıktan ızhar ederek İslam'a döner. Eğer kişi çeşitli günahları işleyen bir kimse ise, ondan salih amelin açıkça görülmesi ile fesad ehli ve önceden işlemiş olduğu hallerin sahibi kimselerden uzak kalmasıyla olur. Şayet putperest kimselerden ise, onlardan ayrılır, İslam ehli ile oturup kalkar. Böylelikle daha önceki halinin aksini açığa vurarak tevbesi gerekleşir. Doğrusunu en iyi bilen Allah'tır"[36]

İmam Kurtubi'den yaptığımız bu nakil de, kişilerin 'La İlahe İllallah' diyerek şirke tevbe etmelerinin, ancak önceden yaptıkları şirkin aksine bir şeyler söylemeleri ile mümkün olacağını ortaya koymaktadır. Bundan dolayı İslam âlimleri her günahın kendisine has bir tevbe şekli olduğu hususunda ittifak etmişlerdir. Bu hususta Elmalılı Hamdi Yazır şöyle der:

"Her günahın kendisine mahsus bir tevbesi ve her çeşit inkârın bir tevbe tarzı vardır. Bir kayda bağlı olmamak üzere gelişigüzel her tevbe, her günahın tevbesi olamaz. Kısaca, apaçık bir gerçeği gizlemek küfürdür. İman da gerçeği açıklamaktır. Küfürden sonra da gerçeği açıklamak suretiyle tevbe ve iman makbuldür."[37]

---

[35] "Tefsir-i Kebir Tercümesi", 4/115.
[36] "el-Cami' li Ahkami'l-Kur'an Tercümesi", 2/419.
[37] M. Hamdi Yazır, Hak Dini Kur'an Dili, 1/462.

Gerek tevbenin şartlarına dair ayetin açık metni, gerekse de ayete dair yaptığımız nakiller, gelişi güzel bir şekilde 'La İlahe İllallah' demenin şirke tevbe etmek anlamına gelmeyeceğini, bu ikrarın sahih olabilmesi için kişinin kendisinden tevbe ettiği şeyi bütünüyle terk etmesi gerektiğini ortaya koymaktadır. Örneğin bir kimse içki içse ve Arapça olarak anlamını bilmeden *"İçki içmeye tevbe ediyorum, kesinlikle bir daha içkinin bir yudumunu dahi ağzıma almayacağım"* dese, fakat bu söylemi ile beraber ne söylediğini bilmediği için içki içmeye de devam etse, acaba bu kimsenin içki içmeye tevbe ettiğinden söz etmek mümkün müdür? Nasıl ki böyle bir tevbe zerre kadar bir itibara sahip değilse, aynı şekilde *'La İlahe'* diyerek neleri reddettiğini bilmeden, *'İllallah'* diyerek de neleri kabul ettiğini bilmeden, tamamen cahilane bir şekilde *'La İlahe İllallah'*ı telaffuz eden, bununla beraber cahil olduğu için şirk ve küfür söz ve davranışlarına da devam eden bir kimseye Tevhid Kelimesi'ni ikrar etmesinin hiçbir faydası olmayacaktır.

Burada şöyle bir soru sorulabilir: Bir kimsenin İslam'a girmesi için ne demesi lazımdır?

Bu soruya muhakkik İslam âlimleri şöyle cevap vermiştir: Eğer bu kişi 'Lâ ilâhe illallah' kelimesi ile şirkten tamamen teberri edildiği anlaşılan bir toplumdan ise, onun İslam'ı için bu kelimeyi telaffuz etmesi yeterlidir. Yok, eğer o kişi 'Lâ ilâhe illallah' kelimesi ile şirkten uzak olmayı murad etmeyen bir kavimden ise, o zaman bu kelime onun İslam'ına hükmetmek için yeterli değildir. Bu kelimenin yanı sıra bir de şirkini reddedecek bir söz duymamız gerekmektedir. Buna şöyle bir örnek verebiliriz: Adam 'Lâ ilâhe illallah' demelerine rağmen içkinin helal olduğunu iddia eden bir topluluk içerisinde yaşıyorsa, o adamın Müslüman olduğuna hükmedebilmek için kesinlikle ağzından içkinin haram olduğunu ifade eden bir cümle duymamız gerekmektedir. Eğer böyle bir cümle duymazsak onun sırf 'Lâ ilâhe illallah' demesi ile İslam'ına hükmedemeyiz; zira o bu kelimeyi içkinin helal olduğuna inandığı zamanda söylemekteydi. Yani küfür halinde iken de bu kelimeyi telaffuz etmekteydi. Onun 'Lâ ilâhe illallah'ı telaffuz etmesi içkinin haram olduğuna inandığını gösteren bir alamet olmamasından dolayı, bu söz onun İslam'ına hükmedilmesi için yeterli bir karine görülmemiştir. Dolayısıyla, böyle bir insanın Müslüman olarak kabul edilebilmesi, kesinlikle içkinin haram olduğunu ifade eden bir cümleyi ağzından duymaya bağlıdır. Aksi halde o, her ne kadar 'Lâ ilâhe illallah' dese de şirkinden tevbe etmemiş bir insan olmaktan öteye geçmez. İşte bu ince anlayıştan dolayıdır ki Hindistan ve çevre bölgelerde ikamet eden âlimler, ineğe tapan insanlara Müslüman olmak istedikleri zaman 'Lâ ilâhe illallah' demelerinin yanı sıra bir de inek kesmelerini veya inek eti yemelerini şart koşmuşlardır. Eğer o şahıs inek kesmemekte ve onun etini yememekte diretiyorsa onun İslam'ını kabul etmemişler ve 'Lâ ilâhe illallah' demesini onun Müslümanlığı için bir alamet saymamışlardır. Çünkü o adam bu tavrıyla kendisinin tâğutu olan ineği reddetmemiştir. Tâğutu reddetmediği için de Allah'a olan iman iddiası havada kalmıştır.[38]

Eğer biz de bu ince anlayışı iyi kavrarsak o zaman içinde yaşamış olduğumuz toplumun sıkıntısını daha iyi anlar ve gereken tedaviyi daha iyi uygularız.

Allah'ın Rasûlü Putlardan Beri Olmaya Davet Ediyordu

İbn İshak, Hz. Ali'nin İslam'a giriş hâdisesini şöyle anlatır:

"...Hz. Ali iki gün sonra geldi. Onları namaz kılarken gördü ve:

— Ey Muhammed! Bu da nedir? diye sordu. Rasûlullâh *sallallâhu aleyhi ve sellem*:

— Allah'ın kendisi için seçtiği ve kendisi ile peygamberlerini göndermiş olduğu dinidir, diye yanıt verdi ve şöyle devam etti: Ey Ali! Ben seni, bir olan Allah'a, O'na ibadete ve Lat ve Uzza'yı reddetmeye davet ediyorum, dedi. Bunun üzerine Ali *radıyallâhu anh*:

— Bu, benim önceden işitmediğim bir şeydir. Ebu Talib'e danışmadan bir şey yapamam, dedi.

---

[38] Üstat Mevdudi'nin bu meseleyle alakalı çok önemli bir fetvası vardır. Kendisine, Hindu birisinin Müslüman olmak istediği zaman ona sırf Hindistan ile Müslümanların arasını kaynaştırmak için inek kestirilmesinden vazgeçilmesinin faydalı olacağına dair itiraz vâri bir soru sorulur. Üstat bu soruya fıkhının inceliğini ortaya koyan şu cevabı verir:

"Sizin bu meseledeki görüşünüzün, İslâmî görüşe tamamen zıt olduğunu üzülerek belirtmem gerekir. Size göre bu meselede asıl önemli olan nokta iki millet arasındaki ihtilaf ve çekişmelerin ne şekilde ortadan kaldırılacağıdır. Ama İslam'a göre asıl önemli olan husus, tevhid akidesini seçmiş bulunanların, şirkin muhtemel her tehlikesinden kurtarılması meselesidir. İneğin tanrı olmadığı, mabudlardan sayılmadığı ve kutsallığına inanan var olmadığı bir ülkede ineği kurban etmek caiz bir iştir. Kurban edilmemesinde herhangi bir sakınca yoktur. Ama ineğin mabud addedildiği ve kutsal bir mevkiye sahip olduğu bir yerde, Ben-i İsrail'e buzağıyı kesme emri verildiği gibi, ineğin kurban edilmesi hükmü vardır. Eğer böyle bir ülkede Müslümanlar belli bir müddet için maslahat icabı inek kurban etmeyi bırakırlar ve inek eti de yemezlerse, ileride Hindu milletinin inekperest inançlarından etkilenirler ve ineği kutsallaştırırlar. Dolayısıyla inekperestlerle birlikte yaşaya yaşaya 'buzağı sevgisinin kalplerine sindiği' Mısır'daki İsrailoğulları'nın düştükleri duruma düşmeleri tehlikesi doğar. Yine bu çerçevede, İslam'ı kabul eden Hindular İslam'ın diğer inanç esaslarını kabul etseler de ineğin kutsallaştırılması içlerinde aynı şekilde var olmaya devam edecektir. Bu yüzden ben Hindistan'da inek kurban etmeyi vacip olarak görüyor ve bununla birlikte yeni Müslüman olan herhangi bir Hindunun Müslümanlığını en azından bir kere inek eti yemedikçe muteber saymıyorum. Buna Rasûllullah'ın (s.a.v) şu hadisi delalet etmektedir: 'Bizim kıldığımız gibi namaz kılan, bizim yöneldiğimiz kıbleye yönelen ve bizim kestiklerimizi yiyen bizdendir.' Bu 'bizim kestiklerimizi yiyen' ibaresi başka bir deyişle şu mânâya gelmektedir: Herhangi bir şahsın Müslümanlara katılabilmesi için cahiliye döneminde bağlı olduğu vehimleri, sınırlamaları ve bağımlılıkları parçalayıp bir kenara atması gerekir." Bkz. "Fetvâlar", 1/216, 217.

Rasûlullâh *sallallâhu aleyhi ve sellem* daveti alenen ortaya çıkmadan önce bu gizli işinin ifşa edilmesini hoş görmemişti ve bu nedenle Ali'ye:

— Ey Ali, eğer Müslüman olmayacaksan, o zaman bu işi gizli tut, dedi.

Ali *radıyallahu anh* o gece bekledi. Allah o gece Ali'nin kalbine İslam'ı sevdirmişti. Sabahleyin erkenden Rasûlullâh'a gelerek:

— Ey Muhammed! (dün) beni neye çağırmıştın? dedi. Rasûlullâh *sallallâhu aleyhi ve sellem* de ona:

— Allah'tan başka hiçbir (hak) ilâhın olmadığına, Onun tek olduğuna ve hiçbir ortağının bulunmadığına şahadet etmeye, Lat ve Uzza'yı reddetmeye ve tüm putlardan beri olmaya davet ediyorum, buyurdu. Ali *radıyallahu anh* bunu yerine getirdi ve Müslüman oldu…"[39]

Halid b. Said *radıyallahu anh*, Hz. Ebu Bekr'in telkinleri sonucu İslam'dan etkilenir ve Rasûlullâh *sallallâhu aleyhi ve sellem* ile görüşmeye karar verir. Bu kararından sonra Rasûlullâh *sallallâhu aleyhi ve sellem*'i aramaya koyulur. O'nu Ecyad bölgesinde bulur ve hemen sorar:

— Ey Muhammed, sen neye davet ediyorsun?'

Bunu duyan Rasûlullâh *sallallâhu aleyhi ve sellem* hemen davetini aktarmaya başlar ve ona:

— Seni, bir olan, hiçbir ortağı bulunmayan Allah'a, benim O'nun kulu ve Rasûlu olduğumu kabule ve işitmeyen, zarar veremeyen, göremeyen, fayda sağlayamayan ve kendisine ibadet edenle etmeyeni bir birinden ayırt edemeyen putlara ibadet etmekten vazgeçmeye davet ediyorum, diye cevap verir. Bunun üzerine Halid b. Said Müslüman olur ve şahadet getirir…[40]

---

[39] "İbn İshak", 1/44.
[40] "Siyretü İbn-i Kesir", 1/445.

ÜÇÜNCÜ UYARI

TEKFÎR KURALLARI İSLAM'I YAKÎNEN SÂBİT OLAN KİMSELER HAKKINDA UYGULANIR

Tekfir meselesinde doğru bir sonuca ulaşabilmemiz için tekfire dair tüm kâidelerin İslam'ı yakinen sâbit olan kimseler hakkında geçerli olduğunu bilmemiz gerekir. Bu aslın bilinmemesi, tekfire dair kuralların Müslüman/kâfir ayırt edilmeksizin herkesin üzerinde tatbik edilmesine ve doğal olarak aslen kâfir olan kimselerin Müslüman olarak isimlendirilmesine yol açacaktır. Bundan dolayı böyle bir hataya düşmemek için *"Tekfir Kuralları İslam'ı Yakînen Sabit Olan Kimseler Hakkında Uygulanır"* şeklinde verdiğimiz bu üçüncü uyarının iyi bir şekilde bilinmesi gerekmektedir. Konuya dair Ahmed Bukrîn der ki:

"Ehli Sünnet, bidat sahibi kimselere günah veya küfür ile hüküm verme ile kendisinden bir bidat sadır olmuş İslam'ı kesin olarak sabit olan muayyen bir şahsa günahkârdır, fasıktır veya kâfirdir diye hüküm verme arasında kesinlikle ayırım yapmıştır..."[41]

Yani kendisini şirk ve küfür bidatinden arındırmamış sıradan insanlarla, şirkten kendisini temizlemiş, küfrü reddeden ve Allah'ın dinine teslim olmuş insanların arasını ayırmamız gerekmektedir. Bu, Ehl-i Sünnet yoludur. Aksi bir tutum Ehl-i Sünnet yolundan sapmak demektir.

İşte bu mesele hakkında günümüzde yapılan hatalardan biri –belki de en önemlisi– budur. Allah'ın dini ile uzaktan-yakından alakası olmayan, şirki ve küfrü artık normal gören, sözlerinde, fiillerinde ve inançlarında onlarca şirk uzantısı olan müşrik insanlar *"Kavidu't-Tekfir"* ile muhatap tutulmakta ve sırf bu gerekçeden ötürü kendilerine İslam hükmü verilmektedir. Buna karşılık şirk içerisinde olmaları nedeniyle onlara Müslüman demeyenler ise *"Haricî"* veya *"tekfirci"* damgasıyla damgalanmaktadırlar. Hâlbuki bu ayırımı yapmak –bırakın tekfirci veya Haricî olmayı– ilmin gerektirdiği ve mutlaka uygulanması gereken zorunlu bir kuraldır.

---

[41] Ahmed Bukrîn, "et-Tekfir Mefhumuhu-Ahtaruhu-Davabituhu", sf. 72.

Yakînen (kesin olarak) Sabit Olan Bir Şey Şüphe İle Zâil (yok) Olmaz.

Burada, İslam ulemasının dinin temel ilkelerinden hareketle ortaya koymuş oldukları bir kuralı hatırlatmada yarar görüyoruz. Ulema, "el-Kavaidu'l-Fıkhiyye" ya da "el-Kavaidu'l-Külliyye" diye bilinen fıkhî kuralların içerisine şöyle bir kâide yerleştirmiştir:

"اليقين لا يزول بالشك"= Yakînen (kesin olarak) sabit olan bir şey şüphe ile zail (yok) olmaz."[42]

Bu kâide gerek fıkhî meselelerde gerekse diğer meselelerde gerçekten de son derece önemli bir boşluğu doldurmaktadır. Bu kâideden hareketle fıkhı, akaidi ve daha birçok alanı ilgilendiren onlarca hüküm konulmuştur.

Bu Kâidenin Delili

Bu kâidenin temel dayanağı Rasûlullâh *sallallâhu aleyhi ve sellem*'den nakledilen bazı hadislerdir. İmam Müslim, Sahihi'nde şöyle bir rivayete yer verir:

"Peygamber *sallallâhu aleyhi ve sellem*'e namazda iken abdestinin bozulduğunu zanneden bir adam şikâyet edildi. Rasûlullah *sallallâhu aleyhi ve sellem*: 'Böyle bir kimse ses İşitmedikçe veya koku duymadıkça namazdan çıkamaz' buyurdu."[43]

Yine Müslim'in rivayet ettiği başka bir hadiste Rasûlullâh *sallallâhu aleyhi ve sellem* şöyle buyurur:

"Biriniz namazında üç mü kıldı yoksa dört mü, diye şüphe ederse, şüpheyi terk etsinde (namazını) yakînen (kesin olarak) bildiğinin üzerine bina etsin. Sonra selam vermeden önce iki secde eder. Şayet beş rek'ât kılmışsa bu iki secde onun namazını çift yapar. Eğer dördü tamamlamak için kıldıysa bu iki secde şeytanı çatlatmak için yapılmış olur"[44]

İmam Nevevî ilk hadisin şerhinde der ki:

"Bu hadis, İslam'ın temellerinden birisi ve fıkıh kâidelerinden büyük bir kâidedir. Şöyle ki; aksini kesin olarak ortaya koyacak bir şey olmadığı zaman eşyada asıl olan onun asıllığının bekasına (devam ettiğine) hükmetmektir. Sonradan husûle gelen şüpheler ona zarar vermez. Konumuzla alakalı hadisin varit olduğu babda ki meselede aynıdır. (Yani) kim abdestli

---

[42] Bkz. Abdulkerim Zeydan, "el-Vecîz fi Şerhi'l-Kavaidi'l-Fıkhiyye", sf. 35.
[43] Müslim, Kitabu'l-Hayz, 98. (361).
[44] Müslim, Kitabu'l-Mesacid, 88. (571).

olduğuna kesin olarak inanır ve abdestsizliğinden şüphe ederse, onun ab-destli olduğuna hükmedilir..."[45]

Hadisler, kesin olarak sabit olan bir şeyin şüphe ile zail olmayacağı noktasında son derece açıktır. Abdest aldığı kesin olduğu halde onun bozu-lup bozulmadığında şüphe eden sahabesine Rasûlullâh *sallallâhu aleyhi ve sellem* böyle fetva vermiştir. Bu hadislerin medlulünden hareketle ulema bu ger-çeği *"Yakînen (kesin olarak) sabit olan bir şey şüphe ile zail (yok) olmaz"* cümlesi ile kâideleştirmiş ve bunun üzerine sayılamayacak kadar çok ahkâm bina etmişlerdir.

Bu ahkâmdan birisi de, İslam'ı yakînen sabit olan bir Müslüman'ın şüpheler sonucu tekfir edilemeyeceğidir. İslam, o kişi hakkında kesin olarak sabit olduğu halde, küfrün sabitliği kesin değildir. Bundan dolayı bizim, bir insanın gerçekten de küfrü reddedip Allah'a iman ettiğini bildikten sonra– yapmış olduğu küfre muhtemel bir ameli neticesinde hemen onun dinden çıkmış olduğuna karar vermemiz çok zordur; çünkü böylesi bir insan, yap-mış olduğu küfür amelini ikrah sonucu yapmış olabilir ya da o amelin kü-für olduğu noktasında bir bilgisi yoktur veya o amelin kendisini küfre götü-ren bir amel olmadığını zannedebilir.[46]

İşte bu ve ileride de detaylıca ele alınacak olan *"Mevaniu't-Tekfir"* dedi-ğimiz tekfir engellerinden bir engelin o adamda bulunması şüphesi bizim onu tekfir etmemize manidir. Bu noktada Müslüman'a düşen o şahsın orta-ya koymuş olduğu amelin küfür olduğunu söylemesi, ama o şahsın bu ame-li işlemesinden dolayı kâfir olup-olmayacağına dair her hangi bir hüküm vermemesidir. Üstat Ebu Basir "Kavaid fi't-Tekfir" adlı eserinde şöyle bir kâideye yer vermektedir: "Sarih İslam'ı ancak sarih küfür bozar."[47] Yani her kimin İslam'ı kesin ve sarih olarak sabit olmuşsa, onun dinden çıkması da ancak o kesinlikte bir delil ile mümkündür. Hiçbir şüpheye mahal vermeye-cek şekilde Müslüman olan birisi küfür olduğu (kesin değil de) muhtemel olan şeylerden birini işlemek sureti ile kâfir olmayacağı gibi kâfir olduğuna

---

[45] İmam Nevevî, "Şerhu Sahîhi Müslim", 4/38.

[46] Şeyhu'l İslam İbn-i Teymiyye der ki: "…Sahibini tekfir ettiren sözlerin durumu da böyledir. Hakkı bilmeyi gerektiren nasslar bir kimseye ulaşmamış olabilir yahut nasslar ulaşmış da onun yanında sabitlik derecesinde olmayabilir. Veya nassları anlamak onun için mümkün olmamıştır ya da Allah'ın mazur göreceği başka şüpheler olmuşta olabilir. Müminlerden herhangi bir kişi hakkı elde etmede çaba harcar da bununla beraber hata ederse Allah onun hatasını affeder." (*Mecmuu'l-Fetâvâ, 23/346.*)

[47] Abdulmun'im Mustafa Halîme, "Kava'id fi't-Tekfir", sf. 219. Bu kaidenin şerh ve açıklaması, kitabın ilerleyen sayfalarında Allah'ın izni ile gelecektir. Oraya müracaat edebilirsiniz Bu kaide hakkında Abdullah el-Eserî der ki: "Ehl-i Sünnet imamları bu kaide hususunda ittifak halindedirler; çünkü Müslüman bir şahsiyetin tekfiri gerçek-tende çok tehlikeli bir durumdur. Elde açık deliller ve burhanlar olmadığı sürece bu konuya dalmamak gerekir." Bkz. "el-İman Hakikatuhu-Havarimuhu ve Nevakiduhu inde Ehli's-Sünne ve'l-Cemaa", 1/122.

da hüküm verilmez; zira onun İslam'ı kesin iken küfrü kesin değildir. Yakînî şeyler şüphelerle zail olmayacağından ötürü böylesi biri Müslüman olarak kabul edilir.

İmam Şevkanî *"es-Seylü'l-Cerrâr"* adlı eserinde şöyle der: "Bilinmelidir ki, Müslüman bir şahsiyetin dinden çıktığına ve küfre girdiğine hüküm vermeye kalkışmak –elinde güneşten daha açık bir delil olmadıkça– Allah'a ve ahiret gününe iman eden bir kul için uygun bir şey değildir."[48]

İbn Hazm der ki: "Şüphesiz ki İslam akdi hakkında sabit olan bir şahsiyetten bu vasıf, ancak bir nass ya da bir icma ile kalkar. (Bu vasfın ondan kalktığına dair ortaya atılan) iddia ve iftiralar sebebi ile bu vasıf ondan kalkmaz."[49]

İmam Nevevî'nin üstte anlatmaya çalıştığı kâide, usul ilminde *"İstishâb"* olarak adlandırılmaktadır. Usulcülere göre istishâb; *"geçmişte bir delil sonucu sabit olan bir durumun –değiştiğine dair her hangi bir delil bulunmadığı sürece– hâlihazırda da varlığını koruduğuna hükmetmek"* demektir.[50]

Bu kuralda bizim meselemizle yakından alakalıdır. Şöyle ki: Bir insanın İslam'ına hükmettikten sonra onun bu hali olduğu gibi kabul edilmelidir. Onun bu halinin değiştiğine (yani küfre girdiğine) dair elimizde kesin bir delil olmadığı sürece, biz o şahsa Müslüman hükmü vermeye devam ederiz. Ama her ne zaman ki onun bu halinin değiştiğini yakînî bir şekilde bilirsek, işte o zaman elimizde bir delil olmuş olur ve onun küfre girdiğine kanaat getirebiliriz. Burada onun küfrünün de, her hangi bir şüpheye mahal bırakmaksızın yakînî bir şekilde sabit olması gerekmektedir. Eğer bu yakînen sabit değilse, biz yine onun Müslüman olduğunu kabul eder ve hükmümüzü şüpheye değil de, kesin bir bilgiye dayandırmış oluruz. Her şeyi en iyi bilen Allah'tır.

---

[48] Şevkanî, "es-Seylü'l-Cerrâr ala Hadâiki'l-Ezhâr", 4/578.

[49] İbn Hazm," el-Fisal fi'l-Mileli ve'n-Nihal", 3/138.

[50] Mustafa Said el-Hınn, "el-Kâfi'l-Vâfi fi Usuli'l-Fıkhi'l-İslami", sf. 203. Arapça bilmeyen kardeşlerimiz şu eserlere müracaat edebilirler: Zekiyyuddin Şaban, "İslam Hukuk İlminin Esasları", sf. 217; Fahreddin Atar, "Fıkıh Usulü", sf. 75; Abdulkerim Zeydan, " Fıkıh Usulü", sf. 251.

DÖRDÜNCÜ UYARI

TEKFİR BİR OLGU DEĞİL, ŞER'Î BİR HÜKÜMDÜR

Bu gün bazı çevreler, tekfir meselesini sulandırmakta ve ona olmadık manalar yüklemektedirler. Kimileri bunun çok anlamsız bir şey olduğundan dem vururken, kimileri de ifrata kaçarak sınırı aşmaktadırlar. Oysa tekfir, dinin diğer hükümleri gibi bir hükümdür. Nikâh, talak, köle azadı ve benzeri fıkhî meseleler nasıl ki şer'î ahkâmdan ise, tekfir de aynı şekilde şer'î ahkâmdandır. Kimi çevrelerin dillendirdiği gibi ne boş bir lakırdıdır, ne de anlamsız bir mesele!

Şeyhu'l-İslam İbn-i Teymiyye der ki: "Tekfir şer'î bir hükümdür ve ancak şer'î delillerle sabit olur..."[51]

Takiyyuddin es-Subkî der ki: "Tekfir şer'î bir hükümdür. Onun sebebi ise, ya Allah'ın rububiyet ve vahdaniyetini inkâr etmek ya (peygamberlerin) peygamberliğini reddetmek etmek veya Şari'nin, küfür olduğuna hükmettiği söz ve fiil (lerden birini işlemek)dir."[52]

İmam Ğazalî "Faysalu't-Tefrika" adlı eserinde üstteki ibarenin aynısını kullanarak tekfirin şer'î bir hüküm olduğunu belirtir.[53]

Abdurrahman b. Fuad der ki: "Tekfir; dinin hükümlerinden bir hükümdür. Tekfirin bir takım sebepleri, kuralları, şartları, engelleri ve (üzerine terettüp eden bazı) neticeleri vardır. Tekfirin konumu dinin diğer ahkâmı ile aynıdır"[54]

Yaptığımız nakillerden de anlaşılacağı üzere tekfir, başı sonu belli olmayan, kural ve kâidesi bilinmeyen sıradan bir mesele değil; aksine dayanağı Allah ve Rasûlü olan dinî bir hükümdür. Dolayısı ile tekfir, şartları oluştuğu ve engelleri kalktığı zaman uygulanması gerekli olan bir vecîbedir; ama eğer şartları oluşmamış ve engelleri kalkmamış ise o zaman herkesin eline alıp oynayabileceği bir mesele de değildir. Böylesi bir du-

---

[51] İbn-i Teymiyye, "Mecmuu'l-Fetâvâ", 17/78.
[52] Ebu'l Hasen Takiyyuddin es-Subkî, "Fetâvâ's-Subkî", 2/586.
[53] Ğazali, "Faysalu't-Tefrika", sf. 128.
[54] Abdurrahman b. Fuad, "Kavaid fi't-Tekfir", sf. 1.

rumda yalnızca buna ehil olanların konuşup, karar vermesi gerekir. Tekfirin kâide ve kurallarını bilmeyen ya da –tabir yerinde ise– tekfirin "t" sinden bile haberi olmayan kimselerin bu mesele hakkında ağızlarını tutmaları ve haddini bilmeleri gerekir; aksi halde, küfrü reddedip Allah'a iman etmiş bir kulu haksız yere dinden çıkmış sayarak Rasûlullâh *sallallâhu aleyhi ve sellem*'den nakledilen korkutucu hadislerin muhatabı olabilirler.

Bu gün bazı çevreler, tekfiri mutlak olarak kaçınılması gereken bir "olgu" olarak kabul etmektedirler. Oysaki tekfir bir "olgu" değil –üstte de belirttiğimiz gibi– şer'î bir hükümdür. Mutlak olarak kaçınılması da doğru değildir; çünkü bunun neticesinde Allah'a açıkça kafa tutan, şeriata küfreden, beşerî ideolojileri İslam'dan üstün tutan, Allah'ın emrettiği şeyleri yasaklayıp, yasakladığı şeyleri serbest bırakan, Kur'an ve Sünneti göz ardı ederek kanunlar çıkaran, kısacası şirkinde ve küfründe aklıselim tek bir kimsenin dahi şüphe etmeyeceği nice şirk ehli kimselerin Müslüman kabul edilmeleri gibi bir risk vardır. Dolayısıyla tekfir meselesini ele alırken orta yolu tutmak ve her hak sahibine hakkını vermek gerekir. Gerçekten de Allah'a iman etmiş bir kulu dinden çıkmış kabul etmek ne kadar tehlikeli ise, akidesi kesin olarak bozuk olan birisini Müslüman addetmek de aynı şekilde tehlikelidir. Her iki pozisyonda da Allah'ın verdiği hükümden başka bir hüküm verilmiş ve varlık Allah'ın taktığı isimden başka bir isimle isimlendirilmiş olur ki, böylesi bir durum insanı Allah'a hesap vermek zorunda bırakır.

Yeri gelmişken burada önemli bir meseleye atıfta bulunmak istiyoruz: Eğer bir kimse kendisini küfre sokan bir amel işler ve bu noktada tekfirin şartları onda oluşup engelleri de ortadan kalkarsa, onun tekfiri zaruridir. Tekfirin tüm şartları oluştuğu halde kâfiri tekfir etmeyenler, o zaman İslam'ı sabit olan insanlara da Müslüman hükmü vermesinler; çünkü İslam şartları oluşan bir insana Müslüman hükmü vermek ne ise, küfür şartları oluşan bir insana da kâfir hükmü vermek aynıdır. Eğer birileri bazı şahıslarda İslam'ın küçük alametlerini görür görmez hemen İslam hükmü verebiliyor da, küfrün en uç noktasında olan kimseleri ise tekfir edemiyorlarsa, o zaman ortada bir tenakuz olduğu kesindir. İslam'ı hak eden bir insana "Müslümandır" demek ne ise, küfrü hak eden bir insana "Kâfirdir" demekte odur. Arasında nitelik olarak en ufak bir fark yoktur; çünkü ikisi de şer'î bir hükümdür. Küfre girdiği kesin olan birisini eğer tekfir edemiyorsan, o zaman İslam alameti gördüğün kimselere de "Müslüman" dememelisin. Ama şayet İslam'ına dair alameti bulunanlara "Müslüman" hükmü veriyorsan, o takdirde Allah düşmanlarına da hak ettikleri hükmü vermelisin. Bir tarafı tam yapıp diğer tarafı ihmal etmek âdil insanlara yakışmaz. Her hak sahibine hakkını vermek, insaf ehli kimselerin menhecidir.

BEŞİNCİ UYARI

TEKFİR BİR HASTALIK MIDIR?

Burada bu başlığı mutlaka hatırlatmamız gerekmektedir. Öncelikle unutmayalım ki tekfir, müspet ve menfî olmak üzere ikiye ayrılır:

1) Müspet tekfir; şartları oluşan ve manileri gözetilerek yapılan tekfirdir ki bu, bırakın bir hastalık olmasını, aksine vacip olan şer'î bir görevdir.

2-) Menfî tekfir; şartları oluşmamış ve manileri gözetilmeyerek yapılan tekfirdir. İşte tekfirin bu kısmı caiz değildir ve bunu adet edinenler için gerçekten de bir hastalıktır.

Bu alanda eser veren yazarların[55] bazıları hariç, neredeyse tamamı bu ayırımı gözetmedikleri için tekfiri hep sakınılması gereken kötü bir amel olarak nitelendirmiş ve onu icra edenleri –isabet etseler dahi– hastalığa bulaşmakla vasfetmişlerdir. Hâlbuki böyle bir nitelendirme, mutlak olarak kullanıldığı zaman doğru değildir. Bunun bir takım kayıtları vardır. Bu kayıtları zikretmeksizin eğer tekfire hastalık derseniz, o zaman şartları oluşmuş bir tekfiri yapan kimseleri de doğal olarak "tekfircilikle" damgalayabilirsiniz. Bu da hak etmediği bir vasıfla bir Müslümanı itham etmek olduğu için sizi Allah katında sorumlu yapmaya yeter.

Bilinmelidir ki, tekfir bazen aşırılık olabileceği gibi, bazen de imanın bir gerekliliği olabilir. Örneğin, yaşadığı dönemin tâğutlarını tekfir etmeyenler iman iddialarında ne kadar doğrudurlar? Onları tekfir etmeksizin ortaya

---

[55] Şeyh Ebu Muhammed el-Makdîsî'nin tekfirdeki hatalardan sakındırma adına kaleme aldığı bir eseri vardır. Bu eser yakın bir zaman önce Türkçeye çevrilmiştir. Maalesef Şeyh'in tüm uyarılarına rağmen bu eserin ismi, –kasıtlı veya kasıtsız– saptırılmış ve Üstadın murâd etmediği bir mana ile tercüme edilmiştir. Eserin orijinal adı *"Tekfirdeki Aşırılıktan Sakındırma Konusunda Otuz Risale"* şeklinde tercüme edilmesi gerekirken, bu isim *"İslam Ümmetini Tekfircilik Hastalığından Sakındırma Konusunda Otuz Risale"* olarak değiştirilmiş ve tarafımızca kabulü mümkün olmayan bir hata yapılmıştır. Oysa Üstat, tekfirden değil, sadece tekfirdeki hata ve yanlışlardan sakındırmaya çalışmıştır. Hatta kitabının 43. sayfasında şöyle der: *"Bundan amacımız mutlak olarak tekfirden sakındırmak değil, bölümün başında da belirttiğimiz gibi, sadece tekfirdeki aşırılıktan sakındırmaktır..."* Umarız ki eserin ismi diğer baskılarında tashih edilerek Şeyh'in murâdına muhalefetin önüne geçilmiş olur. Başarı yalnız Allah'tandır.

atılan akide iddiası ne kadar tutarlıdır? Elbette ki böylesi bir şey "boş bir iddia"dan öteye geçmez. Çünkü Rabbimiz kendisi için geçerli olan imanı, ancak tâğutların red, inkâr ve tekfirine bağlamıştır. Bu şart tahakkuk etmeden ortaya atılan iman iddiaları hep geçersizdir. Rabbimiz şöyle buyurur:

"Dinde hiç bir zorlama yoktur. Gerçekten iman ile küfür apaçık meydana çıkmıştır. Artık her kim tâğutu tekfir[56] eder ve Allah'a iman ederse o, kopması mümkün olmayan sapasağlam bir kulpa (urve-i vüskaya) tutunmuş olur. Allah işitendir, bilendir." (Bakara, 256)

Görüldüğü gibi tâğut tekfir edilmeden Allah'a olan iman iddiası geçersizdir. Bugün bırakın tâğutları tekfir etmeyi, onları Müslüman kabul eden insanlar bile mevcuttur. Oysa tâğutu reddetmeyen Müslüman olamıyorsa, o tâğutların bizzat kendileri hayda hayda Müslüman olamazlar; çünkü kişilerin imanı, ancak onları reddetmeye bağlanmıştır. Bu gerçekten de ince bir noktadır.

"Gerçekten İbrahim'de ve beraberindeki müminlerde sizin için çok güzel bir örnek vardır. Hani onlar kavimlerine 'Biz hem sizden hem de Allah'ın dışında ibadet ettiğiniz şeylerden uzağız. Biz sizi tekfir ettik.[57] Bir olan Allah'a iman edinceye kadar bizimle sizin aranızda ebedi bir düşmanlık ve kin baş göstermiştir' demişlerdi." (Mümtahine, 4)

Burada da bizler için *"çok güzel bir örnek"* olarak takdim edilen bir peygamberin, tekfiri hak eden kavmine karşı takınmış olduğu tavrı ile karşı karşıyayız. Hem o, hem de yanında ki müminler, hak ettikleri için onları tekfir etmiş ve bu bize *"çok güzel bir örnek"* olarak sunulmuştur.

Şunu bilmemiz gerekir ki küfrü sarih kâfirlerin tekfir edilmesi Allah *subhanehu ve teâlâ*'nın kesin bir emridir. Allah *subhanehu ve teâlâ* şöyle buyurur:

"Deki: ey Kâfirler!" (Kâfirun, 1)

Allah Teâlâ, Nebisine bizzat Mekke müşriklerine "Ey Kureyşliler! Ey Mekkeliler" şeklinde değil bizzat *"Ey Kâfirler"* diye hitap etmesini emretmiştir. Bilindiği üzere emir sigaları, aksi bir karine olmadığı sürece vücub ifade eder.[58] Her ne kadar burada ki hitab direkt Rasulullah *sallallahu aleyhi ve sellem*'e yönelik olsa da, bu noktadaki temel kâide –bilindiği üzere– Rasulullah'a yönelik tüm emirlerin, aksi bir delil olmadığı müddetçe tüm

---

[56] Ayetin bu kısmı *"Kim tâğutu redd ve inkâr ederse…"* anlamına da gelebilir, ama biz bazı âlimlere ittibaan bu tercümeyi tercih ettik.

[57] Ayetteki *"Kefernâ biküm"* ifadesi "sizi reddettik" anlamına geldiği gibi, "sizi tekfir ettik" anlamına da gelir. Biz burada ikinci görüşü tercih ettik.

[58] Bu kaidenin usuldeki ifadesi şu şekildedir: "الامر يقتضي الوجوب ما لم يصرفه صارف"

ümmete şâmil olduğudur.[59] Bundan dolayı kâfirleri tekfir etmek, dinin emirlerine sarılmanın kendisidir.

Nitekim Rasulullah *sallallahu aleyhi ve sellem*'in siyretine baktığımız zaman, O'nun Allah'ın kendisine verdiği bu emri hiçbir çekince göstermeksizin aynen uyguladığına şahit oluruz. İbn-i Hişam'ın naklettiğine göre bir gün Utbe b. Rebîa Rasûlullâh'a gelerek şöyle demiş:

"Ey kardeşimin oğlu! Sen aramızda bildiğin (gibi değerli bir) konumdasın. Ama kavmine öyle bir şey getirdin ki, bununla onların birliğini bozdun, akıllılarını aptallıkla suçladın, ilâhlarını ve dinlerini kötüledin ve babalarını tekfir ettin. Şimdi beni dinle! Sana bir takım tekliflerde bulunacağım..."[60]

İbn-i İshak *"Ebu Bekr Sıddîk'ın Müslüman Oluşu"* başlığı altında şu rivayete yer verir:

"Hz. Ebu Bekr Rasûlullâh *sallallâhu aleyhi ve sellem* ile karşılaşır ve ona 'Ey Muhammed! İlahlarımızı terk ettiğin, akıl(lı)larımızı aptallıkla suçladığın ve babalarımızı tekfir ettiğine dair Kureyş'in söyledikleri doğrumudur?' der. Rasûlullâh *sallallâhu aleyhi ve sellem* de ona bunun doğru olduğunu anlatır..."[61]

Yaptığımız nakillerden anlaşılacağı üzere tekfir, mutlak mana da bir hastalık değildir. Eğer böyle olsaydı, o zaman Hz. İbrahim *aleyhisselam* ya da önderimiz Muhammed *sallallâhu aleyhi ve sellem* gibi bir peygamberin bu hastalığa yakalandığını söylememiz gerekirdi. Bu da Kur'an'ın bize örnek olarak sunmuş olduğu iki şahsiyet hakkında haksız bir niteleme olurdu ki, bizi Allah katında mesul etmeye yeter de artardı bile. Böylesi mutlak bir ifade yerine "Menfî tekfir hastalığı" dememiz veya "Usulsüz tekfir bir hastalıktır" diye nitelemede bulunmamız daha uygun olacaktır.

―――――――――――――――――――

[59] Bu kaidenin usuldeki ifadesi şu şekildedir: الخطاب للتي خطاب لأمته من بعده ما لم يخصصه مخصص شرعي
[60] *"Siyretu İbn-i Hişam"*, sf. 293 vd.
[61] *"Siyretu İbn-i İshak"*, 1/44. ayrıca bkz. *"Delâilü'n-Nübüvve"*, 2/33, 468 nolu haber.

ALTINCI UYARI

İRTİDAT/DİNDEN ÇIKIŞ DÖRT ŞEYDEN BİRİ İLE MEYDANA GELİR

İrtidat; lügatte bir şeyi bırakıp başka bir şeye dönüş yapmak demektir. Istılahta ise; gerek niyet, gerek küfre götüren bir fiil, gerekse bir söz sebebi ile –ister bu sözü alay ederek, ister inat ederek, isterse inanarak söylesin fark etmez– İslam dininden çıkıp küfre dönmek demektir.[62]

Kişi, İslam'ı nakzeden (hükümsüz kılan) hususlardan birisini işlediği takdirde irtidat ortaya çıkar. Bunları dört kısımda incelememiz mümkündür:

1- Söz ile İrtidat: Allah Teâlâ'ya, Rasûllere, meleklere veya kitaplara sövmek ya da şeriatı küçük düşürücü cümleler kurmak hep bu kabildendir.

2- Fiil ile irtidat: Allah Teâlâ'dan başkasına secde etmek, ondan başkası için kurban kesmek, kasten Mushaf'ı tahkir etmek, sihir yapmak, onu öğrenmek ve öğretmek. Allah'ın indirdiklerine alternatif hükümler koymak ve benzeri durumlar bu kısma girer.

3- İtikad ile irtidat: Allah ile beraber bir ilâhın varlığına inanmak, haram şeylerden herhangi birisinin mubah veya mubah şeylerden herhangi birisinin haram olduğunu itikat etmek, dinden kesin olarak bilinen ve farz olduğu hususunda üzerinde icma' bulunan bir şeyin farziyetine inanmamak gibi şeyler de bu kısma dâhildir.

4- Şek ve Şüphe İle İrtidat: Allah'ın varlığından, birliğinden, Kur'an'ın Allah tarafından gönderildiğinden, İslam'ın hükümlerinden ve buna benzer bir takım inanç esaslarının doğruluğundan şüphe etmek ve tereddüte kapılmak gibi inançlar bu kısımda mütalaa edilir.

---

[62] Bkz. "el-Fıkhu'l-İslâmî ve Edilletuhu", Vehbe Zuhayli, 7/501.

Bu uyarıya burada yer vermemizin nedeni ise, Ehl-i Sünnet ile diğer sapık mezhepler arasındaki ihtilafa dikkat çekmektir. Ehl-i Sünnet, kişinin dinden çıkmasını üstte verdiğimiz taksimata göre dört ana başlık altında incelemiş ve kişinin bazen bir söz, bazen bir amel, bazen bir inanç, bazen de bir şüphe ile dinden çıkabileceğini ifade etmişken; Ehl-i Sünnet dışı sapık fırkalardan bazıları ise bu noktada aksi bir yöne saparak dalalete düşmüşlerdir. Şimdi mezheplerin bu noktada ki görüşlerini serdedelim:

1-) Küfür Sadece Dil İle İnkârdan İbarettir Diyen Kerramiyye Görüşü

Bu mezheb, bir kişinin dinden çıkmasını sadece dili ile inkârına hasretmiş ve kalbi ile inkâr etse bile dili ile inandığını söyleyen insanları "mümin" kabul etmiştir. Bu görüş neticesinde tüm münafıkların "Müslüman" olması gerekir ki, Kur'an ve Sünnetin temel öğretileri ile çeliştiği için bunun kabul edilmesi mümkün değildir.

2-) Küfür Sadece Kalp İle İnkârdan İbarettir Diyen Mürcie Görüşü.

Bu mezhebe göre kişi, kendisini küfre sokacak bir ameli işlese ya da ağzından bu meyanda sözler çıksa, kalbi ile buna inanmadığı sürece asla kâfir olmaz! Örneğin, bir insan Allah'a sövse, Kur'an'a hakaretler yağdırsa, Şeriatı küçümsese, putlara kıyam ve secde etse ya da dili ile bir Müslüman'ın söyleyemeyeceği nice lakırdıları telaffuz etse, kalbinde iman bulunduğu sürece bu sözlerin onun imanına hiç bir zararı yoktur! Böyle birisi hem Allah katında hem de kendileri yanında Ebu Bekir *radıyallâhu anh* gibi mümindir! Tahavî şârihi bunun, diğer görüşler arasında en fâsit görüş olduğunu söylemiştir.[63]

Bu gün de kendisini Ehl-i sünnete nispet eden nice Mürcie kafalılar aynı görüşü benimsemektedirler. Hatta bırakın avamı, üst düzey kelam bilginleri bile maalesef bu görüşe meyletmişlerdir.[64] Evet, bu fikir hızla yayılmakta ve İslam'a meyleden bilgisiz insanları bir tufan gibi kuşatmaktadır. Bu görüşün fesadından Allah'a sığınırız.

---

[63] "Şerhu'l-Akideti't-Tahaviyye", İbn-u Ebi'l İzz, sf. 332.

[64] Şerafettin Gölcük ve Süleyman Toprak tarafından Konya'da kaleme alınan ve birçok ilim talebesi ile ilâhiyatçıların kütüphanelerinde yer alan "Kelam" adlı kitapta Ehl-i Sünnet inancı ile taban tabana zıt olan şu görüş yer almaktadır ki, bunun kabul edilmesi mümkün değildir. Müellifler, tasdik bakımından insanları üç gruba ayırdıktan sonra 3. maddede şöyle derler: *"Kalbiyle tasdik ettikleri halde diliyle tekzip edenler. Bunlar ise Allah katında mümin oldukları halde insanlar nezdinde kâfirdirler; bunlara mümin muamelesi yapılmaz..."* Bir insan kalben inandığı şeyleri -ikrah olmaksızın- dili ile tekzip ederse bütün âlimlere göre kâfir olur. Bu konuda Ehl-i sünnet âlimleri arasında hiç bir görüş ayrılığı yoktur. Bu konu birçok kişi tarafından basite alınmıştır, oysa konunun hiç de basite alınacak bir tarafı yoktur. Allah bizi haktan ayırmasın. (Âmin)

3-) Küfür Hem İtikat Hem Dil Hem de Amel İle Olur, Diyen Ehl-İ Sünnet Görüşü

Konunun girişinde de belirttiğimiz gibi, Ehl-i Sünnet'in meseleye bakışı bu şekildedir. Kişi inandığı bir itikat, söylediği bir söz ve işlemiş olduğu bir amel ile dinden çıkabilir. Bu konuda tüm Ehl-i Sünnet âlimler icma' etmişlerdir.[65] Bu gün kendisini Ehl-i Sünnetten addettiği halde, küfür sözü söyleyen ya da küfür ameli işleyenleri *"kalben helal görmediği sürece kâfir olmaz"* diyenler, Ehl-i Sünnetten daha ziyade Mürcie fikrine meyletmişlerdir.

Bu konuyu buraya almamızın nedeni ise; iman ve küfür hükümlerinde baz alınacak temel noktanın kalp değil, söz ve amel olduğunun bilinmesidir. Bu bilinmezse tekfir meselesinde hep yanlış yapılacak, neticesinde de verilen hükümler hep hatalı olacaktır.

Bugün bu meselenin hakikatini kavrayamamış ilim ehli nice insan, maalesef açıkça küfür sözü söyleyen ya da küfür ameli işleyen kimselerin bunu kalben helal kabul edip-etmediğini tam kestiremediklerinden dolayı onları Müslüman kabul etmektedirler. Oysaki küfür amelini işleyen küfre düşer. Bu noktada onun bu ameli helal sayıp-saymadığına bakılmaz. Helal sayıp-saymadığını öğrenmek ancak Mürcie tarafından ortaya atılmış bir iddiadır. Ehl-i Sünnet, böyle bir iddiayı geçersiz saymış ve küfür ameli işleyenlerin niyetlerine bakmaksızın küfre girdiklerine karar vermiştir.

---

[65] Ahmed Bukrîn, "et-Tekfir Mefhumuhu-Ahtaruhu-Davabituhu" adlı eserinde birçok âlimin bu hususta icma' naklettiğini bize bildirmektedir. Bkz. sf. 8.

YEDİNCİ UYARI

ŞİRKİN HARİCİNDEKİ GÜNAHLAR AFFEDİLEBİLİR

Şirk, herhangi bir ibadeti Allah'ın dışında veya Allah ile beraber bir başka varlığa yapmak demektir.[66] Allah, tüm günahları –tevbe etmeksizin– dilerse affedeceğini bildirmişken, şirki kesinlikle affetmeyeceğini söylemiştir. Allah, şirkin affını tevbeye bağlamış ve bu cürümden tevbe etmeyenleri ebedî azap ile uyarmıştır. Rabbimiz şöyle buyurur:

"Doğrusu Allah, kendisine şirk koşulmasını affetmez. Ondan başkasını da dilediğine bağışlar. Allah'a şirk koşan kimse büyük bir günah ile iftira etmiş olur" (Nisa, 48)

Şirk koşan kimse hangi salih ameli işlerse işlesin kendisinden asla kabul edilmeyecek ve önceden yapmış olduğu ameller tamamen boşa çıkacaktır. Rabbimiz şöyle buyurur:

"Eğer onlar (peygamberler) dahi şirk koşsalardı, yaptıkları her amel boşa giderdi." (En'am, 88)

"Andolsun, sana ve senden öncekilere vahyolundu ki: Eğer şirk koşarsan, yemin olsun ki amelin boşa çıkar ve muhakkak zarar edenlerden olursun." (Zümer, 65)

Şirke düşmüş bir insanın –tevbe etmediği sürece– affedilmesi mümkün değildir. Eğer bu şekliyle ölürse kesinlikle cehenneme gider ve orada ebedi kalır. İmam Nevevî der ki:

"Tevhid üzere ölen birisi ne kadar günah işlemiş olursa olsun cehennemde asla ebediyen kalmayacaktır. Aynı şekilde küfür üzere ölen birisi de ne kadar sahih amel işlemiş olursa olsun asla cennete giremeyecektir. Bu açıklama, Ehl-i Sünnetin mesele hakkındaki görüşünü kapsamlı bir şekilde özetlemektedir..."[67]

---

[66] Şirkin tanımı, kısımları ve zararları hakkında ilerleyen bölümlerde detaylı bilgi verilecektir. Oraya müracaat edilebilir.

[67] İmam Nevevî, "Şerhu Sahîhi Müslim", 1/175.

Bu hakikatin bu şekliyle bilinmesi zorunludur. Binaen aleyh, bir kimse eğer şirk koşmuş olarak Allah'ın huzuruna giderse onun bağışlanacağını ümit etmek ayet ve hadislere muhalefetin yanı sıra, duygusal bir temennide bulunmaktan başka bir şey değildir.[68]

---

[68] Bu gün bazı cahiller sırf elektriği bulmasından dolayı Edison'a rahmet okumakta ve Allah'tan onun için bağışlanma dilemektedir. Oysa Edison genel kanıya göre Allah'ı kabul etmeyen ateist birisidir. Onun ateist olduğunu bile bile rahmet okumak veya Allah'ın onu affedebileceğine inanmak –Allah korusun– kişiyi küfre sokmaya yeterlidir. Bu ve benzeri yanlışlardan halkı sakındırmamız ve Allah'ın müşrik kimseleri asla affetmeyeceğini onlara bildirmemiz gerekmektedir.

SEKİZİNCİ UYARI

MUTEBER BİR İHTİLAFIN OLDUĞU YERDE ASLA TEKFİR OLMAZ

İhtilaf insanoğlunun özünde var olan İlâhî bir kanundur. İnsanlar en ufak meselelerde dahi ihtilaf edebilecek bir tabiatta yaratılmışlardır. Öyle ki "bu kadarı da olmaz!" dedirtecek tartışmalara bile şahit olabilmekteyiz. Bu nedenle insanoğlunun benliğinde var olan bu hakikati göz önünde bulundurarak onların anlaşmazlıklarını şer'î bir çerçevede ele almalıyız.

Müslümanlar arasında vuku bulan ihtilaflar mezmum (kınanmış) ve memduh (övülmüş) olmak üzere ikiye ayrılır.

1) Mezmum ihtilaf. İhtilafın bu türü kendi arasında tekrar ikiye ayrılır:

a) Sahibini dinden çıkaran ihtilaf. Bu, imanın aslı ile çelişen meselelerde yapılan ihtilaftır. Şia'dan bazı grupların Kur'an'ın eksik olduğunu iddia etmesi ve Kur'an'ın tahrif edildiğini söylemesi buna örnek olarak verilebilir.

b) Sahibini dinden çıkarmayan ihtilaf. Bu da imanın aslı ile çelişmeyen bir takım kelamî meselelerdeki ihtilaflardır. Günah işleyenin dinden çıkıp-çıkmayacağı tartışması buna örnek gösterilebilir.

Bu iki maddeden her biri mezmum ihtilaf çerçevesinde değerlendirilmiş ve içerisine düşenler kınanmıştır.

2) Memduh ihtilaf. Bu da şer'î delillerin farklı şekillerde yorumlanması neticesinde meydana gelen bazı fıkhî meselelerde ve fer'î hükümlerde olur.[69] Başın ne kadarının mesh edileceği, kadının ne kadar iddet bekleyece-

---

[69] Bilindiği üzere şer'î deliller subut ve delalet açısından ikiye ayrılır. Bunlardan da her biri ayrıca kendi içerisinde kat'î ve zannî olmak üzere ikiye bölünür. Bu ayrımların neticesi olarak karşımıza subutu ve delaleti kat'î; subutu kat'î, delaleti zannî; subutu zannî, delaleti kat'î; hem subutu hem de delaleti zannî olmak üzere dörtlü bir taksimat çıkmaktadır. Kur'an ve mütevatir hadisler subut (sözün sahibine nispetinin gerçekliliği) açısından kat'î delillerdir. Bununla beraber gerek Kur'an ayetleri gerekse hadisler delalet (hangi manayı içerdiği) açısından kat'î veya zannî olabilirler. Subutu ve delaleti kat'î olan bir şeyi inkâr eden küfre düşer. Eğer subutunda zannilik varsa bunu kabul etmeyen hemen küfre nispet edilmez, ama yerine göre dalalete düşmekle suçlanabilir. Âlimlerin ihtilaf ettikleri meseleler hep bünyesinde zan barındıran delillerden kaynaklanmıştır. Kat'î delillerde asla ihtilaf etmemişlerdir. İşte Memduh ihtilaf hep zannî delillerden naşi olarak gündeme gelmiştir. İki yönden de kat'î olan delillerden naşi olan tek bir ihtilaf dahi vuku bulmuş değildir. Buna binaen zannî delillere dayanan ihtilaflarda iki tarafın birbirini itham etmesi asla söz konusu olmamıştır. Bu nedenle de bu tür ihtilafa "Memduh ihtilaf" denmiştir.

ği ve benzeri konular hep memduh ihtilaf çerçevesinde değerlendirilmiştir.[70]

Bu girişten sonra hemen belirtmeliyiz ki, muteber bir ihtilafın olduğu yerde asla tekfir olmaz; tekfir ancak üzerinde icma' bulunan meselelerde muhalefet eden kimseler için söz konusudur.[71]

Fehd Abdullah der ki: "Anlattığımız şeylerden şu önemli kâideyi formüle edebiliriz: Tekfir ancak hakkında icma' olan meselelerde olur."[72]

Kitabının başka bir yerinde de şöyle der:

"İhtilaflı meselelerde tekfir etmek caiz değildir. İslam âlimleri bu gerçeğe dikkat çekmiş ve şöyle demişlerdir: 'Zannî delile dayanan meselelerde tekfir olmaz' (…) "Tartışmalı meselelerde (karşı tarafı) kınamak dahi mümkün değilken ya (ona) kâfir hükmü vermek nice olur?"[73]

"el-Mevsuatu'l-Kuveytiyye" adlı eserde İbn-i Abidin'den naklen şöyle denir:

"Sözünü güzel bir şekilde yorumlamak mümkün olduğu veya küfür olduğunda –zayıf bir rivayet dahi olsa– ihtilafın bulunduğu şeylerde Müslümanın tekfir edilmesi uygun bir şey değildir."[74]

Ulema, ihtilaflı meselelerde karşı tarafı tamamen haksız kabul etmeyi bile uygun görmemişken, bu meselelerde tekfirleşenler acaba hangi insaf ilkesine göre hareket etmektedirler? Bunu anlamak gerçekten de mümkün değildir. Oysa âlimlerimiz böylesi tartışmalı meselelerde "Hata ihtimaliyle birlikte bizim mezhebimiz doğrudur; doğru olma ihtimaliyle beraber muhalifimizin mezhebi yanlıştır" diyerek karşı tarafın da –az bir ihtimalle bile olsa– haklı olabileceğini kabul etmişlerdir. Muhalifin haklı olabileceği ihti-

---

[70] Burada şu noktalara temas etmemiz yerinde olacaktır:

    1) İhtilaf kaçınılmaz bir şeydir. Onu tamamen yok saymak mümkün değildir.

    2) Fıkhî ihtilaflar bir rahmet ve ümmet için bir genişlik vesilesidir.

    3) İhtilafın bu türünde karşı tarafı suçlamamak ve itham etmemek esastır,

    4) İhtilaflı meselelerde isabet eden taraf genelde kesin olarak bilinmemektedir. Fehd Abdullah, *"et-Tekfir Hukmuhu-Davabituhu-el-Ğuluvvu fihi"*, sf. 109 vd.

[71] Bu kaydı burada zikretmemizin sebebi muteber olmayan ihtilafın olduğu yerde –eğer bu ihtilaf küfür derecesine ulaşıyorsa- tekfirin olabileceğidir. Unutmayalım ki tarihin her devrinde küfre sapmış insanların basitte olsa ellerinde bir delili vardır. Kendince delilsiz bir şekilde küfre sapan neredeyse yok gibidir. Bu nedenle İslam âlimleri elinde muteber bir delili olduğu halde hata işleyenlerle muteber bir delile sarılmadan hata işleyenleri hep birbirinden ayırt etmişlerdir. Eğer bu ayırım yapılmazsa o zaman tarihteki en azgın kişilerin bile itham edilmemesi gerekir.

[72] Fehd Abdullah, "et-Tekfir Hukmuhu-Davabituhu-el Ğuluvvu fihi", sf. 113.

[73] A.g.e. sf. 111.

[74] "el-Mevsuatu'l Fıkhiyyetu'l Kuveytiyye", Tekfir maddesi, 13/227.

mali dahi, –bırakın tekfirleşmelerini– birbirlerini itham etmelerini bile olanaksız kılmıştır.

İslam tarihinde nice büyük ihtilaflar olmuştur. Hatta kabul edilmesi asla mümkün olmayan görüşler bile ortaya atılmıştır, ama buna rağmen hiçbir âlim karşı taraftakini sırf kendi görüşüne muhalefet ettiği için tekfir etmemiştir. Bu meseleye şöyle bir örnek verebiliriz: Kur'an-ı Kerimde ki sûrelerin başında yer alan "besmele"nin bir ayet olup-olmadığı mezhepler arasında bir hayli tartışılmıştır.

a) İmam Şafiî, bunun bir ayet olduğunu belirtmiştir.

b) İmam Malik, bunun bir ayet olmadığını savunmuştur.

c) İmam Ebu Hanife ise bunun tam bir ayet olduğunu, ama sûre başlarından bir ayet olmadığını söylemiştir.[75]

Bilmemiz gerekir ki, Kur'an üzerine bir harf ilave etmek veya ondan bir harf çıkarmak tüm ulemaya göre küfürdür. Şimdi, İmam Şafiî'nin içtihadına göre İmam Malik Kur'an'dan tam 113 ayeti[76] yok saymıştır. İmam Malik'e göre ise İmam Şafiî Kur'an'a tam 113 ayet ilave etmiştir. Her iki âlime göre de Kur'an'a ilave yapmak veya ondan bir şeyi çıkarmak küfürdür. Fakat burada bir içtihat söz konusu olduğu için ne İmam Şafiî İmam Malik'e "sen kâfir oldun" demiştir ve ne de İmam Malik İmam Şafiî'ye "sen dinden çıktın" diye bir ithamda bulunmuştur. Onlar, ihtilafın olduğu yerde tekfirin olmayacağını iyi bildikleri için asla birbirlerine böylesi ithamlarla suçlamamışlardır.[77]

Bu gün de küfür olduğu ihtilaflı olan meselelerde asla Müslümanların birbirlerini tekfir etmemesi gerekmektedir. Kişi her ne kadar o mesele hakkında sakınmayı esas alsa ve o işi işleyenlere kendince tavır takınsa dahi yine de meseleyi tekfir boyutuna taşımamalıdır. Unutmayalım ki tekfir, delaleti ve sübutu kat'î olan meselelerde olur. Delaletinde veya sübutunda zannîlik varsa o zaman Müslüman –her ne kadar tercih yapma hakkına

---

[75] Bkz. Ali Sabunî, "Tefsiru Ayâti'l-Ahkâm", 1/34.

[76] Tevbe suresi besmele ile başlamadığı için buradaki ilave veya çıkarma 113 olacaktır.

[77] Buna şu ihtilafı da örnek gösterebiliriz: Temyiz yaşına girmiş bir çocuk kendisini dinden çıkaracak bir amel işlese veya –hâşâ– Allah'a sövse, Ebu Hanife ve İmam Muhammed'e göre kâfir olur. Ebu Yusuf ise böyle bir çocuğun –buluğ çağına girmediği için– kâfir olmayacağına fetva vermiştir. Bkz. "Hukuku İslâmiyye Kamusu", 4/8

Şimdi ne Ebu Hanife "sen benim kâfir dediğime kâfir demedin" diye Ebu Yusuf'u tekfir etmiştir, ne de Ebu Yusuf "sen benim Müslüman kabul ettiğimi kâfir görüyorsun" diye Ebu Hanife'yi suçlamıştır. Kesinlikle böylesi bir suçlama vuku bulmuş değildir. Hâlbuki birinin "kâfir" dediğine öbürü "Müslüman" demekte diğerinin "Müslüman" dediğine ise öbürü "kâfir" gözüyle bakmaktadır. Aralarında muteber bir ihtilaf söz konusu olduğu için iki taraf arasında hiçbir surette tekfirleşme söz konusu olmamıştır.

sahip olsa da– kendisi gibi düşünmeyen diğer Müslümanları asla tekfir etmemelidir.[78]

───────────────

[78] İbn-i Abidin der ki: *"Bir meselede tekfiri gerekli kılan birçok yön olsa, bununla beraber birde tekfire mani tek bir vecih olsa müftünün –tehlikesinin büyüklüğü ve Müslümana hüsnü-ü zan beslemesi gerektiği için– tekfire mani olan o veche meyletmesi gerekir."* Bkz. "el-Mevsuatu'l Fıkhiyyetu'l Kuveytiyye", Tekfir maddesi, 13/227.

DOKUZUNCU UYARI

BİN KÂFİRİ TERK ETMEK, HAKSIZ YERE BİR MÜSLÜMANIN KANINA GİRMEKTEN DAHA EVLÂDIR

Bu başlık gerçekten de çok önemlidir. Allah'a iman etmiş muvahhid bir Müslümanı haksız yere küfürle suçlayarak kanına girmek, öldürülmeyi hak etmiş binlerce kâfiri terk etmekten daha kötüdür. Çünkü Müslümanın kanı Allah katında Kâbe'den daha değerlidir.[79] İbn-i Hacer, İmam Gazalî'nin *"et-Tefrika Beyne'l-İmani ve'z-Zendeka"* adlı eserinde şöyle dediğini nakleder:

"Yol bulunduğu sürece (Müslümanları) tekfir etmekten uzak durmak gerekir. Çünkü tevhidi kabul ederek namaz kılan kimselerin kanlarını helal saymak bir hatadır. Bin kâfirin hayatta kalmasında yapılacak hata, bir Müslümanın kanını dökmekte yapılacak hatadan daha ehvendir."[80]

Ebu Basîr et-Tartûsî, bunun nedenlerini şöyle açıklar:

1-) Hata sonucu bir Müslümanı tekfir etmek İslam'ın onun için korumuş olduğu tüm hakları haksız yere çiğnemeyi gerektirir. Ve bu, onunla diğer müminler arasındaki tüm sevgi ve velayet bağlarının koparılması manasına gelir. Müslümanı (haksız yere) tekfir etmek onu öldürmek gibidir. Nitekim bir hadiste şöyle buyrulur:

"Kişi (din) kardeşine (haksız yere) 'ey kâfir!' dediği zaman, adeta onu öldürmüş gibidir. İman etmiş bir kula lanet okumak onu öldürmeye benzer."[81] (...)

---

[79] Rasûlullâh *sallâllahu aleyhi ve sellem* bir gün Kâbe'ye bakarak: *"Merhaba sana ey Kâbe! Sen ne yücesin, dokunulmazlığın ne de yüce! (Ama) iman etmiş bir kulun Allah katındaki dokunulmazlığı (hürmeti) seninkinden daha üst seviyededir. Allah senin hakkında bir şeyi haram kılmışken mümin hakkında üç şeyi haram kılmıştır. Onun kanını, malını ve hakkında su-i zan beslenilmesini haram kılmıştır."* buyurdu. "Silsiletü'l-Ehadisi's-Sahiha", 3420.
İbn-i Ömer *radıyallâhu anh* bir gün Kâbe'ye baktı ve şöyle dedi: *"Ey Kâbe! Yemin olsun ki Allah seni şerefli kılmış ve seni yüceltmiştir, (ama) mümin bir kul (Allah katında) senden daha çok hürmete sahiptir."* (Kenzü'l-Ummal, 1/164. 817 nolu hadis)
[80] İbn-i Hacer el-Askalânî, "Fethu'l-Bârî", 12/321. İmam Gazalî'nin buna benzer bir ifadesi için bkz. Ahmed Bukrîn, "et-Tekfir; Mefhumuhu-Ahtaruhu ve Davabituhu", sf. 108; Yusuf el-Karadâvî, "Tekfirde Aşırılık", sf. 83.
[81] Hadis için bkz. "Sahihu'l-Camii's-Sağîr", hadis no: 710.

2-) Bir Müslümanın tekfirinde yapılacak hata birkaç yönlü hatadır:

a) Müslümana, Allah'ın verdiği hükmün hilafına küfür hükmü vererek Allah'ın hükmüne isabet ettirmemek sureti ile Allah hakkında bir hatadır.

b) Küfürle itham edilmesine, İslam'ın ona tanıdığı tüm hakları ortadan kaldırmak gibi bir takım sonuçlar terettüp ettiği için o kul hakkında bir hatadır.

3-) Bir Müslümanın tekfirinde yapılacak hata, tekfir eden kimse için bir takım problemler meydana getirir. Belki de -eğer Müslümanı tekfir ederken şer'î bir dayanağa ve muteber bir tevile dayanmıyorsa- bilmeden onu helakin ve küfrün eşiğine dûçar edebilir.

4-) Şeriatın kâide ve nassları –yol bulunduğu sürece– af yolunu tercih etmeye daha meyyaldir. Dolayısıyla, affetme ve hoş görmede yapılacak hata, ceza vermede yapılacak hatadan daha ehvendir…"[82]

Buhari ve diğer hadis imamlarının Üsame b. Zeyd *radıyallâhu anh'*den rivayet ettikleri şu hadis meselenin önemini vurgulamada oldukça önemlidir. Üsame b. Zeyd *radıyallâhu anh* der ki: "Rasûlullâh *sallallâhu aleyhi ve sellem* bizleri *"Huraka"* denilen bölgeye gönderdi. Sabahleyin onlara baskın yaparak kendilerini hezimete uğrattık. Ben ve Ensar'dan birisi onlardan bir adama yetiştik. Onu yakalayınca adam hemen "Lâ ilâhe illallah" dedi. Ensardan olan kişi ona ilişmedi. Ben ise öldürene dek mızrağımı ona sapladım. Medine'ye gelince bu olay Rasûlullâh *sallallâhu aleyhi ve sellem'*e ulaştı. Bunun üzerine Rasûlullâh *sallallâhu aleyhi ve sellem* şöyle buyurdu: 'Üsame! La ilâhe ilallah dedikten sonra mı onu öldürdün?' Ben: 'Ama canını kurtarmak istediği için böyle yaptı' dedim. Rasûlullâh *sallallâhu aleyhi ve sellem* sözünü o kadar çok tekrarladı ki, sonunda ben, keşke o günden önce Müslüman olmamış olsaydım diye temennide bulundum."[83]

Bazı rivayetlerde: "Sen kıyamet günü (onun söylemiş) olduğu Lâ ilâhe illallah'ı ne yapacaksın?" şeklindedir.[84]

Bu ve benzeri korkutucu nasslar sebebiyle Allah'a iman etmiş bir kulu haksız yere tekfir etmekten son derece sakınmalıyız. Eğer onun tekfirine engel olacak –mercuh/zayıf dahi olsa– bir delil varsa bu delili değerlendirmeli ve o kulun İslam dairesi içerisinde kalmasına özen göstermeliyiz.

---

[82] Abdulmun'im Mustafa Halime, "Kava'id fi't-Tekfir", sf. 226, 227.
[83] Buhârî, Meğâzi 45. Hadis no: 4270.
[84] Müslim, İman, 97. Hadis no: 160.

İKİNCİ BÖLÜM
KÜFRÜN SEBEP VE ÇEŞİTLERİ

Bu bölüm içerisinde yer alan konuların bilinmesi tekfir meselesi açısından çok önemli bir yere haizdir; zira tekfir hükmünde doğru bir kanaate sahip olabilmek, ancak küfrün sebep ve çeşitlerini bilmekle mümkün olur.

Küfrün sebepleri Ehl-i Sünnet ile Mürcie arasında hararetle tartışılmıştır. Ehl-i Sünnet bunun sebeplerinin "söz" ve "fiil" olduğunu savunurken; Mürcie bunu sadece kalbe hasretmiştir. Aynı şekilde küfrün çeşitleri/türleri hakkında da bu iki mezhep arasında çok hararetli nizalar, tartışmalar ve görüş ayrılıkları meydana gelmiştir. Biz burada bu meselenin tahliline geçmeden önce "küfür" ve "tekfir" kavramlarının kısaca izah edilmesini uygun görüyoruz. Ta ki bu sayede okuyucu meseleyi hakkıyla kavramış olsun.

Küfür

Küfür sözlükte "örtmek, gizlemek ve setretmek" anlamlarına gelir. Bu nedenle çiftçiye, geceye ve kabre "kâfir/örtücü" denmiştir. Rabbimiz şöyle buyurur:

"(Bunların) örneği ekini çiftçilerin hoşuna giden yağmur gibidir." (Hadid, 20)

Ayetin orijinalinde yer alan "el-Küffar/kâfirler kelimesinden kasıt "çiftçiler"dir. Çiftçiler tohumu toprak ile örttükleri için bu isimle anılmışlardır. Aynı şekilde her şeyi gizlediği için "geceye", içerisine defnedilen ölüleri örttüğü için "kabre", kılıcı setrettiği için "kınına" ve yıldızları örttüğü için "buluta" da "kâfir" denmiştir. Birtakım günahları örttüğü için bazı ibadetlere de keffâre(t) denilmiştir. Kâfir kişi de Allah'ın varlığını, ayetlerini, nimetlerini veya hükümlerini görmezlikten, bilmezlikten gelip örterek inkâra gittiğinden bu ismi almıştır.

Şer'î ıstılahta ise küfür kelimesi, imana aykırı olan inanç, söz veya ameldir. İman ve küfür birbirinin zıddıdır. İkisi asla bir arda bulunmaz. Birinin varlığı ile diğeri yok olur. İki zıt şeyin bir arada bulunamayacağı aklın kabul ettiği bir kuraldır.[85]

Küfür; zahirî ve gizli, büyük ve küçük, aslî ve arızî olması bakımından birçok kısma ayrılır. Küfür meselesi ilerleyen bölümlerde etraflı bir şekilde ele alınacağı için detaylı bilgi orada verilecektir. Burada ise sadece tarifi ile yetinilmiş ve detayı ileriye bırakılmıştır.

Tekfir

Bu kavram sözlükte "Ehl-i Kıbleden bir kimseyi küfre nispet etmek[86] ve onun kâfir olduğuna inanmak" manasına gelmektedir. Istılahta ise işlemiş olduğu bir amel veya söylemiş olduğu bir söz sebebiyle bir kimsenin kâfir olduğuna hükmetmektir. Bu meselenin de detayı ilerleyen sayfalarda ele alınacak ve gereken bilgi orada verilecektir.

Küfür ve tekfir kavramlarının kısaca izahını yaptıktan sonra şimdi asıl konumuz olan küfrün sebep ve çeşitlerini anlatmaya geçebiliriz. Konumuza öncelikle "sebep" kavramının izahıyla başlayacağız.

Sebep

Bu kavram, Fıkıh Usûlü ilminin kavramlarından birisidir. Vad'î hükümlerden birisi olması hasebiyle bu kavramı en iyi şekilde öğrenebileceğimiz kaynaklar usûl kaynaklarıdır. Usûl kitaplarında "sebep" kavramı şu şekilde tarif edilmiştir:

"Varlığından varlık, yokluğundan da yokluk gereken şeydir." Diğer bir deyişle "Şari'nin,[87] varlığını, hükmün varlığına, yokluğunu da hükmün yokluğuna bir alamet kıldığı her şeydir."[88] Bunu şu misallerle açıklayabiliriz:

Allah *celle celâluhu* zinayı, had cezasının uygulanması için bir sebep kılmıştır. Zinanın varlığı onun hükmü olan had cezasının da varlığını gerektirir, zinanın yokluğundan da had cezasının yokluğu anlaşılır. Yine Allah *celle celâluhu* zeval vaktini (güneşin gökyüzünün ortasından batıya doğru yönelmeye başlamasını), öğle namazının farziyeti için sebep kılmıştır. Eğer zeval

---

[85] "Ehl-i Sünnet ve'l-Cemaat'e Göre İman", 442.
[86] "el-Mevsuatu'l-Fıkhiyyetu'l-Kuveytiyye", 13/227. Tekfir maddesi.
[87] "Şâri'" ile kast edilen Allah ve Rasûlüdür. Hakiki Şâri' Allah'tır. Rasûlullâh *sallallâhu aleyhi ve sellem*'e de "Şari'" denilmesi mecazendir.
[88] "el-Kafî'l-Vâfi fi Usuli'l-Fıkhi'l-İslâmî", 51; "el-Vecîz fi Usuli'l-Fıkh", sf. 55.

vakti girmişse, öğle namazı farz olur; şayet o vakit girmemişse o zaman öğle namazının farziyeti de söz konusu değildir. Varlığından hükmün de varlığı, yokluğundan hükmün de yokluğu gerekir. Usul kitaplarımızda "sebep" kavramı kısaca bu şekilde açıklanmıştır.

Konumuz olan "küfür" kavramının da sebebi asıl itibariyle dört[89] olmakla birlikte, dünyevi hükümler açısından ikidir; bu da "söz" ve "fiil"dir. Bunun üçüncü bir yolu yoktur. Yapılması imanın olmazsa olmazı diyebileceğimiz bazı söz ve fiilleri terk etmek de buna dâhildir.[90] Küfrü gerektiren bir sözü telaffuz eden veya küfür gerektiren bir fiil işleyen kimse küfrün sebeplerinden birisini işlemiş olur. Bu iki sebebin bir arada bulunmasıyla veya bu ikisinden birinin mevcudiyetiyle bir kişinin küfrüne hüküm verilir. Kişi, kalbinde meydana gelen ve küfrü mucip kılan bir itikada sahip olursa onun küfre düştüğüne hüküm verebilmek için yine bu iki unsurdan birisinin aracılığına başvurulur.[91]

İşte tam burada Mürcie'nin, kendi içerisinde ne kadar da çelişki içerisine düştüğünü anlarız. Onlar, bir insanın kâfir olması için sadece kalben inkâr etmesini şart koşmuşlardır.[92] Sözlü ve fiilî küfrü kişilerin kâfir olması için yeterli görmemişlerdir. Oysa bu şart kabul edildiğinde bir insan hakkında hüküm vermek mümkün değildir; zira bir insanın kalben kâfir olup-olmadığını bilmek, ancak ondan sadır olacak söz ve fiil ile mümkündür. Bu olmadan kalben küfür itikadına sahip birisine hüküm vermemiz asla söz konusu değildir. Abdulkadir b. Abdulaziz der ki:

"Sahibinin durumunu tespit etmeyi mümkün kılan zahirî delil kişinin kalbinde olan değil, onun sözü ya da fiilidir."[93]

İşte bu nedenle Ehl-i Sünnet âlimlerinin tamamı, dünyevî hükümlerin sadece zâhire göre verileceği hususunda icma etmişlerdir. İbn-i Hacer der ki: "Dünyevî hükümlerin zahire göre verileceği hususunda âlimlerin tamamı icma etmiştir."[94]

---

[89] Bu sebepler şunlardır:
   1- Küfre düşüren söz,
   2- Küfre düşüren fiil,
   3- Küfre düşüren itikad,
   4- Küfre düşüren şek/şüphe.
[90] Bkz. "Ehli Sünnete Göre İman ve Küfür Hükümleri", sf. 31.
[91] Bkz. A.g.e. aynı yer.
[92] Bu mesele kitabın üçüncü bölümünde etraflıca ele alınacaktır. Oraya bakabilirsiniz.
[93] "Ehli Sünnete Göre İman ve Küfür Hükümleri", sf. 17. (Bu kitap el-Cami'nin bir bölümünün tercümesidir.)
. [94] "Fethu'l-Bârî", 12/383.

Kitabın giriş bölümünde "Altıncı Uyarı" başlığı altında dinden çıkışın dört sebepten biri ile meydana geleceğine atıfta bulunmuştuk. Burada ise küfrün sebeplerinin"iki" olduğunu söyledik. Akla *"acaba bu iki başlık arasında bir çelişki mi var?"* diye bir soru gelebilir. Bu soruyu şu şekilde cevaplandırırız: Bir insanın kâfir olması dünyevî ve uhrevî açıdan ikiye ayrılır. Dünyevî hükümler açısından düşünüldüğünde bir insanın küfrüne hükmedebilmenin söz ve fiilden başka bir yolu yoktur. İtikat, bu bağlamda bizim için bir delil değildir; çünkü bir kimse sözlü veya fiilî olarak kalbindeki şeyi ortaya koymadığı sürece, bizim onun kalbinde yer eden inancı bilmemiz mümkün değildir. Bu yalnızca Allah'ın deruhte ettiği bir şeydir. Bu nedenle böylesi bir kimsenin küfre girdiğine hükmedebilmemiz onun ortaya koyacağı söz ve fiile bağlıdır. Dünyevî ahkâm açısından mesele böyledir. Uhrevî hükümler açısından meseleye baktığımızda, bir kişinin küfre girmiş olduğunun tespitinde yegâne unsur onun itikadıdır.[95]

Yani kişi dünyada söz ve fiil ile yargılanacakken, ahirette bununla birlikte bir de itikadından hesaba çekilecektir. Dolayısıyla bu iki mesele arasında her hangi bir çelişkinin varlığı söz konusu değildir.

Küfrün sebeplerinin iki kısımdan müteşekkil olduğunun altını çizdikten sonra, şimdi de küfrün çeşitlerinin tafsilatına geçebiliriz.

Bilindiği üzere Mürcie küfrü sadece kalbe hasretmiş ve kişinin ancak kalbinde var olan inkâr veya yalanlama ile kâfir olacağını belirtmiştir. Ehl-i Sünnet ise, Kur'an ve Sünnette yer alan ifadelerden hareketle küfrün birçok kısmı olduğunu, dolayısıyla bunlardan birisinin işlenmesi durumunda irtidatın meydana geleceğini söylemiştir.

Şimdi onların ortaya koyduğu bu taksimatı ve delillerini zikretmeye geçebiliriz.

---

[95] Burada önemli bir hususun altını çizmek istiyorum. Bizim bu ibarelerimizden *"küfrü gerektiren bir söz veya fiil ortaya koyduğu halde kıyamette sadece kalbindeki itikada göre yargılanacaktır"* şeklinde bir anlam çıkarılmamalıdır. Biz bu şekilde düşünmüyoruz. Bizim meseleye bakışımız Ehl-i Sünnet'in bakışıdır. Malum olduğu üzere Ehl-i Sünnete göre bir kimse, küfrü mucip bir söz veya amel işlese hem zahiren hem de batınen kâfir olur. Abdulkadir b. Abdulaziz der ki: *"Ehl-i Sünnet'in bu konudaki mezhebi şudur: Kim küfre düşürücü bir söz söyler yahut bir fiil işlerse bizzat bu söz ve ya da fiil nedeniyle dünyevî hükümde zahiren, hakiki hükme göre ise batınen kâfirdir, çünkü şer'î delilin küfrüne hükmettiği kimse zahiren ve batınen kâfirdir. Allah Teâlâ'nın bildirmiş olduğu şer'î delil, batını bunun dışında bırakarak sadece zahiri kapsamaz, bilakis hem zahiri hem de batını içeren hakiki hükmü ifade eder."* (Ehli Sünnete Göre İman ve Küfür Hükümleri, 36.)
Üstteki ifademizden kişilerin yalnızca kalplerindeki itikatlarına göre yargılanacağı şeklinde bir anlam çıkarılmamalıdır. Bizim orada kastettiğimiz, dünya da yargılamanın sadece söz ve fiil ile; ahiretteki yargılamanın ise bu ikisinin yanı sıra bir de itikat ile olacağıdır.

Küfrün Çeşitleri:

Kur'an ve Sünnette yer alan ifadelerde küfür, "büyük"[96] ve "küçük"[97] olmak üzere iki kısama ayrılmıştır. Büyük küfür sahibini dinden çıkarıp ebedî cehennemlik yaparken, küçük küfür dinden çıkarmaz. Küfrün bu kısmını işleyen kimse cehennem de ebedi surette kalmaz, sadece cezasını çekerek sonunda cennete girer. Küfrün bu taksimatı ve buna dair geniş bilgi kitabın dördüncü bölümünde yer alacaktır. Bizim küfrün çeşitleri dediğimizde kastettiğimiz "büyük küfür"dür. Büyük küfür –biraz önce de dediğimiz gibi– sahibini dinden çıkarır ve birçok kısma ayrılır. Bu kısımları şu şekilde maddeleştirebiliriz:

1) Yalanlama Küfrü (Küfrü't-Tekzib): Küfrün bu çeşidi, Allah'ın haber verdiği şeylerin aksini savunmakla meydana gelir. Örneğin, ahiretin var olduğunu Allah Teâlâ Kur'an'da açıkça ifade etmiştir. Bu hakikatin yok olduğunu söylemek veya "Böyle bir şey olamaz" demek, onu yalanlamaktır ve tekzib küfrüne girer. Aynı şekilde Allah'ın haram veya helal kıldığı bir şeyin aksini iddia etmek de bu kabildendir. Yalanlama küfrüne şu ayeti örnek verebiliriz:

"Allah'a karşı yalan uyduran veya kendisine hak gelmişken onu yalanlayandan daha zalim kimdir? Cehennem de kâfirler için bir yer mi yok?" (Ankebut, 68)

2) Kibirlenme Küfrü (Küfrü'l-İstikbâr): Bu, Allah ve Rasûlü'nün söylediklerinin hak olduğunu bilmekle beraber, kibirlendiği ve gurura kapıldığı için hakkı kabule yanaşmayan kimselerin küfrüdür.

"Onlar şöyle dediler: Sana düşük seviyeli kimseler tabi olup dururken, biz sana iman eder miyiz hiç?" (Şuara, 111)

Şeytanın küfrü de bu kısım içerisinde değerlendirilir.

"Hani biz meleklere: 'Âdem'e secde edin' demiştik de, şeytan hariç hepsi secde ettiler. O reddetti, kibirlendi ve kâfirlerden oldu." (Bakara, 34)

3) Şek ve Şüphe Küfrü (Küfrü'ş-Şekki ve'r-Rayb): Allah'ın buyurduğu ve Rasûllah'ın getirdiği şeylerin doğruluğunda şüphe etmek veya tereddüt geçirmek, küfrün bu kısmında değerlendirilir. Rabbimiz şöyle buyurur:

"Derken kendine zulmederek bağına girdi ve şöyle dedi: 'Bunun sonsuza değin yok olacağını sanmıyorum. Kıyametin kopacağını da zannetmiyorum. Şayet Rabbime döndürülsem bile andolsun bundan daha iyi bir sonuç bulurum.' Arkadaşı, ona cevap vererek: 'Seni topraktan, sonra bir damla meniden yaratan, sonra da se-

---

[96] Küfrün bu kısmına "Dinden çıkaran küfür" ve "Küfrü ekber" de denir.

[97] Küfrün bu kısmına "Dinden çıkarmayan küfür", "küfrü esğar" ve "küfrün dûne küfür" de denir.

ni (eksiksiz) bir insan şeklinde düzenleyen Allah'ı inkâr mı ediyorsun?' dedi."
(Kehf, 35-37)

Onlara peygamberleri mucizeler getirdiler de onlar (öfkeden parmaklarını ısırmak için) ellerini ağızlarına götürüp, 'Biz sizinle gönderileni inkâr ediyoruz. Bizi çağırdığınız şeyden de derin bir şüphe içindeyiz' dediler. (İbrahim, 9)

4) Yüz Çevirme Küfrü (Küfrü'l-İ'râz): Hakkı küçük görerek veya basite alarak öğrenmemek, gereğince amel etmemek ve ona teslim olmamak, küfrün bu çeşidine dâhildir. Bu da üçe ayrılır.

a) Kalben yüz çevirme

b) Söz ile yüz çevirme

c) Davranışlarla yüz çevirme

"Kâfirler uyarıldıkları şeylerden yüz çevirmiş olanlardır." (Ahkâf, 3)

Buna göre, Rasûlullâh *sallallâhu aleyhi ve sellem*'in Rabbinden getirdiklerinden "ben ona uymam, onu yapamam" ya da "benim buna ihtiyacım yoktur" demek sureti ile yüz çeviren yahut hakkı işittiği vakit onu işitmemek için kendisi konuşmaya başlayan ya da parmakları ile kulaklarını tıkayan kimse gibi, fiiliyle buna karşı çıkan ya da hakkın zikredildiği yerlerden kaçan yahut hakkı işitmekle birlikte kalbini ona iman etmekten başka tarafa döndüren, organlarını da gereğince amel etmekten uzak tutan ve bunu haktan hoşlanmadığı için yapan bir kimse de, haktan yüz çevirmek sureti ile küfreden bir kâfirdir.[98]

5) Münafıklık Küfrü (Küfrü'n-Nifâk): Bu da, kalben İslâm'ın öğretilerini inkâr etmekle birlikte, zâhiren ona tabi olan kimselerin küfrüdür. Böyleleri dilleri ile İslâm'a bağlılıklarını söylerken aynı zamanda kalplerinden ona buğzeder ve nefretle onu inkâr ederler.

"İnsanlardan bazıları vardır ki, iman etmedikleri halde 'Biz Allah'a ve ahret gününe iman ettik' derler." (Bakara, 8)

6) Taklit Küfrü (Küfrü't-Taklîd): Kişinin küfrün önder ve liderlerinin yolunu takip ederek düşmüş olduğu küfür çeşidi bu kısma dâhildir.[99]

"Gerçekten Allah, kâfirleri lanetlemiş ve onlar için çılgın bir ateş hazırlamıştır. (...) "Ve dediler ki: Rabbimiz, gerçekten biz, efendilerimize ve büyüklerimize itaat ettik, böylece onlar bizi yoldan saptırmış oldular." (Ahzab, 64-67)

---

[98] "Pratik Akait Dersleri", sf. 130.
[99] Burada *"taklidin"* tekfirin engellerinden olmadığı ve kişiler için bir mazeret teşkil etmeyeceğine dair ince bir nükte vardır.

7) Sövme ve Alay Etme Küfrü (Küfrü's-Sebb ve'l-İstihzâ): Alay etmek, kâfirlere hoş görünmek,·tartışma sonucu, öfke halinde veya bunlara benzer durumlarda İslam'ın mukaddes addettiği şeylerden birisine hakaret etmek veya bunlardan birisi ile alay etmek küfrün bu kısmına girer.

"Andolsun, onlara (Tebük gazvesine giderken söyledikleri o alaylı sözleri) soracak olsan, elbette şöyle diyeceklerdir: "Biz lafa dalmış şakalaşıyorduk." De ki: "Allah ile O'nun ayetleri ile ve Rasûlü ile mi alay ediyorsunuz? Özür dilemeyin. Siz iman ettikten sonra gerçekten kâfir oldunuz..." (Tevbe, 65, 66)

8) Buğuz ve Nefret Etme Küfrü (Küfrü'l-Buğd): Bu da İslam dininden, onun ahkâmından veya Allah'ın indirdiği şeylerden hoşlanmamak ve bunlardan nefret etmek sureti ile olur. Rabbimiz şöyle buyurur:

"Bunun sebebi, onların Allah'ın indirdiğini kerih görmeleri/beğenmemeleridir. Allah ta onların amellerini boşa çıkarmıştır." (Muhammed, 9)

Küfrün türleri dediğimiz bu şeyler, sahibini küfür sebeplerinden olan kavlî veya fiilî her hangi bir küfrü işlemeye sevk eden batınî etkenlerdir. Batınî etkenler olarak saydığımız bu şeyler, kalp ile alakalı amellerdir ve her birisi imanın aslına giren kalp amellerinden birisine ters düşer. Örneğin, kalbin Rasûlullâh *sallallâhu aleyhi ve sellem*'in getirmiş olduğu şeyleri tasdik etmesi imanın aslına giren kalbî bir ameldir; bunun zıttı ise kalbin yalanlamasıdır (tekzîbu'l-kalb). Aynı şekilde kalbin Rasûlullâh *sallallâhu aleyhi ve sellem*'in bildirmiş olduğu şeylere şüphesiz bir şekilde inanması kalbin bir amelidir (yakînu'l-kalb); bunun zıttı ise şek ve şüphedir. Diğerleri de bu şekilde imanın aslına giren kalp amellerinin zıttıdır. İnkiyad kibirlenmenin, muhabbet buğzun, ta'zim de istihzanın zıttıdır.

Bizim bu taksimatı vermemizin en önemli sebebi; toplumumuzda – bilinçli veya bilinçsiz bir şekilde– terviç edilen İrcâ/Mürcie akidesinin yanlışlığını ortaya koymaktır. Defalarca ifade edildiği üzere Mürcie'ye göre küfür sadece "yalanlamak"tan ibarettir. Ehl-i Sünnet'e göre ise küfrü sadece bu kısımla sınırlandırmak Kur'an ve Sünnete aykırı olmasının yanı sıra, akla da terstir. Ayrıca küfrü bu kısma hasretmek ahkâmı da işlevsiz hale getirecektir. Bu nedenle bu ihtilafın etraflıca bilinmesi ve delillerinin iyice öğrenilmesi gerekmektedir.

Burada son olarak bir noktaya daha temas etmek istiyoruz: Son dönemde yazılan bazı Türkçe akaid kitaplarında, küfrün sebepleri ile küfrün türleri/çeşitleri birbirine karıştırılmıştır. Bu karışıklığa dikkat etmezsek, bir dizi hataya düşmemiz kaçınılmazdır. Küfrün sebeplerini işlediği halde, sırf küfrün çeşitlerinden birisini belirtmedi diye bir kâfire İslam hükmü verme gibi bir yanlışın yanında, ayrıca böylesi birisine Allah'ın bizlere farz kılmış olduğu şer'î cezayı vermeyi de işlevsiz hale getirmiş oluruz. Bunların hepsi ciddi problemlere neden olabilecek hatalardır. Biz –üstte de belirttiğimiz gibi– küfrün sebeplerinden birisini işleyen kimseye şartları tahakkuk ettiğinde, küfrün çeşitlerinden hangisini yaptığını bilmesek bile küfür hükmünü vermek zorundayız. Böylesi bir adamı bu küfür amelini işlemeye iten sebebin ne olduğuna bakmaksızın hükmü vermemiz kaçınılmazdır.

Burada bir misalle konuyu biraz daha açıklayalım: Kasten adam öldüren birisini düşünelim... Onu bu işe sevk eden şey ya düşmanlıktır ya öldürdüğü kişinin hemen mirasına konmaktır ya öldürme karşılığında ücret almaktır ya da çektiği hastalık ve acısından dolayı acıdığı için sırf onu kurtarmaktır. Burada sebep ne olursa olsun, hâkim kısas hükmünü uygulamak zorundadır. Hâkimin kısas hükmünü vermede dikkate aldığı temel unsur nedir? Hiç şüphesiz hâkim buradaki hükmünü fiile, yani öldürmeye ve bunun kasten yapıldığına bakarak vermiştir. İşte bu, hükmün sebebi olan şeydir. Bu nedenle sebeplerle, bunlara iten etkenlerin birbirine karıştırılmaması gerekir.[100]

Son olarak tekrar ifade edelim ki, küfrün sebebi dünyevî hükümlerde esas alınır, çünkü o açık ve belirleyici bir unsurdur. Küfrün çeşidi ise dünyevî hükümlerde dikkate alınmaz, zira o, belirleyici olmayan gizli bir durumu ifade eder. Şeriatın hükümleri ise belirli şeyler üzerine bina edilir.[101]

---

[100] Bkz. "Ehli Sünnete Göre İman ve Küfür Hükümleri", sf. 213, 214.
[101] A.g.e. sf, 215.

ÜÇÜNCÜ BÖLÜM

BAZI İTİKADÎ FIRKALARIN GÖRÜŞ VE DEĞERLENDİRMELERİ

Tekfir meselesinin doğru bir şekilde değerlendirilebilmesi için bazı fırkaların mutlaka bilinmesi gerekmektedir, bu fırkalar iyice tanınmadan tekfir meselesini doğru bir şekilde ele almamız mümkün değildir. Konuyu etraflıca ele almadan önce "fırka" kelimesinin lügat ve ıstılâh anlamını verecek, sonrada meseleyle alakalı bazı önemli noktalara temas edeceğiz.

"Fırka" Kelimesinin Manası

Fırka kelimesi lügatte; "insanlardan bir taife, bir grup, bir cemaat ve bir topluluk" anlamına gelir. Istılahta ise; "Rasûlullâh *sallallâhu aleyhi ve sellem* döneminden sonra kendisini İslam'a nispet eden ve asıl itibarı ile ehl-i kıble olan gruplar" demektir.

Fırkalaşmak İslam Tarafından Yasaklanmıştır

Allah *celle celâluhu* Müslümanların ayrılığa düşmelerini kesin bir dille yasaklamıştır.

"Allah'ın ipine topluca sarılın ve ayrılığa düşmeyin" (Âl-i İmran/103)

"Kendilerine apaçık deliller geldikten sonra parçalanıp ayrılığa düşenler gibi olmayın. İşte bunlar için büyük bir azap vardır." (Âl-i İmran/105)

Allah Rasûlü *sallallâhu aleyhi ve sellem* de mesele hakkında aynı yasaklamalarda bulunmuş ve Müslümanların birbirleri ile anlaşmazlığa düşerek ihtilaf etmelerini ve birbirleri ile münasebetlerini bitirmelerini nehyetmiştir. O *sallallâhu aleyhi ve sellem* Enes b. Malik *radıyallâhu anh*'den rivayet edildiğine göre şöyle buyurmuştur:

"Birbirinize buğz etmeyiniz, hasetleşmeyiniz, birbirinize sırt dönmeyiniz, birbirinizle münasebeti kesmeyiniz. Ey Allah'ın kulları, kardeşler olunuz!"[102]

Allah'ın ve Rasûlü'nün bu kesin emirlerine rağmen kendilerini İslam'a nispet eden fırkalar ayrılığa düşmüş ve tarihte sonu hiçte hoş olmayan birçok üzücü olaya imza atmışlardır.

Rasûlullâh *sallallâhu aleyhi ve sellem* daha hayatta iken, ümmetinin kendisinden sonra birçok gruba ayrılacağını haber vermiştir.[103] Ebu Hureyre *radıyallâhu anh*'den rivayet edilen bir Hadis-i Şerifte Rasûl-i Ekrem *sallallâhu aleyhi ve sellem* şöyle buyurur:

"Yahudiler yetmiş iki fırkaya ayrıldı. Hıristiyanlar yetmiş bir fırkaya bölündü. Benim ümmetim ise yetmiş üç fırkaya ayrılacaktır."[104]

Tarihin sayfalarına bir göz attığımız zaman bu fırkalaşmanın gerçekten de Efendimiz *sallallâhu aleyhi ve sellem*'in haber verdiği gibi meydana geldiğini rahatlıkla görürüz. Mutezilesinden Kaderiyesine, Haricîliğinden Mürciesine kadar birçok sapkın fırka, tarih sahnesinde yer almış ve kapatılması çok zor olan derin yaraların açılmasına vesile olmuştur.

Bizler burada tarihin bir döneminde yerini almış itikadî fırkaların hepsini anlatmayacağız elbette. Bizim anlatmaya ve üzerinde bir takım mülahazalar yapmaya çalışacağımız fırkalar; bunlar içerisinde –konumuzla direk alakalı olduğu için– sadece ikisi olacaktır: Haricîlik ve Mürcie.

Bu iki fırkanın tekfir meselesinde çok önemli ve bir o kadar da büyük bir rolü vardır. Bu iki fırkadan birisi aşırı ucu/ifratı temsil ederken; diğeri olması gerekenden çok daha düşük seviyede olan diğer tarafı, yani tefriti temsil etmektedir.

Ümmet içerisinde yer alan birçok fert –maalesef– genel itibariyle vasat çizgiyi yakalamakta problem yaşadığı için ya ifrata ya da tefrite meyletmiştir. Hâlbuki Allah'ın bizden istediği vasat olmak ve hep adaletin gereği olan orta yolu takip etmektir.

Bizlerin bu vasat çizgiyi yakalayabilmesi için öncelikle ifrat ve tefrit içerisinde olan grupları bilmesi gerekir. Şayet yanlış olanı bilmezsek, o zaman

---

[102] Müslim, 2559.

[103] Bazı hadislerde Rasûlullah *sallâllahu aleyhi ve sellem* bu fırkaları –daha zuhur etmeden– adları ile zikretmiş ve onları bozuk inançlarından ötürü zemmetmiştir. Örneğin Kaderiye hakkında şöyle buyurmuştur: *"Kaderiye bu ümmetin Mecusileridir."* (Hadis bu şekli ile "hasen"dir. Bkz. "Sahihu ve Daifu'l-Camii's-Sağir", 7892. Bazı turuklarla "zayıf" olarak ta rivayet edilmiştir. Bkz "Sahihu ve Daifu'l-Camii's-Sağir", 4785.)

[104] Ebu Davud, Kitabu's-Süne, 1; Elbanî hadisin *"Hasen-Sahih"* olduğunu belirtmiştir. Bkz. "Sahihu ve Daifu Süneni İbn-i Mâce", 3991.

doğruyu tam manasıyla tespit edemeyiz. İşte bu nedenle bu iki fırkanın incelenmesi ve objektif bir bakış açısıyla tedkik edilmesi gerekir ki, bu sayede kendimizi hem o fikirlerden, hem de o fikrin müntesiplerinden koruyabilelim. Bu bağlamda Araplar arasında dilden dile dolaşan şu şiir ne de güzeldir!

> *"Şerri, işlemek için değil,*
>
> *Ancak korunmak için öğrendim;*
>
> *Zira her kim şerri bilmezse,*
>
> *İçerisine düşer!"*

Biz de bu fırkaların fikir ve görüşlerini onlara benzemek için değil, aksine onlardan sakınmak ve korunmak için öğreniyoruz. Onları hakkıyla tanıdığımızda kendimizi muhafaza etmemiz daha kolay ve daha etkin olacaktır. Onları tanımazsak, o zaman bilmeden onlarla aynı fikri paylaşır ve Allah korusun haklarında varid olan tehditlerden biz de payımızı alırız. Bu nedenle onları tanıma adına aşağıdaki bilgileri sizinle paylaşacak ve en sonunda bir değerlendirme yaparak söylenmesi gereken şeyleri dile getirmeye çalışacağız.

Öncelikle Haricîlik ve ona taalluk eden meseleleri ele alarak konumuza giriş yapacağız... Yardım ve başarı yalnız Allah'tandır.

HAVÂRİC

HARİCÎLİK

"Hâricetün" kelimesinin çoğulu olup (itaatten) çıkan, ayrılan, uzaklaşan anlamında bir taifeye verilmiş addır. Bu fırkaya mensup olan ve onun görüşlerini benimseyen birisine "Haricî" denir. Haricîler, Bağdadî'nin beyanına göre yirmi fırkaya ayrılmışlardır.[105]

Bu Ad İle Anılmalarının Sebepleri

Grubun bu isimle anılması hususunda birkaç görüş vardır:

a) Bazıları, Ali *radıyallâhu anh*'a itaatten çıktıkları için bu ismi onlara vermiştir.

b) Bazıları, gerek Ali *radıyallâhu anh* olsun, gerekse bir başkası olsun, meşru olan bir halifenin emrinden çıktıkları için bu ismi onlara vermiştir. İmam Şehristânî, bu görüşü tercih ederek şöyle der:

"Müslüman toplumun, imamlığı üzerinde ittifak ettikleri hak imama başkaldıran kimseye "Haricî" denir. Bu başkaldırı, Sahabe devrinde olduğu gibi, Tâbiûn ya da sonraki imamlar devrinde de olabilir."[106]

c) Hariciler, "kâfirler arasından Allah ve Peygamberine kaçan, kâfirlerle her türlü bağ ve ilişkiyi koparan" anlamında bu ismi kendilerine kullanmışlardır.

Haricîler, bu isimle anılmalarının yanı sıra Sıffin olayının ardından taraflarca benimsenen hakemlere rıza göstermeyi reddetmelerinden dolayı *"Muhakkime"*, Ali *radıyallâhu anh*'den ayrıldıktan sonra ilk toplandıkları yer olan Harura'ya nispetle *"Haruriyye"* ve buradaki reisleri Abdullah b. Vehb er-Râsibî'ye izafeten *"Vehbiyye"* adı ile de anılmışlardır. Onların kendileri için kullanmış oldukları *"Şurât"* şeklinde başka bir isimleri daha vardır. Tevbe suresinin 111. ayetinden hareketle konulan bu isim "cennet karşılı-

---

[105] Bkz. "el-Fark beyne'l-Firak", sf. 54.
[106] "el-Milel ve'n-Nihal", 1/113.

ğında mallarını ve canlarını satanlar, feda edenler anlamına gelmektedir.[107]

Tüm bu isimlerin yanı sıra Rasûlullâh *sallallâhu aleyhi ve sellem*'in bazı hadislerinde yer alan "Murûk" kelimesi ve türevlerinin zahirinden hareketle dinden çıktıklarına inanıldığı için onlara "dinden çıkan" anlamında "Mârika" adı da verilmiştir.

Haricîlerin Doğuşu

Haricîlerin bidatlerinin ilk çıkışı genel görüşe göre Hz. Ali dönemine rastlamaktadır. Kökleri ise Rasûlullâh *sallallâhu aleyhi ve sellem* dönemine dayanmaktadır.[108] Ebû Saîd el-Hudrî *radıyallâhu anh* şöyle anlatır:

"Biz Rasûlullah *sallallâhu aleyhi ve sellem*'in yanında bulunuyorduk. Kendisi de ganimet taksimi yapmaktaydı. O sırada yanına Zu'1-Huveyrisa (denilen bir adam) geldi. Adam, Temîm oğullarından birisi idi. Derken adam:

—Yâ Rasûlallah! Adaletli ol, dedi. Rasûlullâh *sallallâhu aleyhi ve sellem*:

—Yazıklar olsun sana! Eğer ben adaletli olmazsam kim adaletli olur? Eğer ben adalet etmezsem (sen âdil olmayan bir insana tâbi olduğun için) muhakkak eli boş kalmış ve ziyan etmişsindir, buyurdu.

Bunun üzerine Ömer *radıyallâhu anh*:

—Yâ Rasûlallah! Bana izin ver de onun boynunu vurayım, dedi.

Rasûlullah *sallallâhu aleyhi ve sellem*:

—Onu bırak! Onun öyle arkadaşları olacak ki, sizden biriniz onların namazı yanında kendi namazını, onların oruçları yanında kendi orucunu muhakkak küçük görecektir. Onlar Kur'ân okuyacaklar, fakat Kur'ân onların gırtlaklarından öteye geçmeyecek. Onlar okun avı delip çıktığı gibi İslâm'dan (itaatten) çıkacaklar, (avı delip geçen) okun demirine bakılır, orada kan namına bir şey bulunmaz. Sonra okun yaya giriş yerine bakılır, orada da bir şey bulunmaz. Sonra okun ağaç kısmına bakılır, orada da bir şey bulunmaz. Sonra okun tüyüne bakılır, orada da bir şey bulunmaz. Ok, avın işkembesi içindeki şeylere ve kana girip çıkmış, fakat onlardan hiçbir şey oka yapışmamıştır. Onların alâmeti iki pazusundan biri kadın memesi gibi yahut öteye beriye gidip gelen büyük bir et parçası gibi olan siyah bir adamdır. Onlar, insanlar (Müslümanlar) arasında bir ayrılma olduğu zaman ortaya çıkacaklardır."[109]

---

[107] DİA, 16/169.

[108] Bkz. "er-Risaletü's-Selasîniyye", sf. 442.

[109] Buhârî, Menakib, 25. Hadis no: 3610.

Haricîlerin doğuşu hemen hemen bütün tarihçiler tarafından Sıffîn Savaşı'nda hakem meselesinin ortaya çıkışına bağlanmıştır. Buna göre Havâric, hakem tayinini (tahkim) kabul etmesinden dolayı Ali b. Ebi Talip'ten ayrılanların meydana getirdiği bir fırkadır. Fırkanın doğuşunun böyle bir olaya bağlanması isabetli gibi görünse de, tahkimden çok önce Hz. Osman'ın hilafetinin son yıllarında vuku bulan sosyal karışıklıklar sebebi ile Müslümanların zihinlerini meşgul eden bazı fikir ve davranışlar göz önünde tutulduğu takdirde, Haricîliğin tahkim olayı üzerine birden bire varlık kazanmış bir fırka olmadığı anlaşılır. Esasen Haricîlerin "Osman'ı biz öldürdük" şeklindeki sözlerine ve daha o dönemlerden itibaren ihtilalci unsurların devamı oldukları yolundaki iddialardan hareketle menşelerinin Hz. Osman'ın 35 (656M.) yılında şehit edilmesinden önceki zamanlara kadar götürülmesi daha isabetli olur.(…)

Hicrî 37 yılının Safer ayı başında (Temmuz 657) başlayan Sıffîn Savaşı, 10 Safer (28 Temmuz) sabahına kadar bütün şiddeti ile devam etti. Ali b. Ebi Talip, ünlü kumandanı Eşter vasıtası ile Muaviye ordusuna son darbeyi vurmak üzere iken, Mısır fatihi Amr b. As, Muaviye'nin imdadına yetişti ve çarpışmayı durdurarak çözüm için Allah'ın kitabının hakemliğine başvurulması şeklindeki meşhur önerisini ortaya koydu. Hezimete doğru giden Suriyeliler, Amr'ın tavsiyesiyle büyük Şam Mushaf'ını beş mızrağın ucuna bağlayarak Iraklıları Allah'ın kitabının hakemliğine davet etiler. Bu hareket, savaştan yorulmuş ve karşısında kendi kabilesinden olanlara, dindaşına kılıç çekmede tereddüde düşmüş bulunan Iraklılar üzerinde Amr'ın beklediği tesiri gösterdi. Ali *radıyallâhu anh* tereddüde düşen ordusuna bunun bir tuzak olduğunu, gerçekte Şamlıların Allah'ın kitabını bir kenara ittiklerini söylediyse de etkili olamadı; hatta tehdit bile edildi. Bunun üzerine savaşı durdurup Eşter'i geri çağırmak zorunda kaldı. Hz. Ömer döneminde çeşitli fetihlere katılan, Hz. Osman ve Hz. Ali zamanında valilik yapan Eş'as b. Kays, tahkime gidilmesinde ısrar etti ve Ali'nin karşı çıkmasına rağmen kendisine katılanlarla birlikte Ebu Musa el-Eş'arî'yi, Iraklıların hakemi olarak ilan etti. Muaviye'nin hakemi ise Amr b. As idi. Hakemlerin anlaşmayı imzalaması üzerine Eş'as anlaşma metnini kimseye danışmadan askerler arasında okumaya başladı. Askerlerin pek çoğu ve özellikle Temim kabilesine mensup olanlar *"La hükme illa lillah= hüküm ancak Allah'a aittir"* sloganıyla anlaşmaya karşı çıktılar. Halife Ali'nin bütün açıklamalarına rağmen başlangıçta savaşın durdurularak hakeme başvurulması hususunda ısrar eden bu kişiler, öyle anlaşılıyor ki pişmanlık duymaya başlamıştı. Onlar, savaşa haklı olarak girdikleri inancını taşıdıkları halde bu defa bozguna uğramış ve haklılıklarında şüpheye düşmüş bulundukları intibaına kapılmışlardı. Bunun üzerine anlaşmayı bozması ve tevbe ederek tahkimi reddetmesi hususunda halifeyi ikna edemeyince onu terk edip Kûfe yakînındaki Harura'ya çekildiler ve böylece ilk Haricî zümreyi oluşturdular.

Harurâ'da toplanan 12.000 dolayındaki Haricî, Sıffîn'de Hz. Ali ordusunun sol kanadına kumanda eden Şebes b. Rib'î et-Temîmî'yi askerî kumandan, Abdullah b. Kevvâ el-Yeşküriyi de namaz kıldırmak üzere imam seçtiler ve idareyi ellerine aldıktan sonra bundan böyle İslâmî hususların şûra yoluyla icra edileceğini, biatin Allah'a olduğunu ve iyiliğin emredilip kötülüğün yasaklanacağını ilân ettiler. Öte yandan onlarla görüşmek üzere Hz. Ali, Abdullah b. Abbas'ı görevlendirdi. İbn-i Abbas, çeşitli delillerle Hâricîleri davranışlarının yanlışlığı konusunda ikna etmeye çalıştıysa da, onlar bu delilleri kendi kanaatlerine uygun biçimde yorumlayarak baştan beri ortaya koydukları dar ve katı anlayışlarını sürdürdüler. Bu defa Hz. Ali, karargâhlarına kadar bizzat giderek imamları İbnü'l-Kevvâ ile ayrılmalarının sebepleri ve davranışlarının yanlışlığı hakkında bir görüşme yaptı. Bu görüşmenin sonunda İbnü'l-Kevvâ da dâhil olmak üzere yaklaşık 6000 kişi, halifenin tahkimden caydığını sanarak onunla birlikte Kûfe'ye gittilerse de, Hz. Ali bundan caymadığını söyleyince geri döndüler. Bunun üzerine Hz. Ali yine Abdullah b. Abbas'ı gönderdi. İbn-i Abbas'ın telkinleriyle 2000 kadar Haricî fırkadan ayrıldı. Geride kalanlar üstün zekâsı, ileri görüşlülüğü, hitabeti ve ibadete düşkünlüğü ile tanınan Abdullah b. Vehb er-Râsibî'yi kendilerine emir seçtiler {19 Şevval 37/ 30 Mart 658}. Küçük gruplar halinde gizlice Kûfe'den çıkarak Dicle'nin sol kıyısında Bağdat ile Vâsıt arasındaki Nehrevan kasabasında toplandılar.

Hz. Ali, Hâricîlere bir mektup yazarak meşru bir sebebe dayanmadıklarını, Kitap ve Sünnetle amel etmediklerini belirttikten sonra kendisine itaat etmelerini ve düşmana karşı savaşmalarını istedi. Ancak Haricîler bunu kabul etmediler. Hz. Ali, Şamlılara karşı savaş hazırlıklarına başlamayı tasarlarken gittikçe tutumlarını sertleştiren Hâricîlerin, sırf kendi görüşlerini paylaşmadığı için ashaptan Abdullah b. Habbâb b. Eret'i ve hamile karısını öldürmeleri, Osman ve Ali'yi tekfir etmeyenin kâfir olduğunu ve bu sebeple öldürülmesi gerektiğini ilân etmeleri, görüşlerine katılmayanlara hayat hakkı tanımamaları üzerine onların üstüne yürüdü. Nehrevan'da önce kendileriyle konuşup şehit edilen Müslümanların katillerinin teslim edilmesini istedi; red cevabını alınca da son olarak Kays b. Sa'd b. Ubâde ile Ebû Eyyûb el-Ensârîyi nasihat için gönderdi. Bunun üzerine Hâricîler'in bir kısmı Ferve b. Nevfel el-Eşcaî ile birlikte topluluktan ayrılıp Bendenîcîn'e gitti.

Bu duruma sinirlenen Haricîler savaşı başlattılar; sonuçta Hâricîler'in tamamına yakını katledildi {9 Safer 38/17 Temmuz 658}[110]

Haricilerin Görüşleri

1) Halifelik âdil, âlim ve zâhid olması şartıyla hür yahut köle her Müslümanın hakkıdır; diğer mezheplerin ileri sürdükleri Kureyşî, Hâşimî, Emevî yahut Arap olma gibi şartlar geçerli değildir.

2) Halife, Müslümanlar arasında yapılan hür seçimle iş başına getirilir; doğru yoldan ayrıldığı zaman da azledilir ve öldürülür. Koruyucu çevresi az olacağı ve azledilmesi gerektiğinde güçlü bir direniş gösteremeyeceği için Arap olmayan kimsenin halifeliği tercih edilir.

3) Hz. Ebû Bekir ile Hz. Ömer'in hilâfetlerinin tamamını, Hz. Osman'ın ilk altı yılını ve Hz. Ali'nin tahkime kadarki halifeliğini meşru sayıp; Hz. Osman'ın ikinci altı yıllık halifelik döneminden itibaren vuku bulan olayları, siyasî ve idarî karışıklıkları ve Osman'ın bu dönemdeki icraatını adaletsizlik şeklinde değerlendirmeleri hemen bütün Hâricîlerin ittifak ettiği hususlardır.

4) Akide ve amelden oluşan dinin emirlerini yerine getirmeyen ve yasaklarından kaçınmayan (büyük günah işleyen) kimseler Hâricîlere göre kâfir kabul edilir.[111]

5) Ali b. Ebi Talip, Osman b. Affan ve Ali ve Muaviye arasında gerçekleşen hakem tayini olayına katılan herkes küfre girmiştir. Hatta nikâhlarının geçerli olmasını bu görüşlerini kabul etmeye bağlarlar.[112]

Onların tüm fırkalarının hemen hemen hepsinin kabul ettiği görüşleri özetle bunlardır.

Hâricîlerin tüm kolları kebîre (büyük günah) işleyen bir Müslümanın dinden çıkarak mürted olacağı konusunda ittifak etmiştir; ancak içlerinden Necedât kolu –ileride açıklanacak bazı sebepler nedeniyle– bu noktada diğer gruplardan ayrılmış ve kebîre kavramına farklı bir anlam yükleyerek tekfir hususunda apayrı bir yol izlemiştir.

Üstte zikretmiş olduğumuz maddeler bazı âlimlere göre Hâricîlerin tüm kollarının ortak görüşleridir. Ulemadan bazıları ise buna itiraz etmişler ve Hâricîlerin bu maddelerde ittifak halinde olmadıklarını öne sürmüşlerdir.

---

[110] DİA, 16/ 169, 170.

[111] Age, 16/ 172, 173. Ayrıca bkz. Ebu Zehra, "Mezhepler Tarihi", sf. 70.

[112] Bkz. "el-Milel ve'n-Nihal", sf. 1/113.

İmam Eş'arî ve Bağdâdî, Haricîlerin bu maddelerden yalnızca Ali b. Ebi Talip, Osman b. Affan ve Ali ve Muaviye arasında gerçekleşen hakem tayini olayına katılan herkesin küfre girdiği görüşü ile zalim devlet başkanına baş kaldırıp isyan etmenin farz olduğu görüşünde ittifak ettiklerini söyler.

Fahreddin er-Razî ve İsferâyinî ise bu konudaki ittifaklarının yalnızca Hz. Ali, Hz. Osman ve Hz. Ali ve Muaviye arasında gerçekleşen hakem tayini olayına katılan herkesin küfre girdiği görüş ile büyük günah işleyenin kâfir olacağı noktasındaki görüş üzere olduğunu öne sürer.[113] Bu farklı yaklaşımlardan anlaşıldığına göre Haricîlerin mezhep olarak birkaç meselenin dışında görüş birliği sağladıkları pek söylenemez; ancak mezhep içerisindeki kolların hepsinin kendisine özgü fikir ve görüşleri vardır. Bunlar bir sonraki başlık altında incelenecektir.

Hâricî Grupları

Hâricîler kendi aralarında çeşitli fırkalara ayrıldıkları gibi, bu fırkalar da tâlî kollara bölünmüştür. İslâm mezhepleri tarihiyle ilgili kaynaklarda farklı sınıflandırmalar görülmekle birlikte, ana Haricî fırkalarını şu başlıklar altında incelemek mümkündür: Muhakkime-i Ûlâ, Ezârika, Necedât, Sufriyye, Acâride, Seâlibe, Beyhesiyye, İbâzıyye.

1. Muhakkime-i Ûlâ: Sıffîn Savaşı sonunda tahkim hadisesi ortaya çıktığı zaman Harûrâ'da toplanan, bu sebeple "Harûriyye" diye de anılan, başlarında Abdullah b. Kevvâ, Abdullah b. Vehb er-Râsibî, gibi liderlerin bulunduğu bu fırka, hilâfetin Kureyş'e aidiyetini reddederek Hz. Ali'yi önce hatalı, daha sonra da kâfir kabul etmiş, Osman b. Affân ile Cemel Vak'asına ve Sıffîn Savaşı'na katılanlara dil uzatmıştır.

2. Ezârika: Nâfi' b. Ezrak'a nispet edilen ve Hz. Ali, Osman, Talha, Zübeyr, Âişe ile Cemel ve Siffîn'e katılanların kâfir ve ebedî cehennemlik olduğunu ileri süren, kendilerinin bulunduğu yere hicret etmeyen Hâricîleri –ki bunlara *"ka'ade/oturanlar"* demişlerdir– tekfir eden, takıyyeyi reddeden, devrinin en güçlü fırkasıdır.

3. Necedât:[114] Necde b. Âmir el-Hanefî liderliğinde Ezârika'ya iltihak edecekken, Nâfi' b. Ezrak'ın, Hâricî olup hicret etmeyenleri kâfir sayması

---

[113] Bkz. "Şamil İslam Ansiklopedisi", 3/177. Hâricîlik maddesi.

[114] Haricîlerin bu kolu kebîra (büyük günah) ve sağîra (küçük günah) kavramına farklı bir anlam yüklemişlerdir. Onlara göre büyük günahı ve küçük günahı belirleyen temel unsur fiil üzerine "ısrar etmek" veya "ısrar etmemek"tir. Örneğin birisi ufak bir yalan söylese veya çok basit küçük bir günah işlese, sonra da bunun üzerine ısrarcı davransa sırf bu ısrarı nedeniyle müşrik olur. Buna karşılık ısrar etmeksizin büyük günahlardan sayılan zina fiilini işlese, hırsızlık yapsa veya içki içse Müslümandır, müşrik değildir. Dolayısıyla Necedât kolu kişinin kâfir olup-olmamasını günah üzerinde ısrarcı davranmaya bağlamıştır. Eğer ısrar etmeden günah işlenirse –velev

üzerine bundan vazgeçen, içtihadî konularda bilgisizlikleri sebebiyle yanlış işler yapanları mazur kabul ettiği için "Âziriyye" diye de anılan bu fırka, Atıyye b. Esved'e uyan Ataviyye, Ebû Füdeyk'e tâbi olan Füdeykiyye ve kaynaklarda adı belirtilmeyen bir grupla birlikte üç tâli kola ayrılmıştır.

4. Sufriyye: Ziyâd b. Asfar veya Abdullah b. Asfar et-Temîmî'ye nispet edilen, günah işleyenleri müşrik kabul etmekle birlikte muhaliflerin kadın ve çocuklarını öldürmeyi caiz görmeyen bu fırka da, isimleri kaynaklarda zikredilmeyen üç tâli kola ayrılmıştır.

5. Acâride: Abdülkerîm b. Acred'in bağlılarından oluşan bu fırka, kâfirlerin çocukları hakkında bulûğ çağına gelip İslâm'ı kabul veya reddettikleri sabit olmadan hüküm verilemeyeceğini, Hâricîler'in bulunduğu yere hicret etmenin farz değil, fazilet olduğunu, hicret etmeyenlerin büyük günah işlemedikleri sürece mümin sayılması gerektiğini ileri sürmüştür. Çoğunluğunu Horasanlıların teşkil ettiği Acâride, Meymûniyye, Halefiyye, Hamziyye. Şuaybiyye, Hâzimiyye, Ma'lûmiyye, Mechûliyye, Saltiyye ve Etrâfiyye gibi tâli kollara ayrılmıştır.

6. Seâlibe: (Seâlibiyye). Sa'lebe b. Mişkân veya Sa'lebe b. Âmir'e nisbetle anılan fırka, Acâride ile aynı görüşte iken kâfirlerin çocukları yanında müminlerin çocuklarına da bulûğ çağına erişinceye, İslâm'a çağırılıncaya, iman veya inkâr ettikleri sabit oluncaya kadar sevgi ya da düşmanlık beslemenin veya onlarla ilgiyi kesmenin doğru olmayacağını kabul ederek bu fırkadan ayrılmıştır. Ma'bediyye, Ahnesiyye, Şeybâniyye, Ruşeydiyye, Mükremiyye. Bid'ıyye, Ziyâdiyye ve adı zikredilmeyen diğer bir fırka Seâlibe'nin tâli kollandır.

7. Beyhesiyye: Ebû Beyhes Heysam b. Câbir'e nisbetle bu adı alan fırkaya göre iman; ilim, ikrar ve amelden meydana gelir. Dolayısıyla bir kimse Allah'ı, peygamberlerini, Hz. Muhammed'in tebligatını bilip ikrar etmedikçe, ayrıca ilâhî emir ve yasakları yerine getirmedikçe Müslüman sayılmaz. Beyhesiyye'nin bünyesinde Avniyye yahut Avfiyye, Şebîb en-Necrânî'ye nisbet edilen Ashâbü's-suâl, Kûfeli Hakem b. Mervân'a bağlanan Ashâbü't-tefsîr gibi tâli kollar ortaya çıkmıştır.

8. İbâzıyye: Abdullah b. İbâz'a nisbet edilen bu fırka, büyük günah işleyenleri sadece nimete karşı nankörlük anlamında kâfir sayar; muhalif Müslüman grupların yaşadığı toprakları İslâm ülkesi kabul ederek onlarla evlenmeyi ve miras intikalini meşru görür. İbâzıyye, Hâricîliğin en ılımlı ve

---

ki bu günah kebire olsun– bu günahın sahibi dinden çıkmaz. Onlar bu görüşleri ile Haricîlerin diğer tüm kollarına muhalefet etmişlerdir. Geniş bilgi için bkz. "el-Fıraku'l-Kelâmiyyetu'l-İslamiyye", Ali Abdulfettah el-Mağribî, sf. 184.

günümüze kadar ulaşan tek koludur. Hârisiyye. Tarîfiyye, Yezîdiyye, Hafsıyye, Dahhâkiyye, Sekkâkiyye, Halefiyye, Ömeriyye, Nefâsiyye (Neffâsiye), Fersiyye ve Nükkâriyye gibi tâli kollara ayrılmıştır.[115]

Haricilerin Vasıfları

Haricîlerin vasıflarını şu şekilde özetleyebiliriz:

1) Şer'î nassları yanlış anlarlar. Onların en belirgin özelliklerinden birisi budur. Onlar nassları, Şari'nin o nasslardaki muradını ve nassların neye delalet ettiklerini anlamadan hüküm verirler. Onların anlayışları altüst olmuştur, bozuktur.[116] Bu nedenle Rasûlullâh *sallallâhu aleyhi ve sellem* onları "akılları kıt"[117] diye nitelendirmiştir.

2) Şer'î ahkâmda katı tutumludurlar. Onlar Allah Teâlâ'nın Müslümanlar için öngördüğü kolaylıkları tanımazlar ve ümmetin işlerini zorlaştırırlar.[118]

3) Müslümanları tekfir etme hususunda cüretkârdırlar. Onlar sahabe ve tabiinden olan insanları bile pervasızca tekfir ederler.

4) Tekfir ettikleri insanların mal, can ve namuslarını helal addederler. Müslümanlar hakkında kötü bir tutum sergilerken, müşrik ve kâfirler hakkında yapay ve soğuk bir takva sergilerler. Hz. Habbab'ın oğlu Abdullah'a yapmış oldukları bunun en güzel örneğidir.[119] Onların bu tavrı Rasûlullâh *sallallâhu aleyhi ve sellem*'in "Onlar putperestleri bırakır Müslümanlarla savaşırlar"[120] sözünü doğrulamaktadır.

---

[115] DİA, 16/ 173.

[116] İbn-i Ömer *radıyallâhu anh* der ki: "Onlar kâfirler hakkında inen ayetlere gidip, bunları Müslümanların aleyhine tevil ettiler." bkz. Buhârî, Kitabu İstitâbeti'l-Mürteddîn, 6.

[117] Buhârî, Kitabu İstitâbeti'l-Mürteddîn, 6. Hadis no: 6930.

[118] Buna şu örnekleri verebiliriz: Onlar hayızlı kadının kılamadığı namazları sonra kaza etmesini vacip görürler. Hırsızlıkta nisap ölçüsünü gözetmeden az veya çok mal çalan kişinin elini omzundan keserler. Kendilerine hicret edilmesini vacip kılarlar. (bkz. "Selasîniyye", sf. 442.)

[119] Onların ileri gelenlerinden birisi bir gün Hz. Habbab'ın oğlu Abdullah'ın yanına gelir ve: "Bize babandan duyduğun Rasûlullâh'ın bir hadisini naklet" der. Abdullah: "Ben babamdan Rasûlullâh *sallâllahu aleyhi ve sellem*'in şöyle buyurduğunu işittim: *"Fitne olacak. O zaman oturan ayakta olandan, ayakta olan yürüyenden, yürüyen koşandan daha hayırlıdır. Katil olmaktansa maktul olmak daha iyidir"* dedi. Bunun üzerine onu yanlarına aldılar. Yolda onlardan birisi zimmet ehline ait bir domuz gördü ve kılıcı ile vurarak yaraladı. Diğeri ona "Zımminin malı olduğu halde niçin vurdun?" dedi. Ve o domuzun sahibi olan zımmiye gidip onu memnun etti. Ve yine hurma ağacından bir hurma düştü. Biri alıp onu ağzına attı. Diğeri ona "İzin almadan ve parasını ödemeden mi?" dedi. Bunun üzerine düşen hurmayı ağzına alan kişi onu çıkarıp attı. İbn-i Habbab onlara. "Ben haklarım konusunda hurmadan daha saygın olmalıyım" dedi. Bunun üzerine Misma' denilen biri kılıcını çıkararak ona vurdu. Sonra hanımına geldiler. Kadın: "Ben hamileyim; hiç Allah'tan korkmaz mısınız!" dedi. Buna rağmen onu da öldürdüler ve karnını deştiler. (bkz. "Selasîniyye", sf. 432.)

[120] Buhârî, Kitabu't-Tevhid, 23. hadis no: 7432.

5) Muhkem ayetleri bırakıp müteşâbih ayetlere uyarlar. Sahabe bu şekilde davrananları Haricî zannederdi.[121]

6) Saçlarını tamamen keserler.[122]

7) Çabuk görüş değiştirirler.

8) Ufak ve basit nedenlerden dolayı hemen ayrılır/bölünürler.[123]

Haricîlerin Tekfir Edilme Meselesi

İslam âlimleri, Haricîlerin dinden çıkıp-çıkmadıkları hususunda iki gruba ayrılmışlardır. Âlimlerden kimileri, hadislerin zahirine sarılarak onların dinden çıktıklarına kanaat getirmişken; kimileri de hadislerde yer alan ifadeleri tevil etmiş ve Sahabenin onları tekfir etmeyişinden hareketle onların dinden çıkmadıklarına kail olmuşlardır. Şimdi her iki grubunda getirmiş olduğu delilleri zikrederek tercihe şayan olan görüşü ortaya koymaya çalışacağız.

1) Haricîlerin Kâfir Olduğunu Söyleyen Âlimler:

Kadı Ebu Bekir İbn-i Arabî der ki:

"Rasûlullâh *sallallâhu aleyhi ve sellem*'in "Onlar İslam'dan çıkarlar", "Onları 'Âd' kavminin katledildiği gibi katledeceğim", "Onları 'Semud' kavminin katledildiği gibi katledeceğim"[124] sözünden dolayı, doğru olan görüşe göre Haricîler kâfirdir; zira bu kavimlerden her biri küfürleri nedeniyle helak olmuştur. Yine Rasûlullâh *sallallâhu aleyhi ve sellem*'in "Onlar mahlûkatın en şerlileridir" ifadesi de onların kâfir olduklarının bir başka delilidir; çünkü böylesi bir ifade ile ancak kâfirler nitelendirilebilir..."[125]

Bu görüşte olan diğer bir âlimde Takiyyuddin es-Subkî'dir. O "Fetâvâ"sında şöyle der:

"Haricîlerle Rafızîlerin ğulatının (aşırılarının) kâfir olduğunu söyleyenler, onların sahabenin ileri gelenlerini tekfir etmelerini delil getirmişlerdir. Çünkü sahabîleri tekfir etmek, Rasûlullâh *sallallâhu aleyhi ve sellem*'in onların cennetlik olduğu yolundaki şehadetinde kendisini yalanlama manasına gelir."[126]

---

[121] Bkz. "Fethu'l-Bârî", 8/85.

[122] Buhârî, Kitabu'l Meğâzi, 61. Hadis no: 4351. ayrıca bkz. "Fethu'l-Bârî", 7/835.
Şeyh Makdisî der ki: "İlginçtir ki, haksız yere Haricî olmakla suçlanan biz ve diğer tevhid davetçilerinin bilinen tavrı, saçları uzatmalarıdır. Hatta bazıları bunu bize uygun görmemiş ve eleştirmiştir."

[123] Bu bölümü bazı düzenlemeler yaparak Şeyh Makdisî'nin "er-Risaletü's Selasînîyye" adlı eserinden özetledik.

[124] Bkz. Buhârî, Kitabu't-Tevhid, 23. hadis no: 7432.

[125] Fethu'l-Bârî'den naklen. Bkz. 12/420.

[126] Aynı yer.

Aynı görüşü paylaşan daha başka âlimlerde vardır.[127] Maksat hâsıl olduğu için burada bu iki nakil ile yetineceğiz.

2) Haricîlerin Kâfir Olmadığını Söyleyen Âlimler

İmam Hattâbî der ki: "Müslüman âlimler, tüm sapıklıklarına rağmen Haricîlerin Müslüman gruplardan bir grup olduğu hususunda görüş birliği içindedir. Onlarla evlenmenin ve kestiklerini yemenin caiz olduğunu söylemişlerdir. Haricîler İslam'ın aslına tutundukları sürece kâfir olmazlar."[128]

İbn-i Battâl şöyle der: "Âlimlerin çoğu Haricîlerin Müslümanların cümlesinden dışarı çıkmadıkları görüşünü benimsemişlerdir.[129]

İki Görüşten En Racih Olanı

İki tarafın delillerini dikkatlice analiz ettiğimizde, Haricîlerin genel itibariyle kâfir olmadıklarını öngören görüşün tercihe daha uygun olduğunu görürüz. Bunun birkaç nedeni vardır:

1) Haricîlerin dinden çıkacağını ifadeden hadislerde yer alan "din" kelimesi ile neyin murad edildiği kesin değildir. Bununla "İslam"ın kastedilmesi muhtemel olduğu gibi, "itaat" manasının da kastedilmesi mümkündür. Çünkü "din" kelimesinin Arap dilinde "itaat" manasına geldiği erbabının malumudur. Böylesi bir ihtimalin olduğu yerde tekfir yoluna gitmek en azından ihtiyat ilkesi ile çelişmektedir. Önceden de belirttiğimiz gibi, ihtimalin olduğu yerde tekfir olmaz; tekfirin gerçekleşebilmesi için elde hiçbir ihtimalin olmadığı kesin deliller gerekir. İbn-i Hacer "Onlar dinden çıkarlar"[130] hadisini şerh ederken şöyle der:

"Eğer dinden maksat İslam ise, bu Haricîleri tekfir edenlerin lehine bir delil olur. Bununla birlikte din kelimesi ile itaatin kastedilme ihtimali de vardır. O takdirde bu hususta delil olacak bir tarafı kalmaz."[131]

İmam Hattabî'de buradaki "din" kelimesinin itaat manasında olduğunu tercih ederek şöyle der:

"Rasûlullâh *sallallâhu aleyhi ve sellem*'in 'Onlar dinden çıkarlar' ifadesinin manası 'onlar kendisine boyun eğilmesi farz olan halifeye itaat etmekten çıkarlar ve itaatten ayrılırlar' demektir."[132]

2) Hadislerin zâhirinden Haricîlerin kâfir oldukları anlaşılabilir. Onlarla alakalı hadisleri okuyanların ilk bakışta bu anlama meyletmeleri doğaldır.

---

[127] İmam Buhârî ve İmam Taberî bunlardandır.
[128] Fethu'l-Bârî'den naklen. Bkz. 12/421.
[129] Age. 12/422.
[130] Bkz. Buhârî, Menakib, 25. Hadis no: 3611.
[131] "Fethu'l-Bârî", 6/864.
[132] İbn-i Esir'in "Camiu'l-Usûl fi Ehâdîsi'r-Rasûl" adlı eserinden naklen. Bkz. 7549 numaralı rivayetin şerhi.

Ancak burada dikkat etmemiz gereken önemli bir nokta vardır: Bilindiği üzere Ehl-i Sünnet'in en belirgin özelliklerinden birisi Kur'an ve Sünnette yer alan nassları Sahabenin anladığı gibi anlamaya çalışmalarıdır. Onlar, karşılarına zahirinde işkâl olan bir nass çıksa, bu nassı doğru anlayabilmek için sahabenin o nassı nasıl anladığına bakarlar. Şimdi bakalım, sahabeler acaba Allah Rasûlü'nün Haricîler hakkında söylemiş olduğu hadisleri nasıl anlamışlar?

Abdurrezzak "el-Musannef" adlı eserinde şu rivayete yer verir: İmam Ali *radıyallâhu anh* Harurîleri (Haricîleri) öldürdüğünde oradakiler:

—Ey müminlerin emiri! Bunlar neyin nesidir? Kâfir midirler? diye sordular. Bunun üzerine Hz. Ali *radıyallâhu anh*:

—Onlar küfürden kaçmışlardır, diye cevap verdi. Sonra

—Acaba münafık mıdırlar? denildi. Hz. Ali:

—Münafıklar Allah'ı çok az zikrederler, bunlar ise Allah'ı son derece çok anarlar, diye karşılık verdi. Sonra:

—Peki, o zaman bunlar kimlerdir? denildi. Hz. Ali cevaben:

—Bunlar kendilerine fitnenin isabet ettiği ve bu fitne içerisinde gözleri kör, kulakları sağır olan bir topluluktur, diye yanıt verdi.[133]

Hz. Ali'nin bu ifadeleri onları tekfir etmediğinin açık göstergesidir. Hatta bazı rivayetlerde *"Onlar bize karşı gelen kardeşlerimizdir"*[134] diyerek bunu açıkça dile getirmiştir.

Velid b. Raşid es-Sueydân, akaid ile alakalı meselelerde Ehl-i Sünnetin icma'larını cem ettiği *"el-İcmau'l Akdî"* adlı eserinde, sahabenin Haricîlerin tekfir edilmeyeceği hususunda icma' ettiklerini belirterek şöyle der:

"Sahabîler Haricîlerin tekfir edilmemesi hususunda icma' etmişlerdir. Onların tekfiri hususunda ki ihtilaf sahabeden sonra vuku bulmuştur. Tekfir edenler onların tekfirini bir takım delillerden istinbat etmişlerdir. Allah en iyisini bilir."[135]

İbn-i Teymiyye der ki:

"Hâricîler, bidat çıkarma, ümmeti öldürme ve tekfir etme hususunda insanların en belirginleriydiler. Buna rağmen gerek Ali olsun, gerekse diğerleri, Sahabe arasında onları tekfir eden olmamıştır. Aksine onlar hakkında "haddi aşan zalim Müslümanlar" için verdikleri hükmü vermişlerdir."[136]

---

[133] "Musannef", Abdurezzak es-San'ânî, 18656 numaralı rivayet.
[134] Bkz. "Musannefu İbn-i Ebi Şeybe", 38918 numaralı rivayet.
[135] "el-İcmau'l-Akdî", Velid b. Raşid es-Sueydân, 587. madde.
[136] "Mecmuu'l-Fetâvâ", 7/217.

Yaptığımız bu nakillerden sahabenin Haricîleri tekfir etmediği anlaşılmaktadır. Allah Rasûlü *sallallâhu aleyhi ve sellem*'den nakledilen hadisleri sahabe gibi anlayarak, bizim de Haricîleri tekfir etmememiz herhalde daha ihtiyatlı olanıdır. Ancak bu tutum onlardan sarih küfrü gerektirecek bir söz ya da bir eylem sâdır olmadığı zaman geçerlidir. Onlardan her ne zaman sarih küfrü gerektiren bir söz veya bir amel sudur ederse, o zaman küfürlerine hükmedilir. Meselâ, Yûsuf sûresini bir aşk hikâyesi olduğu gerekçesiyle Kur'ân-ı Kerîm'den saymayan Acâride'nin bir grubu, Allah'ın Acemler'den Hz. Muhammed *sallallâhu aleyhi ve sellem*'in şeriatını iptal edecek bir nebî göndereceğini iddia eden Yezîdiyye, kız torunlarla erkek ve kız kardeşlerin torunlarının haramlığının Kur'an'da yer almadığını ileri sürerek bunlarla evlenmeyi helâl sayan Meymûniyye gibi fırkalar gâliyyeden olmaları sebebiyle İslâm dışı fırkalar olarak kabul edilmiş ve küfürlerine hükmedilmiştir.[137]

Bir Fetvanın Eleştirisi

Burada konumuzla alakalı olması bakımından Suud'un önemli âlimlerinden birisi olan Dr. Salih b. Fevzan'a yöneltilen şu soruyu ve bu soruya Şeyhin verdiği cevabı ele almak istiyoruz. Soru şu şekildedir:

"Haricîler ehl-i kıbleden sayılırlar mı? Onların arkasında namaz kılınır mı?"

Şeyh bu soruya şu şekilde cevap vermiştir:

"Âlimler, Haricîlerin kâfir mi, yoksa fasık ve sapık mı oldukları hususunda iki görüş öne sürmüşlerdir. Deliller onların küfre düştüğünü ortaya koyduğu için onların kâfir kabul edilmeleri daha isabetlidir. Onların arkalarında namaz kılma meselesine gelince; bu -fakihlerinde belirttiği gibi- ancak beldeyi tamamen ele geçirdikleri zaman caiz olur. Dolayısıyla Müslüman birisi onların arkasında namazını kılmalı ve cemaati terk etmemelidir."[138]

Bu fetvada üç büyük yanlış bulunmaktadır.

1. Haricîlerin tekfirinin isabetli olduğu,

2. Kâfirin arkasında namaz kılmanın caiz olduğu,

3. Bu sözün ulemaya nispet edilmesi.

Şimdi bu üç maddeyi tek tek izah edelim:

---

[137] DİA, 16/ 174.
[138] "el-İcâbâtu'l-Muhimme fî'l-Meşâkili'l-Mulimme", 10.

1-) Haricîlerin kâfir olduğunu ifade eden görüş –üstte de ifade edildiği gibi– râcih değil, aksine mercûh bir görüştür ve güçlü delillerden yoksundur.

2-) Bir âlim nasıl olur da kâfir gördüğü insanların arkasında namaz kılınmasına cevaz verebilir?! Malum olduğu üzere kendisi için namazı sahih olanın, başkası için de namazı sahihtir. Aynı şekilde kendisinin namazı sahih olmayanın, başkası için de namazı sahih olmaz. Bu noktada hiçbir İslam âlimi ihtilaf etmemiştir. Yine İslam ulemasının ihtilaf etmediği şeylerden birisi de, kâfirin namazının sahih olmadığıdır. Cünübün veya abdestli olmayan birisinin arkasında namaz kılmak nasıl ki caiz değilse, kâfir birisinin arkasında namaz kılmak da aynı şekilde caiz değildir. Hatta kâfirin arkasında namaz kılmak, abdestsiz birisinin arkasında namaz kılmaktan cürüm bakımından daha şiddetlidir. Çünkü abdestsiz birisi küçük taharetini kaybetmiştir. Kâfir birisi ise büyük taharetini kaybetmiştir.(!) Allah Teâlâ şöyle buyurur:

"Ey iman edenler! Müşrikler ancak necistirler" (Tevbe, 28)

İmam Şafiî "el-Ümm" adlı eserinde der ki: "Şayet kâfir birisi Müslüman olan bir topluluğa imamlık yapacak olsa, Müslümanlar onun "kâfir" olduğunu bilseler de bilmeseler de namazları sahih olmaz. Onun namaz kılması –eğer namazdan önce İslam'a girecek bir söz söylememişse– kendisini İslam'a sokmaz.[139] Onun kâfir olduğunu bildiği halde arksında namaz kılanlar çok kötü bir şey yapmış olurlar..."[140]

İbn-i Kudâme el-Makdisî der ki: "Kâfir birisinin arkasında –onun kâfir olduğu ister namazın bitiminde bilinsin, ister namazdan önce bilinsin– namaz kılmak hiçbir surette sahih olmaz. Arkasında namaz kılanların namazlarını iade etmeleri gerekmektedir..."[141]

İmam Nevevî der ki: "Küfre düşürücü bir bidat işleyen kimsenin arkasında namaz kılmak sahih değildir."[142]

Kitabın aynı yerinde yine şöyle der: "İşlemiş olduğu bidat sebebiyle küfre düşmeyen bir bidatçinin arkasında namaz kılmak mekruh olmakla birlikte sahihtir. Ancak işlediği bidat sebebiyle küfre düşmüşse, önceden de

---

[139] Namazı mutlak anlamda İslam alameti kabul eden ve aksini iddia edenleri tekfircilik veya hâricilikle suçlayanlara İmam Şafiî'nin bu sözünü dikkatle okumalarını tavsiye ederiz. Eğer iddialarında doğru ve samimi olsalardı öncelikle İmam Şafiî'yi itham etmeleri gerekirdi; ama onlar imamlara laf kondurmuyor, imamların söylediğini söyleyen bazı muasır Müslümanları yerden yere vuruyorlar. Ne diyelim, la havle vela kuvvete illa billâh demekten başka diyecek bir söz bulamıyoruz.

[140] "el-Ümm", 1/168.

[141] "el-Muğnî", 3/438.

[142] "el-Mecmu' Şerhu'l-Mühezzeb", 4/252.

ifade ettiğimiz gibi böylesi birisinin arkasında, diğer kâfirlerin arkasında olduğu gibi namaz kılmak sahih değildir."[143]

Küfre düşmüş birisinin arkasında namaz kılınıp-kılınmayacağı meselesi kitabın sonlarına doğru inşâallah detaylıca ele alınacaktır.

3-) Bâtıl üzere bina edilen şey de bâtıldır. Şeyh Fevzan, evvelemirde Haricîlerin küfre düşmüş olduklarını söyledi, bu batıldır. Sonra da beldeyi tamamen ele geçirdikleri zaman onların arkasında namaz kılınabileceğini söyledi ve bunun fukahanın görüşü olduğu vehmine kapıldı. Bu da bâtıldır; çünkü bâtıl bir şey üzerine bina edilmiştir.

Şeyh Fevzan'ın "Haricîlerin –beldeyi tamamen ele geçirdiklerinde– arkasında namaz kılınmasının caiz olduğunu kendilerine nispet ettiği âlimler, Haricîleri kâfir olarak görmemektedirler. Haricîler, onlar nezdinde sadece fasık ve dalalet ehli kimselerdir. Dalalet ehli kimselerin arkasında namaz kılmak ise caizdir.[144]

Burada Şeyh Fevzan'ın içerisine düşmüş olduğu çelişkiyi bir nebze de olsa ortaya koymak istedik. Bir âlimin, kâfir olduğuna inandığı birisinin arkasında namaz kılmaya ruhsat vermesi aklın ve fıkhın kabul etmeyeceği büyük bir vartadır. Bu vartaya bizlerin de düşmemesi için usulümüzü iyi belirlememiz gerekmektedir. Aksi halde böylesi hataların bizden de sudur etmesi kaçınılmazdır.

Genel Bir Değerlendirme

Tüm bu anlatılanlardan sonra Haricîler hakkında doğru bir değerlendirme yapabilmek için şu hususların altını çizmek gerekir:

1) Bir kâfirde iman şubelerinden bir şube bulunması onu mümin yapmayacağı gibi, bir müminde de küfür şubelerinden bir şubenin bulunması onu kâfir yapmaz. Keza bir insanda Haricîlerin vasıflarından birisinin bulunması onun "Haricî" diye damgalanmasını gerektirmez. Bizler nasıl ki bir kâfirin yolda insanlara eziyet veren şeyleri izale etme, ana-babaya iyilik etme ve tasaddukta bulunma gibi imanın şubelerinden birisini eda ettiğini gördüğümüzde ona hemen "mümin" hükmü veremiyorsak ya da bir müminin adam öldürme, zina etme ve hırsızlık yapma gibi küfür şubelerinden birisini işlediğinde ona "kâfir" ismini kullanamıyorsak, aynı şekilde bir

---

[143] Aynı kaynak.

[144] Burada hemen belirtelim ki, bu mesele hakkında (yani bidatçi birisinin arkasında namaz kılma meselesi hakkında) çok detaylar vardır. Bazıları buna cevaz verirken bazıları da bunu caiz görmemiştir. Kimi âlimler ise ayırıma gitmişlerdir. Konunun detayı fıkıh kitaplarında mevcuttur.

insanda Haricîliğin vasıflarından bir tanesinin bulunması sebebiyle hemen ona "Haricî" hükmü veremeyiz. Şeyh Ebu Hümam el-Eserî der ki:

"Haricîlerin temel ve fer'î inanç esaslarından birisine muvafakat eden birisi, onların tüm esaslarını kabul etmediği sürece "Haricî" olmaz. Geçmiş âlimler bunu bu şekilde izah etmişlerdir. Mutezile'den Kadı Abdulcebbar der ki:

"İnsan Mutezilenin beş temel ilkesini kabul etmediği sürece 'Mutezilî' olamaz."

Ebu'l Hasen el-Hayyât şöyle der: "Kişi beş esası kabul etmediği sürece 'Mütezilî' ismine hak kazanamaz. Bu beş esas şunlardır: Tevhid, adl, vaad ve vaîd, el-menzile beyne'l-menzileteyn, emr-i bi'l-ma'rûf-nehy-i ani'l-münkcr. Kişi bu beş esası kabul ettiğinde, işte o zaman Mutezilî olur."[145]

Bu kuralın Sünnet-i Seniyye'den de delili vardır. Rasûlullâh *sallallâhu aleyhi ve sellem* şöyle buyurur:

"Dört şey vardır ki, bunlar kimde olursa halis münafık olur. Kimde de bunlardan birisi bulunursa –onu terk edene dek– kendisinde nifaktan bir şube bulunmuş olur. (Bu dört şey şunlardır:) Kendisine bir şey emanet edildiğinde ihanet eder. Konuştuğunda yalan söyler. Söz verdiğinde aldatır ve düşmanlık ettiğinde haddi aşar."[146]

Kişide bu hasletlerden birisi bulunduğunda ona "Bu münafıktır" diyemeyiz. Böylesi birisine "münafıktır" diyebilmemiz için bu dört hasletin hepsinin bir anda o şahısta bulunması gerekmektedir.

Eğer bir hasletin varlığından dolayı bir kimseye "Haricî" denecekse bizim başta (hâşâ) Hz. Hüseyin *radıyallahu anh*'a "Haricî" dememiz gerekir; zira o, kendi dönemindeki yönetime baş kaldırmıştır. Yönetime baş kaldırmak malum olduğu üzere Haricîlerin temel niteliklerindendir.

2) Bir insanın "Haricî" diye adlandırılabilmesi için insanları bir günahtan dolayı değil, günahların tamamından dolayı tekfir etmesi gerekir. Yani İslam'ın günah kabul ettiği bazı amelleri küfür kabul etmek Haricîlik değildir. Bilakis Haricîlik; hangisi olursa olsun günah işleyen birisini sırf bu günahı sebebi ile tekfir etmektir. Örneğin seleften bazıları *"Kim bir mü'mini kasten öldürürse, cezası, içinde ebedî kalacağı cehennemdir. Allah, ona gazap etmiş, lânet etmiş ve onun için büyük bir azap hazırlamıştır."* (Nisa, 93) ayetinin zâhirinden hareketle kasten adam öldüren birisinin dinden çıkarak kâfir olacağını söylemiştir. Yine Seleften bazıları orucu, haccı ve namazı terk etmeyi küfür addetmiş ve

145 "el-Kevkebu'd-Durriyyu'l-Münîr", sf. 45.
146 Buhârî, İman, 24; Müslim, İman, 25.

bunları terk edenleri kâfir saymışlardır.[147] Selefin bu amelleri terk edenleri tekfir etmesi veya adam öldüreni kâfir sayması "Haricîlik" diye adlandırılmaz. Kişi elindeki bazı deliller sayesinde kimi günahları küfür kabul edebilir. Onun bu inancı asla onu Haricî yapmaz. Onun "Haricî" diye adlandırılabilmesi için bazı günahları değil, –hangisi olursa olsun– tümüyle günah işlemeyi küfür kabul etmesi gerekir.

3) Bir şahsı tekfir etmek ile ümmetin tamamını tekfir etmek birbirinden farklı şeylerdir. Kişi elindeki delil ve argümanlardan hareketle bir insanın işlemiş olduğu günahı sebebiyle kâfir olduğuna hüküm verebilir. Bu onun "Haricî" olduğunu göstermez. Onun Haricî diye adlandırılabilmesi için o günahı işleyen herkesi tekfir etmesi gerekir. Yani bir günah sebebi ile bir şahsı tekfir etmekle, ümmetin tamamını o günahtan dolayı tekfir etmek birbirinden farklıdır. Bu noktada mutlaka bir ayırıma gidilmesi gerekmektedir.

4) Kişi elindeki delillerden hareketle bir ameli veya bir amelin terkini "küfür" diye adlandırıyor ve neticesinde o hataya düşenleri tekfir ediyorsa asla "Haricî" diye itham edilemez. Örneğin namazın terkini küfür kabul eden birisine göre, doğal sonuç olarak namazı terk edenlerin kâfir olması gerekir. Böyle birisi "namazı terk eden herkesi ben tekfir ediyorum" dese hata yapmış olmaz; zira onun mezhebine göre bu hüküm haddi zatında doğrudur ve gereklidir.

5) Bu gün bazı İslam davetçileri, Allah'ın indirdikleri ile hükmetmeyi terk ederek beşer mahsulü yerden bitme kanunlarla hükmedenleri; İslam Şeriatını ortadan kaldıranları, Batı'dan ithal edilen kanunları tatbik edenleri, İslam'ın siyasi fonksiyonunu reddedenleri vs. vs. tekfir ettikleri için "Haricî" damgası yemektedirler.[148] Küfür olan bir ameli "küfür" diye adlandırmak, bırakın Haricîliği, Ehl-i Sünnet olabilmenin temel şartıdır. Unutulmamalıdır ki, Haricîlerin bu isimle anılmalarının altında yatan en önemli etken –İbn-i Hacer'in de belirttiği gibi– yeryüzünün en hayırlı insanlarının yönetimine karşı çıkıp ayaklanmalarıdır. Onlar yeryüzünün en şerli insanlarına karşı ayaklandıkları için bu ad ile adlandırılmamışlardır. Bu gün Allah'ın şeriatını işlevsiz bırakarak beşerî kanunlarla hükmetme sevdasında olan yöneticilere karşı çıkan bazı Müslümanlara da çağdaş Mürcie çığırtkanları

---

[147] Bkz. "Câmiu'l-Ulûm ve'l-Hikem", sf. 69, 70.

[148] Abdurrahman el-Eserî der ki: "İslam'ın gariplik devrini yaşadığı şu çağda birisi bir tâğutu tekfir edecek olsa âlimler (!) onun üzerine çullanır ve hakkında ileri geri konuşarak "yok bu haricîdir, yok bu peşin hükümlüdür, yok bu teröristtir" derler ve halkı ayartırlar. Oysa haricîliğin temel prensibi "büyük günah" sebebi ile tekfir etmektir. O şahıs ise bir tâğutu kendisinden sadır olan (küfrî) bir söz veya (küfrî) bir amel sebebi ile tekfir etmektedir..." "el Hakku ve'l-yakîn fî Adâveti't-Tuğâti ve'l-Mürteddîn", sf. 13.

tarafından bu isim verilmektedir. Oysa bir kimseye bu ismin verilebilmesi, ancak onun yeryüzünde Allah'ın şeriatını ikame eden adil yöneticilere karşı çıkmayı meşru görmesinden sonra caiz olabilir. Aksi halde küfre ve küfrü meşrulaştıran tâğutlara karşı çıktığı için bir Müslümana bu ismi takmak büyük bir bühtan, haksız bir isimlendirme olur.

6) Rasûlullâh *sallallâhu aleyhi ve sellem*'in bize bildirdiğine göre Haricîlerin en önemli vasıflarından birisi ehl-i evsânı (putperestleri) bırakıp ehl-i İslam'la uğraşmalarıdır. Bu gün tevhid davetçilerinin davetleri "tekfircilik" veya "çağdaş Haricîlik" denilerek susturulmaya çalışılmaktadır. Onlara bu vasıfları vererek kutlu davetinin önüne geçmeye çalışan, aynı zamanda Allah'ın indirdiği mübarek kitapla hükmetmeyi terk edenleri itaat edilmesi zorunlu olan bir merci gibi gösteren ve onlarla mücadele etmeyi terk edenler, Haricî olmaya ve Haricîlik vasfını taşımaya tevhid davetçilerinden daha layıktırlar.[149]

Bazı Karşılaştırmalar

Haricîlerin usullerini/temel ilkelerini şu üç ana başlıkta toplayabiliriz:

1-) Büyük günah işleyenleri tekfir etmek, onların ebedi cehennemlik olduğuna hükmetmek ve şefaati inkâr etmek.

Haricîler büyük günah işleyen herkesi, günahın nevine bakmaksızın tekfir eder ve böylesi birisinin ebedî cehennemlik olduğuna hükmederler. Bu iki temelin yanı sıra bir de şefaati inkâr ederler. İbn-u Ebi'l-İzz der ki:

"Rasûlullâh *sallallâhu aleyhi ve sellem*'in şefaati ümmetinden büyük günah işleyip ateşe giren kimseler içindir. Onlar (bu şefaat sayesinde) ateşten çıkarılacaklardır. Şefaatin bu çeşidi ile ilgili hadisler mütevatir olarak gelmiştir. Bunun bilgisi Hariciler ile Mutezile'ye gizli kalmıştır. O bakımdan hadislerin sıhhatini bilmemeleri ve bunu bilenlerin de inat edip, bid'atlerini sürdürmelerinden ötürü bu hususa muhalefet etmişlerdir."[150]

Abdulkerim el-Hamîd der ki:

---

[149] Hamas hükümeti zikrettiğimiz bu vasfa ne kadar da layıktır! Onlar, –bizim bu satırları yazdığımız sıralarda– *"Bizi beşerî kanunlarla değil, Allah'ın dini ile yönetin"* diyen Ebu'n-Nur el-Makdisî ve beraberindeki tevhid ehli insanları katlettiklerinde, buna gerekçe olarak onların "tekfirci" olduklarını ileri sürmüşlerdi. Hamas ve benzeri hükümetler, bölgelerindeki ehl-i evsânı bırakıp Allah'ın dinine göre yönetilmek isteyen ehl-i İslam'ı kendilerine düşman bilerek Haricîlerin bu vasıflarına ne kadar da çok benzemişlerdir. Allah'ın şeriatını isteyenler böylesi hükümetlere göre terörist, harici veya tekfircidir. Eğer böylesi bir talepte bulunmak Haricîlik veya tekfircilik ise o zaman Allah'ın şeriatına düşman olan kâfirleri bırakarak Müslümanları katletmek nedir?

[150] "Şerhu'l-Akîdeti't-Tahâviyye", sf. 233.

"Ehl-i Sünnet şefaati kabul ederken, Haricîler ve Mutezile bunu reddetmişlerdir."[151]

Bu gün Şeriat-ı Ğarrayı yürürlükten kaldıran yöneticilere karşı çıktıkları için bu adla anılan muvahhid müminler, acaba böyle mi inanmaktadırlar; yani onlar böylelerini işlemiş oldukları bir takım günahlar sebebiyle mi tekfir etmektedirler? Ebu Hümam Abdulaziz el-Eserî der ki:

"Ey insaf ehli! Allah için söyleyin, bizler böylesi insanlardan mıyız? Bizler tâğutlaşmış bu yöneticileri acaba zina ettikleri, hırsızlık yaptıkları ve içki içtikleri için mi küfre düşmekle suçluyoruz? Acaba bizler şefaatin varlığını ispat eden hadislerin varlığını inkâr mı ediyoruz? –Allah bizi o şefaate ehil kılsın– yoksa günah işleyenlerin ebedî cehennemde kalacağını mı söylüyoruz?

"Allah'ım! Sen noksanlıklardan uzaksın. Bu, büyük bir iftiradır." (Nur, 16)[152]

2-) Hiçbir ayırım yapmaksızın dâru'l-küfürde yaşayan her Müslümanı tekfir etmek.

İmam Eş'arî der ki:

"Ezarika[153] daru'l-küfür de yaşayan herkesin kâfir olduğunu ve oradan ayrılmaktan başka bir seçeneğin olmayacağı zannına kapılmıştır."[154]

Haricîler hiçbir ayırım yapmaksızın kendileri dışında kalan tüm toplulukları tekfir ederler. Onların bu fiilleri ile bu gün muvahhidlerin yaptıklarını karşılaştırmak zorundayız. Muvahhidler yalnızca Allah ve Rasûlünün, küfrüne hüküm verdiği kimseleri –şer'î kâide ve kurallar çerçevesinde– tekfir ederler.

Haricîler ise hiçbir kâide ve kural tanımadan kendi dışında kalanları –bu kimseler yeryüzünün en müttaki insanları olsa bile– tekfir ederler. İki grup arasındaki fark serâ ile Süreyya[155] arasında ki fark gibidir.

3-) Allah'ın hükmü ile hükmeden müslüman yöneticilere karşı ayaklanmak.

Haricîlerin en önemli vasıflarından biri de Allah'ın hükmü ile hükmeden Müslüman yöneticilere karşı ayaklanmalarıdır. Bu gün Haricî olmakla

---

[151] "eş-Şenâ'a ala Men Redde Ehadîse'ş-Şefâ'a", sf. 6.

[152] "el-Kevkebu'd-Durriyyu'l-Münîr", sf. 36.

[153] Haricîlerin bir fırkasıdır.

[154] "Makâlatu'l-İslâmiyyîn", 1/89.

[155] Bu, Araplar arasında yaygın bir ifade şeklidir. "Serâ" yere, toprağa ve nemli bir yer parçasına verilen addır; "Süreyya" ise bir yıldızın ismidir. Burada anlatılmak istenen şudur: Yer ile gökteki yıldızın arası ne kadar uzak ise, bu iki görüş arasındaki fark da o kadar birbirinden uzaktır.

suçlanan muvahhidler ise; zulüm de etse, haksızlık da yapsa, sırtlarına kırbaç vurup mallarını da alsa Allah'ın hükmüyle hükmeden Müslüman bir yöneticiye karşı gelmez ve ona karşı ayaklanmazlar. Her ne kadar böyle yapan bir yöneticiye karşı çıkmak Ehl-i Sünnet âlimlerinden bazıları tarafından caiz görülse de, onlar bu görüşü mercûh/zayıf kabul edip bağlılıklarında sebat gösterirler.

◈ Onların diğer bir özelliği de, Hz. Osman ve Hz. Ali gibi zevattan beri olmaları ve Rasûlullâh'ın sahabesini tekfir etmeleridir. Onlar bunu tüm taatlerin önüne geçirirler ve evlilikleri ancak bu ilkeye göre sahih kabul ederler. Çağdaş Mürciîlere soruyoruz: Allah'ın hükümlerini reddeden tâğutları tekfir eden muvahhidlerden hangi birisi bir sahabeyi tekfir etmiştir? Herkes bilir ki, bizim isim ve künyelerimiz –tekfir etmek şöyle dursun– sahabeye bağlılığımızın en büyük delilidir.[156]

◈ Onların diğer bir özelliği de, hayızlı kadına namaz kılmasını vacip görmeleridir. Bu sapık anlayışın nedeni ise, Kur'an'ı temel kabul edip Sünneti reddetmeleri ve Sünnetin ortaya koyduğu hükümleri kabul etmemeleridir. Haricîler, Sünneti reddedip ona muhakeme olmayı kabul etmiyorsa, acaba Kur'an ve Sünneti reddedip onlara muhakeme olmayı kabul etmeyenlerin hali nedir? Acaba bu iki gruptan hangisi Haricîlikte daha ileridir?

◈ Onların bir diğer bir vasfı da, zina eden evlilere uygulanan recim cezasını iptal etmeleridir. Acaba recim cezasının tatbikini iptal eden muvahhidler midir, yoksa bu günün tâğutları mı?

Özür dileriz, onların recim cezasını uygulamadıkları ağızımızdan yanlışlıkla çıktı. Onlar Allah'ın dininin hâkim olmasını isteyen Müslümanları recim edip dururken, nasıl olurda onlar için "Recim cezasının tatbikini yürürlükten kaldırmışlardır" diyebiliriz ki?

"Çünkü onlar eğer size muttali olurlarsa, ya sizi recmederler veya kendi dinlerine çevirirler ki, o zaman ebediyen iflah olmazsınız." (Kehf, 20)

"(Babası:) 'Ey İbrahim! Sen benim tanrılarımdan yüz mü çeviriyorsun? Eğer vazgeçmezsen, andolsun seni recmederim! Uzun bir zaman benden uzak dur!' dedi" (Meryem, 46)[157]

◈ Haricîlerin diğer bir vasfı da, mestler üzerine mesh etmeyi reddetmeleridir. Hatta onlardan bazıları der ki: "Ayağın bıçakla kesilmesi, mest üzerine mesh etmekten daha ehvendir!"

---

[156] "el-Kevkebu'd-Durriyyu'l-Münîr", sf. 38.
[157] A.g.e. sf. 40.

Okuyucu, bazı akait kitaplarında mestler üzerine mesh etme meselesini görünce şaşırmamalıdır. Mütekaddim ulema Ehl-i Sünnet'in Haricîlerden ayrıldığını ifade etmek için bu meseleyi akait kitaplarına taşımış ve Müslümanlara uyarıda bulunmuşlardır.

MÜRCİE

Mürcie'nin Tanımı

Mürcie kelimesinin türediği kök hakkında iki görüş ileri sürülmüştür. Bunlardan birisi ertelemek, sonraya bırakmak ve tehir etmek anlamında "ircâ" kelimesidir; diğeri de beklenti içerisinde olmak ve ümit etmek anlamımda "recâ" kelimesidir. Kelimenin bu iki görüşten birincisi olan "ircâ" mastarından türediği daha çok tercih edilmiştir.[158]

Mürcie, günahın imana zarar vermediği tezini savunarak, büyük günah işleyene ümit veren ve onun hakkındaki nihaî kararı Allah'a havale edip tehir eden bir akait fırkasıdır.[159]

Bu İsmin Veriliş Nedeni

Mürcie'nin bu adla anılmasının beş nedeni vardır:

1) Onlar *"taatın kâfire bir faydası olmadığı gibi, günahın da imana bir zararı yoktur"* şeklindeki ilkeyi kabul etmek suretiyle büyük günah işleyen kimseye ümit vermektedirler. Üstte de belirtildiği gibi "ircâ" kelimesi "ümit verme" manasına gelmektedir. Bu nedenle onlara "ümit verenler" anlamında Mürcie denmiştir.

2) İman karşısında ameli ikinci plana itip, ona fazla önem vermedikleri için bu ad verilmiştir.

3) Büyük günah sahibinin hükmünü kıyamet gününe erteledikleri için bu isim verilmiştir.

4) İmamet konusunda, Hz. Ali'yi birinci sıradan dördüncü sıraya geçirdikleri için bu adla anılmışlardır.

5) Hz. Osman ile Hz. Ali taraftarları arasında meydana gelen ve neticede tekfire kadar varan görüş ayrılıklarının yaygın olduğu sıralarda her iki grubun da "mümin" olduğunu söyledikleri ve bu iki taraf hakkında her-

---

[158] Bkz. "Lisanu'l-Arab", "re-ce-e" maddesi. 1/83.
[159] "Şamil İslam Ansiklopedisi", 6/67. Mürcie maddesi.

hangi bir hüküm belirtmeyip susmayı tercih ettikleri için kendilerine bu isim verilmiştir.[160]

Mürcie'nin Doğuşu

İtikadî boyutu ele alındığında bu mezhebin Haricî ve Mutezilî fikre tepki olarak ortaya çıktığı görülür. Bu fikir, büyük günah işleyen kimselerin hükmü konusunda hararetli tartışmaların yaşandığı bir dönemde ortaya çıkmıştır. Ilımlı ve uzlaşmalı bir fikri savunduğu için birçok taraftar toplamış ve ilk dönemdeki birçok insanı etkisi altına almıştır. Hâriciler, büyük günah işleyenin kâfir olduğunu söylerken, Mutezile bunların mümin de olmadığını kâfir de olmadığını, aksine beyne'l-menzileteyn/iki menzile arasında bir yerde olduğunu öne sürmekteydi. İşte bu iki farklı inancın revaçta olduğu bir ortamda Mürcie, küfürle beraber itaatin fayda vermediği gibi, imanla beraberde günahın zarar vermeyeceği teziyle sesini yükseltti. Doğuşunu bu iki fırkanın ortaya attığı tezlere bir tepki olarak kabul etmenin yanı sıra, ayrıca Emevîlerle Haşimîlerin aralarındaki çekişmelere, Emevîlerle Haricîlerin diğer muhaliflere karşı acımasız davranışlarına ve mevâliyi küçük görmelerine, özellikle de Müslümanların birbirlerini öldürmelerine karşı çıkan ılımlı bir tepki hareketi olarak kabul etmek gerekir.

Âlimlerin genel kanısına göre Mürcie, büyük günah işleyenin kâfir olup-olmayacağı meselesinden sonra ortaya çıkmış bir fikir akımıdır; ancak bazı âlimler daha mürtekib-i kebîra meselesi gündeme gelmeden önce bu görüşün siyasi bir duruş olarak mevcut olduğunu ileri sürmektedirler. Bu âlimler şöyle demişlerdir: Sahabe döneminde, Hz. Osman ile Hz. Ali taraftarları arasında meydana gelen ve neticede tekfire kadar varan görüş ayrılıklarının yaygın olduğu sıralarda her iki grubun da "mümin" olduğunu söyleyen ve bu iki taraf hakkında herhangi bir hüküm belirtmeyip susmayı tercih eden üçüncü bir grup vardı. Bu grup Rasûlullâh *sallallâhu aleyhi ve sellem*'den nakledilen *"İlerde bir sürü fitne kopacaktır, Bu fitneler esnasında oturan yürüyenden, yürüyen de koşandan daha hayırlıdır..."*[161] hadisini göz önüne alarak bu tartışmalara katılmamıştır. Müslümanlar arasında ki anlaşmazlıklar giderek artınca mesele sadece ihtilaflar hakkında hüküm vermekle kalmadı, buna birde "büyük günah işleyenin durumu" eklendi. Bunun üzerine bazı sahabelerin daha önce ihtilaflar hakkında gösterdikleri "kararsızlık" ve "erteleme" şeklindeki tutumu "büyük günah işleyen" hakkında da gösteren yeni bir grup ortaya çıktı. Bunlar büyük günah işleyen hakkındaki hükmünde ertelenerek, tüm gaypları bilen Allah'a havale edilmesi gerektiğini

---

[160] Bkz. "el-Milel ve'n-Nihal", 1/138; "el-Fark beyne'l-Firak", sf 190.
[161] Müslim, Fiten 12, 3. bab.

savundular ve günah işleyenin durumu hakkında konuşmaktan kaçındılar.[162] İşte sırf fitne ve fesada yol açar endişesiyle hüküm belirtmekten çekinerek bir kenara çekilen ve son kararı Allah'a havale eden bu gruba, bu tutumlarından dolayı "Mürcie" denmiştir. Bu görüşü savunan âlimlere göre başlangıçta siyasi bir tarafsızlığın ifadesi olan Mürcie, daha sonra akait sahasındaki bir tarafsızlığın adı olmuştur.[163] Dolayısıyla Mürcie ismini; tarihteki siyasi kargaşalardan dolayı meydana gelen tatsız olaylar karşısında sessiz kalarak o olaylara karışanların durumunu irca edenler ve büyük günahların mümine zarar vermediğini iddia ederek ona ümit verenler diye iki başlık altında incelememiz kaçınılmazdır.

Birinci grup siyasi bir duruşu temsil etmekte iken, ikinci grup akait alanında fikri bir yapıyı temsil etmektedir; ancak akait ve kelam kitaplarında "Mürcie" denilince ikinci grupta yer alan ve günahın imana zarar vermediğini iddia eden bidat ehli fırka kastedilmektedir.

Mürcie'nin Görüşleri

Mürcie mezhebinin itikadî, fıkhî, siyasi ve tasavvufa ait birçok görüşü vardır. Biz konumuz çerçevesinde itikatla alakalı meseleleri ele alarak diğer görüşleri üzerinde durmayacağız.[164]

Mürcie'nin imanın tarifi ile alakalı görüşleri üçe ayrılır. Bu görüşler sırasıyla şu şekildedir:

Birinci Görüş: İman kalpte yerleşen marifet (bilgi) veya tasdiktir. Mürcieyi etkilediği kabul edilen Cehm b. Safvan ve taraftarlarına göre iman yalnızca Allah'ı, peygamberlerini ve O'ndan gelen her şeyi bilmektir; marifet (bilgi) dışındaki şeyler iman değildir. Küfür ise Allah'ı bilmemektir. İman ve küfrün her ikisi de kalpte bulunur.

İkinci Görüş: Bu görüşe göre iman "Allah'ı ve O'ndan gelen her şeyi toptan kalp ile tasdik, dil ile ikrar etme" şeklinde tanımlanır. Bu tanım genel olarak Ebu Hanife ve taraftarlarının oluşturduğu Kûfeli fakihlere ait olup Mürcie'nin çoğunluğu tarafından benimsenmiştir.

Üçüncü Görüş: Bu görüşe göre de iman; sadece dil ile ikrardan ibarettir. Muhammed b. Kerram ve mensuplarınca benimsenen bu görüş, imanı kalbin tasdiki değil, dilin ikrarı; küfrü ise Allah'ı dil ile inkâr etme olarak anlar.[165]

---

[162] "Mezhepler Tarihi", M. Ebu Zehra, sf. 130.

[163] "Şamil İslam Ansiklopedisi", 6/68. Mürcie maddesi.

[164] Bu noktada Diyanet İslam Ansiklopedisi'nin ilgili bölümüne bakılabilir. Bkz. 32/43.

[165] Bkz. DİA. 32/43.

Bu üç görüşün ilki ve sonuncusu tüm Ehli Sünnet âlimlerince redde-dilmiştir. İlk görüşe göre küfür ameli işleyen veya küfür sözü söyleyenlerin tamamının –kalpleri ile inkâr etmedikleri sürece– mümin olmaları gerekir. Bu görüş, Kur'an ve Sünnet tarafından sarahaten reddedilmiştir. Bu mesele ileride inşaallah etraflıca ele alınacaktır. Son görüşe göre ise, tüm münafık-ların hakikaten mümin olması gerekir ki, bunun da kabul edilmesi müm-kün değildir. Kur'an ve Sünnetin birçok nassı bu sapkın görüşü reddettiği noktasında oldukça açıktır. İkinci görüşe göre ise amel iman kapsamından çıkarılmıştır. Bu görüş Selefin ortaya koyduğu ve *"İman kalp ile tasdik, dil ile ikrar ve azalarla amel etmektir"* diye formüle edilen tarife aykırıdır. Bu neden-le birçok âlim Ebu Hanife *rahmetullahi aleyh*'e "Mürcie" nitelendirmesinde bulunmuştur. Ebu Hanife'nin imanın tanımı hususunda "Mürcie"ye mey-lettiği doğrudur; ancak onun Mürcie'ye meyletmesi kendisinin Mürcie ol-duğu anlamına gelmez. Bahsimizin sonunda bu meseleyi inşâallah ele ala-cağız.

Mürcie Fırkaları

Diğer İslamî fırkalarda olduğu gibi, Mürcie'de de bölünmeler olmuş ve taraftarları birçok fırkalara ayrılmışlardır. Bu fırkaların sayısı bir hayli çok-tur; biz bunlardan sadece bazılarını tanıtmaya çalışacağız.

1) Cehmiyye: Kuruculuğunu Cehm b. Safvan'nın yapmış olduğu bu ekol, imanı *"Allah'tan gelen şeylerin tamamı hususunda kişide marifetin/kesin bir bilginin husul bulması"* şeklinde tarif etmiştir. Küfrü ise *"Allah'ı tanımamak"* şeklinde kabul etmiştir. İkrâr, amel ve tasdik gibi şeyleri iman kapsamında değerlendirmezler. Bu ekolün sahiplerine göre ilim ve marifet, inkâr ile zâil olmayacağı için kişi Allah'a sövmek, Peygambere hakaret etmek, "teslis" i'lanında bulunmak ve dinle alay etmek gibi dili ile küfrü gerektiren bir söz söylese veya puta tapmak, zünnar kuşanmak, haç işareti takmak ve Kur'ân'a aykırı yasalar çıkarmak gibi fiilleri ile dinden çıkarıcı bir amel işle-se asla küfre girmiş olmaz! Bu tür ameller, kalben helal kabul edilmediği veya haramlığı inkâr edilmediği sürece asla imana zarar vermez. Bu ve em-sali inançlarından ötürü Mürcie'nin bu kolu, İslam Ümmeti içerisinde en tehlikeli fırkalardan birisi kabul edilmiştir. Hatta İslam uleması bu tür fikir-lerinden dolayı Cehm b. Safvan'ı ve onunla aynı fikri savunan kimseleri tekfir etmiştir.[166] Bu fırkanın Ehl-i Sünnetle çelişen daha birçok görüşü var-dır.[167]

---

[166] Enverşâh el-Keşmîrî "Feydu'l-Bârî" adlı eserinde, Ebu Hanife'nin Cehm b. Safvan ile tartıştığını ve Ebu Hani-fe'nin *"Yanımdan çık ey kâfir"* diyerek Cehm'i tekfir ettiğini nakleder. Bkz. Feydu'l-Bârî, 4/513.

[167] Geniş bilgi için bkz. "Şamil İslam Ansiklopedisi", 1/365; Diyanet İslam Ansiklopedisi, 7/234.

2) Kerramiyye. Muhammed b. Kerram es-Sicistanî tarafından kurulmuş bir fırka olup, İslâm'ın inanç ve ibadet esaslarını kendine özgü bir biçimde yorumlayarak birçok açıdan dalalete düşmüştür. Bu ekolün sahiplerine göre sadece diliyle Kelime-i Tevhid'i söyleyen kişi *"mü'min"*dir, iman için kalbin tasdikine ve amele gerek yoktur. "Lâ ilâhe illallah" diyen kişi, kalbinde küfür taşısa bile mü'mindir (!)

Kerrâmiyye, ikrarın bütün ruhlarca, *"Evet, sen bizim rabbimizsin"* (Araf/172) şeklindeki ilk ikrarla gerçekleştirildiğini, insanların İslâm'dan başka bir dine geçmedikleri sürece ebediyyen devam edeceğini, bu ikrarı dünyada Kelime-i Şehâdetle tekrarlayan herkesin İslâm ümmetinin bir ferdi olacağını belirtmiştir. Onlara göre amel ve iman ayrı şeylerdir; yani iman söz, ameller ise onun ilkeleridir. İman iyilik yapmakla artmaz, kötülük işlemek veya emredileni terk etmekle de azalmaz. Peygamber dahi olsa bütün Müslümanlar iman bakımından eşittir. Çünkü her mümin gerçek mümin, her kâfir de gerçek kâfirdir. İkisi arasında üçüncü bir konum yoktur.[168]

3) Gaylâniyye. Şamlı Gaylan b. Mervan'a nispet edilen, imanı *"Allah'ı bilmek, sevmek ve O'na itaat etmek, Hz. Peygamberin getirdiklerinin tamamını dil ile ikrar etmek"* şeklinde tanımlayan bir fırkadır. İrcâ fikrini ortaya atan ilk şahıs budur.

4) Yûnusiyye: Yûnus b. Avn en-Nemîrî adında bir şahsın taraftarlarından oluşan bir fırkadır. Ona göre iman, Allah Teâlâ'yı bilmek, O'na boyun eğip bağlanmaktır. O'na karşı kibirlenmemek, O'na kalp ile sevgi beslemektir. Bu hasletleri taşıyan kimse mümindir. Bunlar dışında kalan ve taat cinsinden olan şeyler imandan değildir. İman, hâlis ve sâdık oldukça kişi, bunların terkinden dolayı azap görmez.

5) Merîsiyye: Bişr b. Gıyâs el-Merîsi'ye nispet edilen ve imanı *"tasdik"* şeklinde tanımlayan, bunun da kalp ve dil ile gerçekleşeceğini iddia eden bir fırka.[169] Bu fırkaya göre küfür yalnızca hükmün inkârı ile olur, bundan dolayı puta tapmak küfür değil, sadece küfre alamettir.

6) Gassâniyye: Gassân el-Kûfî adında bir şahsın taraftarlarından oluşan fırkadır. Kendisi iman hakkında şöyle demiştir: *"İman, Allah Teâlâ'yı, Peygamberini, Allah tarafından indirilen şeriatı ve Allah Resûlü sallâllahu aleyhi ve sellem'in getirdiklerini tafsilen değil, genel olarak (İcmâlen) bilmektir."* Ona göre iman ne artar, ne de eksilir. İddiasına göre herhangi biri çıkıp "Allah Teâlâ'nın domuz eti yemeyi haram kıldığını biliyorum, ama haram kıldığı domuzun şu koyun mu, yoksa başka bir şey mi olduğunu bilmiyorum" dese

---

[168] DİA, 25/294.
[169] DİA, 32/44.

mümin olarak kalır. Yine biri çıkıp "Allah Teâlâ'nın Kâbe'yi haccetmeyi farz kıldığını biliyorum; ama Kâbe'nin nerede olduğunu bilmiyorum, belki Hindistan'dadır" dese mümin olmaya devam eder. Bu misallerle anlatmak istediği, bu tür inançların imanın ötesinde hususlar oluşudur.

7) Tûmeniyye: Ebu Muâz et-Tûmenî adında bir şahsın taraftarlarından oluşan fırkadır. Ebu Muâz'a göre iman marifet, tasdik, muhabbet, ihlâs ve Resûlullah'ın getirdiklerini ikrardır. Bunların tamamını, ya da bir kısmını terk etmek küfürdür. Bunların yalnız birisinin veya bazısının iman olduğu söylenemez. Küfür olduğu hakkında icma edilmemiş küçük veya büyük bir masiyeti işleyen kimse hakkında "fısk ve isyanda bulundu" denilir; ama "fâsık" denmez. Terk etmeyi helâl sayarak namaz kılmayı boşlayan kimse kâfir olur. Kaza etme niyetiyle terk eden kimse ise kâfir olmaz. Ona göre bir peygamberi öldüren veya ona vuran kimse küfre düşer. Ama küfre düşmesinin sebebi, onu öldürmesi veya vurması değil, küçümseme, düşmanlık ve buğz yüzündendir.[170]

Genel Bir Değerlendirme

Mürcie hakkında anlattığımız bu şeylerden hareketle bir değerlendirme yapmamız ve tarihte var olan ircâ fikri ile günümüzde bu fikrin uzantılarını karşılaştırmamız gerekmektedir. Bu değerlendirme ve analizler sayesinde kişi tarih kitaplarından okumuş olduğu Mürcie'nin bu günkü temsilcilerini, onların günümüzde nasıl bir strateji izlediklerini ve onlardan kendisini nasıl koruyacağını öğrenmiş olacaktır. Ancak burada bir hususa dikkat çekmek istiyoruz ki, bu anlaşılmadan yapacağımız değerlendirmelerin yanlış yorumlanması muhtemeldir.

İslam âlimleri iman ve küfür meselelerinde Mürcie'yi iki kısımda değerlendirmişlerdir. **1.** *"Mürcietü'l-Mütekellimin"* denilen, Selefin tekfir ettiği ğulat/aşırı Mürcie. **2.** *"Mürcietü'l-Fukaha"* denilen, ameli iman kapsamında değerlendirmeyen Mürcie.

Değerlendirmelerimize geçmeden önce bu iki grubun izah edilmesi zorunludur. Bu sayede bizim, eleştiri oklarımızı kime yönlendirdiğimiz doğru bir şekilde anlaşılmış olur.

1. Mürcietü'l-Mütekellimîn

Mürcie'nin Cehmiyye kolu, imanın sadece kalbin marifeti olduğunu iddia etmiş ve kalbin amellerini, organların amellerini ve ikrarı iman kapsamından çıkarmıştır. Mürcie'nin bu koluna göre kişi Allah ve Rasûlüne sövdüğü, Allah dostlarına düşmanlık ettiği, Allah düşmanlarını dost edin-

---

[170] Bkz. "el-Milel ve'n-Nihal", İmam Şehristânî, 1/139-143.

diği, Kur'an'ı küçümsediği ve mescitleri yıktığı halde kâmil bir mümin olabilir! Onlar tüm bu işleri kalpte olan imanla çelişmeyen günahlar olarak telakki etmektedirler. Kişi tüm bu küfür amellerini işlese bile hem iç âleminde hem de Allah katında mümin bir kuldur! İmam Veki', Ahmed b. Hanbel, Ebu Ubeyd gibi Selef âlimleri, bu görüşte olan kimseleri tekfir etmişlerdir. Bizim tenkit ve eleştirilerimizin Mürcie'nin bu grubuna ve onların uzantısı olan "Çağdaş Mürcieler"e olduğunu şimdiden belirtelim.

2. Mürcietü'l-Fukaha

Bu grupta yer alan ulema, imanın yalnızca kalbin tasdiki ve dilin ikrarından ibaret olduğunu savunmuşlar ve ameli iman kapsamından çıkarmışlardır. Onlara "Mürcie" denilmesinin tek sebebi, ameli imandan ayırmalarıdır. Onlar asla Cehm b. Safvan'ın iddia ettiği gibi "kişi ancak kalben inkâr ederse kâfir olur" dememişlerdir. Aksine kalben inansa bile küfür amellerinden birisini işlemek sureti ile kişinin küfre gireceğini belirtmişlerdir. Bununla beraber kudreti olduğu halde dili ile ikrarı terk eden kimseyi tekfir etmişler ve kalplerinde "tasdik" olmasına rağmen Firavun ve emsallerinin kâfir olduğunu söylemişlerdir. Ebu Hanife *rahmetullahi aleyh* ve benzerleri bu gruptan sayılmıştır.[171]

Bu taksimatı yaptıktan sonra hemen belirtmeliyiz ki, bizim üzerinde durmak istediğimiz ve insanları sürekli sakındırmış olduğumuz Mürcie, ilk maddede anlattığımız ve küfrü yalnızca kalbe hasrederek söz ve amelle küfre girilmeyeceğini iddia eden aşırı Mürciedir. Bugün dünya üzerinde yoğun bir şekilde bu akide, insanların zihnine yerleştirilmeye çalışılmakta ve bu doğrultuda kitap ve makaleler yazılmaktadır. Yeryüzünde Allah'ın yasalarını işlevsiz hale getiren tâğutlar, bu akidenin yayılması için yoğun çaba harcamaktadırlar; çünkü bu akide gereğince kendileri küfrü gerektiren hangi ameli işlerlerse işlesinler asla dinin dışına çıkmış sayılmayacaklardır. Onların yapmış olduğu küfür amellerine en iyi kılıf bu akide sayesinde bulunmaktadır. Onlar bu akideyi empoze ederken, elbette "Bu Mürcie akidesidir" demeyecekler; aksine bunun Allah ve Rasûlü'nün razı olduğu bir inanış biçimi olduğunu ortaya koyacaklardır. Bu noktada Seleften bazılarından nakledilen şu sözü aktarmanın yerinde olduğunu düşünüyoruz:

"Mürcielik yöneticilerin sevdiği bir dindir!"[172]

Bu gerçekten de yerinde bir sözdür. Selef, keskin ve ileri görüşlülüğü ile bu hakikati iyi tespit etmiştir.

Evet, bu girişten sonra değerlendirmelerimizi şu şekilde sıralayabiliriz:

---

[171] Bkz. "İmtau'n-Nazar fi Keşfi Şübühati Mürcieti'l-Asr", Ebu Muhasmmed el-Makdisî, sf. 4, 5.
[172] Bkz. A.g.e. sf. 8.

1) Mürcie'ye Göre Küfür Sadece Kalpte Olur

Geçen satırlarda da belirttiğimiz gibi, Mürcie Mezhebi'nin ğulat/aşırılarının nezdinde küfür sadece kalp ile inkâr etmekten ibarettir. Onlara göre ameller imandan ayrı olduğu için küfrü gerektiren hiçbir eylem ve söylem kalben kabul edilmediği sürece kişiyi dinden çıkarmaz. Örneğin, kişi Allah ve Rasûlü'ne sövse, Kur'ân'ı tahkir etse, puta tapsa, Allah'ın kitabını bir tarafa atarak kendi heva ve hevesine göre kanunlar çıkarsa, ehl-i küfre has olan zünnar ve haç işareti gibi simgeleri taksa, Müslümanlara düşmanlık etse, İslam'ı yok etmek isteyen kâfirlere gerek maddi gerekse manevî her türlü yardımda bulunsa, küfrün ordularında Müslümanlara karşı savaşsa ve daha burada sayamayacağımız nice küfür amellerini yapsa kalben Allah'ı bildiği için dinden çıkmış olmaz. Bu kimse Ebu Bekir *radıyallâhu anh* gibi bir mümindir!

İşte bu inanış, İslam âleminde birçok yanlışa sebep olmuştur. Bu yanlışların başında İslam'la uzaktan-yakından alakası olmayan yönetici tabakasının Müslümanlar üzerine musallat olması gelmektedir. Bunun kadar tehlikeli olan diğer bir husus ise, bu liderlerin Allah adına halka sevdirilerek onların itaatinin sağlanması ve gerçek yüzlerinin halktan gizlenmesidir. Dinlerine gereken önemi vermeyen halklara bu mezhebin sapkın inancı anlatılarak onların uyanması sağlanmalıdır. Maalesef bu mezhebin fasit görüşleri halkları da etkisi altına almıştır. Bu gün halktan birisi küfür ameli işlediği zaman ona "sen dinden çıktın" denilecek olsa, alınacak cevap hemen hazırdır "Sen kalbime bak!"

Bu akidenin fasit görüşleri neticesinde insanlar küfür söz ve amellerine karşı son derece duyarsızlaşmışlardır. İnsanın alabildiğine bu söz ve amellerden kaçınması gerekirken, bir de görürsün ki o buna hiç de aldırış etmemektedir. Bu musibetten Rabbim bizleri kurtarsın.

Mürcie'nin Çağdaş Uzantıları

Mürcie, ilk dönem insanları üzerinde olduğu gibi, son dönem insanları üzerinde de etkili olmuştur. Hatta bu görüş, belki de bu gün önceki dönemlere nazaran daha da yaygınlaşmış durumdadır. Çünkü bu gün Allah'ın koruduğu çok az kimse dışında bu akideye kendisini kaptırmayan yok gibidir. Hatta imanı Ehl-i Sünnetin tanımladığı gibi kalp ile itikad, dil ile ikrar ve azalarla amel şeklinde tanımladığı ve kendisine *"selefi"* dediği halde bu inançta olan kimseler bile vardır.[173]

---

[173] Abdu'l Mun'im *"Biz Selefiyiz"* dedikleri halde İrcâ fikrini savunanlar hakkında şöyle der: *"Onların yaptığı en çirkin şey, kendi kötü (fikir) ve şaz görüşlerini yalan ve iftira ederek Selef-i Salihin'e isnat etmeleri ve tüm bu hatalı ve şaz*

Bu insanlar, eğer herkese karşı Mürcie olsalardı durum biraz daha ehven olurdu. Ama onlar insanlar arasında ayırım yapmaktadırlar. Onlar, mazlum ve mustazaf Müslümanlara karşı sert ve katı tutumludurlar. En basit bir hata, yanlış ve günah sebebiyle onlara su-i zan beslerler, kasıt ve niyet gözetmeksizin tüm nassların zahirini onlara hamlederek kendilerinin fasık, mücrim hatta bazen de kâfir olduklarını söylerler! Ama onlar küfrün ve şirkin önderi olan tâğutlara ve onların dostlarına karşı son derece müşfik ve merhametlidirler. Onları savunur, haklarında hep tevile başvurur, hatta gerek aklın gerekse naklin kabul edemeyeceği şekilde tevil sahasını onlar için geniş tutarlar. Kasıt ve niyet şartı getiren tüm nasları onlara hamlederek kendilerinin itaat edilmesi vacip olan emir sahipleri olduğunu iddia ederler! Onlar bu tutumlarıyla aynı anda hem Haricîlerin hem de Mürcie'nin birçok özelliğini bir arada bulundururlar. Onlar için şöyle diyen kimse ne de doğru söylemiştir! *"Onlar davetçilere ve kendileriyle aynı fikirde olmayanlara karşı Haricî, küfrün ve nifakın tüm özelliklerini kendisinde bulunduran tâğutlara karşı ise Mürciedirler."*[174]

Tarih, tarih olalı böyle bir şeyi ne duymuş ne de görmüştür! Önceki dönemlerde bu tür şeyler vuku bulmuş değildir. Ama İslam'ın "gurbet" yaşadığı bu çağ, bizlere bu tür gariplikleri bile göstermiştir. Allah ayaklarımızı sabit kılsın.

Şimdi burada sırf onların gariplik ve tezatlarına örnek olsun diye şeyhleri Nasiruddin el-Elbânî'nin[175] birkaç görüşünü ele alacak ve onun mesele hakkında Mürcie'den de öte Cehmiyye'ye kaçan fikirlerini zikrederek Ehl-i Sünnet menheci ile ne kadar uyumluluk arz ettiğini mukayese etmeye çalışacağız.

Elbanî der ki:

❊ "Biz, Allah'a ve Rasûlüne söven kimsenin alelıtlak kâfir olacağına inanmıyoruz. Çünkü sövmek bazen cahillik sebebiyle, bazen kötü terbiye sonucu, bazen gafleten, bazen de bilerek ve kastederek olabilir. Bilerek ve kastederek sövülürse, o zaman bu, kendisinde hiçbir işkalin olmadığı bir riddet olur. Ancak eğer işaret ettiğim vecihlerden birisinden olması muh-

---

görüşleriyle beraber kendilerinin "Selefî" ve "Ehl-i Eser" olduklarını iddia etmeleridir." Bkz. "el-İntisâr li Ehli't-Tevhid", sf, 10.

[174] Abdu'l Mun'im Mustafa, "el-İntisâr li Ehli't-Tevhid", sf, 9.

[175] Şeyh Elbani, hadis alanında hakkı yenilmeyecek derecede âlim birisidir. Onun hadiste bu kadar üstün olması ümmeti saptıracak fikirlerinin tenkit edilmeyeceği anlamına gelmez. Özellikle Arap âleminde onun bu sapkın fikirlerinden etkilenerek akidevî sapmalara kayan binlerce ilim talebesi vardır. Biz âlimleri severiz ama hakkı âlimlerden daha çok severiz. Bu nedenle kim olursa olsun eğer hakka muhalefet eder ve insanları bu ölçüden uzaklaştırırsa, bizim ona karşı çıkmamız ve usulüne uygun bir şekilde gereken mücadeleyi vermemiz gerekmektedir. Bu sayede hem o şahsa hem de yanlışa sürüklediği insanlara faydalı olmuş oluruz.

temel olursa, o zaman tekfir etmeme hususunda ihtiyatlı davranmak, tekfirde aceleci davranmaktan dini açıdan daha önemlidir."[176]

❀ "Bizler kalben kast edilen küfür ile, zâhiri küfür olduğu halde kalben kastedilmeyen küfrün arasını ayırıyoruz."

❀ "Küfür, kalbî bir ameldir, (azalarla yapılan) bedeni bir amel değildir."[177]

Şeyhin buna benzer birçok sözü vardır. Maksat hâsıl olduğu için bu kadarıyla yetiniyoruz. Şimdi bu sözlerin Kur'an, Sünnet ve Ehl-i Sünnet menheciyle ne kadar uyumluluk arz ettiğine bir bakalım.

Allah ve Rasûlüne Söven Kimsenin Hükmü ve Bunun Delilleri

Allah ve Rasûlüne söven bir kimse, küfür sözü söylediği için sırf bu sövmesi sebebiyle kâfir olur. Sövmenin haram olduğuna inanması veya sövmeyi helal kabul etmesi sonucu değiştirmez. Böyle birisinin sırf bu sözü sebebiyle kâfir olacağı ve niyetine bakılmayacağı hususunda Ehl-i Sünnet arasında hiçbir ihtilaf yoktur. Kur'an ve Sünnette yer alan deliller, Sahabe, Tabiîn ve mezheb imamlarının kavilleri, bunun böyle olduğunu açıkça ortaya koymaktadır. Bu konuda iman ve küfür meselelerinde "Mürciî" veya "Cehmî" olandan başka hiç kimse farklı görüş beyan etmemiştir. Böyle birisi mürted olarak öldürülür ve istitâbe de uygulanmaz (tevbeye davet edilmez). Bunun delillerine gelince:

a)Kur'an'da Yer Alan Deliller

Yüce Allah şöyle buyurur:

"Eğer antlaşmalarından sonra yeminlerini bozup dininize dil uzatırlarsa, küfrün elebaşlarıyla savaşın. Çünkü onlar yeminlerine riayet etmeyen kimselerdir. Umulur ki, vazgeçerler." (Tevbe, 12)

Yüce Allah bu ayette, kendi dinine dil uzatan, İslam hususunda ileri geri konuşmak suretiyle dini tenkit eden kimselerin "küfrün önder ve liderleri" olduğunu beyan ediyor. Dine dil uzatmak (ta'n etmek) ise, dine yakışık olmayan şeyleri nispet etmek yahut da dinden olan herhangi bir şeyi hafife alarak itiraz etmek demektir. "Küfürde önder olma vasfı" mücerret küfrün üzerine eklenmiş bir niteliktir. Yani onlar, dine dil uzatmaları sebebiyle üzerinde bulunmuş oldukları küfre küfür katmışlar ve küfürde katmerleşmişlerdir. İmam Kurtubî şöyle der:

---

[176] "Şeritatu el-Küfrü Küfran" giriş bölümü ve "el-İntisar li Ehli't-Tevhid", sf. 26 vd.
[177] Bu sözler için bkz. "Şeritatu el-Küfrü Küfran" ve "el-İntisar li Ehli't-Tevhid".

"Allah Teâlâ'nın *'Küfrün elebaşlarını hemen öldürün'* buyruğundaki 'elebaşları' anlamına gelen 'eimme' kelimesi, imam kelimesinin çoğuludur. Bununla kastedilen bazı ilim ehlinin görüşüne göre Ebu Cehil, Utbe, Şeybe ve Umeyye b. Halef gibi Kureyş'in ileri gelenleridir; ancak bu uzak bir ihtimaldir. Çünkü bu âyet-i kerime Tevbe Sûresi'ndedir. Ve bu âyet-i kerime nazil olup da insanlara karşı okunduğunda Allah, Kureyş'in güç kaynaklarının kökünü kurutmuştu. Geriye onlardan kalanlar ya Müslümandı ya barış yapmış kimselerdi. Dolayısıyla *'Küfrün elebaşlarını hemen öldürün'* buyruğunun ahdi bozan ve dine dil uzatmaya kalkışan her bir kimsenin, küfürde bir esas ve bir lider olması manasına gelmesi muhtemeldir."[178]

İbn-i Teymiyye der ki:

"Allah Teâlâ bu kimseleri sırf dine dil uzattıkları için 'küfrün elebaşları' diye isimlendirdi. Bununla, dine dil uzatan her kimsenin küfrün önderi olduğu kesinlik kazanmıştır."[179]

"Andolsun, onlara (Tebük gazvesine giderken söyledikleri o alaylı sözleri) soracak olsan, elbette şöyle diyeceklerdir: 'Biz sadece eğlenip şakalaşıyorduk.' De ki: Allah ile O'nun ayetleri ile ve Rasûlü ile mi alay ediyorsunuz? Özür dilemeyin. Siz iman ettikten sonra gerçekten de kâfir oldunuz..." (Tevbe, 65, 66)

Bu ayetin nuzül sebebi şu olaydır:

"Tebük gazvesinde bir adam:

—Bizim şu Kur'an okuyanlarımız kadar midelerine düşkün, dilleri yalancı ve düşmanla karşılaşma esnasında korkak kimseleri görmedim, dedi. O mecliste bulunan bir adam:

—Yalan söylüyorsun. Sen bir münafıksın. Seni Rasûlullâh *sallallâhu aleyhi ve sellem*'e haber vereceğim, dedi. Bu, Rasûlullâh *sallallâhu aleyhi ve sellem*'e ulaştı ve bunun üzerine bu ayetler indi."[180]

Abdu'l Mun'im Mustafa bu ayet ve ona ilişkin sebebi nuzulu zikrettikten sonra şöyle der:

"Bu nakiller, Allah ile ayetleri ile ve Rasûlü ile alay eden bir kimsenin, bunu oyun, eğlence ve şaka maksadıyla yapsa dahi kâfir olacağı noktasında açık nasslardır. Ümmet arasında küfür olan bir söz veya amel ile eğlenilmesinin küfür olduğu konusunda hiçbir ihtilaf yoktur..."[181]

---

[178] "el-Camiu li Ahkâmi'l-Kur'an", 4/18, 19.
[179] "es-Sarimu'l-Meslûl ala Şatimi'r-Rasûl", sf. 21.
[180] "Tefsiru't-Taberi", 6/172 vd.
[181] "Dinden Çıkaran Ameller", sf. 155.

Zikri geçen ayet ve hadiste, Tebük gazvesine giderken aralarında konuşan ve konuşmaları esnasında Rasûlullâh ve ashabı hakkında –*içeriğini itikat ederek değil, sadece oyun ve eğlence amacıyla*– ileri geri laflar eden bir takım insanların, bu sözleri nedeniyle dinden çıktıkları belirtilmektedir. Ayetin ifadesinden onların bu olaydan önce "mü'min" oldukları, fakat telaffuz ettikleri bir takım alaycı ifadelerden dolayı küfre düştükleri anlaşılmaktadır.

İmam Kurtubî, Kadı Ebu Bekir İbnu'l-Arabî'nin şöyle dediğini nakleder: *"Küfür (lafızlarıyla) şaka yapmak küfürdür. Bu konuda ümmet arasında hiçbir ihtilaf yoktur."*[182]

İmam Cessas "Ahkamu'l Kur'an" adlı eserinde bu ayeti tefsir ederken şöyle der: *"Bu ayette, ikrah olmaksızın küfür kelimesini söyleyen kimselerin şakacı veya gerçekçi olmasının eşit olduğuna bir işaret vardır... Bu ayet, küfür kelimesini izhar etme hususunda şaka yapanla ciddi olanın aynı hükme tabi olduğunu ifade etmektedir."*[183]

İbnu'l Cevzi der ki: *"Bu (nakiller) küfür kelimesini izhar etme hususunda şaka yapanla ciddi olanın bir olduğuna işaret etmektedir."*[184]

İman Âlusi şöyle der: *"Bazı âlimler bu ayet ile küfür kelimesini söyleme hususunda şaka yapmanın ve ciddi olmanın eşit olduğuna delil getirmişlerdir ki, bu hususta (zaten) ümmet arasında hiçbir ihtilaf yoktur."*[185]

İbn-i Nuceym der ki: *"Kim gerek şaka yere gerekse ciddi olarak küfür kelimesini söylerse tüm âlimlere göre kâfir olur. Bu konuda niyetinin hiçbir geçerliliği yoktur."*[186]

İbn-i Hümam şöyle der: *"Kısacası, bazı fiiller vardır –kâfirlere has olan alametler gibi– bunlar inkâr makamına kâimdir. Küfrün bizzat kendisinden uzak durmak nasıl gerekli ise, bu tür fiillerden de uzak durmak gerekir. Allah Teâlâ 'Biz dalmış eğleniyorduk' diyen kimselere, 'Özür dilemeyin, siz iman ettikten sonra gerçekten kâfir oldunuz' buyurdu. Onlara 'Siz yalan söylediniz' demedi. Aksine küfrün en belirgin özelliklerinden olan 'boş işlere dalmak' ve 'eğlenmek' ile boyunlarından İslam bağını çıkardıklarını ve İslam'ın korumasından çıkıp küfre girdiklerini haber verdi. Bu da göstermektedir ki, bu tür fiiller bir şahısta bulunduğu zaman o şahsın küfrüne hükmedilir, kalbindeki tasdike de bakılmaz..."*[187]

---

[182] "el-Camiu li Ahkâmi'l-Kur'an", 4/101.

[183] "Ahkâmu'l-Kur'ân", 3/207.

[184] "Zadu'l-Mesir", sf. 593.

[185] "Tefsiru Ruhi'l-Meâni", 6/190.

[186] "el-Bahru'r-Râik", 5/134.

[187] "Feydu'l-Bari", 11/50.

b) Sünnette Yer Alan Deliller

❀ İbn-i Abbas *radıyallâhu anhuma*'dan şöyle rivayet edilmiştir: Gözleri görmeyen âmâ birisinin ümmü veledi[188] vardı. Bu kadın, Rasûlullâh *sallallâhu aleyhi ve sellem*'e küfreder, O'nun hakkında yakışıksız şeyler söylerdi. Âmâ adam onu bundan nehyeder fakat kadın vazgeçmez, âmâ yine onu meneder ama dinlemezdi. Kadın bir gece Rasûlullah *sallallâhu aleyhi ve sellem* hakkında yakışıksız şeyler söylemeye, ona küfretmeye başladı. Bunun üzerine âmâ hançeri aldı, kadının karnına sapladı ve üzerine yüklenip onu öldürdü. Ayakları arasına bir çocuk düştü. Kadın orasını (yatağı) kana buladı. Sabah olunca olay Rasûlullah *sallallâhu aleyhi ve sellem*'e anlatıldı. Rasûlullah *sallallâhu aleyhi ve sellem* halkı toplayıp şöyle dedi:

—*Bu işi yapan şahsı Allah'a havale ediyorum (Allah adına yemin vererek arıyorum). Şüphesiz onun üzerinde benim hakkım var, (bana itaat etmesi vacip) ama ayağa kalkarsa müstesna.*

Bunun üzerine âmâ kişi kalktı, safları yararak ve sallanarak (gelip) Rasûlullah *sallallâhu aleyhi ve sellem*'in önüne oturdu ve:

—Ya Rasûlullah! Ben o kadının sahibiyim. Sana küfreder ve hakkında çirkin sözler söylerdi. Onu nehyederdim dinlemez, menederdim vazgeçmezdi. Benim ondan inci tanesi gibi iki oğlum var. O bana karşı da yumuşaktı. Dün gece yine sana sövmeye ve hakkında çirkin sözler söylemeye başladı. Ben de hançeri alıp karnına sapladım, üzerine yüklenip onu öldürdüm, dedi. Bunun üzerine Rasûlullah *sallallâhu aleyhi ve sellem*:

—*Dikkat edin ve şahit olun ki, o kadının kanı hederdir (kısas gerekmez),* buyurdu.[189]

İbn-i Teymiyye bu hadisi şerh ederken der ki:

"Bu hadis, sırf peygamber sallallâhu aleyhi ve sellem'e sövdüğü için o kadının öldürülmesinin caiz olduğu hususunda bir nasstır. Keza, (Rasûlullâh'a sövdüğünde) zımmî birisinin öldürülmesine de delildir. Müslüman bir erkek ve Müslüman bir kadının —Rasûlullâh'a sövdükleri zaman— öldürülmeleri evleviyetledir."[190]

❀ İbn-i Abbas *radıyallâhu anhuma*'dan rivayet edildiğine göre Hutame ehlinden "Asma binti Mervan" isminde bir kadın Rasûlullâh *sallallâhu aleyhi ve sellem*'i hicveder/hakkında ileri geri konuşurdu. Onun bu tutumundan dolayı Rasûlullâh *sallallâhu aleyhi ve sellem*:

— *Kim benim için o kadının hakkından gelir?* diye (ashabına) sordu.

---

[188] "Ümmü veled" ifadesi, efendisinden çocuk dünyaya getiren cariye anlamında bir fıkıh terimidir.

[189] Ebu Davut, hadis no: 4361. hadis "sahih"tir.

[190] "es-Sarimu'l Meslûl ala Şatimi'r-Rasûl", sf, 66.

Hemen o kadının kabilesinden adı "Umeyr b. Adiyy" olan bir zat ayağa kalkarak:

— Ben ey Allah'ın Rasûlü, dedi ve gidip kadını öldürdü.

Sonra durumu Rasûlullâh *sallallâhu aleyhi ve sellem*'e haber verdi. Bunun üzerine Rasûlullâh *sallallâhu aleyhi ve sellem*:

— *Bu meselenin hükmünün böyle olduğu hususunda hiç kimse ihtilaf etmez,* buyurdu.

Sonra Rasûlullâh *sallallâhu aleyhi ve sellem* etrafındakiler baktı ve:

— *Allah ve Rasûlüne yardım eden bir kimseye bakmaktan hoşlanıyorsanız, Umeyr b. Adiyy'e bakın,* buyurdu.[191]

❈ K'ab b. Eşref hadisesi de bu olaya delil olacak niteliktedir. K'ab b. Eşref, Allah Rasûlü hakkında ileri geri konuşan, O'na hakaretler eden, Rasûlullâh'a karşı açılan savaşa destek veren ve İslam'a düşmanlığı ile bilinen Yahudi bir şairdi. Allah Rasûlü *sallallâhu aleyhi ve sellem* onun bu küstahça tavırlarından rahatsız olduğu için bir gün ashabına:

— *Kim K'ab b. Eşref'in hakkından gelebilir? Hiç şüphe yok ki o, Allah ve Rasûlüne eziyet vermiştir,* buyurdu. Bunun üzerine Muhammed b. Mesleme:

— Ey Allah'ın Rasûlü! Onu öldürmemi ister misin? diye sordu. Rasûlullâh *sallallâhu aleyhi ve sellem*:

— *Evet,* diye yanıt verdi.[192]

Sahabenin Uygulaması

❈ Ebu Beki *radıyallâhu anh*, Rasûlullâh'ı kötüleyici nitelikte şarkılar söyleyen bir kadın hakkında İbn-i Ebi Rebîa'ya bir mektup yazdı ve şöyle dedi: "*Eğer sen o kadını öldürme hususunda benden önce davranmış olmasaydın, ben hemen onu öldürmeni sana emrederdim. Çünkü peygamberler hakkında ki had cezaları diğer insanlarınkine benzemez. Müslümanlardan her kim böyle bir suç işlerse, o artık mürted olmuş olur. Eğer İslam devleti ile anlaşmalı kimselerden birisi böyle yapacak olsa, o artık anlaşmayı bozmuş bir muharip sayılır.*"[193]

❈ Bir gün Ömer *radıyallâhu anh*'ın huzuruna Rasûlullâh *sallallâhu aleyhi ve sellem*'e söven bir adam getirildi. Ömer *radıyallâhu anh* hemen adamı öldürdü

---

[191] "es-Sarimu'l Meslûl ala Şatimi'r-Rasûl", sf, 101. ayrıca bkz. Kenzu'l Ummal, hadis no: 35491; "Müsned-i Şihab", hadis no: 662 ve 663.

[192] Buhârî, Cihad, 158. hadis no: 3031.

[193] "es-Sarimu'l Meslûl ala Şâtimi'r-Rasûl", sf. 423.

ve şöyle dedi: *"Kim Allah'a veya peygamberlerden birisine söverse onu derhal öldürün!"*[194]

❀ Bir kadın Rasûlullâh sallallâhu aleyhi ve sellem'e sövmüştü. Durumu öğrenen Halid b. Velid hemen kadını öldürdü.[195]

İlim Ehlinin Kavilleri

❀ İshak b. Rahaveyh der ki: *"Müslüman âlimler, Allah'a veya peygambere söven ya da Allah'ın peygamberlerinden bir peygamberi öldüren bir kimsenin – Allah'ın indirdiği şeylerin tamamını kabul etse bile– sırf bu yaptığı şey sebebiyle kâfir olacağı hususunda icma' etmişlerdir."*[196]

❀ İmam Hattâbî der ki: *"Böyle bir kimsenin katli hususunda Müslüman âlimlerden hiçbirisinin ihtilaf ettiğini bilmiyorum."*[197]

❀ İbn-i Teymiyye der ki: *"Mesele hakkında sözün özü şudur: Söven kimse eğer Müslüman ise (bu yaptığı ile) küfre girer ve ihtilafsız bir şekilde öldürülür. Bu görüş dört imamın ve diğer âlimlerin mezhebidir."*[198]

"Allah'a ve Rasûlüne sövmek hem zâhiren hem de bâtınen küfürdür. Söven kimsenin bunun haramlığını kabul etmesi, bunu helal sayması veya bundan gafil olması hükmü değiştirmez. Bu, 'iman söz ve ameldir' diyen sünnet ehli âlim ve fakihlerin mezhebidir."[199]

"Eğer söven kimse Müslüman ise icmaen/tüm ulemaya göre katledilmesi vaciptir. O kişi sırf bu sövme sebebiyle kâfir ve mürted olmuş ve kâfirlerden daha kötü bir hale gelmiştir; çünkü kâfir Allah'ı yüceltir ve üzerinde olduğu inancın Allah ile istihza etme ve O'na sövme anlamına gelmediğini itikat eder."[200]

❀ Keşmîrî şöyle der: *"Ehl-i ilim, Rasûlullâh sallallâhu aleyhi ve sellem'e söven bir kimsenin öldürüleceği hususunda icma' etmiştir."*[201]

❀ Muhammed İbn-i Sahnûn der ki: *"Ulema, Hz. Peygambere söven ve O'na noksanlık izafe eden kimsenin kâfir olacağı hususunda icma' etmiştir. Kim böyle birisinin kâfir olduğundan veya azaba uğrayacağından şüphe ederse o da kâfir olur."*[202]

---

[194] Aynı yer.

[195] "es-Sarimu'l Meslûl ala Şatimi'r-Rasûl, sf. 209. Ayrıca bkz. Beyhakî, "es-Sünenü'l-Kübrâ", 16641 nolu haber.

[196] Abdu'l Mun'im, "Tenbihu'l Ğafilîn ila Hükmi Şatimillahi ve'd-Dîn", sf, 13.

[197] Aynı kaynak.

[198] "es-Sarimu'l Meslûl ala Şatimi'r-Rasûl", sf. 10.

[199] Age. 1/513.

[200] Age. 1/547.

[201] Enverşâh, el-Keşmîrî, "İkfâru'l-Mulhidîn", sf. 64. "Tenbihu'l Ğafilîn ila Hükmi Şatimillahi ve'd-Dîn" adlı eserden naklen. Bkz. sf. 14.

[202] "Tenbihu'l Ğafilîn ila Hükmi Şatimillahi ve'd-Dîn", sf. 14.

⚜ Kadı İyaz şöyle der: *"Müslüman olup da Allah'a söven bir kimsenin kâfir olduğu ve kanının helalleştiği hususunda hiçbir ihtilaf yoktur."*[203]

"Keza, kim, tebliğ ettiği ve haber verdiği hususlarda peygamberimize kasıtlı olarak yalan izafe eder, doğruluğunda şüphe eder, O'na söver veya 'O tebliğ etmedi!' der, Onunla ya da diğer peygamberlerden biri ile alay eder, onları hor görür, onlara eziyet verir, onlardan birisini öldürür ya da savaşırsa icmaen kâfir olur."[204]

Abdu'l Mun'im Mustafa şöyle der: *"Dine söven birisi küfrün ve dalaletin önderi konumundadır. Böyle birisi –her ne kadar Müslüman olduğunu iddia etse bile– zâhiren ve bâtınen kâfir olmuş ve dinden çıkmıştır. Onun küfrü sırf sövmesinden ve din ile alay etmesinden kaynaklanır. Bunu yaparken ister kalbi ile inkâr etsin, yalanlasın isterse bundan uzak olsun fark etmez."*[205]

Ayet, hadis ve ulemanın kavilleri çerçevesinde meseleye baktığımızda Allah'a peygambere veya dinin mukaddes addettiği bir şeye söven veya bunlarla alay eden bir kimse, sırf bu alayı nedeniyle kâfir olur. Onun niyetine, kastına, niçin sövdüğüne ya da buna benzer bir takım gerekçelerine bakılmaz. Böylesi bir şahıs dinin kutsal kabul ettiği bir şeyi küçümsemek sûretiyle dinden çıkmıştır. Bu hususta niyet geçerli değildir. Niyete ancak sarih olmayan ve içeriğinde kapalılık olan meselelerde başvurulur.[206] Bu gibi lafızların sarahatinde ise şüphe yoktur. Bu nedenle dinin mukaddesatına söven kimseler, sırf bu sövgülerinden ötürü dinden çıkmış ve mürted olmuşlardır. Haklarında riddet bâbının ahkâmı uygulanır ve gereken cezaya çarptırılırlar.

Nasiruddin el-Elbânî, iman ve küfür meselelerinde Cehmiyye akidesinden etkilendiği için Allah'a, peygambere ve dinin mukaddesâtına söven kimselerin ancak yaptıkları bu işin helal olduğunu itikat ettikleri zaman kâfir olacaklarını iddia etmiştir! Elbânî'ye göre kötü ahlaka sahip olan bir kimse, sırf bu edepsizliği yüzünden Allah'a sövse kâfir olmaz! O, yine de mümindir ve cennete girmeyi hak etmiştir!

Elbânî'nin bu görüşe meyletmesinin en önemli etkeni, küfrü yalnızca kalbe hasretmesidir. Ona göre küfür sadece kalpte olur, kalbin dışında meydana gelen ve zâhiren küfür olan söz ve ameller kalp ile onaylanmadığı sürece sahibini kâfir yapmaz. Bu nedenle Elbânî, kişileri işlemiş oldukları küfür amellerinden dolayı tekfir etmemekte ve onların kâfir olmalarını kalplerindeki inkâra bağlamaktadır.

---

[203] "eş-Şifâ bi Ta'rifi Hukuki'l-Mustafa", sf. 832.

[204] Age. Sf. 849.

[205] "Tenbihu'l Ğafilîn ila Hükmi Şatimillahi ve'd-Dîn", sf. 19.

[206] Küfür lafızlarında niyetin geçerli olup–olmadığı ilerleyen bahislerde gelecektir.

Bu görüş, sadece Elbânî'ye has bir görüş değildir. Bugün onun menhecinden giden ve sözde "Selefî" olan nice kimseler, onunla aynı fikri paylaşmaktadırlar. Hatta *"İhkâmu't-Takrîr fi Mesâili't-Tekfîr"* adlı eserin sahibi, bir kimsenin kâfir olabilmesi için dinin kat'î emirlerini inkâr etmesi gerektiğini belirtmiş ve kişilerin tekfiri için tam on şart getirmiştir. İşin garibi, bir kimsede bu on şart tahakkuk etse, müellife göre takvalı olan yine de o şahsı tekfir etmemek ve muayyen tekfirden kaçınmaktır![207]

Bu sapkın fikir, İslam âleminde adeta bir örümcek ağı gibi insanları kaplamakta ve ona bulaşan insanlardan kolay kolay çıkmamaktadır. Bu fikirle illetlenen kimselere Allah'ın rahmeti dışında hiçbir kimse fayda verememekte, onca delile rağmen bu fikirlerinden döndürememektedir. Böylelerinin ıslahı için Allah'a dua etmekten başka bir seçeneğimiz yoktur.

Âlimlerin konuya ilişkin görüşlerini naklederken dikkatimizi çeken bir husus var. Bu husus; onların neredeyse tamamının Allah'a, Rasûlüne ve dinin mukaddesâtına söven bir kimsenin kâfir olacağı hususunda icma' nakletmeleri. Bu gün kendilerini Ehl-i Sünnet'e nispet edip de küfrü yalnızca kalbe indirgeyen kimselerin, bu icma' nakillerini dikkate almaları gerekmektedir. Maalesef, kendisini ilme nispet eden nice insanlar bile –bilerek veya bilmeyerek– bu inancın etkisi altında kalmaktadırlar. Allah *celle celâluhu* Ehl-i Sünnet'in berrak yolunu girmeyi hepimize nasip etsin.

Küfür sözü söyleyen veya küfür fiilleri işleyen kimselerin hükmünü ilerleyen sayfalarda geniş bir şekilde ele alacağız inşâallah.

2) İlk Dönem Mürcieleri İle Şimdiki Mürcielerin Farkı

Ehl-i Sünnet'in ilk dönem Mürcieleri ile olan ihtilafı aslında isim ve lafızlardaydı. Yani ilk dönem Mürcieleri, Ehl-i Sünnet ile imanın tanımı ve amellerin iman kapsamına girip–girmeyeceği hususunda ihtilaf etmişlerdi. Onlardan hiç kimse, amelleri ihmal etmeye veya farzları terk etmeye çağırmak bir yana, kâfirlerin küfrüne, müşriklerin şirkine ve mülhidlerin inkârına kılıf aramaya gitmemiştir. Onlar asla böyle bir şey yapmamıştır. Aksine onlardan ibadet ve zühd ehli olan müctehid âlimler bile vardı. Ne var ki Mürcielik daha sonra seleften bazılarının tekfir ettiği *"Ğulatu'l-Mürcie"* denen ve aşırı giden bazı kişilerin mezhebi haline geldi.

Günümüzde bu mezhebin birçok mensubu, utanmadan şunu açıkça söylemektedir: Tasdik veya doğru bir itikad kişide bulunduğu sürece, zahiri küfür sebeplerinden olan ameller ve sözler, her hangi bir amelin cinsini

---

[207] Bkz. "Davâbitu Tekfiri'l-Muayyen", sf. 9.

tümünden bırakmak, dinden yüz çevirmek ve farzları tamamen terk etmek imana zarar vermez![208]

Günümüz Mürcieleri Allah'ın indirdiği hükümlerle hükmetmeyi terk eden, İslam şeriatını kaldıran ve yerine beşer mahsulü kanunlar koyan yöneticilerin "tâğut" olduğunu söyleyen kimseleri hemen "Haricî" diye vasfederler. Hatta bazıları bu fikirde olan kimselerin kolluk güçlerine ihbar edilmesinin farz olduğuna dair fetva bile çıkarmıştır!

Bunların, Haricîlerin günah sebebiyle müminleri tekfir etmesine karşı çıkan Selefin, sırf müminleri savunma amacıyla söylemiş oldukları sözlerini mürted tâğutları savunmak için kullanmaları, önceki Mürcielerle kendilerini ayırt eden başka bir husustur.[209]

Onları ilk Mürcielerden ayırt eden diğer bir özellikte; Selefin bu tür sözlerini cephe aldıkları muvahhid müminler için de kullanmalarıdır.

İlk dönem Mürcieleri ile muasır Mürcielerin arasındaki en önemli fark ise şudur: ilk dönemdekiler, ümmeti Haricîlerin fitnesinden koruma amacıyla ameli iman kapsamından çıkarmışlardı. Bu günküler ise ameli iman kapsamında değerlendirmelerine(!) rağmen,[210] küfür ameli işleyenleri tüm şartların oluşmuş olması karşısında yine de tekfir etmezler. Hatta bu fikirde ki âlimlerin bazıları, bunun da ötesinde küfrü basit görmeye, küfrü onaylamaya, kâfir ve müşrikleri savunmaya, onlar için fetva vermeye, onlara katılmaya, desteklemeye, korumaya ve onlarla dostluk kurmaya kadar gitmiştir.[211]

3) Haricîlik ve Muasır Mürcie Karşılaştırması

Selef-i Salihîn, kendi dönemlerindeki Haricilerle Mürcieleri karşılaştırmışlar ve Mürcienin, Haricilerden daha tehlikeli olduğu sonucuna varmışlardır. Elbette bunun bir takım nedenleri vardır. Bu nedenleri anlatmaya geçmeden önce, onlardan bu konu hakkında nakledilen sözlerden bazısını zikredelim:

İbrahim en-Nehâî der ki: *"Bu ümmet için Mürcie fitnesi, Haricîlerin fitnesinden daha korkunçtur."*

İmam Zuhrî der ki: *"İslam'da Müslümanlar için, Mürcielikten daha zararlı bir bid'at olmamıştır."*

---

[208] "Otuz Risale", Ebu Muhammed el-Makdisî, 457 vd.
[209] A.g.e. sf. 456.
[210] Biz bunlarla kendisini selefe nispet eden ve "amel imandandır" diyen kimseleri kastediyoruz.
[211] "Otuz Risale", Ebu Muhammed el-Makdisî, 458.

Katade şöyle der: *"Sapık fırkalardan hiçbirisi Mürcielikten daha kötü değildir."*

Kadı Şurayh der ki: *"Onlar en kötü topluluktur."*[212]

Onların bu sonuca ulaşmasının altında bir takım etkenler yatmaktadır, demiştik. Bu etkenlerden en önemlisi, Mürcienin küfrü sadece kalbe hasretmesidir. Bu, beraberinde insanların kolayca küfür sözleri söylemesini ve hiçbir sıkıntı duymadan küfür amellerini işlemelerini getirmektedir. Durum böyle olunca, İslam'ın yok olması ve iktidarı elinden bırakması kaçınılmazdır.

Onların bu kanıya sahip olmalarının diğer bir etkeni de; Mürcie'nin iman tanımından hareketle amellere yüklemiş olduğu fonksiyondur. Her ne kadar ilk dönem Mürcielerinin ameli tamamen işlevsiz bırakma gibi bir anlayışları olmasa da, daha sonraki dönemlerde bu, amelin iptaline kadar gitmiş ve ortaya amelden yoksun bir ümmet çıkmıştır. İşte Selef, Mürcienin iman kavramına getirmiş olduğu tarifin insanları bu sonuca ulaştıracağını tahmin ettiğinden dolayı onları Haricîlerden daha kötü kabul etmişti.

Selef, yaşadığı dönemdeki Mürcieye karşı böylesi ağır ifadeler kullanmıştı. Acaba bu gün onların takipçileri olan "Çağdaş Mürcieleri" görselerdi ne derlerdi ki?

Bu gün İslam dünyasına baktığımız zaman Selefin ne kadar doğru söylediğini rahatlıkla anlayabiliriz. Onlar keskin basiretleri sayesinde bu fikrin zamanla İslam'dan kopacağını anlamışlar ve insanları bu fikri benimsemekten uzaklaştırmışlardır. Maalesef durum Selefin tahmin ettiği gibi olmuş ve bu gün tüm küfür amellerini işlemelerine, Allah'ın kitabını terk etmelerine, şeriatı iptal etmelerine, kâfirleri dost edinmelerine ve onlara velayetin tüm şekillerini vermelerine rağmen, bu tür insanlar Müslüman addedilmiş; bundan da öte bunlara itaat Allah'a ve Rasûlüne itaat gibi değerlendirilmiştir.

Şimdi biz burada karşılaştırma yaparken ameli imandan ayıran ve Selefin kendilerine karşı çıktığı ilk Mürcieleri baz almayacağız; aksine herkesin daha net anlaması için günümüzde bu ekolün çağdaş savunucuları olanları ele alacak ve karşılaştırmamızı onlar üzerinden yapacağız. Ta ki bu sayede insanlar Mürcienin çağdaş yansımalarını daha iyi tanısın ve kendilerini sakındırmada daha etkin davransınlar. Şimdi yapacağımız karşılaştırmaları maddeler halinde zikretmeye geçebiliriz:

1) Haricîler, Allah'ın kitabı üzerinde çok hassastırlar. Hatta Sünneti reddetmelerinin altında yatan en önemli faktör; Allah'ın kitabına olan bu

─────────────

[212] Bu nakiller için bkz. "er-Risaletü's-Selasîniyye", Ebu Muhammed el-Makdisî, 475, 476.

hassasiyetleridir. Buna mukabil çağdaş Mürcieler, Allah'ın kitabı üzerinde aynı hassasiyeti göstermemektedirler. Bu nedenle de Allahın kitabını yürürlükten kaldıran kimseler hakkında son derece müşfiktirler. İçlerinde böylelerine itaat edilebileceğini iddia edenler, hatta bu doğrultuda fetva verenler bile vardır.

2) Haricîler, Allah'ın kitabına aykırı davranan herkesi anında reddeder ve ona gereken tavrı gösterirlerdi. Hatta hakem tayin ettiği için Hz. Ali'yi bile tekfir etmişler ve ona karşı ayaklanmışlardı. Buna mukabil Muasır Mürciîler, Allah'ın kitabına aykırı davranmak şöyle dursun, ona aykırı kanun ve yasa çıkaranlara bile ses etmezler.

3) Haricîler, dini devletten ayırmayı asla caiz görmezler. Kitabullah'ın hayatın her alanında hâkim kılınması gerektiğini ısrarla savunurlar.[213] Buna karşın çağdaş Mürcieler, dinin devlete karışmamasından dolayı bir şey olmayacağını iddia ederler. Hatta bazıları *"Sezar'ın hakkını Sezar'a, Allah'ın hakkını Allah'a ver!"* sözünü dillerinden düşürmemektedir. Biz buradan hareketle bazı çağdaş Mürcielerin bir bakıma "Laik" olduğunu söyleyebiliriz.

4) Haricîler, hüküm ve hâkimiyetin tüm koşullarda Allah'ın olması gerektiğine inanırlar. Öyle ki Hz. Ali'ye karşı çıkarken bile bu sözü kendilerine şiar edinmişlerdi. Muasır Mürcie ise, bunun insana verilmesinde bir beis görmediği gibi bazen savunmasını bile yaparlar.

5) Haricîler, amel ilkesine son derece ihtimam gösterirler. Hatta onların çoğunun çok secde etmekten dolayı alınları nasır bağlamıştır. Çağdaş Mürcie ise, amele gereken önemi vermez, amel işlemeyen ve İslamî bir hayat tarzı yaşamayı tercih etmeyenleri ümmetin seçkin insanlarıyla bir tutarlar.

İşte saymış olduğumuz bu maddeler ve içine düşmüş oldukları müfrit tavırları kendilerini Haricîlerinden daha kötü kılmaktadır. Bu gün, Allah ve Rasûlünün küfür olarak addettiği şeyleri *küfür* diye isimlendiren Müslümanlara "Haricî" diyen bu çağdaşlar Mürciîler, görüldüğü üzere Haricîlerden daha kötü durumdadırlar. Onların "Haricî" diye nitelendirdikleri

---

[213] Burada şu hususu belirtmemizde yarar vardır: Bir insanın bu sayılanları dile getirmesi onun Haricî olduğu anlamına gelmez. Aksine bu maddelerden bazıları her Müslümanın savunması gereken temel ilkeler niteliğindedir. Bu nedenle bunları dile getiren herkes "Haricî" diye damgalanmamalıdır. Haricîlik sapık bir fırka olmasına rağmen, doğru görüşleri yoktur da denmez. Özellikle bu maddede yer alan "dinin devlete karışması gerektiği" fikri her Müslümanın ısrarla arkasında durması gereken bir realitedir. Aksini iddia etmek imanla bağdaşmayan bir tutumdur. Bu söylediğimize dikkat etmeli ve Haricîlerin dile getirdiği bir doğruyu savunmaya çalışan birisini hemen "Haricî" diye nitelendirmemeliyiz.

tevhid ehli Müslümanlar ise, kurdun kanının Hz. Yusuf'un gömleğinden beri olduğu gibi onların nitelendirmelerinden beridirler.

EHL-İ SÜNNET

Buraya kadarki bölümlerde Haricîleri, Mürcieleri ve bu iki fırkanın temel inanç esaslarını bir nebze de olsa öğrenmeye çalıştık. Bu başlık altında ise Allah Rasûlü'nün kendilerinden övgüyle bahsettiği sünnet ehli kimselerin bu iki fırkadan ayrıldığı yerleri ele almaya ve mümkün mertebe izah etmeye çalışacağız. Eğer kitabın uzama korkusu olmasaydı o zaman Havâric ve Mürcie'de yaptığımız gibi, Ehl-i Sünnet'in doğuşunu, gruplarını ve genel itibariyle fikir ve inanç esaslarını ele alırdık; ancak konumuz sadece tekfir ahkâmı ve ona taalluk eden meselelerden müteşekkil olduğu için bu tür meseleleri burada ele almamız yerinde olmaz. Bu nedenle sadece konumuzla alakalı olan birkaç meselede Ehl-i Sünnet'in bu iki fırkadan ayrılmış olduğu yerlerden bahsedeceğiz.

Bu yerleri şu şekilde maddelendirebiliriz:

1) Ehl-i Sünnet Günahlar Sebebiyle Tekfir Etmez

Ehl-i Sünnet'in bu iki fırkadan ve onlarla aynı minvalde olanlardan ayrıldığı birçok nokta vardır. Bu noktalardan ilki, Ehl-i Sünnet'in günahlar sebebiyle kişileri tekfir etmekten uzak durmasıdır. Konunun detayına girmeden önce burada çok önemli bir ayırıma dikkat çekmek istiyoruz; zira bu ayırım yapılmazsa meselenin detayını bilmeyen kardeşler, bizim muradımızı tam anlayamayabilirler.

Malum, İslam'da günah kavramı iki ana başlık altında incelenmiştir: Bunlardan ilki dinden çıkaran/mükeffir olan günahlar; ikincisi ise dinden çıkarmayan/gayr-i mükeffir olan günahlardır.

❈ Dinden Çıkaran Günahlar (el-Mükeffirât).

Günahın bu kısmı sahibini dinden çıkarır ve cehennemde ebedi kalmaya duçar eder. Allah Rasûlü *sallallâhu aleyhi ve sellem* bir hadisinde şöyle buyurur:

"Size büyük günahların en büyüğünü haber vereyim mi? Allah'a şirk koşmak, anaya babaya itaatsizlik etmek ve yalancı şahitlik yapmak..."[214]

Ebu Hureyre *radıyallâhu anh*'den rivayet edilen başka bir hadiste ise şöyle buyurur: *"Yedi helak edici günahtan sakının!"* *"Bunlar nedir, ya Rasûlâllah?* diye sorulunca, Rasûlullâh *sallallâhu aleyhi ve sellem*: *"Allah'a şirk koşmak, sihir yapmak ve... ve...* diye cevap verdi.[215]

Görüldüğü gibi Rasûlullâh *sallallâhu aleyhi ve sellem* Allah'a şirk koşmayı büyük günah, yani kebîra olarak nitelendirmiştir. Demek ki günahların bazısı, kişiyi dinden çıkaran bir hüviyete sahiptir ve işleyeni ebedi cehennemlik yapar.

❀ Dinden Çıkarmayan Günahlar. (Ğayr-i Mükeffirât)

Bu kısımda yer alan günahlar ise, işleyenlerini iman dairesinden çıkarmaz; ama bununla birlikte böylesi kimselerin, ebedi olmamak üzere cehenneme girmeleri muhtemeldir.

Bizim "günah" kavramıyla kastettiğimiz bu kısımda yer alan ve sahibini ebedi cehennemlik yapmayan günahlardır. Okuyucu kardeşlerimizin "Ehl-i Sünnet günahlar sebebiyle tekfir etmez" dediğimizde günahlar kavramından bu kısmı kastettiğimizi anlamaları ve meseleyi yanlış bir alanda değerlendirmemeleri gerekmektedir. Bundan dolayı, zikretmiş olduğumuz bu hususa dikkat etmeyen bazı müellifler, kimi ilim ehli tarafından tenkite tabi tutulmuştur. Onlar kitaplarında "Ehl-i Sünnet günahlar sebebiyle tekfir etmez" diye mutlak bir ibare kullanmaları sebebiyle bazı yeni yetme insanların yanlış anlamalarına neden olmuş ve onların şirke götüren bir günah bile olsa, kişinin dinden çıkmayacağı zannına kapılmalarına sebebiyet vermişlerdir. Biz, bu hatayı önceden tespit etmiş olmamızdan dolayı Allah'a hamd ediyoruz.

Günahların kişiyi dinden çıkarmayacağının Kur'an ve Sünnetten birçok delili vardır. Kur'an'da ki delillerinden bazıları şunlardır:

"Eğer müminlerden iki gurup birbirleriyle savaşacak olursa, aralarını düzeltin. Şayet biri ötekine saldırırsa, Allah'ın buyruğuna dönünceye kadar saldıran tarafla çarpışın. Eğer dönerse artık aralarını adaletle düzeltin ve adaletli davranın. Şüphesiz ki Allah, âdil davrananları sever." (Hucurât, 9)

Görüldüğü gibi Allah *celle celâluhu* bu ayet-i kerimesinde birbirleriyle savaşan iki gurubu da "mümin" diye adlandırmış ve bu ismi, işlemiş oldukları o büyük günaha rağmen onlara layık görmüştür. Malum olduğu üzere

---

[214] Buhârî, Edeb, 6. Hadis no: 5976.
[215] Müslim, İman, 89.

iman eden bir kimseyle çarpışmak, ona silâh çekmek ve onu öldürmek büyük günahların en önde gelenlerindendir.[216] Eğer bu iş kişiyi dinden çıkaran bir amel olsaydı, o zaman Allah onlara "mümin" demezdi. Allah'ın onları mümin diye vasfetmesi gösteriyor ki günah, mutlak anlamda sahibini dinden çıkarmaz. Bir başka ayette Allah *celle celâluhu* şöyle buyurur:

"Ey iman edenler! Öldürülenler hakkında size kısas farz kılındı. Hüre hür, köleye köle, kadına kadın (öldürülür). Ancak her kimin cezası, kardeşi (öldürülenin velisi) tarafından bir miktar bağışlanırsa artık (taraflar) hakkaniyete uymalı ve (öldüren) ona (gereken diyeti) güzellikle ödemelidir..." (Bakara, 178)

Bu ayeti kerimede de, maktulün velisi ile katil arasında bir uhuvvetten/kardeşlikten söz edilmiştir. Malum olduğu üzere ancak müminler kardeştir.[217] Eğer adam öldürmek kişiyi küfre düşürücü bir amel olsaydı, o zaman Allah *celle celâluhu* katil ile maktulün velileri arasında bir kardeşlikten söz etmezdi. Ortada bir kardeşlikten söz edildiğine göre biz bu işin küfür olmadığını anlıyoruz.

Konunun Sünnette yer alan delillerine gelince; Ebu Zerr *radıyallâhu anh*'den rivayet edildiğine göre Rasûlullâh *sallallâhu aleyhi ve sellem* şöyle buyurur:

*"Rabbimden gelen (Cebrâil) bana geldi ve: 'Ümmetimden Allah'a şirk koşmadan ölen kimsenin cennete gireceğini müjdeledi' buyurdu. Ebu Zerr der ki: 'Ben zina etse de, hırsızlık yapsa da mı?' diye sordum. Rasûlullâh *sallallâhu aleyhi ve sellem*: 'Zina etse de, hırsızlık yapsa da' buyurdu."[218]*

Eğer zina etmek ve hırsızlık yapmak insanı kâfir yapmış olsaydı, o zaman onların cennete girmeleri söz konusu olmazdı. Rasûlullâh *sallallâhu aleyhi ve sellem* buyurur ki:

"Cehennemlik olanlardan ateşten en son çıkacak ve Cennete en son girecek kimseyi iyi biliyorum. Bir adam getirilecek ve Allah: 'Ona küçük günahlarını sorunuz, büyük günahlarını ise gizli tutunuz' buyuracaktır. Bunun üzerine kendisine 'falan günde şöyle filan günde böyle yaptın' denilecek. Rasûlullah sallallâhu aleyhi ve sellem sözüne şöyle devam etti: Kendisine şöyle denilecek: 'Senin her günahının yerine sana bir sevap verilecektir. Bunun üzerine O kimse: 'Ya Rabbi! Bir takım günahlar işlemiştim fakat onları burada göremiyorum...' Ebû Zerr der ki: 'Bu söz üzerine Rasûlullah sallallahu aleyhi ve sellem'i azı dişleri görünecek kadar güldüğünü gördüm."[219]

---

[216] Bkz. Buhâri, İman 36, 22; Müslim, İman, 64, 65 ve Fiten, 2888.

[217] Bkz. Hucurât, 10.

[218] Buhârî, Libâs, 24; Müslim, İman, 94 ve 991.

[219] Tirmizî, 2596; Müslim, İman, 17

Rasûlullah *sallallâhu aleyhi ve sellem* şöyle buyurdu:

"Tevhid inancına sahip fakat günahkâr olanlar Cehennem'de azap görecekler ve kömür gibi olacaklardır. Sonra kendilerine rahmet ulaşacak Cehennem'den çıkarılacak, Cennetin kapıları önüne atılacaklardır. Cennetlikler onlar üzerine su serpeceklerdir. Sel birikintisinde çalı çırpının bitmesi gibi onlar da yeniden hayata geçecekler ve Cennete gireceklerdir."[220]

Bu hadislerde de dünyada günah işlemelerine rağmen ahirette cennete girecek kimselerden söz edilmektedir. Eğer günah işlemek kişinin tekfirine sebep olsaydı, o zaman bu tür kimselerin asla cennete girmeleri mümkün olmazdı; çünkü Rabbimiz şirk koşan kimselerin cennete girmelerinin asla söz konusu olmayacağını bildirmektedir:

"Her kim Allah'a şirk koşarsa, Allah ona cenneti haram kılar..." (Maide, 72)

Bu noktadaki hadisleri zikretmeye kalksak kitapta ciddi bir yekûn tutar. Bu nedenle bu üç hadis ile iktifa ediyoruz.

Zikretmiş olduğumuz ayet ve hadislerden, mükeffir olmayan günahların sahibini dinden çıkarmadığını anlamaktayız. Bu anlayış Ehl-i Sünnet'i Haricîlerden ayıran en temel unsurlardan birisidir.

Bu anlattıklarımızdan Ehl-i Sünnet'in günahları hafife aldığı gibi bir sonuç çıkarılmamalıdır; çünkü Ehl-i Sünnet her ne kadar günahlardan dolayı tekfir etmese ve o günahları işleyenlerin mümin olduğunu kabul etse de, bununla birlikte böylesi kimselerden fasık isminin kalkmayacağını ve –eğer Allah affetmezse– cehenneme gireceklerini dile getirmiştir.

Yine Ehl-i Sünnet, günah işleyen kimsenin kalbinin zamanla kararacağını, işlemiş olduğu günahların onun kalbine birer nokta olarak konulduğunu, eğer tevbe ederse bu noktaların kalktığını, ama tevbe etmezse kalbini kapladığını ve en sonunda kalbin tamamen kararak iman nurundan mahrum olabileceğini söylemektedir. Buna delil olarak da Rasûlulah *sallallâhu aleyhi ve sellem*'in şu hadisini getirirler:

"Kul bir günah işlediği takdirde onun kalbine siyah bir nokta konulur. Bu işten vazgeçer, Allah'tan mağfiret dileyip tevbe ederse, kalbi cilalanır. Eğer (tevbe ve istiğfar etmeyip) tekrar o günahı işlerse bu nokta daha da arttırılır. Ta ki kalbinin tamamını örtünceye kadar... İşte yüce Allah'ın **'Hayır! Aksine onların kazandıkları kalplerini örtmüştür'** *buyruğunda söz konusu ettiği 'er-Rân=örtüp, bürümek' budur."*[221]

---

[220] Tirmizî, 2597.
[221] Tirmizî, 3334.

Ehl-i Sünnet'in bu görüşü de kendilerini Mürcie'den ayıran en temel unsurlardan biridir; zira Mürcie, imanla beraber günahın zarar vermeyeceği tezini savunmaktadır. Ehl-i Sünnet ise, her ne kadar günahın kişiyi dinden çıkarmayacağını söylese de, asla günahların imana zarar vermeyeceğini söylememiştir. Üstte de belirtildiği gibi günahlar, sahiplerinin kalbine bir leke olarak konulur ve onların kalplerindeki imanı zedeleyerek onu eksiltir. Buradan hareketle Ehl-i Sünnet, imanın taatlerle arttığını, masiyetlerle ise eksildiğini temel bir ilke olarak kabul etmiştir.

Sonuç olarak; Ehl-i Sünnet, ne Haricîler gibi günah işleyenleri tekfir etmiştir, ne de Mürcienin iddia ettiği gibi günahların imana zarar vermediğini söylemiştir; aksine günahların imana zarar vereceğini ve günahta ısrar edenin imanında bir eksilme meydana geleceğini belirtmiştir. Bu ilke Ehl-i Sünnet'in Havâric ve Mürcieden ayrıldığı ilk noktadır.

2) Ehl-i Sünnet Mükeffirâtta Niyettin İyi Olmasına Bakmaksızın Tekfir Eder

Bu başlık, insanların birçoğunun yanıldığı nokta olması hasebiyle çok önem arz etmektedir. Bu gün nice insan, haddi zatında dinden çıkarıcı olmasına rağmen, sırf niyetlerinin iyi olduğu gerekçesiyle bazı söz ve amelleri rahatlıkla işleyebilmektedirler. Onların bu hususta sarılmış oldukları en kuvvetli delil, Allah Rasûlü *sallallâhu aleyhi ve sellem*'den sahih olarak nakledilen *"Ameller ancak niyetlere göredir"*[222] hadisidir. Bu hadis, İslam fıkhının en temel ilkelerinden birisidir. Bu nedenle bazı ulema şöyle demiştir:

"Fıkıh beş hadis üzerinde dönmektedir:

1- Helal bellidir, haram bellidir, hadisi,

2- Ne zarar vermek vardır, ne de zarara zararla karşılık vermek, hadisi,

3- Ameller niyetlere göredir, hadisi,

4- Din nasihattır, hadisi ve

5- Sizi yasakladığım şeyden kaçınınız ve size emrettiğim şeyi gücünüz yettiğince yapınız, hadisi."[223]

Bu hadisin İslam'ın temel esaslarını oluşturduğu doğrudur; ancak bazıları hadisin kapsama alanını iyi tespit edemedikleri için hangi söz ve amel olursa olsun insanoğlundan sadır olan tüm eylem ve söylemlerde niyetin geçerli olacağını sanmışlar ve büyük bir vartanın içine düşmüşlerdir. Aslına bakılırsa hadis, tüm amellerin niyete bağlı olduğunu anlatmıyor. Sadece hakkında niyetin geçerli olacağı masiyet dışı amellerin

---

[222] Buhârî, Kitabu'l Vahy, 1.

[223] Bu tespit, İmam Ebu Davud'a nispet edilmektedir. Bkz. "Câmiu'l-Ulûm ve'l-Hikem", sf. 19, 20.

niyetle değer bulacağından bahsediyor. Bizim bu hadisi hakkıyla anlayabilmemiz için öncelikle "amel" kavramını iyi bir şekilde analiz etmemiz gerekmektedir; aksi halde hadise doğru bir perspektiften bakmamız mümkün olmayacaktır.

Âlimlerimizin ifade ettiğine göre İslam'da ameller üçe ayrılır:

1. Mubah olan ameller,

2. Taatler (ibadet olan ameller),

3. Mâsiyetler (günah olan ameller).

Ümmetin ittifakıyla bilinmektedir ki, niyetin geçerlilik alanı ilk iki maddedir, yani mubahlar ve taatlerdir. Son madde olan mâsiyetlerde ise niyetin geçerliliği söz konusu değildir. Bu hakikati Fahreddin er-Razî şöyle ifade eder:

"Günahlar, niyet sebebiyle günah olmaktan çıkmaz. Bu sebeple cahil, Hz. Peygamber sallallâhu aleyhi ve sellem'in 'Ameller ancak niyetlere göredir' hadisinden hareketle, niyet sebebiyle günahın taate dönüşeceğini sanmasın!"[224]

Bilinmelidir ki Ehli Sünnet âlimleri, bir amelin geçerlilik kazanabilmesi için iki şart getirmişlerdir. Bu şartlar: "Halis niyet" ve "şeraite uygunluk"tur. İbn-i Recep el-Hanbelî şöyle der:

"Dinin temeli ancak şu iki esas ile tamamlanmış olur:

1- Yapılan işin zahirinin sünnete uygun olması. Bu esas, Hz. Aişe'nin rivayet ettiği 'Kim dinimizde olmayan bir şey yaparsa o mutlaka reddedilir' hadisinde yer alır.

2- Yapılan işin batını itibarıyla sadece aziz ve celil olan Allah'ın rızasını gözeterek yapılmış olması gerekir ki, 'ameller ancak niyetlerledir' hadisi bu hususa delalet etmektedir."[225]

Açıkça belli olduğu üzere, dinin temelini mâsiyetler oluşturmamaktadır ve mâsiyetlerin Allah katında kabul görmesi de mümkün değildir. O halde bu hadiste amellerden kastedilenin, yukarıda vermiş olduğumuz taksimattan mubah olan ameller ve taatler olduğu açıktır. Şimdi bunları örnekleri ile açıklayalım:

Mubaha örnek olarak koku/esans sürmeyi ele alalım. Kişi kibir ve gururunu dışa vurmak ya da kadınları baştan çıkarmak amacıyla koku sürünse, sırf bu niyeti onu günaha sokar. Ama kişi bununla, Hz. Peygamberin sünnetine ittiba etmeyi ve bedeninde meydana gelen kötü kokuları bertaraf

---

[224] "Tefsir-i Kebir", 3/348.
[225] "Câmiu'l-Ulûm ve'l-Hikem" Tercümesi, sy: 41

etmeyi amaçlıyorsa, o zaman bu güzel niyeti ona sevap kazandırır. İşte tam burada *"Ameller niyetlere göredir"* hadisi devreye gire ve sahibinin kalbindeki kasta göre ecir ya da günah kazanmasına sebep olur.

İbadete ise şu örneği verebiliriz: Namaz, Allah'ın bizlere emretmiş olduğu bir ibadettir. Her ibadette olduğu gibi bu ibadette de niyet başrolü oynamaktadır. Bir namazın kabul edilip edilmemesi –diğer şartları da yerine getirmekle birlikte– ancak niyete bağlıdır. Eğer kişi namazı sırf Allah emretti diye ve O'nun rızası için kılarsa, bu niyet namazını ibadete çevirir. Şayet başkaları "bu adam namaz ehlidir" desinler diye kılarsa, o zaman o namaz, ibadet olmaktan öte bir masiyet olur ve hatta sahibini şirke bile götürür. İslam'ın diğer ibadetlerinde de aynı kural geçerlidir. Diğerlerini de buna kıyas edebiliriz. Verdiğimiz bu örnekten de anlaşılacağı üzere, ibadetlerde de aslolan niyettir ve burada da Efendimizin "Ameller niyetlere göredir" hadisi geçerlidir.

Son olarak insanların en çok yanıldığı noktalardan birisi olan "günahlarda niyetin geçerliliği" meselesini ele alalım. Herkesin bildiği üzere faiz haramdır. Cami yaptırmak[226] ise İslam'ın teşvik ettiği bir amel… Şimdi birisi çıksa ve "Ben insanların Allah'a ibadet ederek O'na yaklaşmaları adına cami yaptıracağım. Ama bunun için paramı faize yatırdım ve oradan gelen gelirle bu işi halledeceğim" dese ne olur? Onun bu iyi niyeti amelini meşrulaştırır mı? Kanaatimizce herkesin vereceği cevap menfi/olumsuz yönde olacaktır.

Şimdi, eğer günahlarda bile niyet geçerli olmuyor ve o günahı sâlih bir amele çevirmiyorsa, peki ya küfür olan meselelerde durum nasıl olur? Hiç küfür amellerinde niyet geçerli olur mu?

Cehaletin ayyuka çıktığı ve İslam nurunun sönmeye yüz tuttuğu şu dönemde insanlar bırakın günahları, –maalesef– küfrü gerektiren eylem ve söylemleri bile içlerinde hiçbir sıkıntı duymaksızın rahatlıkla icra edebilmektedirler. Örneğin,

1- Allah'ın kanunlarına alternatif kanunlar çıkarmak,

2- Beşer mahsulü yasalarla hükmetmek,

---

[226] Buradaki "Cami" ile kastımız, tâğutların konacağı, ele geçireceği ve kendi otoriteleri altına alarak küfürlerinin yayılmasına zemin olarak kullanacakları camiler değildir; aksine bizim bu ifadedeki kastımız, sadece Müslümanların söz sahibi olacağı ve içerisinde Allah'ın hükümlerinin icra edileceği muvahhidlerin camileridir. Ama üzülerek belirtelim ki, böylesi camiler günümüzde mevcut değildir; zira tâğutlar Müslümanların bu amaçla inşâ ettikleri camilere hemen el koymakta ve kendi zimmetlerine geçirerek Müslümanların oralarda etkin ve yetkin olmalarına müsaade etmemektedirler. Dolayısıyla tâğutların eline geçecek böylesi camiler inşâ etmek, Müslümana hayır kazandırmaktan çok, günah kazandırabilir. Müslüman ancak içerisinde İslam'ın egemen olduğu bir camiyi inşâ ettirebilir. Böyle yaparsa, o zaman üstte verdiğimiz örneğin muhatabı olabilir.

3- Şeriatın ahkâmını iptal etmek,

4- Ehl-i küfre velayet vermek,

5- Küfrü ve küfür ehlini korumak,

6- Putların karşısında kıyam etmek,

7- Küfrün alamet ve şiarlarını takınmak vs. vs.

işte, tüm bu ameller ve daha zikretmediğimiz diğerleri haddi zatında küfrü gerektiren amellerdir. Ama bunları icra edenler bu işleri yaparken hep niyet ve maksatlarının iyi olduğundan hareketle küfre girmeyeceklerini zannetmektedirler. Onlar bu iddiaları ile –bilerek veya bilmeyerek– ircâ akidesini savunmaktadırlar. Kendilerine sorulsa, belki de Ehl-i Sünnet'in en hararetli hâmilerinden olduklarını söylerler. Ama biraz sonra Ehl-i Sünnet'in bu nokta da nasıl düşündüğünü delilleri ile açıklamaya çalışacağız; o zaman hakkın kiminle beraber olduğu apaçık ortaya çıkacaktır. Hak ortaya çıkınca da ondan ancak kalbinde maraz olanlar yüz çevirecektir.

Ehl-i Sünnet'in Delilleri

Üstte de belirttiğimiz gibi Ehl-i Sünnet, küfür söz ve amellerinde niyet aramaz. Onların bu noktada birçok delili vardır. O delillerin en barizleri ise şunlardır: Rabbimiz Kur'an-ı Kerim'de şöyle buyurur:

"Meryem oğlu Mesih gerçekten Allah'ın kendisidir, diyenler hiç kuşkusuz kâfir olmuşlardır." (Maide, 72)

"Şüphesiz ki Allah, üçün üçüncüsüdür, diyenler kesinlikle kâfir olmuşlardır." (Maide, 73)

Allah Teâlâ, Hıristiyanları sırf söylemiş oldukları bu söz nedeniyle tekfir etmiş ve küfre giriş nedenlerini onların söylemiş olduğu bu söze bağlamıştır. İmam Kurtubî der ki:

"Allah, söylemiş oldukları bu söz sebebiyle onları tekfir etmiştir."[227]

Birisi çıkıp "Onlar üç ilâha inandıklarından veya Mesih aleyhisselam'ın ilâh olduğunu kabul ettiklerinden kâfir olmuşlardı" diye bir itiraz da bulunabilir. Buna şöyle cevap veririz: Onlar Allah'tan başka bir ilâhın varlığına inanabilirler, onların bu inancının bu ayetlerle bir ilişkisi yoktur. Allah Teâlâ bu ayetlerde onların kâfir oluş nedenini, inançlarına değil, bizzat söylemiş oldukları sözlere bağlamıştır. Bu da Ehl-i Sünnet'in savunmuş olduğu tezi kuvvetlendirmektedir.

"Andolsun, onlara (Tebük gazvesine giderken söyledikleri o alaylı sözleri) soracak olsan, elbette şöyle diyeceklerdir: 'Biz sadece eğlenip şakalaşıyorduk' De ki: Allah

227 "el-Camiu li Ahkâmi'l-Kur'an", 3/149.

ile O'nun ayetleri ile ve Rasûlü ile mi alay ediyorsunuz? Özür dilemeyin. Siz iman ettikten sonra gerçekten kâfir oldunuz..." (Tevbe, 65, 66)

"(Ey Muhammed! O sözleri) söylemediklerine dair Allah'a yemin ediyorlar. Hâlbuki o küfür sözünü elbette söylediler ve Müslüman olduktan sonra kâfir oldular." (Tevbe, 74)

Bu iki ayette Rabbimiz, söylemiş oldukları bir takım sözler nedeniyle küfre düşen bir grup insandan bahsetmektedir. Bu insanların küfre düşüş nedeni inançları değil, sırf ağızlarından çıkan sözlerdir. Onlar Rasûlullâh ve ashabı hakkında ileri geri bir takım uygunsuz şeyler söylemişler ve bu nedenle Allah tarafından bu ağır hitaba maruz kalmışlardır. 65 ve 66. ayetlerin sebebi nuzûlleri şu şekildedir:

• Tebük Gazvesinde bir adam:

—Bizim şu Kur'an okuyanlarımız kadar midelerine düşkün, dilleri yalancı ve düşmanla karşılaşma esnasında korkak kimseleri görmedim, dedi. O mecliste bulunan bir adam:

—Yalan söylüyorsun. Sen bir münafıksın. Seni Rasûlullâh *sallallâhu aleyhi ve sellem*'e haber vereceğim, dedi. Bu, Rasûlullâh *sallallâhu aleyhi ve sellem*'e ulaştı ve bunun üzerine bu ayetler indi." [228]

• Hz. Peygamber *sallallâhu aleyhi ve sellem* Tebûk gazvesinde iken münafıklardan bir grup önünde yürüyor ve: 'Şu, Rûm saraylarını ve kalelerini fethedeceğini sanıyor. Heyhat, heyhat!' diyorlardı. Allah Teâlâ peygamberini onların söylemiş olduklarına muttali kıldı." [229]

74. ayetin iniş sebebi ise şu olaydır:

• Cüheyne kabilesinden birisi ile Ensâr'dan birisi tartışmış ve Cüheyneli Ensarîye galip gelmişti. Bunun üzerine Abdullah İbn-i Übeyy, Ensâra:

— Kardeşinize yardım etmeyecek misiniz? Allah'a yemin olsun ki bizimle Muhammed'in durumu "Besle kargayı oysun gözünü"[230] diyen kimsenin sözü gibidir, dedi. Bir de: "Medine'ye dönersek muhakkak ki aziz olan zelil olanı oradan çıkaracaktır" demişti. Müslümanlardan birisi koşup bunu Hz. Peygamber *sallallâhu aleyhi ve sellem*'e haber verdi. Hz. Peygamber Abdullah'a birini gönderip çağırttı ve ona işin hakikatini sordu. Bunun üzerine Abdullah, bu sözü söylemediğine dair Allah adına yemin etmeye baş-

---

[228] "Tefsiru't-Taberî", 6/172 vd.

[229] "Tefsiru'l-Kur'ani'l-Azîm", 2/484.

[230] Aslında bu ibarenin orijinalinde *"Besle köpeği, yesin seni"* şeklinde bir ifade geçmektedir. Biz bunun daha iyi anlaşılması için Türkçede ki karşılığı ile tercüme etmeyi uygun gördük.

ladı. Allah Teâlâ da onun hakkında bu ayeti indirdi."[231]

Dikkat edilirse ayetlerin iniş sebebi olarak nakledilen rivayetlerin hepsinde kişiyi dinden çıkaracak bir takım sözler yer almaktadır. Allah *celle celâluhu*: *"Siz iman ettikten sonra gerçekten kâfir oldunuz…"* derken ve: *"O küfür sözünü elbette söylediler ve Müslüman olduktan sonra kâfir oldular"* buyururken onların dinden çıkıp kâfir olmalarını inançlarına değil, sadece ağızlarından çıkan o sözlere bağladı. Bu da göstermektedir ki, küfür kelimesini söyleyen kimse sırf bu sebeple küfre düşer ve niyetine bakılmaz.

Şimdi konuyla alakalı Ehl-i Sünnet âlimlerinin kavillerini zikredeceğiz. Konunun önemine binaen nakilleri biraz uzun tutacağız ki, bu sayede kalbinde şüphe olan kimselerin şüpheleri zâil olsun ve niyetlerinin iyi olduğu gerekçesiyle küfrü gerektiren bir eylem ve söylem içerisine girenler Ehl-i Sünnetin tutumunu bilerek kendilerine çeki düzen versinler.

1- İmam Kurtubî, Kadı Ebu Bekir İbnu'l-Arabî'nin şöyle dediğini nakleder: *"Küfür (lafızlarıyla) şaka yapmak küfürdür. Bu konuda ümmet arasında hiçbir ihtilaf yoktur."*[232]

2- İmam Cessas *"Ahkâmu'l Kur'an"* adlı eserinde bu ayeti tefsir ederken şöyle der: *"Bu ayette, ikrah olmaksızın küfür kelimesini söyleyen kimselerin şakacı veya gerçekçi olmasının eşit olduğuna bir işaret vardır… Bu ayet, küfür kelimesini izhar etme hususunda şaka yapanla ciddi olanın aynı hükme tâbi olduğunu ifade etmektedir."*[233]

3- İbnu'l-Cevzî der ki: *"Bu (nakiller), küfür kelimesini izhar etme hususunda şaka yapanla ciddi olanın bir olduğuna işaret etmektedir."*[234]

4- İman Âlusî şöyle der: *"Bazı âlimler, bu ayet ile küfür kelimesini söyleme hususunda şaka yapmanın ve ciddi olmanın eşit olduğuna delil getirmişlerdir ki, bu hususta (zaten) ümmet arasında hiçbir ihtilaf yoktur."*[235]

5- Abdu'l-Mun'im Mustafa şöyle der: *"Bu nakiller, Allah ile ayetleri ile ve Rasûlü ile alay eden bir kimsenin, bunu oyun, eğlence ve şaka maksadıyla yapsa dahi kâfir olacağı noktasında açık nasslardır. Ümmet arasında küfür olan bir söz veya amel ile eğlenilmesinin küfür olduğu konusunda hiçbir ihtilaf yoktur…"*[236]

---

[231] "Tefsiru'l-Kur'ani'l-Azîm", 2/489.
[232] "el-Cami' li Ahkami'l-Kur'an", 8/197.
[233] "Ahkâmu'l-Kur'an", 3/207.
[234] "Zâdu'l-Mesîr", 3/465.
[235] "Tefsiru Ruhi'l-Meâni", 6/190.
[236] "Dinden Çıkaran Ameller", sf. 155.

6- İbn-i Nuceym der ki: *"Kim gerek şaka yere gerekse ciddi olarak küfür kelimesini söylerse, tüm âlimlere göre kâfir olur. Bu konuda niyetinin hiçbir geçerliliği yoktur."*[237]

7- İbn-i Hümam şöyle der: *"Kısacası, bazı fiiller vardır ki –kâfirlere has olan alametler gibi– bunlar inkâr makamına kâimdir. Küfrün bizzat kendisinden uzak durmak nasıl gerekli ise, bu tür fiillerden de uzak durmak gerekir. Allah'u Teâlâ 'Biz dalmış eğleniyorduk' diyen kimselere 'Özür dilemeyin, siz iman ettikten sonra gerçekten kâfir oldunuz' buyurdu. Onlara: 'Siz yalan söylediniz' demedi. Aksine küfrün en belirgin özelliklerinden olan 'boş işlere dalmak' ve 'eğlenmek' ile boyunlarından İslam bağını çıkardıklarını ve İslam'ın korumasından çıkıp küfre girdiklerini haber verdi. Bu da göstermektedir ki, bu tür fiiller bir şahısta bulunduğu zaman o şahsın küfrüne hükmedilir; kalbindeki tasdike de bakılmaz."*[238]

8- İmam Keşmirî, *"İkfûru'l Mulhidîn"* adlı eserinde şöyle der: *"Kısacası, kim gerek alay ederek gerekse şaka yere küfür kelimesini söylerse, ittifakla kâfir olur ve bu konuda itikadına (niyetine) itibar edilmez..."*[239]

9- Hanefi âlimlerinden Sadreddin el-Konevî der ki: *"Kişi içeriğine inanmadığı halde isteyerek (ikrah olmaksızın) küfür kelimesini telaffuz etse küfre düşer..."*[240]

10- Yine Hanefilerin meşhur âlimlerinden birisi olan Ali el-Karî, Hanefi fıkıh kitaplarından birisi olan *"Mecmau'l-Fetâva"* adlı eserden şu cümleleri nakleder: *"Kişi küfrü gerektiren bir söz söylerse kâfir olur."*[241]

11- *"el-Hulasa"* adlı eserde de şöyle geçer: *"Kişi 'Ben mülhidim' dese kâfir olur."*[242]

12- İbn-i Hacer el-Heysemî, Hanefi imamlarından şu cümleleri nakleder: *"Kim küfür kelimesini telaffuz ederse, onun küfür olduğunu itikat etmese bile kâfir olur. Birisi ona gülse veya yaptığını hoş görse ya da buna rıza gösterse, o da kâfir olur..."*[243]

13- *"Mecmau'l-Enhur"* adlı meşhur Hanefi Fıkıh kitabında şöyle geçer: *"Kişi içeriğine inanmadığı halde (ikrah olmaksızın) kendi tercihiyle küfür kelimesini telaffuz etse tüm ulemaya göre kâfir olur."*[244]

---

[237] "el-Bahru'r-Râik", 5/134.
[238] "Feydu'l-Barî", 11/50.
[239] "İkfaru'l-Mulhidîn", Sf. 59.
[240] "Şerhu'l-Fıkhı'l-Ekber", sf. 241.
[241] "Şerhu'ş-Şifa", 2/453.
[242] A.g.e. 2/429.
[243] "el-İ'lâm bi Kavâti'i'l-İslam", sf. 40.
[244] "Mecmau'l-Enhur Şerhu Multeka'l-Ebhur", sf. 696.

14- İmam Şafiî'ye, Allah'ın ayetleri ile istihza eden bir kimsenin hükmü hakkında soru soruldu. İmam böyle birisinin kâfir olacağını söyledi ve: *"De ki: "Allah ile O'nun ayetleri ile ve Rasûlü ile mi alay ediyorsunuz? Özür dilemeyin. Siz iman ettikten sonra gerçekten kâfir oldunuz..." (Tevbe, 65, 66)* ayetini delil getirdi.[245]

15- İbn-i Hazm ez-Zâhirî der ki: *"Allah Teâlâ, kendisi, ayetleri ve peygamberlerden birisi ile istihza etmenin imandan çıkaran bir küfür olduğunu belirtmektedir. Allah Teâlâ burada 'Ben sizin kalbinizde küfür olduğunu bilmişimdir' demedi; aksine sırf bu istihza sebebi ile onların kâfir olduklarına hükmetti. Artık her kim bunun aksini iddia ederse, Allah'ın söylemediği bir şeyi ona söyletmiş ve Allah'a yalan isnat etmiş olur."*[246]

16- Fahreddin er-Razî der ki: *"Allah Teâlâ'nın 'Siz iman ettikten sonra gerçekten kâfir oldunuz...' ayeti bir takım hükümler içermektedir:*

a- *Din ile alay etmek her ne şekilde olursa olsun küfürdür,*

b- *Bu ayet 'Küfür ancak kalbin fiilleri ile alakalıdır' diyen kimsenin (Mürcienin) sözünün bâtıl olduğunu göstermektedir..."*[247]

17- Fahreddin Hasen b. Mansur el-Hanefî der ki: *"İsteyerek (yani ikrah olmaksızın) kalbi iman üzere olduğu halde dili ile küfür kelimesini söyleyen bir kişi kâfir olur, Allah katında da mümin olamaz."*[248]

18- Burhâneddin İbn-i Mazeh el-Hanefî der ki: *"Kim İsteyerek (yani ikrah olmaksızın) kalbi iman ile mutmain olduğu halde dili ile küfür kelimesini söylerse kâfir olur; kalbinde ki inanç ona fayda sağlamaz."*[249]

19- İbn-i Kudâme el-Makdisî der ki: *"Kim Allah'a söverse kâfir olur. Bu hususta şaka yapması veya ciddi olması bir şey değiştirmez. Keza Allah ile ayetleri ile peygamberleri ile ya da kitapları ile istihza eden kimse de kâfir olur."*[250]

20- İbn-i Receb el-Hanbelî der ki: *"Dini terk ve cemaatten ayrılmanın manası; İslam dininden dönmektir/irtidattır. İsterse bu kişi şehadet kelimelerini söylesin... Eğer Allah ve Rasûlüne söverse –şehadeti kabul etse bile– kanı mubah olur, çünkü o bununla dinini terk etmiştir. Aynı şekilde eğer o kişi Mushafı hafife alır da pisliklerin için atarsa veya namaz gibi dinden olduğu kesin olarak bilinen bir şeyi inkâr ederse yine durum aynıdır."*[251]

---

[245] "es-Sarimu'l-Meslûl ala Şatimi'r-Rasûl", sf. 513.

[246] "el-Fisal fi'l-Mileli ve'n-Nihal", 3/114.

[247] "Mefâtihu'l-Ğayb", 16/99.

[248] "Fetâvâ Kadıhan", el-Fetâvâ'l-Hindiye hâmişinde, 3/573.

[249] "el-Fetâvâ't-Tatarhâniyye", 5/458.

[250] "el-Muğnî", 4/20. Bab. 7124.

[251] "Câmiu'l-Ulûm ve'l-Hikem", sf. 179.

Buraya kadar, tüm ulema nezdinde itibar kazanmış tam yirmi İslam âliminin, küfür sözünü söyleyen veya küfür ameli işleyen bir kimsenin sırf bu nedenle dinden çıkacağı ve asla niyetine itibar edilmeyeceğine dair kavillerini nakletmeye çalıştık. Eğer bu noktadaki nakilleri uzatmaya kalksak bu nakillerin sayısı bizim tespit edebildiğimiz kadarıyla iki yüzü bulurdu. Ama Allah'ın lütfu ile maksat hâsıl olduğu için bu kadarını yeterli görüyoruz. Bu mesele hakkında daha fazla detay isteyenlere *"Ulvî es-Sakkaf"*ın derlediği *"et-Tevessut ve'l İktisâd fi enne'l Küfra Yekûnu bi'l-Kavli ve'l-Fiili evi'l-İ'tikâd"* adlı eseri tavsiye ederiz. Müellif bu kitabında konuya ilişkin tam 115 İslam âliminin kavlini nakletmektedir.

Buraya kadar zikretmiş olduğumuz delillerden ve bu delillere ilişkin âlimlerin kavillerinden şu sonuçları çıkarırız:

1- Küfrü mûcip bir söz telaffuz eden veya küfrü gerektiren bir amel işleyen kimse –Mürcienin iddia ettiği gibi– kalbinde ki yalanlama ile değil, sırf bu söz ve ameli sebebiyle dinden çıkar.

2-Küfür, –Mürcienin iddia ettiği gibi– sadece tekzibden/yalanlamadan ibaret değildir. Aksine yalanlamanın haricinde de küfür olabilir.[252]

3- Küfür söz ve fiillerinde "ikrah ve intifâu'l kast" gibi bir takım manilerin haricinde niyetin hiçbir geçerliliği yoktur.

4- Din ile alay etmek veya dini küçük düşürücü sözler söylemek kişinin dinden çıkmasına sebeptir...

Bu tespitlerin ardından Ehl-i Sünnet'in Mürcie'den ayrıldığı diğer bir noktayı izah etmeye geçebiliriz.

3) Ehl-i Sünnet Ameli İmandan Ayırmaz

Ehl-i Sünnet'in bu iki fırkadan ayrıldığı diğer bir nokta, ameli imandan saymasıdır. Malum olduğu üzere imanın tanımı ve kapsamı hakkında mezhepler arasında birçok görüş ayrılığı meydana gelmiştir. Bu ayrılıkları şu şekilde beş ana başlık altında inceleyebiliriz:

1) *"İman; kalp ile itikât, dil ile ikrar ve âzalar ile amel etmekten ibarettir"*diyen Ehl-i Sünnet'in görüşü. Bu görüş, İmam Şafiî, Ahmed b. Hanbel, İmam Malik, İmam Evzaî, Ehl-i Hadis, Zahirîler ve bazı kelamcılar tarafından benimsenmiştir.

2) *"İman; dil ile ikrar ve kalp ile tasdikten ibarettir"* diyen ve ameli iman kapsamından çıkaran görüş. Bu görüşü Ebu Hanife *rahimehullah* ve ashabı tarafından benimsenmiştir.

---

[252] İlerleyen bölümlerde inşâallah küfrün çeşitleri zikredilecektir. Oraya müracaat ederek Ehl-i Sünnet ile Mürcie'nin bu konudaki ihtilafını görebilirsiniz.

3) *"İman sadece kalp ile tasdik etmekten ibarettir diyen"* görüş. Bu görüş, ikrar ve ameli iman kapsamından çıkarmış ve imanın tanımında sadece "tasdik" ile yetinmiştir. Bu görüş, Maturîdîler tarafından savunulmaktadır.[253]

4) *"İman sadece dil ile ikrardan ibarettir"* diyen görüş. Bu, Kerramiye mezhebinin görüşüdür ki, kabul edilmesi mümkün değildir. Zira bu görüşün neticesinde tüm münafıkların mümin olması gerekir. Bu ise Kur'an ve Sünnetin temel öğretileri ile çelişmektedir.

5) *"İman yalnızca kalben bilmekten ibarettir"* diyen Cehmiyye görüşü. Bu görüşün de kabulü mümkün değildir; zira bunun neticesinde İblis *aleyhilla'ne*'nin mümin olması gerekirdi. Bilindiği üzere İblis, Allah'ın kendisinin Rabbi olduğunu biliyordu, ama buna rağmen yine de kâfir olmaktan kurtulamadı. [254]

Bu beş görüş içerisinde en fasit görüş –Tahavî şarihinin de belirttiği gibi– son görüştür.[255] Önceki görüşlerden bazısı da her ne kadar kabul edilmese de, onların meydana getireceği fesat, en son görüşün meydana getireceği fesattan daha azdır. Bu nedenle son görüşün İslam ümmetine getirmiş olduğu zarar anlatılmayacak derece de büyük olmuştur.

Bizim burada vurgulamak istediğimiz asıl nokta; amelin iman kapsamında değerlendirilip–değerlendirilemeyeceği konusudur. Üstte de belirttiğimiz gibi Ehl-i Sünnet, ameli iman kapsamında değerlendirmiş ve "amel" mefhumunu imanın tanımından çıkarmamıştır. Şer'i nasslara ve Selef-i Salihin'in sözlerine baktığımızda da, imanın kalp ile itikad, dil ile telaffuz ve organlarla amel olduğunu rahatlıkla görebiliriz. Şimdi meselenin tahkikini şu şekilde özetleyebiliriz:

1- İtikadın İmandan Sayılması:[256] Kalbinde imanı olmayan kimsenin, zâhirî olarak bir takım amelleri işliyor olsa dahi kâfir olup dinden çıktığı konusunda bütün ilim ehli ittifak halindedir. Allah Teâlâ şöyle buyurur:

"Münafıklar sana geldiklerinde: 'Biz gerçekten şehadet ederiz ki, sen kesin olarak Allah'ın elçisisin' dediler. Allah da bilir ki sen elbette, kendisinin elçisisin. Allah, şüphesiz münafıkların yalan söylemekte olduklarına şahidlik etmektedir. Onlar, yeminlerini bir siper edinip Allah'ın yolundan alıkoydular. Doğrusu şu ki onlar, ne kötü şey yap-

---

[253] Bkz. Nureddin es-Sabunî, "el-Bidâye fi Usuli'd-Dîn", sf, 88.

[254] Bkz. Hicr Suresi, 36.

[255] "Şerhu'l-Akideti't-Tahaviyye", İbn-u Ebi'l İzz, sf. 332.

[256] Bu bölüm Abdu'l Mun'im Mustafa Halime'nin *"A'malun Tuhricu Sahibeha mine'l-Mille"* adlı eserinin tercümesinden bazı tasarruf ve düzeltmeler yapılarak alınmıştır. Bkz. sf. 8 vd.

maktadırlar. Bunun sebebi, onların önce iman edip sonra inkâr etmeleridir. Bu yüzden kalpleri mühürlenmiştir. Artık onlar hiç anlamazlar." (Münafikun, 1-3)

Münafıklar, iman ettiklerini dilleriyle söyledikleri halde, kalpleriyle iman etmemelerinden dolayı tekfir edilmişlerdir. Onların dilleriyle iman ettiklerini söylemeleri, itikadları yönünden değil, korkuları ve nifakları yönündendi. Böylece kendileri hakkında verilecek olan küfür ve riddet hükmünden korunabilmeyi amaçlamışlardı. Rasulullah *sallallâhu aleyhi ve sellem* şöyle buyurur:

"Ameller ancak niyetlerledir. Herkes için ancak niyetinin karşılığı vardır."[257]

İman da dâhil olmak üzere, bütün amellerin kabul edilmesinin şartı, kalpte bulunan niyet ve amele olan azimdir. Rasulullah *sallallâhu aleyhi ve sellem* şöyle buyurur:

"Kim Allah'tan başka ilâh olmadığına ve Muhammed'in onun Resulü olduğuna, sadık olarak kalben şehadet ederse, Allah ona cehennemi haram kılar."[258]

Hadisin mefhum-u muhalifinden anlaşılan, dili ile Allah'tan başka ilâh olmadığına şehadet etmesine rağmen, bu söylediğinde sadık olmayan ve kalben de buna iman etmeyen kişinin cennete giremeyeceği ve cehennem ehlinden olacağıdır.

İtikadın, iman dâhilinde olduğuna dair birçok delil bulunmaktadır. Buraya kadar anlatılanlar, imanın, sadece dil ile ikrar olduğunu söyleyen Mürcie'nin Kerramiye kolunun görüşlerinin geçersiz olduğuna delildir. Onlara göre münafıklar, kıyamet günü Cennete girecek olan müminlerdendir.

Günümüzde bu sapık mezhebi, isim ve düstur olarak benimsediğini söyleyenler olmasa da, esas ve itikad olarak farkında olmadan benimseyenler vardır. Bu görüşü benimsemiş olanlardan birine, komünistlerin ve laiklerin küfür ve bâtıl üzere oldukları söylendiğinde, *"Allah'tan başka ilâh olmadığını dilleriyle söyledikleri halde onları nasıl tekfir edersiniz!"* diyerek karşı çıkarlar.

2- Sözün İmandan Sayılması: Sözden kastımız; dil ile Kelime-i Tevhid'in ikrar edilmesidir. Sözün imandan ve onun şartlarından sayıldığının delillerinden birisi, Rasulullah *sallallâhu aleyhi ve sellem*'in, amcası Ebu Talib'e söylediği şu sözüdür: *"Ey Amca! Allah'tan başka ilâh yoktur de, ben de bununla sana kıyamet gününde şahitlik edeyim."* Bunun üzerine Ebu Talib şöyle

---

[257] Buhârî, Kitabu'l Vahy, 1.
[258] Buhârî, Kitabu'l İlm, 49. Hadis no: 128.

cevap verdi: "Kureyş beni ayıplayarak, Ebu Talib'i buna ancak korku sevk etti demese, bunu söylerdim."[259]

Ebu Talib, lâ ilâhe illallah demeye yanaşmadı. Bunun üzerine Allah Teâlâ şu ayetleri indirdi:

"Muhakkak ki sen sevdiğini hidayete erdiremezsin. Fakat Allah dilediğine hidayet verir ve O, hidayet bulanları daha iyi bilir." (Kasas, 56)

"Kendilerine onların gerçekten çılgın ateşin arkadaşları oldukları açıklandıktan sonra –yakınları dahi olsa– müşrikler için bağışlanma dilemeleri peygambere ve iman edenlere yaraşmaz." (Tevbe, 113)

Ebu Talib'i Kelime-i Tevhid'i söylemekten alıkoyan şey, Resulullah *sallallâhu aleyhi ve sellem*'i yalancı olarak görmesi ya da O'nun risaleti ve davetini bâtıl görmesi değil, Kureyş'in kendisini ayıplamasından korkmasıydı. Bundan dolayı Kelime-i Tevhid'i ikrar etmedi ve kâfir olarak öldü. Rasulullah *sallallâhu aleyhi ve sellem* şöyle buyurur:

"Allah'tan başka ilâh olmadığına ve Muhammed'in O'nun Resulü olduğuna şehadet edinceye, namazı kılıp, zekâtı verinceye kadar insanlarla savaşmakla emrolundum. Bunu söylediler mi, benden mallarını ve canlarını korurlar. (İslam'ın) hakkı hariç artık hesapları da Allah'a kalmıştır."[260]

Nevevi *rahmetullahi aleyh* şöyle der:

"Hadisten anlaşılmaktadır ki, Allah Rasûlü'nün getirmiş olduğu şeylerin tamamına ve Kelime-i Şahadetin manasına iman ederek onu ikrar etmek imanın (sıhhat) şartıdır."[261]

İbn-i Teymiyye *rahmetullahi aleyh* şöyle der:

"Kelime-i Şahadeti güç yetirdiği halde ikrar etmeyen bir kimse, Müslümanların ittifakı ile kâfir olmuştur. Ümmetin selefi, imamları ve cumhur-u ulemasının yanında zâhiren ve bâtınen küfre düşmüştür."[262]

3- Amelin İmandan Sayılması: Birçok nass, amelin imandan sayıldığına delalet etmektedir. Allahu Teâlâ'nın şu sözü, bu nasslardandır:

"Allah imanınızı zayi edecek değildir." (Bakara, 143)

Buradaki imandan kasıt namazdır. Allah Teâlâ namazı –ki bu bir ameldir– iman olarak isimlendirmiştir. Kurtubi *rahmetullahi aleyh* şöyle der:

"Allah imanınızı zayi edecek değildir" Yani namazınızı...

---

[259] Buhârî, Cenaiz, 80; Müslim, İman, 177.
[260] Buhârî, Kitabu'l iman,17; Müslim, Kitabu'l iman, 20.
[261] Nevevi, "Şerhu Sahîhi Müslim", 1/171.
[262] "Mecmuu'l-Fetâvâ", 7/609.

Görüldüğü gibi burada niyet, söz ve ameli kapsadığından dolayı namaza "iman" adı verilmektedir. İmam Malik şöyle demiştir:

Ben bu ayet-i kerime vesilesiyle Mürcie'nin "namaz imandan değildir" şeklindeki sözlerini hatırlıyorum (da böyle bir sözü nasıl söylediklerine şaşıyorum)."[263]

Ebu Hureyre *radıyallahu anh*'den rivayet edildiğine göre, Rasulullah *sallallâhu aleyhi ve sellem*'e hangi amelin daha faziletli olduğu soruldu. Bunun üzerine Rasulullah *sallallâhu aleyhi ve sellem* şöyle buyurdu: *"Allah'a ve Resulüne iman etmektir."*[264]

Görüleceği üzere Rasulullah *sallallâhu aleyhi ve sellem* imanı, amellerin en üstünü olarak isimlendirmiştir. Yine Resulullah'tan *sallallâhu aleyhi ve sellem* şöyle buyurduğu rivayet edilmiştir:

"İman altmış küsur veya yetmiş küsur şubedir. Bu şubelerin en üst şubesi la ilâhe illallah sözü, en alt şubesi ise yolda eziyet veren şeyleri kaldırmaktır. Hayâ ise, imandan bir şubedir."[265]

Görüleceği üzere Rasulullah *sallallâhu aleyhi ve sellem*, yoldan eziyet veren şeyleri gidermeyi –ki bu ameldir– ve aynı şekilde hayâyı imanın şubelerinden saymıştır.

Rasulullah *sallallâhu aleyhi ve sellem*, Abdu'l-Kays heyetine şöyle demiştir:

—*Allah'a iman etmenizi emrediyorum. Tek olan Allah'a iman nedir bilir misiniz?* Onlar:

—Allah ve Resulü daha iyi bilir, dediler. Bunun üzerine Resulullah *sallallâhu aleyhi ve sellem* şöyle buyurdu:

—*Allah'tan başka ilâh olmadığına ve Muhammed'in onun Resulü olduğuna şehadet etmek, namazı ikame etmek, zekâtı vermek, Ramazan orucunu tutmak ve ganimetin beşte birini vermenizdir.*[266]

Bu hadiste iman, amel ile tefsir edilmiştir. Amel ise uzuvlarla yerine getirilir. Buna benzer diğer hadislerden bazıları ise şunlardır:

"Komşusu, kötülüğünden emin olmayan kişi mü'min değildir."[267]

"Vallahi iman etmemiştir, vallahi iman etmemiştir! Komşusu, kötülüğünden emin olmayan kişi, vallahi iman etmemiştir."[268]

---

[263] "Tefsiru-l-Kurtubi", 1/498.
[264] Buhârî, İman, 18. Hadis no. 26.
[265] Muslim, İman, 12.
[266] Buhârî, İman, 40; Müslim, İman, 23.
[267] Müslim, İman, 18.
[268] Buhârî, Edeb, 29.

Bu ve bu kabilden olan diğer nasslara binaen, ümmetin âlimleri ve selefi, imanın itikad, söz ve amel olduğunu söylemişlerdir.

Buhari, Sahih'inin "İman" bölümde şöyle der: *"İman, söz ve ameldir."*

Ömer bin Abdülaziz şöyle der:

"Muhakkak ki imanın bir takım farizaları, inanç esasları, hadleri ve sünnetleri vardır. Kim bunları tam yaparsa imanı tamamlamış olur, kim de bu işleri tam yapmazsa imanı kemale erdirmemiş olur. Eğer ben yaşarsam, onlarla amel etmeniz için ben onları size iyice beyan edip açıklayacağım. Ve şayet ölürsem, sizlerle birlikte olmaya çok da hırslı değilim."

İbn-i Receb şöyle der: *"Selef-i salihin, amelleri imandan saymayan kimseleri şiddetli bir şekilde reddetmişlerdir. Bunu söyleyeni reddeden ve bu sözü sonradan çıkmış bir söz olarak nitelendirenlerden bazıları şunlardır: Said bin Cübeyr, Meymun bin Mihran, Katâde, Eyyûb es-Sahtiyânî, İbrahim en-Nehâî, ez-Zührî ve Yahya bin Ebî Kesîr."*[269]

Sevri şöyle der: *"Bu sonradan ortaya atılmış olan bir görüştür. Hâlbuki biz, kendi dönemimizdeki bütün âlimleri bu görüş üzere bulduk."*

Evzâî der ki: *"Bizden önceki Selef âlimleri, iman ve ameli birbirinden asla ayırmamışlardır."*

İmam Şafiî *rahmetullahi aleyh* şöyle der: *"Sahabe, tabiin, tebeu't-tabiin ve onlara yetişenlerin icması şudur: İman; söz, amel ve niyettir. Üçü de bulunmadıkça, bunlardan biri tek başına yeterli olmaz."*[270]

İbn-i Teymiyye *rahmetullahi aleyh* şöyle der: *"Şehristanî'nin hocası olan Ebu'l-Kasım el-Ensarî, 'Şerhu'l-İrşad' isimli kitapta der ki: 'Hadis ehli, imanın, itaat türünden olan bütün her şeyi, farzları ve nafileleri kapsadığını söylemişlerdir. Bunu, Allah Teâlâ'nın farz ve nafile olarak emrettiği şeyler ve yasak kıldığı şeylerle ifade ederler.' Bu, hicret yurdunun İmamı Malik bin Enes'in ve Selef imamlarının büyük bir çoğunluğunun da görüşüdür."*[271]

İbn-i Receb *rahmetullahi aleyh* şöyle der: *"Âlimlerin çoğu şunu söylemişlerdir: İman, söz ve ameldir. Bu söz, hadis ehli âlimlerin ve selefin tamamının icmasıdır. Şafiî, bu konuda sahabe ve tabiinin icmasını zikretmiştir. Ayrıca Ebu Sevr de bu konuda icma olduğunu söylemiştir. Evzâî der ki: 'Bizden önceki Selef âlimleri, iman*

---

[269] "Camiu'l-Ulum ve'l-Hikem", sf. 45.

[270] "el-Ümm", Namazda niyet babı. (Not: Bu ibareyi nakledenler hep İmam Şafiî'nin "el-Ümm" kitabını referans göstermektedirler, ancak bu ibare mezkûr kitabın matbularında yer almamaktadır. İmam Lalekâî ve İbn-i Teymiyye gibi büyük âlimler bu kavli mezkûr kitaba nispet ettikleri için böylesi bir ibarenin mahdut nüshalarda yer aldığı kesindir, ama mahdut nüshalara ulaşamadığımız için şimdilik başka kaynaklardaki referansları vermekle yetineceğiz. Bkz. "et-Tevessut ve'l İktisâd fi enne'l Küfra yekûnu bi'l Kavli ve'l Fi'li evi'l İ'tikâd" sf. 13)

[271] "Mecmuu'l-Fetâvâ", 7/144.

ve ameli birbirinden asla ayırmamışlardır.' Fudayl bin İyad ve Veki' bin el-Cerrah gibi, Ehli Sünnet ve'l-Cemaat'tan olan birçok kimse de bu icmayı aktarmıştır. İmanın, söz ve amel olduğunu söyleyenlerden bazıları şunlardır: Hasan, Said b. Cübeyr, Ömer b. Abdülaziz, Atâ, Tâvûs, Mücahid, Şa'bî, Nehâî, Zührî, Sevrî, Evzâî, İbnu'l-Mübarek, Malik, Şafiî, Ahmed, İshak, Ebu Ubeyd ve Ebu Sevr."[272]

Amelin İmandan Olduğunu İfade Eden Hadisler

Amelin imanın bir cüzü olduğunu ifade eden birçok hadis bulunmaktadır. Burada onlardan birkaç tanesini zikretmemiz uygun olacaktır. Rasûlullâh *sallallâhu aleyhi ve sellem* buyurur ki:

1) *"Müminlerin iman bakımından en kâmil olanları ahlakça en iyi olanlarıdır."*[273]

2) *"Sizden her kim bir kötülük/münker görürse onu eli ile değiştirsin, eğer buna gücü yetmezse dili ile değiştirsin, şayet buna da gücü yetmezse kalbi ile (buğzetsin/nefret etsin) bu ise imanın en zayıf olanıdır."*[274]

Hadis-i şerif, imanın bir takım derecelerinden bahsetmektedir. Yüksek derece imanın kuvvetli olduğuna, düşük derece de imanın zayıflığına delalet eder. Her hangi bir kötülüğü değiştirmek de –bir amel olmasına rağmen– yine iman kapsamında değerlendirilmiştir.[275]

3) Bir gün sahabîler Rasûlullâh *sallallâhu aleyhi ve sellem*'in yanında dünyayı andılar. Bunun üzerine Rasûlullâh *sallallâhu aleyhi ve sellem* şöyle buyurdu: *"Dinleyin, dinleyin! Hiç kuşkusuz ki sade bir şekilde, tevazu içerisinde yaşamak ve çok şaşalı elbise giymemek imandandır."*[276]

Eski elbise giymenin imanın şubelerinden sayılması, insanlara eziyet veren şeyleri yoldan atmaya benzer. Yani nasıl ki insanlara eziyet veren şeyi yoldan atmak imanın şubelerinden ise, imana zarar veren kibir ve buna sebep olan şeyleri izale etmek de imanın şubelerindendir.[277]

4) *"Kim Allah için sever, Allah için buğz eder, Allah için verir ve Allah için men ederse hiç kuşkusuz imanını kemale erdirmiş olur."*[278]

5) *"İman, altmış küsür şubedir. Bu şubelerin en faziletlisi 'Lâ ilâhe illallah' sözü, en alt seviyesi ise eziyet veren şeyleri yoldan kaldırmaktır. Hayâ da imandan bir şubedir."*[279]

---

[272] "Fethu'l-Bari bi Şerhi Sahihi'l-Buhârî", 1/5.

[273] Tirmizî, 1162; Ebu Davud, 2682.

[274] Müslüm, İman, 49.

[275] "el-Kabasâtu's-Seniyye min Şerhi'l-Akideti't-Tahaviyye", sf. 240, 241.

[276] Ebu Davud, 4161.

[277] Ebu Davud Terceme ve Şerhi, 14/234.

[278] Ebu Davud, 4681.

Hadisin Müslim'de yer alan rivayetinde imanın "yetmiş küsür" şube olduğu belirtilmektedir.[280]

Hadis-i Şerif, Kelime-i Şehadeti telaffuz etmeyi ve yoldan eziyet veren şeyleri kaldırmayı imanın birer şubesi olarak değerlendirmiştir. Zikredilen her iki şey de –birisi kavlî, diğeri de amelî olmak üzere– birer "amel"dir. Namaz, oruç, zekât, hac; tevekkül, muhabbet, hayâ; dua, zikir ve istiğfar... Bunların her biri amel olmasına rağmen imanın birer şubesi olarak kabul edilmiştir. Bu amellerin bazıları kalp ile alakalı, bazıları dil ile alakalı, bazıları da amel ile alakalıdır.

İbn-i Hacer *rahimehullah*, "Fethu'l-Bârî" adlı eserinde imanın şubeleri olarak ifade edilen bu altmış küsür ameli tek tek zikretmiş ve kalbin amellerini "yirmi dört", dilin amellerini "yedi" bedenin amellerini de "otuz sekiz" olarak tespit etmiştir.[281] İmanın şubelerini etraflıca bilmek isteyenlerin, İbn-i Hacer'in bu tespitini mutlaka gözden geçirmeleri gerekmektedir.

Sonuç olarak; amelin iman kapsamında değerlendirilmesi hadislere verilecek cevap açısından en sağlıklı yoldur. Biz eğer "amel imandan değildir" tezini savunursak, o zaman hadislerin ortaya koymuş olduğu bu hakikate zorlama tevillerden başka bir şekilde cevap veremez ve ilmî bir varta içerisine düşmüş oluruz. Bundan kurtulmanın en güzel yolu sahih hadislerin ifade ettiği bu hakikati olduğu gibi kabul etmek ve hiçbir tevil yoluna girmeden hadislere yaklaşmaktır. Çağımızın değerli ilim adamlarından birisi olan Abdulfettah el-Halidî der ki:

"Bu meselede aslolan, bu nasslara dayanmamız ve onların ortaya koymuş olduğu hakikatin aynısını söylememizdir. Nassların ortaya koymuş olduğu hakikat, ameli iman kapsamında değerlendirme hususunda çok açıktır."[282]

Konumuzu Ebu Basir et-Tartûsî'nin, ameli, iman kapsamından çıkarmanın zararlarını ortaya koyan şu müthiş cümleleri ile tamamlamak istiyoruz. O *"Dinden Çıkaran Ameller"* adlı değerli eserinde der ki:

"Birçok insan, İslam şeriatını ve bu dinin açık olan hidayetini küçümsemektedir... Bu insanlar, önemli olanın uzuvların itaati, uzuvların dine bağlılığı ve dini sevmesi değil; kalbin itaati, kalbin dine bağlılığı ve dini sevmesi olduğunu söylerler. Bu, onları birçok ameli terk etmeye sevke et-

---

[279] Buhârî, İman, 3.

[280] Bkz. Müslüm, İman, 12.

[281] Bkz. 1/79 vd. (**Not:** Fethu'l-Bârî'nin "Polen Yayınları" tarafından çıkarılan tercümesinde bedenin amelleri "otuz üç" olarak kaydedilmiş ve hatalı bir tercüme yapılmıştır. Doğru olan bizim verdiğimiz rakamlardır. Tercümesi için bkz. 1/68 ve 69.)

[282] "el-Kabasâtu's-Seniyye min Şerhi'l-Akideti't-Tahaviyye", sf. 240, 241.

miştir. Kendilerine, şeriatın zahirî itaatlerinden yüz çevirmelerinin ve onu küçümsemelerinin nedeni sorulduğunda, önemli olanın kalp olduğunu söylerler. Bu, şeytanın kullara olan vesvesesidir ve bu şekilde şeytan onları, dinlerinden alıkoymaktadır.

Şüphesiz ki bu düşünce yayılmış olan büyük bir "İrca" saldırısı niteliğindedir. Bu saldırı, ümmetin göğsüne çökmüş olan tâğutî sistemlerin imkânları ve güçleri ile desteklenmiş ve onlar için bütün kolaylıklar sağlanmıştır. Zira bu kötü ve batıl davadan birinci derecede faydalananlar, küfürlerinin meşrulaştırılması nedeni ile bu zalim tâğutlardır.

Yine bu saldırı vasıtası ile insanlara, imanın sadece kalp ile tasdikten ibaret olduğu, uzuvların ameli bunu doğrulamasa dahi, kalpte olanın yeterli olduğu anlayışı verilmiştir. Bu görüşü benimseyenler arasında durumu en iyi olanlar, dil ile ikrar edilmesini de imanın gereklerinden sayan ve ameli, imanın kemalinden gören gruptur. Onlara göre, amelin varlığı veya yokluğu, imanın varlığına ya da yokluğuna etki eden bir unsur niteliğinde değildir. Dolayısıyla sahibinin dinden çıkmasına sebep olacağı konusunda ittifak bulunan bir ameli dahi işlemiş olsa kişi, kalben tasdik ettiği sürece mümindir ve cennet ehlindendir.

Günümüzde birçok cemaat ve ilim halkalarının bulunduğu medrese ya da üniversiteler, imanın mücerred kalp tasdiğinden ibaret olduğu görüşündedirler. Onlara göre kalbi ile tasdik eden kişi, itaat türünden olan hiçbir amel işlemese ve zahirî durumu şeriatın ahkâmına muhalif dahi olsa, mümindir ve cennet ehlindendir. Bu kötü ve sapık görüş, maalesef insanların çoğu tarafından benimsenmiştir. Zira bu görüş, kötülüğü emreden nefisler tarafından kabul görmekte, hevaları, bir takım eğilimleri, zaafları, tembellikleri ve ameli terk etmeleri açısından da kendi durumları ile uyum sağlamaktadır. Ancak bu görüşün kötülüğü, sadece amellerin terk edilmesi ile sınırlı kalmadı. Bunun yanı sıra, neseplerin karışmasına, hak ve görevlerin kaybolmasına da sebep oldu. "Amel imandan değildir" bahanesiyle nice Müslüman kızlar, kâfirlerin ve mürtedlerin ellerine teslim edildi... Bu evliliklerden çocuklar dünyaya geldi...[283]

---

[283] "Dinden Çıkaran Ameller" giriş bölümü.

DÖRDÜNCÜ BÖLÜM

BAZI KAVRAMLARA BAKIŞ

Kavram ve ıstılahların insan hayatında önemli bir yeri vardır. İnsanların fikirsel ve inançsal boyutta birbirleriyle anlaşabilmelerinin kapısıdır kavramlar. Düşüncelerimizin ve dünya görüşümüzün kalıba dökülmüş ifadeleridir. Onlarla konuşur onlarla anlaşırız.

Kavramları anlamak ve onları yerli yerinde kullanmak insandaki iç dengenin korunmasını sağlar. Onlar üzerinde ortak anlayışa ulaşmak, kişiler ve toplumlar arasındaki barışı çoğaltır, zenginleştirir. Kavram kargaşası zihinsel ve toplumsal gevşemelere ve çalkantılara yol açar. Kavram kargaşası eğer dini tanımada, onu anlamada ve ifade etmede olursa sıkıntının boyutları daha da büyük olur. Allah'ın dinini yanlış anlamak, eksik tanımak onu eksik yaşamaya sebep olur. Bunun da zararları sayılamayacak kadar çoktur.[284] Bu kavramlar hele birde dinin temel ve esasıyla ilgili ise o zaman bunun meydana getireceği zarar daha da fazla olacaktır.

"Bu gün yaşadığımız topraklar üzerinde İslam'a vurulan en büyük darbe nedir?" diye bir soru sorulsa buna hiç duraksamadan "Kavramlara farklı manalar yüklenerek insanları uyutmaktır" diye cevap verebiliriz.

Gerçekten de bu gün insanlar dinlerinin temeli olan kavramlardan habersizdirler. Öyle hale gelmiştir ki, sayesinde dine girdikleri "Lâ ilâhe illallah" kavramını bile daha tanımamakta, bu kelimenin kendilerinden ne istediğini, neleri kabul, neleri reddetmeleri gerektiğini bilmemektedirler. "İlah" denilince sadece "yaratıcı" manasını anlamakta, "Rab" kavramına "var eden zat" anlamı yüklemekte, İslam'ı da sadece abdest ve namazdan müteşekkil bir din olarak değerlendirmektedirler. Bu sorun İslam'ın diğer temel kavramları için de geçerlidir. Örneğin "Veli" denilince "hava da uçan, denizde yürüyen ve kendisinden olağanüstü şeylerin sâdır olduğu zat", "Küfür" denilince yalnızca "Allah'ı inkâr etmek" akla gelmektedir. Hatta du-

---

[284] Hüseyin K. Ece, "İslam'ın Temel Kavramları", sf. 11.

rum o kadar vahim bir boyuta gelmiştir ki, Allah'ın dinini hâkim kılmak için canını veren manasına gelen "şehit" kavramı maalesef İslam'ı yok etmek için uğraşan, Allah'ın dini ile uzaktan yakından alakası olmayan, İslam düşmanı kişilere verilir hale gelmiştir. Bu kavram kargaşası sonucunda – üzülerek belirtmeliyiz ki– Allah'ın dinini yok etmek isteyenler toplum nazarında kahraman ilan edilirken O'nun dinini savunan Müslümanlar ise aşırı, bölücü, veya marjinal olarak değerlendirilmekte ya da buna benzer bazı isimlerle toplumdan silinmeye çalışılmaktadırlar. Bu hatalı inanışın birçok nedeni olmakla beraber, başı çeken en önemli etkeni, kavramları "objektif" bir şekilde bilmemektir. Bu bilmemenin bize getirdiği en önemli zarar birbirimizi anlayamamamız ve bunun neticesinde de birbirimize düşman olmamızdır.

İşte bundan dolayı kavramları doğru bilmenin hayatımızda çok önemli bir yeri vardır. Eğer kavramlar olduğu şekliyle bilinmezse o zaman birimizin "beyaz" dediğine öbürü "kara" diyecek, kimimizin "hak" olarak nitelediğini diğeri "batıl" olmakla suçlayacaktır. Böylesi bir hata bizleri –üstte de belirttiğimiz gibi– bir birimize düşman kesilmeye sevk edecek ve hak etmediğimiz vasıfları birbirimize yakıştırmaya neden olacaktır.

Bu nedenle, kendisini Allah'ın dininin bir eri olarak gören her insanın en azından dinin temel kavramlarını bilmesi ve bu kavramların yönlendirdiği şekilde hayatını şekillendirmesi kaçınılmazdır.

Kavramların kesinlikle vahiy eksenli anlaşılması gerekmektedir. Vahye dayalı olmayan bir aklın anlamlandırdığı kavram ya da kavramların o aklın sahibini saptırması kaçınılmazdır. Örnek vermek gerekirse, adam "kâr" ve "zarar" kavramlarına vahyin perspektifinden bakmadığı için haram yollarla elde ettiği kazancı "kâr", sadaka, zekât, infak ve tasadduk gibi yardım olarak verilen, aslında malın artmasında en önemli rolü oynayan bazı amelleri de "zarar" olarak nitelendirebilmektedir. Yine çocuğuna iyi bir istikbal hazırlamak isteyen baba "istikbal" kavramına "dünyayı alabildiğine elde etme" manası yüklediğinden dolayı aslında çocuğunun gerçek "istikbalini" yok etmektedir. Bu hüsranın altında yatan en büyük etken yine kavramlara vahyin penceresinden bakmamaktır.

İşte, hayatımızdaki kavramların içini eğer Allah ve Rasûlü doldurmazsa o zaman kendi hevâmızdan kaynaklanan bilgilerimiz bu kavramların içini dolduracak ve sonuçta ortaya bir yığın yanlış anlamlı kavramlar çıkacaktır. Bu yanlışın önüne geçmek için yapacağımız bir tek şey vardır; kavramlarımızın içini Allah ve Rasûlünün muradına göre doldurmak. Bu olmadan hayatımızda yer etmiş kavramların doğru anlaşılması asla mümkün değildir.

Burada anlatmaya çalışacağımız küfür, şirk, nifak, zulüm, berâ ve benzeri kavramlar her Müslümanın içerisine düşmekten şiddetle sakınması gereken dinin aslî kavramlarından bazılarıdır. Müslüman bu kavramları hakkıyla bildiği zaman kimi sevip kimi sevmeyeceğini, kime destek verip kime destek vermeyeceğini kolaylıkla öğrenecektir. Bunlar bilindiğinde de insanın kendisini küfür ve şirkten koruması daha da kolay olacaktır. Rabbim bizleri her şeyi gerektiği şekliyle bilen ve bu bilgi doğrultusunda hayatını tanzim eden kullarından eylesin. (Âmîn)

Biz burada ilk olarak küfür kavramıyla konuya giriş yapacağız. Bu kavramın ardından sırasıyla yedi kavramı daha incelemeye çalışacağız. Her bir kavram içerisine, onunla alakalı bazı bilgileri de derc etmeye çalışacağız. Başarı yalnız Allah'tandır.

BİRİNCİ KAVRAM

"KÜFÜR"

a-) Küfrün Tanımı

İkinci bölümde küfrün sebep ve çeşitlerini anlatırken "küfür" kelimesinin kısaca lugat ve ıstılâh manasını vermeye çalışmıştık. Burada ise küfrün kısaca tanımını yaptıktan sonra, onun zahirî ve gizli, büyük ve küçük, aslî ve arızî olması bakımından birçok kısmını inceleyecek ve onlarla alakalı bazı meselelere temas edeceğiz.

Malum olduğu üzere Arap dilinde küfür; örtmek, gizlemek ve setretmek anlamlarına gelir. Bu nedenle çiftçiye, geceye, kabre ve kılıç kınına "kâfir/örtücü" denmiştir. Rabbimiz şöyle buyurur:

"(Bunların) örneği ekini çiftçilerin hoşuna giden yağmur gibidir." (Hadid, 20)

Ayetin orijinalinde yer alan *"el-Küffar/kâfirler"* kelimesinden kasıt çiftçilerdir. Çiftçiler, tohumu toprak ile örttükleri için bu isimle anılmışlardır. Aynı şekilde her şeyi gizlediği için *"geceye"*, içerisine defnedilen ölüleri örttüğü için *"kabre"*, kılıcı setrettiği için *"kınına"* ve yıldızları örttüğü için *"buluta"* da kâfir denmiştir. Birtakım günahları örttüğü için bazı ibadetlere de keffâre(t) denilmiştir. Kâfir kişi de; Allah'ın varlığını, ayetlerini, nimetlerini veya hükümlerini görmezlikten, bilmezlikten gelip örterek inkâra gittiğinden bu ismi almıştır.

Şer'î ıstılahta ise küfür kelimesi; imana aykırı olan inanç, söz veya ameldir. İman ve küfür birbirinin zıddıdır. İkisi asla bir arda bulunmaz. Birinin varlığı ile diğeri yok olur. İki zıt şeyin bir arada bulunamayacağı zaten aklın kabul ettiği bir kuraldır.[285]

b-) Küfrün Çeşitleri

Küfür; tekzib (yalanlama), istikbâr (kibirlenme), şek (şüphe), i'raz (yüz çevirme), nifak, taklit, istihzâ (alay etme), buğuz, cehalet... olmak üzere

---

[285] "Ehl-i Sünnet ve'l Cemaat'e Göre İman", 442.

birçok kısma ayrılır. Biz ikinci bölümde bu meseleyi detaylı bir şekilde ele aldığımız için burada tekrar aynı şeylere değinmeyeceğiz.

c-) Küfrün Sebepleri [286]

Küfrün sebebi asıl itibariyle dört[287] olmakla birlikte, dünyevî hükümler açısından ikidir; bu da *"söz"* ve *"fiil"*dir. Bunun üçüncü bir yolu yoktur. Yapılması imanın olmazsa olmazı diyebileceğimiz bazı söz ve fiilleri terk etmek de buna dâhildir. Küfrü gerektiren bir sözü telaffuz eden veya aynı bağlamda bir küfür fiili işleyen kimse, küfrün sebeplerinden birisini işlemiş olur. Bu iki sebebin bir arada bulunmasıyla veya bu ikisinden birinin mevcudiyetiyle bir kişinin küfrüne hüküm verilir. Kişi kalbinde meydana gelen ve küfrü mucip kılan bir itikada sahip olursa, onun küfre düştüğüne hüküm verebilmek için yine bu iki unsurdan birisinin aracılığına başvurulur.

d-) Zâhir ve Hafî Olması Açısından

Küfür; zâhir (açık) ve hafî (gizli) olmak üzere ikiye ayrılır. Zâhirî küfür; söz ve fiiller ile açığa vurulan küfürdür. Hafî küfür ise; sahibinin Müslüman gözükmesiyle birlikte sırf itikaden olan küfürdür. Buna *"nifak küfrü"* de denir.

Bir insanın küfre düşüp-düşmediğini bilmemizin, bizim için iki yolu vardır; söz ve fiil. Bu ikisinin hâricinde bir insanın kâfir olup-olmadığını bilmemiz asla söz konusu değildir. Bizler, kalpleri yarmak ve orada var olan inançların hakikatini bilmekle mükellef değiliz. Bizlere emredilen zâhire göre hükmetmek ve zâhirin ortaya koyduğu şekilde insanlara muamele etmektir. Zâhiri küfür olan bir insan, kalben inandığını iddia etse bile bu bizim için kriter değildir. İnsanları değerlendirirken bizim sarıldığımız temel ölçü, dış görünüştür/zâhirdir. Binaen aleyh, zâhiren küfür ameli işleyen kimselerin eğer –ikrah gibi– şer'î bir engelleri yoksa bize göre hükümleri, zâhirlerinden hareketle küfürdür. İç durumlarını bilmek ve incelemek bizim görevimiz değildir.

Gizli küfür sahibi bir kimse, bu inancını söz ve fiillerinden biri ile dışa vurmadığı sürece Müslümanlar nezdinde İslam muamelesine tabi tutulur. Ama her ne zaman bu inancını dışa vuracak olursa, o zaman ona gerekli olan ahkâm tatbik edilir ve küfrüne hükmedilir. Rasûlullâh *sallallâhu aleyhi ve sellem* dönemindeki münafıkların hali böyle idi. Onlar kalplerinde küfrü

---

[286] Sebep kelimesinin anlam ve muhtevası için bu kitabın ikinci bölümüne bakınız. Orada bu konu detaylıca ele alınmıştı.

[287] Bu sebepler şunlardır: 1- Küfre düşüren söz, 2- Küfre düşüren fiil, 3- Küfre düşüren itikad, 4- Küfre düşüren şek/şüphe.

gizledikleri halde dış görünüşlerinde Müslümanca bir tavır takınıyorlardı. Bu nedenle de onlara Müslüman muamelesi yapılıyordu. Bu gün de durumu böyle olan kimselere zâhirlerinden hareketle Müslüman muamelesi yapılır; ama onlar kıyamette kesinlikle kâfir muamelesi görürler.

e-) Aslî ve Hâdis Olması Açısından

Küfrün zâhir ve hafî gibi taksimatı olduğu gibi, birde aslî ve hâdis şeklinde başka bir taksimatı vardır.

• **Aslî küfür.** Bu, kişinin daha önce hiç Müslüman olmaması durumunda söz konusudur. Bu da beş kısmı içine alır:

1) Yahudiler,

2) Hıristiyanlar,

3) Sabiîler,

4) Mecusîler,

5) Müşrikler.

Nitekim Hac Suresinde bu beş kısımda yer alanların tamamı zikredilmiştir. Rabbimiz şöyle buyurur:

"...Yahudiler, Sabiîler, Hristiyanlar, Mecusîler ve Allah'a ortak koşanlar (müşrikler) var ya, Allah kıyamet günü aralarında hükmedecektir. Hiç kuşkusuz Allah her şeye şâhittir." (Hac, 17)

Ayette zikredilen bu kimseler, aslen hiç İslam'a girmedikleri için "aslî kâfir" kabul edilirler. Kur'an ve Sünnette Yahudi ve Hıristiyanlara –puta tapanlara olduğu gibi– her ne kadar direk kâfir diye bir hitap şekli yoksa da, bu onların aslî kâfir olmadığı anlamına gelmez. Onlara böyle hitap edilmemesinin başka gerekçeleri vardır.

• **Hâdis** (sonradan meydana gelen) **küfür.** Bu da kişinin İslam'a girdikten sonra tekrar ondan ayrılmasıyla meydana gelen küfür şeklidir ki, buna hukukta "riddet/irtidat" denir. Küfrün bu kısmı ilerleyen bölümde detaylıca ele alınacaktır.

f-) Dinden Çıkarıcı ve Çıkarmayıcı Olması Açısından

Kur'an ve Sünnette yer alan küfür lafızları, dinden çıkaran ve dinden çıkarmayan şeklinde iki manaya gelmektedir.

• **Dinden Çıkaran Küfür**

Küfrün bu kısmına *"Büyük Küfür"* de denir. Küfrün bu kısmı, sahibini dinden çıkardığı gibi aynı zamanda onun ebediyen cehennemde kalmasına da yol açar. Kur'an ve Sünnette yer alan küfür lafızlarının birçoğu bu anlamda kullanılmıştır. Bir şey "bu küfürdür" denildiğinde, mütebâdir (akla

ilk gelen) mana da budur. Buhârî'nin İbn-i Abbas *radıyallahu anhuma*'dan riva-
yet ettiğine göre Rasûlullâh *sallallâhu aleyhi ve sellem* şöyle buyurur:

— *Bana ateş (cehennem) gösterildi. Cehennemliklerin çoğunluğunun kadınlar
olduğunu gördüm. Zira onlar küfrederler!*"[288]

Rasûlullâh *sallallâhu aleyhi ve sellem*'e:

— Onlar Allah'a mı küfrederler, diye soruldu. Rasûlullâh *sallallâhu aleyhi
ve sellem*:

— *Kocalarına küfrederler, iyiliğe küfrederler. Onlardan birine uzun zaman iyi-
likte bulunsan, sonra senden (sevmediği) bir şey görse hemen 'zaten senden hiçbir
iyilik görmedim ki!' der*, buyurdu.[289]

Bu hadiste bizim için çok önemli ilmî veriler vardır. Bunlardan birisi;
sahabenin lafızlara yüklemiş olduğu anlamlardır. Sahabe, –bu hadiste de
açıkça görüldüğü üzere– aksi bir karine olmadığı sürece lafızları ıstılâhî
manalarıyla anlamışlardır. Üstte de değindiğimiz gibi küfür, dinden çıkaran
ve çıkarmayan olmak üzere iki kısma ayrılmaktadır. Birisi hakiki manada,
diğeri ise nankörlük manasında... Arap dilinde bu iki anlamdan her biri
sıkça kullanılıyordu. Ama sahabe Rasûlullâh *sallallâhu aleyhi ve sellem*'in bura-
daki ifadesinden hemen hakiki mana olan büyük küfrü anlamış ve bunu
netleştirmek için *"Onlar Allah'a mı küfrederler"* diye soru sormuşlardı.

Bizim burada bu rivayete yer vermemizin nedeni; küfür lafzının kulla-
nıldığı yerlerde bu lafzın, aksi karineler olmadığı sürece hakiki manaya
hamledilmesinin gerekli olduğudur. Biraz önce de belirttiğimiz gibi Arap
dilinde bir şey için "bu küfürdür" denildiğinde, mütebâdir/akla ilk gelen
mana onun dinden çıkaran büyük küfür olduğudur. Sahabe bunu böyle
anlamış ve Rasûlullâh'ın sözüne bu anlamı vermişlerdir.

Büyük küfür kapsamına küfrün çeşitlerini sayarken isimlerini zikretmiş
olduğumuz küfür kısımlarının tamamı girer. Küfrün bu kısmından herhan-
gi birisini işleyen kimse tevbe etmediği sürece bağışlanmaz ve ebedi cehen-
neme girmeyi hak eder.

*"Doğrusu Allah kendisine şirk koşulmasını affetmez. Ondan başkasını da diledi-
ğine bağışlar. Allah'a şirk koşan kimse büyük bir günah ile iftira etmiş olur"*

---

[288] Buradaki *"Küfrederler"* ibaresi Türkçede ki "sövmek" manasında değildir. Bununla kastedilen; *"nankörlük
etmek, iyiliğin kadr-u kıymetini bilmemek ve yapılan güzellikleri görmemezlikten gelmek*"tir.
[289] Buhârî, İman, 21. Hadis no: 29.

(Nisâ, 48)

"Her kim Allah'a şirk koşarsa, Allah ona cenneti haram kılar..." (Maide, 72)

Burada, büyük küfür kapsamındaki bazı söz ve fiillerin bazısına örnek vermek istiyoruz:

Küfür Olan Lafızlara Örnekler

1- Allah Teâlâ'ya, İslâm dinine, meleklere ya da onlardan birisine sövmek,

2- Peygamber *sallallâhu aleyhi ve sellem*'e ya da peygamberlerden birisine sövmek,

3- Allah ile melekleriyle yahut Rasûller ile ya da din ile alay edip, eğlenmek,

4- "Ben Allah'tan korkmuyorum" yahut "Allah'ı sevmiyorum" demek,

5- "Bazı insanların kâinatın tümünde ya da bir kısmında tasarruf etme imkânları vardır" demek,

6- Yahudilik ya da Hıristiyanlık İslâm dininden hayırlıdır ya da ona eşittir ya da "Muhammed *sallallâhu aleyhi ve sellem*'in peygamber olarak gönderilmesinden sonra onlara göre amel etmek de caizdir demek,

7- Allah'tan başkasına dua etmek ve hastaya şifa vermek, gaib olanı geri çevirmek, ihtiyaçları görüp karşılamak gibi ancak Allah'ın yapabileceği bir şeyi insanlardan istemek,

8- Zina yahut içki helâldir, demek ve buna benzer sözler söylemek yahut da Müslümanların İcmâ' ile haram olduğunu kabul ettikleri bir şey için helâldir demek,

9- "Keşke Müslüman olmasaydım" yahut "ben Yahudiyim" ya da "Hıristiyan'ım" gibi sözler söylemek,

10- "İslam'ın öğretileri günümüze uygun değildir" demek.

Küfür Olan Fiillere Örnekler

1- Allah Teâlâ'dan başkasına secde etmek,

2- Allah Teâlâ'dan başkasına, mesela bir puta ya da salih bir veliye kurban kesmek,

3- Mushaf'ı ya da Allah'ın zikrini ihtiva eden şeyleri bilerek ve kasten pis yerlere atmak,

4- Allah'ın indirdiklerinden başkasıyla (beşerî kanunlarla) hüküm vermek,

5- Şeriatı iptal etmek,

6- Kur'an'a aykırı yasalar çıkarmak, (teşri' yapmak),

7- Allah'ın yasaklarını serbest, emirlerini de yasaklar nitelikte kanunlar tertip etmek,

8- Kâfirleri dost edinmek, onlara velayet çerçevesinde yardım etmek,

9- Sihir yapmak, öğrenmek ve öğretmek,

10- Mezar ve salih kimselerin kabirlerini tazim etmek gayesiyle tavaf edip, etraflarını dolaşmak,

11- Bilerek ve kasten –haç ve benzeri– küfür ehlinin şiarlarından olan her hangi bir şeyi takmak,

12- Ayin ve benzeri ibadetlerinde küfür ehline katılmak,

13- Fesat çıkarmak kastı ve benzeri maksatlarla İslâm mescitlerini yıkmak,

14- Yahudilerin havraları, Hıristiyanların kiliseleri gibi müşriklere mahsus mabetler inşa etmek.

• Dinden Çıkarmayan Küfür

Küfrün bu çeşidine *"küçük küfür"*, *"küfran-ı nimet"* veya *"küfrün dûne küfür"* de denir. Bu, imanın aslına aykırı olmayan, fakat onu eksiltip, zayıflatan küfür çeşididir. Küfrün bu kısmı, sahibini tamamıyla dinden çıkarmadığı gibi, ebedi surette cehennemde kalmasına da sebep olmaz. Bununla, küfrün luğavî manası kastedilmiştir.

"(Belkıs'ın tahtının) derhal yanında durduğunu görünce (Süleyman) dedi ki: Bu, Rabbimin lütfundandır. Acaba şükür mü ederim yoksa küfür mü (nankörlük mü) ederim diye ben sınamak içindir." (Neml, 40)

Görüldüğü gibi Süleyman *aleyhisselam*, burada ki küfür lafzını şükrün zıddı olarak kullanmıştır. Bu da küfür kelimesinin bazen luğavî manasıyla kullanıldığının apaçık bir göstergesidir.

Kur'an ve Sünnette yer alan küfür lafızlarının bu manaya hamledilmesi için mutlaka bir karineye (alamet ve işarete) ihtiyaç vardır. Üstte de belirttiğimiz gibi, Arap dilinde bir şey için "bu küfürdür" denildiğinde akla ilk olarak büyük küfür gelir. Bu karineyi bulduğumuz zaman o küfür lafzına "bu küçük küfürdür" diyebiliriz. Şimdi bunu bir örnekle açıklamaya çalışalım. Rasûlullâh *sallallâhu aleyhi ve sellem* buyurur ki:

"Müslümana sövmek fısk, onunla savaşmak ise küfürdür."[290]

─────────────────────────

[290] Buhârî, İman, 36.

Görüldüğü üzere Rasûlullâh *sallallâhu aleyhi ve sellem* Müslümanla savaşmayı küfür olarak adlandırmıştır. Şimdi bu hadisin zâhirini alan bir kimse, Müslümana silâh çeken herkesin kâfir olacağı kanaatine varır. Bu ilk bakışta doğru gibidir. Ama dinin diğer delillerini araştırdığımızda bunun böyle olmadığını, Müslümana silâh çeken kimsenin bunu helal kabul etmediği sürece dinden çıkmayacağını görürüz. Rabbimiz *celle celâluhu* buyurur ki:

"Eğer müminlerden iki gurup birbirleriyle savaşacak olursa aralarını düzeltin. Şayet biri ötekine saldırırsa, Allah'ın buyruğuna dönünceye kadar saldıran tarafla çarpışın. Eğer dönerse artık aralarını adaletle düzeltin ve adaletli davranın. Şüphesiz ki Allah, âdil davrananları sever." (Hucurât, 9)

Görüldüğü gibi burada, birbirine silâh çekerek savaşan iki guruba da Allah "mümin" ismini vermiştir. Eğer Allah bu iki taifeye de mümin demişse, demek ki Rasûlullâh *sallallâhu aleyhi ve sellem'*in hadisinde yer alan "küfür" lafzı dinden çıkaran büyük küfür değil, aksine küçük küfürdür. Biz bu ayetin karinesi ile bunun böyle olduğuna hükmederiz.

Sonuç olarak; Kur'an ve Sünnette yer alan bir küfür lafzına "bu küçük küfürdür" diyebilmemiz için elimizde dinin diğer delillerinden bir karine olması lazımdır. Bu karineyi bulduğumuz zaman o lafızdaki küfrü küçük küfre hamlederiz; eğer herhangi bir karine bulamamışsak, o zaman o küfür lafzının büyük küfür olduğuna hükmederiz.

Küçük küfrün birçok şekli vardır. Şimdi burada bunların bazılarına işaret edelim:

1-) Allah'tan Başkası Adına Yemin Etmek. Rasûlullâh *sallallâhu ve sellem* buyurur ki: *"Allah'tan başkası adına yemin eden kimse kâfir olur"*[291]

Ehl-i Sünnete göre bir kimse üzerine yemin ettiği şeyi Allah'ı büyük gördüğü gibi büyük görmediği sürece büyük küfür işlemiş sayılmaz. Onun küfrü, küçük küfürdür ve haramdır.

2-) Müslümanlarla Savaşmak. Rasûlullâh *sallallâhu aleyhi ve sellem* buyurur ki: *"Müslümana sövmek fısk, onunla savaşmak ise küfürdür."*[292]

Âlimler Hucurât Suresi 9. ayetten dolayı burada ki küfür lafzının küçük küfür olduğu hususunda icma' etmişlerdir. Kişi helal kabul etmediği sürece bir müminle savaşmaktan dolayı kâfir olmaz

3-) Kocaya Nankörlük Etmek. Rasûlullâh *sallallâhu aleyhi ve sellem* şöyle buyurur: *"Bana ateş (cehennem) gösterildi. Cehennemliklerin çoğunluğunun kadınlar olduğunu gördüm. Zira onlar küfrederler."* Rasûlullâh *sallallâhu aleyhi ve*

---

[291] Ebu Davut, 3251. Tirmizi, 1535.
[292] Buhârî, İman, 36.

*sellem'*e "Onlar Allah'a mı küfrederler" diye soruldu. Rasûlullâh *sallallâhu aleyhi ve sellem* şöyle buyurdu:

"Kocalarına küfrederler, iyiliğe küfrederler (küfran-ı nimette bulunurlar.) *Onlardan birine uzun zaman iyilikte bulunsan, sonra senden* (sevmediği) *bir şey görse hemen 'zaten senden hiçbir iyilik görmedim' der."*[293]

4-) Nesebe Sövmek ve Ölüye Feryat Ederek Ağlamak. Rasûlullâh *sallallâhu aleyhi ve sellem* şöyle buyurur: *"İnsanlarda iki huy vardır ki, onlar küfürdür: Nesebe sövmek ve ölünün arkasından feryad-ı figan etmek."*[294]

5-) Babasından Başkasına İntisap Etmek. Rasûlullâh *sallallâhu aleyhi ve sellem* şöyle buyurur: *"Sakın babanızdan yüz çevirmeyin; her kim babasından yüz çevirirse, küfretmiş olur."*[295]

6-) Müslümana "Kâfir" Demek.[296] Rasûlullâh *sallallâhu aleyhi ve sellem* şöyle buyurur: *"Her kim kardeşine 'kâfir' derse, bu söz nedeniyle küfür, ikisinden birisine döner. Eğer (o kimse) dediği gibi ise (problem yoktur.) Ancak böyle değilse sözü kendisine döner."*[297]

Küçük küfrün daha birçok şubesi vardır. Burada zikrettiklerimiz bunun sadece bir kaçıdır.

Bir Nükte

Burada okuyucunun dikkatini bir yere çekmek istiyoruz. Bilinmelidir ki, Allah ve Rasûlünün küfür olarak isimlendirdiği bir haram, küfür olarak isimlendirmediği bir haramdan daha büyük bir günahtır. Şeyh Muhammed b. İbrahim *"Tahkîmu'l-Kavânîn"* adlı kıymetli eserinde şöyle der:

"Allah'ın, kitabında küfür olarak isimlendirdiği bir masiyet/günah, küfür olarak isimlendirmediği bir günahtan daha büyüktür."[298]

Bunu şu şekilde izah edebiliriz: Yukarıda zikretmiş olduğumuz altı günah, Şari' tarafından küfür olarak adlandırılmıştır. Buradaki küfür lafzı küçük küfrü ifade etmektedir. Bu günahların küfür olarak adlandırılması, onları küfür olarak adlandırılmayan diğer günahlardan daha da büyük kılmaktadır. Mesela Allah'tan başkasına yemin etmek haram kılınmıştır. Bunun haramlığı "küfür" lafzıyla ifade edilmiştir. Hırsızlık yapmak da ha-

---

[293] Buhârî, İman, 21. Hadis no: 29.
[294] Müslim, İman, 30.
[295] Buhârî, Feraiz, 29.
[296] Bir Müslüman kâfir demek bazen küçük küfür bazen de büyük küfür olur. Bu meselenin tahkiki "Tekfir Kaideleri" bölümlerde etraflıca ele alınacaktır; oraya bakınız.
[297] Müslim, İman, 26.
[298] "Risâletu Tahkîmi'l Kavânîn", sf. 74. (Sefer Havâlî şerhiyle birlikte).

ramdır; ama bu haramiyyet küfür lafzı ile ifade edilmemiştir. Dolayısıyla Allah'tan başkasına yemin etmek, hırsızlık yapmaktan daha büyük bir günahtır.

Kur'an ve Sünnette yer alan diğer günahları da bu şekilde tasnif edebiliriz.

Büyük Küfür İle Küçük Küfür Arasındaki Farklar

Büyük Küfür

1- Dinden çıkarır.

2- Bütün iyi amelleri boşa çıkartır.

3- Kişinin cehennemde ebediyen kalmasına sebep olur.

4- Böyle bir küfür ile kâfir olanın kanı ve malı mubahtır.

5- Bu şekilde kâfir olan kişi ile müminler arasında katıksız adavet/düşmanlık gerektirir.

Küçük Küfür

1- Dinden çıkartmaz.

2- Bütün amelleri boşa çıkartmaz; ancak onları eksiltir ve onunla birlikte yapılan ameli boşa çıkartır.

3- Böyle bir kimse cehenneme girse bile orada ebediyen kalmaz. Allah onu affedebileceği gibi cehenneme asla girmeyebilir de.

4- Küçük küfür işleyen kimsenin kanı ya da malı mubah değildir.

5- Böyle bir kimse sahip olduğu iman kadarı ile sevilir ve veli edinilir. Onda, küfürden bulunan kadarı ile de ona buğz ve düşmanlık edilir.[299]

Küfürden Korunmak İçin Nelere Dikkat Etmeliyiz?

1- Sahih bir iman bilgisi ve güçlü bir yakîn,

2- Kur'ân-ı Kerîm'in ve Sünnet-i Seniyye'nin emir ve teşvik ettiği amel ve ibadetlere önem vermek, bunları yerine getirmek için azamî bir gayret harcamak.

3- Allah'ın ve peygamberinin uyarılarına dikkat ederek, sakındırdıklarından kesinlikle uzak kalmak, hatta yaklaşmamak,

4- Akidemiz uğrunda gereken mücadeleyi vermekten hiçbir şekilde geri kalmamak; inancımızla taban tabana zıt bir ortam içerisinde yaşamanın ızdırabını kalbimizin derinliklerinden duymak,

5- Akidemizi hâkim kılmak azmi ve emelini daima canlı tutmak, bu uğurda aynı hedefi paylaşanlarla bir ve beraber olmak,

---

[299] Burası *"Pratik Akait Dersleri"* adlı kitaptan iktibas edilmiştir. Bkz. sf. 133 vd.

6- Allah'ı ve yüce Rasûlünü yakından tanımak ve her şeyden çok sevmek, onların emir ve buyruklarını bütün emir ve direktiflerden üstün tutmak, onlara bağlanmayı her şeyin önünde bilmek kabul etmek, onların rızalarını esas almak,

7- Yüce Peygamberimizin yolundan ayrılmayan, O'nun Sünnetini baş tacı bilen, O'nun dışında izlenmeye, yolundan gidilmeye değer hiçbir kimsenin varlığını kabul etmeyenleri, başta ashâb-ı kirâm olmak üzere güzel bir şekilde onların izinden gidenleri mümkün mertebe yakından tanımak, onların bu akide uğrunda verdikleri mücadele ve cihadı kendi mücadele ve cihadımız için yol azığı edinmek,

8- Şerîate ve Sünnete kat'î olarak ve tavizsiz bir şekilde bağlı kalmak ve yaşamak,

9- Yüce Peygamberin dahi küfürden, şirkten, riyakârlıklardan ve benzeri kalbi ve imanı hastalıklardan Allah'a sığındığını bilerek, hatırlayarak, imanımızı son nefesimize kadar muhafaza edebilmek için Rabbimize daima dua etmek...[300]

10- Sünnet-i Seniye'de, küfürden korunmak için öğretilen dualara özen göstermek,

11- "Kötülüğü bilmeyen içine düşer" kuralından hareketle, günümüzde yaygın olan küfürleri, türlerini ve bunu terviç eden ideolojileri bilmek, bunlar hakkında bilgi sahibi olmak,

12- Küfre düşmüş ve küfrü benimsemiş insanlarla içli-dışlı olmamak ve onlara, İslam'ı tebliğ etmenin dışında fazla ilgi göstermemek,

13- Ehl-i Sünnet mezhebine göre hazırlanmış akait kitapları okumak,

14- Tevhidi sağlam olan, kendisini küfürden sakındıran ve tâğutlarla alakası olmayan âlimlerle görüşerek onlara fetva sormak; onların dışında akideye gereken değeri vermeyen, onu önemsemeyen ve tâğuta boyun eğerek onunla irtibatlı olan hocalardan uzak durmak,

15- Aynı inancı paylaşan Müslümanlarla sık-sık görüşmek –ki bu sayede insan yalnız kalmaz ve sapkın düşüncelere kapılmaz– onlardan ayrılmamak.

---

[300] Bu bölüm Beşir Eryarsoy'un "İman ve Tavır" adlı eserinden iktibas edilmiştir. Bkz. sf. 353 vd.

İKİNCİ KAVRAM
"ŞİRK"

Şirkin Tanımı

Şirk, sözlükte "ortak olma" anlamındadır. Istılahta ise; zatında, sıfatlarında ve fiillerinde bir şeyi Allah'a denk tutma, ibadetleri O'ndan başkasına yapma veya Allah'ın yetki ve sıfatlarını başkasına verme manasındadır.

Tanımı biraz açacak olursak; şirk *"Zatında, sıfatlarında ve fiillerinde bir şeyi Allah'a denk tutmaktır"* dedik.

Tanımdaki *"zatında"* ifadesi ile O'nunla beraber başka bir ilahın varlığını kabul etmek ve O'nun oğlu veya karısı olabileceğine inanmak gibi inanışlar şirk kapsamına girmiş oldu. Dolayısıyla Mecusiler, Budistler, Yahudi ve Hıristiyan gibi muharref din sahibi insanlar, Allah'tan başka bir ilahın varlığını kabul ettikleri ve ona oğul ve hanım isnat ettikleri için şirke düşmüş oldular.

"Sıfatlarında" ifadesi ile; Allah'tan başka bir varlığın gaybı bildiğine, kâinatta tasarrufta bulunarak yağmur, kar ve dolu yağdırdığına, dünya işlerini evirip çevirdiğine, her şeyi görüp-işittiğine, varlıklara yardım ettiğine inanmanın veya Allah mutlak egemen olduğu halde O'ndan başkalarının da egemen olabileceğine, hükümler koyma yetkisine sahip olduğuna, helal-haram belirleme yetkilerinin bulunduğuna itikad etmenin de şirk olduğu ortaya çıkmış olur. Çünkü bu saydıklarımız Allah'ın birer yetkisidir, hiçbir şahsa veya hiçbir kuruma devredilemez. Devreden insanlar dinden çıkmış ve Allah ile beraber başka bir ilah edinmiş olurlar.

"Fiillerinde" ifadesi ile de Allah'tan başka bir yaratıcının ve rızık vericinin varlığına inanmanın şirk olduğu ortaya çıkmıştır.

İslâm ümmeti arasında şirkin genelde Allah'ın "sıfatları/vasıfları"[301] hususunda ortaya çıktığını görmekteyiz. Allah'ın zatında ve fiillerindeki

---

[301] Tanımdaki Allah'ın sıfatlarından kastımız; Allah'ın el, yüz ve istivâ gibi sıfatları değildir. Bunların reddinin de elbette şirkle alakası vardır, ama bizim buradaki amacımız bunlar değildir. Bizim buradaki asıl kastımız; sadece Allah'a ait olan bazı vasıfları Allah'tan başkasına vermek veya nispet etmektir.

şirk, bu ümmet arasında pek yaygın değildir. Asıl sıkıntı Allah'ın vasıflarını başkalarına vermekle meydana gelmektedir.

Kitabın ilerleyen sahifelerinde bu konuyu biraz daha açacağız inşâallah.

Şirk Tüm Amelleri Boşa Çıkarır

Şirk, insanoğlunun yapmış olduğu tüm salih amelleri silip-süpüren pis bir ameliyedir. Bir bardağın içerisinde hem su hem de sidik nasıl ki birbirine zarar vermeksizin duramazsa, aynı şekilde iman ve şirk de bir arada birbirine zarar vermeksizin asla duramaz. Birinin varlığı halinde öbürünün yokluğu kesindir. Aksinin iddia edilmesi, akıllı birisinin yapacağı bir şey değildir.

Bir insan hayatının tamamını Allah'a ibadet ve itaatle geçirse, namaz kılsa, oruç tutsa, zekâtını verse, hacca gitse, fakir ve miskinleri gözetse... Kısacası hayır ve hasenat yönünden birçok sâlih amel işlese; ama bununla birlikte kendisini dinden çıkaran bir eylemde bulunsa –Allah korusun– bu şahsın yaptığı tüm ameller boşa gider ve ebedî cehennemi hak edenlerden olur. Aşağıda mealini vereceğimiz şu ayetler bunun delillerindendir.

"Eğer onlar (peygamberler) dahi şirk koşsalardı, yaptıkları her amel boşa giderdi." (En'am, 88.)

"Andolsun, sana ve senden öncekilere vahyolundu ki: Eğer şirk koşarsan, yemin olsun ki amelin boşa çıkar ve muhakkak zarar edenlerden olursun." (Zümer, 65.)

Şirke düşerek amellerimizin boşa çıkmasından rahmet ve merhameti sonsuz olan Rabbimize sığınırız.

Şirk Bağışlanması Mümkün Olmayan Bir Günahtır

Şirk, samimi bir şekilde tövbe edilmediği takdirde asla bağışlanmayacaktır. Allah Teâlâ, dilediği zaman tüm günahları affettiği halde şirki asla affetmeyecektir. Bu hususu Rabbimiz şöyle dile getirir:

"Doğrusu Allah kendisine şirk koşulmasını affetmez. Ondan başkasını da dilediğine bağışlar. Allah'a şirk koşan kimse büyük bir günah ile iftira etmiş olur" (Nisa, 48.)

Peygamber (s.a.v.) Şirkten Sürekli Allah'a Sığınmıştır

Allah Râsulü *sallallâhu aleyhi ve sellem*'in şirke düşmesi ve Allah'a ortak koşması bir Müslümanın aklından dahi geçiremeyeceği bir durumdur. O, zaten şirki yerle bir etmek için gelmiştir. Yıkmak ve yok etmek için geldiği bir şeyi hiç kendisi yapar mı? Bu, aklın da mantığın da kabul etmediği bir şeydir. Tüm bu anlatılanlara rağmen O *sallallâhu aleyhi ve sellem*, şirke bulaşmamak için sabah-akşam sürekli Allah'a dua etmiştir. O, *sallallâhu aleyhi ve sellem* Rabbine şöyle yakarmaktadır:

"Allah'ım! Bilerek şirk koşmaktan sana sığınırım. Bilmediğim şeyler hususunda da senden bağışlanma dilerim."[302]

"Allah'ım! Senden başka hiçbir ilah olmadığına şahadet ederim. Nefsimin şerrinden, şeytanında şer ve şirkinden sana sığınırım." [303]

"Allah'ım! Küfürden, fakirlikten ve kabir azabından sana sığınırım."[304]

O, *sallallâhu aleyhi ve sellem* Allah'ın peygamberi ve en sevgili kulu olmasına rağmen her daim şirke düşmemek için Allah'a yalvarıyorsa, garantisi olmayan bizlerin çok daha fazla uyanık olması ve sürekli teyakkuzda bulunarak şirke düşmemek için Allah'a yakarması gerekmektedir.

Müslüman İhtiyatı Elden Bırakmaz

Kendini Allah'a teslim etmiş bir kul ihtiyatı elden bırakmaz. İhtiyat ilkesi onun hayatında vazgeçilmez bir parçadır. İhtiyatı sayesinde kendisini şirke ve küfre düşürecek her türlü eylem ve söylemden uzak durur. Hatta milyonda bir ihtimalle bile olsa şirk olması muhtemel olan şeylerden bile kendisini sakındırır. Bu, Allah'tan sakınan ve O'na hesap verme duygusu içerisinde yaşayan her kulun temel görevidir. Ahmet Kalkan şöyle der:

"Milyonda bir ihtimalle şirk kabul edilebilecek bir konuda kendimizi ısrarla korumak, yani böyle küçük çaplı da olsa riskli söz ve davranışlardan kaçınma duyarlılığı göstermek gerekir."[305]

Kitabın ilerleyen sayfalarında yine konuyla alakalı olarak şöyle der:

"İhtiyatın diğer bir kısmı da şudur: Küfür ve şirk ihtimali olan hususlardan şiddetle sakınmak gerekir. 'Ya şirkse ve bunu yaparsam ebedî olarak cehenneme atılırsam' diye düşünüp milyonda bir ihtimalle bile şirk ve küfür olan şeyi yapmamak ve yapanlarla çok candan ilişkilere girmemek lazımdır. Şüpheli şeylerden kaçınmak, imanın ve takvanın gereğidir."[306]

Ancak yaşadığımız şu ortam, insanları bu hassasiyetten tamamıyla uzaklaştırmış ve ihtiyat ilkesini bütünüyle onlara unutturmuştur. İşin boyutları o kadar korkunç seviyeye ulaşmış ki, milyonda bir şirk olma ihtimali olan şeylerden sakınmak şöyle dursun, adam şirk olduğu kesin olan şeylerden sakınmayı bile ihmal eder hale gelmiştir. Bizler böylesi bir yanlıştan

---

[302] Tirmizi, Daveat, 4.

[303] Tirmizi, 3392.

[304] Ebu Davut, Edep 324.

[305] "Dâru'l Harp mi Dâru'l Harap mı?" Sf. 239.

[306] A.g.e. sf. 243.

kendimizi tamamen korumalı ve son nefesimize kadar bu ihtiyat içerisinde hareket etmeliyiz. Ta ki bu saye de Allah'a bir mazeretimiz olur…

Günümüzde Yaygın Olan Şirk Çeşitleri

Şirkin çeşit ve kısımlarını saymak mümkün değildir. Ama toplumumuz da yaygın olan şirk çeşitleri özetle şunlardır:

1) Hâkimiyet Şirki: Kişinin Allah'ın indirdikleri ile hükmetmemesi, Allah'ın yasalarını bırakıp yerine yeni kanunlar çıkarması, Allah'tan başka ya da Allah ile birlikte mutlak bir kanun koyucunun bulunduğuna inanması, Kur'ân'ı bırakıp tâğutların kanunlarından hüküm istemesi veya Allah'ın yasakladıklarını serbest, serbest bıraktıklarını ise yasaklaması hâkimiyet şirkinin en bariz örneklerindendir. Bunu biraz daha açalım: Mesela Allah Teâlâ, Yusuf Sûresinin 40. âyetinde *"Hüküm yalnızca Allah'a mahsustur"* diyerek ve yine Kehf suresinin 26. ayetinde *"O hiçbir kimseyi hükmüne ortak etmez"* buyurarak *"egemenliğin"* kayıtsız ve şartsız kendisine ait olduğunu bildiriyor. Şimdi birisi çıksa ve *"Hayır efendim egemenlik kayıtsız şartsız bizimdir veya milletindir"* dese, bu şahıs, Allah'ın egemenlik hakkını kendisinde gördüğü için ilahlık iddiasında bulunmuş olur. Başka birisi de böyle söyleyen kimselere maddî ve manevî destekte bulunsa veya onlara itaat etse, o da Allah'tan başkalarının da hüküm koyabilme yetkisini kabullendiği için müşrik olur.

2) Velayet Şirki: Kişinin mü'minleri bırakıp kâfirleri dost edinmesi ve mü'minlerin aleyhinde onlara maddî veya manevî açıdan yardımda bulunması velayet şirkinin en belirgin özelliklerindendir. Kişinin mü'minlerin sırlarını, gizliliklerini ve sadece mü'minlerin bilmesi gereken bilgileri tâğutlara ispiyon etmesi de velayet şirkinin içine girer. Allah Teâlâ şöyle buyurur:

"Ey iman edenler, müminleri bırakıp ta kâfirleri veli (dost) edinmeyin ." (Nisa, 144.)

"Müminler, müminleri bırakıp da kâfirleri veli edinmesinler. Kim böyle yaparsa Allah ile dostluğu kalmaz." (Âl-i İmran, 28.)

Kâfirleri veli edinenlerin, Allah ile bir ilişiğinin kalmayacağını bu ayetten rahatlıkla anlamak mümkündür. Bu gün bazı mealler *"velayet"* kelimesini sadece *"dost edinmek"* şeklinde anlamlandırmaktadırlar. Hâlbuki bu kelimenin sadece bu anlamla tercüme edilmesi eksiktir. "Velayet" kelimesi Arap dilinde "dostluk" anlamına geldiği gibi "kalben sevgi duyma, azalar ile yardım etme, destek verme, müttefik olma, arkadaşlık kurma" anlamlarına da gelmektedir. Dolayısıyla mealler okunurken bu noktaya dikkat edilmeli ve ayetleri anlamada hataya düşülmemelidir.

3) Yardım Dileme ve Medet Umma Şirki: Sadece ve sadece Allah'ın güç yetirebileceği bir konuda mahlûktan yardım ve medet istemek kişiyi dinden çıkaran şirk amellerindendir. Kişinin yardım dilemesi ve medet beklemesi ibadet niteliği taşıyan bir eylemdir. İbadeti ise Allah'tan başkasına sarf etmek caiz değildir. Rasûlullâh *sallallâhu aleyhi ve sellem* şöyle buyurur:

"Dua ibadetin ta kendisidir."[307]

Kişilerin Allah'a daha yakın olma maksadıyla Allah'tan başkalarına yönelmeleri, onlara dua etmeleri, kendileri ile Allah arasında vasıta tayin etmeleri, dilek ve isteklerini Allah'a değil de bu vasıtalara yöneltmeleri bugün karşılaştığımız bariz şirk çeşitlerindendir. Bu gün kimi insanlar kabir ve türbelere giderek oralardan dilekte bulunmakta; zengin olmak, iş kurmak, okul kazanmak, çocuk sahibi olmak veya hastalıklardan kurtulmak için isteklerini o türbe ve kabirde yatanlara sunmaktadırlar. Kimileri de zorda kaldığında *"Yetiş ya Rab!"* diyecekleri yerde *"Yetiş ya şeyh! Yardım ya fulan!"* demekte, sıkıntı ve maruzatlarını onlara arz etmektedirler. Bizler, sünnet namazlarını da hesaba katarak günde tam kırk kez *"İyyake na'budu ve iyyake nestaîn"* demekteyiz. Yani: *"Allah'ım! İbadetlerimin tümü Sanadır. Namazım, orucum, secdem, kıyamım, dua ve isteklerim hepsi Senin içindir. Senden başkası bunları hak edemez. Yardımı ancak Senden dileriz. Zaten senden başkası da buna güç yetiremez."* İşte Fatiha Suresini okurken tam kırk defa Allah'a böyle yakarıyoruz. Günde kırk kez böyle deyip, sonra da ondan başkasından yardım ve medet bekleyenler acaba yalan söylemiş olmazlar mı? Yaptığımız amellere dikkat etmeli, dua ve niyazlarımızdaki ifadeleri özenle seçmeliyiz. İbn-i Kayyim *rahimehullâh* şöyle der:

"Şirk çeşitlerinden biri de, ölüden bir şeyler istemek, ona sığınmak ve ona yönelmektir. Ölmüş kimsenin ameli kesilmiştir. O, kendine zarar veya fayda veremediği gibi, kendisine sığınan ya da kendisinden Allah katında şefaat isteyen kimseye de yardım edemez."[308]

4) İtaat Şirki: Kulun Allah'ın izin vermediği konularda kanun ve yasa çıkaranlara ve Allah'ın serbest bıraktıklarını yasaklayan, yasakladıklarını da serbest bırakanlara itaat edip onlara destek vermesi itaat şirkindendir. Yüce Allah şöyle buyurur:

"Eğer onlara itaat ederseniz hiç şüphe yok ki (o zaman) siz de müşrik olursunuz" (En'am, 121)

Allah Teâlâ ölmüş hayvanın etini yemeyi yasaklayınca Mekkeli müşrikler Müslümanlara *"Ölmüş hayvanı siz öldürünce (kesince) helal oluyor da Allah*

---

[307] "Kenzu'l-Ummal", 3113.
[308] Bkz. "Dinden Çıkaran Ameller", sf. 200.

(tabii bir ölümle) öldürünce niye helal olmasın!" diye itirazda bulundular. Bu itiraz karşısında bazı Müslümanların kalbinde bir şüphe hali belirdi. Bunun üzerine Allah Teâlâ bu ayeti indirdi.[309]

Ayet, Allah'ın haram kılmış olmasına rağmen ölü hayvan etini yiyen kimselerin müşriklere itaat ettiklerinden ötürü şirke düşeceklerini bildirmektedir. İbn-i Kesir bu ayetin tefsirinde der ki:

"Eğer siz Allah'ın şeriatından başkalarının sözlerine döner ve bunu Allah'ın emrinin önüne geçirirseniz –ki bu şirktir– sizler de müşrik olursunuz."

Bu gün de durum aynıdır. Allah'ın yasaklarını çıkardıkları yasa ve kanunlarla serbest bırakanlara veya emrettiklerini yasaklayan insanlara destek vermek şirktir. Allah'ın bu ayeti çok açık ve nettir. Kâfirlere yardımcı olmaktan sakınmalıyız.

Bu saydıklarımız en yaygın olan şirk çeşitleridir. Bunun haricinde daha birçok şirk türü bulunmaktadır. Bunlara aşağıda zikredeceğimiz şeyleri örnek verebiliriz:

- Ölmüş insanlardan yardım istemek, onlardan istiğâsede bulunmak,
- Allah'tan başkasının gaybı bildiğine inanmak,
- Şeyhlerin kalplerden geçenleri bildiğine inanmak,
- Sihir ve kehanet gibi şeylerle insanların arasını açmak,
- Müslümanlarla savaşmak,
- Dinle veya dinin bir hükmüyle alay etmek,
- Putlara kıyam etmek, onlara saygı göstermek,
- Allah'tan başkalarının şifa verebileceğini iddia etmek…

Şirkin Türleri

Şirk de tıpkı küfür gibi "büyük" ve "küçük" olmak üzere iki kısma ayrılır:

Büyük Şirk:

Şirkin bu kısmı büyük küfürle aynıdır. Ona terettüp eden hükümlerin aynısı bunun için de geçerlidir. Allah bu şirki asla bağışlamaz. Yukarıda anlattığımız şirk çeşitlerinin tamamı bu kısma dâhildir.

Küçük Şirk:

Büyük şirke götüren, bununla birlikte kişiyi İslam'dan çıkarmayan; ama tevhidi eksilten bütün söz ve fiillere denir. Bu da "açık şirk" ve "gizli şirk" olmak üzere iki kısma ayrılır.

---

[309] İbn-i Kesir, 2/231.

1) Açık Şirk: Bu da lafız ve fiil olmak üzere ikiye ayrılır:

a) Lafız/Söz İle Şirk: Allah'tan başkası adına yemin etmek gibi... Rasûllah *sallallâhu aleyhi ve sellem* şöyle buyurur.

"Allah'tan başkası adına yemin eden bir kimse şirk koşmuş olur"[310]

b) Fiil ile Şirk: Fiillere gelince; belanın kaldırılması ya da defedilmesi için bir halka ya da ip bağlamak buna örnek gösterilebilir. Nazardan ve başka şeylerden korkarak hamayıl (nazarlık) takınmak da –bunların belanın kaldırılması ya da defedilmesi için sebep teşkil ettiklerine inanıldığı takdirde– küçük şirktir. Çünkü Allah bunları bir sebep olarak tayin etmemiştir. Ama kişi, bunların bizzat kendilerinin belayı defettiklerini ya da kaldırdıklarını itikat ederse, o zaman büyük şirk olur. Çünkü bu, Allah'tan başkasına bağlanmak demektir.

2) Gizli Şirk: Bu da irade ve niyetlerde –riyakârlık ve başkalarının işitmesi gibi– koşulan şirktir. Bir kimsenin kendisi ile Allah'a yaklaşılan bir ameli insanların kendisini övmeleri isteğiyle yapması gibi. Onların kendisini övmesi için namazını güzelce kılması yahut tasaddukta bulunması ya da insanlar kendisini işitip, onu övüp güzel şekilde ondan söz etsinler niyetiyle güzel sesle Kur'an okumaya çalışması da buna örnektir. Riyakârlık bir amel ile karışacak olursa onu iptâl eder/boşar çıkartır. Allah'u Teâlâ şöyle buyurmaktadır:

"Artık kim Rabbine kavuşmayı ümit ediyorsa salih amel işlesin ve Rabbine ibadette hiç kimseyi ortak koşmasın." (Kehf, 110)

Peygamber *sallallâhu aleyhi ve sellem* de şöyle buyurmuştur:

—*Sizin için en çok korktuğum şey küçük şirktir.* Ashab:

—Ey Allah'ın Rasûlü, küçük şirk nedir, diye sorunca, O:

—*Riyakârlık yapmaktır,* diye cevap vermiştir.[311]

Dünyalık ümidi için amelde bulunmak da bu türdendir. Bir kimsenin mal kazanmak amacı ile haccetmesi, ezan okuması, insanlara imamlık yapması yahut mal için şer'îilim öğrenmesi ya da cihad etmesi gibi. Peygamber *sallallâhu aleyhi ve sellem* şöyle buyurmuştur:

"Dinara köle olan, dirhemle köle olan, güzel elbiseye köle olan kimse kahrolsun! Eğer ona bir şeyler verilirse hoşnut olur, bir şeyler verilmezse öfkelenir, razı olmaz"[312]

---

[310] Ebu Davut, 3251.

[311] "Şuabu'l-İman", Beyhaki, 6831.

[312] Buhârî 2887. Bu bölüm "Pratik Akait Derslerinden" iktibas edilmiştir. Bkz. 148 vd.

Büyük Şirk İle Küçük Şirk Arasındaki Farklar

Geçen açıklamalardan anlaşıldığı üzere, büyük şirk ile küçük şirk arasında bir takım farklar bulunmaktadır:

1) Büyük şirk kişiyi dinden çıkartır; küçük şirk ise kişiyi dinden çıkartmaz.

2) Büyük şirk, kişinin ebedî olarak cehennemde kalmasına sebeptir; küçük şirk ise kişinin cehenneme girse dahi ebedî olarak kalmasına sebep olmaz.

3) Büyük şirk bütün iyi amelleri boşa çıkartır; küçük şirk ise bütün amelleri boşa çıkartmaz. Sadece riyakârlığın karıştığı ameli yahut sadece dünya için yapılan ameli boşa çıkartır.

4) Büyük şirk sebebiyle can ve mal mubahtır; ama küçük şirk sebebiyle bunlar mubah olmaz.

5) Büyük şirk koşan bir kimse ile müminler arasında katıksız bir düşmanlık gerekir. Müminlerin böyle bir kimseyi sevmeleri ve onu veli edinmeleri –en yakın bir kimse olsa dahi– caiz değildir. Küçük şirk koşan kimsenin durumu ise, mutlak olarak veli edinilmesine mani değildir. Aksine bu durumda olan bir kimseye sahip olduğu iman kadarı ile sevgi duyulur, veli edinilir. Ondaki isyan miktarına göre de ona düşman olunur.[313]

Üstat Said Havva "İslam" adlı kıymetli eserinde "Lâ İlâhe İllallah"ı bozan ve insanı şirke düşüren yirmi madde zikretmiş ve bunlar bir bir delillendirmiştir. Şimdi bu maddelerin bazısını buraya aktaralım.

1) Allah'tan başkasına tevekkül etmek,

2) Allah'tan başkasına ibadet etmek,

3) Allah'tan başkasına emretme ve yasaklama, helal etme ve haram kılma, kanun çıkarma ve hâkimiyet hakkını vermek.

Üstat bu maddeyi biraz uzun tutmuş ve bazı önemli noktalara temas etmiştir. Önemine binaen biz de yazdığı şeyleri nakletmeyi uygun görüyoruz. O şöyle der:

"Demokrasi ismiyle anılan idare tarzı da buna (yani şirk hükmü altına) girer. Çünkü demokrasi, parlamento veya başka bir meclisle idarenin yürütülmesi ve sözün çoğunluğa ait olmasıdır. Bu meclis, dilediği kanunu çıkartır. Bu hareketi, bazı ülkelerde olduğu gibi ancak anayasa sınırlayabilir. Fakat anayasanın kendisi hazırlanırken yine hiçbir sınır tanımadan çoğunluğun görüş ve düşüncelerine göre

---

[313] A.g.e. sf: 150, 151.

hazırlanmaktadır. Bu, kanun koyma, helal ve haramı tayin etme yetkisini insana vermektir ve 'şirk'tir.

İslam toplumunda bizi bu şirkten koruyan gerçek ifade, bizim şûra meclisimizin olmasıdır. Bu meclisin seçimle gelmesinde bir sakınca yoktur. Ancak meclisin her ferdinin ve bütünün Allah'ın emirlerine bağlı olmaları şarttır. Allah'ın kendilerine izin verdiği konularda ictihad eder, kesin ve açık nass bulunan konularda olduğu gibi nassa uyarlar. Şayet nass zannî ise onlar için bir seçme hakkı vardır. Yani Kur'an-ı Kerim ve Rasûlullâh sallallâhu aleyhi ve sellem'in Sünneti, anayasal parlamenter düzenle idare edilen ülkelerde anayasa durumundadır. Seçilen meclis, anayasaya aykırı kanun çıkaramadığı gibi, şûra meclisi de Kur'an ve Sünnet'e aykırı düşen kanunları çıkaramaz. Şûra, ya anayasayı açıklar veya verdiği kararlar anayasaya aykırı olmaz. Allah'ın hükmü bırakılarak kanun çıkarma yetkisinin zenginler sınıfına, orta sınıfa veya aşağı sınıfa, partiye, parti yöneticilerine, din adamlarına, siyaset adamlarına veya herhangi bir sınıf veya ferde verilmesi şirktir."[314]

4) Allah'ın indirmediği yasalarla hükmetmek ve bu yasaları kabul etmek,

5) İslam'ın tümünden veya bir kısmından hoşlanmamak,

6) Kur'an ve Sünnetteki hükümlerle, İslam'ın özellikleriyle ve Müslümanlarla alay etmek,

7) Kur'an'a ve Rasûllah'tan geldiği sabit olan naslara (tamamına veya bir kısmına) inanmamak,

8) Kâfir ve münafıkları dost edinmek ve müminleri, mümin oldukları için sevmemek,

9) Allah'ın sıfatlarından, isimlerinden veya fiillerinden bir şeyi reddederek O'nu gereği gibi takdir edememek[315]

Zikri geçen bu maddelerin delillerini ve geri kalan 11 maddenin içeriğini mutlaka bilmek gerekir. Çünkü şirki tanımayanın onun içine düşmesi anlık bir meseledir. Hz. Ömer der ki:

"İslam içinde cahiliyeyi (şirki, küfrü vb. şeyleri) bilmeyen kimseler yetiştiğinde, İslam'ın kulpları bir bir sökülecektir."[316]

Buna binaen Said Havva'nın *"İslam"* adlı eserini tavsiye ederiz.

Şirkin Zararları

1. Kişinin kan ve mal dokunulmazlığın ortadan kaldırır.
2. Dünya ve ahirette ki sıkıntıların en büyük sebebidir.

---

[314] "el-İslam", sf. 104.
[315] A.g.e. sf, 98–127 arası.
[316] "Pratik Akait Dersleri", sf. 142.

3. Affedilmesi mümkün olmayan bir ameldir.

4. Bütün amelleri yok eder.

5. Kişiye cenneti haram kılar.

6. Kişiye cehennemi gerekli kılar.

7. En büyük zulümdür.

8. Allah'ın gazap ve cezasını celbeder.

9. Fıtrat nurunu söndürür.

10. Güzel ahlakı yok eder.

11. İzzet-i nefsi ortadan kaldırır.

12. Sahibini Müslümanların düşmanı yapar.[317]

Allah Teâlâ şirkten beri ve uzak bir hayat sürmeyi hepimize nasip ve müyesser eylesin. (Âmin)

---

[317] "Şirkten Korunmak", sf. 57.

ÜÇÜNCÜ KAVRAM

"RİDDET/İRTİDAT"

Kitabın baş taraflarında riddetle alakalı kısa bilgiler vermiştik. O bilgilerin bir kısmını burada tekrar edecek ve orada zikredilmeyen hususları burada izah etmeye çalışacağız.

Riddetin Tanımı

Riddet; bir şeyin kendisini değiştirmek veya bir halden bir hale çevirmek demektir. İrtidât ise, bir şeyi bırakıp başka bir şeye dönüş yapmak demektir. Riddet ve irtidât kelimesi arasında latîf bir fark vardır. "Riddet" denilince bundan sadece küfre geri dönmek manası anlaşılır. "İrtidât" kelimesi ise bu anlamda kullanıldığı gibi, bunun haricindeki manalarda da kullanılır. Nitekim Yüce Allah şöyle buyurur:

"Ey kavmim, gerisin geriye dönmeyin." (Maide, 21)

Riddet ve irtidât kavramları ıstılahta ise; gerek niyet, gerek küfre götüren bir fiil ile ya da bir sözle –ister bu sözü alay ederek, ister inat ederek, isterse inanarak söylesin fark etmez– İslam dininden çıkıp küfre dönmek manasına gelmektedir.[318]

Kişi, İslam'ı nakzeden/hükümsüz kılan hususlardan birisini işlediği takdirde riddet ortaya çıkar. Bunlar da pek çok olmakla birlikte hepsi dört kısımda toplanabilir.

1- Söz ile İrtidat: Allah Teâlâ'ya, Rasûllere, meleklere veya kitaplara sövmek ya da şeriatı küçük düşürücü cümleler kurmak bu kabildendir.

2- Fiil ile irtidat: Allah Teâlâ'dan başkasına secde etmek, ondan başkası için kurban kesmek, kasten Mushaf'ı tahkir etmek, sihir yapmak, onu öğ-

---

[318] Bkz." el-Fıkhu'l-İslâmî ve Edilletuhu", 7/501.

renmek ve öğretmek. Allah'ın indirdiklerine alternatif hükümler koymak ve benzeri durumlar bu kısma girer.

3- İtikad ile irtidat: Allah ile beraber bir ilâhın varlığına inanmak, haram şeylerden herhangi birisinin mubah veya mubah şeylerden herhangi birisinin haram olduğunu itikat etmek, dinden kesin olarak bilinen ve farz olduğu hususunda üzerinde icma' bulunan bir şeyin farziyetine inanmamak gibi şeyler de bu kısma dâhildir.

4- Şek ve Şüphe İle İrtidat: Allah'ın varlığından, birliğinden, Kur'an'ın Allah tarafından gönderildiğinden, İslam'ın hükümlerinden ve buna benzer bir takım inanç esaslarının doğruluğundan şüphe etmek ve tereddüte kapılmak gibi inançlar bu kısımda mütalaa edilir.

İslam'da riddet terimi kullanıldığı zaman ondan ancak "dinden çıkaran büyük küfür" kastedilir. Küfür ve şirkte olduğu gibi riddette küçük–büyük yani dinden çıkaran ve dinden çıkarmayan gibi bir taksim yoktur. Riddetin tamamı sahibini dinden çıkarır.[319]

Bununla beraber riddet, "mücerret" ve "ğaliza" diye iki kısma ayrılır.

a) Riddet-i Mücerrede: Bu, içerisinde İslam'a savaş açma, peygambere sövme, Müslümanlarla harp etme gibi davranışların bulunmadığı yalın dinden çıkışı ifade eder. Bu şekilde dinden çıkan birisine istitâbe/tevbe istemek uygulamak sünnettir. Şartlar dâhilinde istitabe uygulandıktan sonra tevbe ederse bırakılır, aksi halde öldürülür. Rasûlullâh *sallallâhu aleyhi ve sellem* şöyle buyurur: *"Dinini değiştireni öldürün."* [320]

b) Riddet-i Ğaliza: Bu, dinden çıkmanın yanı sıra buna bir de Müslümanlarla savaşın, onları öldürmenin, Peygambere sövmenin eklendiği riddet şeklidir. Böylesi bir kimse ele geçirildikten sonra tevbeye davet edilmeksizin öldürülür. Riddet-i mücerrede ile dinden çıkan birisine uygulanan muamele buna uygulanmaz. Sünnetin ve Selef-i Salihîn'in uygulaması hep bu şekildedir.

Enes b. Malik'ten rivayet edildiğine göre, Peygamber *sallallâhu aleyhi ve sellem* başında miğferi olduğu halde Mekke'ye girdi. Miğferini başından çıkardığında bir adam O'na gelerek: "İbn-u Hatal, tevbe ederek ve (sizden) eman dileyerek Kâbe'nin örtülerine sarılmıştır" dedi. Rasûlullâh *sallallâhu aleyhi ve sellem* ona: *"Onu öldürün"* buyurdu.[321]

---

[319] Bkz. "Kava'id fi't Tekfir", sf. 31.
[320] Buhârî, 3017.
[321] Buhârî, 3044.

Hadiste açıkça görüldüğü üzere Rasûlullâh *sallallâhu aleyhi ve sellem*, İbn-u Hatal'a istitâbe uygulamamış, eline geçirdiğinden dolayı Kâbe'nin örtüsüne sarılmış olmasına rağmen onu öldürmüştür. Bunun nedeni ise; İbn-u Hatal'ın dinden çıkmasına bir de peygambere sövmeyi, dine hakaret etmeyi ve Müslümanlarla savaşmayı eklemiş olmasıdır. Eğer o dinden çıktıktan sonra böylesi şeyler yapmasaydı, diğer hadislerin işaret ettiğine göre hemen öldürülmez ve tevbe etmeye davet edilirdi. Ama o Peygamber'e sövmesi ve İslam'a savaş ilan etmesi nedeni ile böyle bir muamele ile karşı karşıya kaldı. İbn-i Teymiyye der ki:

"Mücerred bir şekilde dinden çıkan kimse tevbe (ye çağrılır), etmemesi halinde öldürülür. Riddet-i ğaliza ile dinden çıkan birisi ise tevbeye çağrılmaksızın öldürülür; ikisi arasında fark vardır."[322]

Riddet-i ğaliza ile dinden çıkan birisi şayet ele geçirilmeden önce tevbe ederse tercih edilen görüşe göre tevbesi kabul edilir.[323]

İrtidâtın Sabit Oluşundan Sonraki Hükümler

İslam Hukuku'nda bir kişinin irtidât ettiği mahkeme yolu ile sabit olduğu takdirde, onun mürtet olduğuna dair verilen hüküm sonucunda çeşitli hükümler söz konusu olur:

1- Tevbe etmesini istemenin vücubu. Yani eğer tevbesi kabul edilen kimselerden ise, tekrar İslam'a dönmesi ve irtidatından vazgeçmesi için davet edilmesi. Bunun süresi de üç gündür. Eğer tevbe edip, irtidâtdan dönerse onun tevbesi kabul edilir.

2- İrtidât etmekte ısrar ettiği takdirde öldürülür. Çünkü Peygamber *sallallâhu aleyhi ve sellem*: *"Dinini değiştireni öldürünüz"* buyurmuştur.

3- Malı üzerine hacr (tasarrufunun kısıtlanması) konulur. Bu kısıtlılık tevbe etmesinin isteneceği süre boyuncadır. Bu süre zarfında malında tasarrufta bulunamaz. Eğer tevbe ederse malı ona geri verilir. Aksi takdirde onun malı Müslümanların beytü'l-mal'ı için bir fey'dir.

4- Hanımı ile arasında ayrılık meydana gelir. Eğer zevcesi Müslüman kalmaya devam ediyorsa, mürtet olduktan sonra hanımından hiçbir şey ona helal değildir. Kadının iddeti bitmeden önce Allah Teâlâ'ya tevbe etmesi hali müstesna...

5- Onunla Müslüman akrabaları arasında mirasçılığın kesilmesi. Ne o onlara, ne onlar ona mirasçı olabilir. Çünkü Peygamber *sallallâhu aleyhi ve*

---

[322] "Mecmuu'l-Fetâvâ", 20/103.

[323] "Kava'id fi't-Tekfir", sf. 32. Bu hüküm Kur'an'ın delaletinden çıkarılmıştır. Bkz. Maide Suresi, 34.

sellem: *"Müslüman da kâfire mirasçı olmaz, kâfir de Müslümana mirasçı olamaz!"* buyurmuştur.

6- Mürtet öldükten sonra gasledilmez/yıkanmaz, kefenlenmez, cenaze namazı kılınmaz ve Müslümanların kabristanına kesinlikle defnedilmez.

7- Eğer mürtet olarak ölürse ebediyen cehennemde kalacağına hüküm verilir. Çünkü Allah Teâlâ şöyle buyurmaktadır:

"Artık içinizden her kim dininden irtidât eder de kâfir olarak ölürse işte böylelerinin bütün amelleri dünyada da, ahirette de heder olup gider. Onlar ateşliktirler, onlar orada kalıcıdırlar." (Bakara, 217)[324]

İrtidatın subûtundan sonra câri olan ahkâm, kitabın ilerleyen sayfalarında daha etraflıca ele alınacaktır. Bu nedenle burada bu bilgilerle yetindik.

---

[324] Bkz. "Pratik Akait Dersleri", sf. 137.

DÖRDÜNCÜ KAVRAM
"NİFAK/MÜNAFIKLIK"

a) Nifakın Tanımı

Nifak kelimesi sözlükte "tarla faresinin (köstebek) deliğine girip–çıkması ve yeraltındaki gizli yolun bir ucundan diğer ucuna geçmesi" anlamına gelir. Münafık bir kimse de, İslam'ın bir tarafından girip diğer tarafından çıktığı için köstebeğe benzetilerek bu adla adlandırılmıştır. Istılahta ise "kalbinde küfür olduğu halde dışa İslam görüntüsü vermek" manasındadır. Ya da kalben kâfir olmasına rağmen görünüşte iman ediyormuş gibi gözükmek demektir. Böyle birisine "münafık" ismi kullanılır.

Nifak kelimesi Kur'an-ı Kerim'de Tevbe Suresi 77 ve 97. ayetlerde {النفاق} şeklinde iki kez, 101. ayette de {النفاق} şeklinde bir kez olmak üzere toplam üç kez geçmektedir. Çekimli fiil olarak iki, "Münafık" şeklinde de yirmi yedi kez geçmektedir.

Kur'an terminolojisinde münafık kelimesi iki farklı tipteki insan için kullanılır. İlki halis münafıklar olup, bunlar *"Aslında inanmadıkları halde Allah'a ve âhiret gününe iman ettik" (Bakara, 8)* derler. İkincisi zihin karışıklığı, ruh bozukluğu veya irade zayıflığı yüzünden imanla küfür arasında gidip gelen, şüphe içinde bocalayan, imandan çok küfre yakın olan, çifte şahsiyetli insanlardır.

"Doğrusu iman edip sonra küfre düşenleri, sonra iman edip tekrar küfre düşenleri, sonra da küfürlerini artmış olanları Allah bağışlamaz; onları doğru yola eriştirmez." (Nisa, 137)

"Allah'a ve ahiret gününe iman edenler, mallarıyla, canlarıyla savaşmaktan (geri kalmak için) senden izin istemezler. Allah muttakileri bilir. Ancak Allah'a ve ahiret gününe iman etmeyen, kalpleri şüpheye düşüp şüphelerinde bocalayan kimseler senden izin isterler." (Tevbe, 44, 45)

Bazı âyetlerde "münafıklar" ve "kalplerinde hastalık bulunanlar" diye ikili ifade tarzının yer alması da bu farklılığı göstermektedir.

"İkiyüzlüler ve kalplerinde hastalık bulunanlar 'Müslümanları dinleri aldattı' diyorlardı; oysa kim Allah'a güvenirse bilmelidir ki Allah güçlüdür, hakîmdir."
(Enfal, 49)

"İkiyüzlüler ve kalplerinde hastalık olanlar: 'Allah ve Peygamberi bize sadece kuru vaatlerde bulundular' diyorlardı." (Ahzab, 12)

Halis münafıklar müminlerle karşılaştıklarında inandıklarını belirtirler, ancak asıl taraftarlarıyla baş başa kaldıkları zaman müminlerle alay ettiklerini söylerler.

"Müminlerle karşılaştıkları zaman, 'Bizde iman ettik' derler, elebaşlarıyla baş başa kaldıklarında, 'Biz şüphesiz sizinleyiz, onlarla sadece alay etmekteyiz' derler."
(Bakara, 14)

Diğerleri ise Resûl-i Ekrem'e inandıklarını sanmakla birlikte önemli işlerde din dışı otoritelere gitmeyi tercih etmekte, fakat başlarına bir felâket gelince Hz. Peygamber'e başvurmaktadırlar.

"Onlara, 'Allah'ın indirdiğine ve Peygambere gelin' dendiği zaman, münafıkların senden büsbütün uzaklaştıklarını görürsün. Başlarına kendi işlediklerinden ötürü bir musibet çattığında sana gelip, 'Biz, iyilik etmek ve uzlaştırmaktan başka bir şey istemedik' diye de nasıl Allah'a yemin ederler?" (Nisâ, 61, 62)

Böylece hak dine olan bağlılıkları dünyevî menfaatlerine göre değişmektedir.

"İnsanlar içinde Allah'a, bir yar kenarındaymış gibi kulluk eden vardır. Ona bir iyilik gelirse yatışır, başına bir bela gelirse yüz üstü döner. Dünyayı da ahireti de kaybeder. İşte apaçık kayıp budur." (Hacc, 11)

Münafıklar hakkındaki bu ayırım göz önünde bulundurulduğu takdirde nifak hareketinin Medine'de başladığı yolundaki yaygın kanaatin "halis münafık" tipiyle sınırlandırılmasının gerektiği anlaşılır. Zira "şüphe içinde bocalama" manasındaki nifakın Mekke döneminde de bulunduğu söylenebilir. Bu durumda Mekkî ayetlerde münafıklardan bahsedilmesinin sebebi açıklığa kavuşmuş olur.

"İnsanlardan: 'Allah'a inandık' diyenler vardır; ama Allah uğrunda bir ezaya uğratılınca, insanların ezasını Allah'ın azabı gibi tutarlar. Rabbinizden bir yardım gelecek olursa, and olsun ki, 'Doğrusu biz sizinle beraberdik' derler. Allah, herkesin kalbinde olanları en iyi bilen değil midir? Allah elbette inananları bilir ve elbette ikiyüzlüleri de bilir." (Ankebut, 10, 11)

"Cehennemin bekçilerini yalnız meleklerden kılmışızdır. Sayılarını bildirmekle de, ancak inkâr edenlerin denenmesini ve kendilerine kitap verilenlerin kesin bilgi edinmesini ve inananların da imanlarının artmasını sağladık. Kendilerine kitap

verilenler ve inananlar şüpheye düşmesinler. Kalplerinde hastalık bulunanlar ve inkârcılar: 'Allah bu misalle neyi murad etti?' desinler. İşte Allah, böylece, dilediğini saptırır, dilediğini de doğru yola eriştirir. Rabbinin ordularını kendisinden başkası bilmez. Bu, insanoğluna bir öğütten ibarettir." (Müddessir, 31)

Ancak sistemli bir hareket olarak nifak, güçlü ve hızlı kültür değişimlerinin gerçekleştiği toplumlarda görüldüğü gibi, yeni bir yapılanmaya gidildiği Medine devrinde yeni oluşuma tam uyum sağlayamayan insanlar arasında ortaya çıkmıştır.[325]

b) Kısımları

Nifak itikadî ve amelî olmak üzere iki kısma ayrılır.

1) İtikadî Nifak

Bu, kişinin dışa Müslüman olduğunu gösterirken içinde küfrü gizlemesi şeklinde olur. Bu büyük münafıklıktır. Bu tür münafıklık, insanı büsbütün dinden çıkartır. Böyle bir kimse cehennemin en alt derekesindedir.

Bu münafıklık da altı çeşittir:

1- Rasûlullâh *sallallâhu aleyhi ve sellem*'i yalanlamak.

2- Rasûlullâh *sallallâhu aleyhi ve sellem*'in getirdiklerinin bazısını yalanlamak.

3- Rasûlullâh *sallallâhu aleyhi ve sellem*'e buğzetmek.

4- Rasûlullâh *sallallâhu aleyhi ve sellem*'in getirdiklerinin bir kısmına buğzetmek.

5- Rasûlullâh *sallallâhu aleyhi ve sellem*'in dininin gerilemesine sevinmek.

6- Rasûlullâh *sallallâhu aleyhi ve sellem*'in dininin zafer kazanmasından hoşlanmamak.

2) Amelî Nifak

Bundan maksat; kalben küfür olmaksızın münafıklık hasletlerinden birisini işlemektir. Bu, imanın asıl itibariyle kalpte kalması ile birlikte söz konusu olur. Böyle bir ameli münafıklık kişiyi dinden çıkarmaz; ama bu kişi büyük bir tehlike ile karşı karşıyadır. Bu durumda olan bir kişi iman ile birlikte, münafıklığın bazı hasletlerini bir arada taşımaktadır.[326]

İtikadî Nifaka Örnekler

1- Bir kimsenin "Ben din ile ilgili olarak Rasülün şu şu hususlara dair vermiş olduğu haberleri tasdik etmiyorum" demesi,

---

[325] DİA, 31/565.
[326] "Pratik Akait Dersleri", sf: 139.

2- Bir kimsenin, Rasûlullâh *sallallâhu aleyhi ve sellem*'in namaz, oruç, hac yahut malın zekâtını vermek gibi getirdiklerinden herhangi bir şeyden hoşlanmaması,

3- Belirli bir savaşta Müslümanların müşriklere karşı yenilgiye uğramasına sevinmek,

4- Müslümanlar müşriklere karşı zafer kazandığında üzülmek.

Amelî Nifaka Örnekler

1- Bir kimsenin yerine getirmemeyi niyet ederek bir söz vermesi,

2- İnsanın konuşurken yalan söylemesi,

3- Belli bir emanet ona verilmişken, o emanete hainlik etmesi. Buna delil de Peygamber Efendimizin: *"Münafığın alameti üçtür: Konuşursa yalan söyler, söz verirse durmaz, ona bir emanet verilirse hainlik eder"*[327] buyruğudur.[328]

İtikadı Nifak İle Ameli Nifak Arasındaki Farklar

1- Büyük nifak, dinden çıkartır ve amellerin boşa çıkmasına neden olur. O halde büyük nifak gerçekte büyük küfür çeşitlerinden birisidir. Küçük nifak ise, (bir amel) riyakârlık ve başkaları tarafından işitilsin diye yapıldığı takdirde kişiyi dinden çıkartmaz.

2- Büyük nifak, itikat bakımından iç ile dış arasında çelişki olmasıdır. Küçük nifak ise itikatta değil de amellerde iç ile dış arasında bir çelişkisidir.

3- Büyük nifak müminden sadır olmaz; ama küçük nifak bazen müminlerde görülebilir.

4- Büyük nifaktan ötürü çoğunlukla kişi tevbe etmez. Tevbe etse dahi hâkimin huzurunda tevbesinin kabul edilip-edilmeyeceği hakkında görüş ayrılığı vardır. Oysa küçük nifak böyle değildir. Kişi bundan dolayı Allah Teâlâ'ya tevbe eder, Allah da onun tevbesini kabul edebilir.[329]

Nifak Ne Zaman Ortaya Çıkar?

Şüphesiz nifak probleminin ortaya çıkışına uygun ortamlar, nifakın zuhûrunu hızlandırır. Burada nifakın zuhûruna uygun ortamları şu şekilde tespit edebiliriz.

1- Bir düşünce, dava, ideoloji, siyasi veya fikri hareket başarıya ulaştığı zaman nifak ortaya çıkmaya başlar. Hz Peygamber dönemininde de nifak, Müslümanların çok sıkıntı çektikleri ve güçsüz oldukları Mekke'de değil,

---

[327] Müslim, 59.
[328] A.g.e. 140.
[329] Aynı yer.

Medine'de görünmeye ve etkili olmaya başlamıştır. İşte davanın güçlenmesiyle zayıf karakterli, korkak ve menfaatperest bazı insanlar kendilerini tatmin etmek için nifak yapma yoluna başvururlar.

2- Bazı kimseler, bir davayı veya hareketi yıkmak için onunla açıkça mücadele etme gücünü kendilerinde bulamazlarsa, o zaman gerçek düşüncelerini gizleyip zâhiren o davadan görünerek kaleyi içten fethetmeye çalışırlar.

3- Sıkıntılar ortaya çıktığında ve davanın mensupları zor durumda kaldıklarında, gerçekte davaya samimi bir şekilde bağlanmamış olan veya davaya bağlılığı zayıf olan kimseler nifaklarını ortaya koyarlar. Bu açıdan bakıldığında irtidat hareketleri de nifakın tezâhür ettiği hareketlerdir.[330]

Münafıkların Sonu

Münafıklarla ilgili ayetler incelendiğinde, çok şiddetli eleştirilere ve tehditlere hedef oldukları görülür. Allah Teâlâ, bir taraftan onların yaptıklarını bildirirken, diğer taraftan acı sonlarını hatırlatarak doğru yolu ve kurtuluşu göstermektedir. Münafıkların akıbeti ile kâfirlerin akıbeti birdir. Hatta Müslümanları kandırarak mümin göründükleri için daha büyük bir cezaya çarptırılacaklardır. Münafıklara verilecek ceza hakkında Allah Teâlâ Kur'an-ı Kerim'de şöyle buyurmaktadır:

"Allah erkek münafıklara da kadın münafıklara da kâfirlere de içinde ebedi kalacakları cehennem ateşini vaat etti. O onlara yeter. Allah onlara lanet etmiştir. Onlar için devamlı bir azap vardır."[331]

"Şüphe yok ki münafıklar cehennemin en alt katındadırlar. Artık onlara asla bir yardımcı bulamazsın."[332]

---

[330] "Hz. Peygamber Devrinde Münafıklar", sf: 240.
[331] Tevbe Suresi, 68.
[332] Nisa Suresi, 145.

BEŞİNCİ KAVRAM

"ZINDIKLIK"

a) **Zındıklığın Tanımı:** Zendeka/zındıklık kelimesi, Arapçaya Farsçadan geçmiş bir kavram olup, nifak ile hemen hemen aynı anlamda kullanılmıştır. Zira gerek münafık, gerekse zındık her ikisi de küfür inancını içinde gizleme noktasında birdirler. Aralarında bir fark vardır, o da şudur: Münafık içinde küfür inancını gizlerken, dışarı İslam görüntüsü verir ve korkusundan dolayı küfrünü izhar edemez. Zındık ise, aynı münafık gibi küfür itikadını kalbinde gizler, ama fırsat buldukça onu açığa çıkarır ve ona davet eder. Onun bu durumu bilinir. Kendisine hüccet ikame edilip tevbeye davet edildiğinde kendisinden zuhur eden küfrü inkâr eder.

b) **Zındıklığın Hükmü:** İslam âlimlerinin sözlerinden tercihe en şayan görüş; zındık küfrünü açığa çıkarıp, bu bilindiğinde onun istitabe yapılmadan öldürüleceğini ifade eden görüştür.[333] Ancak ele geçirilmeden önce (gable'l-kudreti 'aleyhim) tevbe eder, tevbesinde samimi olur, önceki küfründen ve zındıklığından vazgeçer ve itikat ettiği şeyleri itiraf ederek gelirse, bu halde tercih edilen görüşe göre tevbesi kabul edilir ve öldürülmez. Yüce Allah şöyle buyurur:

> *"Ancak, kendilerini ele geçirmenizden önce tevbe edenler var·ya onlar (öldürülmekten, asılmaktan, el ve ayaklarının çaprazlamaya kesilmesinden ve sürgün edilmekten) müstesnadır. Bilin ki, Allah gafurdur, rahimdir." (Maide Suresi, 34)*

Yaşadığımız asırda ise Müslüman bir yönetimin ve şer'i cezaların tatbikinin bulunmaması nedeniyle nifak ve münafıklıklardan söz edilmez. Mevcut olan ancak zındıklık ve zındıklardır. Sen onları bir taraftan İslam'dan, eman içerisinde olduklarını bildikleri için diğer taraftan da küfürden dem vurduklarını görürsün.[334]

---

[333] "Kava'id fi't-Tekfir", Sf. 30.
[334] A.g.e. sf. 31.

ALTINCI KAVRAM
"FISK/FÂSIK"

Kur'an ve Sünnette sıkça karşılaştığımız ve tekfir konusuyla alakalı kavramlardan bir tanesi de "fısk" kavramıdır. Bu kavram da Kur'an ve Sünnette farklı manalarda kullanılmış ve kendisine bir takım değişik manalar yüklenmiştir. Kişi bu farklı manaları hakkıyla bilmediği zaman Allah ve Rasûlünün bu kavramdaki muradını tam manasıyla kavrayamayacak ve amelleri ile bu kavram kapsamına giren kimseleri haliyle yanlış değerlendirecektir. Bu hatadan korunmanın en sağlıklı yolu –diğer kavramlarda olduğu gibi– bu kavramı da tüm kısımlarıyla birlikte bilmek ve Şari'nin bununla muradının ne olduğunu iyi tespit edebilmektir. Şimdi bu kelimenin lügat ve ıstılah anlamlarını verdikten sonra şeriattaki kullanımının nasıl olduğunu ve kaç kısma ayrıldığını anlatmaya geçebiliriz.

a-) Fıskın Tanımı

Lügatte: "Fısk" taze hurma kabuğunu yarıp dışarı çıktığında, fare yuvasından çıkıp, ayrıldığında veya bir şey sınırını ve kendisinin asıl olması gereken yeri aştığında kullanılan bir kelimedir. "Belirli bir sınırı aşmak" demektir. Bu kelime İslâm öncesi dönemde daha çok bitki ve hayvanlar hakkında kullanılmaktaydı. Yani insandan daha çok, bitkilerde istimal edilmekteydi. Örneğin bitki büyümeye, kabuğunu aşmaya ve tomurcuğundan çıkmaya başladığında ya da hayvan türleri kabuğundan, annesinin karnından ve genel olarak durması gereken yerden ayrılmaya başladığında bu ayrılış "fısk" kelimesi ve türevleriyle ifade edilmekteydi. Ancak İslâm bu kelimeye "hak yoldan ayrılma" ve "Allah'ın emirlerine itaatsizlik etme" şeklinde daha özel bir anlam kazandırarak hem müşrik, Yahudi, Hıristiyan ve münafıklar hakkında, hem de dinin emirlerine aykırı hareket eden Müslümanlar hakkında kullanmaya başlamıştır.[335]

Istılahta: Bu kelime ıstılahta; "isyan etmek, Allah'ın emirlerini terk etmek, O'na itaatten ve hak yoldan ayrılmak, zulüm, ahlaksızlık ve bozgunculuk yoluna girmek" manalarında kullanılmaktadır.[336]

Âlimlerimiz fıskın hem kalp, hem dil, hem de amelen olabileceğini belirtmişlerdir. Örneğin haset kalbî bir fısktır. Sövmek lisanî bir fısktır. Zina amelî bir fısktır. İşte bir insanın fısk içerisine düşmesi bu üç sûretten biri ile olur.

Fısk, küfür kavramından daha geneldir. Bu kavramı –biraz sonra da izah edileceği üzere– hem küfre, hem küfrün aşağısında kalan günahlara kullanmak mümkündür. Bu kavram hem Müslümanları, hem de kâfirleri kapsayacak şekilde geniş bir kullanıma sahiptir. Ancak genelin anlayışında "fâsık" denildiğinde, bununla günaha düşmüş ve harama girmiş kimseler kastedilir.

b-) Fıskın Çeşitleri

Fısk kavramının da –küfür ve şirk kavramlarında olduğu gibi– şer'î nasslarda iki türü vardır: Birincisi dinden çıkaran fısk; ikincisi dinden çıkarmayan fısktır. Dinden çıkaran fısk kavramına *"Fısk-ı Ekber"*, dinden çıkarmayan fısk kavramına *"Fısk-ı Esğar"* denir. Dinden çıkarmayan kısmına *"Fıskun dûne fısk"* tabiri de isti'mal edilmiştir. Kur'ân ayetleri bu iki çeşidin her ikisini de kullanmıştır.

"Fısk" Kelimesinin Dinden Çıkarıcı
Manada Kullanıldığı Kur'ân Ayetleri

1. *"Artık bundan sonra kimler inkâr ederse, işte onlar fâsıkların ta kendileridir."* (Nur, 55)

2. *"Fâsıklık edenlere gelince, onların barınağı ateştir. Oradan her çıkmak istediklerinde, oraya döndürülürler ve onlara, 'Yalanlamakta olduğunuz ateş azabını tadın' denir."* (Secde, 20)

3. *"Onlardan ölmüş olan birisinin kesin olarak namazını kılma ve mezarının başında durma! Şüphe yok ki onlar Allah'a ve Peygamberine kâfir oldular ve fâsık olarak öldüler."* (Tevbe, 84)

4. *"Şüphesiz münafıklar, fâsıkların ta kendileridir."* (Tevbe, 67)

5. *"Allah fâsıklar güruhunu hidayete erdirmez."* (Maide, 108)

---

[335] DİA. "Fısk" maddesi, 13/37.
[336] "el-İmân, Hakikatuhu, Havarimuhu, Nevakiduhu" Abdullah b. Abdulhamid el-Eserî, sf. 112.

6. "Böylece, fâsık olanların iman etmeyeceklerine dair Rabbinin sözü gerçekleşti." (Yunus, 33)

"Fısk" Kelimesinin Dinden Çıkarmayan
Manada Kullanıldığı Kur'ân Ayetleri

1. "Namuslu kadınlara zina isnat edip sonra da dört şahit getiremeyenlere seksen değnek vurun. Artık onların şahitliğini asla kabul etmeyin. İşte bunlar fâsık kimselerdir." (Nur, 4)

2. "Ey iman edenler, eğer bir fâsık, size bir haber getirirse, onu etraflıca araştırın." (Hucurat, 6)

3. "Fakat Allah size imanı sevdirmiş, onu sizin kalplerinizde süslemiş ve size küfrü, fıskı ve isyanı çirkin göstermiştir. İşte doğru yolda olanlar bunlardır." (Hucurat, 7)

4. "Birbirinizi (kötü) lakaplarla çağırmayın. İmandan sonra fâsıklık ne kötü bir namdır! Kim de tövbe etmezse, işte onlar zalimlerin ta kendileridir." (Hucurat, 11)

Nakletmiş olduğumuz bu Kur'an ayetleri, fısk kelimesini iki anlamda kullanmıştır. İlk gruptakiler tamamen "kâfir" anlamında, ikinci gruptakiler ise "günahkâr" manasındadır. Bu ayırım doğru bir sonuca ulaşabilmek için çok önemlidir; bu nedenle buna dikkat edilmesi zorunludur.

Burada *"Peki bu ayırımı bilmenin yolu nedir, nasıl bileceğiz?"* şeklinde bir sorunun sorulması mümkündür. Bu soruya şu şekilde cevap veririz: Bu ayırımı bilebilmenin tek bir yolu vardır, o da; kelimenin, içerisinde kullanıldığı nassın karineleridir. Nass içerisinde yer alan karineler sayesinde fısk kelimesinin kâfir manasında mı olduğu, yoksa günahkâr anlamına mı geldiği rahatlıkla bilinebilir. Karineler bilinmeden bunun tayini zordur.[337]

---

[337] Bkz. "Kavâ'id fi't-Tekfir", sf. 22.

YEDİNCİ KAVRAM

"ZULÜM/ZÂLİM"

Zulüm, zulumât, zâlim gibi kavramlar Kur'an ve Sünnette sıkça kullanılan kavramlardandır. İzahını yapmaya çalıştığımız diğer kavramlarda olduğu gibi, bu kavramın da kitabımızın konusuyla direkt alakası vardır. Bu kavramın da diğerlerinde olduğu gibi birkaç manası vardır. Bu manalardan bazısı küfürle aynı anlamda kullanılmışken; bazısı da bizim anladığımız ve aklımıza ilk gelen anlamda, yani "haksızlık" anlamında kullanılmıştır. İşte bu ayırım gözetilmediği zaman ortaya tekfirle alakalı bazı yanlış kanılar ve hatalı hükümler çıkacaktır. Biz bu farkı göz önüne almadığımız zaman, Allah'ın kâfir anlamında kullandığı zalim kavramını günahkâr manasında algılayacak, günahkâr manasında kullandığı zalim kavramını ise kâfir anlamında anlayacağız. Bunun sonucunda da Allah'ın muradına aykırı davranacak ve varlıkları O'nun isimlendirmediği isimlerle isimlendireceğiz. Dolayısıyla biz de, her şeyi yerli yerine koymamız gerektiği halde bunu yapmadığımızdan ötürü bu kavrama zulmedenlerden olacağız. Bu ise bizleri sonucu hiçte iyi olmayan bir akıbetle yüz yüze bırakacaktır. Bu kötü akıbete dûçar olmamak için –diğerlerinde olduğu gibi– bu kavramı da hakkıyla bilmemiz ve öğrenmemiz gerekmektedir. Şimdi bu kavramın öncelikle lügat ve ıstılah manalarını zikredelim, sonra da Kur'an ve Sünnette hangi anlamlarda kullanıldıklarına hep beraber bir göz atalım.

a-) Zulmün Tanımı

* **Lügatte:** Zulüm kelimesi aslı itibarı ile *"haddi aşmak ve bir şeyi olması gereken yerden farklı bir yere koymak"*tır. Aynı kökten gelen "zulmet" (çoğulu zulumât) kelimesi aydınlığın ve nurun zıddıdır. Haksızlık, hakkı yerine koymama, baskı, şiddet, hak yeme, eziyet ve işkence manalarına da gelir. Zulmün halk arasındaki en yaygın ve mütebâdir manası da budur. Zulüm, bu anlamları kapsamakla beraber, Kur'an'da ve İslâm literatüründe daha geniş anlamlara gelmektedir.

b-) Istılahta: Istılahta ise bu kelime *"adaletsizlik, düşmanlık, hakkı engelle-mek, gayr-i meşru bir şekilde değiştirmek, eksiltmek veya noksanlaştırmak suretiyle adaletten sapmak"*tır. Yani ister sözlü olsun isterse fiilî, şer'î haktan ayrılıp bâtıla geçmektir.

Zulüm Karanlıktır

Allah *celle celâluhu* mutlak olan tek varlıktır. Varlığın ve ışığın kaynağıdır. Nur bir anlamda varlığı, zulmet (karanlık) ise yokluğu temsil ederler. Nur (ışık) görmeyi sağlar, yolları aydınlatır, eşyanın nasıl olduğunu anlamamızı temin eder. Karanlık ise bunun karşıtıdır. Karanlık (zulmet) hem yokluktur, hem korkudur. Zulmet insanların yollarını şaşırmalarına sebep olur, karan-lıkta onlar ne yapacaklarını bilemezler, karanlık içinde sağa sola yalpa ya-pıp dururlar.

Rabbimiz *celle celâluhu*: *"Allah'ın nurunu ağızlarıyla söndürmek isterler. Kâfirler is-temese de Allah nurunu mutlaka tamamlayacaktır."* (Tevbe, 32) buyurarak insanları doğru yola (hidayete) sevk etmek için gönderdiği Din'e *'nûr'* adını vermiş-tir. Böylece 'nur' İslâm'ın sembolü, 'zulmet' ise İslâm'ın dışındaki inançların sembolüdür. Zulüm, yapısı gereği karanlıkları ifade eder. Bu karanlıklar, inkâr, şirk, isyan gibi şeyler olduğu gibi; haksızlık, işkence ve tecavüz de olabilir. Bunların her biri karanlık gibidir, hakkın yerine konulmamasıdır; aydınlık gibi insana rahatlık veren bir şey değildir. İnsanların uydurduğu dinler ise karanlıktır, tümüyle zulmet'tir. Bu dinleri icat edenler ve bu batıl dinlere uyanlar, devamlı karanlık içerisinde oldukları için bocalar dururlar, yanlış yollarını bir türlü düzeltemezler.

Zulüm, böylesine karanlık olan yolu, gidişi, anlayışı benimsemektir. Al-lah'a ait ilâhlık hakkını başkasına vermektir. Haklının hakkını vermeyip, ona haksızlık yapmaktır. Sapıklığı, isyanı, nefse uyup da azmayı seçmektir. Eldeki servet ve iktidarla şımarıp insanlara baskı uygulamak, onların hakla-rına ve hürriyetlerine tecavüz etmektir.[338]

b-) Zulmün Türleri

Âlimler, zulüm kavramını üç ana başlık altında incelemişlerdir:

1- İnsanın Allah'a Karşı İşlediği Zulüm. Bu, insanların Allah'a şirk koşmaları veya küfür içinde inkârcı olmalarıdır. Nitekim Kur'an'ın birçok ayetinde zulüm, kâfirlerin bir özelliği olarak zikredilmektedir. Yine Kur'an birçok yerde kâfirlere ve müşriklere "zalim" demektedir. Rabbimiz şöyle buyurur:

---

[338] Ahmet Kalkan'ın bir yazısından iktibas edilmiştir.

"İman edip de imanlarına herhangi bir zulüm bulaştırmayanlar var ya, işte güven onlarındır ve onlar doğru yolu bulanlardır." (En'am, 82)

Bu ayet-i kerime nazil olunca, ayetin ifade ettiği imana zulüm karıştırma meselesi Ashabın nefsine ağır geldi ve "Hangimiz nefislerine zulmetmez ki?" dediler. Bunun üzerine Yüce Allah: *"Şüphesiz ki, şirk büyük bir zulümdür" (Lokman, 13)* ayetini indirdi.[339] Böylece En'am Suresinde yer alan ayette söz konusu olan zulüm kelimesinden "şirk" kastedildiği anlaşılmış oldu.

2- İnsanların Birbirlerine Karşı İşledikleri Zulüm. Bu da, insanların kendi hemcinslerine karşı işledikleri suçlar, günahlar ve haksızlıklardır. Bilindiği gibi zulüm kavramı, Kur'ân'da çok geniş bir kullanım alanına sahiptir. İnsanla insan arasındaki zulüm de, bu geniş alanda büyük bir yere sahip bulunmaktadır. Zaten zulüm denince ilk olarak akla insanların birbirlerine karşı olan hareketlerindeki yanlış, kötü ve zararlı davranışları gelmektedir. Bu çirkin hareketlerden bazılarını ve onların olumsuzluğunu bildiren ayet meallerinden bir kısmı şöyledir.

* Adam öldürmek:

"Onlara, Âdem'in iki oğlunun haberini gerçek olarak oku. Hani birer kurban takdim etmişlerdi de birisinden kabul edilmiş, diğerinden ise kabul edilmemişti. (Kurban kabul edilmeyen kardeş, kıskançlık yüzünden); 'Ând olsun seni öldüreceğim' dedi. Diğeri de, 'Allah ancak sakınanlardan kabul eder. Andolsun ki sen, öldürmek için bana elini uzatsan (bile), ben sana öldürmek için el uzatacak değilim. Ben, âlemlerin Rabbi olan Allah'tan korkarım. Ben istiyorum ki sen, hem benim günahımı, hem de kendi günahını yüklenip ateşe atılacaklardan olasın. Zalimlerin cezası işte budur' dedi" (Maide, 27-29)

* Hırsızlılık yapmak:

"Onun (hırsızlık yapmanın) cezası, kayıp eşya, yükünde bulunan kimseye verilir. İşte ona el koymak, onun cezasıdır. Biz zalimleri böyle cezalandırırız, dediler" (Yûsuf, 75).

* Erkeklerin erkeklerle temasta bulunması (homoseksüellik):

"Lût'u da (peygamber olarak gönderdik), kavmine dedi ki: 'Siz, sizden önce âlemlerden hiç kimsenin yapmadığı bir fuhşa gidiyorsunuz. Siz (kadınları bırakıp) erkeklere gidiyorsunuz, yol kesiyorsunuz ve toplantılarınızda edepsizce şeyler yapıyorsunuz ha?' Kavminin cevabı, sadece; 'Eğer doğrulardan isen, haydi Allah'ın azabını getir!' demeleri oldu. (Lût): 'Rabbim, şu bozguncu kavme karşı bana yardım et' dedi. Elçilerimiz (melekler) İbrahime müjdeyi getirdiklerinde, "Biz bu

---

[339] Bkz. Buhârî, İman, 23.

memleket halkını helak edeceğiz, çünkü oranın ahalisi zalim kimselerdir" dediler. (Ankebût, 29, 30)

* Zina yapmak:

"Yûsuf'un, evinde kaldığı kadın, onun nefsinden murad almak istedi ve kapıları kilitleyip 'Haydi gelsene!' dedi. (Yusuf); 'Allah'a sığınırım. Efendim bana güzel baktı (Ben nasıl onun iyiliğine karşı hıyanet ederim.) Zalimler iflâh olmazlar' dedi" (Yusuf, 23)

* Suçlu insanları bırakıp suçsuzları cezalandırmak:

"Dediler ki: 'Ey vezir, onun ihtiyar bir babası var! (Onun alıkondüğüna çok üzülür). Onun yerine (bizden) birimizi al. Zira biz seni iyilik edenlerden görüyoruz.' (Vezir): 'Eşyamızı yanında bulduğumuz kimseden başkasını almaktan Allah'a sığınırız. Yoksa biz zulmedenlerden oluruz' dedi" (Yûsuf, 78, 79)

3- İnsanın Kendi Nefsine Karşı İşlediği Zulüm. Bu hususta da çeşitli ayetler vardır. Bu ayetlerden bazılarının meali şöyledir:

* "Biz hiç bir peygamberi, Allah'ın izniyle itaat edilmekten başka bir amaçla göndermedik. Eğer onlar, kendilerine zulmettikleri zaman sana gelseler, Allah'tan günahlarını bağışlamasını isteseler ve Rasûl de onların bağışlanmasını dileseydi, elbette Allah'ı affedici, merhametli bulurlardı." (Nisâ, 64)

* "(Kâfirler), ille de kendilerine meleklerin gelmesini yahut Rabbinin (azab) emrinin gelmesini mi bekliyorlar? Onlardan öncekiler de öyle yapmıştı. Allah onlara zulmetmedi. Fakat onlar kendi kendilerine zulmediyorlardı." (Nahl, 33)

* "Sonra Kitabı kullarımız arasında seçtiklerimize miras verdik. Onlardan kimi nefsine zulmedendir, kimisi orta yolludur, kimisi de Allah'ın izniyle hayırda öne gidenlerdir. İşte büyük lütuf budur." (Fâtır, 32).[340]

Zulmün her türü haramdır. Bu nedenle Müslümanın zulmün her türlüsünden sakınması gerekir.

c-) Zulmün Kısımları

Zulüm kavramı da şirk, küfür, nifak ve fısk kavramlarında olduğu gibi büyük ve küçük olmak üzere iki kısma ayrılır.

1-) Büyük Zulüm

Zulmün bu kısmı sahibini dinden çıkardığı gibi, ebediyen cehennemde kalmasına da yol açar. Zulmün bu kısmı şirk ve küfürle aynı anlamdadır. İmanın aslını yok eder niteliktedir. Bilindiği üzere âlemde ki en büyük zulüm –Rabbimizin de ifade ettiği gibi– Allah'a şirk koşmaktır. Adaletin de en üstünü Allah'ı birlemektir.

---

[340] Bkz. "Şamil İslam Ansiklopedisi", 8/385.

Allah'a şirk koşanlar yeryüzünde ki en büyük zâlimlerdir. Böyleleri insanlar arasında adaletle davransalar bile Allah'a karşı işlemiş oldukları bu suçtan dolayı yine de "âdil" olamazlar. Âdil olabilmenin en temel şartı "tevhit"tir. Tevhitleri bozuk olanlar, asla gerçek adalete erişemeyeceklerdir. Bu nedenle tevhit ile hükmetmeyen, Allah'ın gönderdiği kitabı arkalarına atan ve bunun gereğine göre yargılama yapmayanlar, istedikleri kadar kendilerini adaletle vasıflandırsınlar yine de zâlim olmaktan kendilerini kurtaramazlar. Zâlim olmaktan kendilerini kurtaramazlar; çünkü en büyük adalet olan tevhidi bozmuşlardır. En büyük adalet ihlal edildikten sonra diğer adalet ilkeleri tatbik edilse ne kadar isabet edilmiş olur? Siz düşünün…

Zülüm kavramının küfür manasına geldiğini söylemiştik. Şimdi bunun delillerinden bazılarını zikredelim.

* *"İman edip de imanlarına herhangi bir zulüm bulaştırmayanlar var ya, işte güven onlarındır ve onlar doğru yolu bulanlardır."* (En'am, 82)

Bu ayetteki zulüm bizzat Rasûlullâh'ın tefsiriyle "şirk" anlamına gelmektedir. Hatta *"Şüphesiz ki, şirk büyük bir zulümdür"* (Lokman, 13) ayeti bu ayetten sonra gelmiş ve imana zülüm karıştırmanın imana şirk bulaştırma manasında olduğunu tefsir etmiştir.[341]

* *"Allah'a karşı yalan uyduran veya kendine bir şey vahyedilmemişken, 'Bana vahyolundu' diyen, ya da 'Allah'ın indirdiğinin benzerini ben de indireceğim' diye laf eden kimseden daha zalim kimdir?"* (En'am, 93)

* *"Zulmettiğiniz için bugün (pişmanlığınız) size hiçbir fayda vermeyecektir. Çünkü siz, azapta ortaksınız."* (Zuhruf, 39)

* *"Kimin de tartıları hafif gelirse, işte bunlar da ayetlerimize karşı zulmetmeleri sebebiyle kendilerine yazık edenlerdir."* (A'raf, 9)

Bu ve emsali ayetler, hep zulmün bu kısmına delalet etmektedir. Yani bu ayetlerde geçen zulüm ve zâlim lafızları hep küfür ve kâfir manasındadır.

2-) Küçük Zulüm

Zulmün bu kısmına *"Zulmün dûne zulm"* de denir. Veya bazı âlimlerin ifadesiyle *"dinden çıkarmayan zulüm"* tabiri kullanılır. Kur'an ve Sünnette yer alan zulüm ve zâlim lafızlarının karineler çerçevesinde bu kısma girdiği bilinirse, o zaman haksızlık, adaletsizlik ve masiyet manasına geldiğine hükmedilir. İmam Buhârî Sahihi'nde *"Zulmün dûne zulm"* diye başlık atmış

---

341 Bkz. Buhârî, İman, 23.

ve zulmün dinden çıkaranı olduğu gibi dinden çıkarmayanının da olduğuna işaret etmek istemiştir.[342]

Zulmün bu kısmı sahibini dinden çıkarmadığı gibi, ebedî cehennemde kalmasına da sebebiyet vermez. Bu zulme bulaşanlar, hak ettikleri cezayı çektikten sonra yine de cennete gireceklerdir.

Şimdi zulmün dinden çıkarıcı olmayan manada kullanıldığı ayetleri zikredelim:

* "Kadınları boşadığınız ve onlar da bekleme sürelerini bitirdikleri zaman, ya onları iyilikle tutun yahut iyilikle bırakın. Haklarına tecavüz edip zarar vermek için onları tutmayın. Bunu kim yaparsa kendine zulmetmiş olur." (Bakara, 231)

* "Davud dedi ki: Andolsun, senin koyununu kendi koyunlarına katmak istemek suretiyle sana zulmetmiştir." (Sâd, 24)

* "Ve onlar 'çirkin bir hayâsızlık' işledikleri ya da nefislerine zulmettikleri zaman, Allah'ı hatırlayıp hemen günahlarından dolayı bağışlanma isteyenlerdir. Allah'-tan başka günahları bağışlayan kimdir? Bir de onlar yaptıkları üzerinde bildikleri halde ısrarla durmayanlardır." (Al-i İmran, 135)

* "Sonra Kitabı kullarımız arasında seçtiklerimize miras verdik. Onlardan kimi nefsine zulmedendir, kimisi orta yolludur, kimisi de Allah'ın izniyle hayırda öne gidenlerdir. İşte büyük lütuf budur." (Fâtır, 32).

* "(Âdem ile eşi) dediler ki: Rabbimiz! Biz kendimize zulüm ettik. Eğer bizi bağışlamaz ve bize acımazsan mutlaka ziyan edenlerden oluruz." (A'raf, 23)

Bu ve emsali ayetlerde geçen zulüm kavramı hep günah, masiyet ve haksızlık anlamlarına gelmektedir.

Bu ve önceki kısımda yer alan zulüm kavramının hangi manaya geldiğini tayin etmenin yolu; nass içerisinde yer alan karineleri tespit etmek veya konuyla alakalı diğer nasslara başvurmaktır.[343] Bu sayede nass içerisinde yer alan zulüm kavramının hangi manada kullanıldığı açığa çıkmış olur.

---

[342] Bkz. Buhârî, İman, 23.
[343] "Kavâ'id fi't-Tekfir", sf. 23.

SEKİZİNCİ KAVRAM

"VELÂ VE BERÂ"

Bu iki kavram, İslam inanç sisteminde son derece önemli bir yere haizdir. Her Müslüman bu iki kavramı, bunların bizden neler istediğini ve buna bağlı olarak bizlere ne gibi sorumluluklar yüklediğini çok iyi bilmek durumundadır.

Biz, *"Her şey zıddı ile bilinir"* kuralından hareketle bu iki kavramın bir arada incelenmesinin daha uygun olacağını düşünüyoruz.

İslam ile İslam dışı sistemlerin birbirine karıştığı şu dönemde yaşayan insanlar, bu iki kavramı ve içeriğini hakkıyla bilmemesi sonucunda kimlerin sevilip, kimlerin sevilmeyeceğini, kimlerin desteklenip, kimlerin desteklenmeyeceğini ve kimlere velayet verilip, kimlere velayet verilmeyeceğini hep birbirine karıştırmış durumdadırlar. Bu karışıklığın altında yatan temel unsur; velâ ve berâ kavramlarının bihakkın bilinmemesidir. Bu kavramları ve içerdiği muhtevayı öğrenmek "Ben Müslümanım" diyen her insanın temel vazifesidir. Çünkü bu iki kavram –bazı âlimlerin de ifade ettiği gibi– Kur'an'ın üzerinde durduğu en önemli konuların başında gelmekte ve Kur'an'da zikri en çok geçen meseleler arasında yerini almaktadır. İşte bundan dolayı bu kavramların iyice öğrenilmesi zorunludur.

a) Tanımı

Velâ ve Berâ Kelimelerinin Sözlük Anlamı:

"Velâ" kelimesi sözlükte *"sevmek, dostluk göstermek, yardım etmek, iki şey arasında tercihte bulunmak, âzalarla destek vermek, müttefik olmak ve arkadaşlık yapmak"* manalarına gelmektedir. Buna "Muvâlât" da denir. Muvâlât –İbn-i Arabî'nin de dediği gibi– *"İki kişi anlaşmazlığa düştüğünde üçüncü bir kimsenin aralarını bulmak için araya girmesi ve tercihini iki taraftan birisi arasında yapmasıdır."*[344]

---

[344] Bkz. "Lisânu'l Arab", "ve-le-ye" maddesi. 15/405.

Mevlâ, veli ve evliya gibi kelimeler hep aynı kökten türemiştir.

Berâ kelimesi ise *"beri olmak, uzaklaşmak, mesafeli durmak"* gibi manalara gelmektedir. Velâ kelimesinin tam zıddıdır. Yani; *"sevmemek, dostluk göstermemek, yardım etmemek, azalarla destek vermemek, müttefik olmamak ve arkadaşlık yapmamak"* gibi anlamları ihtiva eder.

Velâ ve Berâ Kelimelerinin Istılah Anlamı

"Velâ" söz, fiil ve niyet ile bir şeye yakın olma ve onun tarafında bulunma demektir. "Berâ" ise söz, fiil ve niyet ile bir şeyden uzak olma ve onun tarafında yer almama manasındadır. Bu iki kelime baştan sona birbirine zıtlığı ifade etmektedir. Yani biri ne ise öbürü onun tam zıddıdır. Bazı âlimler velâ ve berâ kelimelerinin lügat ve ıstılah anlamlarının aynı olduğunu ve aralarında neredeyse hiçbir fark bulunmadığını ifade etmişlerdir.

Bir Uyarı

Velâ kavramıyla alakalı diğer mevzulara geçmeden önce burada meal okuyucularına bir uyarıda bulunmanın yararlı olacağına inanıyoruz. Bu gün bazı mealler *"velâyet"* kelimesini sadece *"dost edinmek"* şeklinde anlamlandırmaktadırlar. Hâlbuki bu kelimenin sadece bu anlamla tercüme edilmesi eksiktir. Velâyet kelimesi Arap dilinde "dostluk" anlamına geldiği gibi –üstte de ifade edildiği üzere– kalben sevgi duyma, azalar ile yardım etme, destek verme, müttefik olma, arkadaşlık kurma anlamlarına da gelmektedir. Kişi velâyet ile ilgili ayetleri okuduğu zaman örneğin; Allah ona *"Kâfirlere velâyetini verme"* diyorsa, o sırf bu yanlış anlamlandırma neticesinde bu ayeti *"kâfirlerle arkadaş olma"* şeklinde anlayacak ve Allah'ın kendisinden nehyetmiş olduğu muvâlâtı bihakkın yerine getirmemiş olacaktır. Hâlbuki böylesi bir emirde Allah kendisinden kâfirlere yardım etmemesini, onlara destek vermemesini, onları sevmemesini, onlardan uzak olmasını, Müslümanlar aleyhinde onlarla beraber çalışmamasını, onlara Müslümanların sırlarını, gizliliklerini ve mahrem bilgilerini vermemesini ve buna benzer bir takım şeyleri yerine getirmesini istemektedir. Ancak meallerde yapılan bu hata, kişiyi tüm bu manalardan uzaklaştırmakta ve onu, velâyeti sadece dostluk manasında anlamaya sevk etmektedir. İşte bu nedenle mealler okunurken bu noktaya dikkat edilmeli ve ayetleri anlamada hataya düşülmemelidir.

Müminlerin Birbirlerini Veli Edinmeleri Vaciptir

Allah Teâlâ, Kur'an-ı Kerim'in birçok yerinde müminlerin birbirlerini veli edinmelerini farz kılmıştır. Müminlerin birbirlerini veli edinmeleri; birbirlerini sevmeleri, desteklemeleri, tercih etmeleri ve yardım etmeleri anlamına gelmektedir. Bir kimse "Ben müminim" dediği andan itibaren artık velayetini kendisi gibi inanan kimselerden başkasına veremez. Bu onun imanının bir gereği ve akidesinin bir zorunluluğudur. Şimdi bu konuya ilişkin bazı ayetleri zikredelim. Rabbimiz şöyle buyurur:

"Ey iman edenler! Eğer küfrü imana tercih ederlerse, babalarınızı ve kardeşlerinizi (bile) veli (dost, yardımcı, önder, lider) edinmeyin. İçinizden kim onları veli edinirse, işte onlar, zalimlerin ta kendileridir." (Tevbe, 23)

"Mü'min erkeklerle mü'min kadınlar birbirlerinin velileri (yardımcıları, destekleyicileri) dirler. İyiliği emrederler, kötülükten menederler; namazı vaktinde kılarlar, zekâtı (yerli yerince) verirler ve Allah'a, Peygamberine itaat ederler. İşte bunları Allah rahmetine eriştirecektir. Şüphesiz ki Allah azizdir, hakîmdir." (Tevbe, 71)

"İman edip hicret eden ve Allah yolunda mallarıyla, canlarıyla cihad edenler ve (muhacirleri) barındırıp (onlara) yardım edenler var ya, işte onlar birbirlerinin velileridirler..." (Enfâl, 72)

"Sizin veliniz (dost, yardımcı ve destekçiniz), ancak Allah, O'nun Resulü, rükû ediciler olarak namaz kılan ve zekâtı veren müminlerdir." (Maide, 55)

"Allah'a ve ahiret gününe iman eden bir toplumun; babaları, oğulları, kardeşleri veya yakınları dahi olsa, Allah'a ve Rasûlüne muhalefet eden kimseler için bir sevgi beslediklerini göremezsin. İşte Allah onların kalplerine imanı yazmış ve onları kendi katından bir ruh ile desteklemiştir." (Mücadele, 22)

Bu ayetlerden açıkça anlaşıldığı üzere, iman eden birisi, ancak kendisi gibi iman eden kimseleri dost, yardımcı, destekçi, sırdaş, önder ve lider edinebilir. Böylesi kimselerin haricindeki kimseleri veli edinmesi iman ilkesi ile bağdaşmayan bir tutumdur.

Müminlerin Kâfirleri Veli Edinmeleri Haramdır

Allah *celle celâluhu* müminlerin sadece birbirlerini veli edinmelerini vacip kılmıştır. Kendilerinin dışında kalan kimseleri –bu kimseler ister Ehl-i Kitap olsun, ister kâfirler olsun, isterse de münafıklar olsun fark etmez– veli edinmelerini kesin bir dille yasaklamıştır. Rabbimiz şöyle buyurur:

"Ey İman edenler! Benim de düşmanım, sizin de düşmanınız olanları veli (dost, yardımcı, sırdaş) edinmeyin. Siz onlara sevgi gösteriyorsunuz. Hâlbuki onlar size gelen hakkı inkâr ettiler. Rabbiniz olan Allah'a inandınız diye Peygamberi ve sizi yurdunuzdan çıkarıyorlar. Eğer rızamı kazanmak üzere benim yolumda cihad etmek için çıktıysanız (böyle yapmayın)." (Mumtahine, 1)

"Onlardan çoğunun, kâfirlere velayet verdiklerini görürsün. Nefislerinin onlar için önceden hazırladığı şey ne kötüdür. Allah onlara gazap etmiştir ve onlar azap içinde devamlı kalıcıdırlar! Eğer onlar, Allah'a Peygambere ve ona indirilene

iman etmiş olsalardı, kâfirlere velayetlerini vermezlerdi. Fakat onların çoğu fasık (imandan çıkmış) kimselerdir." (Maide, 80,81)

"Ey iman edenler! Yahudi ve Hıristiyanları veli edinmeyiniz. Onlar birbirlerinin dostudurlar. Sizden kim onları veli edinirse o da onlardandır. Şüphesiz ki Allah zulmeden kimseleri doğru yola eriştirmez." (Maide, 51)

"Mü'minler, mü'minleri bırakıp da kâfirleri veliler edinmesinler. Kim böyle yaparsa onun artık Allah ile bir ilişiği kalmaz..." (Âl-i İmran, 28)

Bir kimse inananları bırakıpta başka akidede olan kimselere velayetini verecek olursa, artık iman ile bir alakası kalmaz. Böylesi bir kimse artık her ne kadar mümin olduğunu iddia etse de, Allah tarafından kabul görmez. Çünkü böylesi bir kimse ayetin açık ifadesiyle *"onlardandır."* Yani mümin değil kâfirdir; Müslüman değil mürtetdir. Yine diğer ayetin ifadesine göre *"Allah ile bir ilişiği kalmaz."*[345] Bu gerçekten de çok kötü bir akıbettir. Bu akıbete dûçar olmamak için kimlere velayet verdiğimizi iyi gözden geçirmeliyiz.

Velâ ve Berâ İmanın En Sağlam Kulpudur

Velâ ve berâ, Rasûlullâh *sallallâhu aleyhi ve sellem*'in ifadesiyle İslam'ın en sağlam kulpudur. Kişi velayetini kimlere verip-vermeyeceğini iyi tayin etti-ği ve berâsını kimlere göstereceğinin sınırlarını iyi çizdiği zaman İslam'ın en sağlam kulpuna tutunmuş olur. Bu kulpun kopması mümkün değildir. Kim bu kulpa tutunursa, şirk ve küfür bataklığına düşmekten kurtulur; kim de bu kulpa tutunamazsa şirk ve küfür bataklığına düşmekten kendisini koruyamaz. Rasûlullâh *sallallâhu aleyhi ve sellem* şöyle buyurur:

"İman kulplarının en sağlamı Allah uğrunda dostluk kurmak (muvâlât), Allah uğrunda düşmanlık etmek, Allah için sevmek ve Allah için buğzetmektir."[346]

Başka bir hadisinde de şöyle buyurur:

"Kim Allah için sever, Allah için buğz eder, Allah için verir ve Allah için engel olursa imanını kemale erdirmiş olur."[347]

Velâ ve Berâ Konusunda İnsanların Kısımları

İslam âlimleri velâ ve berâ açısından insanları üç kısma ayırmışlardır:

1-) Her yönüyle (mutlak olarak) **sevilmeyi hak edenler:**[348]

---

[345] İmam Taberî bu ayetin tefsirinde şöyle der: *"Kim böyle yaparsa onun artık Allah ile bir ilişiği kalmaz..."* Yani, dininden irtidat edip küfre girdiği için Allah'tan uzaklaşmış, Allah da ondan uzaklaşmış olur." Bkz. 6/313.

[346] "Silsiletü'l-Ehâdîsi's-Sahîha", 998.

[347] Ebu Davud, 4681.

[348] Bu taksimat için bkz. "el-Velâu ve'l-Berâu fi'l-İslâm", Kahtânî, 1/109; "el-Îmân, Hakikatuhu, Havarimuhu, Nevakiduhu", Abdullah el-Eserî, "velâ" maddesi.

Bunlar Allah'a ve Rasûlüne iman eden, İslam'ın tüm görevlerini titizlikle tatbik etmeye çalışan, İslam'ın tüm esas ve prensiplerini hem ilmî hem de itikadî bakımdan yerine getirmek için uğraşan; amellerini, fiillerini ve sözlerini Allah için samimi ve ihlâslı bir şekilde ortaya koyan ve Allah'ın emirlerine boyun eğip nehiylerinden kaçınan kimselerdir. Bütün Müslümanların bunları sevmesi, yardım etmesi, nerede ve hangi asırda yaşamış olursa olsunlar bunlara dostluk beslemesi gereklidir. Allah Teâlâ şöyle buyurur:

"Sizin veliniz (dost, yardımcı ve destekçiniz), ancak Allah, O'nun Resulü, rükû ediciler olarak namaz kılan ve zekâtı veren müminlerdir. Kim Allah'ı, Resûlü'nü ve iman edenleri veli edinirse, hiç şüphe yok, galip gelecek olanlar, Allah'ın taraftarlarıdır." (Maide, 55, 56)

2-) Bir yönden sevgi ve dostluğu hak ettikleri halde başka bir yönden düşmanlığı hak edenler:

Bunlar da mümin kimselerdir; ancak bunlar ilk grupta anlatılanlar gibi her yönüyle Allah ve Rasûlüne itaat eden kimseler değillerdir. Allah'ın kendilerinden istemiş olduğu bazı şeyleri yaparken, bazılarını da ihmal etmek suretiyle yapmamaktadırlar. Bunlar hakkında hem sevgi hem de düşmanlık duyguları beslenmesi caizdir. İmanın gereği olarak yapmış oldukları salih ameller miktarınca sevilir, işlemiş oldukları günah ve masiyetler ölçüsünce de buğz edilirler. Bize düşen böylesi kimselere nasihat etmektir.

3-) Her bakımdan buğz ve düşmanlık edilmeyi hak edenler:

Bunlar, Allah'ın kendilerinden istemiş olduğu imanı yerine getirmeyen kimselerdir. Yahudiler, Hıristiyanlar, müşrikler, dinsizler ve münafıklar bu gruba dâhildir. İslam'a intisap ettiği halde küfrü gerektiren söylem ve eylemlerde bulunan kimseler için de aynı şey söz konusudur. Mesela Allah'ın indirdiklerine alternatif kanunlar yapan, İslam'ın bu çağa uygun olmadığını söyleyen, beşer ürünü sistemleri benimseyen, ibadet nevilerinden bir tanesini Allah'tan başkasına yapan, kâfirlere velayet vererek onları dost, yardımcı ve sırdaş edinen, Müslümanların aleyhinde onlara yardım eden, Müslümanlarla sırf tevhidlerinden ötürü savaşan ve buna benzer ameller yapan kimseler gibi...

Böylelerine mutlak anlamda buğz etmemiz ve kendilerini düşman bilmemiz Allah ve Rasûlünün bizlere kesin emridir. Böylelerini seven, destekleyen, yardım eden, koruyan, kollayan ve velayet kapsamına giren şeyleri bunlara veren kimselerin Allah ile bir ilişiği kalmaz. Bunlar her ne kadar iman iddiasında bulunsalar da, bu onlardan kabul edilmez; zira imanla küfür bir arada bulunmaz. Bunlar samimi bir tevbe ile tevbe etmedikleri sürece içine düşmüş oldukları küfürden kurtulamazlar.

Bu taksimatı verdikten sonra İbn-i Teymiyye'nin şu güzel cümlelerini buraya aktarmadan edemeyeceğiz. O *"Mecmuu'l-Fetâvâ"* adlı eserinde şöyle der:

"Bilinmelidir ki, sana haksızlık edip saldırsa da müminle dost olmak gerekir. Sana verse ve iyilik yapsa da kâfir birisine düşman olmak gerekir. Çünkü din tamamen Allah'ın olsun da Allah'ın dostları sevilsin, düşmanlarına buğz edilsin, dostlarına saygı gösterilsin, düşmanları aşağılansın, sevap dostlarının, ceza da düşmanlarının olsun diye Allah Teâlâ peygamberlerini göndermiş ve kitaplarını indirmiştir. Bir adamda hem hayır hem şer, hem isyan hem taat, hem sünnet hem bid'at bir arada bulunduğu zaman kendisindeki hayır ve iyilik miktarınca dostluğu ve sevabı hak eder; kendisindeki şer ve kötülük miktarınca da düşmanlığı ve cezayı hak eder. Bir adamda kendisine hem iyilik yapılmasını hem de hakareti gerektiren şeyler bir arada bulunabilir. Mesela fakir bir hırsızın hırsızlık yaptığı için hem eli kesilir hem de Beytülmalden ihtiyacını karşılayacak kadar bir şeyler verilir. Ehl-i Sünnet'in üzerinde görüş birliği sağladığı, Haricîler, Mutezile ve onlarla aynı görüşü paylaşanların karşı çıktıkları esas budur."[349]

Allah İçin Dost Olmanın (Velânın) Gerektirdikleri

Allah için dost olmanın ve velâyeti Müslümanlara vermenin bir takım gereklilikleri ve sorumlulukları vardır. Bunlardan bazıları şunlardır:

1-) Meşru bir gerekçe olmadığı sürece küfür diyarlarından Müslümanların diyarlarına hicret etmek.

2-) Müslümanların cemaatine katılmak, onlardan ayrılmamak.

3-) Kendisi için istediği iyilikleri Müslümanlara da istemek, kendisi için istemediği kötülükleri onlar için de istememek.

4-) Onların kusur ve yanlışlıklarını araştırmamak, gizliliklerini düşmanlara haber vermemek ve onlara zarar vermekten uzak durmak.

5-) Düşmanları karşısında Müslümanlara destek vermek, onları yalnız bırakmamak, canla-başla onlara yardım etmek.

6-) Onlardan hasta olanları ziyaret etmek, cenazelerine katılmak, nazik davranmak, dua etmek, bağışlanmalarını dilemek, zayıflarına yardım etmek, selam vermek, muâmelatta onları aldatmamak, mallarını haksız yere yememek ve üç günden fazla küs durmamak.

---

[349] 28/ 208, 209.

7-) Onların mukaddesâtına ilişmemek. Örneğin; onların mallarına, canlarına ve ırzlarına dokunmak ve zulmetmekten, sövmekten, gıybet yapmaktan, laf taşımaktan ve su-i zanda bulunmaktan uzak durmak gibi.

Allah İçin Düşman Olmanın (Berânın) Gerektirdikleri

Allah için dost olmanın nasıl ki bir takım yükümlülükleri varsa, aynı şekilde Allah için düşman olmanın da bir takım sorumluluk ve yükümlülükleri vardır. Müslüman bunlara riayet etiği zaman kendisini küfür ve şirkten muhafaza etmiş olur. Bunlardan bazısı şunlardır:

1-) Muvahhidlerin babası İbrahim *aleyhisselâm* gibi şirkten, küfürden, kâfir ve müşriklerden nefret etmek, onlara karşı düşmanlık beslemek; onların bizzat kendilerinden, küfür, şirk ve inançlarından, kanunlarından, şirke dayalı sistemlerinden, ilahlarından ve Allah'tan başka tapmış oldukları mabutlardan beri olduğunu ve bunların hiçbirinden razı olmadığını ilan etmek.[350]

2-) Küfre girmiş insanları dost, yardımcı, önder, lider, yönetici edinmemek; onlara sevgi beslememek ve onlardan uzak olmak.

3-) Dini yayma ve İslam'ı tebliğ etme gibi şer'î bir maslahat söz konusu olmadığı sürece küfrün hâkim olduğu diyarları terk etmek, kâfirlerin sayısını çok göstermemek. Aksi halde Rasûlullâh *sallallâhu aleyhi ve sellem*'in şu ağır sözüne muhatap olabiliriz:

"Ben müşriklerin arasında ikamet eden her Müslümandan beriyim!"[351]

4-) Dinî ve dünyevî yönden onlara benzememek.

Dinî yönden onlara benzemek şu şekilde olur:

   * Dinî şiarlarda ve ibadet yöntemlerinde onlara benzemek,

   * Kitaplarını tercüme etmek ve okunmasını kolaylaştırmak

   * Şer'î süzgeçten geçirmeksizin onların ilimlerini almak, yönetimde ve eğitimde onların kanunlarını almak ve uygulamak.

Dünyevî İşlerde onlara benzemek ise şu şekilde olur:

   * Yeme, içme gibi hususlarda onlara benzemek,

   * Giyim, kuşam gibi hususlarda onlara benzemek,

   * Onların isim ve künyelerini kullanmak,

---

[350] Nitekim Rabbimiz şöyle buyurmaktadır: *"İbrahim ve onunla beraber olanlarda, sizin için uyulacak güzel bir örnek vardır. Hani onlar kavimlerine şöyle demişlerdi: 'Biz sizden ve Allah'tan başka taptıklarınızdan uzağız; biz sizi tekfir ediyoruz/sizi tanımıyoruz; bizimle sizin aranızda bir olan Allah'a iman edene dek ebedi düşmanlık ve öfke baş göstermiştir."* (Mumtahine, 4)

[351] Tirmizî, 1604.

* Âdet ve geleneklerini Müslümanlar arasında yaygın hale getirmek...

5-) Kâfirlere yardım etmemek, onları övmemek, onların üstünlük ve yardımlarının propagandasını yapmamak, Müslümanlar aleyhinde onlara yardım etmemek, Müslümanların sırlarını onlara vermemek, onları sırdaş edinmemek, mecbur kalmadıkça onlardan yardım istememek, onların sohbetlerine ve meclislerine katılmamak.

6-) Kâfirlerin bayram ve törenlerine katılmamak ve böylesi günler münasebetiyle tebrikte bulunmamak, söz ve fiil ile onları tebcîl etmemek, *"efendimiz, liderimiz, seyyidimiz"* gibi lafızlarla onlara iltifatta bulunmamak.

7-) Onlar için bağışlanma ve istiğfarda bulunmamak.

8-) Onlara yağcılık, dalkavukluk ve yaltaklık yapmamak, onların batıllarına ve kötü fiillerine sessiz kalmamak.

9-) Onların hakemliğine müracaat etmemek, onların hükümlerine rıza göstermemek, onlara tâbi olmamak ve peşlerinden gitmemek.

10-) Onların emir ve yasaklarına uymamak.

11-) Kendileri ile karşılaştığımız zaman İslam'ın selamı ile onları selamlamamak.[352]

Kâfirlere Düşmanlık Etmek ile Onlara İyi Davranmak Arasındaki Fark

Burada çok önemli bir hususa dikkat çekmek istiyoruz: Bazı Müslümanlar berâ akidesi ile su-i muameleyi birbirine karıştırmak suretiyle Allah'ın bizlerden istemiş olduğu iyilik ve ihsan ilkesini ihlal ediyorlar. Kâfirlere karşı berâ sınırını muhafaza etmek ile onlara kötü ahlakla davranmak tamamen birbirinden farklı şeylerdir. Bizler her ortamda ve herkese karşı edebimizi muhafaza etmeliyiz. Karşımızdaki dünyanın en kâfir ve facir insanı bile olsa, ona karşı edep ve ahlakta asla kusur etmemeliyiz. Karşımızdaki kimseyi tahkir etmek, onun şahsını kötülemek, ona karşı etik olmayan bir takım kelimeler sarf etmek asla bizim menhecimiz olmamalıdır. Bizler, önderimiz Muhammed Mustafa gibi ahlak prensiplerinden asla taviz vermemeliyiz. Ahlakı muhafaza etmek farklı bir şey, kâfirlere düşmanlık etmek farklı bir şeydir. Bu böyle bilinmelidir.

İkinci bir husus ise kâfirlerle bizim ilişkilerimizin temelini oluşturan şu Kur'an ayetlerini kendimize menhec edinmeliyiz. Rabbimiz şöyle buyurur:

---

[352] Bu bölüm bazı ilave ve çıkarmalarla "el-Îmân, Hakikatuhu, Havarimuhu, Nevakiduhu" adlı eserden alınmıştır. Bkz. "velâ" maddesi.

"Allah, din uğrunda sizinle savaşmayan, sizi yurdunuzdan çıkarmayan kimselere iyilik yapmanızı ve onlara karşı adil davranmanızı yasak kılmaz; doğrusu Allah adil olanları sever. Allah, ancak sizinle din uğrunda savaşanları, sizi yurtlarınızdan çıkaranları ve çıkarılmanıza yardım edenleri dost edinmenizi yasak eder; kim onları dost edinirse, işte onlar zalimdir." (Mumtahine, 8, 9)

Bizimle dinimizden ötürü savaşmayan, bizleri yurdumuzdan çıkarmayan ve yurdumuzdan çıkarmak için çaba harcamayan kimselerle iyi ilişkiler içerisinde olmamız ve adaletin gereği hususları onlara uygulamamız asla İslam tarafından yasaklanmış değildir. Aksine yasak olan; bize düşmanlık eden, bizimle savaşmayı tercih eden, bizi yurdumuzdan çıkaran veya çıkarılmamıza yardım edenlere velayetlerimizi vermemiz, onları sevmemiz ve onlara dostluk göstermemizdir. Bu iki şeyi birbirine karıştırmamamız gerekir.

Kâfirlerle Dost Olmanın Dereceleri

Geçen sayfalarda şirk ve küfür kavramlarından söz ederken, onların büyük ve küçük olmak üzere ikiye ayrıldığından bahsetmiş ve birisinin dinden çıkardığını, diğerinin ise dinden çıkarmadığını söylemiştik. İslam âlimlerinin görüş ve istidlallerinden hareketle bu kavramda da aynı ayırıma gidecek ve her kısmın kısaca delilini izah etmeye gayret edeceğiz. İslam âlimlerinin belirttiğine göre muvâlât, "dinden çıkaran" ve "dinden çıkarmayan" olmak üzere iki kısma ayrılır. Bazıları buna *"Muvâlât-ı Kübra"* (büyük muvâlât) ve *"Muvâlât-ı Suğra"* (küçük muvâlât) da demiştir.

1-) Muvâlât-ı Kübrâ

Muvâlâtın bu kısmı, sahibini dinden çıkardığı gibi aynı zamanda onun ebedi olarak cehennemde kalmasına da yol açar. Bu, kâfirlere yardım etmek, Müslümanlar aleyhinde onlarla ittifak kurmak veya Müslümanları fitne ve azaba duçar etmek için onlara destek vermek suretiyle olur. Keza, kâfirleri ve onları sevenleri sevmek, onları sevmeyip düşmanlık edenleri sevmemek; dostluk ve düşmanlığı, kâfirlere dost ve düşman olma ilkesine göre değerlendirmek, dolayısıyla kâfirleri dost edinenleri dost edinmek, onlara düşman olanlara düşmanlık etmek de aynı kategoriye girmektedir. İşte müşriklerle böylesi bir velâ ilişkisine girmek büyük küfürdür, imanı bozan maddelerin en tehlikelilerinden kabul edilir. Bunun delillerine gelince; bunlar sayılamayacak kadar çoktur.[353]

1-) Allah Teâlâ'nın şu buyruğu:

---

[353] "Kava'id fi't-Tekfir", sf. 38.

"Ey iman edenler! Yahudi ve Hıristiyanları veli edinmeyiniz. Onlar birbirlerinin dostudurlar. Sizden kim onları veli edinirse o da onlardandır. Şüphesiz ki Allah zulmeden kimseleri doğru yola eriştirmez." (Maide, 51)

Ayet-i kerîmede zikri geçen velâyet ile –sebeb-i nüzûlün de delalet ettiği gibi– "yardımlaşma ve ittifak kurma" velayeti kastedilmektedir; ircâ ehlinin zannettiği gibi "inanç ve din" velayeti kastedilmemektedir. İrcâ ehli, kişiyi dinden çıkaran muvâlâtın sadece din ve inanç hususunda kâfirleri veli edinmeye has olduğunu söylemekte, bunun dışında kalan muvâlâtın ise kişiyi dinden çıkarmayan amelî muvâlât olduğunu iddia etmektedir! Onların bu iddiaları haktan ne kadar da uzaktır!

İbn-i Kesir *rahmetullahi aleyh*'in tefsirinde zikredildiği üzere ayetin sebeb-i nüzûlü şu olaydır:

Kaynuka oğulları, Rasûlullâh *sallallâhu aleyhi ve sellem* ile savaşa tutuşunca Abdullah İbn-i Ubeyy İbn-i Selûl onların işleriyle ilgilendi ve onları savunmaya koyuldu. Bunun üzerine Ubâde b. Samit, hemen Rasûlullâh *sallallâhu aleyhi ve sellem*'ın huzuruna vardı. O, Hazrec kabilesinden bir kişi idi. Onun da Kaynuka oğullarıyla tıpkı Abdullah İbn-i Ubeyy gibi bir antlaşması vardı. Sonra Ubade *radıyallahu anh*, onlarla olan antlaşmasından Allah ve Rasûlü için beri olduğunu bildidi ve *"Ben kâfirlerin antlaşma ve velayetinden teberri ediyor, Allah'ı Rasûlünü ve müminleri veli ediniyorum"* dedi. İşte bu sebeple bu ayetler onun ve Abdullah İbn-i Ubeyy'in hakkında nazil olmuştur.[354]

Seyyid Kutub der ki:

"Allah Teâlâ'nın iman edenlerle Yahudi ve Hıristiyanlar arasında meydana gelmesini yasakladığı velayet, (Müslümanlar aleyhinde) yardımlaşma ve işbirliği yapma manasına gelen velayettir. Onlara dinlerinde uyma manasına gelen velayet değildir. Zaten Müslümanlar içerisinde din hususunda Yahudi ve Hıristiyanlara meyledecek kimselerin olması gerçekten çok uzak bir ihtimaldir. Buradaki dostluk ancak (Müslümanlar aleyhinde) yardımlaşma ve işbirliği yapma manasına gelen dostluktur."[355]

Ayet-i kerimenin son tarafında yer alan *"Sizden kim onları veli edinirse o da onlardandır"* buyruğu hakkında imam Şevkânî der ki:

"Yani sizden her kim onları veli edinirse o da onların birliğinden ve cemaatindendir. Bu gerçekten de büyük bir tehdittir. "Şüphesiz ki Allah zulmeden kimseleri doğru yola eriştirmez." Allah Teâlâ'nın bu buyruğu, önceki cümlenin gerekçesidir. Yani, onların küfre düşmeleri Allah'ın, kâfirleri veli edinmek gibi küfrü mucip

---

[354] "Tefsiru'l-Kur'ani'l-Azîm", 2/96.
[355] "Fi Zilâli'l-Kur'an", 2/909.

*ameller işlemelerinden dolayı nefsine zulmedenleri hidayete erdirmemesi sebebiyle-
dir."[356]*

2-) Allah Teâlâ'nın şu buyruğu:

*"Onlardan çoğunun, kâfirlere velayet verdiklerini görürsün... Eğer onlar, Allah'a
Peygambere ve ona indirilene iman etmiş olsalardı, kâfirlere velayetlerini vermez-
lerdi..." (Maide, 80,81)*

Bu ayet-i kerime bu konuda çok açık ve net bir hüküm ortaya koyuyor.
Kâfirlere velayet veren, yani Müslümanlar aleyhinde onlara yardım eden,
onları destekleyen, onlara sır götüren, onları malı, canı ve koruma vesilele-
rinin tümü ile koruyan, onları seven ve onlara sempati duyan her kim olur-
sa olsun Allah'a, Peygambere ve o'na indirilen Kur'an'a iman etmiş değil-
dir. Çünkü böyleleri şayet iman etmiş olsalardı, onlara velayetlerini vermez-
lerdi. Velayetlerini verdiklerine göre iman etmiş değillerdir. Bunu, ayetin
mefhum-u muhâlifinden anlıyoruz. İbn-i Teymiyye der ki:

*"Ayette zikri geçen iman, onları veli edinmekten alıkoyar. Çünkü iman
ile onları veli edinmek bir kalpte bulunamaz. Bu ayetin bir benzeri şu ayet-
tir:*

*"Ey iman edenler! Yahudi ve Hıristiyanları veli edinmeyiniz. Onlar birbirlerinin
dostudurlar. Sizden kim onları veli edinirse o da onlardandır." (Maide, 51)*

Allah Teâlâ önceki ayet-i kerimede kâfirleri veli edinenlerin mümin
olamayacaklarını haber verdi. Burada ise onları veli edinenlerin onlardan
olacağını bildirdi. Gerçekten de Kur'an ayetleri birbirini doğrulamakta-
dır."[357]

3-) Allah Teâlâ'nın şu buyruğu:

*"Mü'minler, mü'minleri bırakıp da kâfirleri veliler edinmesinler. Kim böyle ya-
parsa onun artık Allah ile bir ilişiği kalmaz..." (Âl-i İmran, 28)*

İmam Şevkânî der ki: ***"Kim böyle yaparsa onun artık Allah ile bir ilişiği
kalmaz..."*** *Yani Allah'ın velayeti/dostluğu ile bir ilişiği kalmaz, böyle birisi bun-
dan tamamen sıyrılıp çıkmıştır."[358]*

Malum olduğu üzere Allah'ın velâyeti tamamıyla ancak kâfir ve müc-
rimlerden sıyrılıp çıkar. Nitekim bir ayette şöyle buyrulur:

---

[356] "Fethu'l Kadîr", 2/321.
[357] "Mecmuu'l-Fetâvâ", 7/17.
[358] "Fethu'l-Kadîr", 1/452.

"Onlar Mescid-i Haram'dan alıkoyup dururken Allah onlara niye azap etmesin ki? Zaten onlar onun[359] velileri de değillerdir. Onun velileri ancak muttakilerdir."
(Enfal, 34)

Yani Allah'ın velisi ancak şirkten sakınanlar, diğer bir ifadeyle muttaki olanlardır. Şirkten sakınmayanlar O'nun velisi olamazlar.

4-) Allah Teâlâ'nın şu buyruğu:

"Kendilerine zulmetmiş kimseler olarak, meleklerin canlarını aldıkları kimseler, 'biz herhangi bir kötülük yapmamıştık' diyerek teslim olurlar. Hayır! Allah, sizin ne yapmış olduğunuzu elbette bilmektedir. Bu nedenle, içinde ebedî kalacağınız cehennemin kapılarından girin. Kibirlenenlerin kalacağı bu yer ne kötüdür!"
(Nahl, 28, 29)

İkrime *radıyallahu anh* der ki: *"Bu ayet, Mekke'de Müslüman olup da hicret etmeyen kimseler hakkında inmiştir. Kureyş onları istemedikleri halde Bedir savaşına çıkarmış ve orada öldürülmüşlerdir."[360]*

Bunun benzeri şu ayet-i kerimedir:

"Melekler kendi nefislerine zulmedenlerin hayatına son verecekleri zaman derler ki: 'Nerede idiniz?' Onlar: 'Biz, yeryüzünde zayıf bırakılmışlar (mustaz'aflar) idik.' derler. (Melekler de:) 'Hicret etmeniz için Allah'ın arzı geniş değil miydi?' derler. İşte onların barınma yeri cehennemdir. Ne kötü yataktır o! Ancak erkeklerden, kadınlardan ve çocuklardan mustaz'aflar olup, hiç bir çareye güç yetiremeyenler ve bir yol (çıkış) bulamayanlar başka... Umulur ki Allah bunları affeder. Allah affedicidir, bağışlayıcıdır." (Nisa, 97-99)

İmam Buhari'nin rivayet ettiğine göre bu ayet, Mekke'de hicret etmeyen ve Bedir'de müşriklerle beraber savaşa çıkan, onların sayısını çok gösteren, savaş sırasında ölen bazı kimseler hakkında nazil olmuştur.[361]

Abdulmun'im Mustafa der ki:

"İlim ehlinin ve tefsircilerin belirttiğine göre meleklerin hayatlarına son verdiği bu kimseler, Müslümanlar aleyhinde müşriklere yardım ettikleri için küfür ve şirk üzere ölmüşlerdir. Ayetler de bunu göstermektedir. Bu görüşü destekleyen delillerden birisi de Rasûlullâh'ın amcası Abbas'ın durumudur. Abbas radıyallahu anh Bedir günü müşriklerden esir alınanlarla birlikte esir alınmıştı. Abbas

---

[359] Burada ki "onun" ifadesindeki zamirin mercii hakkında müfessirler ihtilaf etmişlerdir. Onlardan kimisi zamiri Mescid-i Haram'a döndürürken; kimisi de Lafza-i Celâl'e döndürmüştür. Birincisi cumhurun görüşüdür. Buna göre mana şöyle olur: Zaten onlar Mescid-i Haram'ın velileri (bakıcı ve gözetleyicileri) de değillerdir. Onun bakıcı ve gözetleyicileri ancak muttakilerdir."

[360] Bkz. Taberî, 17/195.

[361] Kitabu-t-Tefsir, 19. Hadis no: 4596.

radıyallahu anh Müslüman olduğunu söylemesine rağmen Rasûlullâh ve Müslüman-
lar aleyhinde müşriklere yardım ettiği için müşriklerle aynı muameleye tâbi tutul-
muş ve kendisinden fidye vermesi istenmişti. Abbas radıyallahu anh'ın konumu diğer
müşrik esirlerle aynı idi. Abbas radıyallahu anh'ın Müslümanlarla savaşmak için
müşrikler tarafından zorla getirildiği şeklindeki mazereti de kabul edilmedi; çünkü
o, hicrete güç yetiren, yol bulabilen ve bu ikrah haline düşmeden önce müşriklerin
otoritesinden ayrılmaya imkânı olan kimselerdendi, ama bunu yapmadı. (Bundan
dolayı da ona müşrik muamelesi yapıldı.)[362]

Diğer bir rivayette ise şöyle geçer: Müslümanlar Hz. Abbas'ı esir alının-
ca Abbas *radıyallahu anh* hemen Rasûlullâh *sallallâhu aleyhi ve sellem*'in yanına
geldi ve:

—Ey Allah'ın Rasûlü! Ben ikrah altında (zorlanarak) buraya getirildim
ve ben Müslüman olmuştum, dedi.

Bunu duyan Rasûlullâh *sallallâhu aleyhi ve sellem*:

—Ey amca! Senin zâhirin bizim aleyhimizdeydi. Senin Müslümanlığına
gelince; (eğer iddianda samimi isen) Allah senin mükâfatını verecektir. (Ben
ise sadece zâhire göre hüküm veririm).[363]

Abbas *radıyallahu anh* Bedir'de müşriklerle beraber savaşa katılmış ancak
esir düşmüştür. Rasûlullâh *sallallâhu aleyhi ve sellem* *"Kendin ve kardeşin için fidye*
ver!" deyince o "Ey Allah'ın Rasûlü! Senin kıblene dönüp namaz kılmadık
mı? Senin hak nebi olduğuna şahitlik etmedik mi?" demiştir. Bunun üzerine
Rasûlullâh *sallallâhu aleyhi ve sellem* *"Ey Abbas! Siz hasımlaştınız ve size hasım*
olundu" demiş ve bu ayeti okumuştur.[364]

Suddî der ki: *"Bu ayet indiği zaman Müslüman olduğu halde hicret etmeyen*
kimseler kâfir sayılıyordu. Daha sonra bu hükümden hicret etmeye çaresi olmayan,
yol bulamayan, hicret etmeye yetecek kadar malı olmayanlar istisna tutuldu."[365]

Rivayetlerden anlaşıldığına göre Hz. Abbas *radıyallahu anh* gerçekten de
Mekke'de iman etmiş ve tevhide boyun eğmişti. Bedir savaşı vuku buldu-
ğunda Mekkeli müşrikler Mekke'de kim var kim yoksa hepsini savaşa çı-
karmış ve Müslümanlarla karşı karşıya gelmeleri için onları zorlamışlardı.
O an için imanını gizleyen Abbas *radıyallahu anh* ve emsali Müslümanlar müş-
riklerin bu zorlamasına karşı gelememiş ve onlarla birlikte savaşa katılmış-
lardı. Onlar, savaşta Müslümanlara karşı silah kullanmamış ve onlarla sa-
vaşmaktan hep geri kalmışlardı. Ama buna rağmen Müslümanlar onların

[362] "Kavâ'id fi't-Tekfîr", Abdulmun'im Mustafa Halime, sf. 40, 41.
[363] "es-Sîyretu'n-Nebevîyye", İbn-i Kesîr, 2/462; "el-Bidâye ve'n-Nihâye", 3/365.
[364] "Tefsîru'l-Kur'ani'l-Azîm", 1/721; "Tefsîru't-Taberî", 9/106.
[365] "Tefsîru't-Taberî", 9/106.

zahirlerinden hareketle kendilerini öldürmüşler ve zahire göre hüküm verdikleri için kendilerine müşrik muamelesi yapmışlardı. Abbas *radıyallahu anh* gibi bir şahsiyet bile, sırf müşriklerin ordusunu kalabalık gösterdiği ve onların arasında yer aldığı için müşrik muamelesine tabi tutuluyorsa, acaba bu gün konumları Hz. Abbas'tan daha iyi olmayan insanlara nasıl muamele edilir? Abbas gibi bir şahsiyet bile hukuk karşısında hak ettiği hükmü alıyorsa, bu gün Müslüman olduklarını iddia ettikleri halde kâfirlerin ordularında Müslümanlara karşı savaşan, onların sayılarını çok gösteren, onları sırf dinlerinden ötürü zindanlara dolduran kimselerin hali nice olur?!

Elbette onlar hak ettikleri hükmü almaya daha hak sahibidirler...

Zikretmiş olduğumuz bu dört ayet ve ona ilişkin diğer delillerden anlaşıldığına göre; müşriklere mutlak manada velâyetlerini veren kimseler niyetlerinin iyi olduğuna bakılmaksızın kâfir kabul edilirler. Bu, Ehl-i Sünnetin üzerinde ittifak ettiği görüşlerden birisidir.

Muvâlâtın bu kısmını izah ettikten sonra şimdi ikinci kısmını izah etmeye geçebiliriz.

2-) Muvâlât-ı Suğrâ

Muvâlâtın bu kısmı ise, sahibini dinden çıkarmadığı gibi ebedî cehennemde kalmasına da yol açmaz. Günahı miktarı cezasını gördükten sonra Allah'ın rahmeti ile cennete girer. Muvâlâtın bu kısmı şu şekilde olur: Kişi kalben İslam'dan en ufak bir kuşkuya kapılmaksızın bir takım dünyevi ve nefsi amaçlar uğruna kâfirlere meyletmesi, yağcılıkta bulunması ya da kavmiyetçilik duygularının ön plana çıkmasından ötürü onları savunması gibi... Böylesi bir şey kişiyi her ne kadar kâfir yapmasa da, onu harama sokar ve helakin eşiğine getirir. İfk hadisesinde sahabe arasında cereyan eden şu olayı bunun bir delili olarak değerlendirebiliriz. İmam Buhârî, bu olayı *"Kitabu'l-Meğâzî"*de uzunca anlatmıştır.[366] Olayın bir kısmı şu şekildedir:

Hz. Aişe'ye iftira atılınca, bu olay Rasûlullâh'a çok ağır geldi. Rasûlullâh *sallallâhu aleyhi ve sellem* minbere çıkıp:

—*Ey müslümanlar topluluğu! Ev halkım hususunda bana ezası ulaşan bir şahıstan dolayı bana kim yardım eder? Vallahi ben ehlim hakkında hayırdan başka bir şey bilmiş değilim. Bu iftiracılar, bir adamın da ismini ortaya koydular ki, bu zat hakkında da ben hayırdan başka bir şey bilmiyorum. Bu ismi söyleyen kimse şimdiye kadar ben olmaksızın ailemin yanına da girmiş değildir,* dedi.

Hz. Âişe der ki:

---

[366] Bkz. Buhârî, 4141 numaralı hadis.

Bunun üzerine Ensâr'ın Evs kabilesinden Abdu'l-Eşhel Oğulları'nın kardeşi Sa'd b. Muâz ayağa kalktı ve:

—Ya Rasûlallah! O kimseye karşı Sana ben yardım edeceğim. Eğer bu iftirayı çıkaran Evs Kabilesi'nden ise, ben onun boynunu vuracağım. Eğer Hazreçli kardeşlerimizden ise, yapılacak işi Sen bize emredersin, biz de emrini yerine getiririz, dedi.

Hz. Âişe devamla; Bu defa Hazreç Kabilesinden Sa'd b. Ubâde ayağa kalktı. O, bu olaydan önce de iyi bir adamdı; fakat bu defa kabile asabiyeti onu Sa'd b. Muâz'ın sözlerinden dolayı öfkeye sürükledi ve Sa'd b. Muâz'a karşı:

—Yalan söyledin. Allah'ın ebedîliğine yemin ederim ki, sen onu (yani Abdullah İbn-i Ubeyy'i) öldüremezsin ve onu öldürmeğe muktedir olamazsın. O, senin cemaatindcn biri olmuş olaydı, sen onun öldürülmesini istemezdin, dedi.

Bu defa da Sa'd b. Muâz'ın amcasının oğlu Useyd b. Hudayr ayağa kalkarak, Sa'd b. Ubâde'ye karşı:

—Allah'ın ebedîliğine yemin ediyorum ki, sen yalan söylüyorsun. Vallahi biz onu elbette öldürürüz. Sen muhakkak ki münafıkları savunan bir münafıksın, dedi...

Olay bu şekilde devam etmektedir... Burada bizi ilgilendiren kısım ise Sa'd b. Ubade'nin konumudur. O, –Hz. Aişe'nin de belirttiği gibi– sırf milliyetçilik duygularından dolayı aynı kabileye mensup olduğu münafıkların başı Abdullah İbn-i Ubeyy'in öldürülmesine karşı çıkmış ve onu savunma yoluna gitmişti. Onun bu tavrı bir nevi muvâlâttır; ancak bu muvâlât, – âlimlerimizin de belirttiği gibi– kişiyi dinden çıkarmayan küçük muvâlât kapsamındadır. Ama burada bir hususa dikkat etmek gerekir: Muvâlâtın bu kapsamda kalmasının şartı, Müslümanlara karşı kâfir ve münafıklara yardım etmemektir. Kişi eğer kâfir ve münafıklara yardım eder, onlara destek olur ve onlarla beraber aynı safta yer alırsa, o zaman onun bu tavrı muvâlât-ı kübrâ kapsamında değerlendirilir ve sahibini dinden çıkarır. Sa'd b. Ubade'nin yaptığı ise, sadece kavmiyetçilik duygularının galeyana gelmesi sonucu bir savunma niteliğindedir. Onun böylesi bir tavır sergilemesi bile sahabe arasında hemen nifakla suçlanmasına neden olmuştur. Ama onun yaptığı hakikatte küfür değil, haramdır. Eğer yaptığı küfür olsaydı, o zaman kendisine irtidat cezası uygulanırdı. Bunun olmamasından anlıyoruz ki, Sa'd'ın yaptığı muvâlât-ı suğrâ kapsamında bir velayettir. Allahu a'lem.[367]

---

[367] Daha geniş bilgi isteyenler Abdulmun'im Mustafa Halime'nin, "Kava'id fi't-Tekfîr" adlı eserinin 42. sayfası ve devamına bakabilirler.

BEŞİNCİ BÖLÜM

TEKFİRİN ŞARTLARI

Bu bölümde tekfirin şartlarını izah etmeye çalışacağız. Konumuzun daha iyi anlaşılabilmesi için öncelikle "şart" kelimesinin ne anlama geldiğini kısaca izah etmemiz gerekmektedir.

Şart Kelimesinin Manası

Malum olduğu üzere şart, sebep ve mani gibi kavramların incelenip ele alındığı ilim dalı "Usûlu fıkıh"tır. Bu ilim dalına dair malumatı olanlar, zikri geçen kavramları ve o kavramların delalet ettiği anlamları bilirler.

Tekfir meselesinin bu kavramlarla yakından alakası vardır. Hatta "bu kavramların muhtevasını bilmeyenlerin tekfir meselesi hakkında konuşmaları caiz değildir" desek abartmış olmayız. Miras hukukunu bilmeyen nasıl ki onun taksimatı hakkında konuşamıyorsa; tekfirin şart, sebep ve manilerini bilmeyen birisi de aynı şekilde bu konuda konuşmamalıdır. Bilgisi olmadan miras taksimatına kalkışan birisinin hata etmesi nasıl ki kaçınılmaz ise, tekfirin şart, sebep ve manilerini bilmeden içine dalan kimsenin de hata etmesi kaçınılmazdır.

Şart kelimesi lügatte *"alamet, nişane, belirti ve bir şeyi zorunlu kılma"* gibi anlamlara gelmektedir. Bu kelime Türkçemize de geçmiştir. Kelimenin bu kısmının bizim maksadımızla ilgisi yoktur. Bizi asıl ilgilendiren kısım, bu kelimenin Usûlu fıkıh terminolojisinde ne anlama geldiğidir. Şimdi, usûl âlimlerinin bu kelimeyi nasıl tarif ettiğine bir göz atalım. Şam'ın büyük âlimlerinden birisi olan Mustafa Said el-Hınn, şartı şöyle tarif eder:

"Şart; kendi yokluğundan meşrutun (şart koşulan şeyin) de yokluğunun gerektiği, ama varlığından meşrutun varlığının gerekmediği şeydir."[368]

Vehbe Zuhaylî'nin de şartı tanımlaması hemen hemen aynı lafızlarladır.[369]

Hasan Karakaya şöyle der:

"Hükmün bulunması kendisinin bulunmasına bağlı olan husustur. Yani hükmün bulunması şartın bulunmasına bağlıdır. Bu nedenle şartın yokluğu halinde hüküm de bulunmaz. Fakat şartın varlığı halinde hükmün de mutlak bulunması gerekmez..."[370]

Şart kelimesi fıkıh usûlü kitaplarında aşağı yukarı aynı manada tarif edilmiştir. Bu nedenle daha fazla nakil yapmaya gerek görmüyoruz.[371]

Şimdi yaptığımız tarifler etrafında "şart" meselesini örneklerle açıklamaya çalışalım.

Mesela abdest almak namazın sıhhati için bir şarttır. Abdestsiz namaz olmaz. Fakat abdestli olmak mutlaka namaz kılmayı da gerektirmez. Bu misaldeki "şart" abdesttir; "meşrut" da, yani şart koşulan şey de namazdır. Şartın, yani abdestin bulunması, mutlaka meşrutun, yani namazın bulunmasını gerektirmez. Ama şartın (abdestin) yokluğundan meşrutun (namazın) da yokluğu gerekir.

Kişinin akıllı ve ergin olması tekfirin şartlarındandır. Kişi akıllı ve baliğ olmadan kâfir olmaz. Ancak her akıllının da tekfir edilmesi gerekmez. Bu misalde ki "şart" kişinin âkil ve bâliğ olmasıdır. Meşrut ise onun tekfiridir. Şartın varlığından, yani kişinin âkil ve bâliğ olmasından mutlaka meşrutun, yani tekfirin bulunması gerekmez. Ama şartın (kişinin akil ve baliğ olmasının) yokluğundan meşrutun (yani tekfirin) de yokluğu gerekir.

Meseleyi biraz daha izah edecek olursak; kişinin kâfir olabilmesi için öne sürülen şartlardan bir tanesi akil ve baliğ olmasıdır. Akil ve baliğ olmayan bir kimse asla tekfir edilemez. Yani deli birisinin veya henüz çocukluktan kurtulmamış birisinin tekfiri caiz değildir. Bu şart yoksa tekfir de yoktur; çünkü şartın yokluğundan meşrutun da yokluğu gerekir.

İşte tekfirle alakalı diğer şartları bu örnekler çerçevesinde değerlendirmek gerekir. Bu sayede şart-meşrut ilişkisini daha iyi anlamış oluruz.

---

[368] "el-Kâfi'l-Vâfi fi Usuli'l-Fıkhi'l-İslamî", sf. 52.

[369] Bkz. "Usulu'l-Fıkhi'l-İslamî", 1/99 vd.

[370] "Fıkıh Usulü", Hasan Karakaya, sf. 216.

[371] Geniş bilgi için Usûlu fıkıh kitaplarına müracaat ediniz.

Şart kelimesinin kısaca izah ve açıklamasını yaptıktan sonra şimdi asıl konumuz olan tekfirin şartlarını beyan etmeye geçebiliriz.

İslam âlimleri tekfirin şartlarını üç kısım altında incelemişlerdir:

Birinci Kısım: Tekfir edilenle, yani fâil ile ilgili şartlar. Bunlar:

1-) Failin mükellef olması yani akıllı ve ergin olması,
2-) Fiilini kasıtlı ve bilerek işlemesi,
3-) Kendi hür iradesi ile bunu seçmiş olmasıdır.[372]

Kendisinden küfrü gerektiren bir fiil veya söz sadır olan kimse, eğer akıllı veya baliğ değilse yaptığı işten sorumlu tutulmaz. Bir kimsenin sorumlu kabul edilmesi ancak akıllı ve baliğ olduktan sonra mümkündür. Akıl ve buluğ şartı yoksa, yani kişi mükellef değilse, o zaman ortada teklifin varlığından söz etmek mümkün değildir. Bu şart, "delilik ve çocukluk" (siğar) engelinin de karşılığıdır aynı zamanda.

Aynı şekilde kendisinden küfrü gerektiren bir fiil veya söz sadır olan kimse, eğer bu işi kasıtlı değil de ğayr-i ihtiyari olarak yapmışsa, o zaman yine sorumlu tutulmaz. Tıpkı çölde devesini kaybeden adamın örneğinde olduğu gibi... O adam, küfür kelimesini söylemeyi kastetmemişti; sadece aşırı sevinci onun ağzından, zahiri küfür olan bir cümlenin çıkmasına neden olmuştu. Adamın bu sözü, tamamen istem dışı ve ğayr-i ihtiyari bir şekilde ağzından çıkmıştı. Onun bu durumu tekfir hükmünün kendisine ilişmesine engel oldu ve adam küfre nispet edilmedi. Ancak burada ince bir noktaya dikkat etmek gerekir: Küfür kelimesini söyleyip de onu kastetmediğini söyleyen kimseyle, küfür kelimesini söylemeyi kastetmediği halde yanlışlıkla onu söyleyen kimse tamamen bir birinden farklıdır. Küfür kelimesini, küfür kelimesi olduğu halde söyleyen kimse bunu kastetmemiş ve küfre düşmeyi murâd etmemiş olsa bile kâfir olur. Böylesi birisinin "Ben bu ameli kalben kastederek yapmıyorum" demesine itibar edilmez. Bu meseleyi tekfirin engelleri bölümünde detaylıca ele aldık, oraya müracaat edebilirsiniz.[373] Zikrettiğimiz bu şart ise, "hata" engelinin karşılığıdır.

Fail ile ilgili üçüncü şart; yaptığı işi veya söylediği sözü kendi hür iradesi ile seçmiş olmasıdır. Kişi eğer hür iradesi olmaksızın, zorlama (ikrah) altında kalarak küfrü mucip bir eylem veya söylemde bulunursa, o zaman

---

[372] Burada şöyle önemli bir bilgiye yer vermenin faydalı olacağını düşünüyorum: Tekfirin tahakkuk etmesi için ön görülen her şart, tekfirin engellerinin bir mukabilidir. Mesela akıl, tekfirin tahakkuku için bir şarttır. Delilik ise tekfirin bir manisidir ve bu şarta mukabil olarak getirilmiştir. Aynı şekilde tercih, tekfirin bir şartıdır; ikrah ise tekfirin mânisidir ve bu şarta mukabil olarak getirilmiştir. Diğer şartlar da böyledir. Yani her şartın mukabili tekfirin bir engelidir.

[373] Bkz. *"Hata Engeli"* bölümü.

tekfir hükmünün kendisine verilmesinden kurtulur. Bu şart da "ikrah" manisinin karşılığıdır.

İkinci Kısım: Tekfir hükmünün sebebi ve illeti olan fiil ile ilgili şartlar. Bu fiilin hiç şüphesiz küfre düşürücü olması gerekir. Bu ise;

1-) Mükellefin fiilinin veya sözünün küfre delaleti sarih/kesin olacak,

2-) Şer'î delilin o amelin küfür olduğuna delaleti sarih olacak.

Eğer mükellefin sözünün veya fiilinin küfre delaleti kat'î/kesin değilse, o zaman fiildeki şart tahakkuk etmediği için o şahsın tekfiri caiz değildir. Tekfirin caiz olabilmesi için mükellefin sözünün veya fiilinin hiçbir şüpheye yer vermeyecek şekilde kesin olması gerekmektedir. Aksi halde ortada zan ve şüphe bulunduğu için tekfirden söz etmek mümkün değildir. Buna bir örnek verecek olursak; mesela birisi *"Hain Muhammed"* dese, biz böylesi bir adama hemen bu adam Rasûlullâh *sallallâhu aleyhi ve sellem*'e hakaret etmiştir hükmünü veremeyiz; çünkü adamın bu sözü ile adı Muhammed olan bir arkadaşını kastetmesi muhtemeldir. Bu ihtimalden dolayı adama öncelikle *"Sen bu sözünle kimi kastettin?"* diye sorarız. Adam eğer *"Peygamberi kastettim"* derse, o zaman kâfir olduğuna hüküm veririz. Ama adam *"Ben falanca arkadaşımı kastettim"* derse, o zaman ortada zaten bir problem kalmaz.

Bir amelin küfür olarak adlandırılabilmesi için şer'î delilin o amelin küfür olduğuna delaleti sarîh olmalıdır. Şayet delaletinde sarihlik yoksa o zaman bu ameli işleyen kimseye hemen küfür hükmü verilmez. Buna, namazı terk edenin kâfir olup-olmayacağına dair nakledilen hadisleri örnek olarak gösterebiliriz. Bu hadislerden bazıları, namazı terk edenin kâfir olacağını, bazıları da kâfir olmayacağını ifade etmektedir.[374] Yine bu hadislerde yer alan "küfür" lafzının küçük küfür mü, yoksa büyük küfür mü olduğu tartışmalıdır. Bu nedenle ulemadan bazıları hadislerin zâhirine tutunarak namazı terk edenin kâfir olacağını söylerken;[375] bazıları da bu hadislerde yer alan küfür lafzının küçük küfür olduğunu, dolayısıyla namazı terk edenin – farziyetini inkâr etmediği sürece– küfre düşmeyeceğini söylemişlerdir.[376]

Bu konuda mevcut olan delillerin küfre delaleti sarih değildir. Bu nedenle, konu hakkında kesin hüküm verip aynı düşünmeyenlerin dinden

---

[374] Bkz. İbn-i Mâce, hadis no: 1401; Nesâî, hadis no: 457; Ebu Davud, hadis no: 425.

[375] Bu görüşe kani olanların başında Sahabe-i Kiram gelmektedir. Hanbelîler, İbn-i Teymiyye, İbn-i Kayyım ve Şevkânî gibi aynı menheci takip eden âlimler de bu görüştedirler.

[376] Diğer mezhep imamları da bu görüşe meyletmişlerdir.

çıkacağı gibi bir sonuca varılamaz.[377] Böylesi bir durumda deliller arasında tercih yapılır ve aynı düşünmeyenler mazur kabul edilir.

Üçüncü Kısım: Mükellefin fiilinin (töhmetin) ispatlanmasında aranan şartlar. Bunun zan ile tahmin ile şüphe ve ihtimal ile değil; şer'î sahih ve sarih bir yol ile sabit olması gerekir. Bu ise;

> *1-) Kişinin işlediği fiili kabul etmesi/itirafta bulunması,*
> *2-) Adalet sahibi iki kişinin şahitliği ile olur.*[378]

* Kişinin işlemiş olduğu fiili kabullenmesi, yani ikrar ve itirafı, deliller arasında en güçlü olanıdır. Bir insan "Ben bu işi yaptım" dediğinde başka hiçbir delil aramaya gerek yoktur. Onun bu ikrarı, had cezasının tatbiki için yeterlidir. Konumuzda ise küfür amelini işlediğini itiraf etmesi gerekir. Eğer bu itiraf gerçekleşirse, o zaman tekfir ahkâmı kendisine icra edilir. Eğer bir kimse suçu kabullenmezse –her ne kadar hakikatte işlemiş olsa dahi– suçu ispat edilene kadar kendisi suçsuz kabul edilir. Zira insanda berâat-i zimmet asıldır, yani aksi ispatlanana kadar "suçsuz" kabul edilir.

Burada ince bir noktaya dikkat etmek gerekir: Kişinin küfür amelini işlediğini kabul etmesi ile küfrü kabul etmesi birbirinden farklıdır. Kendisinde Mürcie bulantısı olan bazı kimseler, bir kişinin dinden çıkması için mutlaka küfrü kabul etmesi gerektiğini savunurlar. Bu, delilden yoksun ve saçma bir iddiadan başka bir şey değildir. Ehl-i Sünnetin meseleye bakışı ise şu şekildedir: Bir insan küfür amelini işlemişse, hâkimin huzuruna çıkarıldığında ona sadece bu ameli işleyip-işlemediği sorulur; küfrü kabul edip-etmediği sorulmaz. Ameli işlediğini itiraf ederse, küfrü kabul etmediğini söylese dahi kendisine gerekli ahkâm icra edilir. Bu nokta çok mühimdir; bu nedenle buraya çok dikkat etmek gerekir.

Mükellefin fiilinin ispatında aranan şartlardan bir diğeri de –eğer ortada itiraf yoksa– iki adalet sahibi şâhidin şahitlik etmesidir. İki adalet sahibi kimse bir kimsenin suça bulaştığına dair itirafta bulunursa, artık o suç işlenmiş kabul edilir. İbn-i Münzir der ki:

---

[377] Burada şu noktaya dikkat etmek gerekir: Eğer bir insan namazı terk etmenin küfür olduğuna kâni ise, elbetteki bunun neticesinde namaz kılmayanların kâfir olduğuna inanacaktır. Kişinin böyle inanmasında veya namazı terk edenleri tekfir etmesinde kınanacak bir durum yoktur. Ama eğer, kendisi de namaz kıldığı halde, sırf delillerin zannîliği nedeniyle namazı terk edenlerin kâfir olduğuna inanmayan birisini, kendisi gibi düşünmediği gerekçesiyle dışlar veya tenkit ederse, işte bu durum kınanır ve meşru bir ihtilaftan ötürü farklı düşünenleri eleştirdiği için böylesi biri aşırıya kaçmış sayılır. Bir insan, meşru ihtilaf olan meselelerde o ameli işlememesine rağmen farklı düşünmesinden dolayı eleştirilemez. Onu eleştirenler, ifrata kaçmış olurlar. Bu iki noktayı birbirinden ayırmak gerekir.

[378] "er-Risâletu's-Selasîniyye", Ebu Muhammed el-Makdisî, sf. 37.

"İlim ehli, irtidat konusunda iki kişinin şahadetinin kabulünün gerekli olduğu hususunda icma' etmiştir. Eğer o kişi mürtet olduktan sonra tekrar İslam'a dönmezse, iki şahidin şahadeti ile katledilir."[379]

İbn-i Kudâme der ki: *"İlim ehlinin çoğunluğuna göre riddet hususunda iki âdil şâhidin şahadeti kabul edilir. İmam Mâlik, Evzâî, Şafiî ve rey sahipleri (Hanefiler) bu görüştedirler. İbn-i Münzir der ki: 'Hasan'dan*[380] *başka hiç kimsenin onlara muhalefet ettiğini bilmiyoruz.' Hasan'a göre öldürme hususunda dört kişinin şahadetinden başkası kabul edilmez."*[381]

Şahitlik yapacak kimsede aranan şartlar dörttür:

1) *Müslüman olması,*
2) *Baliğ olması,*
3) *Akıllı olması,*
4) *Adâlet sahibi olması.*

Bu şartlardan birisinin yokluğu durumunda şâhitlik yapacak kimsenin şahâdetine itibar edilmez. Örneğin bir kimse henüz buluğa ermemişse veya adâlet sahibi değilse ya da aklî melekelerini kaybetmişse onun şahâdetine itibar edilmez. Aşağıdaki ayetlerin iniş sebebi olan şu olayı buna örnek gösterebiliriz:

"Onlar (Münafıklar): 'Allah'ın Peygamberinin yanında bulunanlara bir şey vermeyin de dağılıp gitsinler' diyen kimselerdir. Oysa göklerin ve yerin hazineleri Allah'ındır, ama münafıklar bu gerçeği anlamazlar. 'Eğer bu savaştan Medine'ye dönersek, aziz olanlar zelil olanları and olsun ki, oradan çıkaracaktır' diyorlardı. Oysa şeref Allah'ın, Peygamberinin ve müminlerindir, ama münafıklar bu gerçeği bilmezler." (Münafikûn, 7, 8)

Bu ayetin nüzul sebebi şu olaydır: Zeyd b. Erkam *radıyallâhu anh* der ki:

"Ben bir gazvede bulundum. Orada (münafıkların başı) Abdullah ibn-i Ubey'i şöyle derken işittim: "Ey topluluk! Rasûlullah'ın yanındakilere nafaka vermeyin ki, etrafından dağılıp gitsinler. Eğer O'nun yanında Medine'ye bir dönersek, izzet ve kuvveti çok olan, en zelil ve zayıf olanı Medine'den muhakkak çıkaracaktır!"

(Zeyd *radıyallâhu anh* dedi ki:) "Ben İbn-i Ubey'in bu sözlerini amcama yahut Ömer'e söyledim. O da bunu Peygamber'e söyledi. Bunun üzerine Rasûlullah *sallallâhu aleyhi ve sellem* beni çağırdı. Ben de İbn-i Ubey'in sözlerini

---

[379] "Kitabu'l-İcma'", sf. 123. "el-Kevkebu'd-Durriyyu'l-Münîr", adlı eserden alıntılanmıştır. Bkz. sf. 65.

[380] Bununla Hasan-ı Basrî'yi kastediyor.

[381] İbn-i Kudâme, "el-Muğnî", Kitabu'l-Mürted. "er-Risâletu's-Selâsîniyye" adlı eserden iktibas edilmiştir. Bkz. sf. 205.

kendisine naklettim. Bu defa Rasûlullah *sallallâhu aleyhi ve sellem*, Abdullah İbn-i Ubey ile adamlarına haber gönderdi. Bunlar geldiler ve 'Biz böyle bir şey söylemedik' diye yemin ettiler! Rasûlullah *sallallâhu aleyhi ve sellem* beni yalanladı, onu doğruladı. Bunun üzerine ben o kadar gamlandım ki, ömrüm içinde bana asla bunun benzeri bir keder isabet etmemiştir. Artık eve oturdum (dışarı çıkmadım). Amcam da bana: 'Ey oğul, uslu durmadın, en sonunda Rasûlullah *sallallâhu aleyhi ve sellem*'in seni yalanlamasını ve sana öfkelenmesini istedin!' dedi (de beni daha da kederlendirdi). Son derece bunaldığım bir sırada Yüce Allah *"Münafıklar sana geldikleri zaman..."* diye başlayan Münafikûn Sûresini indirdi. Bu sûrenin gelmesi üzerine Peygamber *sallallâhu aleyhi ve sellem* bana haber gönderdi. Huzuruna vardığımda bu sureyi okudu ve: *'Ey Zeyd! Şüphesiz ki Allah (nakletmiş olduğun sözde) seni doğrulamıştır'* buyurdu.[382]

Abdullah İbn-i Ubey'in söylemiş olduğu sözler, Rasûlullah *sallallâhu aleyhi ve sellem*'in şahsı hakkında hakaret içeren küfür sözleri idi. Zeyd b. Erkam *radıyallâhu anh* bu sözleri Rasûlullah *sallallâhu aleyhi ve sellem*'e nakletmesine rağmen şahitliği kabul edilmemiş ve bunun neticesi olarak da o sözleri söyleyen kişiye irtidat cezası uygulanmamıştı. Bunun ise iki nedeni olabilir:

1-) Yaşın küçüklüğü (baliğ olmaması),
2-) Tek kişi olması.

Zeyd b. Erkam *radıyallâhu anh* hakkında bu iki şıktan başkası düşünülemez; zira geri kalan şartların her biri kendisinde tahakkuk ediyordu.

Malum olduğu üzere İslam, irtidatın vuku bulduğunu ispat için bir takım ağır şartlar getirmiştir. Bu şartlar tahakkuk etmeden bir insana –o suçu işlese dahi– irtidat cezası uygulanamaz. Cezanın uygulanabilmesi için tüm şartların tahakkuk etmesi zorunludur.

Bu olayda Abdullah İbn-i Ubey'in söylediği sözler şer'î ispat yolları ile ispat edilemediğinden kendisine irtidat cezası uygulanmadı. Eğer isnat edilen suç ispat edilseydi, kendisine kesinlikle irtidat cezası uygulanır ve mürtet olarak öldürülürdü. O, kendisine isnat edilen suçu kabul etmedi. Suç kabul edilmediğinde geriye şâhitlerin şâhitlik etmesi kalıyordu. Bu olayda tek bir şâhit bulunduğu veya şâhit henüz bâliğ olmadığı için bu da gerçekleşmedi. Sonuçta isnat edilen suç cezasız kaldı.

Ulemanın ifade ettiğine göre bir suç bu iki yoldan biri ile ispat edilemezse, vahiy o suçun işlendiğini ortaya koysa dahi sahibine o suçun gerektirdiği ceza-i müeyyide uygulanmaz. İbn-i Teymiyye *rahimehullah* der ki:

---

[382] Buhârî, Kitabu't-Tefsir, Münafikûn Suresi. Hadis no: 4900.

"Rasûlullah sallallâhu aleyhi ve sellem, had cezalarını 'ikrar' ve 'beyyine' sâbit olana dek ne kendi bilgisine göre, ne tek kişinin haberine göre ve ne de vahyin bildirdiğine göre uygulardı. (Yani vahiy o olayı doğrulasa dahi kendisine suç isnat edilen kimse suçu kabullenmedikçe veya olay şahitlerle ispat edilmedikçe Rasûlullah sallallâhu aleyhi ve sellem o kimseye had cezasını uygulamazdı.)"[383]

İşte Zeyd b. Erkam'ın durumu da böyle idi. Kendisi âdil olmasına rağmen ya yaşının küçüklüğü nedeniyle ya da kendisi ile beraber bir şâhit daha getirememesi nedeniyle Rasûlullah *sallallâhu aleyhi ve sellem* Abdullah İbn-i Ubey'e irtidat cezası uygulamamıştı.

Son olarak önemli bir noktaya daha temas etmek istiyoruz: Unutmayalım ki suçu kabullenme ve iki âdil şâhidin şâhadeti gibi şartlar ancak kişinin tekfirinde ve kanı ve malı heder sayma gibi buna terettüp eden ahkâmın icra edilmesi hususunda aranır. Böylesi ihtimali olan insanların şerrinden, fesatlarından, fısk-ı fücurlarından ve bidatlerinden sakındırmaya gelince; bu, onların tekfirinde aranan şartlardan biraz daha düşük seviyededir. Sakındırma, haber verme kapsamında değerlendirilir. Malum olduğu üzere, verilen haberi kabul etmede aranan şartlar, şâhitlikte aranan şartlardan daha ehvendir. Buna bir örnek verecek olursak; mesela kadının rivayeti tıpkı erkeğin rivayeti gibidir. Onun rivayetinde aranan şartlar, erkeğin rivayetinde aranan şartlarla aynıdır. Ama kadının şahitliği böyle değildir. Onun şahitliğinde sayı farklılığı gibi daha farklı şartlar aranır.

Eğer kişi hayatının akışı içerisinde kötü insanlarla kalkıp oturuyor, onlarla içli-dışlı oluyor ve onları bu kötülüklerinden vazgeçirmeye çalışmıyorsa ya da işlediği bir bidate insanları davet ediyorsa, bundan sakındırmak caizdir. Sakındırmada aranan şartlar, tekfirde aranan şartlardan farklıdır. Burada sadece Allah'ın şu emrine riayet ederek hareket etmek gerekir:

"Ey iman edenler! Eğer bir fâsık size bir haber getirirse onun doğruluğunu araştırın. Yoksa bilmeden bir topluluğa kötülük edersiniz de sonra yaptığınıza pişman olursunuz." (Hucurat, 6)[384]

---

[383] "es-Sarimu'l-Meslûl", sf. 362.
[384] Bu güzel tespit, Ebu Muhammed'in "er-Risâletu's-Selasîniyye" adlı eserinden alınmıştır. Bkz. sf. 210.

ALTINCI BÖLÜM
KAVÂİDU'T-TEKFÎR/TEKFİR KÂİDELERİ

Kitabın bu bölümünde tekfirin kâide ve kurallarından bahsedecek ve her birini gücümüz nispetinde delilleriyle birlikte tek tek şerh etmeye çalışacağız. Bu bölümde İslam âlimlerinin şer'î delillerden istinbât ettikleri sekiz kâideyi ele alacağız.

Konumuza "kâide" kelimesinin ne anlama geldiğini izah ederek başlayacağız. Kâide kelimesi sözlükte "binanın üzerine dayandığı temel, bir şeyin aslı, esası" anlamına gelir.[385] Istılahta ise "Farklı alanlardaki fer'î meselelerin hükümlerini tamamen veya büyük oranda kuşatan tümel/küllî kâideler" demektir. Diğer bir ifadeyle "Birçok cüzî meseleleri içerisine alan ve onları kapsayan genel kurallar" demektir. Bunu bir örnekle izah etmek gerekirse; mesela biz "Kelamda aslolan hakikî manadır" deriz. Bu genel bir kâidedir. Birçok cümleyi bu kâideye hamlederek onların hakikî manasını alır ve hakikate muhâlif anlamlarını terk ederiz.[386]

Bir şey kural olarak ortaya konmuşsa, diğer cüzlerin ona tatbiki gereklidir. Ama bazı kuralların istisnâlarının olması da mümkündür.

Şimdi bizim burada anlatmaya ve tek tek şerh etmeye çalışacağımız kurallar tekfirle alakalıdır ve tekfirin birer kâidesi niteliğindedir. Bizim her meselede bu kurallara müracaat etmemiz ve karşılaştığımız müşkil meselelerde bu kuralları tatbik etmemiz, bizlere birçok fayda getirecek ve içinden çıkılmaz hale gelen birçok konuda doğruya ulaşmamızda kolaylık sağlayacaktır.

Bir işi kâide ve kurallarına göre halledebilmek büyük bir mârifettir. Hele bir de bu iş iman-küfür meselesi gibi son derece öneme haiz bir mesele ise, o zaman iş daha da bir önem kazanır ve kuralına uydurmak çok daha elzem

---

[385] DİA, 24/205; "el-Vecîz fi'l-Kavâ'idi'l-Fıkhiyye", Abdulkerim Zeydan, sf. 7.
[386] Bkz. "Hukuku İslâmiyye Kamusu", Ömer Nasuhi Bilmen, 1/15.

hale gelir. Bu nedenle bir işe girişmeden önce onun kurallarını bilmek kaçınılmazdır. Kural ve kâidelerden bihaber olan insanların o meseleye ilişkin hüküm vermeleri şöyle dursun, ağızlarını dahi açmamaları gerekmektedir. Onların mesuliyetten kurtulmaları adına yapabilecekleri en güzel yol bu işi bir bilenine sormalarıdır.

Günümüzde birçok insan, maalesef bu illetle malul durumdadır. Tekfirin *"te"*sinden anlamadığı halde, tâğutu inkâr edip Allah'a iman etmiş onlarca Müslümanı küfr-ü sarih dercesine ulaşmayan bazı hataları sebebiyle tekfir etmektedirler. Bu yanlışın altında yatan en temel unsur, bu işin kuralını bilmemeleridir. Eğer onlar bu işin kural ve kâidelerini bilmiş olsalardı, Allah'a bihakkın iman etmiş kulları tekfirde aceleci davranmazlar ve bu meselede hüküm vermenin diğer meselelerde hüküm vermeye benzemediğini çok iyi anlarlardı. Ama gelin görün ki, ilmin nurunun sönmeye yüz tuttuğu şu çağda siz bunu gündeme getirdiğinizde haksız damgalarla damgalanmaktan kendinizi koruyamazsınız.

La havle ve la kuvvete illa billâh...

Kitabın giriş tarafında da anlattığımız gibi, bu konuda ilk temel esas; tekfirin şartlarının ve engellerinin ancak İslam'ı sabit olan kimseler üzerinde cereyan edeceğidir. Şayet mesele İslam'ı sabit bir Müslümanın tekfiri ise, öncelikle bu kimsenin tekfir edilmemesi yönünde engellerin varlığı ya da yokluğu araştırılmalı ve arkasından gerekli şartlar oluşturulduktan sonra nihaî söz söylenmelidir. Müslüman olarak tanıdığımız, Müslüman olarak bildiğimiz, İslam'ı sabit olan bir kimsenin yaptığı herhangi bir amelden ya da söylediği herhangi bir sözden dolayı duraksamaksızın tekfir edilmesi, çoğu zaman hatalı sonuçlara yol açabilir. Bu yüzden ilk adımda yapılması gereken, meselenin iyice tetkik edilmesidir. Kişinin o sözü söyleyip-söylemediği, o ameli yapıp-yapmadığı gibi suçun ispatında aranan bir takım şartlar vardır. Muhtemeldir ki kişi, kendisinin tekfirine sebep olacak küfür amelini ya da sözünü söylememiş olabilir. Ya da bizzat küfür amelini ya da sözünü kastetmemiş olabilir. Dil sürçmesi, fer'i meselelerde kişinin tekfirine engel olabilecek cehalet, tevil ya da ikrah engelleri gibi bir takım ârızi şartların olması muhtemeldir. Bundan dolayı *"Yakîn (kesin olarak bilinen) şek ile (şüphe ile) zail (yok) olmaz"*[387] temel prensibi gereğince İslam'ı sabit olan bir Müslümanın tekfirinde şartlar ve engeller göz önüne alınarak bir müddet duraksanmalı, acele karar verilmemelidir.

Tekfirin kâidelerine dair belirlenen esasların hemen hemen tamamının altında yatan etken yakînin şek ile zâil olmayacağı prensibidir.

---

[387] Bkz. Abdulkerim Zeydan, "el-Vecîz fi Şerhi'l-Kavâ'idi'l-Fıkhiyye", sy. 35.

Kavaidu-t-tekfir/tekfir kâideleri konusuna dair yazılmış eserlere baktığımız zaman bu kâideyi *"Sarih İslam'ı, ancak sarih küfür bozar"*[388] şeklinde görmemiz de mümkündür. Bu kâide ile işaret edilen de aynı şeydir. Kendisinden küfür söz ya da ameli sadır olan kimsenin evvelemirde İslam'ı sarihtir. Sarih İslam'ın iptali ise, ancak sarih bir küfürle mümkündür. Sarih olan bir durumun şüpheli şeylerle izale edilmesi mümkün değildir.

İşte bu hususa dikkat etmeyen bazı Müslümanlar, İslam akdi sabit kimseleri tekfirde aceleci davranmakta ve onlara küfür ahkâmını icra etme hususunda hiçbir kural tanımamaktadırlar. Bu noktaya dikkat etmeli ve tekfirin kurallarını göz ardı etmemeliyiz.

Bu kısa girişimizden sonra tekfirin kâidelerini bir bir ele almaya ve muhtevasını izah etmeye geçebiliriz.

Yardım ve başarı Allah'tandır.

---

[388] Ebu Basir et-Tartusî, "Kava'idu fi't-Tekfir", sy. 219.

BİRİNCİ KURAL

التكفيرالعامّ لا يستلزم دائماً التكفير المعيّن

"UMUMÎ TEKFİR HER ZAMAN MUAYYEN TEKFİRİ GEREKTİRMEZ"

"Umumî tekfir her zaman muayyen tekfiri gerektirmez" kâidesi, Ehl-i Sünnetin Kur'an ve Sünnetten istinbât etmiş olduğu önemli kâidelerden birisidir. Bu kâide sayesinde tekfirde yapılan hataların önüne geçilmiş ve mesele hakkındaki yanlışlara set çekilmiş olur. Yine bu kâide, Ehl-i Sünneti diğer fırkalardan ayıran temel bir "fârika" niteliğindedir. Ehl-i Sünnet dışı birçok bidatçı fırka, bu kâideye muhalefetin neticesi olarak hiçbir şart ve mani tanımaksızın her surette Müslümanları tekfir etmeye yönelmiştir. Ehl-i Sünnet ise o fırkaların aksine, bu kâideyi kendilerine esas almak suretiyle kişilerde küfrün sübûtu için bir takım şartlar aramış ve mânileri gözetmiştir. Tekfir yoluna ancak bu şart ve mânilerin gözetilmesi sonucu girmiştir. Bu kâidenin tafsilatına girmeden önce, "umumî tekfir" ve "muayyen tekfir"in ne demek olduğunu kısaca izah etmek gerekir.

Umumî tekfir; bir söz ve amelin küfür olduğuna hükmetmektir. "Bu söz küfürdür", "şu amel şirktir", "kim bunu yaparsa kâfir olur", "kim şu sözü söylerse küfre düşer" demek gibi... Bu işleme umumî tekfir veya diğer bir ifadeyle mutlak tekfir denilir. Burada önemli olan, tekfirin mânilerinden bir mâninin bulunma ihtimalinden dolayı hükmü müşahhas/somut hâle getirmemektir. Yani hükmü o fiili yapan şahsa indirgememektir. Dolayısıyla umumî tekfir, kişi hakkında değil, sebep hakkında hüküm vermektir.

Muayyen tekfir ise; bu hükmü bizzat fâile indirgeyerek ona kâfir hükmü vermektir. Burada fiil değil, o fiili yapan fâil hedef alınmaktadır. Dolayısıyla muayyen tekfir de asıl olan fâildir, fiili işleyen kimsenin bizzat kendisidir.

Bu kısa girişten sonra mezkûr kâidenin delillerini zikretmeye geçebiliriz.

1-) Rasûlullah *sallallâhu aleyhi ve sellem* buyurur ki:

"Cibril bana geldi ve: 'Ey Muhammed! Şüphesiz ki Allah içkiyi, onu sıkanı, sıktıranı, içeni, taşıyanı, kendisine taşınanı, satanı, satın alanı, dağıtanı ve dağıtılmasını isteyeni lanetlemiştir' dedi"[389]

Bu hadiste içki içen ve buna sebep olan herkes umumî bir lânetle lânetlenmiş ve genel bir lânete tabi tutulmuştur. Yani içkiyi içen, alan, satan ve hadiste zikri geçen diğer kimselerin hepsi lânetlidir, mel'undur. Dolayısıyla biz içki içmenin, almanın, satmanın vs. melânetli bir iş olduğuna hükmedebiliriz. Veya "Kim içki içerse mel'undur", "içki içen lanetlidir", "Allah'ım, içki içene lanet et!" diyebiliriz. Bu tür genelleme yapabiliriz. Böylesi bir işlem genel bir lânettir; umumî bir tel'indir.

Bu hadisimizde böylesi bir genelleme yapılmış olmasına rağmen, buna mukâbil bazı hadis kitaplarında şöyle bir hadis de mevcuttur:

Rasûlullah *sallallâhu aleyhi ve sellem* zamanında Abdullah isminde bir adam vardı. İnsanlar tarafından "himar" diye lakaplandırılmıştı. Bu kişi Rasûlullah *sallallâhu aleyhi ve sellem*'i ara sıra güldürürdü. Hz. Peygamber ona içki içtiği için sopa vurma cezası uygulamıştı. Bir gün bu şahıs yine Rasûlullah *sallallâhu aleyhi ve sellem*'in huzuruna getirildi. Hz. Peygamber ona sopa cezası uygulanmasını emretti. Bunun üzerine değnekle dövüldü. Topluluktan birisi "Ya Rabbi şu adama lanet et, içki yüzünden ne kadar da çok huzura getiriliyor!" dedi. Bunun üzerine Rasûlullah *sallallâhu aleyhi ve sellem* *"Ona lanet okumayınız! Vallahi kesin olarak biliyorum ki, bu zat Allah'ı ve Rasûlünü sevmektedir"* buyurdu.[390]

Görüldüğü üzere Rasûlullah *sallallâhu aleyhi ve sellem* içki içen herkesi –üstteki hadiste olduğu gibi– lanetlemiş olmasına rağmen, bu hükmü bir mâninin/engelin bulunması sebebiyle sahâbîsine indirgememiş, hatta lânetlenmesine mâni bile olmuştur.

Hadisten anlaşıldığı üzere ismi geçen sahabî içkiye müptela olmuş birisiydi. Hadiste yer alan *"içki yüzünden ne kadar da çok huzura getiriliyor…"* sözü buna işaret etmektedir. Hâlbuki şu hadislerde olduğu gibi içki tiryakilerinin puta tapan kimse gibi olduğu ifade edilmiştir. Rasûlullah *sallallâhu aleyhi ve sellem* şöyle buyurur:

"İçki tutkunu puta tapan kimse gibidir."[391]

"Puta tapan kimse" şeklindeki bu genel hükmün o sahabîye hamledilmesi caiz değildir; çünkü onun nezdinde bu kötülüğü örtecek ve ona içki hakkında

---

[389] "Sahihu'l Cami'", 72. Farklı bir lafzı için bkz. Tirmizî, Buyu', 52, hadis no. 1295.
[390] Buhârî, Hudud, 5, hadis no. 6780.
[391] "Sahihu İbn-i Mâce", 2720.

vârit olan va'îdin/tehdidin bitişmesini men edecek bir hasenesi vardı. Bu hasene, onun Allah ve Rasûlünü sevmesiydi. Bilinmelidir ki, iyilikler kötülükleri örter.[392]

2-) Ebu Hureyre *radıyallahu anh* şöyle anlatır: Rasûlullah *sallallâhu aleyhi ve sellem*'e içki içmiş olan bir adam getirildi. Rasûlullah *sallallâhu aleyhi ve sellem*: *"Ona vurunuz"* buyurdu. Ebu Hureyre *radıyallahu anh* devamla der ki: "Bizden kimi eli, kimi ayakkabısı, kimi de elbisesi ile vurdu. Ayrılınca (dövme işi bitince) topluluktan birisi: "Allah seni rezil rüsva etsin" dedi. Bunun üzerine Rasûlullah *sallallâhu aleyhi ve sellem*: *"Öyle demeyiniz, ona karşı şeytana yardım etmeyiniz!"* buyurdu.[393]

Üstteki hadislerde olduğu gibi içki içen kimse hakkında nasslarda vârit olan genel hüküm; ona lanet okunması ve beddua edilmesidir. Ama burada Rasûlullah *sallallâhu aleyhi ve sellem* bunu yasaklamış ve içki içmesine rağmen o sahâbîye rahmet okunmasını ve lehinde dua edilmesini emretmiştir.

3-) Başlarında Kudâme b. Maz'ûn'un bulunduğu bazı sahabîler Maide Suresinde bulunan *"İman edip salih amellerde bulunanlar için korkup sakındıkları, iman ettikleri ve salih amellerde bulundukları, sonra korkup sakındıkları ve iman ettikleri ve sonra (yine) korkup sakındıkları ve iyilikte bulundukları takdirde yedikleri dolayısıyla bir sorumluluk yoktur. Allah, iyilik yapanları sever."* (Maide, 93) ayetini tevil ederek içki içmeye başlamışlar ve içkinin helal olduğunu söylemişlerdi. Onlar bu sırada Şam'da bulunuyorlardı. Ömer *radıyallahu anh* onların böyle söylediğini duyunca hemen kendilerini Medine'ye çağırdı. Onların bu durumunu Medine'deki sahâbîlerle istişare etti. Sahabîlerden bazıları:

— Ey müminlerin emiri! Bizler onların Allah'a iftira ettiklerini ve izin vermediği hususlarda Allah'ın dininde bazı şeyleri meşru kabul ettiklerini görüyoruz. Sen onların boyunlarını vur! dediler.

O esnada Hz. Ali sukut etmekteydi. Ömer *radıyallahu anh* kendisine:

— Senin onlar hakkındaki görüşün nedir ey Hasan'ın babası?" diye sordu. Bunun üzerine Ali *radıyallahu anh*:

— Ben onları tevbeye davet etmeni uygun görüyorum. Eğer tevbe ederlerse, içki içmelerinden ötürü seksen sopa vurursun. Şayet tevbeye yanaşmazlarsa Allah'a iftira ettikleri ve izin vermediği hususlarda Allah'ın dininde bazı şeyleri meşru kabul ettikleri için boyunlarını alırsın, dedi.

Onlar Medine'ye geldiklerinde Hz. Ömer delil getirmiş oldukları ayetin gerçek manasını onlara izah ettikten sonra kendilerini tevbeye davet etti. Onlar bunun ardından tevbe ettiler ve kendilerine seksen sopa vuruldu. En

---

[392] "Kava'id fi't-Tekfir", sf. 60.
[393] "Sahihu Ebî Dâvut", 3758.

sonunda Hz. Ömer Kudâme *radıyallahu anh*'a:

— Eğer sen sakınıp salih ameller işlemiş olsaydın içki içmezdin, dedi.[394]

Kudâme *radıyallahu anh*'ın delil olarak öne sürdüğü ayet, Uhud Muharebesinden sonra nazil olmuştu. Sahebîlerden bazıları *"İçki haram kılındı; ancak o haram kılınmadan önce içki içerek ölen arkadaşlarımızın durumu ne olacak"* diye sormaya başladılar, bunun üzerine Allah *celle celâluhu*, haram kılınmasından önce bir şeyi tadan kimselerin sakınıp salih amel işledikleri sürece bundan sorumlu olmayacağını belirterek bu ayeti indirdi. Kudâme *radıyallahu anh* ve beraberindeki sahabîler bu ayeti tevil ederek ayetin kendilerini de kapsayacağı zannına kapıldılar ve kendileri için içkiyi helal saydılar!

Bu olayın konumuza delil olma yönü şu şekildedir: İçkiyi helal kabul etmek tüm ulemaya göre küfürdür. İçkiyi helal kabul eden kâfir olur. Sahabe de bunu böyle anlamıştır. İşte bu, umumî bir tekfirdir. Ancak onlar, tevilleri ve Allah'ın o ayetteki murâdını yanlış anlamaları nedeniyle huccet ikame edilmeden önce muayyen olarak tekfir edilmemişlerdir.[395] İşte aynı şekilde bir Müslüman, makbul bir tevile dayanarak akidevî bir hata yapsa, huccet ikâme edilmeden hemencecik tekfir edilmez. Biz öncelikle onun bu amelinin küfür olduğunu söyleriz, böylesi bir ameli işleyenlerin küfre düşeceğini ifade ederiz; ama muayyen olarak böylesi bir Müslümanı, olayın perde arkasını iyice öğrenmeden tekfir etmeyiz. Kudâme *radıyallahu anh* olayında sahabenin tavrı bu idi. O günden bu güne Ehl-i Sünnet âlimlerinin de tavrı hep aynı yönde cereyan etmiştir. Yani umumî tekfir ile muayyen tekfirin arasını bir birinden ayırmışlardır.

4-) *"Herhangi birinizin tevbesinden dolayı Allah'ın duyduğu hoşnutluk, ıssız çölde giderken üzerindeki yiyecek ve içeceği ile birlikte devesini kaybetmiş ve tüm*

───────────────────────

[394] Tahâvî, "Şerhu Me'âni'l-Âsâr", 4798. (**Not:** Kitabımızı okuyup değerlendiren bazı ilim talebesi kardeşlerimiz, Kudâme b. Maz'un *radıyallahu anh*'ın Bedir ashabından olması hasebiyle bu rivayette zikredildiği gibi, içki içmediğini, böyle bir yanlışa düşmediğini ve onun isminin bu rivayetlere karıştırılmasının bir hata olduğunu dile getirmişler ve bu konuda bizim yanlış yaptığımızı öne sürmüşlerdir. Bu kardeşlerimizin hassasiyetlerinden dolayı kendilerine teşekkür ediyor ve Allah'tan onlar için sebat diliyoruz. Lakin burada şunları söyleyerek meseleyi vuzuha kavuşturmamız gerekmektedir: Biz bu kitabı hazırlarken rivayetlere ve kavillerin doğruluğuna ilişkin oldukça hassas davranmaya çalıştık. Naklettiğimiz bu rivayetlerdeki isimleri de asla kafamıza göre vermedik. Zikri geçen rivayetteki sahabînin Bedir ashabından Kudâme b. Maz'un *radıyallahu anh* olduğunu dile getiren biz değil, Şeyhu'l-İslam İbn Teymiyye *rahimehullah*'dır. O, *"es-Sârimu'l-Meslûl"* adlı eserinde *(bkz. sf. 526)* bunu açıkça ifade etmiş ve içki için o sahabîlerin başında Kudâme b. Maz'un'un geldiğini söylemiştir. Biz de Şeyhu'l-İslam'ın bu sözünden hareketle bu rivayeti olduğu gibi naklettik. Ama hemen şunun altını çizelim ki, yanlış teviller sonucu içki için o kimseler ister Kudâme b. Maz'un *radıyallahu anh* olsun, ister diğer sahabîler olsun fark etmez, sonuçta ortada hatalı bir tevile dayanarak suç işleyen bir kitle var. Bizim için önemli olan isimler değil, isimlerin karışmış olduğu olaylardır. Allah en doğrusunu bilir.)

[395] "Kava'id fi't-Tekfir", sf. 61.

ümitlerini de yitirmiş halde bir ağacın gölgesine uzanıp yatan, derken devesinin yanına dikiliverdiğini gören ve yularına yapışarak aşırı sevincinden dolayı ne söylediğini bilmeyerek 'Allah'ım sen benim Rabbim ben de senin kulunum' diyeceği yerde, 'Allah'ım, Sen benim kulumsun ben de Senin Rabbinim' diyen kimsenin sevincinden çok daha fazladır."[396]

Hadiste yer alan *"Allah'ım, Sen benim kulumsun ben de Senin Rabbinim"* sözü, haddi zatında küfrü mucip bir sözdür. Bir kul –hâşâ– kendisinin Allah'ın rabbi olduğunu söylese, bu söz nedeniyle kâfir olur; ancak buradaki adam aşırı sevincinden dolayı ne dediğini bilememiş ve <u>dilinin sürçmesi</u> sonucu bu sözü söylemiştir. O adam asıl itibariyle küfür kelimesini telaffuz etmeyi kastetmemişti. Ancak aşırı sevinci nedeniyle ağzından böyle bir kelime çıkıvermiş ve böylesi bir söz söylemişti. İşte onun bu hâli, kendisinin küfre düşmesine engel olmuştu.[397]

Bu konuda daha onlarca delil vardır...

Biz, maksadın hâsıl olduğunu düşündüğümüzden dolayı bu kadarıyla iktifa ediyoruz.

Şimdi izahını yapmaya çalıştığımız bu kâideyi kitaplarında sıkça zikreden ve belki de kâidenin bu şekilde formüle edilmesinde en önemli rolü oynayan İbn-i Teymiyye'nin bu kâideye ilişkin bazı sözlerini aktarmaya çalışacağız. O *Mecmuu'l-Fetâvâ* adlı eserinde şöyle der:

"Söylenen söz, mutlak olarak sahibinin tekfir edildiği türden olabilir ve genelde bunu ifade etmek için, 'Kim şöyle derse kâfir olur' ifadesi kullanılır. Ancak bu sözü söyleyen kişi, gerekli olan hüccet ikâmesi yapılmadan önce tekfir edilmez. Allah Teâlâ'nın, 'Haksızlıkla yetimlerin mallarını yiyenler şüphesiz karınlarına ancak ateş tıkınmış olurlar; zaten onlar alevlenmiş ateşe gireceklerdir' (Nisa, 10) ayetinde olduğu gibi, vaîd ile ilgili olan nassların durumu bu şekildedir. Bu ve buna benzer nasslar hak olan vaîdi bildirir. Ancak gerekli olan şartların oluşmaması ve engellerin de kalkmaması sebebi ile mutlak olan bu vaîd, muayyen bir şahsa indirgenemez. Çünkü işlediğinin haram olduğu kendisine açıklanmamış veya bu yaptığından tevbe etmiş veya işlediği bu haramın affedilmesine sebep olacak derecede iyilikleri

---

[396] Müslim, Tevbe, 1, hadis no: 2747.

[397] Burada şu ayırıma dikkat etmek gerekir: Küfür kelimesini söyleyip de onu kastetmediğini söyleyen kimse ile küfür kelimesini söylemeyi kastetmediği halde yanlışlıkla onu söyleyen kimse tamamen bir birinden farklıdır. Küfür kelimesini, küfür kelimesi olduğu halde söyleyen kimse bunu kastetmemiş ve küfre düşmeyi murâd etmemiş olsa bile kâfir olur. Hadiste zikri geçen kimse, küfür kelimesini söylemeyi kastetmemişti. *"Allah'ım sen benim Rabbim ben de senin kulunum"* diyeceği yerde, *"Allah'ım, Sen benim kulumsun ben de senin Rabbinim"* deyivermişti. Böylesi biri ile küfrü gerektiren sözleri hiçbir gerekçe olmaksızın söyleyip, sonra da *"ben bunu kastetmiyorum"* diyen kimse birbirinden çok farklıdır. Çağdaş Mürcieler bu hadisi delil getirerek küfür kelimesi söyleyen kimseleri tekfir etmemektedirler. Onların bu hilelerine sakın ha aldanma! (Bu konu kitabın ilerleyen yerlerinde *"İntifâu'l-Kast"* meselesi olarak etraflıca ele alınacaktır inşâallah, oraya bakınız. Ayrıca bkz. "Kavâ'id fî't-Tekfîr", 64 numaralı dipnot.)

fazla olmuş ya da kendisine şefaat edilmiş olabilir. Küfür olarak nitelenen sözler de böyledir. Kişiye hakkı bildiren nasslar ulaşmamış olabilir; ulaşmış olsa bile onları sâbit görmemiş olabilir veya anlamamış olabilir ya da Allah Teâlâ'nın mazur göreceği şüpheler ile karşılaşmış olabilir. Hak peşinde olup hata yapan mü'minin hatasını ne olursa olsun Allah Teâlâ bağışlar. Bu hatanın nazarî veya amelî konularda olması farketmez. Rasûlullâh sallallâhu aleyhi ve sellem'*in ashabı ve ümmetin imamlarının görüşü budur.*"[398]

"Meselenin aslı şu şekildedir: Kitap, sünnet ve icma ile küfür olduğu sâbit olan bir söz için 'Bu mutlak küfürdür' denir. Şer'î deliller bunu göstermektedir. İman; Allah ve Rasûlü sallallâhu aleyhi ve sellem'*den öğrenilen hükümlerdendir. İnsanların zan ve hevalarına göre karar verecekleri bir konu değildir. Hakkında tekfirin şartları sâbit olmadıkça ve engelleri ortadan kalkmadıkça, bu tür sözleri söyleyen her kişi hakkında küfür hükmü verilmez. İslam'a yeni girmiş olması veya ilimden uzak bir yerde yetişmiş olması sebebiyle içkinin veya fâizin helal olduğunu söyleyen kişi bu kabildendir."*[399]

"Belirli bir takım sözler hakkında mutlak olarak nakledilen tekfir hükümlerini onlara açıklıyordum. Bu sözlerin doğruluğunun üzerinde duruyor, ancak muayyen tekfirin bundan ayrılması gerektiğini belirtiyordum. Ümmetin temel usul konularından biri olarak hakkında ihtilaf ettiği ilk mesele; vaîd (tehdit) konusudur. Kur'an'da vaîd ile ilgili ayetler mutlaktır. Mesela **'Haksızlıkla yetimlerin mallarını yiyenler şüphesiz karınlarına ancak ateş tıkınmış olurlar; zaten onlar alevlenmiş ateşe gireceklerdir.'** *(Nisa, 10) ayetinde olduğu gibi... Bu, genel ve mutlak bir hükümdür. Selefin yaptığı da budur. Halbuki muayyen kişi için ceza (vaîd) hükmü, tevbe ile, günahları silen iyilikler ile, musibetler ile veya makbul bir şefaat ile ortadan kalkmış olabilir. Tekfir de bir ceza tehdididir. Söylediği, Rasûlullâh* sallallâhu aleyhi ve sellem'*in söylediğini yalanlamak da olsa, kişinin İslam'a yeni girmiş veya ilim muhitinden uzak bir yerde yaşamış olması yahut söylediği sözün küfür olduğuna dair nassları duymamış veya duymuş olsa bile sahih veya sabit görmemiş yahut yanılmış olsa bile kendisince onları te'vil etmiş olması sebebiyle hakkında kesin delil kâim olmadıkça inkâr ettiği şeyler yüzünden kâfir olmayabilir."*[400]

Meseleyle alakalı Şeyhu'l İslam'ın daha birçok sözü vardır. O, bu meseleyi kitaplarında detaylıca ele almış ve hiçbir kapalılığa yer vermeyecek şekilde konuyu izah etmiştir.

---

[398] "Mecmuu'l-Fetâvâ", 23/195.

[399] "Mecmuu'l-Fetâvâ", 35/101.

[400] "Mecmuu'l-Fetâvâ", 3/147-148.

Bir Uyarı

Bu genel kâidenin anlaşılması noktasında bazıları kâideyi umumîleştirmek suretiyle büyük bir hataya düşmüşler ve umumî tekfirin, hiçbir zaman muayyen tekfiri gerektirmeyeceğini söylemişlerdir. Bu son derece hatalı bir yaklaşımdır. Biz bu hatanın önüne geçmek için –Ebu Basir'in de ifade ettiği gibi– *"her zaman"* kaydını getirdik. Yani umumî tekfir muayyen tekfiri <u>her zaman</u> gerektirmez; ama bazı zamanlarda gerektirebilir. Buraya Ebu Basir'in cümlelerini olduğu gibi tercüme etmekte fayda mülahaza ediyoruz. O, *"İslam Dininden Çıkaran Ameller"* adlı eserinde der ki:

"Bir şeyin küfür olduğu hakkında söylenen söz, o şeyi yapan kimsenin de kâfir olmasını her zaman gerektirmez. Zira kişi hakkında küfür hükmünün verilmesine ve tehdidin geçerli olmasına engel olacak şer'î, muteber tekfir engelleri bulanabilir. Ancak eğer ki tekfirin şartları meydana gelmiş ve engeller de ortadan kalkmış ise, Şari'nin hükmüne uyarak bu kişi tekfir edilir."[401]

Yazar *"Kavâ'id fi't-Tekfir"* adlı eserinde de buna yakın cümleler söyledikten sonra şu önemli cümlelere yer vererek der ki:

"Allah'ın hükümlerinin vâkıaya indirgenmeden askıda kalması (işlevsiz bırakılması), ve şer'î bir engel olmaksızın onu hak edenlere ulaştırılmaması asla caiz değildir."[402]

Gerçekten de bu cümleler zikredilmeye ve altı çizilmeye değerdir. Kitabın ilk bölümlerinde açıkladığımız üzere tekfir Allah'ın bir hükmüdür ve Allah'ın bu hükmünün onu hak edenler için âtıl ve işlevsiz bırakılması asla caiz değildir. Allah'ın hükümleri yürürlüğe konmak için gelmiştir; âtıl bir vaziyette terk edilmesi için değil! Unutmayalım ki, vâkıası olmayan hükümler abesten başka bir şey değildir. Allah'ın hükümleri ise abes olmaktan uzak ve münezzehtir.

Bu uyarıyı burada zikretmemizin nedeni –kısmen de işaret ettiğimiz gibi– bazı art niyetli insanların bu kâideyi saptırma girişimlerinin önüne geçmektir. Bu art niyetli insanların başında hiç kuşkusuz tağutların küfrünü örtbas etmek için olağanca gücüyle mücadele veren ve onları temize çıkarmak için bin dereden su getirmeye çalışan Mürcie zihniyetli çağdaş ulema (!) gelmektedir. Onlar, muhtelif kitap ve konuşmalarında bu kâideyi *"Umumî tekfir muayyen tekfiri gerektirmez"* diyerek tahrif etmektedirler. Hâlbuki umumî tekfir bazen muayyen tekfiri gerektirir. Burada dikkat edilmesi gereken, şartların oluşması ve engellerin[403] ortadan kalkmasıdır. Şartlar

---

[401] Sf. 31.
[402] "Kava'id'fi't-Tekfir", sf. 65.
[403] Tekfirin engelleri, bu konudan sonra özel bir bölüm olarak gelecektir.

oluşup engeller ortadan kalktığında tekfir hükmünün icrâ edilip, hak eden şahsa indirgenmesi tekfircilik olmaktan öte, Allah'ın bir hakkı ve şeraitinin bir hükmüdür. Ehl-i Sünnet bu hususta icma' etmiştir. Bu hususa muhalefet eden ya muânid bir Mürcie ya da hâin bir sapıktır.

Şimdi bu hususu ispat için İslam âlimlerinden bazılarının muayyen olarak küfür hükmü verdiği bazı olaylar zikredelim ki, bu sayede kâidemizin doğruluğu ortaya çıkmış olsun.

1) İmam Zehebi *"Kitabu-l Arş"* isimli eserinde nakleder: Cehm'in karısının yanında bir adam 'Allah arşı üzerindedir' dedi. Buna karşılık kadın 'Mahdut bir şey mahdut bir şeyin üzerinde?!' deyince İmam Esmaî 'O, bu sözüyle kâfir oldu' demiştir.[404]

2) İmam Ahmed b. Hanbel'e bir adamın 'Kur'an'ın lafızları mahlûktur. Kim Kur'an'ın lafızları mahlûktur demezse kâfirdir' sözünü duyunca 'Bilakis onun kendisi kâfirdir. Allah onu kahretsin!' demiştir.[405]

3) Yine İmam Ahmed'in yanına iki adam gelir. İmam Ahmed, onlardan bir tanesine 'Allah'ın ilmi hakkında ne dersin?' diye sorar. Adam 'Allah'ın ilmi mahlûktur' deyince, İmam Ahmed adama 'Sen kâfir oldun' demiştir.[406]

4) Bir adam İmam Şafiî'nin huzurunda 'Kur'an mahlûktur' demişti. Bunun üzerine Şafiî 'Sen yüce olan Allah'a kâfir oldun' diye mukabelede bulundu.[407]

5) Şeyh Ebu Bekir Ahmed b. İshak b. Eyyub bir adamla tartışır. Şeyh, 'Bize şu rivayet etti ki...' diye hadis okumaya başlayınca adam 'Bırak şu bize rivayet etti demeyi! Nereye kadar bunu diyeceksin' deyince, İmam o adama 'Kalk ey kâfir! Bundan sonra ebediyen senin benim evime girmen helal değildir' demiştir.[408]

6) Hafız İbn-i Hacer şöyle der: Şeyhimiz Hafız Siracuddin Belkînî'ye İbn-i Arabî hakkında sordum da, o, duraksamaksızın hemen 'O kâfirdir' diye cevap verdi.[409]

7) İbn-i Teymiye Sadreddin Konevî hakkında şöyle der: 'O, küfür bakımından şeyhinden (yani İbn-i Arabî'den) daha ileri, ilim ve irfan bakımından ise daha geridedir. Zaten bunların tuttukları yol, küfür yolu oldu-

---

[404] Raşid b. Ebi'l 'Ulâ, "Davâbitu Tekfiri'l-Muayyen", sf. 150. Hafız Zehebî'nin, Muhtasaru'l-Uluvv sf. 170'den nakletmiştir.

[405] Aynı yer.

[406] Aynı eser, sf. 151.

[407] Aynı eser, sf. 154.

[408] Aynı eser, sf. 151.

[409] Aynı yer, sf. 151.

ğuna göre küfürde ustalık sahibi olanların daha fazla kâfir olacaklarında şüphe yoktur.'[410]

8) Yine İbn-i Teymiye Tilmisanî hakkında 'O, Hıristiyanlardan daha kâfirdir' demiştir.

9) İbn-i Teymiye'nin İbn-i Arabî'yi, İbn-i Seb'în'i, Razi'yi[411] muayyen olarak tekfir ettiği malum ve meşhurdur.

10) İmam Gazalî de, İbn-i Sina'yı bizatihi tekfir etmiştir.[412]

Biz burada bu nakilleri bir bir zikretmeye kalksak, buna ne sayfalar kifâyet eder, ne de kalemler! İslam âlimlerinin muayyen olarak tekfir ettiği o kadar insan vardır ki, bunlar sayılmayacak kadar çoktur.[413] Bizim bu nakilleri vermekteki amacımız; izahını yapmaya çalıştığımız kâidenin umumîleştirilmesinin yanlışlığını ortaya koymaktır. Bu kâideyi bu şekliyle formüle eden ve bu noktada hassasiyetiyle maruf olan İbn-i Teymiyye bile onlarca şahsı –engeller ortadan kalktığı için– tekfir etmekten geri durmamıştır. Demek ki, bu kâide alelıtlak kullanılan bir kâide değildir. Bunun bir takım şartları, mânileri ve kayıtları vardır. Bunlara dikkat edildiğinde meselenin etrafı çizilmiş ve çember içerisine alınmış olur. Dolayısıyla bunları gözeten bir insan, tekfirde hataya düşmekten kendisini muhâfaza eder.

Muayyen Bir Kişinin Tekfir Edilebilmesi İçin Dikkat Edilmesi Gereken Şartlar

Muayyen olarak bir kişinin tekfir edilebilmesi için geçen satırlarda da kısmen değinmiş olduğumuz bazı şartlar vardır. Bu şartları şu şekilde özetleyebiliriz:

---

[410] Mecmuu'l-Fetâvâ, 2/175.

[411] Zikri geçen Râzî, tefsiri olan meşhur Fahredin er-Razî değil, filozof olan ve birçok sapkın fikriyle şöhret bulan **Ebu Bekir er-Râzî**'dir. Bu zât, yıldızlara kulluğun caizliğiyle alakalı kitap yazarak sapıklığını ortaya koymuştur. Biz, bazı muasır âlimlerin tahkiksiz bir şekilde zikretmesi sonucu kitabımızın ilk baskılarında İbn Teymiyye'nin, Fahredin er-Razî'yi tekfir ettiğini yazmıştık. Bu görüş hatalı bir görüşmüş. Biz bu görüşü bu basıkıda düzeltiyor ve doğru olan ismi şimdi zikrediyoruz. Ama esefle söylemeliyiz ki, bu görüş, gerek Arap âleminde gerekse Türkiye'de genel tarafından yanlış bilinmektedir. Oysa doğru olan, İbn Teymiyye'nin Fahredin er-Razî'yi tekfir ettiği değil; filozof olan Ebu Bekir er-Râzî'yi tekfir ettiğidir. "Râzi" denildiğinde insanların aklına ilk olarak müfessir olan Râzi geldiği için, tahkik etmeksizin hemen onu zikretmişler ve bu şekilde yanlış bir karalamaya sebebiyet vermişlerdir. Rabbim, ilim talebesi değerli bir kardeşimizin eliyle bu yanlışımızı bize gösterdi. Allah onlara da doğruyu göstersin. Hatalarımızı bize göstererek bizleri yanlışta ısrarcı kılmayan Rabbimize ne kadar şükretsek azdır.

[412] Bkz. el-Kevkebu'd-Durriyyu'l Munîr, sf.112.

[413] "Davâbitu Tekfiri'l-Muayyen" adlı eserin sahibi, bu konuda sırf yirmi tane olay zikretmiştir. Bkz. 149-157. Yine "el-Kevkebu'd-Durriyyu'l-Munîr" adlı kitabın sahibi, bu konuda İslam âlimlerinin en meşhurlarından onlarca nakilde bulunmuştur. (bkz. sf. 108 vd) Bu kitapların haricinde de muayyen tekfirin vuku bulduğundan bahseden birçok kitap vardır.

1-) Tekfirin Engellerinin Ortadan Kalkması[414]

Müslümanlığı sâbit olan bir şahsın, küfür ameli işledikten sonra tekfir edilebilmesi için ilk şart –şayet varsa– onun katındaki engellerin izâle edilmesidir. Bu engeller ortadan kalktıktan sonra bir şahsın tekfiri –diğer şartlarında sübûtu gözetilerek– caizdir. Kısa bir örnekle konuyu açıklığa kavuşturalım: Mesela, ikrah, tekfirin engellerinden birisidir. Bir Müslümanın –Allah korusun– küfrü gerektiren bir amel işlediği bize ulaştığında, onu tekfir etmeden önce bize düşen bu ameli ikrah altında işleyip-işlemediğini tespit etmektir. Eğer ikrah altında işlediği katımızda sübut bulursa, onu tekfir etmekten uzak durmalıyız. Ancak böyle bir durum söz konusu değilse ve diğer engeller de ortadan kalkmışsa, o zaman o şahsın küfrüne hüküm verebiliriz.

2-) Şüpheye Mahal Vermeyecek Nitelikte Bir Araştırma Yapmak

Küfür ameli işlediği iddia edilen veya küfür sözü söylemekle itham olunan bir Müslümanın muayyen olarak küfrüne hüküm verilebilmesi için ikinci şart, onun bu fiili yaptığına dair kesin bir bilgiye sahip olmaktır. Bunanda yolu, bu sözün veya fiilin işlenip-işlenmediğinin net ve kesin olarak araştırılmasıdır. Daha önceleri de ifade ettiğimiz gibi, bir Müslümanın şüphe ve zan ile dinden çıktığına hüküm verilmesi caiz değildir. Böylesi bir hüküm verebilmek ancak kesin delillerden ve bu amelin işlenip-işlenmediğinden kesin emin olunduktan sonra mümkündür. Özellikle de Müslümanların sözlerine itimadın azaldığı şu ortamda bu hususa çok dikkat etmek gerekir. Bir Müslüman bir şeye "ak" diyor; ama bu haber size "kara" şeklinde naklediliyor. Adam bir şeye "evet" diyor, bu size "hayır" şeklinde naklediliyor. Ve hakeza... Ve hakeza...

İşte böylesi bir ortamda bir Müslümanın sözüne hemen itimat etmemeli, sözü iyi anlayıp-anlayamadığını, adamın maksat ve muradını iyi tespit edip-edemediğini kesin bir şekilde bilmeden hemen tekfire girişilmemelidir. Bir müslümanın böylesi bir söz söylediği bize ulaştığında, üzerimize düşen hemen hüsnü zan etmek ve sözü nakleden kimseye "belki de sen iyi anlayamamışsındır" diyerek tekfirde acele etmemektir; çünkü o sözü bize nakledenin yalan söylüyor olması, önyargılı davranması veya itham edilen şahsın murâdını iyi anlamaması muhtemeldir.[415] İhtimal olan bir yerde de tekfir caiz değildir.

---

[414] Tekfirin engelleri bundan sonraki konuda detaylıca ele alınacaktır; oraya bakınız.
[415] "Kava'id fi't-Tekfir", 91.

3-) Huccet İkâme Etmek

Küfür ameli işlediği iddia edilen veya küfür sözü söylemekle itham olunan bir Müslümanın muayyen olarak küfrüne hüküm verilebilmesi için son şart huccet ikâmesidir. Yani kendisine yapmış olduğu o fiilin veya söylemiş olduğu o sözün küfür olduğunu şer'î deliller çerçevesinde izah etmektir. Kişi bekli de o fiili muteber bir tevil sonucu yapmış olabilir? Veya gerçekten de fiilin küfür olduğunu bilmeyebilir? Bu ihtimallerden dolayı öncelikle huccet ikâmesi şarttır. Huccet ikâmesinden sonra adam yaptığı amel üzerinde hâlâ ısrar eder ve kendisine huccet ulaştıran kimseye ret ile karşılık verirse o zaman tekfir edilmesi caizdir.

Sonuç

İzahını yapmaya çalıştığımız bu kâide, usulüne uygun bir şekilde ele alındığında bizleri hem Haircîlerin ifrâtından hem de Mürcie'nin tefritinden korur. Bu kâideye riayet etmenin sonucu olarak kendimizi haksız yere Müslümanları tekfir etmekten muhafaza etmiş olduğumuz gibi, aynı şekilde tekfir edilmeye müstahak olan kimselere de hak etmedikleri İslam vasfını vermekten kendimizi korumuş oluruz.

Burada bir noktayı vurgulamanın faydalı olacağı kanaatindeyiz: Bizim bu kâideyi tatbikte muhataplarımız kesinlikle tağutları inkâr edip Allah'a iman etmiş ve aslen İslam akdi haklarında sâbit olmuş muvahhid kimselerdir. Yoksa tevhide bihakkın iman etmemiş, tağutlardan beri olmamış, şirk ve küfür bataklığında boğulmuş kimseler, bu kâidenin muhatapları değildirler. Hele hele tağutların bizzat kendileri hiç muhatap değillerdir. Onların konumu daha farklı şekillerde ele alınmalıdır. Mürcie fikrine saplanmış bazı kimselerin yaptığı gibi, bu kâideyi onlara tatbik etmek hak bir sözle batılı amaçlamaktan başka bir şey değildir. Bundan Allah'a sığınırız. Bizim bu kural ile asıl maksadımız; Tevhide iman ettiği halde kendilerinden, bazı maniler sonucu küfrü gerektiren bir takım eylem ve söylemlerin sâdır olduğu muvahhid Müslümanların tekfir edilmesinde aceleci davranılmasının önüne geçmektir. Unutmayalım ki, acelecilik bizlere şerden başka bir şey getirmez. Efendimiz ne de güzel buyurmuştur:

"Düşünerek ölçülü hareket etmek Allah'tan; acelecilik ise şeytandandır."[416]

Hatırlarsanız, kitabın baş taraflarında bir takım uyarı ve tembihlerde bulunurken İslam âlimlerinden *"Bin Kâfiri Terk Etmek, Haksız Yere Bir Müslümanın Kanına Girmekten Daha Evladır"* şeklinde önemli bir hatırlatmada bulunmuştuk. Gerçekten de bu böyledir. Bin tane kâfiri terk et; ama asla Allah'ı birlemiş bir Müslümanın kanına girme! Hadislerde ifade edildiği

---

[416] Tirmzi, 2012.

gibi Müslümanı tekfir etmek onu öldürmekle, onun kanına girmekle eş değerdedir.[417] Müslümanın kanı Allah katında dünyadan, hatta Kâbe'den bile daha değerlidir. Nitekim Önderimiz *sallallâhu aleyhi ve sellem* bir gün Kâbe'ye bakmış ve adeta bir gün gelip Müslümanların kanlarının hiçe sayılacağını sezinlenmişçesine şu önemli hakikati dile getirmişti:

"Merhaba sana ey Kâbe! Sen ne yücesin, dokunulmazlığın ne de yüce! (Ama) iman etmiş bir kulun Allah katındaki dokunulmazlığı (hürmeti), seninkinden daha üst seviyededir. Allah senin hakkında bir şeyi haram kılmışken, mümin hakkında üç şeyi haram kılmıştır. Onun kanını, malını ve hakkında su-i zan beslenilmesini haram kılmıştır"[418]

Yine o bölümde İmam Ğazalî'nin aynı bağlamdaki şu mühim cümlelerini hatırlatmıştık:

"Yol bulunduğu sürece (Müslümanları) tekfir etmekten uzak durmak gerekir. Çünkü tevhidi kabul ederek namaz kılan kimselerin kanlarını helal saymak bir hatadır. Bin kâfirin hayatta kalmasında yapılacak hata, bir Müslümanın kanını dökmekte yapılacak hatadan daha ehvendir."[419]

Bu nedenle, Müslümanların kendileri gibi iman eden kardeşlerini tekfir etmede son derece ihtiyatlı olmaları gerekmektedir. Bir Müslümanın diğer bir kardeşinden sadır olan küfür ameline rıza göstermesi veya o amelin küfür olmadığını söylemesi zaten düşünülemez. Böylesi bir durumda Müslümana düşen, amelin küfür olduğuna hüküm vermek ve failinin durumunu ilim ehline havale etmektir. Böyle yaptığında Allah katında "sen niye hemen o Müslümanı tekfir etmedin" diye hesaba çekilmeyecektir; ama Müslümanı tekfirde aceleci davranır ve şartların tahakkuku ve mânilerin zevâlini gözetmeden hemen onun küfrüne hüküm verirse üzerine vazife olmayan bir işe giriştiği için Allah katında hesaba çekilecektir. Rabbimiz ne de güzel buyurmuştur!

"Hakkında ilim (kesin bir bilgi) sahibi olmadığın şeylerin ardına düşme! Çünkü kulak, göz ve kalp (evet) bunların hepsi ondan sual edilecek/hesaba çekilecektir."
(İsra, 36)

Bugün Müslümanların vâkıasına baktığımızda, nicelerinin, boylarını aşan ictihadî mevzularda birbirlerini küfürle itham ettiklerini görmekteyiz. Hatta bu satırları yazmadan birkaç gün önce onlardan biri ile bir konu etrafında konuşmuştuk. Konuştuğumuz mevzu da, hakkında kesin bir nassın

---

[417] Bkz. Buhârî, Eymân, 7. Hadis no:6652.
[418] "Silsiletü'l Ehâdîsi's-Sahîha", 3420.
[419] İbn-i Hacer el-Askalânî, "Fethu'l-Bârî", 12/321. İmam Ğazalî'nin buna benzer bir ifadesi için bkz. Ahmed Bukrîn, "et-Tekfir Mefhumuhu, Ahtaruhu ve Davabituhu", sf. 108; Yusuf el-Karadavî, "Tekfirde Aşırılık", sf. 83.

bulunmadığı ve tamamen içtihatla alakalı konulardan biriydi. Adam öylesine hırçındı ki, kendi görüşünde olmadığı için Allah yolunda birçok çileye göğüs germiş ilim ehli bir kardeşimizi, hiç duraksamadan tekfir etti. Biz bunun böyle olamayacağını izah ettikse de adam bir türlü anlamıyor ve fikrinde sebat etmeye devam ediyordu. Mesele bizim o ortamdan ayrılmamızla sonuçlandı.[420]

Evet, maalesef bizim durumumuz bu... Allah bizlere bir an önce bu sıkıntılardan bizleri kurtaracak ve içinden çıkamadığımız meselelerde ictihatlarıyla bizlere yol gösterecek müctehid âlimler nasip etsin. (Âmin)

---

[420] Aslında böylesi kimselerle bu tür ilmî mevzuları konuşmak, hele hele cidale girmek hiç ahlakımız değildir; ama Rabbimize şükürler olsun ki, ilim ehli bir Müslümanın hakkını koruma adına konuya müdahil olduk ve gerekenleri söyledikten sonra hemen o zulüm ortamını terk ettik. *"Kim Müslüman kardeşinin ırz, namus ve benzeri şeylerinden her türlü kötülüğü savarsa Allah'ta kıyamet gününde onun yüzünden Cehennem ateşini savar."* (*Tirmizî,* 1931)

MUAYYEN TEKFİRİN ENGELLERİ
MEVÂNİ'U TEKFÎRİ'L-MUAYYEN

Konumuza öncelikle "mâni" kelimesinin izahı ile giriş yapacağız. Bilindiği üzere "mâni" kavramı, Fıkıh Usûlü ilminin konularından birisidir. Usûl ilminde hükümler teklifî ve vad'î olmak üzere iki başlık altında incelenmiştir:

1. Teklifî Hükümler (Emirler, Yasaklar, Mubahlar)

Bunlar, "namaz kıl" gibi mükelleften yapması istenen emirler, "yetimin malını yeme" gibi mükelleften kaçınması istenen yasaklar ve "yemek yemede serbestsin" gibi mükellefin muhayyer bırakıldığı mubahlardır.

2. Vaz'î Hükümler (Sebepler, Şartlar, Maniler)

Bunlar ise, teklifî hükümlerin bağlı oldukları sebepler, şartlar ve bunlara engel olan mânilerdir. Mesela, Ramazan orucunun başlangıç ve bitişinin hilalin görülmesi sebebine bağlı olması, namazın sıhhatinin abdest şartına bağlı olması ve dinden çıkmanın mirasa engel olması, vaz'î hükümlerdendir.[421]

Taksimattan da anlaşılacağı üzere vadî hükümler üç tanedir:

1- *Sebep*

2- *Şart*

3- *Mâni.*

Biz burada bu hükümlerin sonuncusu olan mâni kavramını izah edecek ve bundan sonrada asıl konumuza geçiş yapacağız.

"Mâni" lügatte "İki şey arasına giren, engel olan" demektir. Usûl ilminin ıstılahında ise "Varlığından, hükmün yokluğu gereken şeydir"[422] şeklinde tarif edilmiştir.

---

[421] "Fıkıh Usûlü", Hasan Karakaya, sf. 197.
[422] "el-Kâfi'l-Vâfî fi Usûli'l-Fıkhi'l-İslâmî", Mustafa Saîd el-Hınn, sf. 53.

Bunu şöyle bir örnekle izah etmemiz mümkündür: Nisap miktarı mala sahip olan bir kimseye asıl itibariyle zekât vermek farzdır. Ama böyle bir kimsenin aynı zamanda bu miktarı yetersiz kılacak kadar borcu varsa, o zaman bu borç onun zekât vermesine engeldir; o farziyeti ondan düşürür. Yani borç, zekâta mânidir.

Bunun gibi, şüphe, cezanın infazına; babalık, kısasın uygulanmasına; din farklılığı da mirasa engeldir. Bir engelin bulunması sonucu hükmün tatbiki söz konusu olamaz. Konumuz olan tekfir meselesinde de biraz sonra detayını vereceğimiz engellerden birinin bulunması halinde, tekfir hükmünün o kişiye ilhak edilmesi caiz değildir; çünkü ortada bir mâni söz konusudur. Bir mâni söz konusu olduğunda hükmün icrası kendiliğinden düşer. Mesela kendi ihtiyarı ile küfür sözü söyleyen bir kimse tüm ulemaya göre kâfir olur. Kâdı, böylesi birisinin mürtet olduğuna hüküm verir ve gerekenin yapılmasına hükmeder. Bu bir hükümdür. Ancak kişi, küfür kelimesini kendi tercihiyle değil de silah zoruyla ikrah altında söylediğini ispat ederse, o zaman iş farklı bir boyut alır ve kâdı böylesi bir engel nedeniyle o kişiye riddet ahkâmının icra edilmesine müsaade etmez.

Sonuç olarak; bir insan şer'î bir engel çerçevesinde küfrü gerektiren bir söz söyler ve ya bir amel işlerse, o zaman bu, irtidat ahkâmının kendisine icra edilmesine engel olur; ancak müteaddit yerlerde de değindiğimiz gibi eğer her hangi bir şer'î mâni olmaksızın bir insan küfrü mucip söz söyler veya böylesi bir amelde bulunursa o zaman kendisine riddet ahkâmı uygulanır ve ortaya atmış olduğu gerekçelere itibar edilmez. İtibar, ancak şer'î mânileredir.

Bu girişten sonra tekfirin engellerini veciz bir şekilde tek tek ele alalım.

1-) İkrah

* **Tarifi**: İkrahın lügat manası; *"bir kimseyi istemediği bir sözü söylemeye veya bir işi yapmaya zorlamaktır."* Istılahî manası ise; *"Bir kimseyi korkutmak veya tehdit etmek suretiyle rızası olmaksızın, serbest kaldığında razı olmayacağı ve istemeyeceği bir sözü söylemeye veya bir işi yapmaya haksız yere zorlamaktır."* Zorlayan kimseye *"mükrih"*, zorlanan kimseye de *"mükreh"* denir.

İkrah, tekfirin diğer engelleri arasında en güçlü delile sahiptir; zira bu engelin delili bizzat ayet ile sabittir. Rabbimiz şöyle buyurur:

"Kalbi iman üzere sabit ve bununla mutmain olduğu halde, –ikrâha uğratılanlar müstesna olmak üzere– kim imanından sonra Allah'a karşı küfre sapar ve küfre göğüs açarsa işte onların üstünde Allah'tan bir gazap vardır ve büyük azap onlarındır." (Nahl,106)

Bu ayetin açık ifadesinden, ikraha maruz kalan kimselerin kalpleri mutmain olduğu halde küfre düşüren söz ve amelleri işlemelerine ruhsat verildiği anlaşılmaktadır. Bilindiği üzere bu ayet müfessirlerin ittifakı ile Ammar b. Yasir'in, ailesinin işkence ile öldürülmesi ve kendisine de aşırı işkence yapılmasından sonra kâfirlerden istedikleri sözü söylemesi üzerine inmiştir. Bu durum, Rasûlullâh *sallallâhu aleyhi ve sellem*'e arz edilince Rasûlullâh *sallallâhu aleyhi ve sellem* Ammar'a "Kalbin nasıl?" diye sormuş o, "Kalbim iman ile doludur" şeklinde cevap verince, "Bir daha aynı şeyi yapacak olurlarsa, sen de aynısını yap" demiştir.[423]

Bu konu hakkında Rasûlullâh *sallallâhu aleyhi ve sellem*'den şu hadis nakledilmiştir:

"Şüphesiz Allah, ümmetimden hata, unutma ve üzerine zorlandıkları (ikrah altında bırakıldıkları) şeyin hükmünü (günahını) kaldırmıştır"[424]

İkrah hâli nasla sabit olması hasebiyle, tüm İslam âlimleri arasında ittifaken tekfirin engellerinden bir engel kabul edilmesine karşın şartları üzerinde ihtilaflar olmuştur. Ve hatta tekfirin engelleri arasında şartları üzerine en çok ihtilaf edilen konu ikrah hâlidir. Bu noktada kaynaklara baktığımız zaman çok farklı görüşleri bulmak mümkündür.[425]

İkrahın Kısımları: İkrah, tehdit edilen cezanın kişiye fiilen uygulanmış veya uygulanmamış olması bakımından maddî ikrah ve manevî ikrah diye iki kısma ayrılmaktadır.

1. Maddi İkrah. Bu kısımda, tehdit edilen kişinin dövülmesi, boğazının sıkılması, bacağının bükülmesi gibi bir kısım işkencelerin fiilen yapılmış olması gereklidir. Sadece tehdit etmek, maddî ikrah değildir.

2. Manevi İkrah. Bu kısımda ise, mecbur edilen kişiye sadece tehdit yapılır. Fiilen işkence görmüş olması şart değildir.

Fıkıh âlimleri, ruhsata sebep olacak ikrahın hangisi olması gerektiği hususunda iki kısma ayrılmışlardır:

a. İmam Ebu Hanife, Şafiî ve Malik'e göre manevî ikrah ruhsatın tahakkuku için yeterlidir. Bunlara göre ruhsata neden olacak ikrahın gerçekleşmesi için bir kısım işkencelerin fiilen yapılması şart değildir. Bunlar görüşlerini şu delillere dayandırmışlardır:

Umumiyetle zorlamalar, "seni öldürürüm", "sana sopa atarım", "sana işkence ederim" şeklindeki tehditlerle yapılır. Fiilen yapılıp bitmiş olan

---

[423] Bkz. "Tefsiri'l-Kur'ani'l-Azîm", 2/776.
[424] İbn-i Mâce, 2043.
[425] "İrca Saldırılarına Karşı Şüphelerin Giderilmesi", sf. 318.

işkenceler ise, artık kaçınmayı gerektirmeyen ve korku kaynağı olmaktan çıkan şeylerdir. Zira sıkıştırılan kişiyi korkuya salan asıl sebep, derhal yapılacağı bildirilen bir kısım tehditlerdir. İşte bunun içindir ki, tehdit edilen kişinin, tehlikelerden kurtulması için bazı yasakları işlemesine ruhsat verilmiştir. Tehlikeleri atlatan bir insanın artık böyle bir hakkı yoktur.

Kendisine fiilen işkence yapılan kişi, kendisinden istenileni yapmadığı takdirde yeniden işkencelere maruz kalacağına zannı gâliple kanaat getirirse veya böyle bir tehditle karşı karşıya kalırsa, bu da hiç işkence görmemiş olan ve sadece tehdit edilen insan gibi, ikrahtan kaynaklanan ruhsatlardan istifade edebilir.

b. İmam Ahmed b. Hanbel'den ise, iki görüş rivayet edilmektedir: Birinci görüşe göre, ruhsata yol açacak ikrah maddi ikrahtır. İkinci görüşe göre ise, manevi ikrahın da yeterli olacağı şeklindedir. Daha sonra da izah edileceği gibi, Hanbelî mezhebi âlimlerinden olan İbn-i Kudâme bu son görüşü tercih etmektedir.[426]

İkrahın Mahiyeti Hakkında Mezheplerin Görüşleri

Mezheb âlimleri de ikrahın mahiyeti hakkında çeşitli izahlar yapmışlardır. Bu izahları şöylece özetlemek mümkündür:

1-) Hanefi Mezhebi. Hanefi âlimleri ikrahı tam ve eksik (mülci ve gayr-i mülci) şeklinde ikiye ayırmışlardır:

Tam İkrah/İkrah-ı Mülci. Bu, zorlanan kimsenin öldürme, sakat bırakma ve ölüme yol açacak şekilde aç bırakma gibi ağır bir zarara neden olacak şeylerle tehdit edilmesi sûretinde olur. Böylesi bir ikrah, sahibinden rızayı kaldır, tercih hakkını yok eder. Bu nedenle bu tür bir tehditle karşı karşıya kalan kimse tam ikraha muhataptır.

Tam İkrahın Hükmü. Hanefilere göre, tam ikraha maruz kalan kişinin dört şey hariç her türlü sözü söylemesine ve her çeşit işi yapmasına ruhsat vardır. Tam ikrahın bulunmasına rağmen yapılmasına ruhsat bulunmayan dört iş ise şunlardır: Bir müslümanı öldürmek, erkeğin zina etmesi, anne ve babayı dövmek ve bir müslümanın herhangi bir azasını koparmak veya onu ölüme götürecek derecede dövmek.[427]

Eksik İkrah/İkrah-ı Gayr-i Mülci. Bu da zorlanan kimsenin kısa süreli hapis, dayak, mal itlafı gibi ikinci derece ağırlıkta zarara neden olacak şeylerle tehdit edilmesi ile olur.

---

[426] "Fıkıh Usûlü", Hasan Karakaya, sf. 243, 244.
[427] A.g.e. sf. 246.

Eksik İkrahın Hükmü. Hanefilere göre, eksik ikraha maruz kalan kişinin ruhsatlardan istifade etmesi oldukça sınırlıdır. Çoğu hallerde azimeti seçmek zorundadır. Bu tür ikrahla karşı karşıya kalan insan, bütün yaptıklarından sorumludur. Ancak kadın olduğu halde eksik ikrahla zinaya zorlanır da, zinaya teslim olursa, kendisine zina cezası uygulanmaz veya bir insan eksik ikrahla içki içerse ona içki içme cezası tatbik edilmez. Bir de tarafların hem ittifaklarını hem de rızalarını gerektiren alış-veriş, kira, bağış ve benzeri muameleler, eksik ikrahla yapılsa dahi fasittir.[428]

2-) Şafiî Mezhebi. Cebredilen kişiden kişiye değişeceği gibi zorla yaptırılması istenilen işten işe de farklı olabilir. Genellikle kişiyi ağır bir şekilde dövme veya uzun zaman hapsetme yahut malını imha etme ile tehdit etmek, ikrahtır. Bununla beraber şahsiyetli insanları hafif bir şekilde dövmek veya hapsetmek yahut darlık içinde olan bir insanın az bir malını imha etmek ikrah sayılır. Kısaca aklıselim sahibi bir insanın, tehdit edilen cezaya katlanmaktansa, kendisinden yapılması zorla istenilen işi yapmayı tercih ettiği her yerde ikrah mevcuttur. Şafii mezhebine göre, ikrah ne olursa olsun şu iki şeyi yapmaya ruhsat yoktur:

1- Bir Müslümanı öldürmek. Şayet cebredilen kendi canını kurtarmak için böyle bir suçu işlerse, bir görüşe göre kısas edilir. Diğerine göre ise kısas edilmez; fakat günahkâr olur.

2- Zina etmek. Şayet tehdit edilen kişi bu hayâsızlığı yaparsa, tehdit şüphesi olduğu için zina cezasına çarptırılmaz. Zina edenin erkek veya kadın olması Şafii mezhebine göre hükmü değiştirmez.

3-) Malikî Mezhebi. Bir insanı korkutmak veya bağlamak yahut dövmek veya hapsetmek ikrahtır. İmam Malik'e göre, dövmede veya hapsetmede belli bir sayı söz konusu değildir. Dövmenin elem verici olması, hapsetmenin mağdura sıkıntı vermesi kâfidir. Herhangi bir şekilde cebredilene şiddetli bir acı vermek veya organını şiddetli bir şekilde ağrıtmak ikrahtır. Kişinin helak olacağından korkması şart değildir.

Maliki mezhebine göre de ikrah ne olursa olsun şu iki şeyi yapmaya ruhsat yoktur:

1- Tehdit sebebiyle başka bir insanı öldürmek veya döverek yahut benzeri şeyler yaparak şahsiyetini çiğnemek. Böyle bir imtihana düşenin canını verme pahasına da olsa sabretmesi gerekir.

2- Zina etmek. Şayet erkek zina ederse cezalandırılır, kadın zina ederse cezanın düşürülmesi gerekir.

---

[428] Aynı yer.

4-) Hanbelî Mezhebi. İmam Ahmed b. Hanbel'den nakledilen meşhur görüşe göre, sadece tehdit ikrahın gerçekleşmesi için yetmez. Zorlanılan kişinin dövülmesi veya boğazının sıkılması yahut bacağının bükülmesi veya kafasının suya sokulması gibi bir işkenceye fiilen maruz kalması şart koşulmuştur. Zira müşrikler Hz. Ammar'a, suya sokma gibi işkenceler yaptıktan sonra Ammar, onların istediğini soylemiş ve serbest bırakılmış, Rasûlullâh *sallallâhu aleyhi ve sellem* de bu davranışı tasvip etmiştir. Keza Hz. Ömer, ikrahı tarif ederken "Bir insanı aç bırakırsan veya döversen yahut bağlarsan artık o kişi güven içinde değildir" buyurmuştur. Hz. Ömer'iin söylediği şeyler fiilen yapılan işkencelerdir, tehdit değildir.

İmam Ahmed'den nakledilen ikinci bir görüşe göre ise, tehditler de ikrahtan sayılmıştır. Bu görüşü İmam Ahmed'den İbn-i Mansur nakletmekte ve İmam Ahmed'in şöyle söylediğini bildirmektedir: "İkrah, kişinin öldürülmesinden veya ağır bir şekilde dövülmesinden korkması halinde gerçekleşir."

Hanbelî mezhebine mensup olan âlimlerden İbn-i Kudâme, bu son görüşü tercih ederek diyor ki: "Fıkıh âlimlerinin çoğunluğu bu görüştedir. Ebu Hanife ve Şafiî de bu görüştedirler. Zira ikrah, aslında tehditle gerçekleşir. Çünkü yapılmış olan işkenceler, kişiyi kendinden istenilen şeyi yapmaya zorlayamaz. Zira işkenceler artık bitmiştir. Hâlbuki insanı bir şeyi yapmaya zorlayan etken, onun gelecekte uğratılmasından korktuğu işkencelerdir. Birinci görüş kabul edilirse, ölümle tehdit edilen kişiye ruhsat verilmez. Tehdit uygulanır da mağdur ölürse, arlık bundan sonra ona ruhsat tanınmasının ne değeri kalır. Ayrıca Hz. Ömer'in, tehditle hanımını boşayan adama tekrar karısını iade ettiği rivayet edilmektedir. Bu da sadece tehdidin ikrah sayıldığını gösterir. Hanbelî mezhebine göre, ağır bir şekilde dövmek, uzun vadeli hapsetmek veya bağlı tutmak, cana kıymak ikrah sayılmış, buna mukabil sövmek, az miktarda mal almak ikrah sayılmamıştır. Zarar vermek ise, aldırış etmeyen insan için ikrah sayılmamış, fakat —az da olsa— zararla kederlenecek veya teşhir edilecek bir insan için ikrah sayılmıştır.[429]

Burada görüşlerin bu şekilde muhtelif olmasının sebebi, kanaatimizce konuya dair Kur'an ve Sünnetten gelen nassların umum ifade etmesi ve bu durumu tahsis edecek başka bir delilin de bulunmamasıdır. Zira Kuran'a baktığımız zaman konu hakkında gelen ayet *"... Baskı altında zorlanan hariç..."* şeklinde tamamen umumi bir ifade taşımaktadırlar. Yine Rasûlullâh'ın

---

[429] "Fıkıh Usûlü", Hasan Karakaya, sf. 246-248.

"Ümmetimden işlemek üzere zorlandıkları şeyin sorumluluğu kaldırılmıştır"[430] hadisi de konu hakkında detaylı bir bilgi vermemektedir. Âlimlerin konu üzerindeki muhtelif görüşleri ise, kesinlikle nass esaslı olmayıp tamamen fıkıh usulünün maslahat, seddu'z-zerâi ya da mekâsıdu'ş-şerîa gibi temel ilkelerinden çıkartılmıştır. Konunun girişinde de belirttiğimiz gibi her ne kadar şartları üzerinde birçok ihtilaf da yaşansa ikrah hali tekfirin muteber engellerinden bir tanesidir.[431]

İkrahta Söz İle Fiil Arasında Fark Var mıdır?

İslam âlimlerinden kimisi bu konuda söz ile fiil arasını ayırırken, kimisi de bu ayırımı kabul etmemiş ve ikrahın hem söz hem de fiil ile gerçekleşebileceğini öne sürmüşlerdir. Asıl itibariyle bu görüş hem daha doğru hem de ayetin umumuna daha uygundur. İmam Şevkânî, Kurtubî'den naklen şöyle der:

"Hasan-ı Basrî, Evzâî, Şafiî ve Suhnûn ikrahın ancak söz ile olacağını, Allah'tan başkasına secde etmek gibi fiilî durumlarda ikrah olmayacağını söylemişlerdir. Ancak ayetin zâhiri bu görüşü reddeder. Ayetin zâhiri umum ifade etmektedir ve söz ile fiil arasında bir fark gözetmemektedir. Ayeti sadece söze hasredenlerin hiçbir delilleri yoktur. Usûl ilminde kesinlik kazandığı üzere, lafız umumî olarak gelirse sebebin hususî olmasına itibar edilmez."[432]

İbn-i Hacer de bu görüşü cumhurun görüşü olarak nakletmiş ve ikrahta söz ile fiil arasında bir ayırımın olmayacağını, ancak fiillerde nefsi katletmek gibi şeylerin istisna tutulacağını belirtmiştir.[433]

Sonuç olarak, ikrahta söz ile fiil arasında ayırım yapmak delilsiz söz söylemekten başka bir şey değildir. En sahih olan görüş, ayetin de umumunun işaret ettiği gibi bu konuda bir ayırıma gitmemektir.

İkrahın Gerçekleşebilmesi İçin Gereken Şartlar

İbn-i Hacer, ikrahın gerçekleşebilmesi için bir takım şartların tahakkuk etmesini şart koşmuştur. Bu şartlar şu şekildedir:

1-) İkrahı gerçekleştiren kimsenin (mükrihin) tehdit etmiş olduğu şeyi gerçekleştirmeye güç yetirebilir olması ve zorlanan kimsenin (mükrehin) bunu def etmekten aciz olması,

2-) Zorlanan kimsenin kendisinden istenilen şeyi yapmadığı zaman zorlayanın söylediğini yapacağına dair zannı galip taşıması,

---

[430] İbn-i Mace, Talak 16.
[431] "İrca Saldırılarına Karşı Şüphelerin Giderilmesi", sf. 320.
[432] "Fethu'l-Kadîr", 4/267.
[433] "Fethu'l-Bârî", 12/438.

3-) Zorlayanın tehdit ettiği şeyin fevren/hemen yapacak olması, eğer zorlayan kimse "şayet şunu yapmazsan yarın seni döveceğim" dese o zaman bu söze muhatap olan ikrah altında sayılmaz,

4-) Zorlanan kimsenin zorlandığı şeyi tercihiyle yaptığına dair bir tavır sergilememesi.[434]

Burada ikrahın fevrî olması hususunda şöyle bir noktaya temas etmemiz uygun olacaktır. İkrahta asıl olan elbette fevrîliktir, yani hemen olmasıdır. Tehdit edilen şeyin ileriki dönemlerde gerçekleştirileceği söyleniyorsa, o zaman bunun ikrah kapsamına sokulmaması gerekmektedir. Ancak burada bazı âlimlerin de işaret ettiği gibi şöyle bir ayırıma dikkat etmek gerekir; eğer zorlayan kimse tehdidini çok kısa bir zaman sonra gerçekleştireceğini söylüyor ve prensip olarak da söylediğini yapıyorsa, o zaman ikrahın fevrî olması şart değildir.

Burada şu hatırlatmayı yapmakta fayda vardır: Kişi eğer kendisinden istenilen şeyden biraz daha fazlasını yaparsa, bu onun rızasına delalet eder. Örneğin; zorlayan kimse, ikraha maruz kalan kişiden Rasûlullâh *sallallâhu aleyhi ve sellem*'e sövmesini istese, adam da Rasûlullâh *sallallâhu aleyhi ve sellem*'e sövmenin yanı sıra kurtulabilmek için buna bir de Kur'an'a sövmeyi eklese, bu durumda kişinin yapmış olduğu bu ilave onun kendi tercihi kabul edilir ve tüm ulemaya göre o kişi kâfir olur; çünkü onun bu yaptığı zorlama olmaksızın kendi ihtiyarıyla gerçekleşmiştir.

Son olarak bir de şu hususa dikkat etmek gerekir: Kişi ikraha maruz kaldığı zaman kendisini zorlayan kimsenin istediği küfrü mucip lafızları ta'riz/kinâye yoluyla söylemelidir. İmam Kurtubî der ki:

"Tahkik ehli âlimler şöyle demişlerdir: İkraha maruz kalmış bir kimse, küfrü gerektiren sözler söyleyecek olursa, bunu ta'rizli/kinâyeli[435] ifadelerden başka bir üslupla söylemesi caiz değildir. Çünkü kinâyeli ifadeler kullanmak suretiyle yalandan kaçıp kurtulma imkânı vardır. Bu şekilde söylenmeyecek olursa, kişi kâfir olur. Çünkü zorlamanın kinâyeli ifadeler üzerinde herhangi bir etkisi yoktur."[436]

Buna şöyle bir örnek verebiliriz: Mesela zorlayan kimse senden Nebi *sallallâhu aleyhi ve sellem*'e sövmeni istese, sen "Nebi" kelimesinin sonuna şeddeli bir ya harfi ilave ederek "nebiyy" demelisin. Bu şekilde manayı bozmuş ve anlamı değiştirmiş olursun. Karşındaki adam senin bununla Rasûlullâh *sallallâhu aleyhi ve sellem*'i kastettiğini zannedecek, hakikatte ise sen bununla

---

[434] Aynı kaynak.

[435] Tarizli veya kinayeli ifade ile şu kastedilmektedir: Sen bir şey söylersin, söylediğin bu şey aslında doğrudur, ama karşındaki kişi bununla başka bir mana anlar.

[436] "el-Cami' li Ahkâmi'l-Kur'an", 5/137.

başka bir mana kastetmiş olacaksın. Şöyle ki: "Nebi" lafzı Arapçada peygamber anlamına gelmektedir; ama sonuna şeddeli bir ya harfi ilave edilerek "nebiyy" şeklinde okunduğunda "yüksek yer" manasına dönüşmektedir. Dolayısıyla sen bu sayede peygambere değil, yüksek bir yere sövmüş olursun. Bu, tabii ki Arapçayla alakalı bir örnektir. Sen buradan hareketle kendi dilinde de bunu uygulayabilirsin.

Bir Hatırlatma

Burada hemen yanlış anlaşılan bir konuya temas edelim: Bilindiği üzere "korku" ile "ikrah" birbirinden farklı şeylerdir. Bazıları bu iki nevi birbirine karıştırmakta ve korkuyu da ikrah kapsamında değerlendirmektedir. Tüm âlimlere göre mücerret korku ikrah değildir. Bu gün maaşlarının kesilmesinden korkarak kâfirlerin kendilerinden istemiş olduğu küfre düşürücü sözleri söyleyen ve fiilleri işleyenlerin ikrah iddiaları muteber değildir. Mal, makam ve koltuk sevdası bizleri dinimizden taviz vermeye sevk etmemelidir. Böylesi bir pozisyonda olanlar Allah'a nasıl hesap vereceklerini düşünmeli ve konumlarını yeniden gözden geçirmelidirler.

Burada son olarak bir hatırlatmaya daha yer vermek istiyoruz. Unutmayalım ki, ikrah halinde bile kişinin azimeti tercih ederek küfür amellerinden uzak durması en evlâ olanıdır. Biz Müslümanlardan istenen asıl itibari ile azimetlerdir. Buna dayanamayanlar için ruhsatlar meşru kılınmıştır. Bizler eğer himmetlerimizi âli tutar ve azimetlerle amel etmeye gayret edersek, o zaman Allah indinde yüksek mertebelere nail olmayı hak ederiz. Allah hepimizi azimet ehli Müslümanlardan eylesin. (Âmin)

Sonuç

İkrah konusu fıkıhçıların, üzerinde en çok ihtilaf ettiği meselelerden birisidir. Tüm bu ihtilaflara rağmen bir kimse muteber şartların tahakkuk etmesinden sonra küfrü gerektiren bir söz veya bir fiil ortaya koyar ve bunu ispat ederse o zaman yargı makamları onun küfrüne hüküm vermez ve buna ilişkin ahkâmı ona tatbik etmezler. Bizim için de aynı şey söz konusudur. Yani bir kimse söylemiş olduğu küfür sözünü ya da işlemiş olduğu küfür amelini ikrah altında işlediğini ispat ederse biz bu kimseden kendisinde sübut bulan tekfir hükmünü kaldırır ve tekfire mebni ahkâmın icra edilmesini talep etmeyiz.

2-) Muteber Tevil

İslam'ı sabit bir Müslümanın tekfirine engel olan ârızi hallerden bir diğeri de muteber tevil engelidir. Tevilin tekfirin engellerinden bir engel olması ile kastedilen ise; içtihad sebebi ile şer'i bir delilin mevzusu dışında kullanılmasıdır. Bu ise nassın delaletini yanlış anlamak veya delil niteliğinde olmayan bir haberi delil olarak kabul etme sebebiyle olabilir. Bunun sonucu olarak kişi, küfür olmadığına inandığı bir işi işler ve böylece kasıt şartı ortadan kalkar. Bu şekilde tevilde hata etmek, tekfirin engellerindendir. Böyle bir te'vil sahibine gereken hüccet ulaştırılmasına rağmen hatası üzerinde ısrar ederse, tevil engeli artık o kişi için geçersiz hale gelir ve o kişi küfre girer. Tevilin, şer'î bir engel olduğunun delillerine gelince;

1-) Rasûlullâh *sallallâhu aleyhi ve sellem*'in ashabının bu konudaki icmasıdır. Kudâme b. Maz'un, Allah Teâlâ'nın *"İman eden ve salih ameller işleyenlere, hakkıyla sakınıp iman ettikleri ve salih ameller işledikleri, sonra yine hakkıyla sakınıp iman ettikleri, sonra da hakkıyla sakınıp yaptıklarını, ellerinden geldiğince güzel yaptıkları takdirde tattıklarından dolayı günah yoktur. Allah iyi ve güzel yapanları sever"* (Maide, 93) ayetini yanlış bir şekilde anlayarak bir kaç kişi ile beraber içki içmiş ve bunun kendisine helal olduğunu söylemişti. Böylece dinde haram olan bir emri, kendisi gibi bir pozisyonda olan kimseler için helal kabul etmişti. Bu yaptığına Kudâme'nin karısı da dâhil Ebu Hureyre ve bazıları şahitlik edince, Ömer *radıyallâhu anh* onu vermiş olduğu görevden azletti ve yanına çağırdı. Kendisine ceza vermek isteyince Kudâme yukarıdaki ayeti yaptığına delil olarak gösterdi. Bunun üzerine Ömer bin Hattab *radıyallâhu anh* ayeti hatalı olarak tevil ettiğini ona izah etti ve içkiyi helal kabul etmesinden dolayı irtidat cezası değil, sadece ona içki içmesinden dolayı had cezası uyguladı.[437]

2-) Adiy ibn-i Hatem *radıyallahu anh* der ki: Bakara Suresinde ki *'Beyaz iplik siyah iplikten ayırt edilinceye kadar yiyin, için'* (Bakara/187) ayeti nazil olunca elime beyaz ve siyah ip aldım. İpleri yastığımın altına koydum. Vakit gelince onlara bakmaya başladım; ama bir türlü ayırt edemedim. Olayı Rasûlullâh *sallallâhu aleyhi ve sellem*'e anlattım. Rasûlullâh *sallallâhu aleyhi ve sellem* gülerek şöyle dedi: Şüphesiz ki senin yastığın uzun ve geniş imiş.[438] Bununla ancak gece ve gündüz kastedilmiştir.[439]

Bu hadisin konumuza delil olma yönü şu şekildedir: Şüphesiz ki Adiyy *radıyallahu anh*, ayette ifade edilen beyaz iplik ile siyah iplik meselesini yanlış anlaması ve farklı tevil etmesi sonucu fecrin doğuşundan sonraya kadar yiyip-içmeye devam etmiştir. Rasûlullâh *sallallâhu aleyhi ve sellem* onun bu du-

---

[437] "er-Risâletu's-Selâsîniyye", Ebu Muhammed el-Makdisî, sf. 46. (Bu konuyla alakalı 394 numaralı dipnota bakınız.)

[438] Bu söz ile iki şey kastedilmiş olabilir: a) Ya, Adiyy İbn-i Hatem'in derin uykusu ki, o zaman yastık uykudan kinaye olur. b) Ya da o sahabinin büyük kafalılığı ki, bu durumda yastığın büyük olması ona konulan kafanın da büyük olmasına işarettir. Ancak Kurtubî, bu ifadeden ikinci mananın kastedilmediğini, sözün devamının birinci manayı desteklediğini belirterek sahabiye gaflet nispetinde bulunmanın önüne geçmiştir. Bu yorum bizce edebe daha uygun gözüktüğü için kabule daha şayandır. Allahu a'lem.

[439] Ebu Dâvud, 2350.

rumunu öğrendiğinde ona olayın iç yüzünü açıklamış ve kendisine o ana kadar ki oruçlarını kaza etmesini emretmemiştir. Rasûlullâh *sallallâhu aleyhi ve sellem*'in bu tutumu onun yanlış tevilini kabul ettiğinin bir göstergesidir. Eğer Rasûlullâh *sallallâhu aleyhi ve sellem* onun tevilini kabul etmeseydi, kesinlikle oruçlarını kaza etmesini emrederdi. Bu olmadığına göre, tevilin geçerli olduğu ortaya çıkmış olur.

3-) Talk b. Hubeyb söyle der: Ben şefaati yalanlamada insanların en ileri gidenlerindendim. Şefaatin sabit olup-olmadığını Cabir *radıyallahu anh*'e sordum. O dedi ki: 'Ey Tulayk! Ben Rasûlullâh *sallallâhu aleyhi ve sellem*'in şöyle buyurduğunu işittim: *'Günahkârlar cehenneme girdikten sonra şefaat sayesinde oradan çıkacaklardır.'* Biz de senin okuduğun Kur'an'ı okuyoruz; ama şefaatin var olduğuna inanıyoruz.'[440]

Bu olayın konumuzla ilişkisi şu şekildedir: Talk *radıyallahu anh* Tabiîn neslinin önde gelenlerindendir. Buna rağmen ayet ve hadislerde varlığı sâbit olan şefaati inkâr etmiştir. Onu bu inkâra sevk eden şey şudur: O ahirette putların şefaatine nail olacaklarına inanan müşriklerden şefaati nefyeden ayet ve hadislerdeki menfî ifadeleri yanlış anlamış ve bunun Müslümanlar hakkında da geçerli olduğuna inanmıştır. O, Cabir ile konuşana dek de bu inancında devam etmiştir. Cabir'in onu sapıklıkla suçlamaması, tevilinin kendisini mazur yaptığını gösterir.[441]

İslam âlimleri her türlü tevili cezayı düşürücü nitelikte bir engel olarak kabul etmemiş; ancak belirli şartlar altında bir engel olabileceğini söylemişlerdir. Bu nedenle muteber tevil için üç şart zikretmişlerdir. Bu şartlar şöyledir:

1) Dinin aslını iptale yönelik olmayacak.

2) Karineleri olacak.

3) Dinde şöhret bulmuş meselelerde olmayacak.

Şimdi bu maddeleri kısaca izah edelim.

1) Dinin Aslını İptale Yönelik Olmayacak. Örneğin herhangi bir kimse **"Sizi biz yarattık"** (*Vakıa, 57*) ayetine dayanarak *"Siz kelimesi çoğul ifade eder; demek ki yaratıcı bir değil, birden fazladır"* derse bunun tevili ittifakla bâtıldır. *"ed-Düreru's-Seniyye"* adlı eserde şöyle geçer:

"Her kâfirin bir hata sonucu küfre girdiği söylenebilir. Müşriklerin bile (şirk koşarken) tevilleri vardı. Onlar sâlih kimseleri (Allah'a) ortak koşmanın kendileri için fayda sağlayacak ve kendilerinden sıkıntıları def edecek bir üstünlük olduğuna

---

[440] "el-Edebu'l-Müfred", 818.

[441] Buna benzer daha birçok olay vardır. Meseleyi detaylıca öğrenmek isteyenler "Kav'id fi't-Tekfir" adlı esere müracaat edebilirler. Bkz. sf. 70 vd.

inanıyorlardı. Ancak onlar bu hata ve tevilleri sebebiyle özür sahibi kabul edilmedi-ler. Aksine Allah onlar hakkında şöyle buyurdu:

> *"Haberin olsun ki; halis din yalnızca Allah'ındır. O'ndan başka veliler edinenler (şöyle derler:) 'Biz, bunlara bizi Allah'a daha fazla yaklaştırsınlar diye ibadet edi-yoruz.' Elbette Allah, kendi aralarında hakkında ihtilaf ettikleri şeylerde hüküm verecektir. Gerçekten Allah, yalancı, kâfir olan kimseyi hidayete erdirmez. (Zümer, 3)"[442]*

2) Karineleri Olacak. Tevilin muteber kabul edilebilmesi için bir takım karinelere (alamet, işaret) ihtiyaç vardır. Karineler ise İslam ulemasının be-lirttiğine göre üçe ayrılır:

1) Lugavî karineler,

2) Şer'î karineler,

3) Örfî karineler.

a) Lugavî Karineler. Lugavî asla örnek olarak *"Allah'ın eli onların elleri-nin üzerindedir"* *(Fetih, 10)* ayetini "Allah'ın kudreti, Allah'ın rahmeti" şeklin-de tevil eden bidatçi fırkaların tevilini gösterebiliriz. Her ne kadar yapılan bu tevil hatalı olsa da, lügate uygun olduğu için tekfirin engellerinden ka-bul edilmiştir.

Yine bir kimse "Vallahi ben bundan sonra asla ekmek almayacağım" diye yemin etse, sonra da gidip ekmek alsa biz böylesi bir kimseye yemin keffareti gerektiğine hükmederiz. Adam "Hayır, ben ekmek ile elbiseyi kas-tettim" dese onun bu iddiası kabul edilmez; zira dilde ekmek ile elbisenin kastedildiği bilinmemektedir. Ama adam "Vallahi bundan sonra döşekte yatmayacağım" dese, sonra da dışarı çıkıp döşek üzerinde yatsa, biz adama "Yeminini bozdun, sana kefaret gerekir" deriz. Lakin adam "Vallahi ben döşek ile yeri kastettim, çünkü Allah: *"O, yeri sizin için bir döşek yapandır."* *(Bakara, 22)* buyuruyor ve yere döşek adını veriyor" dese, o zaman yemin keffaretinin gerekmediğini söyleriz. Çünkü lügatte böylesi bir vecih vardır ve böylesi bir tevil muteberdir.

b) Şer'î Karineler. Buna şunu örnek verebiliriz: Birisi çıksa ve *"Rahman arşa istiva etmiştir"* *(Taha, 5)* ayetini *"Hiçbir şey O'nun benzeri gibi değildir"* *(Şura, 11)* ayetine dayanarak "Allah arşa hükmetti, istila etti, kuruldu" şeklinde tevil etse bu kimsenin tevili muteberdir. Çünkü bu kişi Şûra Sûresindeki ayetten bunu anlamış ve böylesi bir tevile başvurmuştur. Bu ise dinde mu-teber olan tevillerdendir. İbn-i Hacer der ki:

---

[442] "ed-Dureru-s-Seniyye", 11/479. "el-Kevkebu'd-Durriyyu'l-Munîr", adlı eserden naklen. Bkz. sf. 77.

"Yapılan tevil, Arap dili açısından uygun olduğu ve ilmî bir dayanağı bulunduğu zaman tevile dayanan herkes yaptığı tevil ile özür sahibidir; günahkâr değildir."[443]

c) Örfî Karineler. Buna ise eserlerde genel olarak şu örnek verilmiştir: Bir kimse "Ben et yedim" dediği zaman aslen bundan o kişinin balık yediği anlaşılmaz. Ancak balığın etli bir hayvan olması ve örfte bu şekilde isimlendirilmesinden dolayı bu söz doğru kabul edilmiştir.[444]

3) Dinde Şöhret Bulmuş Meselelerde Olmayacak. Bu konuya verilebilecek en iyi örnek, Hz. Ebu Bekir *radıyallâhu anh*'ın hilafeti döneminde zekât vermeyenlerdir. Onlar, zekâtın sadece Rasûlullâh *sallallâhu aleyhi ve sellem* tarafından alınabileceğini iddia etmiş ve buna delil olarakda Tevbe Suresinde ki: *"Onların mallarından, onları arındırıp temizleyecek bir sadaka (zekât) al ve onlara dua et. Çünkü senin duan onlar için sükûnettir (onların kalplerini yatıştırır). Allah, hakkıyla işitendir, hakkıyla bilendir."* (Tevbe, 103) ayetini öne sürmüşlerdi. Onlar şöyle diyorlardı: "Bu ayette ki hitap Rasûlullâh *sallallâhu aleyhi ve sellem*'edir; Ebu Bekir'e değildir. Ayrıca duası müminler için sükûnet olan Rasûlullâh *sallallâhu aleyhi ve sellem*'dir, Ebu Bekir değildir."

Onların bu tevili asıl itibari ile güçlü bir tevil idi; ancak zekâtın bu şekilde sadece Rasûlullâh *sallallâhu aleyhi ve sellem* tarafından alınmayacağı tüm ümmet tarafından kabul edildiği ve bu dinde şöhret bulduğu için onların öne sürdüğü tevil sahabe tarafından kabul edilmemiş ve kendileriyle mürtet olarak savaşılmıştır. Onların mürtet olarak mı yoksa günahkâr mümin olarak mı savaşıldığı hususunda ulema arasında ihtilaf vardır; ama Kadı Ebu Ya'la'nın belirttiğine göre sahabe onlarla mürtet olarak savaşmıştır ve sahabe arasında bu hususta herhangi bir ihtilaf yoktur. O şöyle der:

"Bu konuda sahabenin icması vardır. Onlar zekât vermeyi reddedeni küfürle vasıflandırmışlardır. Onlarla savaşmışlar ve mürted olduklarına hükmetmişlerdir. Oysa büyük günah işleyenler için böyle yapmamışlardır."[445]

İmam Cessas, Nisa Suresi'nin 65. ayetinin tefsirinde konuya dair şöyle demektedir:

"Bu ayet, sahabenin zekâtı vermeyi reddedenlerin mürted olduklarına, öldürüleceklerine ve nesillerinin köleleştirileceğine dair verdikleri hükmün doğru olduğunu göstermektedir."[446]

---

[443] "Fethu-l Bârî", 12/304.

[444] Soruyoruz, acaba Rafızîlerin *"Allah size bir inek kesmenizi emrediyor"* (Bakara, 67) ayetini "Allah burada Aişe'yi kesmeyi istemiştir" şeklindeki tevilleri ne kadar makuldür? Acaba onların lügaten, şer'an ya da örfen bir karineleri var mıdır?

[445] Bkz. "İrca Saldırılarına Karşı Şüphelerin Giderilmesi", sf. 316.

İbn-i Teymiye *rahimehullah* şöyle der:

"Sahabe ve onlardan sonra gelen imamlar, beş vakit namaz kılsalar, Ramazan orucunu tutsalar dahi zekât vermeyi reddedenlerle savaşılacağı hususunda ittifak etmişlerdir. Çünkü bu kimselerin zekât vermemek için muteber bir tevilleri yoktu. Bu nedenle mürted oldular..."[447]

Sonuç

Muteber bir tevil tekfirin engellerinden bir engeldir. Eğer kişi şer'an itibara alınacak bir tevil sonucu, aslında küfür olan bir ameli küfür olmadığına hükmederek işleyecek olursa, biz hemen onu tekfir etmeyiz. Ona huccet ikamesi yapar ve yaptığı bu işin yanlışlığını ispat ederiz. Ama huccet ikamesinden ve delillerinin iptalinden sonra aynı amel üzere devam etmede ısrar edecek olursa, o zaman elinde tekfire engel olacak bir şey kalmaz ve –Allah korusun– küfre girer. Sözlerimizi Üstat Abdullah Palevî'nin şu cümleleri ile noktalıyoruz.

"Herhangi bir konuda yapılan tevilin kişinin tekfirine engel olabilmesi için tevil edilen lafzın buna elverişli olması gerekir. Yani lafzın delaletinin "zannî" olması gerekir. Müfesser veya muhkem naslarda tevil geçerli değildir. Tevil ancak ictihadı kabul eden yerlerde olur, delaleti kat'i olan naslarda tevil yoluna başvurmak caiz değildir."[448]

3-) Hata/İntifâu'l-Kast[449]

İslam akdi sâbit olan bir Müslümanın tekfirine engel olan durumlardan birisi de kastetmeksizin küfrü gerektiren bir söz söylemesi veya bir amel işlemesidir. Haddi zatında Müslüman birisi bu yaptığı ile küfür olan bir şeyi yapmayı amaçlamamıştır; ancak dilinin sürçmesi, ağzından bir şeyi murad ederken başka bir şeyin çıkması ve aşırı sevinçten dolayı cümleleri karıştırması gibi bir takım sebepler nedeniyle böylesi bir yanlışın içerisine düşmüştür. İşte bu durum o müslümanın hemen tekfir edilmesine engeldir. Malum olduğu üzere tekfirin şartlarını zikrederken üç şarttan bahsetmiştik. Bu şartlar şu şekildeydi:

1-) Failin akıllı ve ergin olması.

2-) Fiilini kasıtlı ve bilerek işlemesi.

3-) Kendi hür iradesi ile bunu seçmiş olması.

---

[446] "Ahkâmu'l-Kur'an", 2/302.

[447] "Mecmuu'l-Fetâvâ", 28/519.

[448] "İstismar Edilen Kavramlar", Abdullah Palevî sy. 340.

[449] "İntifâu'l kast" ifadesi kastın ortadan kalkması anlamına gelir. Yani bir şeyi kasıtsız olarak, gayri ihtiyari ve istem dışı yapmaktır. Bu ifadeyi kardeşlerimizin İslami kavramlara aşinalık kazanması için tercüme etmeden, olduğu gibi vermeyi uygun gördük.

Bu şartlardan birisi de, failin, yapmış olduğu fiili kasıtlı ve bilerek yapmasıdır. Burada ise kasıt yok olmuş ve yapılan amel tamamen bir hata sonucu yapılmıştır. Bu nedenle böylesi bir konumda olan kimsenin hemen tekfir edilmesi yanlış görülmüştür. İslam hukukunda hata ile işlenen fiillere kasıtlı işlenen fiillerden daha farklı bir muamele öngörülmüştür. Yani ikisine birbirinden farklı bir muamele yapılmıştır. Hata sonucu işlenen fiiller Allah katında affa müstahakken, kasıtlı işlenen fiiller için böyle bir şey söz konusu değildir. Kasıtlı işlenen fiiller mutlaka sorumluluğu gerektirmektedir.

"Hata sonucu yapmış olduklarınızdan dolayı size bir sorumluluk yoktur; ancak kalplerinizin kastettiği şeylerde (sorumluluk vardır). Allah, bağışlar ve merhamet eder." (Ahzab, 5)

"Allah sizi rastgele yeminlerinizden dolayı hesaba çekmeyecektir; fakat kalplerinizin kastettiği (yeminlerden) dolayı hesaba çekecektir. Allah bağışlayandır, Halim'dir." (Bakara, 225)

Kasıt olmaksızın küfrü mucip bir amel işlemenin kişilerin dünyevi hükümler açısından tekfirine bir engel olduğunu söyledik. Bunun Kur'an ve Sünnetten birçok delili vardır. Buna birkaç tane örnek verecek olursak:

1-) *"Hata sonucu yapmış olduklarınızdan dolayı size bir sorumluluk yoktur; ancak kalplerinizin kastettiği şeylerde (sorumluluk vardır). Allah, bağışlar ve merhamet eder. (Ahzab, 5)*

Bu ayette Rabbimiz, hata sonucu yapılan şeylerde bizler için bir sorumluluk olmayacağını bildirmiştir. Bazı hataların dünyevî hükümler açısından sorumlulukları vardır. Bu hatalar her ne kadar dünyada karşı tarafın hakkına girmekten dolayı bir takım sorumlulukları beraberinde getirse de, uhrevî hükümler açısından her hangi bir mesuliyete neden olmamaktadır. Buna adam öldürmeyi örnek gösterebiliriz. Adam öldürmek, kasıtlı ve kasıtsız olmak üzere mutlaka iki sebepten biri ile meydana gelir. Kasten adam öldürmenin hem dünyada hem de ahirette ki cezası çok ağırdır. Kasten adam öldüren birisi mutlaka Allah katında hesaba çekilecek ve suçunun gerektirdiği şekilde cezaya çarptırılacaktır. Ama hata sonucu adam öldüren birisi eğer gerçekten de hata ile öldürmüşse, dünyada daha hafif bir cezaya çarptırılacak, ahirette ise Allah katında mesul olmayacaktır. Yani, bazı hataların her ne kadar dünyevî ahkâm açısından sorumlulukları olsa da, uhrevî hükümler açısından hiçbir sorumluluğu yoktur. Ayet-i kerime de yer alan *"size bir sorumluluk yoktur"* ifadesinden "uhrevî hükümler açısından size bir sorumluluk yoktur" şeklinde bir anlam çıkarmamız mümkündür. Bu şekilde nassların arası bulunmuş olur.

2-) *"Herhangi birinizin tevbesinden dolayı Allah'ın duyduğu hoşnutluk ıssız çölde giderken üzerindeki yiyecek ve içeceği ile birlikte devesini kaybetmiş ve tüm ümitlerini de yitirmiş halde bir ağacın gölgesine uzanıp yatan, derken devesinin yanına dikiliverdiğini gören ve yularına yapışarak aşırı sevincinden dolayı ne söylediğini bilmeyerek 'Allah'ım sen benim Rabbim ben de Senin kulunum' diyeceği yerde, 'Allah'ım, Sen benim kulumsun ben de Senin Rabbinim' diyen kimsenin sevincinden çok daha fazladır."*[450]

Bu hadiste yer alan *'Allah'ım, Sen benim kulumsun ben de Senin Rabbinim'* sözü haddi zatında küfrü mucip bir sözdür. Bir kul hâşâ kendisinin Allah'ın rabbi olduğunu söylese, bu söz nedeniyle kâfir olur; ancak buradaki adam aşırı sevincinden dolayı ne dediğini bilememiş ve dilinin sürçmesi sonucu bu sözü söylemiştir. O adam asıl itibariyle küfür kelimesini telaffuz etmeyi kastetmemişti. Ancak aşırı sevinci nedeniyle ağzından böyle bir kelime çıkıvermişti. Onun bu hali kendisinin küfre düşmesine engel olmuştu. Bu hadisten, hata sonucu küfür sözü söylemenin sahibini kâfir yapmayacağını anlamamız mümkündür.

3-) Ali *radıyallahu anh* anlatır: "Abdurrahman b. Avf *radıyallahu anh* içki yasaklanmazdan önce bizim için bir yemek hazırlatıp bizi davet etti. Bize yemekler yedirip şaraplar içirdi. Şarap bizi sarhoş etti. Derken namaz vakti girdi. Beni imam olmam için öne geçirdiler. Ben de Kâfirûn Sûresini yanlış bir şekilde şöyle okudum: *'De ki: "Ey kâfirler, ben sizin yaptıklarınıza ibadet etmem. Biz ise sizin taptıklarınıza ibadet ederiz.'* Bunun üzerine Allah Teâlâ *'Ey iman edenler, sarhoşken ne söylediğinizi bilinceye kadar namaza yaklaşmayın'* (Nisa, 43) ayetini indirdi."[451]

Bu olay, içki haram kılınmadan önce vâki olmuştu. Görüldüğü üzere Ali *radıyallahu anh* sarhoş iken açık bir küfür sözü söylemiş, ama bu nedenle tekfir edilmemiştir. Bunun nedeni ise hata ve kasıtsızlıktır. Hz. Ali bu sözleri tamamen kasıtsız ve iradesinin dışında söylemiştir. Bu da onun tekfirine engel olmuştur.

İslam âlimleri sarhoş kimsenin küfür sözü söylediği zaman dinden çıkıp-çıkmayacağı hususunda ihtilaf etmişlerdir. Konumuz bu olmadığı için detaya girmeyeceğiz. Konuyu detaylıca öğrenmek isteyenler, fıkıh kitaplarının ilgili bölümlerine bakabilirler.

4-) *"Ümmetimin yanılmasını, unutmasını ve zorlandığı şey (lerin günahını) Allah Teâlâ şüphesiz affetmiştir."*[452]

---

[450] Müslim, Tevbe, 1, hadis no: 2747
[451] Tirmizî, 3026.
[452] İbn-i Mace, Talak 16.

Bu hadiste İslam ümmetinden hata sonucu yaptıklarının affedileceği bildirilmiştir. Bu hadis de konumuz için önemli bir delildir.

Bu konuya ilişkin daha birçok delil vardır, ancak bu kadarı maksadımızı hâsıl ettiği için yeterlidir.

Burada –kitabın önceki yerlerinde de ifade ettiğimiz gibi– önemli bir noktaya temas etmek istiyoruz ki, ehemmiyetine binaen Üstat Makdisî de aynı konuya tembihte bulunmuş ve bunu "Bir Uyarı" şeklinde müstakil bir başlık olarak incelemiştir. Dikkat çekmek istediğimiz konu şudur:

Küfür kelimesini söyleyip de onu kastetmemekle, küfür kelimesini söylemeyi kastetmediği halde yanlışlıkla onu söylemek tamamen bir birinden farklıdır. Küfür kelimesini, küfür kelimesi olduğu halde söyleyen kimse bunu kastetmemiş ve küfre düşmeyi murâd etmemiş olsa bile kâfir olur. Yani bir kimse küfür kelimesini telaffuz eder de sonra "Ben bu küfür kelimesinin içeriğine inanmıyorum, ben bunu kastetmiyorum" dese, bu kendisinden kabul edilmez. Bizim anlatmaya çalıştığımız, kastetmediği halde yanlışlıkla küfür sözünü söyleyen kimsenin kâfir olmayacağıdır. Bu iki konu birbirinden çok farklıdır. İbn-i Teymiyye *rahimehullah* der ki: *"Kim küfür olan bir söz söyler veya küfür olan bir ameli işlerse, kâfir olmayı kastetmese dahi bu sebeple kâfir olur; çünkü Allah'ın diledikleri müstesna hiç kimse kâfir olmayı kastetmez."*[453]

Günümüz Mürcieleri, bu konuyu ve bu konuya ilişkin üstte zikri geçen hadisi istismar etmekte ve onu tamamen farklı bir mecraya çekmektedirler. Onlara göre bir insanın kâfir olabilmesi için küfrü kastetmesi ve "ben kâfir olmayı kastettim" demesi gerekmektedir! Acaba dünyada böylesi kaç insan vardır? Üstat İbn-i Teymiyye'nin de dediği gibi, hiçbir din mensubu böylesi bir şartla dinden çıkmayı kastetmez herhalde. Bu şartı öne sürmek Mürcie fikirli insanların içerisine düşmüş oldukları karmaşıkları tüm çıplaklığıyla gözler önüne sermektedir. Beyin hücrelerini birazcık çalıştıran bir insan bile, bunun ne kadar saçma ve manasız olduğunu anlamakta güçlük çekmez. Bundan, Mürcie fikriyle malul olan insanları istisna etmek gerekir. Zira onlar, tağutları kurtarma adına tüm bu mantıksızlıkları gerek kitaplarında dile getirerek, gerekse kasetlerinde anlatarak hararetle savunabilmektedirler. Ağızlarına doladıkları bu hezeyanlardan Allah bu ümmeti korusun.

Üstat Makdisî şöyle der:

"Bütün bu söylenenlerden anlaşılıyor ki "İntifâu'l-kasıt" engelinden maksat, çağımızın Mürcie'sinden birçok kişinin tekfir için şart koştuğu ve her türlü tağut

---

[453] "es-Sarimu'l-Meslûl", sf. 184.

ve azgını tekfir etmemek için bahane olarak gösterdiği mana ile aynı değildir. Onlara göre dinden çıkmaya ve küfre girmeye niyet edip, kasıtlı olarak küfür sözü söylemedikçe veya küfür olan bir işi işlemedikçe kişi kâfir olmaz. Hâlbuki "İntifâu'l-kasıt" engelinden maksadımız, hata olarak yapılan işler veya söylenen sözlerdir. Dinden çıkmayı yahut dinden çıkaran sözü söyleme veya fiili işlemeyi kastetmeyi Yahudi ve Hıristiyanlardan bile işleyen çok nâdirdir."[454]

Birisi "Kardeşim hata veya intifâu'l-kast gibi engeller kalbî şeylerdir. Siz insanların kalbini mi yarıyorsunuz ki bunları bilebilesiniz?" diyebilir. Buna şöyle cevap veririz: Nasıl ki kastî öldürme ile hata sonucu öldürmenin bir takım karine ve alametleri varsa, aynı şekilde hata veya intifâu'l-kast gibi engellerin de bir takım karine ve alametleri vardır. Bir insanın kasıtlı mı kasıtsız mı adam öldürdüğü nasıl ki bilinebiliyorsa, küfür amelini hata sonucu işleyip işlemediği de aynı şekilde bilinebilir. Bunun temel dayanağı karinelerdir.

Üstat Abdulkâdir b. Abdulaziz, bu engel altına şu dört kısmı dâhil etmiştir:

1) Şeriat nazarında kasıtları muteber sayılmayanlar.

2) Küfre delaleti muhtemel olan bir amel işleyenler.

3) Hata edenler.

4) Yanılarak tevil yapanlar.

Birinciye çocuğu ve uyuyan adamı örnek verebiliriz. Bunlar her ne amel işlerlerse işlesinler asla mesul olmazlar. Mesela, uyuyan birisi uyku esnasında dinden çıkarıcı bir söz söylese, bu nedenle kâfir olduğuna hüküm verilmez; çünkü Rasûlullâh *sallallâhu aleyhi ve sellem* uyuyan kimseden kalemin kaldırıldığını bize haber vermiştir.

İkinciye, ihtimalli söz söyleyen kimseyi örnek verebiliriz. Mesela birisi "Hain Muhammed" dese, biz böylesi bir adama hemen Rasûlullâh *sallallâhu aleyhi ve sellem*'e hakaret etmiştir hükmünü veremeyiz; çünkü adamın bu sözü ile adı Muhammed olan bir arkadaşını kastetmesi muhtemeldir. Bu ihtimalden dolayı adama öncelikle "Sen bu sözünle kimi kastettin?" diye sorarız. Adam eğer "Peygamberi kastettim" derse, o zaman kâfir olduğuna hüküm veririz. Ama adam "Ben falanca arkadaşımı kastettim" dese, o zaman zaten ortada problem yoktur.

Üçüncüye, önceki sayfalarda naklettiğimiz çölde devesini kaybeden adamı örnek olarak verebiliriz. Bu adam "Allah'ım Sen benim Rabbim ben de Senin kulunum" diyeceği yerde, "Allah'ım, Sen benim kulumsun ben de

---

[454] Ebu Muhammed el-Makdisî, "er-Risâletu-s Selâsîniyye", sf. 43, 44.

Senin Rabbinim" diyerek zâhiren küfür olan bir söz söylemiştir. Ama adamın kastı hakikatte "Allah'ım Sen benim Rabbim ben de Senin kulunum" demekti. Dilinin sürçmesi sonucu bu söz ağzından yanlışlıkla çıkıverdi. Bu yanlışlık nedeniyle de adama küfür hükmü verilmedi.

Dördüncüye de bir önceki bölüm olan tevil bahsindeki örnekleri verebiliriz. Muteber bir tevili olan kimse, asıl itibari ile hataya düşmeyi kastetmemiştir. Adamın kastı tamamen hakkı bulmaktır; ama muteber bir tevil nedeniyle hakka isabet edememiş ve hataya düşmüştür. Bu nedenle böylesi bir kimse de şeriat nazarında mazur kabul edilmiştir.

Lüzûmî Tekfir ve İltizâmî Tekfir

Bu anlattıklarımızla hatanın veya intifâu'l-kastın, tekfirin engellerinden bir engel olduğu açığa çıkmış oldu. Konumuzu sonlandırmadan önce Türkiye'deki bazı hoca efendilerin vermiş oldukları cevaplarla topluma yanlış lanse ettikleri bir meseleyi tashih etmek istiyoruz.

Bazı akait kitaplarında luzumî küfür ile iltizamî küfür başlığı altında bir konu ele alınmıştır. *Luzumî küfür;* bir insanın dış görünüş itibarı ile küfrü gerektiren bir ameli işlemesidir. *İltizamî küfür* ise, bu amelin ne manaya geldiğini bildikten sonra o amelin neticesine iltizam etmesi ve benimsemesidir. Yani "Ben bunu kabul ediyor ve benimsiyorum" diyerek o amele iltizam etmesidir.

Bu kural aslı itibari ile doğru bir kuraldır; ama saptırılmıştır. İltizamî küfür noktasında herhangi bir ihtilaf söz konusu değildir. Yani bir insan söylediği veya yaptığı bir küfür amelini kabul ettiğinde zaten herkese göre kâfir olur. Burada bir problem yoktur. Asıl problem luzumî küfür meselesindedir. Burayı bazı hoca efendiler –bilerek veya bilmeyerek– karıştırmakta ve adeta din kaygısı olmayan kâfir insanları kurtarma çabasına girmektedirler.

Bu hoca efendilere göre bir kimse, küfür ameli işlese veya küfrü mucip bir söz söylese bununla kâfir olmayı kastetmiyor olabilir! Yani adam puta tapsa, küfrün şiarlarını kuşansa, Allah'ın kanunlarını arkasına atıp kendi heva ve hevesine göre kanunlar çıkarsa, kâfirlere velayetini verse ama bununla beraber "Ben bununla kâfir olmayı kastetmedim ki!" dese, bu hoca efendilere göre böylesi bir insan dört dörtlük müslümandır, iyi bir mümindir! Biz bu adamın kâfir olduğuna hüküm veremeyiz; çünkü bu adam küfre iltizam etmemiştir!

Şimdi Hayrettin Karaman'ın konuya ilişkin söylediklerine bir bakalım:

"Bir kimsenin İslam dairesinden dışarı çıkması, Müslümanlara göre yabancı sayılabilmesi için küfrü bilerek ve gönülden benimsemiş olması gerekir."[455]

Evet, maalesef hocalarımız Mürcie'nin diline doladığı bu saçmalığı hiçbir tahkike girişmeden dillerine dolamakta ve bununla birçok Allah düşmanını Müslümanların kardeşi ilan etmektedirler. Bu gerçekten de büyük bir âfettir. Allah bizi bu afetten korusun.

Meselenin tahkiki şu şekildedir: Luzûmî küfür, asıl itibarı ile bizim de kabul ettiğimiz bir kuraldır; ancak her yerde geçerli değildir. Bu kuralın geçerlilik alanı intifâu'l-kast ve hata engeli gibi yerlerdir. Yani bir insan hata sonucu bir söz söylese ve aslında bununla onu söylememeyi kastetse, işte burada bu kuralı işletiriz. Buna üstte zikri geçen çölde devesini kaybeden adam hadisini delil getirebiliriz. Adam *"Allah'ım Sen benim Rabbim ben de Senin kulunum"* diyeceği yerde, *"Allah'ım, Sen benim kulumsun ben de Senin Rabbinim"* demişti. Adam bu sözü aslında bu şekilde telaffuz ettiğinin farkında değildi. O kendisinin *"Allah'ım Sen benim Rabbim ben de Senin kulunum"* dediğini zannediyordu. Ama dilinin sürçmesi sonucu *"Allah'ım, Sen benim kulumsun ben de Senin Rabbinim"* deyiverdi. Biz eğer bu adamı çağırsak ve kendisine söylemiş olduğu sözü hatırlatsak, adam kesinlikle söylediği sözden teberri edecek ve "Git kardeşim işine! Hiç Allah benim kulum olur mu? Hiç ben böyle bir şey söyler miyim? Deli misin, nesin?" diyerek bu sözlerini reddedecektir.

İşte böylesi bir durumda sözün içeriğine iltizam etmediği sürece biz adamı tekfir etmez ve luzumî küfür ile iltizamî küfür ayırımına gideriz. Ama bu –üstte de belirttiğimiz gibi– intifâu'l-kast ve hata engeli gibi yerlerde olur. Adam küfür sözü söylediği ve bunun küfür sözü olduğunu bildiği halde –velev ki o sözün içeriğine iltizam etmesin– Ehl-i Sünnete göre kesinlikle kâfir olur. Burada bizim dikkat etmemiz gereken nokta, kişinin küfür kelimesin yanlışlıkla söyleyip-söylemediğidir. Eğer yanlışlıkla söylememişse, biz o adamın küfrüne hüküm verir ve o sözün içeriğine iltizam edip-etmediğine bakmayız. İşte bu nokta, Ehl-i Sünnet ile Mürcie'nin ayrıldığı noktadır. Mürcie söze iltizamı şart koşmuşken, Ehl-i Sünnet bunu sadece intifâu'l-kast ve hata engeli gibi yerlerde şart koşmuş ve bu gibi yerlerin hâricindeki durumlarda böylesi bir şart getirmeyi şiddetle eleştirmiştir.

Üstte İbn-i Teymiyye'den naklettiğimiz şu sözü tekrarlamakta fayda mülahaza ediyoruz:

"Kim, küfür olan bir söz söyler veya küfür olan bir ameli işlerse, kâfir olmayı kastetmese dahi bu sebeple kâfir olur; çünkü Allah'ın diledikleri müstesna hiç kimse

---
[455] www.hayrettinkaraman.net

kâfir olmayı kastetmez."[456]

Şeyhin de ifade ettiği gibi kâfir olmayı bile bile isteyen çok az kimse vardır. Kimse kolay kolay kâfir olmayı murad etmez. Bu nedenle tekfir için küfre iltizam etmeyi şart koşmak, dünya üzerinde kâfir bırakmayacaktır. Hatta müşrikler bile kendilerinin doğru yol üzere olduğunu, hidayet üzere bulunduklarını, güzel amel işlediklerini, Allah'a daha çok yaklaşabilmeyi kendilerine amaç edindiklerini söylemektedirler.[457] Onların bile birçoğu kendisinin cennet için çabaladığını her ortamda dile getirmiştir. Rasûlullâh *sallallâhu aleyhi ve sellem* Mekkelilere müşrik olduklarını söylediğinde çok kızmışlar ve bunu kabullenememişlerdir.

Bu nedenle tekfirle alakalı kuralları rastgele yerlerde kullanmamalıyız. Aksi halde Allah'ın müşrik ve kâfir olduğuna hükmettiği kimselere Müslüman hükmü vermek gibi bir hataya düşebiliriz. Verdiğimiz hükümleri iyi değerlendirmeli, gerekirse bin düşünüp bir söylemeliyiz.

4-) Giderilmesi Mümkün Olmayan Cehalet

Tekfirin engellerinden bir tanesi de, giderilmesi mümkün olmayan cehalettir. Cehalet; bilme kabiliyetine haiz olan bir kimsenin doğru olan bilgiden gaflet içinde olmasıdır. Bu bilgisizlik sadece sahih bilgiden mahrum kalmak şeklinde cereyan ediyorsa *"cehl-i basit"* buna karşılık sahih bilginin aksini bilmek ya da yanlış bilmek şeklinde cereyan ediyorsa *"cehl-i mürekkep"* olarak isimlendirilir.[458]

Giderilmesi mümkün olmayan cehalet, İslam âlimlerinin geneline göre mazeret kabul edilmiş ve bu sebeple yanlış bir amelin içine düşen kimseye, ona terettüp eden şer'î ahkâmın uygulanmasına engel olduğu ifade edilmiştir. Günümüzde en çok sulandırılan meselelerin başında cehaletin özür olup-olmadığı meselesi gelir, desek, herhalde abartmış olmayız; zira birilerine göre fevç fevç şirk pisliğine bulaşmış insanları kurtarmanın en iyi yolu cehaletleri sebebiyle onları mazeretli kabul etmektir.

Cehaletin mazeret olup-olmadığı hakkında insanlar iki fırkaya ayrılmışlardır:

1) "Cehalet hiç bir şekilde mazeret değildir" diyerek aşırıya kaçanlar,

2) "Cehalet her halükârda mazerettir" diyerek vasat seviyenin altında kalanlar.

Bu iki grup da bizce doğruya isabet etme noktasında hata etmişlerdir. Bize göre meselenin tahkiki şu şekildedir: Cehalet asıl itibarı ile mazeret

---

[456] "es-Sarimu'l-Meslûl", sf. 184.
[457] Bkz. Araf, 30, Zuhruf, 36, Kehf, 103-105, Zümer, 3.
[458] "el-Mevsuatu'l-Fıkhiyyetu'l-Kuveytiyye", 16/197.

değildir. Tüm insanlar İslam'ı bilmek ve öğrenmekle mükelleftirler; ancak bazı arızî durumlarda mazeret olabilir. Bunun da sınırını insanların arzuları değil, şer'î nasslar belirler. Şimdi konuyu biraz detaylandırarak izah etmeye çalışalım.

Tevhidi Bilmeyen Kimsenin Durumu ve Hükmü

İslam âlimleri, tevhidi bilmeyen kimseleri iki başlık altında incelemişlerdir.

1) *Aslî Kâfirler,*
2) *Kendisini İslam'a nispet eden Kıble Ehli kimseler.*

Aslî kâfirleri de, cehaleti sebebiyle mazur görülenler ve görülmeyenler olmak üzere ikiye ayırmışlardır. Biz de bu taksimatı baz alarak meseleyi izah etmeye çalışacağız.

1) Cehaleti Sebebiyle Mazur Görülen Kâfirler

Bunlar, hiç bir şekilde kendilerine peygamberlerin davet ve tebliğleri ulaşmamış ve onların davetlerini içlerinde bulundukları zor şartlardan dolayı duyma imkânı bulamamış kimselerdir. Böylelerinin ahiretteki konumları ulema arasında tartışılmıştır. Kimileri Rasûlullâh *sallallâhu aleyhi ve sellem*'den nakledilen bazı hadislere dayanarak[459] bunların ahirette yeniden imtihana tabi tutulacağını ve mazur görülmelerinin mümkün olduğunu iddia etmiş, kimileri de ahretin imtihan yeri olmadığını, dünyada iken imtihan işleminin sona erdiğini öne sürerek Allah'a büyük şirk koşan herkesin mutlak anlamda kâfir olacağını ve bunlar arasında dünya ve ahiret ayırımı yapılmayacağını belirtmişlerdir. Ala külli hal, her iki taifeye göre de böylesi insanlar dünyevî hükümler açısından kesinlikle kâfirdir ve kâfirlere uygulanan muamele tamamıyla kendilerine uygulanır. Yani kendisine davetin ulaşmadığı bir insanın öldüğüne şahit olsak, onun cenazesini kılamaz, Müslümanların kabristanına defnedemez ve Müslümanlara uygulanan diğer

---

[459] Bu hadislerden bir tanesi şöyledir:
"Dört grup, kıyamet günü (mazur sayılmaları için) delil getirecektir. Bunlardan biri hiç bir şey işitmemiş olan sağırdır. Diğeri ahmak (aklî melekeleri tam çalışmayan) bir adamdır. Öbürü çocuklaşmış ihtiyardır. Sonuncusu ise fetret devrinde ölmüş birisidir. Sağıra gelince: 'Rabbim! İslam geldi; ben hiç bir şey işitmedim' der. Ahmak ise: 'Ya Rabbi! İslam geldi; ben hiç bir şeyi anlayamadım. Çocuklar bile (deliliğimden dolayı) bana davar pisliği atarlardı' der. İhtiyar: 'Ey Rabbim! İslam geldiğinde ben hiç bir şeyi fehmedip anlayamıyordum' der. Fetret devrinde ölen adam ise: 'Rabbim! Senin hiç bir peygamberin bana ulaşmadı' der. Sonra Allah Teâlâ kendisine itaat edeceklerine dair onlardan söz alır ve kendilerine 'ateşe girin' diye (emreden) bir elçi gönderir. Kim (Allah emrettiği için) o ateşe girerse, ateş onun için serin ve selametli olur. Kim de (Allah'ın emrine karşı çıkarak) o ateşe girmezse oraya itilir." Hadisi, Ahmed b. Hanbel ve İbn-i Hibbân rivaye etmiştir. Hadis *"sahih"* tir.

ahkâmı onlara uygulayamayız. Onlar her ne kadar davete muhatap olamamışlarsa da, ahkâm açısından diğer kâfirlerden bir farkları yoktur.

2) Cehaleti Sebebiyle Mazur Görülmeyen Kâfirler

Bunlar, kendilerine davet ulaştığı halde ona aldırış etmeyen, davetin doğruluğu veya yanlışlığı hakkında hiç bir çaba harcamayan ve bu uğurda uğraşıp didinmeyen insanlardır. Bunlar, cahil olmalarına rağmen mazur görülmezler. Dünyada da ahirette de kâfir olduklarına ve ebedi cehennemi hak ettiklerine hükmedilir. Birinci gruptakilerle tamamen farklıdırlar. Bunlar def etme imkânları olduğu halde içine düşmüş oldukları cehaletten kurtulmaya çalışmamış ve bu sebeple de küfre düşmüşlerdir. Bunlara dünya ve ahirette kâfir muamelesi yapıldığı gibi, ebediyen cehennemlik olduklarına hükmedilme noktasında da tereddüt edilmez.

Kendisini İslam'a Nispet Eden Kıble Ehli Kimseler

İslam âlimleri, İslam'a girdiği halde tevhidin bazı konularını bilmeyerek muhalefete düşen insanları dört kısma ayırmışlardır. Bizim konumuzun medarı da aslında bu insanlardır; zira bir önceki başlıkta incelemeye çalıştığımız aslen kâfir olan insanlar yaşadığımız bölgede pek bulunmamaktadırlar. Varsa da azınlığı teşkil ettikleri için bizi ilk aşamada fazla ilgilendirmemektedirler. Bizi ilgilendiren toplumumuzun genelinde görülen durumdur ki, bu da onların kendilerini İslam'a nispet etmeleridir.

İşte işin kilitlendiği nokta burasıdır. Şimdi onların cehaletleri mazeret midir? Tevhidin aslını bozarak şirke düşenlerin mazeret iddiaları geçerli midir? Ya da birilerinin onları savunma adına ortaya atmış oldukları mazeret eksenli şüphelerin hakikatle uyumu nedir? İşte bu ve benzeri sorular yıllardır bizleri ve İslamî camiayı bir çıkmazın içine sokmuştur. Burada –asıl konumuz bu olmadığı için– bu sorunu tamamıyla halletmek gibi bir durumumuz yoktur; ama en azından bu noktadaki temelleri hatırlatarak kardeşlerimize bir ışık tutabilmeye gayret göstereceğiz. Şimdi bu dört grubu tek tek ele alalım.

1) İslam'a girdiği halde tevhidin bazı asıllarını izâlesi mümkün olmayan bir acziyetten dolayı öğrenememiş; küfürden henüz yeni kurtulan veya ilmin kendisine, kendisinin de ilme ulaşma imkânı olmayacak kadar uzak bir mıntıkada yaşayan kimseler...[460] Bunlar küfrü gerektiren bir söz söylese

---

[460] Bazı âlimler cehaletin sadece şu üç noktada mazeret olacağını, bunun haricindeki yerlerde ise asla mazeret olmayacağını söylemişlerdir:

1- Şer'î hitabın ulaşmamış olması.

2- İlme ulaşmanın mümkün olmadığı uzak bir yerde yaşamak.

3- Küfürden yeni kurtulup İslam'a yeni girmiş olmak. Bu, gerçektende hoş bir görüştür.

ya da küfre sokan bir amel işleseler, her ne kadar içerisine düştükleri sakıncalı durum küfür olarak adlandırılsa da kendileri hemen tekfir edilmezler. Yaptıkları hata izah edilmek suretiyle kendilerine hüccet ikame edilir ve şayet varsa şüpheleri giderilir. Zat-u Envât hadisesi[461] bu gibi insanların mazur olduğunu beyan etmek için bir delil kabul edilebilir.

2) Tevhidin asıllarını ve tevhidin olmazsa olmaz şartlarını tembellikten dolayı öğrenmeyerek veya giderme imkânı olduğu halde dünya ve dünyalıklara daldıklarından dolayı cahil kalarak küfrü mucip bir sözü veya bir ameli işleyen kimseler. Bunlar içerisine düşmüş oldukları cehaleti izale etmeye kadir oldukları halde gevşediklerinden ötürü küfre girdikleri için mazur sayılmazlar. Kendilerine dünyada iken kâfirlere uygulanan muamelenin aynısı uygulanır. Ahirette de –eğer bu hal üzere ölürlerse– cehennemlik olacaklarına hükmedilir.

Böyleleri, boşa harcadıkları vaktin çok azını İslam'ı öğrenmeye ve tevhidin hakikatlerini bilmeye ayırsalardı, düşmüş oldukları cehalet bataklığından kurtulurlardı. Onlar cehaleti ilme, sapıklığı hidayete tercih ederek sapıtıp gitmişlerdir. Hâlbuki ilim her halükârda cehaletten daha hayırlıdır. Ali *radıyallahu anh* der ki:

"Beceremediği halde bir kimsenin ilim iddia etmesi ve ilme nispet edildiğinde sevinmesi, ilmin ne kadar şerefli olduğunu anlatmaya yeterlidir. Cahil olduğu halde 'ben cahil değilim' diye cehaletten beri olması da cehaletin kötülüğünü kınamak için yeterlidir."[462]

3) Tevhidin aslını değil de bazı fer'î meselelerini tembelliğinden dolayı bilmeyerek muhalefete düşen kimseler. Bunlar günahkârdırlar, haklarında küfür hükmü verilmez.

4) İçtihada, muteber bir tevile veya mazur sayılabilecek bir cehalete binaen tevhidin fer'î meselelerinde muhalefete düşen kimseler. Bunlar günahkâr değillerdir. Kendilerine hüccet ikâme edilerek düştükleri hatadan uzaklaştırılmaya çalışılır.

---

[461] Ebu Vâkid el-Leys, *radıyallahu anh* der ki: "Rasûlullâh *sallallâhu aleyhi ve sellem* ile birlikte Huneyn'e çıkmıştık. Biz küfürden yeni uzaklaşmıştık. Müşriklere ait bir sidre ağacı vardı. Onun altında ibadet niyeti ile oturur ve ona silahlarını asarlardı. Ona "zat-u envât" denirdi. Biz de bir sidre ağacının yanından geçtik ve: "Ey Allah'ın Rasûlü! Bize, onların zat-u envâtı gibi bir zat-u envât tayin et!" dedik. Bunun üzerine Nebi *sallallâhu aleyhi ve sellem*: *"Allahu Ekber! Nefsim elinde olana yemin olsun ki, siz İsrail oğullarının dediği gibi dediniz. Onlar Musa aleyhisselâm'a dediler ki: "Onların sahip olduğu ilah gibi bize de bir ilah yap!"* (Araf, 138) Musa *aleyhisselâm* onlara dedi ki: *"Muhakkak ki sizler cahil bir kavimsiniz."* (Sonra Rasûlullâh *sallallâhu aleyhi ve sellem* şöyle dedi:) *"Muhakkak ki sizler, sizden önceki Yahudi ve Hıristiyanların yoluna mutlaka uyacaksınız."* (Tirmizi, 2180. Hadis "sahih"tir.)
[462] "Medaricu's-Salikîn", 1/470.

3. ve 4. Maddede yer alan insanlar arasındaki fark şudur: 3. Maddedekiler hiçbir cehd-ü gayretin içine girmedikleri ve muteber bir tevilde bulunmadıkları için tevhidin füru meselelerinde muhalefete düşmüşler ve günahkâr olmuşlardır. 4. Gruptakiler ise, içtihat ederek veya muteber bir tevilde bulunarak muhalefete düşmüşler ve buna binen günahkâr olmaktan kurtulmuşlardır. Onların bu durumu, tevhidin fer'î meselelerindendir; aslında değildir. Unutulmamalıdır ki, ihmalkârlık nedeniyle tevhidin aslında muhalefete düşenler günahkâr olmaktan ziyade küfre girerler.

Burası çok ince bir noktadır, buna dikkat edilmelidir.

İlim Elde Etme İmkânının Varlığı
Cehalet Özrünü Bütünüyle Ortadan Kaldırır

Günümüzde şirk içerisinde bocalayan insanları kurtarma adına birileri cehaleti her halükarda mazeret olarak lanse etmeye çalışmaktadırlar. Biz bu yanlış anlamanın önüne geçebilme adına konu başlığını İslam âlimlerinin tahkikleri çerçevesinde itina ile seçmeye çalıştık ve cehaleti *"giderilmesi mümkün olmayan"* şeklinde bir kayıtla kayıtlandırdık. Bu kaydı buraya yerleştirmemizin nedeni, her cehalet iddiasının kabul edilmeyeceğini işar etmek içindir.

İslam âlimlerinin sözlerini iyiden iyiye inceleyen herkes, bu âlimlerin cehaleti ancak izalesinden aciz kalındığı zaman mazeret kabul ettiğini görür. Cehaleti giderme imkânı olduğu halde tembelliğinden veya laubaliliğinden dolayı bu noktada gevşek davrananlar asla mazur kabul edilmemişlerdir. Hangi vasıtayla olursa olsun bilgiye ulaşama imkânı kişiden mazereti düşürür. İşlemiş oldukları küfür amellerini "bilgisizlik" ve "cehalet" yamasıyla yamamaya çalışanlar aslında boşuna uğraşmaktadırlar. Onların öne sürmüş oldukları bu mazeret kesinlikle kabul edilmeyecektir. Çünkü onlar –şayet dileselerdi– bu cehaletten kurtulabilir ve içine düşmüş oldukları hatalardan uzaklaşabilirlerdi. Gevşeklik gösterdikleri için cezalarını çekmek zorunda kalacaklardır.

Şimdi bazı âlimlerin bu husustaki sözlerini nakledelim.

✴ İbn-i Teymiyye *rahmetullâhi aleyh "Refu'l-Melâm"* adlı eserinde der ki: *"Cehalet, ancak izalesinden aciz kalındığı zaman özür olur. İnsan her ne zaman hakkı öğrenme imkânı bulurda bu noktada gevşek davranırsa asla mazur sayılmaz..."*[463]

---

[463] Sf. 69.

"Mecmuu'l-Fetâvâ" adlı eserinde de şöyle der: *"İnsan, hakkı bilme imkânına sahip olur da bu hususta gerekeni yapmaz ise mazur sayılmaz."*[464]

* İmam Karafî *rahmetullâhi aleyh* der ki: *"Mükellefin gidermeye imkân bulduğu cehalet onun lehinde hüccet olmaz."*[465]

* İbn-i Kayyim *rahmetullâhi aleyh* der ki: *"Allah'ın emir ve nehiylerini bilme imkânına sahip olup da, bu bilgileri edinmede gerekeni yapmayarak cahil kalan kimse kendisine hüccet ikame edilmiş (kimse hükmünde)dir."*[466]

* İbnu'l-Lahhâm *rahmetullâhi aleyh* der ki: *"Hükmü bilmeyen kişi, onu öğrenmede kusur ve ihmal etmediği sürece mazur olarak kabul edilir. Ancak kusur ve ihmalkârlıkta bulunursa, asla mazur olmaz."*[467]

İlim ehlinin kavilleri birbiriyle tamamen uyumluluk arz etmektedir. Bu kavillerin ortak noktası, ilim elde etme imkânına sahip olan bir kimsenin cehaleti sebebiyle asla mazeretli olmayacağıdır. Yani, kişi içine düştüğü cehaleti okumak, araştırmak, sormak, fetva almak veya buna benzer herhangi bir yolla ortadan kaldırmaya imkân bulduğu halde gevşeklik göstererek ihmal ederse, asla mazur sayılmaz. Mazeret, yalnızca öğrenmekten aciz kalındığında söz konusudur. Öğrenmek için tüm çabasını ortaya koyduğu halde bunu beceremeyenler var ya, işte mazur olanlar ancak onlardır.

Günümüz Türkiye'sine göz atan herkes iyi bilir ki, bu gün bu coğrafya da yaşayan insanların kâhir çoğunluğu Allah'ın dininden ve o mübarek dini öğrenmekten yüz çevirmiş durumdadır. İlmi elde imkânları bir hayli çok olmasına rağmen ya dünyalık dertleri ya umursamazlıkları ya da gafletleri hak bilgiye ulaşma noktasında onları aldatmış durumdadır.

Bu gün insanlar saatlerce televizyon karşısında, internet kafelerde veya kahvehanelerde vakitlerini öldürerek Allah'ın dininden yüz çevirmekte ve ellerine binlerce kez fırsat geçtiği halde Kur'an'ı araştırmamakta, peygamberlerin sünnetini öğrenmemekte ve tevhidin hakikatlerini incelememektedirler. Kendi menfaatleri uğruna en ince ayrıntılarına kadar hesap yapan, alacak verecek meselelerinde kuruluşların hesabını gözeten, siyaset denince erbabından bile daha iyi siyaset yapan sözde cahil insanlar(!), acaba din denince veya İslam'ın hakikatleri dile getirilince neden aynı hassasiyeti göstermemekteler? Kafaları ticarete, siyasete, hıyanete veya yorumculuğa

---

[464] 20/280.
[465] "el-Furuk", 4/264.
[466] "Medaricu-s Salikîn", 1/239.
[467] "el-Kavâidu ve'l-Fevâidu'l-Usûliyye", 58.

herkesten daha iyi çalışan bu kimseler, neden İslamî meselelere gelince hiçbir şeyden anlamaz olurlar? Don almaya giderken elli kapı gezen bu zavallılar, iş dine gelince neden hiç bir araştırmanın içine giremezler? Yoksa donlarına verdikleri değeri dinlerine vermemekteler mi?

Evet, böylelerinin kıyamet gününde Allah'a sunacakları hiçbir mazeretleri yoktur. İçine düştükleri cehalet, kendileri için bir mazeret olmaktan öte ağır bir vebal olarak karşılarına çıkacaktır. Böylesi bir duruma düşmekten Allah'a sığınırız.

Cehalet mi, Yüz Çevirme mi?

Aslında bu insanların durumu cehalet meselesi başlığı altında değil de, i'raz/yüz çevirme başlığı altında değerlendirilmelidir. Çünkü bu insanlar isteselerdi hakkı bulmaya muktedir olur ve içerisine düşmüş oldukları cehaletten kurtulabilirlerdi; ancak Allah'ın dinine gereken değeri vermedikleri için böylesi bir cehalete maruz kalmışlardır. Bu noktada Zeyd b. Amr b. Nufeyl'in kıssasının mutlaka bilinmesi gerekmektedir.

Zeyd, kendi zamanına özel olarak gönderilmiş bir peygamber olmamasına rağmen Tevhid'i gerçekleştiren ve şirkten uzak duran bir kimse idi. Rasûlullâh *sallallâhu aleyhi ve sellem* daha kendisine peygamberlik gelmeden önce onu görmüştü. Bir defasında kendisine putlara ayrılmış bir kurbandan oluşan bir sofra sunuldu. O, bunu yemekten kaçındı ve ortak koştuklarınız için kestiklerinizden yemeyeceğim, dedi. O, Kureyş'in bu fiillerini kınıyor ve koyunu Allah yarattı, ona gökyüzünden su indirdi, yeryüzünde onun için bitki çıkardı. Sonra siz onu Allah'ın ismi dışında bir şeyle, inkâr etmek ve kendisi için kestiğiniz şeyi yüceltmek için kesiyorsunuz, diyordu.[468]

Bazı rivayetlerde geçtiği üzere, ey Allah'ım! Hangi ibadetin sana daha sevimli olduğunu bilseydim, onunla sana ibadet ederdim; ancak ben bilmiyorum, der ve sonra da yeryüzünde dilediği şekilde secde ederdi. Allah'ın Rasûlü *sallallâhu aleyhi ve sellem* onun tek başına bir ümmet olarak diriltileceğini haber vermiş ve hakkında övgülerde bulunmuştur.

Zeyd b. Amr, bilmemesine ve vahyin nûrundan uzak bir dönemde yaşamasına rağmen tevhidi gerçekleştirmiş ve şirkten uzak durmuştu. *"Ey Allah'ım! Hangi ibadetin sana daha sevimli olduğunu bilseydim, onunla sana ibadet ederdim; ancak ben bilmiyorum"* cümlesi onun bilmek için çabaladığını, ama bir türlü doğru bilgiye ulaşamadığını göstermektedir. Hatta Buhârî'nin rivayetine göre hak dini araştırmak üzere ta Şam diyarına gitmiş ve sonuçta hakka ulaşmıştı. Olay şu şekildedir:

---

[468] Buhârî, Menakibu'l-Ensâr, 24. Hadis no: 3826.

Zeyd b. Amr b. Nufeyl, Mekke'den Şam'a doğru çıktı da tevhid dininden soruyor ve ona tâbi olup, onu arıyordu. Derken Yahudîler'den bir âlime kavuştu, ona dinlerinin mahiyetinden sordu ve belki ben de sizin dininize girerim. Onun için bana dininizin hâlini haber ver, dedi. Yahudi âlim, Zeyd'e:

— Sen Allah'ın gazabından payını almadıkça bizim dinimiz üzere olamazsın, dedi. Zeyd de ona:

— Ben ancak Allah'ın gazabından kaçıyorum; ben ebediyen Allah'ın gazabından hiçbir şey taşımam ve ben onu taşımamaya muktedir hâldeyim. Sen bana başka bir dini gösterebilir misin, dedi. Yahudi Âlim:

— Ben o dinin ancak 'Hanîf Din' olabileceğini biliyorum, dedi. Zeyd:

— Hanîf Din de nedir? dedi. Yahudi âlim:

— O, İbrahim'in Dini'dir. İbrahim ne bir Yahudi, ne de bir Hıristiyan'dı. O, Allah'tan başkasına ibadet etmezdi, dedi.

Zeyd onun yanından çıktı ve Hıristiyanlardan bir âlime kavuştu. Ona da Yahudi âlimine söylediği gibi söyledi. O da Zeyd'e:

— Sen Allah'ın lanetinden nasibini almadıkça asla bizim dinimiz üzere olamayacaksın, dedi. Zeyd ona da:

— Ben ancak Allah'ın lanetinden kaçmaktayım, ben ebediyen Allah'ın lanetinden de, gazabından da hiçbir şey taşıyamam. Ben bunu taşımamaya muktedir hâlde bulunuyorum. Sen bana başka bir dini gösterebilir misin, dedi. Hıristiyan âlim:

— Ben o dinin ancak "Hanîf Dîn" olabileceğini biliyorum, dedi. Zeyd:

— Hanîf Din de nedir? dedi. Hıristiyan âlim:

— O İbrahim'in Dini'dir. O ne bir Yahudi, ne de bir Hıristiyan'dı. O yalnız Allah'a ibadet ederdi, dedi. Zeyd, bunların İbrahim Peygamber hakkındaki sözlerini görünce, oradan ayrıldı ve onların arazisinden dışarı çıkınca iki elini yukarıya kaldırarak: 'Allah'ım! Seni şahit tutuyorum ki, ben İbrahim'in Dini üzereyim' diyerek dua etti."[469]

Görüldüğü üzere Zeyd b. Amr, hakkı bulmak için yolculuklara gitmiş ve aklî melekelerini kullanarak doğruyu bulmuştu. İşte bu gün bir insanın cehalet sebebiyle mazur olabilmesi için böylesi bir gayret içerisine girmesi ve hakkı arayıp bulmada aynı çabayı göstermesi gereklidir. Tam bu noktada Ebu Hanife *rahmetullahi aleyh*'in şu önemli tespitini nakletmekte yarar görüyoruz. O *"el-Fıkhu'l-Ekber"* adlı eserinde şöyle der:

---

[469] Buhârî, Menakibu'l-Ensâr, 24. Hadis no: 3827.

"Tevhid ilminin inceliklerinden bir mesele, kişi için içinden çıkılmaz bir hal alırsa, ona düşen bir âlim bulup da ona soruncaya dek Allah katında doğru olan neyse ona inanmasıdır. (Yani ya Rabbi, senin katında doğru neyse ben ona inanıyorum demesidir.) Soracağı âlimi araştırmasında geciktirme yapması caiz değildir. Eğer bu hususta duraksarsa mazur olmaz, şayet duraksarsa (yani sonra araştırırım derse) kâfir olur."[470]

Ebu Hanife *rahmetullahi aleyh*'in bu fetvası, ulema katında tevhidin ne denli bir yere haiz olduğunu gösterme adına son derece önemlidir. Onlar tevhid denilince, tabir yerindeyse teyakkuza geçiyor ve o konuda hata etmemek ve insanları hataya sürüklememek için oldukça dikkatli davranıyorlardı. Günümüz âlimleri (!) ise tevhid denilince bizlere *"Siz daha o meseleleri aşamadınız mı?"* şeklinde alaylı, bir o kadar da üzücü bir ifadeyle karşılık vermektedirler. Bu, önceki âlimlerle şimdikilerinin arasındaki hassasiyeti ortaya koyma açısından oldukça güzel bir örnektir.

Ya halk?

Ya kendisini İslam'a nispet eden bu insanlar?

Sen onlara, söyledikleri veya yaptıkları işlerin şirk olduğunu, bunun neticesinde ebedi cehenneme gidebileceklerini anlattığında kıllarını dahi kımıldatmamakta ve hiçbir çabalama, tetkik etme ve araştırma içerisine girmemektedirler. Hâlbuki tevhid ve şirkle alakalı bir mevzu insana hatırlatıldığında o insan –eğer bunu bilmiyorsa– karnı aç ise yemek yemeden önce o meseleyi bilen bir insana sormak için harekete geçmeli ve bir an olsun duraksamamalıdır. Şayet duraksayacak olsa, Ebu Hanife *rahmetullahi aleyh*'nin fetvasına göre küfre düşer.

Allah korusun, Rabbim muhafaza etsin. Kendimizi muhasebe etmeli ve böylesi bir hataya düşmemek için varımızı yoğumuzu ortaya koymalıyız.

Cehalet Meselesinde Dâr Ayırımı

Cehaletin mazeret olup-olmayacağına dair İslam ulemasının kavilleri incelendiğinde, onların dâru'l-İslam ve dâru'l-küfür ayırımına gittikleri görülür. İslam'ın hâkim olduğu topraklarda genellikle ilme ulaşabilme imkânı kolay ve mümkünken; İslam'ın hükmetmediği topraklarda ilme ulaşma imkânı genellikle zor ve meşakkatlidir ya da imkânsızdır. İşte bu hakikati göz önüne alan âlimler, İslam'ın hâkim olmadığı yerlerde cehaleti mazeret kabul etmiş ve böylesi beldelerde yaşayıp da şer'î bir muhalefete düşen kimseleri tekfir etmede acele etmemişlerdir. Buna mukabil İslam'ın hâ-

---

[470] "el-Fıkhu'l-Ekber, mea'ş-Şerhi'l Müyesser", sf. 70. Ayrıca bkz. "Fıkh-ı Ekber Şerhi", sf. 209.

kim olduğu beldelerde ise şer'î muhalefete düşenleri mazeretli kabul etmemişlerdir.

Bu ayırıma onları sevk eden yegâne unsur, ilme ulaşıp-ulaşamamanın mümkün olup-olmayacağıdır. İslam ülkeleri ilme ulaşmanın en kolay olduğu yerlerdir. Küfür ülkeleri ise ilme ulaşmanın en zor olduğu yerlerdir. İşte bu nedenle cehalet konusunda söz söyleyen tüm âlimler böylesi bir ayırım yapmanın zorunlu olduğuna işaret etmişlerdir. Aslında böylesi bir ayırımı biz de kabul ediyor ve doğru olduğuna inanıyoruz. Mesela Avrupa veya Rusya'da İslam'a girmiş birisinden, İslam'ın yaygın olduğu bir beldede yaşayan Müslümanların bildiği meseleleri bilmesini bekleyemeyiz. Oradaki Müslümandan ilk etapta beklenen tevhidin asıllarını bilmesi, şirkten uzak durması ve "zarurât-ı diyniye" diye tabir edilen İslam'ın olmazsa olmazlarını tanımasıdır.

Bu ayırım doğru bir ayırım olup herkes tarafından kabul edilmeye uygundur.

Ancak burada izah edilmesi ve cevap bulunması zorunlu olan bir soru vardır. O da şudur: Acaba önceleri İslam yurdu olup da sonraları küfür diyarına dönüşen ve ilim elde etme imkânlarının aynı Dâru'l-İslam'da ki gibi bol ve yaygın olduğu beldelerin hükmü nedir? Burada ki halklar acaba aslî küfür diyarlarındaki halklar gibi mutlak olarak cehaletleri sebebiyle mazur mu kabul edileceklerdir? İşte bu sorunun mutlaka cevap bulması gerekmektedir. Aksi halde içinde bulunduğumuz durumu doğru bir şekilde değerlendirmemiz mümkün değildir.

Araştırmalarımız neticesinde bazı âlimler, önceleri İslam diyarı olup da sonraları küfür diyarına dönüşen günümüz diyarlarını incelemişler ve bu topraklarda yaşayan insanların içinde bulunduğu bu arızî durumu değerlendirmişlerdir. Bu âlimlerin tespitleri gerçekten de kabule şayandır; zira günümüzde –örneğin Türkiye'de– İslamî bilgilere ulaşmak hem kolay, hem de mümkündür. Hatta birçok beldede bile bu bilgilere ulaşmak bu kadar kolay değildir. İşte bu nedenle böylesi ülkelerde yaşayan halkları mazur kabul etmek İslam'ın ruhuyla uyuşmamaktadır. İslam, insanların mazeretlerini yok etmek için kesin hüccetlerle gelmiştir. İslam'ın asıl hedefi insanları cehaletten kurtarmaktır. Cehaleti giderme imkânı olduğu halde onu gidermemek ve İslam'ın da buna müsamaha göstereceğini söylemek gerçekten de ne akılla bağdaşır ne de İslam'ın ruhuyla! Bundan dolayı arızî daru'l-küfürleri yeniden değerlendirmek ve doğru bir sonuca ulaşmak kaçınılmazdır.

Şimdi bu konuda bazı nakiller yapalım:

Hasan Karakaya[471] der ki:

"Kanaatimizce aslında İslam diyarı olup sonra dâru'l-harbe dönüşen memleketlerin halkı bilmemelerinden dolayı mazur sayılmazlar. Çünkü bu ülkelerde az da olsa Müslümanlar bulunmakta, İslam'ın helal ve haramlarına dikkat etmekte, farz ve vaciplerini yerine getirmektedirler."[472]

Şeyh Abdulkadir b. Abdulaziz de şöyle demektedir:

"Bu tür ülkelerde (yani aslında İslam diyarı olup da sonraları küfür diyarına dönüşmüş ülkelerde) bilgi edinmek, ilim talep etmek ve hakkı tespit etmek mümkündür. Bu bölgelerde hiç kimse cehaleti sebebi ile mazeretli görülmez. Ancak özellikle ilim sahibi kimselerin bilebileceği, fakat diğer insanlar için kapalı dini meseleler bu hükmün müstesnasıdır."[473]

Bu nakillerden de anlaşıldığına göre, günümüz Türkiye'sinde yaşayan insanları tamamen aslî küfür diyarlarında yaşayan insanlar gibi değerlendirmek, fıkıh ehli bir insanın yapacağı bir iş değildir. Çünkü küfür diyarlarında yaşayan insanların mazur kabul edilmesindeki temel illet; onların ilme ulaşmasının mümkün olmamasıdır. Türkiye'de ise bu illet ortadan kalkmıştır. *"El-hükmü yedûru mea illetihi"*[474] kâidesinden hareketle Türkiye'yi bu ülkelerle aynı değerlendirerek halkını tamamen mazur kabul etmek, fıkıhla bağdaşmayan bir tutumdur. Yine de Allah en iyisini bilendir.

Bu konunun izahını tamamlayarak tekfirin mânileri konusunu noktalamış bulunmaktayız. Konumuza tekfir kurallarından ikincisinin izahı ile devam edeceğiz.

---

[471] Kendisinden nakil yaptığımız usulcü Hasan Karakaya ile Vakit Gazetesi'nde köşe yazarlığı yapan Hasan Karakaya'yı birbirine karıştırmamak gerekir. Biri âlim, öteki ise köşe yazarıdır.

[472] Hasan Karakaya, Fıkıh Usulü, sy. 415.

[473] "el-Cami' fi Talebi'l-İlmi'ş-Şerif". Bu nakli "Cehalet Özrüne Dair Temel Esaslar" adlı eserden iktibas ettik. Bkz. sf. 199.

[474] Hüküm, illeti/gerekçesi ile beraber deveran eder. Yani meselenin hükmü illete bağlıdır; illet varsa hüküm de vardır. İllet yoksa hüküm de yoktur. Bu kaide erbabının malumu olduğu üzere usulde önemli bir yere sahiptir.

İKİNCİ KURAL

الرضا بالكفر كفرّ

"KÜFRE RIZA KÜFÜRDÜR"

Tekfir meselesinde ikinci kural olarak bu kâideyi şerh ve izah etmeye çalışacağız.

Ehl-i Sünnet, küfre rızayı küfür, zulme rızayı zulüm, günaha rızayı da günah olarak kabul etmiştir. Kim –şer'î bir gerekçesi olmaksızın– küfre rıza gösterir, onu güzel görür veya onun meşruiyetini kabul ederse kesinlikle Allah'ın dini ile olan tüm bağlarını koparmış ve küfre girmiş olur. Bunun delillerine gelince;

1-) Rabbimiz şöyle buyurur:

"O, size Kitapta, Allah'ın ayetlerine küfredildiğini ve onlarla alay edildiğini işittiğinizde, onlar bir başka söze dalıp geçinceye kadar, onlarla oturmayın, yoksa siz de onlar gibi olursunuz, diye indirdi. Doğrusu Allah, münafıkların da, kâfirlerin de tümünü cehennemde toplayacak olandır." (Nisa, 140)

Bu ayet küfre rızanın küfür olacağını ispat etme noktasında son derece açıktır. İkrah altında olmayan bir insan, Allah'ın ayetlerinin alaya alındığı, onlarla istihza edildiği veya onların inkâr edildiği bir mecliste hiçbir tepki vermeksizin oturuyorsa kesinlikle o ortamda söylenenlere rıza gösteriyor demektir. Eğer o işe rızası olmasaydı, o meclisi terk eder ve tepkisini ortaya koyardı. Olaya tepki göstermemesi bu işe razı olduğunu gösterir. Şeyh Süleyman b. Abdillah der ki:

"Ayetin manası zâhiri üzeredir. Kişi Allah'ın ayetlerinin inkâr edildiğini veya onlarla alay edildiğini işitir de hiçbir ikrah olmaksızın onları kınamadan ve onlardan uzaklaşmadan o alay eden kâfirlerle oturmaya devam ederse –her ne kadar onların yaptığını yapmasa da– o da onlar gibi kâfir olur. Çünkü bu, küfre razı olma manasına gelir; küfre rıza da küfürdür. Âlimler bu ve benzeri ayetlerden "günaha rıza gösterenin günahı işleyenle aynı hükme tabi olacağını" istidlâl etmişlerdir. İslam'da hükümler zâhire göre verileceği için böylesi bir kimsenin onların yaptığını

kalbi ile kerih gördüğünü iddia etmesi kendisinden kabul edilmez. Bu kimse zahiren küfrü izhâr etmiş ve kâfir olmuştur."[475]

İmam Kurtubî der ki:

"Çünkü o zaman siz de onlar gibi olursunuz..." *Allah'ın bu buyruğu, kendilerinden bir münker sâdır olduğu zaman masiyet işleyenlerden uzak durmanın vacip olduğuna delalet etmektedir. Çünkü onlardan uzak durmayan bir kimse, onların fiillerine razı olmuş demektir. Küfre rıza ise küfürdür. Nitekim yüce Allah: "Çünkü o zaman siz de onlar gibi olursunuz" diye buyurmaktadır. Buna göre masiyetin işlendiği bir mecliste oturup da onlara karşı tepki göstermeyen herkes, günahta onlarla eşit olur. Kişinin, masiyeti gerektiren bir söz söyleyip, bunun gereğince de amel ettiklerinde onlara tepki göstermesi icap eder. Eğer onlara tepki gösterme gücü yetmiyorsa, bu ayetin tehdit ettiği kimselerden olmamak için yanlarından kalkıp gitmesi gerekir."*[476]

İmam Taberî der ki:

"Ayetin manası şu şekildedir: Sizler Allah'ın ayetlerinin inkâr edilip alaya alındığını işitip dururken hâlâ o inkâr edip alaya sapanlarla oturmaya devam ederseniz, onlar Allah'ın ayetlerini alaya almaları neticesinde nasıl günaha girmişse, siz de aynı onların işlediği bu günahı işlemiş ve Allah'a isyan etme hususunda onlarla eşit olmuş olursunuz."[477]

Şevkânî şöyle der:

"Çünkü o zaman siz de onlar gibi olursunuz..." *Bu, yasaklamanın gerekçesidir. Yani, onlarla oturur ve bu oturmadan vazgeçmezseniz, o zaman siz de küfürde onlarla eşit olursunuz."*[478]

Abdulmun'im Mustafa der ki:

"Eğer mecliste küfür icra ediliyorsa, orada bulunan kimse onlar gibi kâfir olur. Ancak o yerde küfrün altında kalan günahlar câri ise, o zaman orada bulunan kimse kâfir değil, bilakis günahkâr olur. Buradaki hükmün medârı o mecliste meydana gelen şeye göredir. Rasûlullah sallallâhu aleyhi ve sellem *şöyle buyurur: "Allah'a ve ahiret gününe iman eden bir kul sakın ha içki içilen bir sofraya oturmasın!"*[479] *Malumdur ki, içki içilen bir sofraya oturan kimse küfre düşmez; sadece içki içen kimsenin hükmünü alır. Bir gün Ömer İbn-i Abdulaziz'in huzuruna içki içen kimseler*

---

[475] "Mecmuatu't-Tevhîd", sf. 48.
[476] "el-Camiʿ li Ahkâmi'l-Kur'an", 3/286.
[477] "Tefsiru't-Taberî", 9/320.
[478] "Fethu'l-Kadîr", 2/232.
[479] "Sünenu'd-Dârimî", 2092.

getirilmişti. Ömer İbn-i Abdulaziz hemen kendilerine celde vurulmasını emretti. O esnada kendisine içlerinden birisinin oruçlu olduğu söylenince, 'Öncelikle ondan başlayın. Yoksa siz Allah Teâlâ'nın: **'Allah'ın ayetlerine küfredildiğini ve onlarla alay edildiğini işittiğinizde, onlar bir başka söze dalıp geçinceye kadar, onlarla oturmayın, yoksa siz de onlar gibi olursunuz'** *buyurduğunu duymadınız mı?' dedi. Görüldüğü üzere Ömer İbn-i Abdulaziz, münker ortamına iştirak eden kimseyi bizzat o münkeri işleyenle bir kabul etti. Çünkü o kişinin, hiçbir ikrah olmaksızın tepkisizce orada bulunması oradakilerin durumuna razı olduğunun bir göstergesidir. O kişi bu nedenle onların maruz kaldığı ceza ile aynı cezaya çarptırıldı."*[480]

2-) Rabbimiz şöyle buyurur:

"İsrailoğullarından kâfir olanlara, Davud ve Meryem Oğlu İsa'nın diliyle lanet edilmiştir. Bu, onların isyan etmeleri ve haddi aşmaları nedeniyledir. Onlar yapmakta oldukları kötü işlerden birbirlerini sakındırmazlardı. Yapmakta oldukları şey ne kötü idi!" (Maide, 78, 79)

Tefsirlerde nakledildiğine göre İsrailoğulları günah işlemeye başlayınca içlerindeki âlimler onları bu günahlardan sakındırmaya çalıştı. Ancak onlar bu günahlardan bir türlü vazgeçmiyorlardı. Onların vazgeçmediğini gören bu âlimler, onlarla oturup-kalkmaya ve yiyip-içmeye başladılar. Bunun üzerine Allah onların kalplerini birbirine benzeterek Davud ve İsa *aleyhimesselâm*'ın diliyle kendilerini lanete uğrattı. Rasulullah *sallallâhu aleyhi ve sellem* bu olayı şöyle anlatır:

"İsrailoğulları arasında eksiklikler baş gösterince, içlerinden birisi (günah işleyen) kardeşini gördüğünde ona: 'Ey filan, Allah'tan kork ve yapmakta olduğun şu işi terk et; çünkü bu işi yapmak senin için helal değildir' derdi. Ertesi günü onunla karşılaşınca, bu durumu, onunla birlikte oturup yiyip-içmesine engel teşkil etmezdi. Onlar bu işi yapınca, Allah da onların kalplerini birbirine çarptı."

Daha sonra Hz, Peygamber: *"İsrailoğullarından kâfir olanlara, Davud ve Meryem Oğlu İsa'nın diliyle lanet edilmiştir. Bu, onların isyan etmeleri ve haddi aşmaları nedeniyledir. Onlar yapmakta oldukları kötü işlerden birbirlerini sakındırmazlardı. Yapmakta oldukları şey ne kötü idi!"* buyruğundan itibaren: *"Fakat onlardan birçoğu fasık kimselerdir"* ayetine kadar olan bölümleri okuduktan sonra şöyle buyurdu: *"Allah'a yemin ederim ki, hayır (böyle olmaz)! Ya iyiliği emreder, kötülükten alıkoyar, zalimin elini tutarak onun hakkın dışına çıkmasına fırsat vermez, yalnızca hak işlemeye mecbur edersiniz yahut da Allah sizin de kalplerinizi birbirine çarpar ve onları lanetlediği gibi sizi de lanetler."*[481]

---

[480] "Kava'id fi't-Tekfir", 107.
[481] Tirmizî, Tefsir, 6. Hadis no: 3048; Ebu Davud, Melahim, 27.

Birbirini günah işlemekten ve Allah'a isyan etmekten sakındırdıktan sonra onlarla içli-dışlı olanlar, sırf bu nedenle lanete maruz kalıyorsa, acaba birbirini hiç sakındırmadan günah meclislerinde bir arada oturanlar ne olur? Elbette onların durumu daha kötüdür. Onlar günah bakımından berikilerden daha eşettirler. Allah'ın rahmetinden tart edilip lanete maruz kalmaya onlardan daha çok müstahaktırlar.[482]

3-) Tevbe Suresinin şu ayetleri de bu kapsamda değerlendirilebilir:

"Andolsun, onlara (Tebük gazvesine giderken söyledikleri o alaylı sözleri) soracak olsan, elbette şöyle diyeceklerdir: 'Biz lafa dalmış şakalaşıyorduk.' De ki: Allah ile O'nun ayetleri ile ve Rasûlü ile mi alay ediyorsunuz? Özür dilemeyin. Siz iman ettikten sonra gerçekten kâfir oldunuz…" (Tevbe, 65, 66)

Bu ayet –daha önceleri de ifade ettiğimiz üzere– Tebük Gazvesi sırasında nazil olmuştu. Rasûlullah *sallallâhu aleyhi ve sellem*'in ordusunda yer alan bazı kimseler, Rasûlullah *sallallâhu aleyhi ve sellem* ve ashabını kastederek: "Bizim şu Kur'an okuyanlarımız kadar midelerine düşkün, dilleri yalancı ve düşmanla karşılaşma esnasında korkak kimseleri görmedik" dediler. O esnada ismi *"Muhaşin b. Humeyr"* olan bir sahabe onların bu sözlerine güldü ve sonra bu ayetler nazil oldu.

"Muhaşin b. Humeyr" rivayetlerden anlaşıldığına göre onların bu sözlerini söylememiş, sadece onlara gülmüştü. Ama bu tavrı kendisini küfre girmekten kurtaramamıştı. Sonra Rasulullah *sallallâhu aleyhi ve sellem*'e gelerek özür beyan etmiş ve diğerlerinin arasında onun özrü kabul edilmişti. Öbürlerinin ise azaba uğratılacağı haber verilmişti. Ayetin devamında yer alan: *"Biz içinizden bir topluluğu affetsek bile, suçlarından ötürü bir topluluğa da azap edeceğiz"* kısmından bunu anlamamız mümkündür.

Onun affedildiğine dair haber gelince ellerini semâya kaldırmış ve şöyle dua etmişti:

"Allah'ım! Ben, tüyleri diken diken eden ve kalpleri yerinden söken bir ayet işitiyorum ki, onunla kastedilen benim. Allah'ım! Bana kendi yolunda ölmeyi nasip et. Nasip et ki, hiç kimse 'Onu ben yıkadım, kefenini ben giydirdim, onu ben defnettim' demesin."

İkrime *radıyallahu anh*'ın bildirdiğine göre o, Yemâme Savaşında öldürülmüş, ama Müslümanlardan hiç kimse onu bulamamıştı.[483]

---

[482] Bkz. "Kava'id fi't-Tekfir", 108.
[483] "Tefsiru'l-Kur'ani'l-Azim", 2/484.

Küfür kelimelerinin söylendiği yerlerde hiçbir tepki göstermeksizin durmak, onların bu işine rıza sayılır. Muhaşin b. Humeyr'in durumu aynen böyleydi ve onlara uygulanan muamele kendisine de uygulandı.

4-) Rasûlullah *sallallâhu aleyhi ve sellem* şöyle buyurur:

"Allah Teâlâ'nın benden önceki her bir ümmete gönderdiği peygamberin, kendi ümmeti içinde sünnetine sarılan ve emrine uyan havarîleri ve ashabı vardı. Onlardan sonra yapmadıklarını söyleyen ve emrolunmadıklarını yapan kimseler geldi. Böyle kimselerle eliyle cihad eden mümindir, diliyle cihad eden mümindir, kalbiyle cihad eden de mümindir. Bunun ötesinde ise artık hardal tanesi kadar bile iman yoktur."[484]

Abdulmun'im der ki: *'Bunun ötesinde ise artık hardal tanesi kadar bile iman yoktur'* çünkü kalbin inkârının ardında rıza ve kabulden başka bir şey yoktur. İşte bunun için iman yok olmuştur."[485]

Yani insan, kalbi ile de onlarla cihad etmezse, bu, onlardan razı olduğu ve kendilerini kabul ettiği manasına gelir. Bu ise kişiyi küfre sokmak için yeterlidir.

Münkerin işlendiği bir ortamda hiçbir tepki göstermeksizin oturan bazı kimseler bu ve bu manada nakledilen bazı hadisleri yanlış anlamaktadırlar. Onlar bu hadislerde yer alan "kalp ile cihadı" o ortamda oldukları halde nasıl olsa ben kalben bunları sevmiyorum, kalbimle onlara buğz ediyorum, diyerek yalnızca kalbî bir tepkiye bağlamaktadırlar. Hâlbuki hadis bunu anlatmamaktadır. Hadis öncelikle onlarla elimizle cihad etmeyi, eğer bunu yapamazsak dilimizle cihad etmeyi, şayet bunu da yapamazsak o zaman kalbimizle cihad etmeyi emretmektedir. Kalp ile cihad ise; el ve dil ile bir şey yapılamazsa, o ortamı terk ederek oradakilerin yaptıklarına buğz ederek olur. Eğer hiçbir tepki olmaksızın o ortamda oturulmaya devam edilirse bu zaten rızanın ta kendisidir. <u>Kalp ile buğz veya kalp ile cihad o ortamda bulunmak değildir, o ortamda bir şey yapılamazsa kalben nefret duyarak o ortamı terk etmektir.</u>

5-) Rasûlullah *sallallâhu aleyhi ve sellem* şöyle buyurur: *"Yeryüzünde bir günah işlendiğinde birisi ona şahit olur da bundan hoşlanmazsa (bunu kerih görürse) o günahtan uzakta olan kimse gibidir. O günahtan uzakta olup da ona rıza gösteren kimse de ona şahit olan kimse gibidir."*[486]

---

[484] Müslim, İman, 20.
[485] "Kava'id fi't-Tekfir", 108.
[486] Ebu Davut, Melahim, 17. Hadis no: 4345.

Bir kimse günaha şahit olur, ama hemen tepkisini gösterirse adeta hiç ona şahit olmamış hükmündedir. Bir kimse de günaha şahit olmaz, yani günahın işlendiği yerde bulunmaz, ama ondan hoşnut olursa, adeta onu işleyen kimse gibidir. Tüm bunların gerekçesi, rızadır. Günümüzde Allah'ın ayetlerinin hiçe sayıldığı, onlarla alay edildiği, bazen de inkâr edildiği meclislerde bulunup Allah'ın dinine faydalı olmaya çalışanlar, artık Allah'tan korksunlar. Allah'ın dinine faydalı olabilme adına Allah'ın ayetlerinin hiçe sayıldığı ortamlarda tepki göstermeksizin durmak Allah ve Rasûlü'nün razı olmadığı bir iştir. Allah ve Rasûlü'nün razı olmadığı bir işi yaparak nasıl İslam'a hizmet edilebilir ki? Bunların hepsi bir aldatmacadan başka bir şey değildir.

Zahir-Bâtın İlişkisi

İslam dini insanların durumlarının tespiti için bir takım karîne ve alâmetler koymuştur. Bu karine ve alâmetler sayesinde karşımızdaki insana iyi-kötü, doğru-yanlış, müttaki-facir, mümin-kâfir, diye hüküm vermemiz mümkün olmaktadır. İnsanın dış görünümü ve etrafında yansıtmış olduğu davranışlar onun iç dünyasını ortaya koyan bir ayna mesabesindedir. İnsanın içi ile dışı arasında sıkı bir irtibat vardır. İçi (batını) düzgün olduğunda bu dış dünyasına tesir eder. Bozuk olduğunda da durum aynıdır. Dışı (zahiri) bozuk olduğunda bu zorunlu olarak onun bâtınını etkiler.

Abdulmun'im der ki:

"Şer'î nasslar zâhirin (dış görünümün), bâtının (kişinin iç dünyasının) bir şubesi ve onun kılavuzu olduğuna işaret etmektedir. Zâhir ile bâtının her biri, bir diğerini etkiler ve etkilenir. Eğer bâtın bozuk ise zâhir de bozuk olur; bâtın düzgün ise zâhir de düzgün olur. Bu, kaçınılmaz olarak böyledir. Bâtın ne kadar bozuksa zâhir de o kadar bozuk olur. Aynı şekilde zâhir ne kadar bozuk ise bâtın da o kadar bozuk olur. Bozuk bir zâhir ile düzgün bir bâtının veya bozuk bir bâtın ile düzgün bir zâhirin bir arada bulunmasını farz etmek caiz değildir.(Yani bunların bir arada bulunması asla mümkün değildir)"[487]

Bilinmelidir ki, zâhir ve bâtının birbiri üzerinde güçlü bir tesiri vardır. Zâhirin bozukluğu bâtının bozukluğundan kaynaklanır. Bunun zıttı da böyledir. Bu hakikati "İrca fikriyle" malul olanlar hariç, aklı başında her insan rahatlıkla tasdik edebilir.

İrca ehline göre ise kalp ile bedenin ve zâhir ile bâtının birbiriyle alâkası yoktur. Kişi zâhiri ile kötü bir amel işlediğinde, bu onun kalbine hiçbir su-

---

[487] "Kava'id fi't-Tekfir", 111.

retle zarar vermez. Hatta bu, kişiyi dinden çıkaran bir amel bile olsa... Onların bu enteresan fikrini reddetmek için sadece Rasûlullah *sallallâhu aleyhi ve sellem*'in şu sözünü nakletmek yeterli olacaktır.

"Dikkat edin! Şüphesiz bedende bir et parçası vardır ki, o doğru olduğunda tüm beden doğru olur, eğer o bozuk olursa tüm beden bozuk olur. Dikkat edin! O et parçası kalptir."[488]

Bu hadis, zâhir ile bâtın arasındaki sıkı irtibata dikkat çekmektedir. Kalbin doğru ve salih olması bedeninde doğru olmasını gerektirir. Eğer beden Allah'ın istediği surette düzgün değilse, bu, kalbinde bozuk olduğuna işarettir. İmandan bahsedip de ona göre amel etmeyenlerin kalbi iman etmiş değildir.[489]

Bu hadisi dikkatlice düşündüğümüzde, tevhidi gerçekleştirmediği, namaz kılmadığı ve İslam'ın kendisine yüklemiş olduğu amelleri işlemediği halde kalbinin temiz, hatta kardan bile beyaz (!) olduğunu iddia edenlerin ne kadar da yalancı olduklarını anlamış oluruz... Veya zahirde fısk-ı fücura batmış, her türlü harama bulaşmış ve dinin yasak kabul ettiği tüm amelleri işleyen sözde kalpleri tertemiz kimselerin yalanlarının ne denli büyük olduğunu idrak ederiz... Adam haramlara bulaşmışken hatta bazen bizzat o haramı işlerken ikaz ediyorsunuz, ama adamın cevabı hazır: Sen benim kalbime bak! Kalbim temiz ya!

Ya da konumuzla alakalı bir misal verecek olursak; adam küfrün ve şirkin işlendiği, Allah'ın ayetleri ile istihza edildiği bir mecliste hiçbir tepki vermeksizin oturuyor, sen ona bunun caiz olmadığını söylüyorsun, ama adam seni kendince bir cevapla mat ediyor: Sen benim kalbime bak!

İşte bu gün durum bundan ibaret...

Bu yanlış fikir yıllar boyu insanlarımıza empoze edilmiş ve ta benliklerine işlenilerek haktan uzaklaştırılmışlardır.

Küfre Rıza Göstermenin Karineleri

Malum olduğu üzere rızanın yeri kalptir. Bir kimsenin bir işe razı olup-olmadığını bilmemiz aslen mümkün değildir. Çünkü razı olup-olmamak kalbin amellerindendir. Ancak İslam bunun için bir takım alamet ve karineler ortaya koymuştur. Bu karineler, kişinin bâtınına delalet eden lafzî ve amelî karinelerdir. Bizler bunlar sayesinde kişinin kalbinde yer eden şeylerin hakikatlerine muttali oluruz.

---

[488] Buhârî, İman, 52.
[489] "er-Reddü alâ Şeritati el-Küfrü Küfran" sf. 48. "Mecmuu'l-Fetâva"dan naklen Bkz. 14/120.

Şimdi bunları bir bir izah etmeye çalışalım.

A-) Lafzî Karineler

Söz, kişinin kalbindeki inancın hakikatini yansıtan en güçlü organdır. Kalpte yer eden iyi veya kötü düşünceler dil vasıtası ile açığa vurulur. Bu nedenle söz, hakikate delalet yönünden amellerden daha kuvvetli kabul edilmiştir. Abdulmun'im der ki:

"Lafzî karineler kişinin kalbinde yer eden hakikati gösteren en güçlü alametlerdir. Örneğin, kişinin –ikrah olmaksızın– küfre rıza gösterdiğine ve onu helal gördüğüne işaret eden sarih bir söz söylemesi, Allah'ın şeraitine alternatif olan beşerî kanunları güzel görerek ilerlemenin ancak bu kanunlar sayesinde gerçekleşebileceğini ifade etmesi veya buna benzer kalbinde yer eden gerçeği yansıtan ibareler kullanması gibi... Böylesi birisinin kâfir olacağı ve dinden çıkarıcı bir şey yaptığı hususunda ümmetin âlimleri arasında hiçbir ihtilaf yoktur."[490]

Lafzî karineler ikiye ayrılır:

1) Küfre delaleti sarih/açık olanlar. Bunları söyleyen bir kimsenin niyet ve kastını araştırmaya gerek yoktur. Böylesi bir kimse sırf bu sözler nedeniyle dinden çıkar. Eğer hâkimin önüne çıkarılsa hâkim ona *"Bu sözü ne niyetle söyledin"* diye sormaz. Aksine bu sözü söyleyip söylemediğini sorar. Şayet adamın söylediği şer'î ispat yollarından birisi ile ispat edilirse, o zaman ona gerekli ceza uygulanır.

2) Küfre delaleti ihtimalli olanlar. Bunların küfür sözü olup-olmadığı ihtimallidir. Yani bunların bir yönden küfür sözü olma ihtimali varken, diğer yönden böyle bir ihtimali yoktur. Böylesi bir durumda kişinin kastını araştırmak ve bununla ne kastettiğini öğrenmek zorunludur. Bu netlik kazanmadığı sürece kişinin küfrüne hüküm verilmez. Mesela birisi "Hain Muhammed" dese, biz böylesi birisine hemen bu, Rasûlullâh *sallallâhu aleyhi ve sellem*'e hakaret etmiştir, hükmünü veremeyiz; çünkü adamın bu sözü ile adı Muhammed olan bir arkadaşını kastetme olasılığı vardır. Bu olasılıktan dolayı adama öncelikle sen bu sözünle kimi kastettin, diye sorarız. Adam eğer "Peygamberi kastettim" derse o zaman kâfir olduğuna hüküm veririz. Ama adam "Ben falanca arkadaşımı kastettim" dese o zaman zaten problem yoktur.

Dolayısıyla, kişi herhangi bir ikraha maruz kalmadan net, açık ve hiçbir ihtimali olmayan bir küfür sözü söylediğinde, bununla kalbinde yer eden inancı açığa vurmuş ve küfrünü dışarı kusmuş olur. Bu, küfre razı olduğunu ortaya koyan en güçlü karinedir.

---

[490] "Kava'id fi't-Tekfir", 116.

B-) Amelî Karineler

Bunlar, kalpte yer eden inancı dışa vuran zahirî amellerdir. Bunlar sayesinde kişinin iç dünyasında hâkim olan düşünce ve inançlar bilinir. İkrah olmaksızın bu amellerden birisini işleyen kimseye "Sen bunu kalben helal görüyor musun?" veya "Sen kalben bundan razı mısın?" diye sormaya gerek yoktur. Diğer bir ifadeyle, böylesi amelleri işleyen birisine bu amellere kalben razı olup-olmadığı hususunda lafzî karineler aracılığına ihtiyaç duyulmaz. Çünkü o bunları işlemek sureti ile zaten küfre kalbini açmış ve ona razı olmuştur. Olay, lafzî karinelere ihtiyaç duymayacak kadar kesinlik kazanmıştır.

Şimdi küfre delalet eden amelî karinelerden bazısını açıklamaya çalışalım:

1) Din İle Alay Edilen ve Küfür Ameli İşlenen Meclislerde Oturmak

Allah'ın ayetleri ve dinin mukaddesatıyla istihza edilen meclislerde oturmak caiz değildir. Kişi ikrah olmaksızın tepkisiz bir şekilde böylesi bir mecliste oturursa, orada cereyan eden fiillere razı olmuş demektir. Bu konuya önceki satırlarda değinmiş ve gereken bilgiyi orada vermeye çalışmıştık.

Bu konunun temel dayanağı olan Nisa Suresi 140. ayeti ve o ayete ilişkin İmam Kurtubî'nin önemli cümlelerini hatırlatarak diğer maddelerin izahına geçmek istiyoruz. Rabbimiz buyurur ki:

"O, size Kitapta: Allah'ın ayetlerine küfredildiğini ve onlarla alay edildiğini işittiğinizde, onlar bir başka söze dalıp geçinceye kadar, onlarla oturmayın, yoksa siz de onlar gibi olursunuz, diye indirdi. Doğrusu Allah, münafıkların da, kâfirlerin de tümünü cehennemde toplayacak olandır." (Nisa, 140)

İmam Kurtubî der ki:

"Her kim onlardan uzak durmazsa, onların fiillerine razı olmuş demektir."[491]

Görüldüğü gibi İmam Kurtubî *rahimehullah*, tepkisiz bir şekilde o mecliste oturmayı (sadece oturmayı) onların fiillerine razı olmaya bir karine kabul etmiştir. Bu da göstermektedir ki, hiçbir tepki olmaksızın din ile alay edilen ve küfür ameli işlenen meclislerde oturan kimseler orada cereyan eden amellerden razı olmuş demektir; bu da küfürdür.

2) Şaka Yere Dahi Olsa Din İle Alay Etmek

Din ve dinin mukaddesâtı ile alay etmek veya onları kötüler mahiyette cümleler kullanmak, kişinin bâtınının bozukluğuna delalet eder. Böylesi bir kimse her ne kadar kendisinden sâdır olan alay vâri cümleleri helal görerek

---

[491] "el-Cami' li Ahkâmi'l-Kur'an", 3/286.

yaptığını söylemese bile ortaya koyduğu iş bunu helal saydığının en büyük delilidir. Eğer bu kimsede iman olsaydı, bu iman kendisini Allah'ın dini ile alay etmekten men ederdi.

Burada kişinin dili ile "Ben bunu helal görerek söyledim" demesine gerek yoktur. Böylesi bir pozisyonda helal görüp-görmediği söylemiş olduğu alaycı cümlelerden ortaya çıkmıştır. Rabbimiz şöyle buyurur:

"Andolsun, onlara (Tebük gazvesine giderken söyledikleri o alaylı sözleri) soracak olsan, elbette şöyle diyeceklerdir: 'Biz lafa dalmış şakalaşıyorduk.' De ki: Allah ile O'nun ayetleri ile ve Rasûlü ile mi alay ediyorsunuz? Özür dilemeyin. Siz iman ettikten sonra gerçekten kâfir oldunuz..." (Tevbe, 65, 66)

İbn-i Teymiyye der ki:

"Allah Teâlâ, 'Biz, o küfür sözlerini (içeriğine) inanmadığımız halde söyledik. Bizler lafa dalmış eğleniyorduk' demelerine rağmen onların mümin olduktan sonra küfre düştüklerini haber verdi ve Allah'ın ayetleri ile alay etmenin küfür olduğunu, bunun ancak bu söze göğsünü açanlardan meydana gelebileceğini ve şayet kalbinde iman olsaydı, o imanın bu sözü söylemeye engel olacağını beyan etti." [492]

Allah'ın dini ile alay etmenin yalnızca o alaya kalbini açan bir kimseden sadır olabileceğine, bunun kalpteki imanın yokluğuna işaret eden bir alamet olacağına ve kalpteki imanın buna engel teşkil edeceğine dair İbn-i Teymiyye'nin kullandığı cümleler gerçekten de dikkate şâyandır. [493]

Kitabın geçen sayfalarında bu ayet üzerine yeterince bilgi vermiş ve din ile alay etmenin veya küfrü gerektiren bir söz söylemenin niyeti aksi doğrultuda olsa bile kişiyi dinden çıkaran bir amel olduğunu izah etmeye çalışmıştık. Dileyen kardeşlerimiz oraya tekrar müracaat edebilirler.

3) İkrah Olmaksızın Küfür Ameli İşlemek

Kişi, ikrah olmaksızın küfrü gerektiren bir amel işlediği zaman tüm ulemaya göre dinden çıkar. Onun bu ameli küfre razı olduğunun en büyük delilidir. Şayet razı olmasaydı o ameli işlemezdi; işlediğine göre kesinlikle ona razı olmuş demektir. Rabbimiz şöyle buyurur:

"Kalbi iman üzere sabit ve bununla mutmain olduğu halde, —ikrâha uğratılanlar müstesna olmak üzere— kim imanından sonra Allah'a karşı küfre saparsa işte onların üstünde Allah'tan bir gazap vardır ve büyük azap onlarındır." (Nahl,106)

Bu ayette ikraha uğratılanlar hariç, küfür ameli işleyen herkesin ona kalbini açtığı, yani ona razı olduğu açıkça ifade edilmiştir.

---

[492] "Mecmuu'l-Fetâvâ", 7/220.
[493] "Kava'id fi't-Tekfir", 117.

4) Tağuta Muhâkeme Olmak

Kişinin kalbinin bozukluğuna ve inancının fesadına delalet eden karinelerden bir tanesi de, Allah'ın hükmünü terk edip tağutun' hükmüne müracaat etmektir. Rabbimiz şöyle buyurur:

"(Ey Muhammed!) Sana ve senden önce indirilen kitaplara iman ettiklerini iddia edenleri görmüyor musun? Tağutu inkâr etmeleri kendilerine emrolunduğu hâlde, onun önünde muhakeme olmak istiyorlar. Şeytan da onları derin bir sapıklığa düşürmek istiyor." (Nisa, 60)

Bir Müslümanın Kur'an-ı Kerim'de yer alan hükümleri bir tarafa bırakıp yerine kendisine "hüküm" diyebileceğimiz bir takım kanunlara muhakeme olması olacak bir şey değildir.[494] Böylesi bir amelde bulunan insanların imanı, Kur'an'a göre boş bir iddiadan öteye geçmemektedir. Yani böylesi insanlar kendilerinin Müslüman olduğunu kabul etseler dahi, Kur'an'a göre iman etmiş sayılmazlar. Çünkü böylelerinin imanına engel olan bir şey vardır; o da tağuttan hüküm talep etmek...

Bu gün kendilerini Müslüman olarak adlandıran nice insanlar yeri geldiği zaman teslim oldukları Allah'ın buyruklarını bir tarafa bırakıp, yerine kendileri gibi beşer olan insanların kanunlarına müracaat edebilmektedirler. Örneğin, birisinin yakını öldüğünde İslam'ın kendisine ön gördüğü mirasa razı olmayıp, hemen kendilerine üç kuruş fazla veren kokuşmuş beşer kanunlarına müracaat edenleri görmek hiç de zor değildir. Acaba bu insanlar hiç mi Rableri olan Allah'tan korkmazlar? Allah kendilerine en adil olan hakkı verdiği halde nasıl olur da birkaç kuruşluk dünya menfaati için O'nun hükmünü bırakıp başka hükümlere müracaat ederler? Gerçekten de bunu anlamak mümkün değil.

Böylesi insanlar namazda, oruçta, hacda ve menfaatlerine dokunmayan diğer ahkâmda söz hakkını Allah'a verirler; ama iş menfaatlerine dokunduğunda Rableri olan ve her daim huzurunda boyun eğdikleri Allah'ı bir anda unutuverirler. İşte böylesi insanlar her ne kadar kendilerini Müslüman olarak adlandırsalar da, hakikatte İslam'a boyun eğmiş kimseler değillerdir. Çünkü İslam tam bir teslimiyettir. Namazda olduğu gibi mirasta da Allah'ın kanunlarına boyun eğebilmektir. Oruçta olduğu gibi diğer meselelerde de Allah'ın yasalarına uyabilmektir. Bir meselede İslam'ın hükmüne

---

[494] Burada "hüküm" ve "muhâkeme" kavramlarının çok iyi tahkik edilmesi gerekmektedir. Hangi meselelerin "hüküm isteme" kapsamına girip-girmediği ayırt edilmeden verilecek kararlar isabetli olmayacaktır. Bazı Müslümanlar bu noktaya dikkat etmedikleri için bir takım hataların pençesine düşmekten kendilerini kurtaramamışlardır. Allah'a teslim olmuş bir kul, tüm dünyası gitse dahi muhâkeme kapsamına girecek bir meselede beşer mahsulü kanunların kapısını çalmamalıdır. Allah'ın kanunlarında tüm alternatifler mevcutken bir müslümanın başka kapıya gitmesi nasıl düşünülebilir ki? Allah Ehl-i İslam'ı bu afetten korusun.

başka meselelerde de başkalarının hükmüne itaat etmenin İslam'da tek bir adı vardır; o da "şirk"tir.

5) Allah'ın Şeraitine Muhâkeme Olmaktan Yüz Çevirmek

Rabbimiz şöyle buyurur:

"Bir de 'Allah'a ve Rasûlüne iman edip itaat ettik diyorlar' sonra da bunun arkasından yan çiziyorlar, bunlar mü'min değillerdir. Onlar, aralarında hüküm vermesi için Allah'a ve Peygamber'e çağırıldıklarında, birde bakarsın ki içlerinden bir kısmı yüz çevirip dönerler." (Nur, 47, 48)

Ayet-i Kerîme, Allah ve Rasûlü huzurunda muhâkeme olmaya çağırıldığında yüz çeviren ve yan çizen insanların mümin olamayacaklarını ifade etmektedir. Allah'a ve Rasûlüne çağırıldığında sırt çevirmek, kişinin kalbinin bozuk olduğunu gösterir. Yani böylesi kimseler her ne kadar dilleri ile mümin olduklarını söyleseler de, aslında kalpleri ile tam teslim olmuş insanlar değillerdir. Eğer iman onların kalbinde yer etseydi, Allah'a ve Rasûlüne çağırıldıklarında sırt çevirmezlerdi. Sırt çevirdiklerine göre iman etmedikleri ortaya çıkmış oldu.

İman, *"semi'nâ ve eta'nâ"* diyebilmektir. Yani her halde *"işittik ve itaat ettik"* sözünü kendimize şiar edinebilmektir. Bu, müminlerin vasfıdır.

"Aralarında hüküm vermek için Allah'a (Kur'an'a) ve Resûlüne davet edildiklerinde, mü'minlerin söyleyeceği söz ancak, 'işittik ve itaat ettik' demeleridir. İşte onlar kurtuluşa erenlerin ta kendileridir." (Nur, 51)

Yüz çevirmek ise, münafıkların ve kalbinde hastalık bulunanların alametidir.

İşte bir insan Allah'a ve Rasûlüne davet edildiğinde "işittim ve itaat ettim" diyerek onların vereceği hükme razı oluyorsa, kalbinde iman taşıdığına şahitlik edebiliriz. Çünkü bundan ancak münafıklar yüz çevirir.

"Münafıklara, 'Allah'ın indirdiğine (Kur'an'a) ve Peygambere gelin' denildiği zaman, onların senden büsbütün uzaklaştıklarını görürsün." (Nisa, 61)

İbn-i Teymiyye der ki:

"Allah Teâlâ, Rasûlüne itaat etmekten yüz çeviren ve O'nun vereceği hükme sırt dönen kimselerin mümin değil, (bilakis) münafıklardan olduğunu beyan etmiştir. Mümin 'işittik ve itaat ettik' diyen kimsedir..."[495]

Allah ve Rasûlüne muhâkeme olmaktan kasıt, Kur'ân ve Sünnetin hükümlerine muhâkeme olmaktır. Bu gün Rasûlullah *sallallâhu aleyhi ve sellem* olmadığına göre, O'nun Sünnetine müracaat etmeliyiz.

---

[495] "es-Sârimu'l-Meslûl", 1/42.

6) Küfür Olan Şeylerde Kâfirlere İtaat Etmek

Kişinin kalbinin bozuk olduğuna ve akidesinin fesada uğradığına delalet eden şeylerden bir diğeri de, Allah'ın emirlerini yasak, yasaklarını da emir addetme hususunda kâfirlere itaat etmektir. Daha orijinal bir ifadeyle helali haram, haramı da helal yapanlara, yani Allah'ın hükümlerini hiçe sayan ve bunlara alternatif olması için kanun çıkaran kâfirlere itaat etmektir. Rabbimiz şöyle buyurur:

"Kendileri için hidayet yolu belli olduktan sonra irtidat edenleri, şeytan aldatıp peşinden sürüklemiş ve kendilerini boş ümitlere düşürmüştür. Bu, onların, Allah'ın indirdiğini beğenmeyen kimselere, 'Bazı işlerde size itaat edeceğiz' demelerindendir. Allah, onların gizlice konuşmalarını bilir." (Muhammed, 25, 26)

Ayet o kadar açık, o kadar nettir ki, hiçbir tevile ve yoruma ihtiyaç bırakmamaktadır. Ayette mevzu bahis edilen bu kimseler, İslam'a girdikten ve hidayet yolu kendilerine belli olduktan sonra sırf Allah'ın indirdiği yasalardan hoşlanmayan kimselere "sizlere bazı konularda itaat edeceğiz" dediklerinden dolayı mürtet kabul edilmiş ve dinden çıktıklarına hükmedilmiştir.

"Sizlere bazı konularda itaat edeceğiz" diyen kimselerin hali bu ise ya "Sizlere her konuda itaat edeceğiz" diyenlerin hali nasıl olur? Elbette böyleleri irtidat hükmünü hak etmeye onlardan daha müstahaktırlar.

Ayette zikri geçen kimselerin Allah'ın kanunlarını beğenmeyenlere "Bazı konularda sizlere itaat edeceğiz" demeleri, onların kalplerinin bozuk olduğuna işaret etmektedir. Bu gün de küfür kanunlarına –hangi gerekçeyle olursa olsun– itaat edenler, her ne kadar iman iddiasında bulunsalar da bu onlardan kabul edilmez; zira onların kâfirlere itaati kalplerinin bozukluğuna delalet etmektedir. Kalpleri fesada uğrayanlar da malum olduğu üzere iman etmiş değillerdir. Allah Teâlâ'nın *"Eğer onlara itaat ederseniz hiç şüphe yok ki (o zaman) siz de müşrik olursunuz"* (Enam, 121) ayeti de aynı konuya temas etmektedir.

Allah Teâlâ ölmüş hayvanın etini yemeyi yasaklayınca Mekkeli müşrikler Müslümanlara "Ölmüş hayvanı siz öldürünce (kesince) helal oluyor da Allah (tabii bir ölümle) öldürünce niye helal olmasın!" diye itirazda bulundular. Bu itiraz karşısında bazı Müslümanların kalbinde bir şüphe hali belirdi. Bunun üzerine Allah Teâlâ bu ayeti indirdi.[496]

Ayet, Allah'ın haram kılmış olmasına rağmen ölü hayvan etini yiyen kimselerin müşriklere itaat ettiklerinden ötürü şirke düşeceklerini bildirmektedir. İbn-i Kesir der ki:

---

[496] "Tefsiru'l-Kur'ani'l-Azîm", 2/231.

"Eğer siz Allah'ın şeriatından başkalarının sözlerine döner ve bunu Allah'ın emrinin önüne geçirirseniz –ki bu şirktir– sizler de müşrik olursunuz."

Allah'ın verdiği bu hükmün illeti oluştuğunda günümüzde de aynı hükmü verebiliriz. Yani Allah'ın yasaklarını çıkardıkları yasa ve kanunlarla serbest bırakanlara veya emrettiklerini yasaklayanlara itaat edilmemeli ve destek verilmemelidir. Eğer böyle bir destek söz konusu olursa, o zaman şirk ortaya çıkar. Allah bizleri kâfirlere yardımcı olmaktan uzak kılsın.

7) Allah ve Rasûlü'nün Verdiği Hükme Rıza Göstermemek

İman etmenin temel niteliklerinden birisi de, Allah ve Rasulü'nün emredip yasakladığı şeylere itiraz ve tenkit etmeksizin rıza göstermek, boyun eğmek ve teslim olmaktır. Allah ve Rasulü'nün belirlemiş olduğu hükümlere rıza göstermemek, boyun eğmemek veya teslim olmamak kişinin kalbinin bozukluğuna delalet eden karinelerden birisidir. Rabbimiz şöyle buyurur:

"Hayır, Rabbine andolsun ki, aralarında çıkan ihtilaflarda seni hakem yapıp sonra da verdiğin hükümden dolayı içlerinde hiçbir sıkıntı duymadan tam bir teslimiyetle teslim olmadıkça iman etmiş olmazlar." (Nisa, 65)

Allah Rasulü'nün getirmiş olduğu tevhide muhâkeme olmadığı ve onu hakem kabul etmediği sürece, kulun iman iddiası geçerli değildir. Ayetin *"Aralarında çıkan ihtilaflarda seni hakem yapmadıkça"* kısmı bunun delilidir.

"Sonra da verdiğin hükümden dolayı hiçbir sıkıntı duymadan..." Ayetin bu kısmı ise, tevhide boyun eğmiş birisinin, Rasulullah *sallallâhu aleyhi ve sellem*'in verdiği hükmü içinde hiçbir sıkıntı duymadan ve ona tam bir rıza göstermeden kabul etmediği sürece imanının tahakkuk etmeyeceğini ifade etmektedir.

"Tam bir teslimiyette teslim olmadıkça..." kısmı da, tüm itiraz ve eleştirilerden uzak bir şekilde hem zâhiren hem de bâtınen verilen hükme teslimiyet göstermeyen kimselerin imanını reddetmektedir.

Ayet içerisinde zikri geçen bu üç şartın gerçekleşmemesi durumunda imanın aslı yok olmaktadır. Bunun delili, ayetin başında yer alan ifadelerdir. Şimdi maddeler halinde bunları ele alalım.

1-) Ayette ilk olarak nefiy edatı olan **"Lâ"** zikredilmiştir. Bunun getiriliş nedeni, önceki ayetlerde Rasulullah *sallallâhu aleyhi ve sellem*'in hakemliğine razı olmayan kimselerin iman iddialarını reddetmektir. Muhakkik âlimlerin bildirdiğine göre **"La"** edatının getirilişi ile ayetin te'kidi artmış ve Rasulullah *sallallâhu aleyhi ve sellem*'in hakemliğini kabul etmeyenlerin mümin olamayacakları kesinlik kazanmıştır.[497]

---

[497] Geniş bilgi için bkz. "Mefatihu'l Ğayb", 8/136; "el-Cami' li Ahkâmi'l-Kur'an", 3/184.

2-) Daha sonra **"ve Rabbike"** (Rabbine andolsun ki) denilerek bu hakikat daha net olarak ifade edilmiştir. Rabbimizin kendi nefsine yemin etmiş olması onların mümin olamayacaklarını bir kere daha ortaya koymaktadır.

3-) Ayetin devamında **"La yü'minune"** (iman etmiş olmazlar) buyrularak, Rasulullah *sallallâhu aleyhi ve sellem*'i hakem kabul etmeyen ve O'nun verdiği hükme içerisinde hiçbir sıkıntı duymaksızın boyun eğmeyenlerin mümin olamayacakları bizzat ifade edilmiştir.

4-) Ayeti-i kerime isim cümlesi ile başlamıştır. İsim cümlesinin fiil cümlesinden daha kuvvetli olduğu, âlimlerin büyük bir kısmının tercihidir. Bu da, ayetin ifade ettiği anlama ayrı bir tekit kazandırmıştır.

Ayeti-i Kerimede sanki Allah Rasulü'nün hükmünü kabul etmeyen ve verdiği hükme razı olmayanların mümin olamayacakları dört kez vurgulanmıştır. Bu da çok önemli bir noktadır. Rasulullah *sallallâhu aleyhi ve sellem*'i hakem kabul etmeyenlerle, Kur'an'ı hakem/anayasa kabul etmeyenler arasında hiçbir fark yoktur.

Efendimizin verdiği hükmü kabul etmeyenler nasıl mümin olamıyorsa, Allah'ın kitabını arkalarına atarak hükümlerini işlevsiz bırakanlar da aynı şekilde mümin olamamaktadırlar; aralarında hiçbir fark yoktur.

Bu ayet hakkında bazı âlimlerin yorumlarını zikretmekte fayda görüyoruz.

✴ İbn-i Kesir tefsirinde der ki:

"Tüm işler(in)de Allah Rasulü'nü hakem yapmadıkça bir kimsenin mümin olamayacağına dair Allah Teâlâ mukaddes zâtına yemin etmektedir..."[498]

✴ Razî der ki:

"Aralarında çıkan meselelerde seni hakem yapmadıkça ayetinin ifade ettiği şart, Hz. Peygamberin hükmüne razı olmayan kimsenin mümin olamayacağına delalet etmektedir."[499]

✴ İbn-i Teymiyye der ki:

"Dinî veya dünyevî hangi mesele olursa olsun, aralarında çıkan meselelerde Hz. Peygamberin hükmüne rıza gösterene ve O'nun hükmünden dolayı kalplerinde bir sıkıntı duymayana dek Rasulullah sallallâhu aleyhi ve sellem*'in sünnetinden ve şeriatından yüz çevirenlerin mümin olamayacağına dair Allah Teâlâ mukaddes zatına yemin etmiştir."*[500]

---

[498] "Tefsiru'l-Kur'ani'l-Azim", 1/691.
[499] "Mefatihu'l-Ğayb", 8/135.
[500] "Mecmuu'l-Fetâva", 28/471.

✶ İbn-i Kayyım da şöyle der:

"Allah Teâlâ insanların, usul, furu, şer'i ahkâm, uhrevî hükümler ve karşılaşmış oldukları diğer meselelerde Allah'ın Rasulü'nü hakem olarak tayin etmedikçe imanlarının olmadığına, mukaddes zatına andederek yemin ediyor. Tek başına, Rasulullah sallallâhu aleyhi ve sellem'in hakem olarak tayin edilmesi de imanın ispatı açısından yeterli değildir. Bununla birlikte içlerinden de hiçbir sıkıntı duymamaları gerekir. İçlerinde sıkıntı duymaları, kişinin gerek Rasulullah sallallâhu aleyhi ve sellem'e hükmolunmaktan dolayı ve gerekse onun vereceği hükümden dolayı göğsünün daralmasıdır. Dolayısıyla Rasulullah sallallâhu aleyhi ve sellem'in hükmüne bütün açıklığıyla göğüslerini açmaları, tam olarak onu kabul etmeleri ve bundan razı olmaları gerekir. Onun hükmüne itiraz etmeden, tam bir kabul ve teslimiyet ile yönelmedikçe, iman etmiş olmazlar."[501]

Rasulullah sallallâhu aleyhi ve sellem'in hakem tayin edilmemesi durumunda kişi akidevî açıdan probleme düşüyorsa, Allah'ın, insanların saadeti için gönderdiği kitabı hakem tayin etmemek evleviyetle kişinin akidesinin bozulmasına sebep olur. Bu noktaya önceki bölümlerde kısmen değinmiştik. Şimdi, Seyyid Kutup'un konuyla alakalı çok önemli bir tespitini buraya aktararak, bu gün yönetim mekanizmalarını Allah'ın kitabına ve O'nun bizler için tayin etmiş olduğu İslam nizamına göre şekillendirmeyen kişi ve kuruluşların akidevî açıdan durumlarını ele alalım.

Seyyid Kutup der ki:

"Kimse, Rasulullah sallallâhu aleyhi ve sellem'i 'hakem yapmanın' O'nun şahsını hakem yapma manasına geleceği vehmine kapılmasın. Rasulullah sallallâhu aleyhi ve sellem'i hakem yapmak, O'nun getirdiği sistemi ve şeriatı hakem yapmak demektir..."[502]

Gerçekten de bu cümleler çok önemlidir ve altı çizilmeye değerdir; zira kimileri bu ayetin sadece Rasulullah sallallâhu aleyhi ve sellem'i hakem tayin etmeyenlere şamil olacağını anlamışlardır. Bu hatalı bir anlayıştır. Eğer durum onların iddia ettiği gibi olsaydı, o zaman Rasulullah sallallâhu aleyhi ve sellem'in vefatından sonra bu ayetin hükmü işlevsiz kalır ve hiç kimse ona muhâkeme olamazdı. Bunu ise ne akıl kabul eder, ne de nakil!

Bundan dolayı –Seyyid Kutup merhumun da dediği gibi– Rasulullah sallallâhu aleyhi ve sellem'in hakem tayin edilmesinden maksat, Onun bizlere getirmiş olduğu şeriatı hakem yapmaktır. O'nun getirmiş olduğu şeriatı kabul etmeyenler, dolayısıyla Onun hakemliğini kabul etmemektedirler.

---

[501] "et-Tıbyan fi Aksâmi'l-Kur'an", sf. 270. "Kava'id fi't-Tekfir" den naklen. Bkz. 124.
[502] "Fi Zilali'l-Kur'an", 3/303 vd.

Onu hakem kabul etmeyenler de bizzat ayetin ifadesi ile "mümin" değildirler.

8) Zâhiren Dinin Emirlerine Bağlanmamak

Bir kimse Allah'ın insanların saadeti için göndermiş olduğu dinin emir ve yasaklarına bağlanmıyorsa, bu onun bâtınının bozuk olduğuna delalet eder. Lâ ilâhe illallah diyen bir kulun bu iddiasında samimi olup-olmadığı, onun Allah ve Rasulüne olan itaati ölçüsünde ortaya çıkar. Bu mübarek kelimeyi telaffuz eden bir kul, bu kelimenin bir gereği olarak Allah ve Rasulüne itaat etmek zorundadır. Aksi halde bu kelimenin ona herhangi bir faydası olmayacaktır. Rabbimiz şöyle buyurur:

"De ki: Eğer Allah'ı seviyorsanız bana uyun ki, Allah da sizi sevsin ve günahlarınızı bağışlasın." (Âl-i İmran, 31)

Allah'ı sevmek, Rasulullah sallallâhu aleyhi ve sellem'e uymayı gerektirir. O'nun getirdiği hidayet nuru ile aydınlanmayan, O'nun sünnetini ve hayat tarzını yaşamayan bir kimse Allah'a olan sevgi iddiasında yalancıdır. Çünkü Allah'ı sevmek Rasulullah sallallâhu aleyhi ve sellem'e ittiba etmeyi gerektirmektedir. O'na ittiba etmeyenler, Allah'ı sevmiyor demektir. Allah'ı sevmeyen bir kimse de iman etmiş olamaz.

Abdulmun'im der ki:

"Kulun, Rabbini sevdiğinin göstergesi Allah katından getirdiği şeylerin tamamında Peygamberine ittiba etmektir. Sevgi, dinin hükümlerine bağlılık miktarınca olur. (Yani kul ne kadar dinin emirlerine bağlı ise o kadar sevgisi var demektir.) Sevgi kalpte kuvvetlendikçe dine olan bağlılıkta kuvvetlenir. Dine olan bağlılık arttıkça kalpteki sevgide kaçınılmaz olarak artar. Bu ikisinden her biri diğerinin delilidir. Bu nedenle, kimin İslam şeriatına zâhiren bağlılığı tamamen yok olursa, böylesi biri kalbindeki sevginin yok olduğunu gösteren bir şey ortaya koymuş olur. Mutlak sevgi ancak Allah'a iman etmeyen kâfir kimselerin kalbinden yok olur. Her kim, dili ile bunun aksini iddia eder ve Peygamber sallallâhu aleyhi ve sellem'e ittiba etmeksizin Allah'ı sevdiğini söylerse, ayet böylesi bir kimsenin bu zan ve iddiasını yalanlamaktadır."[503]

9) Müslümanlar Aleyhinde Kâfirlere Yardım Etmek

Allah celle celâluhu, müminlerin sadece birbirlerini veli edinmelerini, yani yalnızca birbirlerine yardım etmelerini vacip kılmıştır. Kendilerinin dışında kalan kimselere –bu kimseler ister Ehl-i Kitap olsun, ister kâfirler olsun isterse de münafıklar olsun fark etmez– yardım etmelerini kesin bir dille ya-

---

[503] "Kava'id fi't-Tekfir", 126.

saklamıştır. Bir kimse, eğer müminler aleyhinde kâfirlere yardım ediyorsa bu, kesinlikle onun bâtınının bozuk olduğuna delalet eder. Rabbimiz şöyle buyurur:

"Onlardan çoğunun, kâfirlere velayet verdiklerini[504] *görürsün. Nefislerinin onlar için önceden hazırladığı şey ne kötüdür. Allah onlara gazap etmiştir ve onlar azap içinde devamlı kalıcıdırlar! Eğer onlar, Allah'a Peygambere ve ona indirilene iman etmiş olsalardı, kâfirlere velayetlerini vermezlerdi. Fakat onların çoğu fasık (imandan çıkmış) kimselerdir."* (Maide, 80,81)

"Ey iman edenler! Yahudi ve Hıristiyanları veli edinmeyiniz. Onlar birbirlerinin dostudurlar. Sizden kim onları veli edinirse o da onlardandır. Şüphesiz ki Allah zulmeden kimseleri doğru yola eriştirmez." (Maide, 51)

"Mü'minler, mü'minleri bırakıp da kâfirleri veliler edinmesinler. Kim böyle yaparsa onun artık Allah ile bir ilişiği kalmaz..." (Âl-i İmran, 28)

Bir kimse inananları bırakıp da başka akidede olan kimselere velayetini verecek olursa, artık iman ile bir alakası kalmaz. Böylesi bir kimse artık her ne kadar mümin olduğunu iddia etse de, Allah tarafından kabul görmez. Çünkü böylesi bir kimse ayetin açık ifadesiyle *"onlardandır."* Yani mümin değil kâfirdir; Müslüman değil mürteddir. Yine diğer ayetin ifadesine göre *"Allah ile bir ilişiği kalmaz"*[505] Bu gerçekten de çok kötü bir akıbettir. Bu akıbete duçar olmamak için kâfirlere velâyetimizi asla vermemeliyiz.

10) Küfür ve Kâfirlerle Mücadele Etmeyi Bırakmak

Kişi yaşamış olduğu yerdeki fesatları –ki bunların başında küfrün hâkim olması gelir– yok etmek için her hangi bir çaba ve gayretin içine girmez, hiçbir faaliyette bulunmaz, aksine böyle bir çaba içinde olan insanları engellemeye çalışırsa, bu, onun o duruma razı olduğunu gösterir. Her kim Allah'ın dinini hâkim kılmak için çabalayan, cihad eden kimseleri engeller, onlar aleyhinde çalışır ve onlar hakkında ileri geri konuşursa, demek ki

---

[504] Velâyet vermenin ne manaya geldiğini "Velâ" kavramını izah ederken anlatmaya çalışmıştık. Burada kısaca izah edecek olursak; "Velayet" kelimesi Arap dilinde "dostluk gösterme, kalben sevgi duyma, azalar ile yardım etme, destek verme, müttefik olma ve arkadaşlık kurma" anlamlarına gelmektedir. Müminler birbirlerinin velisi olduğu için velâyet haklarını sadece birbirlerine verebilirler. Kendileri haricindekilere velâyet veren, yani onlara yardım eden, destek veren, onları seven onlara yakın olan, Müslümanlar aleyhinde onlarla beraber çalışan, Müslümanların sırlarını, gizliliklerini ve mahrem bilgilerini onlara veren ve buna benzer bir takım şeyleri yapan kimse onları veli edinmiş ve dinden çıkmış olur. Çünkü konuya ilişkin ayetler böylesi bir amel yapan kimselerin dinle hiçbir ilişkilerinin kalmayacağını haber vermektedir. Bkz. "Velâ Kavramı"

[505] İmam Taberî bu ayetin tefsirinde şöyle der: *"Kim böyle yaparsa onun artık Allah ile bir ilişiği kalmaz..."* Yani, dininden irtidat edip küfre girdiği için Allah'tan uzaklaşmış, Allah ta ondan uzaklaşmış olur." (Bkz. 6/313.)

orada bulunan fesada ve küfre razı olmuştur. Bu ise çok tehlikeli bir durumdur.

Zikretmiş olduğumuz bu on madde bir insanın küfre razı olduğunun karine ve işaretlerinden bazılarıdır. Bunların haricinde de bir takım karine ve alametler vardır. Bu saydıklarımızdan birisinin veya hepsinin içerisine düşen bir kimse kalben küfre rıza gösteriyor demektir. Küfre rıza ise küfürdür.

ÜÇÜNCÜ KURAL

إعتبار الظاهر في الكفر و الإيمان

"İMAN VE KÜFÜR MESELELERİNDE ZÂHİRE/DIŞ GÖRÜNÜŞE İTİBAR EDİLİR"

İslam, insanların görünüşlerine göre hükmetmeyi bizlere emretmiştir. Kalplere ve niyetlere hükmetmek Allah'ın deruhte etmiş olduğu bir şeydir. Bizler sosyal hayatın gereği olarak insanlarla iç içe yaşamaktayız. Bu esnada insanlarla oturup-kalkmamız, yiyip-içmemiz, alış-veriş yapmamız veya herhangi bir muamelede bulunmamız kaçınılmazdır. Böylesi bir durumda muhatabımız olan kişiden hayra veya şerre delalet eden bir söz ya da bir eylem meydana gelebilir, gelmesi de kaçınılmazdır. Çünkü insan konuşmaktan veya bir eylem içerisinde bulunmaktan hâlî değildir. İşte tam bu durumda karşımızdaki insana nasıl muamele edeceğiz? Ondan sudur eden eylem veya söylemlere karşı nasıl bir tavır sergileyeceğiz? Karşımızdaki kişi şer'an küfür sayılan bir amel işliyorsa ona vereceğimiz hüküm nasıl olacaktır? Ya da iman alametleri kabul edilen amellerden birisini işliyorsa nasıl hüküm vermeliyiz? İnsanlarla olan muamelelerimizi doğru bir çerçevede değerlendirebilmemiz için bu ve emsali soruların cevaplandırılması ve üzerindeki sis perdelerinin aralanması gerekmektedir.

Bilinmelidir ki İslam, iman ve küfür meselelerinde insanların zâhirine göre muamele etmeyi bizlere emretmiştir. Buna göre kişi, hiçbir şer'î engeli olmaksızın küfrü gerektiren bir söz söyler veya amel işlerse, bizim ona küfür hükmünü vermemiz zorunludur. Aynı şekilde imana ve tevhide delalet eden bir amel ortaya koyduğunda da, o kişinin İslam'ına hükmetmemiz vâciptir. Kur'ân ve Sünnetin açık nassları insanlara bu şekilde muamele etmemizi bizlere gerekli kılmıştır.

Şimdi bunun delillerini zikredelim.

1-) Efendimiz *sallallâhu aleyhi ve sellem* buyurur ki: *"Ben, insanların kalplerini yarmakla ve iç hallerini deşelemekle emrolunmadım!"*[506]

Hadis-i şerif, insanlara zâhire göre hükmetmenin gerekliliğini ortaya koymaktadır. İbn-i Hacer der ki:

"Ben insanların kalplerini yarmakla emrolunmadım..." Yani ben ancak onların yaptıklarının zâhirine göre hükmetmekle emrolundum"*[507]

Karşımızdaki insan eğer şirkten beri olduğunu ve iman ettiğini gösteren bir karine ortaya koyarsa, şirkini görmediğimiz sürece bizim ona Müslüman muamelesi yapmamız zorunludur. Böylesi bir kimse, her ne kadar kalbinde küfür, şirk ve nifak taşıyor olsa da, bu bizim muamelemize etki etmez; çünkü bizler kalpleri yarmakla emrolunmadık. Bize emredilen, zâhire göre hükmetmektir. Aynı şekilde eğer bir kimse şirki ve küfrü gerektiren bir amel izhâr ederse kalbinin iyi, niyetinin halis olduğunu söylese dahi ona müşrik muamelesi yapmak zorundayız. Bu, Ehl-i Sünnetin üzerinde ittifak ettiği bir meseledir.

2-) Üsâme b. Zeyd *radıyallahu anh*, Lâ ilâhe illallah diyen birisini öldürdüğünde Rasulullah *sallallâhu aleyhi ve sellem* ona şöyle demişti: *"Lâ ilâhe illallah'ı (gerçekten) söyleyip söylemediğini öğrenmek için kalbini mi yardın?"*[508]

İmam Nevevî *rahmetullahi aleyh* bu hadisin şerhinde şu önemli bilgiye yer vererek der ki:

"Rasulullah sallallâhu aleyhi ve sellem'in 'kalbini mi yardın?' sözünde fıkıh ve usul de meşhur olan 'hükümler zahire göre verilir, niyet ve kasıtlar Allah'a havale edilir' kâidesine bir işaret vardır..."[509]

Hadisin manasını da şu şekilde açıklar:

"(Ey Üsâme!) Sen yalnızca zâhire göre ve dilin konuştuğu şeylerle hüküm vermek zorundasın. Kalbe gelince; senin için kalpteki şeyleri bilmeye bir yol yoktur..."[510]

İbn-i Hacer *rahimehullah*, Kutubî'nin şöyle dediğini nakleder:

"Bu hadiste, ahkâmın batınî sebeplere değil, zâhirî sebepler üzerine terettüp edeceğine dair bir delil vardır."[511]

---

[506] Buhârî, Meğâzî, 61. Hadis no: 4351; Müslim, 1064.
[507] "Fethu'l-Bârî", 7/835.
[508] Müslim, 96.
[509] Nevevî, "Şerhu Sahîhi Müslim", 1/282.
[510] A.g.e. 1/280.
[511] "Fethu'l-Bârî", 12/275.

3-) Abdullah İbn-i Utbe *radıyallahu anh*, Hz. Ömer'in şöyle dediğini duymuştur:

"Rasulullah sallallâhu aleyhi ve sellem döneminde insanlar vahye göre değerlendirilirlerdi. Şimdi ise vahiy kesilmiştir. Şu anda bizler sizleri ancak bize görünen amelleriniz ile yargılayabiliriz. Kim bize iyi şeyler gösterirse, onu güvenilir kabul eder ve onu (kendimize) yakınlaştırırız. Onun niyetini bilmek bizim işimiz değildir. Niyeti konusunda onu hesaba çekecek olan yalnız Allah'tır. Her kim de bize bir kötülük gösterirse, niyetinin iyi olduğunu söylese dahi ona güvenmez ve inanmayız."[512]

Bu müthiş tespit ile Hz. Ömer'in fıkhını bir kere daha idrak etmiş oluyoruz. O, niyetlerinin iyi olduğunu iddia ederek kötü ameller işleyen insanların iç hallerini Allah'a havale ederek onları zâhirleri ile sorumlu tutacağını söylüyor. Acaba Hz. Ömer, şu yaşadığımız coğrafyada bizlerle beraber olsa ve küfür ameli işleyen insanların "niyet kalkanı" ardına sığınmalarına şâhit olsa nasıl davranırdı? Acaba birçok hoca efendinin yaptığı gibi "İslam'ın maslahatı" gerekçesi ile insanların küfür ameli işlemelerini; biraz daha açacak olursak, onların Kur'an'ı bırakarak beşeri yasalarla hükmetmelerini, Allah'ın yasaklarını serbest, emirlerini de yasak kılmalarını, putlara ve putlaşanlara saygı ile kıyam etmelerini, Allah'ın dini için çabalayan Müslümanları zindanlara doldurmalarını veya bu amaç doğrultusunda yasalar çıkarmalarını, bir anlamı da "insanın insana ilahlık taslaması" olan Demokrasi ile ya da bünyesinde "dinsizlik" manası barındıran Laiklik ile amel etmelerini, bir işe girebilmek için küfrün kanunlarına bağlı kalacağına dair yemin etmelerini, kadınlarla tokalaşmalarını, öz şiarlarını terk etmelerini, gerekirse namazları terk ederek onları kazaya bırakmalarını ve daha sayamayacağımız nice gayr-i meşru amellerin işlenmesini caiz görür müydü?

Bu sorunun cevabını siz düşüne durun, biz size bu rivayetle alakalı olarak âlimlerin ne dediğini nakledelim. Şam'ın büyük âlimlerinden oluşan bir heyetin hazırlamış olduğu *"Nüzhetü'l-Müttakîn"* adlı değerli eserde, bu rivayetle alakalı olarak şöyle denmiştir:

"Hadis, İslamî hükümlerin insanların zâhirine ve onlardan sudur eden amellere göre verileceğini ifade etmektedir. İyi niyet, hadlerin ve kısasın uygulanmamasına engel teşkil etmez."[513]

İyi niyetin hadleri düşürmeyeceği bilinen bir husustur. Bir kimse iyi niyetle(!) başkalarının malını çalsa, onları gasp etse, ya da iffetli kadınların ırzına geçse durumu ne olur? Zannımızca herkesin vereceği cevap aynıdır:

---

[512] Buhârî. Hadis no: 2641.
[513] "Nüzhetü'l-Müttakîn Şerhu Riyaz es-Salihîn", 1/306.

"Olur mu öyle şey canım!" Evet, ahkâma ilişkin böyle bir şeyin nasıl ki tasavvuru dahi mümkün değilse, itikada dair sapmaların sırf "hüsn-ü niyet" tezi ile hükümsüz bırakılması da aynı şekilde mümkün değildir.

Ne demek istediğimizi biraz daha açacak olursak; insan kendisini dinden çıkaran bir söz söylese veya bir fiil işlese, onun hükümsüz bırakılması ve "hüsn-ü niyet ile yapıldı" iddiasına itibar edilmesi mümkün değildir. Kişi, her ne zaman böylesi bir şey yapsa İslam'ın ona vereceği hüküm kesindir. O hüküm de kuşkusuz "küfür" hükmüdür. Bu noktada kimsenin şek ve şüphesinin olmaması gerekir. Bir insanın iman ve İslam'ına delalet eden bir şey gördüğümüzde, onun küfrü reddeden durumuna şahit olduğumuzda nasıl ki İslam hükmü veriyorsak, küfre delalet eden bir amel içerisinde olan kimseye de aynı şekilde küfür hükmü vermeliyiz. Onların niyetleri bizi ilgilendirmez. Niyetlerini değerlendirecek olan yalnız âlemlerin Rabbi olan Allah'tır. Abdulmun'im der ki:

"Kitap ve Sünnetten müteşekkil olan şer'î naslar, dünyadaki hükümlerin zâhir üzere ve kişinin açığa vurduğu söz ve amel esasına göre bina edileceğini ifade etmektedir. Bu, iman ve küfür meselelerinde (de) böyledir. Yani, kişi, imanına ve İslam'ına delalet eden bir söz ve amel izhâr ederse, onun imanına hükmeder, batınının araştırmaksızın veya içini deşeleyip kalbinde karar kılan şeyin hakikatini öğrenmeksizin dünyada ona İslam ahkâmını icra ederiz. Aynı şekilde her kim söz ve amel olarak açık bir küfrü izhar ederse, batınını araştırmaksızın ya da içini deşeleyip kalbinde karar kılan şeyin hakikatini öğrenmeksizin onun küfrüne hükmederiz. "Men ezhera lena'l-küfra ezhernâ lehu't-tekfir/kim —makbul olan şer'î bir mâni olmaksızın— bize küfrü (nü) gösterirse, biz de ona tekfiri gösteririz."[514]

4-) İbn-i Ömer *radıyallâhu anhuma*'dan rivayet edildiğine göre Rasûlullâh *sallallâhu aleyhi ve sellem* şöyle buyurmuştur:

"Allah'tan başka ilâh olmadığına ve Muhammed'in Allah'ın elçisi olduğuna şahitlik edinceye, namaz kılıncaya ve zekât verinceye kadar insanlarla savaşmakla emrolundum. Şayet bunu yaparlarsa –İslâm'ın hakkı hariç– kanlarını ve mallarını benden korumuş olurlar, hesaplarını görmek ise Allah'a aittir."[515]

İbn-i Teymiyye *rahmetullahi aleyh* der ki:

"Bu hadis şu manaya gelmektedir: Ben insanların zâhiren ortaya koydukları İslam'ı kabul etmekle ve kalplerin (de yer eden hakikat)i Allah'a havale etmekle emrolundum."[516]

---

[514] "Dinden Çıkaran Ameller", sf. 15.
[515] Buhârî, İman, 17; Müslim, İman, 20.
[516] "es-Sarimu'l-Meslûl", sf. 362.

5-) Müslümanlar, Bedir Savaşında Abbas *radıyallahu anh*'ı esir alınınca Abbas *radıyallahu anh* hemen Rasûlullâh *sallallâhu aleyhi ve sellem*'in yanına geldi ve 'Ey Allah'ın Rasûlü! Ben ikrah altında (zorlanarak) buraya getirildim ve ben Müslüman olmuştum' dedi. Bunu duyan Rasûlullâh *sallallâhu aleyhi ve sellem*: 'Ey amca! Senin zahirin bizim aleyhimizdeydi. Senin Müslümanlığına gelince; (eğer iddianda samimi isen) Allah senin mükâfatını verecektir. (Ben ise sadece zahire göre hüküm veririm.)*[517]*

Abdulmun'im der ki:

"Abbas radıyallahu anh Bedir günü müşriklerden esir alınanlarla birlikte esir alınmıştı. Abbas radıyallahu anh Müslüman olduğunu söylemesine rağmen Rasûlullâh ve Müslümanlar aleyhinde müşriklere yardım ettiği için müşriklerle aynı muameleye tâbi tutulmuş ve kendisinden fidye vermesi istenmişti. Abbas radıyallahu anh'ın konumu diğer müşrik esirlerle aynı idi. Abbas radıyallahu anh'ın Müslümanlarla savaşmak için müşrikler tarafından zorla getirildiği şeklindeki mazereti de kabul edilmedi; çünkü o, hicrete güç yetiren, yol bulabilen ve bu ikrah haline düşmeden önce müşriklerin otoritesinden ayrılmaya imkânı olan kimselerdendi; ama bunu yapmadı. (Bundan dolayı da ona müşrik muamelesi yapıldı.)"[518]

Bu olayda da Rasûlullah *sallallâhu aleyhi ve sellem*'in zâhire göre muamele ettiğini müşâhede ediyoruz. Allah Rasûlü *sallallâhu aleyhi ve sellem*'in sözleri, hep fiilleri ile uyumluluk arz etmiştir. Bir konuda ne diyor ise muamelelerini de o esasa göre bina ederdi. En yakınları bile olsa bu ilkeden asla taviz vermemiştir. Bu da zâhire göre hüküm vermenin gerekliliği noktasında bizlere güzel bir örnek teşkil etmektedir.

Bir Soru

Bir kişide hem zahirî iman hem de zahirî küfür bulunursa verilecek hüküm nasıl olmalıdır?

Cevap

Kişide dinden çıkıp küfre girdiğine delalet eden bir şey ile imanına delalet eden bir şey aynı anda zuhur ettiği zaman, küfründen vazgeçtiğini açıkça ortaya koyana dek onun kâfir olduğuna hüküm verilir. İmana her ne zaman küfür karışırsa, verilecek hüküm küfrün imana galebe çalacağı şeklinde olur. Böylesi bir durumda iman sahibine asla fayda vermez. Çünkü böylesi bir kişi aynı anda iki zıt şeyi yapmaya çalışan kimse mesabesindedir. (Yani kişinin aynı anda iki zıt şeyi yapması nasıl ki mümkün değilse, hem mümin hem de kâfir olması aynı şekilde mümkün değildir.) Allah Teâlâ şöyle buyurur:

---

[517] "es-Siyretu'n-Nebeviyye", İbn-i Kesîr, 2/462; "el-Bidâye ve'n-Nihâye", 3/365.
[518] "Kava'id fi't-Tekfîr", sf. 40, 41.

"Onların çoğu şirk koşmaksızın iman etmezler." (Yusuf, 106)

Yani iman ederler; ama aynı zamanda şirk koşarlar. Bu nedenle de imanları makbul değildir. Rasûlullah *sallallâhu aleyhi ve sellem* şöyle buyurur:

"İman ve küfür asla bir kimsenin kalbinde bir arada bulunmaz."[519]

Yani birinin varlığı diğerini iptal eder. Nasıl ki karanlıkla aydınlığın aynı anda bir arada bulunması mümkün değilse, imanla küfrün de aynı anda bir arada bulunması mümkün değildir. Bu hakikatin doğruluğu hem aklen hem de naklen sabittir.[520]

Önemli Bir Mesele

İman ve küfür hükümlerinde zâhire itibar edileceği Ehl-i Sünnetin mukarrar kurallarından birisidir. Bu konuda her hangi bir ihtilafta söz konusu değildir. Ancak burada şöyle bir problem vardır: Yaşadığımız coğrafyada insanların büyük bir kısmı bilerek veya bilmeyerek şirke bulaşmış durumdadır. Bu insanlar bir taraftan Lâ ilâhe illallah demekte, diğer taraftan sürekli şirke düşürücü ameller işlemektedirler. Hatta bazıları bazen Allah'a sövmekte, hemen ardından da Lâ ilâhe illallah demektedirler. İşte böylesi bir ortamda bir insanın imanına hükmedebilmemiz için gerekli olan karineler nelerdir? Şirkin hâkim olduğu bu ortamda kişilerden sadece Lâ ilâhe illallah demelerini yeterli görecek miyiz, yoksa onlara İslam hükmü verebilmemiz için şirkten uzak olduklarını ortaya koyan amellere mi itibar edeceğiz? Bu iki şıktan hangisi kabule daha şayandır?

Evet, şimdi bu soruların cevabını arayacağız.

Kendisinde hiçbir şekilde şirk ameli görülmeyen kimselerin sadece namaz kılmaları ya da buna benzer İslam alameti göstermeleri dolayısı ile Müslüman olarak isimlendirilip-isimlendirilemeyeceği noktasında İslam âlimleri ihtilaf etmişlerdir. Onlardan bazıları böylesi kimseleri, başka hiçbir karineye ihtiyaç duymaksızın Müslüman olarak adlandırırken, bazıları da şirkin hâkim olduğu toplumlarda İslam'ın bazı amellerini yapmaları nedeniyle bunlara hemen İslam hükmü vermenin yanlış olduğunu, böylesi bir hükmü verebilmenin ancak onların şirkten teberri ettiğini açıkça ortaya koymaları durumunda mümkün olabileceğini ifade etmişlerdir. Mesele hakkında bu şekilde bir ihtilaf vardır.

Konu üzerinde ihtilaf artık öyle bir safhaya ulaşmıştır ki, farklı görüşlere tahammül kalmamış, zâhiren İslam alameti taşıyan kimseleri tekfir eden-

---

[519] "Silsiletü'l-Ehâdîsi's-Sahîha", 1050.
[520] Bu soru ve cevabı "Kavâ'id fi't-Tekfîr" adlı eserden aldık. Bkz. sf. 149. Konunun daha iyiyi anlaşılmasını sağlamak için kısmî ilavelerde bulunduk.

ler, karşıt görüş sahipleri tarafından "harici" olarak isimlendirilirken, zâhiren İslam alameti taşıyan kimseleri Müslüman kabul edenler ise daha büyük bir suçla itham edilmişler, müşrikleri tekfir etmemeleri sebebiyle kâfir olarak ilan edilmişlerdir.

Konunun bu şekilde girift bir hal almasının sebeplerinden bir tanesi de, hiç şüphesiz şirke bulaşmış bir toplumda yaşamamıza karşılık yaşadığımız toplumun fertlerinin tüm müşrik toplumlar gibi Allah'a iman iddiasında bulunmaları ve bu iddialarına nispetle bir önceki şeraitten, yani Rasulullah *sallallâhu aleyhi ve sellem*'in getirmiş olduğu şeriatten bir takım ibadet türü eylemleri bilfiil icrâ ediyor olmalarıdır. Merhum Seyyid Kutub *rahimehullah* içinde yaşadığımız bu hali yıllar önce şu şekilde dile getirmektedir:

"Bugün yeryüzünde isimleri Müslüman ismi, kendileri de Müslüman bir sülaleden gelen milletler vardır. Yine bir zamanlar İslâm yurdu olan birtakım ülkeler vardır. Ancak bu milletler, günümüzde –hakkıyla– Allah'tan başka ilâh bulunmadığına şahitlik etmedikleri gibi, bu ülkeler de, hakkıyla günümüzde Allah'ın dinini din edinmiyorlar..."[521]

Kendilerini Müslüman olarak isimlendirmelerine, buna binaen birçok şer'î ameli işleyen, ancak bununla beraber tevhidin esasından uzak, İslam dininden bihaber ve hayatları boyunca her daim Allah'a şirk koşan bir toplum... İşte böyle bir toplumda yaşamanın vermiş olduğu sıkıntılardan bir tanesi de bu toplumun fertlerine karşı Müslüman bir şahsiyetin ne şekilde bir tavır alacağı konusudur.

Bu ihtilaf hakkında iki tarafın delillerini kısaca verdikten sonra tercihimizi ortaya koyacak ve kişilerin İslam'ında neyin itibara alınacağını izah etmeye çalışacağız.

Zâhiren Üzerinde İslam Alameti Taşıyan Kimsenin Müslüman Olduğuna Dair Getirilen Deliller[522]

1-) *"Kim bizim kıldığımız namazı kılar, bizim kıblemize yönelir ve bizim kestiğimizi yerse bu kimse Müslümandır"*[523]

Üzerinde İslam alametlerinden bir alameti bulunduran kimsenin zâhiren Müslüman olarak isimlendirileceğine dair öne sürülen görüşün temel dayanakları, Rasulullah *sallallâhu aleyhi ve sellem*'den sahih senetle nakledilen bu hadistir.

---

[521] "Fi Zilali'l-Kur'an", 2/1106.

[522] Bu bölümde yer alan bilgi ve kaynaklar *"İrcâ Saldırılarına Karşı Şüphelerin Giderilmesi"* adlı eserden alınmıştır. Bazı yerlerde kısmi tasarruflarımız söz konusudur. Konunun detayı için bkz. "İrcâ Saldırılarına Karşı Şüphelerin Giderilmesi", sf. 228 vd.

[523] Buhârî, Kitabu's-Salât, 28. Hadis no: 391.

Konu üzerinde bu hadisle istidlalde bulunanlar bu hadisi zikret-tikten sonra "Üzerinde namaz gibi bir İslam alameti bulunduran kimse hükmen Müslümandır. Kendisinden açık bir şekilde şirk ve küfür görülmediği müddetçe bu kimseye Müslüman hükmü uygulanmalıdır" demektedirler.

2-) Bu konudaki ikinci delilleri ise Selef âlimlerinin konu hakkındaki sözleridir. İşte bu nakillerden bazıları:

İbn-i Recep el-Hanbelî şöyle demektedir: *"Bilinmesi zorunlu olan şeylerden birisi de, Rasulullah sallallâhu aleyhi ve sellem'in kendisine gelerek İslam'a girmek isteyen herkesin yalnızca şehadeti söylemelerini yeterli kabul ettiği, bununla kanlarının güvencede olduğu ve bununla Müslüman sayıldıklarıdır. Rasulullah sallallâhu aleyhi ve sellem üzerine doğru kılıç kaldırdığında 'Lâ ilâhe illallah' diyen kişiyi öldüren Usame b. Zeyd'in bu davranışını şiddetle kınamıştır. Rasulullah sallallâhu aleyhi ve sellem hiçbir zaman, Müslüman olmak için kendisine gelen bir kimseye herhangi bir şey şart koşmamıştır. Ancak daha sonra o kimse namazı ve zekâtı yerine getirmekle yükümlü tutulurdu."*[524]

Bir başka yerde ise İbn-i Receb şöyle der:

"Kim şehadeti ikrar ederse, o kimsenin hükmen Müslüman olduğu kabul edilir. Eğer bu şekilde İslam'a girmişse, İslam'ın gerekleri olan diğer şeylerle yükümlü tutulur."[525]

İbn Hacer şöyle der:

"Hadiste insanların konumlarının zâhire göre belirleneceği hükmü mevcuttur. Kim, din alametlerini ortaya koyarsa, İslam'a aykırı bir davranışta bulunmadıkça onun hakkında Müslümanlar için geçerli olan hüküm geçerli olur."[526]

Bu Delillerin Değerlendirilmesi

Yazımızın girişinde de belirttiğimiz gibi, bugün üzerinde yaşadığımız şu günde namaz kılan ya da buna benzer İslam alameti türünden söz ve fiilleri ortaya koyan kimseye Müslüman hükmü uygulanacağına dair ortaya atılan görüşün en kuvvetli delillerinden bir tanesi Resulullah sallallâhu aleyhi ve sellem'in şu hadisidir:

---

[524] "Câmiu'l-Ulûmi ve'l-Hikem", s. 72.
[525] "Câmiu'l-Ulûmi ve'l-Hikem", s. 21.
[526] "Fethu'l-Bârî", 1/497.

"Kim bizim kıldığımız namazı kılar, bizim kıblemize yönelir ve bizim kestiğimizi yerse bu kimse Müslümandır."[527]

Ancak üzülerek belirtmeliyiz ki, bu hadis ile istidlalde bulunan kimseler açık bir şekilde hadisin zâhirine yapışmışlar, lafza tabi olarak hadisin mana ve mefhumdan uzaklaşmışlardır.

Bunun yanı sıra konu üzerinde yapılan diğer bir hata ise, bu hadisi delil olarak getiren kimselerin konuya dair âlimlerden sadece küçük bir kısmının sözlerini zikretmeleri, muhaddis ve fukahânın görüşlerine kısmi olarak değinmeleri ve özellikle Hanbelî âlimlerinden alınan nakilleri ümmetin genel ittifakı olarak sunmalarıdır.

Kısa bir süre önce konuyu tartıştığımız bir ilim talebesi kardeşimiz, namaz kılan kimseye mutlak surette Müslüman hükmü verileceğini ve bu hususta icma' olduğunu söyleyerek, Şeyh Ebu Basir'in konu üzerindeki icma' iddiasını bize delil olarak getirmiş ve icma'ya muhalefet ettiğimiz iddiasıyla neredeyse bizi tekfir etmiştir. İşte burada yapılan en büyük hata; konuyu aslî kaynaklardan tahkik etmemek, sadece konuyu değerlendiren birkaç muasır âlimin fetvası ile amel etmektir.

Yapılan hatalardan bir diğeri de, özellikle Hanbelî âlimlerinin konuya dair vermiş oldukları fetvalarda illetin göz ardı edilmesidir. Öyle ki, namaz kılma amelini açık bir şekilde kişinin İslam'ı için yeterli olduğunu söyleyen Hanbelî âlimleri dahi fetvalarının illetlerini açık ibarelerle belirtmişlerdir. Ancak bu ibareler her nedense göz ardı edilmiştir.

O halde burada sözü geçen hadisin bu çerçeve içinde yeniden değerlendirilmesi, hadise yönelik İslam ulemasının, muhaddislerin sözlerinin bir bütün olarak ele alınması, ümmetin genel kanaatinin aktarılması, verilen fetvalarda illetlerin ortaya konulması gerekmektedir.

Rasulullah *sallallâhu aleyhi ve sellem* hadiste acaba neden *"kim namaz kılarsa..."* dememiş, buna karşılık *"bizim kıldığımız namazımızı kılarsa..."* demiştir? Zira hadiste "salâtena" ifadesi kullanılarak Müslümanlara izafe edilen bir namaz, kişinin İslam'ı için şart olarak getirilmiştir?

Hadiste niçin namaz ibadeti zikredilirken oruç, zekât hac gibi diğer ibadetlerden hiç birisi zikredilmemiştir?

Acaba neden *"bizim namazımızı..."* kılarsa şartı ile yetinilmeyip kıblemize dönme şartı da zikredilmektedir. Ve bu şart *"bizim kıblemize"* şeklinde getirilmiştir?

---

[527] Buhârî, Kitabu's-Salât, 28. Hadis no: 391.

Neden namazın taharet, setru'l-avret gibi diğer şartları zikredilmemiş, sadece kıblemize yönelme şartı zikredilmiştir?

Bu iki şarta binaen neden üçüncü bir şart olarak *"kestiğimizi yerse"* şartı getirilmiştir. Kişinin bizim kestiğimizi yemesi ile Müslümanlığı arasında ne gibi bir ilişki vardır?

İşte tüm bu hususlar en ince detayına kadar incelenmeden hadisin sadece lafzıyla amel etmek ve lafızdan hüküm çıkarmak ister-istemez doğru sonuca ulaşmaktan alıkoyacaktır. Bu ise doğal olarak Rasulullah *sallallâhu aleyhi ve sellem'*in ümmetine vermek istediği mesajı anlayamamayı, O'nun öğretisinden uzak kalmayı beraberinde getirecektir. O halde burada konu üzerinde gerek şârihlerin, gerekse de fukahânın değerlendirmelerini bir bütün olarak incelemek gerekmektedir.

Öncelikle hemen belirtmekte fayda vardır ki, iddia edildiği gibi namaz gibi bir alameti üzerinde taşıyan kimseye direkt olarak Müslüman hükmü verileceği görüşü üzerinde ne bir ittifak, ne de bir icma' vardır. Bu iddia boş bir vehimden başka bir şey değildir. Dört mezhep âlimleri arasında sadece Hanbelî âlimleri namazı İslam alameti olarak görmüşlerdir. Nitekim Hanbelî fakihlerinden İbn-i Kudâme el-Makdisî *"Kâfir namaz kıldığı zaman onun İslam'ına hükmedilir. Bunun cemaatle ya da ferdi olması ya da darulharbte ya da darulİslam'da olması arasında bir fark yoktur"*[528] diyerek Hanbelî mezhebinin görüşünü söylemiştir.

Ancak İbn-i Kudâme bu ifadesinin hemen devamında namaz kılanın Müslümanlığına hükmetmeye karşılık zekât, oruç ve haccedenlerin İslam'ına hükmedilmeyeceğini söylemiş, bunun sebebi olarak da "Muhakkak ki namaz, şehadet kelimesini ikrâr etmek gibi sadece İslam dinine has bir ameldir. Ancak zekât, oruç ve hac gibi diğer amellere gelince onları yapanın İslam'ına hükmedilmez. Çünkü müşrikler Rasulullah *sallallâhu aleyhi ve sellem* zamanında hac ediyorlardı. Hatta Rasulullah *sallallâhu aleyhi ve sellem* müşriklerle birlikte haccetmekten ashabını men etmişti. Zekâta gelince o sadakadır. Mekkeli müşrikler sadaka veriyordu. Aynı şekilde Müslümanlardan alındığı haliyle zekât farz kılınmıştı. Bundan dolayı kişi zekât vermekle Müslüman olmaz. Oruca gelince tüm din mensupları oruç tutmaktadır. Ancak namaz sadece ehli İslam'a has bir amel olması dolayısıyla Müslümanların fiillerini kâfirlerin fiillerinden ayırmaktadır. Bununla beraber kıbleye yönelmek, rükû ve secde etmek suretiyle kâfirlerin namazından farklı bir na-

---

[528] "el-Muğni", 19/488.

maz kılmadığı sürece sadece kıyam durmak, kişinin İslam'ı için yeterli bir fiil değildir; çünkü kâfirler de namazlarında kıyamda durmaktadırlar." demiştir.[529]

Gerçekten İbn-i Kudâme'nin konu üzerindeki değerlendirmeleri tekrar tekrar okunmaya değerdir. Ve hadisi incelerken yukarıda yazmış olduğumuz bütün sorulara cevap vermektedir. Hanbelî âlimlerinin, namaz ile kişinin İslam'ına hükmetmeleri, namazın Müslümanları kâfirlerden ayıran mümeyyiz bir vasıf olması dolayısıyladır. Bundan dolayı sadece kıyamda durmakla kişinin İslam'ına hükmedilemeyeceği gibi; hac, zekât ya da oruç gibi amellerden dolayı da kişinin İslam'ına hükmedilmemektedir. Bu görüş sadece İbn-i Kudâme'nin görüşü olmayıp Hanbelî mezhebi âlimleri bu hususu açık bir şekilde ifade etmişlerdir:

"Teşri edildiği üzere bütün heyetiyle kılınan namaz ancak bizim şeriatımıza mahsus bir ibadettir.[530] Kanın korunmasının namaza bağlanması, namazın bizim şeriatımıza has bir ibadet olmasındandır.[531] Çünkü namaz bizim şeriatımıza has bir rukûndur.[532] Zekât ve oruca gelince bununla kişinin İslam'ına hükmedilmez."[533]

Anlaşılacağı üzere Hanbelî âlimleri namazı sadece Müslümanlara has bir fiil olması dolayısıyla kişinin İslam'ına hükmetmek için yeterli bir amel görmektedirler. Diğer bir deyimle sadece Müslümanların ortaya koydukları bir amel olması sebebiyle namaz Müslümanları diğer din mensuplarından ayıran bir "alamet-i farika"dır. Sadece kıyam halinin yeterli bir alamet olmayacağı, aynı şekilde zekât, hac ve oruç gibi amelleri işleyen kimseye de Müslüman hükmü verilemeyeceği bu amellerin Müslümanlarla kâfirler arasında onları birbirinden ayıran bir alamet olmamasından kaynaklanmaktadır.

Sonuç olarak Hanbelî âlimlerinin namaz kılan bir kimseye Müslüman

---

[529] "el-Muğni, 19/488. **(NOT)** İbn Kudâme'nin bu tahlilleri ve namazı niçin İslam alameti kabul ettiklerine dair zikrettiği illetler gerçekten de dikkatle değerlendirilmeye değerdir. Hanbelîlere göre İslamî usullerle kılınan namaz, kesin sûrette kâfirle müslümanı birbirinden ayırt ettiği için alamet kabul edilmiştir. Oruç, zekât ve hac gibi ibadetler bu ayırımı net olarak yapmadığı için alamet kabul edilmemiştir. *"el-Hukmu yedûru mea illetihi/Hüküm illeti (gerekçesi) ile birlikte deverân eder"* kâidesinden hareketle, Hanbelîlerin bu illeti gerekçe göstermeleri göz önüne alınırsa, bu gün onların da, günümüz vakıası gibi artık namazı müminle-müşriği tam olarak ayırt etmediği ortamlarda namazı İslam alametli saymayacaklarını söylememiz mümkündür. Acaba bu illetleri görmezden gelip namazı mutlak sûrette alemet sayanlar, hiç Hanbelîlerin bu ibareleri üzerinde kafa yormazlar mı?

[530] "Şerhu Munteha'l-İradât", Kitabu's-Salât, 1/301.

[531] "Keşşafu'l-Kına an Metni'l-İkna'", Kitabu's-Salât, 2/114.

[532] "Şerhu Gayeti'l-Muntehâ", Faslu Tevbeti'l-Mürteddîn, 18/399.

[533] "Şerhu Muntehâ'l-İradât", Faslu Tevbet'il-Mürteddîn, 11/325.

ismi vermelerinde yatan temel illet, namazı sadece Müslümanların kılmasından başka bir şey değildir. Nitekim kendileri de bunu açıkça dile getirmişler, bir karmaşanın hâsıl olmaması adına sadece kıyam halini İslam alameti için yeterli görmemişlerdir. Aynı şekilde müşriklerin oruç, zekât ve hac ibadetini yapmaları sebebiyle bu tip ibadetleri yapan kişilerin de İslam'ına hükmetmemişlerdir. Koydukları kâide, verdikleri fetva olabildiğince açık ve nettir. Kim sadece Müslümanlara has olan bir amel işlerse, bu kimseye işlediği amel ile Müslüman hükmü veririz.

Özellikle bugün bu mesele etrafında yapılan tartışmalarda Hanbelî âlimlerinin sözlerinin aktarılması ve bunun ümmetin ittifak ettiği görüş olarak telakki edilmesi ve yine Hanbelî âlimlerinin mutlak olarak namazı kişinin İslam'ına hükmetmek için yeterli bir alamet görmelerinden dolayı hadisin açıklaması sadedinde sözlerimize, Hanbelî mezhebi âlimlerinin görüşlerini belirterek başladık. Zira namaz gibi İslam alameti taşıyan kişiler zahiren Müslümandır görüşünün en kuvvetli savucuları Hanbelî mezhebi âlimleridir. Ancak Hanbelî mezhebi dışında diğer mezhepler namaz gibi İslam alametinin kişinin İslam'ına hükmetmek için yeterli bir karine olmayacağı görüşündedirler. Bu hususta dört mezhebin görüşünün zikredildiği "el-Mevsuatu-l-Kuveytiyye"de şu bilgilere yer verilmektedir:

"Gerek Hanefiler, gerekse Hanbelîler namaz fiili ile kâfirin Müslüman olacağına hükmetmişlerdir. Ancak Hanbelîler kılınan namazın cemaatle ya da ferdi olmasını, yine aynı şekilde daru'l-harb ya da daru'l-İslam'da olması arasında fark gözetmemişlerdir. "Ne zaman namaz kılarsa İslam'ına hükmedilir" demişlerdir. Hanefiler ise ancak vaktinde cemaatle tam bir namaz kılarsa İslam'ına hükmedilir, demişlerdir. Malikîler ve Şafiîlerden bazıları ise, sadece namaz ile bir kâfirin Müslümanlığına hükmedilmez; çünkü namaz İslam'ın furuundandır. Hac etmek, oruç tutmak gibi sadece namaz kılmakla kişi Müslüman olmaz. Çünkü Rasulullah *sallallâhu aleyhi ve sellem* "*İnsanlarla, Lâ ilâhe illallah deyinceye kadar savaşmakla emrolundum...*" demiştir. Yine Şafiîlerden bazıları "Şayet daru'l-İslam'da namaz kılarsa onun İslam'ına hükmedilmez; çünkü bu durumda dinini gizleyerek namaz kılması ihtimali vardır"[534] demişlerdir.

Hanefi âlimleri, Hanbelî âlimleri gibi İslam alametini kişinin İslam'ı için yeterli bir hal olarak görmekle birlikte, namazın İslam alameti olabilmesi için cemaatle kılınmasını şart koşmuşlar, ferdi namaz kılan bir kimsenin Müslümanlığına hükmedilemeyeceğini söylemişlerdir. İbn-i Nüceym şöyle

---

[534] "el-Mevsuatu-l-Kuveytiyye", 1/1380.

demiştir:

"Asıl olan şudur ki; kâfir bir kimse ferdi namaz kılmak, oruç tutmak, kâmil ol-mayan bir şekilde hac etmek, sadaka vermek gibi diğer din sahiplerinin de yapmış olduğu ibadetlerden birisini yapmasıyla Müslüman olduğuna hükmedilmez. Yine aynı şekilde teyemmüm gibi bizim şeriatımıza has olan, ancak asli ibadetlerden olmayan bir amelle de Müslüman olduğuna hükmedilmez."[535]

Hanefi âlimleri bu görüşlerine delil olarak ise hadiste geçen *"bizim na-mazımızı kılarsa..."* ifadesini getirmişler ve sadece cemaatle namazın bizim ümmetimize has bir amel olduğunu söylemişlerdir:

"Şayet bir kâfir cemaatle namaz kılarsa bizim katımızda onun İslam'ına hük-medilir. Çünkü cemaatle namaz münferit namaza muhalif olarak sadece bu ümmete has bir ameldir. Ferdi namaz diğer ümmetlerin de amellerindendir. Nitekim Rasulullah sallallâhu aleyhi ve sellem "bizim kıldığımız namaz" demiş ve kıblemize yönelme şartı getirmiştir. Bununla (bizim namazımız ifadesiyle) kastedilen sadece bu ümmete has olması sebebiyle cemaatle kılınan namazdır."[536]

"Bizim namazımız ile kastedilen kâfir topluluklarının cemaatle namaz kılma-masına binaen sadece bizim ümmetimize has olması hasebiyle cemaatle kılınan na-mazdır."[537]

Görüleceği üzere Hanefi âlimlerinin de konu üzerindeki görüşlerinin altında yatan temel illet, kişiye Müslüman hükmünün verilebilmesi için sadece Müslümanlara has olan amelleri işlemiş olması gerekliliğidir. İşte sadece bu sebepten dolayı Hanefi âlimleri ferdi namazı, kişinin İslam'ına hükmetmek için yeterli bir şart olarak görmemişler ve bunu da münferit olarak kılınan bir namazın sadece Müslümanlara has olmayan bir amel ol-duğu esasına bağlamışlardır.

Konu üzerinde Malikî mezhebi âlimlerinin görüşlerine gelince; bu ko-nuda Malikî mezhebinden farklı görüşler gelmektedir. Nitekim *"eş-Şerhu-l Kebir"*de namaz kılan bir kimse için *"İki şehadet kelimesini söylemediği müddetçe İslam'ına hükmedilmez"[538]* denilmiştir. Buna karşılık *"eş-Şerhu-l Kebir"*in haşiyesi olan Haşiyetu-d-Dusukî'de ise her iki görüş de, yani na-maz kılan bir kimsenin Müslümanlığına hükmedilebileceği gibi Müslüman-lığına hükmedilemeyeceği görüşleri de zikredilmiştir.[539]

---

[535] "el-Mevsuatu'l-Kuveytiyye", 1/1380.
[536] "Haşiyetu Reddi'l-Muhtar", 1/381.
[537] "Dureru'l-Hukkam Şerhu Gureri'l-Ahkâm", 1/220.
[538] "eş-Şerhu'l-Kebir", 1/326.
[539] "Haşiyetu'd-Dusukî ale'ş-Şerhi'l-Kebir", 3/227.

Ancak konu üzerine dört mezhebin görüşlerini zikreden kitapların he-men hemen hepsinde Malikîlerin asli görüşünün namaz kılan bir kimseye direkt olarak İslam hükmü uygulanamayacağıdır. Nitekim yukarıda geçtiği üzere el-Mevsuatu'l-Kuveytiyye'de "Malikiler sadece namaz ile bir kâfirin Müslümanlığına hükmedilmez." denilirken, İmam Kurtubî tefsirinde tercih edilen görüşün kişinin namaz kılmasıyla direkt Müslüman olarak isimlen-dirilemeyeceğini, aslının araştırılması gerektiğini söylemiştir:

"Şayet kâfir bir kimse namaz kılar yahut İslam özelliklerinden olan bir fiili iş-leyecek olursa, ilim adamlarımız (Maliki mezhebi âlimleri) hakkında farklı kanaatle-re sahiptirler, İbnu'l-Arabî der ki: Görüşümüze göre böyle bir kimse bunları yap-makla Müslüman olmaz. Şayet ona: "Bu namazın arka planı nedir?" diye sorulacak olursa, o da: "Benim bu kıldığım namaz, Müslüman olarak kıldığım namazdır" derse ona; "Lâ ilâhe illallah" de, denilir. Şayet bunu söyleyecek olursa, doğru söyle-diği ortaya çıkar. Eğer bunu söylemeyi kabul etmezse, onun bu davranışının bir oyun olduğunu öğrenmiş oluruz. Bununla birlikte böyle bir davranışta bulunmakla müslüman olacağını kabul edenlerin görüşüne göre, irtidat etmiş olur. Ancak sahih olan bunun irtidat değil de asli bir küfür olduğudur."[540]

Aslen Malikî mezhebi kaynaklarının birçoğunda kişinin İslam'ı için esas olan hususun tevhid kelimesinin ikrarı ile beraber zâhiri amellerin ye-rine getirilmesi şart olarak getirilmiştir. Her ne kadar bazı Malikî âlimler-den bu konuda ihtilaf olduğu zikredilse de, bu ihtilafın zayıf olduğu görüşü benimsenmiştir.[541]

Şafi mezhebine gelince; Şafiler *"İnsanlarla Lâ ilâhe illallah deyinceye kadar savaşmakla emrolundum"* hadisini delil olarak getirmişler ve İslam alameti göstermekle kişinin İslam'ına hükmedilemeyeceğini söylemişlerdir. İmam Nevevî bu hususta şunları söylemektedir:

"Aslen kâfir olan bir kimse imamlık yaparak, imama tabi olarak, münferiden, mescitte ya da başka bir yerde ne şekilde olursa olsun namaz kılmakla Müslüman olmaz. Daru'l-İslam ya da Daru'l-Harbte olması da durumu değiştirmez. Bu İmam Şafi'nin "Kitabu-l Umm"de geçen ifadesidir."[542]

Daha sonra İmam Nevevî konuya dair ihtilafları getirmekte, mezhep âlimlerinden bir kısmının daru-l-harbte kişinin namaz kılmasının İslam'ına alamet olacağını ancak daru'l-İslam'da takiyye ihtimalinden dolayı namaz kılan bir kimsenin İslam'ına hükmedilemeyeceğini, yine namazda teşehhüd

---

[540] "Kurtubi Tefsiri Tercümesi".
[541] "Haşiyetu-d-Dusukî, ale'ş-Şerhi'l-Kebir", 3/227.
[542] "Şerhu'l-Mühezzeb", 4/252.

esnasında kişinin şehadet kelimesini getirmesiyle İslam'ına hükmedilip hükmedilemeyeceğine dair ihtilafları uzun uzun zikretmektedir.

Aynı şekilde el-Mevsuatu'l-Kuveytiye'de Şafilerin bir kısmının sadece namaz ile bir kâfirin Müslümanlığına hükmedilmez; çünkü namaz İslam'ın furuundandır. Hac etmek, oruc tutmak gibi sadece namaz kılmak ile kişi Müslüman olmaz; çünkü Rasulullah *sallallâhu aleyhi ve sellem* "*İnsanlarla Lâ ilâhe illallah deyinceye kadar savaşmakla emrolundum...*" demiştir.

Yine Şafilerden bazıları "Şayet daru'l-İslam'da namaz kılarsa onun İslam'ına hükmedilmez. Çünkü bu durumda dinini gizleyerek namaz kılması ihtimali vardır"[543] dediklerini nakletmiştik.

Görüleceği üzere Şafii âlimleri namaz kılan kimsenin ne şekilde olursa olsun İslam'ına hükmedilmeyeceğini açık olarak ifade etmişlerdir. Burada dikkate değer husus ise, Şafilerden bazılarının daru'l-harp daru'l-İslam ayrımına gitmeleridir. Aslen kâfir olan bir kimsenin daru'l-İslam'da namaz kılmasıyla kendisine Müslüman hükmü uygulanmayacağını söylemeleri ve bunu da takiyye ihtimaline bağlamaları kayda değer bir görüştür. Yani Şafilerden namazın daru'l-İslam'da İslam alameti olmayacağını söyleyen bazı âlimler bunun illetini daru'l-İslam'da kılacağı namazdaki ihtimale bağlamışlardır. Ve ihtimalli bir hal anında kişinin namaz kılmasıyla İslam'ına hükmetmemişlerdir. Bu gerçekten âlimlerin fıkhının derinliğine bir işarettir.

Burada son olarak "*Kim bizim namazımızı kılarsa...*" hadisinin Buhari'de geçen bir diğer varyantını nakletmekte fayda vardır. Rasulullah *sallallâhu aleyhi ve sellem* şöyle buyurmaktadır:

"*İnsanlarla Lâ ilâhe illallah deyinceye kadar savaşmakla emrolundum. Bunu söyledikten sonra bizim namazımızı kılar, bizim kıblemize yönelir ve bizim kestiğimizi yerse kanları ve malları bizim üzerimize haram olur. Ancak İslam'ın hakkı müstesna... Hesapları Allah'a kalmıştır.*"[544]

Görüleceği üzere bu hadiste kişilerin İslam'ı için öncelikle Lâ ilâhe illallah demeleri şart koşulmuş, tevhid kelimesinin ikrarından sonra "*Kim bizim namazımızı kılarsa...*" denilmiştir. Şafilerden Hafız İbn-i Hacer el-Askalanî bu hadisin şerhinde, konuyu geçtiğimiz sayfalarda söylediğimiz gibi zaman ve mekân açısından ele alarak şu mükemmel değerlendirmeleri yapmıştır:

"*Rasulullah sallallâhu aleyhi ve sellem bu hadiste Kelime-i Tevhid'in ikinci kısmını, yani kendisinin risaletine iman etmenin gerekliliğini zikretmemiş, sadece tevhid kelimesinin ikrarı ile yetinmiştir. Ancak burada o da kastedilmektedir. Şöyle ki; bir*

---

[543] "el-Mevsuatu'l-Kuveytiyyeh" Bab: İslam 1/1380.
[544] Fadlu İstikbali'l-Kıble, Hadis No: 379.

kimse "el-hamdu" okudum dediği zaman Fatiha Suresi'nin tamamını okuduğunu kastetmektedir. Bir başka görüşe göre ise hadisin bu kısmı tevhidi inkâr edenler hakkında varit olmuştur. Tevhidi inkâr eden bir kimse şayet tevhid kelimesini ikrar ederse ehli kitabın muvahhidleri gibi olur ki, Rasulullah'ın getirdiği diğer şeylere iman etmesi gerekir. İşte bundan dolayı zikredilen ameller tevhide atfedilmiştir. Rasulullah sallallâhu aleyhi ve sellem *"İnsanlarla Lâ ilâhe illallah deyinceye kadar savaşmakla emrolundum" dedikten sonra "Kim bizim namazımızı kılarsa" demiştir. Çünkü dinin gerektirdiği namaz, risaleti de kabul etmeyi gerektirir. Rasulullah* sallallâhu aleyhi ve sellem*'in zikredilen amellerle yetinmesinin sebebi şudur: Ehl-i Kitaptan tevhidi kabul edenler her ne kadar namaz kılıp, kıbleye yönelip, hayvan keserlerse de, bizim gibi namaz kılmazlar, bizim kıblemize yönelmezler. Onlardan bir kısmı Allah'tan başkası için kurban keserken, bir kısmı ise bizim kestiğimizi yemez. Bu sebepten dolayıdır ki bir başka rivayette "bizim kestiğimizi yerse..." buyrulmuştur. İlk dönemde dinin alanına giren konuların aksine, insanların namaz ve yeme konusunda nasıl bir yaşantı sürdürdüklerini anlamak kolaydı. Ondan dolayı bu hususlar esas alınmıştır."[545]*

Gerçekten Hafız İbn-i Hacer, konuyu ilmine ve fıkhına yakışır bir şekilde ele almış, şahıslara İslam hükmü vermeyi zaman ve mekân açısından çok güzel tespit etmiştir. Nitekim aslen yukarıdaki hadise baktığımızda da Rasulullah *sallallâhu aleyhi ve sellem* kimlere İslam hükmü uygulayacağımız hususunda mükemmel bir tanım yapmaktadır.

Hadiste öncelikle tevhid kelimesinin ikrarı şart olarak getirilmiş, bu şekilde aslen ilk defa İslam'a davet edilen Mekkeli müşriklerden bir ferde hangi ameli neticesinde Müslüman hükmü uygulamamız gerektiği buyrulmuş, arkasından ise diğer şartlar ilave edilerek Mekkeli müşriklere yönelik uygulamadan ehli kitap çıkarılmıştır. Zira ehli kitabın tevhidi ikrar etmeleri kendileri için bir İslam alameti değildir. Onlar şirk halinde iken bu kelimeyi ikrar etmektedirler. O halde ehli kitaptan bir ferde Müslüman hükmünü uygulamak için yeni şartların getirilmesi gerekir ve bu şartların da ayırıcı ve mümeyyiz olması gerekir. Nitekim hadiste namaz kılma, kıbleye yönelme ve kestiğimizi yeme şartları ilave olarak getirilmiş ve bu şartlar da Müslümanlara izafe edilen bir namaz, Müslümanların yöneldiği bir kıble ve Müslümanların kestiğini yemek şartlarıyla tekit edilmiştir.

───────────────

[545] "Fethu'l-Bârî", 391 numaralı hadisin şerhi.

Sonuç

Öncelikle İslam alameti taşıyan bir kimseye direk olarak Müslüman hükmü verileceği görüşü üzerinde ne ümmetin bir ittifakı ne de bir icma'sı vardır. Mezhep âlimlerinden sadece Hanbelî âlimleri namazı açık bir İslam alameti olarak görmüşler ve ne şekilde olursa olsun namaz kılan bir kimseye Müslüman hükmü verileceğini belirtmişlerdir. Ancak Hanbelî âlimleri bu fetvalarına temel esas olarak namaz amelinin sadece İslam dininde olduğunu, kâfir ve müşriklerin namaz gibi bir ameli icra etmediklerini almışlardır.

Buna karşılık Hanefi âlimleri de namazın bir İslam alameti olduğunu, ancak ferdi kılınan namaz ile kişiye Müslüman hükmü verilmeyeceğini, zira diğer din mensuplarının da ferdi olarak namaz kıldıklarını, buna karşılık cemaatle namazın sadece bu ümmete mahsus olmasından dolayı İslam alameti olduğunu ve sahibine Müslüman hükmü verileceğini söylemişlerdir. Hanefi âlimlerinin fetvalarında da temel illet ortaya konulan amelin sadece Müslümanlara has olmasıdır.

Maliki ve Şafilere gelince, onlar İslam alameti ile kişilere Müslüman hükmü uygulanamayacağını sarih bir şekilde belirtmişlerdir.

Bilinmesi gerekir ki, tüm müşrik toplumların kendilerine has dini özellikleri vardır. Müşrik toplumlar Allah'a iman iddiası içindedirler. Müşrik toplumlar kendilerini bir önceki şeriate nispet ederler. Müşrik toplumlar bu nispetlerinin sonucunda bir takım amellerde bulunurlar. Müşrik toplumlardan bir kısmı ehli kitap gibi tevhid kelimesini ikrar ederler. Bir kısmı hac ederler. Bir kısmı oruç tutarlar. Ya da tüm bu amellerin hepsini aynı anda yapan müşrik toplumlarla da karşılaşmak mümkündür.

Bugün içinde yaşadığımız bu toplum da, tüm diğer müşrik toplumlar gibi Allah'a iman ettiğini iddia eden, bu iddialarının neticesinde kendilerini Rasulullah'a nispet eden ve bir takım amellerde bulunan bir toplumdur. İçinde yaşadığımız bu toplumun fertlerinin Lâ ilâhe illallah demeleri, kendilerini Müslüman olarak isimlendirmeleri, namaz kılıp dini ibadetlerde bulunmaları İslam dininin hususiyeti olmasından değil kendi şirk dinlerinin bir gereğidir. Ve bizler asla müşriklerin kendi dinleri gereği ortaya koydukları amellerle onları Müslüman olarak isimlendiremeyiz.

Yukarıda ilim ehlinden getirdiğimiz nakillerde açıkça görüldüğü gibi bir amelin "İslam alameti" olabilmesi için o amelin sadece Müslümanlara has ve Müslümanların icra ettiği amel olması gereklidir. Bu şart olmadığı sürece kişileri kendi dinlerinin gereği olan bir amel sebebiyle Müslüman olarak isimlendiremeyiz. Velev ki bu amel İslam dininde olan bir amel olsa da durum bu şekildedir. Bu söylediklerimizi ispat sadedinde sadece ehli kitap olan Yahudi ve Hıristiyanların tevhid kelimesini ikrar etmelerine karşılık neden bu söylemleri neticesinde kendilerine Müslüman hükmünün verilmemesini örnek olarak gösterebiliriz.

Ehli Kitaptan olan Yahudi ve Hıristiyanlar kendi dinlerinin bir gereği olarak Lâ ilâhe illallah demektedirler. Ancak Rasulullah *sallallâhu aleyhi ve sellem*'in risaletine inanmamaktadırlar. İşte bundan dolayı İslam âlimleri ehli kitaptan olan birisinin tevhid kelimesini ikrar etmesiyle, yani "Lâ ilâhe illallah" demesiyle Müslüman olamayacağını buna karşılık mutlak surette "Muhammedun Resulullah" demesinin de gerektiğini açık bir şekilde belirtmişlerdir.

Bunun tek sebebi ise ehli kitabın zaten şirk halinde iken tevhid kelimesini söylüyor olmalarıdır. Bakınız *"İnsanlarla Lâ ilâhe illallah deyinceye kadar savaşmakla emrolundum"* hadisine dair İmam Nevevî Müslim şerhinde Kadı Iyaz ve Hattabi'den şu sözleri nakletmektedir:

Kadı Iyaz der ki:

"Mal ve can dokunulmazlığının Lâ ilâhe illallah diyenlere mahsus oluşu imana icabetin ifadesidir. Bu sözle kastedilenler Arap müşrikleri olan putperestler ve bir Allah'ı tanımayanlardır. İlk defa İslam'a davet olunanlar ve bu uğurda kendileri ile harb edilenler bunlardır. Lâ ilâhe illallah kelimesini telaffuz edenlere gelince onların dokunulmazlığı için yalnız Lâ ilâhe illallah demeleri kâfi değildir. Çünkü onlar bu kelimeyi küfür halinde iken de söylemektedirler. Zaten Allah'ı birlemek onların itikadları cümlesindendir."[546]

Hattabi der ki:

"Malumdur ki bununla ehli kitab değil putperestler kastedilmiştir. Çünkü ehli kitap olanlar Allah'tan başka ilah yoktur derler de yine de tepelerinden kılıç inmez."[547]

Burada son olarak kısaca "İslam Alameti" ifadesi üzerinde durmakta fayda vardır. Yukarıda nakletmiş olduğumuz fetvalar çerçevesince şu hususu rahatlıkla söylemekte fayda vardır ki, İslam alameti sadece ama sadece Müslümanlara has olan amellerdir. Zira alamet; bir şeyin kendi türündeki diğerlerinden farklılığını belirten nitelikleridir.

---

[546] İmam Nevevi, "Sahihi Müslim Şerhi" 2/156.
[547] İmam Nevevi, "Sahihi Müslim Şerhi" 2/156.

Bakınız, gerek Şeyh Ebu Muhammed, gerekse Şeyh Abdulkadir b. Abdulaziz İslam alameti tanımını mükemmel bir şekilde ortaya koymuşlar, ancak ortaya koydukları tanımları selef âlimleri gibi zaman ve mekân açısından inceleyememişlerdir. Şeyh Ebu Muhammed İslam alametini *"Bazı söz ve ameller de vardır ki, sadece Müslümanlara özeldir. Dolayısıyla sadece Müslümanın işleyebileceği (namaz veya Kelime-i Tevhid gibi) bir alameti izhar eden kişinin Müslüman olduğuna hükmedilir"* diyerek İslam alametinin tanımını, sadece Müslümanların işlemiş olduğu söz ve ameller olarak yapmaktadır. Şeyh Abdulkadir b. Abdulaziz ise İslam alameti tanımını şu şekilde yapmaktadır:

"Hükmî İslam alametleri İslam'ın hususiyetlerinden olup, başka din mensuplarının ortak olmadığı şeylerdir."

İşte tanım budur... Öyle ise İslam alameti; hangi zaman ve zeminde olursa olsun sadece Müslümanların ortaya koydukları söz ve fiillerdir. İslam alameti olarak telakki edilen bir söz ve fiili kâfir ve müşriklerde görmek söz konusu değildir.

Biz burada günümüz müşrik toplumunun fertlerinin namaz kılmalarıyla kendilerine kesinlikle Müslüman hükmünü uygulanamayacağını açıklamaya çalıştık. Hiç şüphesiz doğrularımız Âlemlerin Rabbi'nin yardım ve inayetiyledir. Hatalarımız ise nefislerimizin kötülüklerindendir.[548]

---

[548] Konunun girişinde de belirttiğimiz gibi bu konu ve bu konunun kaynakları *"İrcâ Saldırılarına Karşı Şüphelerin Giderilmesi"* adlı eserden bazı tasarruflarla iktibas edilmiştir.
(ÖNEMLİ BİR NOT:) Burada şu çok önemli bilgiye yer vermek istiyoruz: Kitabımızın bu bölümlerini okuyan veya toplumdaki şirk ehli insanları sadece namazları sebebiyle Müslüman kabul etmediğimizi bilen bazı kardeşler, bizim hiçbir sûrette namazı İslam alameti görmediğimizi zannetmektedirler. Bu son derece yanlış bir anlayış, hatalı bir çıkarımdır. Namaz, elbette ki İslam'ın alametidir; ama nerede? Kâfirle-Müslümanı, müşrikle-muvahhidi net bir biçimde ayırt ettiği yerlerde... Eğer bir toplumda namazı sadece muvahhidler kılıyor ve diğer din mensubu veya şirk ehli kimseler bu ibadeti yerine getirmiyorlarsa, biz o toplumda namazı kesinlikle İslam alameti olarak kabul eder ve namaz kılanları Müslüman sayarız. Lakin içerisinde yaşadığımız toplumun fertleri gibi, namazı Müslümanı-kâfiri, muvahhidi-müşriği herkes kılıyor ve genel itibariyle namaz kılanlarla konuşulduğunda onların şirke bulaşmış oldukları halde namaz kıldıkları görülüyorsa, o zaman biz namazı öylesi bir ortam için alamet kabul etmiyor ve namazın o toplumda alametliğini yitirmiş olduğunu söylüyoruz. Bu noktayı iyi fıkıh etmeyenler, meseleleri birbirine karıştırmakta ve bizleri söylemediğimiz şeylerle itham etmektedirler. Şunun altını kalın çizgilerle çizmeliyiz ki, bizler bırakın namazı, namazdan daha düşük seviyedeki ibadetleri veya alametleri bile —müslümanla-kâfiri, müşrikle-muvahhidi ayırt ettiği anda— alamet olarak kabul eden insanlarız. Hatta biz, ulemanın fıkhından hareketle, hakkında alamet olduğuna dair nas olmayan şeyleri bile alamet olarak kabul eden kimseleriz. Yeter ki bu alamet, kâfirle-müslümanı birbirinden ayırt etsin, yeter ki aralarında net bir çizgi belirlesin... İşte burayı idrak edemeyen bazı kimseler bizim gibi düşünen muvahhidleri haksız yere eleştirmekte ve onları "haricî" damgasıyla damgalayarak haklarına girmektedirler. Ne diyelim, Rabbim bizlere her daim en doğru olanı göstersin ve her meselede rızası doğrultusunda amel etmeyi nasip etsin.

DÖRDÜNCÜ KURAL

قول الكفر كفرّ و فعل الكفر كفرّ

"KÜFÜR SÖZÜ SÖYLEMEK VE KÜFÜR FİİLİ İŞLEMEK KÜFÜRDÜR"

Daha önceki bölümlerde kısmen bu konuya değinmiş ve gereken bilgileri vererek konuya ilişkin delilleri serdetmeye çalışmıştık. Burada önemine binaen bazı delilleri yeniden zikretmek ve bazı bilgilere tekrar değinmek istiyoruz.

Kur'an ve Sünnette yer alan deliller, insanların küfrü gerektiren söz ve ameller işlemelerini mutlak surette yasaklamıştır. Bir kimse meşru ikrah olmaksızın küfrü gerektiren bir söz veya amel işlerse dinden çıkar. Niyetinin iyi, kalbinin temiz olması o kişiye fayda vermez. Şimdi kısaca bunun delillerini zikredelim. Rabbimiz şöyle buyurur:

1) "Andolsun, onlara (Tebük gazvesine giderken söyledikleri o alaylı sözleri) soracak olsan, elbette şöyle diyeceklerdir: 'Biz sadece eğlenip şakalaşıyorduk.' De ki: Allah ile O'nun ayetleri ile ve Rasûlü ile mi alay ediyorsunuz? Özür dilemeyin. Siz iman ettikten sonra gerçekten de kâfir oldunuz..." (Tevbe, 65, 66)

Bu ayetin nuzül sebebi şu olaydır: Tebük gazvesinde bir adam:

—Bizim şu Kur'an okuyanlarımız kadar midelerine düşkün, dilleri yalancı ve düşmanla karşılaşma esnasında korkak kimseleri görmedim, dedi. O mecliste bulunan bir adam:

—Yalan söylüyorsun. Sen bir münafıksın. Seni Rasûlullâh *sallallâhu aleyhi ve sellem*'e haber vereceğim, dedi. Bu Rasûlullâh *sallallâhu aleyhi ve sellem*'e ulaştı ve bunun üzerine bu ayetler indi.[549]

Abdu'l Mun'im Mustafa bu ayet ve ona ilişkin sebebi nuzulü zikrettikten sonra şöyle der:

---

[549] "Tefsiru't-Taberi", 6/172 vd.

"Bu nakiller, Allah ile ayetleri ile ve Rasûlü ile alay eden bir kimsenin, bunu oyun, eğlence ve şaka maksadıyla yapsa dahi kâfir olacağı noktasında açık nasslardır. Ümmet arasında küfür olan bir söz veya amel ile eğlenilmesinin küfür olduğu konusunda hiçbir ihtilaf yoktur..."[550]

Zikri geçen ayet ve hadiste, Tebük gazvesine giderken aralarında konuşan ve konuşmaları esnasında Rasûlullâh ve ashabı hakkında –içeriğini itikat ederek değil, sadece oyun ve eğlence amacıyla– ileri-geri laflar eden bir takım insanların bu sözleri nedeniyle dinden çıktıkları belirtilmektedir. Ayetin ifadesinden onların bu olaydan önce "mü'min" oldukları, fakat telaffuz ettikleri bir takım alaycı ifadelerden dolayı küfre düştükleri anlaşılmaktadır.

• İmam Kurtubî, Kadı Ebu Bekir İbnu'l-Arabî'nin şöyle dediğini nakleder: *"Küfür (lafızlarıyla) şaka yapmak küfürdür. Bu konuda ümmet arasında hiçbir ihtilaf yoktur."* [551]

• İmam Cessas *"Ahkamu'l-Kur'an"* adlı eserinde bu ayeti tefsir ederken şöyle der: *"Bu ayette, ikrah olmaksızın küfür kelimesini söyleyen kimselerin şakacı veya gerçekçi olmasının eşit olduğuna bir işaret vardır... Bu ayet, küfür kelimesini izhar etme hususunda şaka yapanla ciddi olanın aynı hükme tabi olduğunu ifade etmektedir."*[552]

• İbnu'l Cevzi der ki: *"Bu (nakiller) küfür kelimesini izhar etme hususunda şaka yapanla ciddi olanın bir olduğuna işaret etmektedir."*[553]

• İmam Âlusi şöyle der: *"Bazı âlimler bu ayet ile küfür kelimesini söyleme hususunda şaka yapmanın ve ciddi olmanın eşit olduğuna delil getirmişlerdir ki, bu hususta (zaten) ümmet arasında hiçbir ihtilaf yoktur."*[554]

2) *"(Ey Muhammed! O sözleri) söylemediklerine dair Allah'a yemin ediyorlar. Hâlbuki o küfür sözünü elbette söylediler ve Müslüman olduktan sonra kâfir oldular." (Tevbe, 74)*

Bu ayetin iniş nedeni şu olaydır: Cüheyne kabilesinden birisi ile Ensâr'dan birisi tartışmış ve Cüheyneli Ensarîye galip gelmişti. Bunun üzerine Abdullah İbn-i Übeyy, Ensâra:

— Kardeşinize yardım etmeyecek misiniz? Allah'a yemin olsun ki bi-

---

[550] "Dinden Çıkaran Ameller", sf. 155.

[551] "el-Camiu li Ahkami'l-Kur'an", 4/101.

[552] "Ahkamu'l-Kur'an", 3/207.

[553] "Zadu'l Mesir", sf. 593.

[554] "Tefsiru Ruhi'l-Meani", 6/190.

zimle Muhammed'in durumu 'Besle kargayı oysun gözünü'[555] diyen kimsenin sözü gibidir, dedi. Bir de: 'Medine'ye dönersek muhakkak ki aziz olan zelil olanı oradan çıkaracaktır' demişti. Müslümanlardan birisi koşup bunu Hz. Peygamber *sallallâhu aleyhi ve sellem*'e haber verdi. Hz. Peygamber Abdullah'a birini gönderip çağırttı ve ona işin hakikatini sordu. Bunun üzerine Abdullah, bu sözü söylemediğine dair Allah adına yemin etmeye başladı. Allah Teâlâ da onun hakkında bu ayeti indirdi."[556]

Dikkat edilirse ayetin iniş sebebi olarak nakledilen rivayette kişiyi dinden çıkaracak bir takım sözler yer almaktadır. Allah *celle celâluhu:* "O küfür *sözünü elbette söylediler ve Müslüman olduktan sonra kâfir oldular*" buyururken onların dinden çıkıp kâfir olmalarını inançlarına değil, sadece ağızlarından çıkan o sözlere bağladı. Bu da göstermektedir ki, küfür kelimesini söyleyen kimse sırf bu sebeple küfre düşer ve niyetine bakılmaz.

3) "Eğer antlaşmalarından sonra yeminlerini bozup dininize dil uzatırlarsa, küfrün elebaşlarıyla savaşın. Çünkü onlar yeminlerine riayet etmeyen kimselerdir. Umulur ki, vazgeçerler." (Tevbe, 12)

Yüce Allah bu ayette kendi dinine dil uzatan, İslam hususunda ilerigeri konuşmak suretiyle dini tenkit eden kimselerin *"küfrün önder ve liderleri"* olduğunu beyan ediyor. Dine dil uzatmak (ta'n etmek) ise, dine yakışık olmayan şeyleri nispet etmek yahut da dinden olan herhangi bir şeyi hafife alarak itiraz etmek demektir. Küfürde önder olma vasfı, mücerret küfrün üzerine eklenmiş bir niteliktir. Yani onlar dine dil uzatmaları sebebiyle üzerinde bulunmuş oldukları küfre küfür katmışlar ve küfürde katmerleşmişlerdir.

İbn-i Teymiyye der ki: *"Allah Teâlâ bu kimseleri sırf dine dil uzattıkları için "küfrün elebaşları" diye isimlendirdi. Bununla, dine dil uzatan her kimsenin küfrün önderi olduğu kesinlik kazanmıştır."*[557]

4) "Meryem oğlu Mesih; gerçekten Allah'ın kendisidir, diyenler andolsun ki; kâfir olmuşlardır." (Maide, 72)

"Şüphesiz ki, Allah, üçün üçüncüsüdür, diyenler andolsun ki; kâfir olmuşlardır." (Maide, 73)

Allah Teâlâ, Hıristiyanları sırf söylemiş oldukları bu söz nedeniyle tekfir etmiş ve küfre giriş nedenini onların söylemiş olduğu bu söze bağlamıştır.

---

[555] Aslında bu ibarenin orijinalinde "Besle köpeği, yesin seni" şeklinde bir ifade geçmektedir. Biz bunun daha iyi anlaşılması için Türkçede ki karşılığı ile tercüme etmeyi uygun gördük.

[556] "Tefsiru'l-Kur'ani'l-Azîm", 2/489.

[557] "es-Sarimu'l-Meslûl ala Şatimi'r-Rasûl", sf. 21.

İmam Kurtubî der ki:

"Allah, söylemiş oldukları bu söz sebebiyle onları tekfir etmiştir."[558]

Birisi çıkıp "Onlar üç ilâha inandıklarından veya Mesih aleyhisselâm'ın ilâh olduğunu kabul ettiklerinden kâfir olmuşlardır" diye bir itiraz da bulunabilir. Buna şöyle cevap veririz: Onlar Allah'tan başka bir ilâhın varlığına inanabilirler; onların bu inancının bu ayetlerle bir ilişkisi yoktur. Allah Teâlâ bu ayetlerde onların kâfir oluş nedenini inançlarına değil, bizzat söylemiş oldukları sözlere bağlamıştır. Bu da bizim söylediğimiz sözün doğruluğunu ispat eder.

5) *"Kalbi iman üzere sabit ve bununla mutmain olduğu halde –ikrâha uğratılanlar müstesna olmak üzere– kim imanından sonra Allah'a karşı küfre sapar ve küfre göğüs açarsa işte onların üstünde Allah'tan bir gazap vardır ve büyük azap onlarındır."* (Nahl,106)

Bu ayet açıkça göstermektedir ki, kim ikrah olmaksızın küfrü gerektiren bir şey yaparsa, hem zâhiren hem de bâtınen kâfir olmuş olur. Böylesi birisi –ister kabul etsin, ister kabul etmesin– bu yaptığı ile küfre göğüs açmış demektir. Ayetin açık ifadesinden anlaşılan budur. İbn-i Teymiyye ayette yer alan *"Kim küfre göğüs açarsa..."* ibaresi üzerine der ki:

"Bu, ayetin baş tarafına tamamıyla uyumluluk arz etmektedir. Zira her kim ikrah olmaksızın küfre düşerse, göğsünü küfre açmış demektir. Eğer böyle olmasa ayetin baş tarafı ile son tarafı birbiri ile çelişir. Eğer 'küfre düşen kimse' ile kastedilen 'göğsünü küfre açan kimse' olsaydı, o zaman sadece ikrah altındaki kimse istisna edilmezdi; aksine göğsünü küfre açmadığı zaman ikrah altında olanın da olmayanın da istisna edilmesi zorunlu olurdu. Bir kimse isteyerek küfrü gerektiren bir söz söylediği zaman küfre göğsünü açmış demektir ki, bu da küfürdür."[559]

6) *"Onlardan çoğunun, kâfirlere velayet verdiklerini görürsün. Nefislerinin onlar için önceden hazırladığı şey ne kötüdür. Allah onlara gazap etmiştir ve onlar azap içinde devamlı kalıcıdırlar! Eğer onlar, Allah'a Peygambere ve ona indirilene iman etmiş olsalardı, kâfirlere velayetlerini vermezlerdi. Fakat onların çoğu fasık (imandan çıkmış) kimselerdir."* (Maide, 80,81)

"Ey iman edenler! Yahudi ve Hıristiyanları veli edinmeyiniz. Onlar birbirlerinin dostudurlar. Sizden kim onları veli edinirse o da onlardandır. Şüphesiz ki Allah zulmeden kimseleri doğru yola eriştirmez." (Maide, 51)

"Mü'minler, mü'minleri bırakıp da kâfirleri veliler edinmesinler. Kim böyle yaparsa onun artık Allah ile bir ilişiği kalmaz..." (Âl-i İmran, 28)

---

[558] "el-Camiu li Ahkâmi'l-Kur'an", 3/149.
[559] "Mecmuu'l-Fetâvâ", 7/220.

Bu ayetlere göre bir kimse inananları bırakıpta başka akidede olan kimselere velâyetini verecek olursa, artık iman ile bir alakası kalmaz. Böylesi bir kimse artık her ne kadar mümin olduğunu iddia etse de, Allah tarafından kabul görmez. Çünkü böylesi bir kimse ayetin açık ifadesiyle *"onlardandır."* Yani mümin değil kâfirdir; Müslüman değil mürteddir. Yine diğer ayetin ifadesine göre *"Allah ile bir ilişiği kalmaz"*

İmam Taberî der ki: *"Kim böyle yaparsa onun artık Allah ile bir ilişiği kalmaz..."* Yani, dininden irtidat edip küfre girdiği için Allah'tan uzaklaşmış, Allah ta ondan uzaklaşmış olur."*[560]

Meseleye İlişkin Ulema Kavilleri

• İbn-i Nuceym der ki: *"Kim gerek şaka yere gerekse ciddi olarak küfür kelimesini söylerse tüm âlimlere göre kâfir olur. Bu konuda niyetinin hiçbir geçerliliği yoktur."*[561]

• İbn-i Hümam şöyle der: *"Kısacası, bazı fiiller vardır ki, –kâfirlere has olan alametler gibi– bunlar inkâr makamına kâimdir. Küfrün bizzat kendisinden uzak durmak nasıl gerekli ise bu tür fiillerden de uzak durmak gerekir. Allah Teâlâ 'Biz dalmış eğleniyorduk' diyen kimselere, 'Özür dilemeyin, siz iman ettikten sonra gerçekten kâfir oldunuz' buyurdu. Onlara: 'Siz yalan söylediniz' demedi. Aksine küfrün en belirgin özelliklerinden olan 'boş işlere dalmak' ve 'eğlenmek' ile boyunlarından İslam bağını çıkardıklarını ve İslam'ın korumasından çıkıp küfre girdiklerini haber verdi. Bu da göstermektedir ki, bu tür fiiller bir şahısta bulunduğu zaman o şahsın küfrüne hükmedilir; kalbindeki tasdike de bakılmaz."*[562]

• İmam Keşmirî, *"İkfaru'l-Mulhidin"* adlı eserinde şöyle der: *"Kısacası, kim, gerek alay ederek gerekse şaka yere küfür kelimesini söylerse ittifakla kâfir olur ve bu konuda itikadına (niyetine) itibar edilmez..."*[563]

• Hanefi âlimlerinden Sadreddin el-Konevî der ki: *"Kişi içeriğine inanmadığı halde isteyerek (ikrah olmaksızın) küfür kelimesini telaffuz etse küfre düşer..."*[564]

• Hanefilerin meşhur âlimlerinden birisi olan Ali el-Kâri, Hanefî fıkıh kitaplarından birisi olan *"Mecmau'l-Fetâva"* adlı eserden şu cümleleri nakleder: *"Kişi küfrü gerektiren bir söz söylerse kâfir olur."*[565]

---

[560] Bkz. 6/313.
[561] "el-Bahru'r-Râik", 5/134.
[562] "Feydu'l-Bari", 11/50.
[563] "İkfaru'l Mulhidin", Sf. 59.
[564] "Şerhu'l Fıkhı'l Ekber", sf. 241.
[565] "Şerhu'ş Şifa", 2/453.

- "*Mecmau'l-Enhur*" adlı meşhur Hanefî Fıkıh kitabında şöyle geçer: "*Kişi içeriğine inanmadığı halde (ikrah olmaksızın) kendi tercihiyle küfür kelimesini telaffuz etse tüm ulemaya göre kâfir olur.*"[566]

- İbn-i Kudâme el-Makdisî der ki: "*Kim Allah'a söverse kâfir olur. Bu hususta şaka yapması veya ciddi olması bir şey değiştirmez. Kezâ Allah ile ayetleri ile peygamberleri ile ya da kitapları ile istihza eden kimse de kâfir olur.*"[567]

- Fahreddin Hasen b. Mansur el-Hanefî der ki: "*İsteyerek (yani ikrah olmaksızın) kalbi iman üzere olduğu halde dili ile küfür kelimesini söyleyen bir kişi kâfir olur, Allah katında da "mümin" olamaz.*"[568]

- Burhaneddin İbn-i Mazeh el-Hanefî der ki: "*Kim İsteyerek (yani ikrah olmaksızın) kalbi iman ile mutmain olduğu halde dili ile küfür kelimesini söylerse kâfir olur; kalbinde ki inanç ona fayda sağlamaz.*"[569]

- İbn-i Receb el-Hanbelî der ki: "*Dini terk ve cemaatten ayrılmanın manası: İslam dininden dönmektir/irtidattır isterse bu kişi şehadet kelimelerini söylesin. Eğer Allah ve Rasûlüne söverse, —şehadeti kabul etse bile— kanı mubah olur, çünkü o bununla dinini terk etmiştir. Aynı şekilde eğer o kişi Mushafı hafife alır da pisliklerin için atarsa veya namaz gibi dinden olduğu kesin olarak bilinen bir şeyi inkâr ederse yine durum aynıdır.*"[570]

Bu nakillerin bazısını kitabın geçen bölümlerinde vermiştik. Önemine binaen burada yeniden naklettik. Toplumumuzda bu mesele hakkıyla anlaşılmadığı için nakilleri tekrar tekrar hatırlatmakta yarar görüyoruz. Burayı dikkat-i nazara alan okuyucu kardeşlerimiz, inşâallah bizleri mazur görürler…

Tüm bunlardan sonra diyoruz ki: Her kim muteber bir ikrah olmaksızın küfür sözü söyler ya da küfür ameli işlerse kesinlikle küfre düşer. Bu noktada niyetinin hiçbir geçerliliği yoktur. Daha önceleri de ifade ettiğimiz üzere niyet, haramı helale, küfrü imana çevirmez. Bu noktaya dikkat etmeyen bazı kimseler bir takım gerekçelere binaen –ki bunların başında maddiyat gelmektedir– küfür sözlerini veya küfür amellerini rahatlıkla icra edebilmektedirler. Onlara buradan şöyle seslenmek istiyoruz: Yanlış yapıyorsunuz! Gelin, üç kuruşluk dünya menfaati için dininizi satmayın! Birilerinin yaptığınız işin meşru olduğuna dair sizlere fetva vermesine aldanmayın! Ümmetin tüm âlimlerinin ittifak ettiği bir meselede bazı hocaların size fetva

---

[566] "Mecmau'l-Enhur Şerhu Multeka'l-Ebhur", sf. 696.
[567] "el-Muğnî", 4/20. Bab: 7124.
[568] "Fetâvâ Kadıhan", el-Fetâvâ'l-Hindiye hamişinde, 3/573.
[569] "el-Fetâvâ't-Tatarhâniyye", 5/458.
[570] "Câmiu'l-Ulûm ve'l-Hikem", sf. 179.

vermesinin ne değeri vardır ki? Yarın rûz-i mahşerde onların size bir faydası dokunmayacaktır.

"O gün, ne mal fayda verir ne de evlât. Ancak Allah'a kalb-i selîm (temiz bir kalp) ile gelenler (o günde fayda bulur)." (Şuarâ, 88, 89)

Gelin, şirk ve küfürden arınmış tertemiz bir kalple Allah'ın huzuruna gidelim. Kalbimizi şirkin, küfrün, nifakın ve dünyaperestliğin pisliklerinden arındıralım.

Arkadaşlar kendinize gelin, yaptığınız işin meşruluğu üzerinde yeniden düşünün. Âlemlerin Rabbi olan Allah'ın yaptığınız işten razı olup-olmadığını tekrar tekrar sorgulayın. Allah'ın kopmaz ipi olan Kur'an'ın hidayetinden ayrılmayın. Onun ortaya koyduğu hükümler küfür ameli işleyenlerin kâfir olacağını ortaya koymaktadır. Siz, Kur'an'ın bu yolunu bırakıp yaptığınız işin cevazına dair bazı hoca efendilerin (!) fetvalarıyla amel etmeye kalkışırsanız, şeytan sizi yoldan çıkarır da kendinizi hâlâ hidayet üzere zannedersiniz. Rabbimiz ne buyuruyor:

"Kim Rahmân'ın zikrinden yüz çevirirse, yanından ayrılmayan bir şeytanı ona musallat ederiz. Şüphesiz bu şeytanlar onları doğru yoldan alıkoyarlar da onlar, hâlâ kendilerinin doğru yolda olduklarını sanırlar." (Zuhruf, 36, 37)

Allah için bu ayetleri tekrar düşünelim… Ya bizler de Kur'an'ın hükümlerinden yüz çevirmiş kimselerden isek? Ya bizler de kendilerini hidayet üzere zanneden kimseler güruhundansak? Ya şeytan bizleri aldatmışsa?

Evet, bunları hep sorgulamak zorundayız. Kur'an'ın ortaya koyduğu hakikatleri terk edip, birilerinin fetvalarıyla küfür ameli işliyor ve niyetimizin iyi olduğunu söylüyorsak, unutmayalım ki şeytan bizleri de aldatmıştır. Durum bu iken bir de kendimizi doğru yolda ve hidayet üzerinde zannetmemiz hüsrandan başka hiçbir şeyi değiştirmeyecektir.

Allah için düşünelim, hakkı bulmaya çalışalım. Nefsimize ağır gelse de hakka tabi olalım; aksi halde kötü bir akıbete duçar olmak kaçınılmazdır. Allah hepimizi yoluna iletsin.

BEŞİNCİ KURAL

من حلل الحرام أو حرم الحلال فقد كفر

"HARAMI HELÂL, HELÂLİ HARAM YAPAN KÂFİR OLUR"

İslam, helal ve haram kılma yetkisinin sadece Allah Teâlâ'ya mahsus olduğunu bildirmiştir. Allah'ın "haram" dediği haram; "helal" dediği helaldir. Diğer bir ifadeyle; yasakladıkları yasak, serbest bıraktıkları serbesttir. Bu konuda mutlak söz sahibi Rabbimizdir. Öyle ki, rasûlleri dahi bu konuda mutlak bir yetkiye sahip değillerdir. Yani onlar bile bu konuda Allah'tan bağımsız olarak hareket edemezler. Onların yetkisi Allah'ın belirlediği orandadır.

Bir şeyin yapılıp-yapılmayacağına dair nihaî kararı veren yalnız Allah'tır dedik. Peygamberlerin bile bu noktada mutlak olarak yetkili olamayacağını söyledik. Allah'ın en sevdiği insanlar olan peygamberler bile bu konuda mutlak yetkiye sahip değillerse, acaba onlardan daha düşük seviyede olan insanların durumu nedir? Elbette ki onlar bu konuda hiç söz sahibi değillerdir.

Durum bu kadar net ve kesin olmasına rağmen maalesef bu gün yeryüzünde hüküm süren tüm devletler, Allah'ın bu hakkına tecavüz etmekte ve hükmettikleri topraklarda kendilerini mutlak güç sahibi kabul etmektedirler.

Mesela, bizim yegâne kanun koyucumuz olan Allah içkiyi, kumarı, faizi, zinayı ve benzeri fiilleri haram kılmıştır. Ama İslam ile hükmetmeyen devletler, bu tür amelleri serbest bırakmak sureti ile helalleştirmektedirler. Hatta bu tür ameller bizzat devlet eli ile icra edilmekte ve işlenmesi için insanlar bunlara teşvik edilmektedirler. Böyleleri için bu ve benzeri fiillerin yasak olmasının hiçbir önemi yoktur. Çünkü onlar kendi zanlarınca mutlak egemendirler. Dilediklerini yasak, dilediklerini serbest bırakırlar.

Aslına bakılırsa onlar bu davranışları ile Allah'la açıkça sınır mücadelesi yapmakta, Allah'ın verdiği hükmün aksine hüküm vermek sureti ile Onunla adeta hudut yarışına girmektedirler. Rabbimiz şöyle buyurur:

"Hâlâ bilmezler mi ki, kim Allah'a ve Rasûlüne karşı sınır mücadelesine kalkışırsa (Allah ve Rasûlünün koyduğu hükümlere karşı hüküm koyarsa) ona, içinde ebedi kalacağı cehennem ateşi vardır. En büyük rüsvaylık işte budur." (Tevbe, 63)

Kişi ancak kâfir olduğu zaman cehennemde ebedi kalır. Onların cehennemde ebedi kalmaları, kendilerinin kâfir olduğundan ötürüdür. Dolayısıyla Allah'ın hükümlerini bir tarafa atarak kanunlar yapmak, O'nun gönderdiği kitabın aksine yasalar çıkarmak ve bu şekilde Allah ile sınır yarışına girmek insanı ebedi cehenneme sokan şirk amellerindendir.

Bu kısa girişten sonra konuyla alakalı delilleri zikretmeye geçebiliriz.

1-) Rabbimiz şöyle buyurur:

"Gerçek şu ki, Allah katında ayların sayısı, gökleri ve yeri yarattığı günden beri Allah'ın kitabında on ikidir. Bunlardan dördü haram aylardır. İşte dosdoğru olan hesap (din) budur. Öyleyse bunlarda kendinize zulmetmeyin ve onların sizlerle topluca savaşması gibi siz de müşriklerle topluca savaşın. Ve bilin ki Allah, takva sahipleriyle beraberdir. Haram ayları ertelemek, ancak küfürde ileri gitmektir. Bununla ancak kâfir olanlar saptırılırlar. Allah'ın haram kıldığının sayısını tamamlamak için, onu bir yıl helal sayarlar, bir yıl da haram sayarlar. Böylece Allah'ın haram kıldığını helal kılmış olurlar. (Böylece) onların kötü işleri kendilerine güzel gösterilmiştir. Allah kâfirler topluluğunu hidayete erdirmez" (Tevbe, 36, 37)

Allah Teâlâ gökleri ve yeri yarattığından bu yana insanoğlu için 12 ay belirlemiştir. Bu aylardan dördü haram aylardır ki, bu ayların içinde savaşmak, kan dökmek, saldırmak, vuruşmak ve her türlü kötülük haram kılınmıştır. Bu ayların üçü ard arda, biri ise ayrı olarak gelmektedir. Bu ayların isimleri şöyledir:

1) *Zilkade.*
2) *Zilhicce.*
3) *Muharrem.*
4) *Recep.*

Kamerî ay sıralamasında Zilkade on birinci, Zilhicce on ikinci, Muharrem birinci, Recep ise yedinci aydır. Cahiliye döneminde bir kısım Araplar geçimlerini soygunculuk ve yağma ile temin ediyorlardı. Yine Araplar arasında sık sık kan davaları ve iç harpler meydana gelirdi. Kamerî ayların üç tanesinin peş peşe gelmesinden dolayı vurgunculuk, soygunculuk ve benzeri işlerden el-etek çekmek zorunda kalıyorlardı. Bu ise onlara çok zor geliyordu. Bunun önüne geçmek için haram ayların yerini değiştirdiler. Bu değiştirme işini ise şöyle yapıyorlardı: Örneğin savaş halinde iken Recep ayı girerse onu helal sayıyorlar ve haramlığını Şaban ayına tehir ediyorlardı. Böyle bir durum Muharrem ayında vuku bulursa, onu Safer ayına ertelerlerdi. Böylece o yıl Muharrem ve Recep yerine Şaban ve Safer ayları haram aylardan sayılmış oluyordu. İşte Rabbimiz böyle bir uygulamanın *"küfürde ileri gitmek"* anlamına geldiğini veya farklı bir tercüme ile *"katmerli bir küfür"* olduğunu ifade etmiştir.

Bu ayetle alakalı olarak *"Tahkîmu'l-Kavânîn"* adlı kitabın şerhinde şöyle denilmektedir:

"Allah Teâlâ, Araplara dört ayda savaşmayı haram kılmıştı. Araplar ise kendi isteklerine göre işlerine gelince, Allah'ın haram kıldığı ayların yerlerini değiştirip, haram ayları kendileri için helal sayarak o aylarda savaşıyorlardı. Allah Teâlâ bu ayette de haram kıldığı ayların ne şekilde ve ne sebeple olursa olsun, helal kılınmasını küfürde bir artış olarak isimlendirmektedir. Dikkat edilirse burada haram aylarda savaşmanın küfür olduğu söylenmemiş; bilakis Allah'ın haram kıldığı ayların helalleştirilmesini, yani Allah Teâlâ'nın şeriatının değiştirilmesinin küfür olduğu vurgulanmıştır. Allah Teâlâ'nın haram kıldığı bir ayı başka bir ayla değiştirmek ve onu helal olarak telakki etmek küfürde bir artış olduğuna göre, Allah'ın indirdiği esasları tamamen iptal edip yerine beşeri kaynaklı kanunları ikame etmenin, Allah'ın emirlerine düşmanca kanun ve yasaklar çıkarmanın, Allah'ın haram kıldığı, şeytanın ameli olan birçok fiili helal kılmanın hükmü, küfrün son mertebesi değil midir acaba? İmam Kurtubî şöyle demektedir: 'Bu, Arapların çeşitli küfür türlerini kendilerinde toplamakla birlikte, yaptıkları böyle bir işin mahiyetini de açıklamaktadır. Böylelikle helal ve haram kılma yetkisinin kendi ellerinde olduğu iddiasında bulunmuş ve arzularının doğrultusunda kanaat belirterek, kendiliklerinden dinle olmayan böyle bir uygulamayı ortaya koymuşlardır. Bunun sonucu olarak da, Allah'ın haram kıldığı bir şeyi helal kılmışlardır. Oysa müşrikler hoş görmese dahi Allah'ın hükümlerini hiç kimse değiştiremez.'

İbn-i Hazım bu ayete dair şunları söylemektedir: 'Kur'an'ın indiği Arapça dilinin gereği olarak, bir şeyin fazlasının o şeyin cinsinden olması gerekmektedir. Bu ayette *'küfürde ileri gitmektir'* lafzı, haram ayların yerlerini değiştirmenin küfür olduğunu göstermektedir. Bu ayların yerlerini değiştirmek bir ameldir ve Allah'ın haram kıldığını helal kılmaktır. Bu sebeple her kim Allah'ın haram kıldığını bildiği bir meseleyi helal yaparsa kâfir olur."[571]

2-) Rabbimiz şöyle buyurur:

"Onlar Allah'ı bırakıp hahamlarını, rahiplerini ve Meryem oğlu (İsa) Mesih'i Rabler edindiler. Hâlbuki onlar bir tek ilâha ibadet etmekle emrolunmuşlardı. O'ndan başka ilah yoktur. O, bunların şirk koştukları her şeyden münezzehtir."
(Tevbe, 31)

Bu ayet hakkında Rasulullah *sallallâhu aleyhi ve sellem* ile Adiyy İbn-i Hatem arasında hemen hemen tüm tefsir kitaplarının yer verdiği önemli bir konuşma geçmektedir. Olayı bizzat kendisinden dinlemek için sözü Adiyy İbn-i Hatem'e bırakalım. Adiyy *radıyallahu anh* anlatır:

"Boynumda altından bir haç olduğu halde Rasulullah *sallallâhu aleyhi ve sellem*'in yanına geldim. Bana:

— *Ey Adiyy! Şu putu boynundan atsana!* buyurdu. (Sonra) Tevbe Suresinin 31. ayetini okurken O'nu işittim ve:

— Ama onlar âlimlerine ve rahiplerine ibadet etmiyorlar ki! dedim. Bunun üzerine Rasulullah *sallallâhu aleyhi ve sellem*:

—*Hayır! Onlar helal olan bir şeyi haram, haram olan bir şeyi de helal kılıyorlar, onlar da onlara itaat ediyor. İşte bu, onların, âlim ve rahiplerine olan ibadetleridir,* buyurdu."[572]

Adiyy İbn-i Hatem, ibadetin sadece namaz, rükû, secde ve benzeri şeylere has olduğunu anlamıştı. Rasulullah *sallallâhu aleyhi ve sellem* ise ona ibadet için sadece bu tür şeyleri yapmalarının gerekli olmadığını, ibadetin daha kapsamlı bir anlama sahip olduğunu, helal ve haram kıldıkları şeylerde ve icat edip ortaya attıkları meselelerde onlara kayıtsız-şartsız itaat etmenin ibadet olduğunu izah etmişti. Çünkü kanun koyma ve helal-haram belirleme yetkisi Rab olmanın haklarından birisidir..."[573]

Şehit Seyyid Kutup der ki:

"Yahudi ve Hıristiyanlar, ulûhiyetlerine inanmak veya kulluk vecibelerini onlara takdim etmek gibi bir mana ile âlim ve rahiplerini Rab edinmiş değillerdi... Bununla beraber Allah Teâlâ bunları şirk ve küfürle tavsif buyuruyor. Çünkü onlar, dini emirleri âlim ve rahiplerden alıyor, onlardan aldıkları emirlere itaat ediyor ve tâbi oluyorlardı... İbadet ve itikat bir tarafa sadece bu bile fâilini müşrik yapma-

---

[571] "Hâkimiyet Mefhûmu Tahkîmu'l-Kavânîn Şerhi", sf. 43, 44. Kurtubî'nin sözleri için bkz. "el-Cami' li Ahkâmi'l Kur'an", 8/225; İbn-i Hazm'ın sözleri için bkz. "el-Fisal", 3/245.
[572] Tirmizi, 3095; İbn-i Kesir, 2/459. Hadisin tercümesi, farklı rivayetleri bir araya getirerek verilmiştir.
[573] "es-Sünnetü ve'l-Bid'a", Yusuf el-Karadâvî, sf. 31.

ya kâfidir. Allah'a ortak koşmak; sadece teşri' hakkını Allah'tan başkalarına vermekle tahakkuk eder. Allah'ın ulûhiyet inancında ve O'na kulluk vecibelerinin takdiminde ortak koşulmasa dahi, teşri' hakkının başkasına verilmesi, bir insanı müşrik yapmaya kâfidir... İnsanlar, Allah'ın şeraitinden başka bir şeriata tâbi olurlarsa, her ne kadar davaları iman olsa dahi, imanları asla kabul edilmeyen ve müşrik olarak tavsif edilen Yahudi ve Hıristiyanlar hakkında söylenen söz, onlar hakkında da geçerli olur."[574]

Abdulmun'im, bu ayet hakkında şöyle der: *"Allah Teâlâ'nın "Onlar Allah'ı bırakıp hahamlarını, rahiplerini rabler edindiler..." ayeti şu manaya gelmektedir: Yani helal ve haram kılma yetkisini kendilerine vermiş oldukları kanun koyucular edindiler..."*[575]

İmam Beğavî der ki: *"Onlar haham ve rahiplerine ibadet etmediler ki" diye bir itiraz gelse, buna şöyle cevap veririz: Onların haham ve rahiplerine ibadet etmelerinin manası; günahta onlara itaat etmeleri, onların helal saydıklarını helal, haram saydıklarını da haram kabul etmeleri ve onları adeta bir rab görmeleridir."*[576]

Huzeyfe b. Yemân *radıyallâhu anh* der ki: *"Onlar haham ve rahiplerine namaz kılmıyor, oruç tutmuyorlardı. Ancak onlar (Allah'ın kendilerine haram kıldığı) bir şeyi helal kıldıklarında (sırf âlimleri helal kıldığı için) onu helal kabul ediyorlar, Allah'ın kendileri için haram kıldığı bir şeyi helal kıldıklarında (sırf âlimleri helal kıldığı için) onu helal kabul ediyorlardı. İşte onların rab olması bu şekildeydi."*[577]

Bu iki ayete ilişkin yaptığımız nakillerden anlaşıldığına göre, Allah'tan başkasının bir şeyi serbest veya yasak bırakma gibi bir yetkisi yoktur. Her kim böyle bir işe kalkışırsa, rablik taslamış ve dinden çıkmış olur.

Şimdi bu konuyla alakalı bazı çağdaş isimlerden nakillerde bulunalım.

• Günümüzün en popüler fıkıhçılarından biri olan Hayrettin Karaman, helal ve haram kılma yetkisinin yalnız Allah'a ait olduğunu belirttikten sonra şöyle der: *"Sıfat ve mevkileri ne olursa olsun hiç bir kulun helal ve haram kılma salâhiyeti yoktur; bu salâhiyet yalnızca Allah Teâlâ'ya mahsustur."*[578]

• Eski Diyanet İşleri Başkanı Ali Bardakoğlu, Hz. Peygamber *sallallâhu aleyhi ve sellem*'in bile müstakil olarak helal-haram belirleme yetkisine sahip olmadığını, O'nun hadislerinin, Allah'ın hüküm ve iradesini beyan etmek-

---

[574] "Fi Zilali'l-Kur'an". 7/264.
[575] "Kava'idu fi't-Tekfir", 187.
[576] "Meâlimu't-Tenzil", 3/107, 108.
[577] "Tefsiru't-Taberi", 14/211.
[578] "Günlük Hayatımızda Helaller ve Haramlar", sf. 22. **(Not):** Kitaplarında haram ve helal kılma yetkisinin yalnızca Allah'a ait olduğunu belirten müellif, maalesef vakıada aksi bir portre çizmekte ve Allah'ın dışında helal-haram sınırlarını belirleyen insanlara destek verilmesi gerektiğini her fırsatta dile getirmektedir. Bu durum günümüz müelliflerinin birçoğu için geçerlidir. Yazdıkları başka, inandıkları başka!

ten ibaret olduğunu belirterek şöyle der: *"Haram ve gayri meşru, dini bir kavram olup bunu tayinde sadece Allah'ın tasarrufunda olan bir konudur."*[579]

• Türkiye Diyanet Vakfının hazırlamış olduğu İslam Ansiklopedisinde de şöyle geçer: *"Haramı (ve helali) belirleme hak ve yetkisi yalnızca Allah'a aittir... Kesin olarak yasaklanmış veya serbest bırakılmış fiiller bizzat Allah tarafından belirlenmiş ve bu yetki sadece O'na tahsis edilmiştir..."*[580]

• İlahiyat profesörü Doç. Dr. Fahrettin Atar der ki: *"Hiç şüphesiz vacip, haram gibi hükümlerin bir hâkimi (kanun koyucusu) vardır. Bu hükümleri vaz' eden, Şari'i Teâlâ'dır. Kur'an'ı Kerim'de bazı ayetler, Cenâb-ı Hakk'ın hüküm koyucu olduğunu göstermektedir. Müslümanlar bu hususta icma' halindedirler. Akıl dahi, Cenâb-ı Hakk'ın kanun koyucu olduğunu kabul etmektedir..."*

Kitabının ilerleyen satırlarında şöyle devam eder: *"...Bu esasa göre Allah'tan başka hüküm koyacak bir makam yoktur."*[581]

• Yapmış olduğu usulü fıkıh çalışmasıyla büyük beğeni toplayan Hasan Karakaya, kitabında *"Hâkimiyet ve Kanun Koyma"*[582] başlığı altında şunları söyler: *"Egemenlikle kanun koyma yetkisi arasında büyük bir bağlantı bulunmaktadır. Herhangi bir ülke veya bölgeye hâkim olduğu kabul edilen güç, oranın hayat sistemini belirler ve bu sistem de yasa kabul edilir. Cahili topluluklarda, hâkimiyetin insana ait olduğu düşüncesi egemen olduğundan, kişilerin yaşam sistemlerini belirleyen kanunları, ya bir diktatör tağut veya halkın temsilcileri sayılan parlamenter tâğutlar tayin ederler. İslam'da ise, kanun koyma yetkisi, sadece Allah Teâlâ'ya aittir. Çünkü İslâm hukuku dinî bir hukuktur. İlahî vahye dayanır. Bu dine göre hâkimiyet (egemenlik) kayıtsız şartsız Allah'ındır. Egemenlik Allah'ın dışında her hangi bir yaratığa ne tümüyle, ne de bölünerek kısmen devredilebilir. Bu husus İslam'da ittifak konusudur. Bütün Müslümanlar, gerçekte hâkimiyetin yalnızca Allah'a ait olduğu ve Allah'ın dışında her hangi bir aciz yaratığın Allah'a has olan bu sıfata sahip olmadığı, bu itibarla kanun koyma yetkisinin de yalnız Allah'a ait olduğu hususunda icma etmişlerdir."*[583]

• Prof. Dr. Zekiyyüddin Şaban der ki: *"Bütün İslam bilginleri "hâkim"in Allah Teâlâ olduğu hususunda fikir birliği içindedirler. Buna göre, hükümlerin yegâne menşei O'dur. Allah'ın koyduğu hükümlerin dışında hüküm, Allah'ın gönderdiği din dışında din yoktur."*[584]

---

[579] "İslam da İnanç, İbadet ve Günlük Yaşayış Ansiklopedisi", 2/689.

[580] "Diyanet İslam Ansiklopedisi", 16/102, 103.

[581] "Fıkıh Usulü", Fahrettin Atar, sf. 105.

[582] Ne hikmetse, kitabın son baskılarında bu bölüm komple çıkarılmıştır?

[583] "Fıkıh Usûlü", Hasan Karakaya, sf. 19.

[584] "İslam Hukuk İlminin Esasları", Zekiyyüddin Şaban, sf. 273..

• Abdülkerim Zeydan kitabının ikinci bölümünde "el-Hâkim" başlığı altında şunları kaydeder: *"Hâkim (yani hükmün kendisinden çıktığı varlık) yalnız Allah'tır. Hüküm O'nun verdiği hüküm, teşri' O'nun ortaya koyduğu teşri'dir. Kur'an buna işaret etmektedir. Müslümanlar bu hususta icma' etmiştir... Bu esasa binaen Allah'ın indirdiğinden başka bir şeyle hükmetmek küfürdür. Çünkü Allah'ın dışında hüküm çıkaracak bir merci yoktur."*[585]

• *"İslam Hukukunda Ahkâmın Değişmesi"* adlı eserinde Prof. Dr. Mehmet Erdoğan şöyle der: *"Helal ve Haram kılma yetkisini sadece Allah'a tanıyan Kur'an, bu yetkiyi kendisinde görenleri tanrılık iddiasında bulunmakla nitelemiş; haramı helal, helali de haram kılmayı şirkle eş tutmuştur..."*[586]

• Yusuf el-Karadâvî'nin şu cümlelerini de aktararak, helal ve haram kılma yetkisinin sadece Allah'a has olduğunu ifade eden nakillere son vermek istiyoruz. O, *"İslam'da Helâl ve Haram"* adlı eserinde şöyle der: *"İslam, helâl ve haram kılma yetkisini sınırlandırmış, halkın nazarında veya Allah katında dereceleri ne olursa olsun bu yetkiyi insanların elinden almış ve onu yalnız Allah'ın hakkı olarak kabul etmiştir..." "...Gerçekten helâli haram kılmak şirkin eşidir."*[587]

Bu nakillerden sonra Allah'ın şeriatına muhalif olarak helal ve haram kılma yetkisini kendilerinde gören insanların şirke düştüğünü belirten diğer delilleri zikretmeye devam edebiliriz.

3-) Rabbimiz şöyle buyurur:

"Kesilirken üzerlerine Allah'ın adı zikredilmeyen hayvanları yemeyin. Bunu yapmak Allah'ın yolundan çıkmaktır. Şüphesiz ki şeytanlar sizinle mücadele etmeleri için dostlarına fısıldarlar. Eğer onlara itaat ederseniz/uyarsanız muhakkak ki sizde müşrik olursunuz." (En'am, 121)

Allah Teâlâ ölmüş hayvanın etini yemeyi yasaklayınca Mekkeli müşrikler Müslümanlara: "Ölmüş hayvanı siz öldürünce (kesince) helal oluyor ða, Allah (tabii bir ölümle) öldürünce niye helal olmasın!" diye itirazda bulundular. Bu itiraz karşısında bazı Müslümanların kalbinde bir şüphe hali belirdi. Bunun üzerine Allah Teâlâ bu ayeti indirdi.[588]

Ayet, Allah'ın haram kılmış olmasına rağmen ölü hayvan etini yiyen kimselerin, sırf müşriklere itaat ettiklerinden ötürü şirke düşeceklerini bildirmektedir.

---

[585] "el-Veciz fi Usûli'l-Fıkh", sf. 69.
[586] "İslam Hukukunda Ahkâmın Değişmesi", sf. 130.
[587] "İslam'da Helal ve Haram", sf. 28-32.
[588] "Tefsiru'l-Kur'ani'l-Azîm", 2/231.

• İbn-i Kesir der ki: *"Eğer siz Allah'ın şeriatından başkalarının sözlerine döner ve bunu Allah'ın emrinin önüne geçirirseniz –ki bu şirktir– sizler de müşrik olursunuz."*[589]

• İmam Zeccâc der ki: *"Bu ifadede, Allah'ın haram kıldıklarından birini helal veya helal kıldıklarından birini haram kabul eden her insanın müşrik olduğuna bir delil vardır. Çünkü Allah Teâlâ, kendisi dışında başka bir hâkim (kanun koyan) kabul edeni müşrik saymıştır. İşte şirk budur."*[590]

• İbn-i Teymiyye der ki: *"İnsan her ne zaman üzerinde icma' edilen bir haramı helal veya helali haram yaparsa yahut Allah'ın şeriatı (ndaki hükümleri) değiştirirse tüm fukahâya göre kâfir ve mürtet olur."*[591]

• İmam Kurtubî der ki: *"Ayet-i Kerime, Allah'ın haram kıldığı herhangi bir şeyi helâl kabul eden kimsenin, sırf bu nedenle müşrik olacağına işaret etmektedir. Allah Teâlâ lâşeyi açık nass ile haram kılmıştır. Dolayısıyla başka bir kimsenin koyduğu bir hüküm ile lâşeyi helâl kabul edecek olursa, o kişi müşrik olur"*[592]

Bu nakillerden de anlaşılacağı üzere bir kimse –her ne kadar dili ile aksini iddia etse dahi– Allah'ın yasakladığı bir şeyi çıkardığı yasalarla serbest bıraksa veya Allah'ın emrettiği şeyi yasaklayıp suç saysa, böylesi bir kimse kesinlikle dinden çıkmış olur. Bu konuda niyetinin iyi (!) olmasına itibar edilmez. Hiçbir rabbanî âliminde bu meselede ihtilaf etmesi mümkün değildir. İbn-i Teymiyye'nin de dediği gibi, böylesi bir kimse âlimlerin tamamına göre kâfir ve mürtet olur.

4-) Allah'ın haram kıldığını helal, helal kıldığını da haram kabul eden birisinin dinden çıkacağına dair getirilen bir diğer delil de şu olaydır: Başlarında Kudâme b. Maz'ûn'un bulunduğu bazı sahabîler, Maide Sûresinde bulunan *"İman edip salih amellerde bulunanlar için korkup sakındıkları, iman ettikleri ve salih amellerde bulundukları, sonra korkup sakındıkları ve iman ettikleri ve sonra (yine) korkup sakındıkları ve iyilikte bulundukları takdirde yedikleri dolayısıyla bir sorumluluk yoktur. Allah, iyilik yapanları sever."* (Maide, 93) ayetini tevil ederek içki içmeye başlamışlar ve içkinin helal olduğunu söylemişlerdi. Onlar bu sırada Şam'da bulunuyorlardı. Hz. Ömer onların böyle söylediğini duyunca hemen kendilerini Medine'ye çağırdı. Onların bu durumunu Medine'deki sahabîlerle istişare etti. Sahabîlerden bazıları:

— Ey müminlerin emiri! Bizler onların Allah'a iftira ettiklerini ve izin vermediği hususlarda Allah'ın dininde bazı şeyleri meşru kabul ettiklerini

[589] Aynı yer.
[590] "et-Tefsiru'l-Kebir", Fahreddin er-Râzî, 10/152.
[591] "Mecmuu'l-Fetâvâ", 3/267.
[592] "el-Cami' li Ahkâmi'l-Kur'an", 4/56.

görüyoruz. Sen onların boyunlarını vur! dediler. O esnada Hz. Ali sukut etmekteydi. Hz. Ömer kendisine:

— Senin onlar hakkındaki görüşün nedir ey Hasan'ın babası! diye sordu. Bunun üzerine Hz. Ali:

— Ben onları tevbeye davet etmeni uygun görüyorum. Eğer tevbe ederlerse, içki içmelerinden ötürü seksen sopa vurursun. Şayet tevbeye yanaşmazlarsa, Allah'a iftira ettikleri ve izin vermediği hususlarda Allah'ın dininde bazı şeyleri meşru kabul ettikleri için boyunlarını alırsın, dedi. Onlar Medine'ye geldiklerinde Hz. Ömer delil getirmiş oldukları ayetin gerçek manasını onlara izah ettikten sonra kendilerini tevbeye davet etti. Onlar bunun ardından tevbe ettiler ve kendilerine seksen sopa vuruldu. En sonunda Hz. Ömer Kudâme *radıyallahu anh*'a:

— Eğer sen sakınıp salih ameller işlemiş olsaydın içki içmezdin, dedi.[593]

Kudâme *radıyallahu anh*'ın delil olarak öne sürdüğü ayet, Uhud Muharebesinden sonra nazil olmuştu. Sahebîlerden bazıları "İçki haram kılındı; ancak o haram kılınmadan önce içki içerek ölen arkadaşlarımızın durumu ne olacak" diye sormaya başladılar, bunun üzerine Allah *celle celâluhu* haram kılınmasından önce bir şeyi tadan kimselerin, sakınıp, salih amel işledikleri sürece bundan sorumlu olmayacağını belirterek bu ayeti indirdi. Kudâme *radıyallahu anh* ve beraberindeki sahabîler bu ayeti tevil ederek ayetin kendilerini de kapsayacağı zannına kapıldılar ve kendileri için içkiyi helal saydılar!

Bu olayda sahabîlerin tamamı sırf içkiyi helal kabul ettikleri için Kudâme *radıyallahu anh* ve ashabının dinden çıktığına hüküm vermişti. Hz. Ali de bu kanıda idi; ancak onlara mürtet hükmü uygulamadan önce istitâbe uygulanması gerektiğine inanıyordu ki, olması gereken de zaten buydu. Buradan anlıyoruz ki; haramı helal, helali de haram kabul eden birisi sahabîlerin tamamının icma'ı ile dinden çıkmış ve kâfir olmuştur.

Bu konuda daha birçok delil vardır... Kifayet ettiğine kanaat getirdiğimiz için bu kadarı ile yetiniyoruz. İşin aslı bu mevzudaki nakilleri yazmaya ne kalemler kifayet eder, ne de satırlar! Çünkü İslam'ın özü budur. Din bu gerçeği ikame etmek için gelmiştir. Yani egemenlik ve hükümranlıkta Allah'ın bir ve tek olduğu gerçeğini... Bu mevzuda inatçı kâfirlerden ve zorba mürtetlerden başkası bu gerçeğe muhalefet etmez. Bu hakikati tüm ulema en açık ifadelerle dile getirmiştir. Yaşantı ve hayat tarzları aksi doğrultuda olmasına rağmen çağdaş din adamları bile bunun karşısında sus-pus olmuşlar ve kitaplarını "Allah'ın hükümranlıkta tek, kanun koymada eşsiz" olduğunu ifade eden cümlelerle doldurmuşlardır. Evet, Allah kanun koy-

---

[593] Tahâvî, "Şerhu Me'âni'l-Âsâr", 4778. Farklı rivayetler için mezkûr kitabın ilerleyen rivayetlerine bakınız.

mada tektir. Helal ve haram tayininde tektir. Emretme ve yasaklamada tektir. O'nun hiçbir zaman eşi, benzeri, dengi ve muadili yoktur, olmamıştır ve olmayacaktır.

Önemli Bir Mesele:
Helal ve Haram Kılmanın Şekilleri

Bir şeyi helal ve haram kılmanın veya bir şeyi serbest ve yasak addetmenin üç sûreti/şekli vardır:

1. Kalp İle: Bu; hırsızlık, adam öldürme, içki içme, zina etme ve faiz yeme gibi Allah'ın haram kıldığı fiillerin caiz olduğuna, böylesi şeylerin yasak olmaması gerektiğine kalben inanmak sureti ile olur. Allah'ın helal kıldığı ve emrettiği fiilleri yasak kabul etmekte böyledir. Bu şekilde inanan bir Müslüman böylesi bir inanca kapıldığı andan itibaren İslam bağını boynundan atmış ve dinden çıkmış olur.

2. Dil İle: Bu, üstte sayılan şeyleri dil ile gündeme getirmek sureti ile olur ki, böylesi birisi de kesinlikle dinden çıkar.

3. Hal ve Davranış İle: Bu da Allah'ın haram kıldığı fiilleri sırf hal ve davranışlarıyla helal sayma ve caiz görme şeklinde olur. Bu gün devlet mekanizmalarını elinde bulunduran kimselerin içine düşmüş oldukları durum genelde bu kısma girmektedir. Onlar belki de zinanın, içkinin, kumarın ve benzeri muharremâtın haramlığını kabul etmektedirler. Ama hal ve tavırları bu sayılan haramları adeta helal saymakta ve bunların olabileceğini iş'âr etmektedir. Öyle kanunlar çıkarmaktadırlar ki, sanki Allah'ın yasakladığı bu fiiller aslında serbestmiş gibi addedilmektedir. Şimdi hal ve tavır ile helal ve haram kılma nasıl olur bunun bir örneğini zikredelim:

Berâ İbn-i Âzib der ki: "Dayımla karşılaştım. Beraberinde bir bayrak vardı. Ona:

— Nereye gidiyorsun, dedim. O:

— Rasulullah *sallallâhu aleyhi ve sellem* beni, babasının karısı (üvey annesi) ile evlenen bir adama gönderdi ve onun boynunu vurmamı ve malını almamı emretti, dedi"[594]

Ahmed b. Hanbel'in "Müsned" adlı eserinde: "*O adama hiçbir şey sormadılar, onunla hiçbir şey konuşmadılar*" diye bir ziyade vardır.

Bu hadis, konuyu izah etme açısından oldukça önemlidir. Zira hadiste öldürülmesi emredilen adam sadece bir haram işlemiştir. Acaba neden öldürülmüştür? Haram işleyen birisi öldürülür mü?

---

[594] Ebu Davut, 4457; Tirmizi, 1326.

Şimdi bu hadisin fıkhına inelim ve adamın neden öldürüldüğünün sebebini arayalım.

Adam, İslam âlimlerinin bildirdiğine göre üvey annesi ile evlenmeyi kendisine helal saymıştı. Ama bunu dili ile ifade etmemişti. Yani "ben annemle evlenmeyi caiz görüyorum" dememişti. Buna rağmen Efendimiz onu öldürttü. Sebebi ise işlediği bu haramı "hal ve tavırlarıyla" meşrulaştırmış olmasıydı. Üvey anne ile evlenilmeyeceği Allah Teâlâ'nın kesin bir yasağıdır. *"Babalarınızın evlendiği kadınlarla evlenmeyin." (Nisa, 22)* Buna rağmen adam annesi ile evlenmiş ve adeta bu haramı hiçe saymıştır. O, bu hali ile Allah'ın bu haramını helalleştirdiğinden dolayı öldürülmüş ve Müsned'de yer alan ifadeye göre tevbeye davet edilmemiş ve ona "Arkadaş! Sen üvey annenle evlenmişsin, ama bunu helal görerek mi yapıyorsun yoksa haram görerek mi?" denmemiştir. Adamın boynu vurulmuş ve malı ganimet olarak alınmıştır.

İmam Taberî der ki: *"Adamın üvey annesini nikâhlaması, Rabbinden getirdiği şeyler hususunda Rasûlullah sallallâhu aleyhi ve sellem'i yalanladığının ve Kur'an'da yer alan muhkem bir ayeti inkâr ettiğinin açık bir delilidir. Böyle yapan bir kimse –eğer (önceleri) Müslüman olduğunu ortaya koymuş birisi ise– İslam'dan irtidat etmiştir. Bundan dolayı Rasûlullah sallallâhu aleyhi ve sellem onun öldürülmesini ve boynunun vurulmasını emretmiştir. Çünkü bu, mürtet olanlar hakkında Onun takip ettiği bir yoldu…"*[595]

İmam Tahâvî der ki: *"Üvey annesi ile evlenen o adam yaptığı bu ameli Cahiliye devrindeki gibi helal görerek yapmıştı. Adam bu ameli ile mürtet oldu. Bundan dolayı Rasûlullah sallallâhu aleyhi ve sellem ona mürtetlere uygulanan hükmün aynısının uygulanmasını emretti."*[596]

Adamın malının ganimet olarak alınması da onunun "mürtet" olduğunun başka bir delilidir.

İmam Tahâvî der ki: *"Rasûlullah sallallâhu aleyhi ve sellem'in o adamın malının alınmasını emretmiş olması, o kişinin, bu evliliği nedeniyle mürted ve muharip bir kimse olduğuna ve mürted oluşu dolayısıyla da öldürülmesi gerektiğine bir delildir."*[597]

Özetleyecek olursak; bu adam üvey anasıyla evlenerek Allah'ın haram kılmış olduğu bir ameli helal kabul etmişti. Adamın, yaptığı bu işi helal gördüğünün en önemli karinesi fiili idi. Üvey annesi ile fiilen nikâh akdi

---

[595] Bu nakli Abdulaziz b. Muhammed'in kaleme aldığı "el-Hukmu bi Ğayri ma Enzelallah" adlı eserden iktibas ettik. Bkz. sf. 37.

[596] "Şerhu Me'âni'l-Âsâr", 5/45.

[597] A.g.e. sf. 47.

yapması onun bu işi caiz gördüğünün en büyük delili kabul edilmiş ve kendisine "Sen bu ameli helal görerek mi yaptın?" şeklinde bir soru da sorulmamıştır. Çünkü –üstte de belirttiğimiz gibi– bazı ameller vardır ki, onları işleyen bir kimse, her ne kadar dili ile itiraf etmese de davranışı ile onları helal gördüğünü kabul etmiş olur. Bu nedenle de kendisine "Sen bunları helal kabul ederek mi yaptın?" şeklinde soru sorulmaz.

İşte, Berâ hadisinde geçen adamın durumu da böyle idi. Amelinin küfre delaleti kesin olduğu için kendisine helal görüp-görmediği sorulmamıştı. Bu amelinden dolayı dinden çıkmış ve bu davranışı haramı helal sayma olarak değerlendirilerek boynunun vurulmasına karar verilmişti.[598]

Gelelim günümüze… Bu gün kendilerini İslam'a nispet eden bazı yöneticiler, Allah'ın haram kıldığı şeyleri –dilleri ile inandıklarını iddia etseler de– hal ve tavırlarıyla serbest bir hale getirmekte ve çıkarmış oldukları yasalarla onları meşrulaştırmaktadırlar. Onların bu hali hadiste zikri geçen adamın hali gibidir. Yani onlarda hal ve tavırları ile haramları helalleştirmektedirler. Bu gün nice gafil insana "Onlar Allah'ın haramlarını helalleştiriyorlar" dediğinde sana itiraz eder ve "Hayır arkadaş! Hiç onlar harama helal diyor mu?" diyerek seni susturmaya çalışır. Hâlbuki haramı helalleştirmek sadece dil ile olan bir şey değildir. Bazen hal ve tavırlar da haramı helal saymanın birer göstergesi olabilir.[599]

Bir Uyarı

Allah'ın haramlarından birisini helal kabul eden veya helallerini yasak addeden birisi yaptığı bu işten vazgeçinceye kadar tevbesi kabul edilmez.

---

[598] Burada şöyle bir örnek verebiliriz: Bir kimse Kur'an'ı, Kur'an olduğunu bilerek çöplüğe atsa ona "Sen bunu helal görerek mi atıyorsun yoksa haram görerek mi?" şeklinde bir soru sorulmaz; zira adamın bu ameli onu helal kabul ettiğinin ve Kur'an'ı hafife aldığının açık bir göstergesidir.

[599] Bu konu hakkında ne zaman söz söylemişsek etrafımızdaki kardeşlerin bazılarından mutlaka bir tepki almışızdır. Meselelere Ehl-i Sünnet perspektifinden baktıkları için onların tepkisini normal karşılıyorum. Malum olduğu üzere Ehl-i Sünnete göre bir insan, helal görmediği sürece işlemiş olduğu haramlardan dolayı dinden çıkmış sayılmaz. Berâ hadisindeki kişi de aslında bir haram işlemiştir. Şimdi onun mürted olduğunu söylemek acaba Ehl-i Sünnet çizgisi ile ne kadar bağdaşmaktadır? Bu soru çok yerinde olmakla birlikte aslında dikkat edilmeden sorulmuş bir sorudur. Kişi zikri geçen hadisleri birazcık düşünmüş olsa, bu soruya gereken cevabı bulur ve aslında ortada herhangi bir çelişkinin olmadığını rahatlıkla anlayabilirdi. Biz, "bu adam mürtet olmuştur" derken aslında Ehl-i Sünnete muhalif bir cümle söylemiş olmuyoruz. Elbette ki dinden çıkartmayan günahlarda istihlâl şartı arıyor ve haram işleyen birisine helal görmediği sürece kâfir hükmü vermiyoruz. Hadiste zikri geçen adam da aslında yaptığı ameli helal kabul etmişti. Ama helal gördüğünü dili ile değil, ameli ile ortaya koymuştu. İşte bu noktayı kaçıran bazı kardeşlerimiz mezkûr hadisi ilk etapta Ehl-i Sünnetin temel kurallarına tersmiş gibi değerlendiriyor, sonra da hadisi inkâr etmeye kalkışıyor. Bu hatalı bir yaklaşım olup, nasslar karşısında asla olmaması gereken bir tavırdır. Oysa hadis Ehl-i Sünnetin temel kurallarına aykırı olmak şöyle dursun, onların bu ilkesini tamamıyla desteklemektedir. Buraya dikkat etmek gerekir, zira çok ince bir noktadır.

Böylesi birisinin tevbesi, ancak yaptığı işten teberri etmekle tahakkuk eder. Birilerinin zannettiği gibi adam –her ne kadar haramı helal, helali de haram kabul etse bile– Kelime-i Şehadeti ikrar etmekle dine girmiş olmaz. Böylesi birisinin dine girmesi ancak işlemiş olduğu suçtan beri olduğunu açıklamakla mümkün olur. Aksi halde İslam'ı geçerli değildir. Bu konuda Enverşah el-Keşmîrî'nin şu sözlerini aktarmadan geçemeyeceğiz. O, "İkfâru'l-Mulhidîn" adlı eserinde şöyle der:

"Kimin küfrü dinin kesin bir hükmünü örneğin içkinin haramlığını inkâr etme yönünden olursa, itikad ettiği o şeyden vazgeçmesi gerekir. (Kelime-i şehadeti ikrar etmesi ona fayda vermez) zira o kişi bu inancıyla beraberde Kelime-i Şehadeti telaffuz ediyordu. Böylesi birisinin (yeniden Müslümanlığına hüküm verebilmemiz için) bu inancından vazgeçmesi gerekmektedir."[600]

Bu konuyu bir örnekle izah edelim: Bu gün Allah'ın ahkâmını değiştiren, O'nun kanunlarına alternatif kanunlar çıkaran, helalleri haram, haramları helal yapan tağutlar, sırf bu yaptıkları sebebiyle dinden çıkmış ve kâfir olmuşlardır. Onların Kelime-i Tevhidi telaffuz etmeleri veya dinin bazı emirlerini yerine getirmeleri asla kendilerine bir fayda sağlamaz. Çünkü onların küfrü "tağut" olmalarından ve Allah'ın haramlarını helal, helallerini haram saymaları yönündendir; Kelime-i Şahadeti telaffuz etmemelerinden değil. Bu nedenle onların Müslüman olabilmeleri için tağutluklarını bırakmaları ve küfürlerini terk etmeleri gerekmektedir. Aksi halde mümin olmazlar.

Bir Soru

Konumuzu sonlandırmadan önce üstat Abdulmun'im'e sorulan bir soruyu buraya aktarmak istiyoruz:

Soru: Devletin faizli bankalara izin vermesi, çalışmalarına müsamaha göstermesi, buna ses çıkarmaması, onları koruması, malî krizlerde onları desteklemesi acaba faizi helal kabul etme olarak değerlendirilebilir mi?

Cevap: Hamd âlemlerin Rabbi olan Allah'a mahsustur. Faizli bankaların faize dayalı muamele etmesine müsaade eden kanunlar çıkarıldığında faiz yasak kabul edildikten sonra o bankalar için mubah hale getirilmiş olur.[601] Bu işlem –her ne kadar sahipleri tarafından dilleri ile kabul edilmese

---

[600] "İkfâru'l-Mulhidîn", 63. "Kava'id fi't-Tekfir" adlı eserden alıntılanmıştır. Bkz. sf. 197.
[601] Bu fetvaya cevap veren Şeyh Arap olduğu için böylesi bir ifade kullanıyor. Malum olduğu üzere Arap devletlerinin birçoğunda –her ne kadar hakikati olmasa da– gerek faiz gerekse diğer haramlar resmi olarak yasaktır. Bu nedenle Arap devletlerinin faizi serbest bırakabilmeleri için bunu kanunsal yollarla halletmeleri gerekmektedir. Nitekim önceleri resmen yasak olan faiz, bu gün çıkardıkları yasalarla serbest bırakılmıştır. İşte bu nedenle Şeyh, böylesi bir ifade kullanmıştır.

de– helal kabul etmenin (istihlâlin) ta kendisidir. Bilinmelidir ki, bazen lisan-ı hâl (fiil) lisan-ı mekâlden (sözden) daha sarihtir. Allah en iyisini bilir.[602]

---

[602] "Kava'id fi't-Tekfir", 200.

ALTINCI KURAL

الإسلام الصريح لا ينقضه الا الكفر الصريح

"SARİH İSLÂM'I ANCAK SARİH KÜFÜR BOZAR"

Bu kâide tekfir meselesinin en önemli kâidelerinden birisidir. Abdullah el-Eserî der ki: *"Ehl-i Sünnet imamları bu kâide hususunda ittifak halindedirler"*[603]

Biz, kitabın ilk bölümlerinde bu kurala ilişkin bazı bilgilere yer vermiş ve İslam ahkâmının şek, şüphe üzerine değil; kesin ve yakînî bilgiler üzerine bina edildiğini ifade etmeye çalışmıştık. Burada konuyu biraz daha açmaya ve gerekli delilleri biraz daha zikretmeye gayret edeceğiz. Yardım ve başarı yalnız Allah'tandır.

Bilindiği üzere İslam'da hükümler, şek ve şüphe üzere değil; kesin ve yakîn üzere bina edilir. Şüphenin İslam'da yeri yoktur. Kesin bilginin dışında bir şeyle insanlara hüküm verilmez. Bu nedenle, hadlerin tatbikinin gerçekleşebilmesi için çok ağır şartlar öne sürülmüştür. Örneğin, zina suçunun ispatı için şâhitlik şartlarına elverişli olan dört şâhidin şahâdeti gerekmektedir. Dolayısıyla bir insana üç kişi tarafından zina suçlaması isnat edilse, olaya tanıklık eden dördüncü bir şahit şahitlik etmediği sürece o kişiye had cezası tatbik edilmez. İslam'da bu hakikat *"Hadler en ufak şüpheyle düşer"* şeklinde formüle edilmiştir. Bu böyledir; zira zan hakkın karşısında hiçbir şey ifade etmez.

Bu girişten sonra kâidemizin şerhine geçebiliriz.

---

[603] Abdullah el-Eserî, "el-İman; Hakikatuhu, Havarimuhu ve Nevakiduhu inde Ehli's-Sünne ve'l-Cemaa", 1/122.

Bilindiği üzere "sarih" kelimesi sözlükte *"açık, net, saf, arı ve katışıksız"* manalarına gelir. Burada ise *"kesinlik"* manası kastedilmektedir. Dolayısıyla biz *"Sarih İslam'ı ancak sarih küfür bozar"* dediğimizde şu anlaşılmalıdır: Hiçbir şüpheye mahal bırakmayacak şekilde kesinleşmiş ve tahakkuk etmiş bir İslam'ı, ancak onun gibi kesin ve net bir küfür bozabilir. Böylesi bir İslam'a sahip olan bir kimsenin, küfre delaleti kesin ve net olmayan bir amelle din dışına itilmesi asla caiz değildir. Böylesi bir şeyin gerçekleşebilmesi delaletinde ihtimal olan bir küfür ile değil, ancak güneş gibi açık ve net olan bir küfrün sübutu ile mümkün olur. Bunun aksinin söylenmesi ilimden birazcık nasibi olanlar için söz konusu değildir.

Bunun delillerine geçmeden önce önemli bir konuya temas etmek istiyoruz: Kitabın önceki sayfalarında da izah etmeye çalıştığımız üzere, İslam'da kesin olarak sâbit olan bir şey şüphe ile zâil olmaz. Bu, fıkhın temel kurallarından birisidir. Şimdi kısaca bunun üzerinde biraz duralım.

Yakînen (kesin olarak) Sabit Olan Bir Şey Şüphe İle Zail (yok) Olmaz.

İslam uleması, *"el Kavâidu'l Fıkhiyye"* ya da *"el Kavâidu'l Külliyye"* diye bilinen fıkhî kuralların içerisine, biraz önce atıfta bulunduğumuz " لا اليقين بالشك يزول= *Yakînen (kesin olarak) sabit olan bir şey şüphe ile zail (yok) olmaz"*[604] kâidesini yerleştirmişlerdir. Bu kâide gerek fıkhî meselelerde olsun, gerekse diğer meselelerde gerçekten de son derece önemli bir boşluğu doldurmaktadır. Bu kâideden hareketle fıkhı, akâidi ve daha birçok alanı ilgilendiren onlarca hüküm vaz edilmiştir.

Bu Kâidenin Delili

Bu kâidenin temel dayanağı Rasûlullâh *sallallâhu aleyhi ve sellem*'den nakledilen bazı hadislerdir. İmam Müslim, Sahihinde şöyle bir rivayete yer verir:

"Peygamber sallallâhu aleyhi ve sellem'e namazda iken; abdestinin bozulduğunu zanneden bir adam şikâyet edildi. Rasûlullah sallallâhu aleyhi ve sellem: 'Böyle bir kimse ses işitmedikçe veya koku duymadıkça namazdan çıkamaz' buyurdu."[605]

Yine Müslim'in rivayet ettiği başka bir hadiste Rasûlullâh *sallallâhu aleyhi ve sellem* şöyle buyurur:

"Biriniz namazında üç mü kıldı yoksa dört mü, diye şüphe ederse şüpheyi terk etsinde (namazını) yakînen (kesin olarak) bildiğinin üzerine bina etsin. Sonra selam vermeden önce iki secde eder! Şayet beş rek'ât kılmışsa, bu iki secde onun na-

---

[604] Bkz. Abdulkerim Zeydan, "el-Vecîz fî Şerhi'l-Kavaidi'l-Fıkhiyye", sf. 35.
[605] Müslim, Kitabu'l Hayz, 98. (361).

mazını çift yapar. Eğer dördü tamamlamak için kıldıysa, bu iki secde şeytanı çatlatmak için yapılmış olur"[606]

İmam Nevevî ilk hadisin şerhinde der ki:

"Bu hadis İslam'ın temellerinden birisi ve fıkıh kâidelerinden büyük bir kâidedir. Şöyle ki; aksini kesin olarak ortaya koyacak bir şey olmadığı zaman eşyada asıl olan onun asıllığının bekasına (devam ettiğine) hükmetmektir. Sonradan husule gelen şüpheler ona zarar vermez. Konumuzla alakalı hadisin varit olduğu babdaki mesele de aynıdır. (Yani) kim abdestli olduğuna kesin olarak inanır ve abdestsizliğinden şüphe ederse onun abdestli olduğuna hükmedilir..."[607]

Hadisler, kesin olarak sâbit olan bir şeyin şüphe ile zâil olmayacağı noktasında son derece açıktır. Abdest aldığı kesin olduğu halde onun bozulup bozulmadığında şüphe eden sahabesine Rasûlullâh *sallallâhu aleyhi ve sellem* böyle fetva vermiştir.

Bu hadislerin medlûlünden hareketle ulema bu gerçeği *"Yakînen (kesin olarak) sabit olan bir şey şüphe ile zail (yok) olmaz"* cümlesi ile kâideleştirmiş ve bunun üzerine sayılamayacak kadar çok ahkâm bina etmişlerdir. Bu ahkâmdan birisi de İslam'ı yakînen sabit olan bir Müslüman'ın şüpheler sonucu tekfir edilemeyeceğidir. İslam o kişi hakkında kesin olarak sâbit olduğu halde küfrün sâbitliği kesin değildir.

Bundan dolayı, bizim bir insanın –gerçekten de küfrü reddedip Allah'a iman ettiğini bildikten sonra– küfre delaleti zannî olan bir amel neticesinde hemen onun dinden çıkmış olduğuna karar vermemiz çok zordur. Çünkü böylesi bir insanın İslam'ı kesin olduğu halde, küfrü kesin değil; aksine ihtimallidir. İhtimal olan yerde de tekfir olmaz.

İmam Nevevî'nin şerh etmeye çalıştığı kâide usul ilminde *"ıstıshâb"* olarak adlandırılmaktadır. Usulcülere göre ıstıshâb; *"geçmişte bir delil sonucu sabit olan bir durumun –değiştiğine dair her hangi bir delil bulunmadığı sürece– hâlihazırda da varlığını koruduğuna hükmetmek"* demektir.[608] Bu kuralda bizim meselemizle yakından alakalıdır; şöyle ki, bir insanın İslam'ına hükmettikten sonra onun bu hali olduğu gibi kabul edilmelidir. Onun bu halinin değiştiğine (yani küfre girdiğine) dair elimizde kesin bir delil olmadığı sürece biz o şahsa Müslüman hükmü vermeye devam ederiz. Ama her ne zaman ki onun bu halinin değiştiğini yakîni bir şekilde bilirsek, işte o zaman elimizde

---

[606] Müslim, Kitabu'l Mesacid, 88. (571).

[607] İmam Nevevî, "Şerhu Müslim", 4/38.

[608] Mustafa Said el-Hınn, "el-Kâfi'l-Vâfi fi Usuli'l-Fıkhi'l-İslami", sf. 203. Arapça bilmeyen kardeşlerimiz şu eserlere müracaat edebilirler: Zekiyyuddin Şaban, "İslam Hukuk İlminin Esasları", sf. 217; Fahreddin Atar, "Fıkıh Usulü", sf. 75; Abdulkerim Zeydan, "Fıkıh Usulü", sf. 251.

bir delil olmuş olur ve onun küfre girdiğine kanaat getirebiliriz. Burada onun küfrünün de –her hangi bir şüpheye mahal bırakmaksızın– yakîni bir şekilde sâbit olması gerekmektedir. Eğer bu yakînen sâbit değilse, biz yine onun Müslüman olduğunu kabul eder ve hükmümüzü şüpheye değil de kesin bir bilgiye dayandırmış oluruz.

"Sarih İslam'ı Ancak Sarih Küfür Bozar" Kâidesinin Delilleri

1-) Bizlere araştırma yapmayı ve olayların gerçek yüzünü öğrenmeyi emreden ayetler, bu kâidenin delilleri arasındadır. Bu konuda iki ayet zik-redeceğiz:

a) Rabbimiz şöyle buyurur:

"Ey iman edenler! Allah yolunda gazaya çıktığınız zaman, gerekli araştırmayı yapın. Size selâm veren kimseye, dünya hayatının geçici menfaatine (ganimete) göz dikerek, 'Sen mü'min değilsin' demeyin. Allah katında pek çok ganimetler vardır. Daha önce siz de öyle idiniz de Allah size lütufta bulundu (Müslüman oldunuz). Onun için iyice araştırın. Çünkü Allah, yaptıklarınızdan hakkıyla haberdardır." (Tevbe, 94)

Bu ayeti kerimede Rabbimiz, bir işi açığa çıkarmak için gerekli araştırma yapmayı bizlere emretmiştir. Bu emri de iki kere tekrarlamıştır. Bu vurgunun amacı bizlere işin ehemmiyetini kavratmaktır. Yani: Bir işe koyulduğun vakit sakın ha aceleci davranma; araştır, incele ve kesin sonuçlara ulaşmaya çalış. Aksi halde yanlış hüküm vererek zulme kapı aralamış olursun, demektir. Tefsirlerde geçtiği üzere bu Âyet-i Kerîme'nin sebeb-i nüzulünde birkaç rivayet bulunmaktadır.[609]

• Abdullah İbn-i Ebî Hadred'den şöyle rivayet edilmiştir: "Rasûlullah *sallallâhu aleyhi ve sellem* bizi 'İdam' denilen bir yere gönderdi. Müslümanlardan bir gurupla yola çıktık. Grup içerisinde Ebu Katâde ve Muhallem b. Cessâme'de vardı. İdam vadisine vardığımızda, devesi üzerinde ve yanında bir miktar eşyası ile süt kabı bulunan Âmir İbn-i Azbat el-Eşcaî bize uğradı.

---

[609] Tefsir Usûlu ilminde bilindiği üzere bir ayet için *"Bu ayet şunun hakkında inmiştir"* denildiğinde bununla bazen bizzat sebeb-i nüzulün kendisi kastedilir; bazen de –her ne kadar sebeb-i nüzul olmasa da– o olaya paralel başka bir olay kastedilir. Kitaplarda bazen bir ayet için birkaç tane iniş sebebi zikredilir. Burada da aynı şey söz konusudur. Bunu şu şekilde anlamamız gerekmektedir: Bir ayet bir olaya binaen iner; o olay için bizzat bir sebep söz konusudur. Aradan zaman geçer, derken o olayla aynı bağlamda başka bir olay vuku bulur. O hadiseye şahit olan kimseler *"Şu ayet bu olay hakkında indi"* derler. İşte onların bu sözü, o ayetin bizzat o hadise hakkında indiğini göstermez, olaylar birbiri ile paralellik arz ettiği için sanki o olay için inmiş gibi ifade edilir. İşte bir ayet hakkında bir kaç sebeb-i nüzul varsa, onları bu şekilde cem ederek anlamamız gerekmektedir. Aksi halde bir çelişki içerisine düşeriz. Konunun detayı için bkz. Cemaleddin el-Kasımî, *"Tefsir İlminin Temel Meseleleri"*, sf. 23 vd.

Yanımıza geldiğinde bize selâm verdi. Biz de onu yakaladık. Aralarında olan bir şeyden dolayı Muhallem İbn-i Cessâme onun üzerine hücum ederek onu öldürdü; devesini ve eşyasını aldı. Rasûlullah *sallallâhu aleyhi ve sellem*'e vardığımızda kendisine durumu haber verdik de bizim hakkımızda: *'Ey iman edenler! Allah yolunda gazaya çıktığınız zaman, gerekli araştırmayı yapın... Çünkü Allah, yaptıklarınızdan hakkıyla haberdardır'* ayeti nazil oldu.

• Diğer bir rivayet ise şöyledir: Süleym oğullarından bir adam Peygamber *sallallâhu aleyhi ve sellem*'in ashabından bir gruba rastladı. Koyunlarını güdüyordu ve onlara selâm verdi. Onlar: 'Bu, sadece bizden korunmak için selâm verdi' diyerek üzerine yürüdüler ve onu öldürerek koyunlarını Peygamber *sallallâhu aleyhi ve sellem*'e getirdiler. Bunun üzerine *'Ey iman edenler! Allah yolunda gazaya çıktığınız zaman, gerekli araştırmayı yapın... Çünkü Allah, yaptıklarınızdan hakkıyla haberdardır'* ayeti nazil oldu.

•Diğer bir rivayette ise şu şekildedir: Allah Rasûlü *sallallâhu aleyhi ve sellem* bir seriye göndermişlerdi. İçlerinde Mikdâd b. Esved *radıyallâhu anh* de bulunmaktaydı. (Üzerlerine gönderildikleri) kavme vardıklarında, onları dağılmış bir vaziyette buldular. Sadece yanında çok mal bulunan bir adam ayrılmayıp orada kalmıştı. O da: *'Ben Allah'tan başka ilâh olmadığına şehâdet ederim'* dedi. Mikdâd ise bu sözü söylemiş olmasına rağmen üzerine yürüyüp adamı öldürdü. Arkadaşlarından birisi Mikdâd'a:

— Allah'tan başka ilâh olmadığına şehâdet eden bir adamı mı öldürdün? Allah'a yemin ederim ki, bunu Hz Peygamber *sallallâhu aleyhi ve sellem*'e anlatacağım, dedi. Allah Rasûlü *sallallâhu aleyhi ve sellem*'in yanına geldiklerinde:

— Ey Allah'ın Rasûlü, bir adam Allah'tan başka ilâh olmadığına şehâdet ettiği halde Mikdâd onu öldürdü, dediler. Allah Rasûlü: *'Bana Mikdâd'ı çağırın'* buyurdu. Mikdâd *radıyallâhu anh* gelince ona:

— Ey Mikdâd, Allah'tan başka ilâh yoktur, diyen bir adamı mı öldürdün? Yarın Kelime-i Tevhid ile senin durumun nasıl olacak? buyurdular. Bunun üzerine Allah Teâlâ *"Ey iman edenler! Allah yolunda gazaya çıktığınız zaman, gerekli araştırmayı yapın. Size selam veren kimseye, dünya hayatının geçici menfaatine (ganimete) göz dikerek, "Sen mü'min değilsin" demeyin. Allah katında pek çok ganimetler vardır. Daha önce siz de öyle idiniz de Allah size lütufta bulundu (müslüman oldunuz). Onun için iyice araştırın. Çünkü Allah, yaptıklarınızdan hakkıyla haberdardır"* ayetini indirdi. Sonra Allah Rasûlü *sallallâhu aleyhi ve sellem* Mikdâd'a:

— O mümin bir adamdı, inanmayan bir kavimle beraber olarak imanını gizli-
yordu. İmanını açığa vurdu, sen de onu öldürdün. Bundan önce Mekke'de sen de
imanını gizliyordun, buyurdular.[610]

"Gerekli araştırmayı yapın..." ayeti hakkında İmam Taberî der ki:

"Durumu size kapalı olan, imanının ve küfrünün hakikatini bilmediğiniz bir
kimseyi öldürme hususunda teenni ile hareket ediniz ve acele etmeyiniz. Aksi halde
durumu sizin için kapalı olan birisini öldürürsünüz. Allah'a, Rasûlüne ve sizlere
harp ilan ettiği için durumunu kesin olarak bildiğiniz kimselerin haricinde hiçbir
kimsenin katline yönelmeyin."[611]

Burada sahabenin yapmış olduğu hareket eleştirilmekte ve zan üzere
hareket ettikleri için düşmüş oldukları hata kendilerine beyan edilmektedir.
İslam, bizlere kesin bilgi üzere hareket etmeyi zorunlu kılmış, kesin olma-
yan bilgiler üzerine ahkâm bina etmeyi ve fikir sahibi olmayı yasaklamıştır.
Bu nedenle tüm işlerimizi kesin ve net bilgi üzere bina etmeliyiz. Aksi halde
zan üzere hareket etmiş oluruz ki, bu da bize yasaklanmıştır.

b) Rabbimiz şöyle buyurur:

"Ey iman edenler! Eğer bir fâsık size bir haber getirirse onun doğruluğunu araştı-
rın. Yoksa bilmeden bir topluluğa kötülük edersiniz de sonra yaptığınıza pişman
olursunuz." (Hucurat, 6)

Bu ayetin iniş sebebi şu olaydır: Allah Rasûlü *sallallâhu aleyhi ve sellem,*
Velîd b. Ukbe'yi, Mustalik oğullarına zekâtlarını toplamak üzere gönder-
mişti. Onlar Velîd'i zekâtla karşıladılar. Velîd döndü ve: 'Mustalik oğulları
seninle savaşmak üzere toplanmışlar' dedi. Allah Rasûlü *sallallâhu aleyhi ve*
sellem onlara Hâlid b. Velîd'i göndererek acele etmemesini, durumu iyice
araştırmasını emretti. Hâlid yola çıkıp geceleyin onlara vardı, gözcüler
gönderdi. Gözcüler geldiklerinde Hâlid'e, Mustalik oğullarının İslâm'a sım-
sıkı sarılmış olduklarını, ezan okuyup, namaz kıldıklarını işittiklerini haber
verdiler. Sabah olunca Hâlid onlara geldi ve kendisini hayretlere düşüren
durumu gördü; sonra da Allah Rasûlü *sallallâhu aleyhi ve sellem'*e dönerek ona
haberi iletti. Bunun üzerine Allah Teâlâ bu Âyet-i Kerîme'yi indirdi.[612]

Bir topluluğa bilmeden kötülük etmemek için haberin kaynağını ve
sıhhat derecesini araştırmak gerekir. Araştırma yapılmadan verilen hüküm-
ler, sahibini hep zor duruma sokar; öyle ki, en sonunda öldürmeye kadar
gider. Öldürmek gibi bir yanlışa düşmemek için Rabbimiz araştırmayı biz-

---

[610] Bu rivayetler için bkz. "Tefsiru'l-Kur'ani'l-Azîm", 1/716, 717.
[611] "Tefsiru't-Taberî", 9/70.
[612] "Tefsiru'l-Kur'ani'l-Azîm", 4/267.

lere emretmiştir. Öldürme fiilinde durum bu ise, ya öldürmekten daha ağır bir suç olan haksız tekfirde durum nasıl olur? Müslümanları kesin bir bilgiye ve kat'î bir delile dayanmadan tekfir edenler, sonuç bakımından daha kötü bir iş yapmış olurlar. Onların yaptıkları elbette ki daha ağır bir suçtur. Hadiste şöyle buyrulur: *"Kişi (din) kardeşine (haksız yere) 'ey kâfir!' dediği zaman, adeta onu öldürmüş gibidir. İman etmiş bir kula lanet okumak onu öldürmeye benzer."*[613] Müslümanı haksız yere tekfir etmek onu öldürmekle eş değerdedir. Bir insanı haksız yere öldürmemek için Rabbimiz araştırmayı ve haber kaynağını tahkik etmeyi emrediyorsa, bir müslümanı haksız yere tekfir etmemek için bu emri tevcih etmesi daha makul değil midir? İşte bu nedenle araştırmadan ve kesin bir bilgiye sahip olmadan Müslüman olarak bildiğimiz insanları tekfir etmede acele etmemeliyiz.

2-) Ubâde b. Sâmit *radıyallâhu anh* der ki: Rasûlullah *sallallâhu aleyhi ve sellem*, canlı zamanımızda, kederli zamanımızda, zorluğumuzda, kolaylığımızda ve başkalarının bizlere tercih edildiği durumlarda dinleyip itaat etmeye ve emirlik hususunda ehil olan birisi ile çekişmeyeceğimize (savaşmayacağımıza) dair bizden beyat aldı. Rasûlullah *sallallâhu aleyhi ve sellem* bu son cümlede şöyle buyurdu: *Ancak elinizde Allah tarafından kesin bir delil olduğu halde, emir sahibinde açık bir küfür görürseniz başka (o zaman onlarla savaşabilirsiniz.)"*[614]

Bu hadis, konumuz açısından son derece önemlidir. Bir yönetici eğer açık küfür işlemiyorsa –lehimizde olmasa dahi– ona itaat etmeliyiz; ancak yapmış olduğu şeyler şayet onu küfre düşürecek derecedeyse, o zaman ona itaat şöyle dursun, aksine onu azletmek için tüm gücümüzü harcamalıyız.

Bu gün yeryüzünde hüküm süren tağutların küfrü güneşin parlaklığı kadar nettir. Allah'ın ahkâmını tebdil etmeleri, İslam ile hükmetmemeleri, kâfirlere velayet vermeleri ve daha sayamayacağımız birçok amel nedeniyle küfre girmişlerdir. Bu nedenle onlara itaat etmek caiz değildir.

Hadiste geçen *"açık küfür"*, hiçbir şüpheye mahal bırakmayacak şekilde net ve sarih olan küfürdür. Böylesi bir küfür bir yöneticide varsa, ona itaat caiz değildir. İtaatin caiz olmaması için küfrün net ve sarih olması gerekir. Küfre delaleti net ve sarih olmayan şeylerde bir kimsenin din dışına itilmesi caiz olmadığı gibi bir emirin de din dışına itilmesi caiz değildir. Bu ancak kesin olan küfürlerde caiz olur.

Hadisin mefhum-u muhalifinden şunu anlarız: Eğer bir emirin küfrü sarih, açık ve kesin değil de; şüpheli ve ihtimalli ise o zaman onun din dai-

---

[613] "Sahihu'l-Camii's-Sağî"r, hadis no: 710.
[614] Müslim, İmara, 8. Hadis no: 1840.

resinden ihraç edilmesi caiz değildir. Ona karşı kılıçla ayaklanılmaz. Yakîn, şüphe ile zail olmaycağı için ona karşı ayaklanmak uygun değildir.

İbn-i Hacer, Rasûlullah *sallallâhu aleyhi ve sellem*'in *'Ancak elinizde Allah tarafından kesin bir delil olursa...'* sözü hakkında der ki:

"Buradaki delil kelimesinden kasıt bir ayet veya tevil ihtimali olmayan sahih bir hadistir. Bu hadisin gerektirdiği mana, emir sahiplerinin yapmış oldukları işler tevile açık olduğu sürece onlara karşı çıkmanın caiz olmayacağıdır."[615]

Bu konu hakkında daha birçok delil vardır. Konunun delillerini etraflıca öğrenmek isteyenler, Abdulmun'im'in *"Kava'id fi't-Tekfir"* adlı eserinin ilgili bölümüne müracaat edebilirler.

Konuyla Alakalı Bazı Örnekler

Konunun daha iyi anlaşılması için burada bazı örneklere yer vermek istiyoruz: Malum olduğu üzere namazı tamamıyla terk eden kimsenin kâfir olup-olmayacağı İslam fıkhının en tartışmalı meselelerinden birisidir. Fakihlerden bazıları, böylesi birsinin kesinlikle kâfir olacağını söylerken; bazıları da farziyetini inkâr etmediği sürece kâfir olmayacağını söylemiştir. Burada önemli olan namazı terk edenin hükmünün ne olduğu değildir. Asıl önemli olan, fakihlerden bazısının kâfir dediğine, diğerlerinin kâfir dememesidir. Eğer ihtimalle tekfir caiz olacak olsaydı, burada ulemanın birbirini tekfir etmeleri gerekirdi.

Namazı terk eden kimsenin kâfir olacağını ortaya koyan deliller delalet yönünden kat'î değildir. Bu delillerden en meşhur olanları Rasulullah *sallallâhu aleyhi ve sellem*'den nakledilen hadislerdir. Rasulullah *sallallâhu aleyhi ve sellem* şöyle buyurur:

"Kul ile küfür arasında ancak namazı terk vardır."[616]

"Küfür ile iman arasında namazı terk vardır."[617]

"Bizim ile onların arasında ki ahit namazdır. Kim onu terk ederse kâfir olmuştur."[618]

Bu hadislerde yer alan küfür lafzı, acaba dinden çıkaran büyük küfür müdür, yoksa dinden çıkarmayan küçük küfür mü? Bu iki görüşten hangisi kabul edilirse edilsin, ortaya çıkacak sonuç tamamen içtihada dayalı olacak ve "yüzde yüz doğru olan budur" denilemeyecektir. Ahmed b. Hanbel ve aynı menheci takip eden âlimler bu iki görüşten ilkini seçerek namazı ta-

---

[615] "Fethu'l-Bârî", 13/13.
[616] Nesâî rivayet etmiştir. Bkz. "Sahihu't-Terğib", 563.
[617] Tirmizi rivayet etmiştir. Bkz. "Sahihu't-Terğib", 563.
[618] Ahmed rivayet etmiştir. Bkz. "Sahihu't-Terğib", 564.

mamen terk eden birisine kâfir hükmünü vermişlerdir. Diğer üç mezheb âlimi ise, ikinci görüşü tercih ederek namazı terk eden birisini tekfir etmemişlerdir. Buradaki ihtilaf içtihada dayalı olduğu için ne Ahmed b. Hanbel diğer âlimlere "benim kâfir dediğime kâfir demediler" diyerek küfür suçlamasında bulunmuştur, ne de diğer âlimler Ahmed b. Hanbel'e "Sen bizim Müslüman kabul ettiğimizi tekfir ederek dinden çıktın" demişlerdir. Her iki tarafta ihtilafın içtihada mebni olduğunu iyi bildiklerinden dolayı, birbirlerini mazur görmüşler ve asla karşı tarafı itham etmemişlerdir. Aslına bakılırsa küfrü kesin olan birisini tekfir etmemek küfürdür. Ama buradaki küfür kesin olmadığından ve sarih İslam'ı ancak sarih küfür bozduğundan ötürü tekfirleşme olmamıştır.

Bu meseleye başka bir örnek daha verebiliriz: Temyiz yaşına girmiş bir çocuk kendisini dinden çıkaracak bir amel işlese veya –hâşâ– Allah'a sövse, Ebu Hanife ve İmam Muhammed'e göre kâfir olur. Ebu Yusuf ise böyle bir çocuğun, buluğ çağına girmediği için kâfir olmayacağına fetva vermiştir.[619] Şimdi, ne Ebu Hanife "sen benim kâfir dediğime kâfir demedin" diye Ebu Yusuf'u tekfir etmiştir, ne de Ebu Yusuf "sen benim Müslüman kabul ettiğimi kâfir görüyorsun" diye Ebu Hanife'yi suçlamıştır. Kesinlikle böylesi bir suçlama vuku bulmuş değildir. Hâlbuki birinin kâfir dediğine öbürü Müslüman demekte, diğerinin Müslüman dediğine ise, öbürü kâfir gözüyle bakmaktadır. Aralarında muteber bir ihtilaf söz konusu olduğu için iki taraf arasında hiçbir surette tekfirleşme söz konusu olmamıştır.

İşte böylesi meselelerde birbirimize rahmet etmeli ve bize muhalefet eden kardeşlerimizi mazur görmeliyiz. Sarih küfür derecesine ulaşmadığı sürece küfre muhtemel ameller işleyen Müslümanları tekfirden uzak durmalıyız.

◊ **Sonuç** ◊

Yaşadığımız ülke itibariyle kimi Müslümanlar, ellerinde açık deliller bulunmadığı halde kendileri gibi inanan bazı Müslümanları tekfirde aceleci davranmakta ve zannî delillere binaen onları küfürle itham etmektedirler. Yapmış olduğu amelin küfre delaleti kat'î olmadığı sürece bir Müslümanın din dışına itilmesi caiz değildir. Dolayısıyla her kimin İslam'ı kesin ve sarih olarak sabit olmuşsa, onun dinden çıkması da ancak o kesinlikte bir delil ile mümkündür. Hiçbir şüpheye mahal vermeyecek şekilde Müslüman olan birisi, küfür olduğu (kesin değil de) muhtemel olan şeylerden birini işlemek sureti ile kâfir olmayacağı gibi, kâfir olduğuna da hüküm verilmez; zira onun İslam'ı kesin iken, küfrü kesin değildir.

---

[619] Bkz. "Hukuku İslâmiyye Kamusu", 4/8.

Bu gün de küfür olduğu ihtilaflı olan meselelerde asla Müslümanların birbirlerini tekfir etmemesi gerekmektedir. Kişi her ne kadar o mesele hakkında sakınmayı esas alsa ve o işi işleyenlere kendince tavır takınsa dahi, yine de meseleyi tekfir boyutuna taşımamalıdır. Unutmayalım ki tekfir, delaleti ve sübutu kat'î olan meselelerde olur. Delaletinde veya sübutunda zannîlik varsa o zaman Müslüman –her ne kadar tercih yapma hakkına sahip olsa da– kendisi gibi düşünmeyen diğer Müslümanları asla tekfir etmemelidir.[620]

İmam Şevkanî *"es-Seylü'l-Cerrâr"* adlı eserinde şöyle der:

"Bilinmelidir ki, Müslüman bir şahsiyetin dinden çıktığına ve küfre girdiğine hüküm vermeye kalkışmak –elinde güneşten daha açık bir delil olmadıkça– Allah'a ve ahiret gününe iman eden bir kul için münasip bir şey değildir."[621]

"el-Mevsuatu'l Kuveytiyye" adlı eserde İbn-i Abidin'den naklen şöyle denir:

"Sözünü güzel bir şekilde yorumlamak mümkün olduğu veya küfür olduğunda –zayıf bir rivayet dahi olsa– ihtilafın bulunduğu şeylerde bir Müslümanın tekfir edilmesi uygun bir şey değildir."[622]

Ulema ihtilaflı meselelerde karşı tarafı tamamen haksız kabul etmeyi bile uygun görmemişken, bu meselelerde tekfirleşenler acaba hangi insaf ilkesine göre hareket etmektedirler? Bunu anlamak gerçekten de mümkün değildir. Oysa âlimlerimiz böylesi tartışmalı meselelerde "Hata ihtimaliyle birlikte bizim mezhebimiz doğrudur; doğru olma ihtimaliyle beraber muhalifimizin mezhebi yanlıştır" diyerek karşı tarafın da –az bir ihtimalle bile olsa– haklı olabileceğini kabul etmişlerdir. Muhalifin haklı olabileceği ihtimali dahi –bırakın tekfirleşmelerini– birbirlerini itham etmelerini bile olanaksız kılmıştır.

İbn-i Hazm der ki:

"Şüphesiz ki İslam akdi hakkında sabit olan bir şahsiyetten bu vasıf, ancak bir nass ya da bir icma ile kalkar. (Bu vasfın ondan kalktığına dair ortaya atılan) iddia ve iftiralar sebebi ile bu vasıf ondan kalkmaz."[623]

Müslümanların bu noktaya dikkat etmeleri gerekmektedir. İslam'ı sabit olan Müslümanların tekfiri, bu işte ehil olan, tekfirin şart, sebep ve manile-

---

[620] İbn-i Abidin der ki: "Bir meselede tekfiri gerekli kılan birçok yön olsa, bununla beraber birde tekfire mani tek bir vecih olsa müftünün –tehlikesinin büyüklüğü ve Müslümana hüsnü-ü zan beslemesi gerektiği için- tekfire mani olan o veche meyletmesi gerekir." bkz. "el-Mevsuatu'l Fıkhiyyetu'l Kuveytiyye", Tekfir maddesi, 13/227.

[621] Şevkanî, "es-Seylü'l-Cerrâr ala Hadâiki'l-Ezhâr", 4/578.

[622] "el-Mevsuatu'l Fıkhiyyetu'l Kuveytiyye", Tekfir maddesi, 13/227.

[623] İbn-i Hazm, "el-Fisal fi'l Mileli ve'n-Nihal", 3/138.

rini etraflıca bilen âlim şahsiyetlere havale etmelidir. Maalesef, miras gibi, ukubat meseleleri gibi ya da muamelata ilişkin fıkhî hükümler gibi bilmediği meselelerde konuşmaya cesaret edemeyen bu kimseler, iş tekfire gelince aslan kesilmekte ve her önüne geleni şart ve manileri gözetmeksizin tekfir etmektedirler. Oysa böylelerine tekfirin şart ve manilerini; fiilde, failde ve töhmetin ispatında aranan şartları sorsanız hiçbir şey bilmezler. Bilmediği için miras meselelerinde konuşamayan bu adamlar ne oluyor da tekfir meselelerinde söz söylemeye ve tağuttan beri olmuş Müslümanlara dil uzatmaya kalkışıyorlar? Ahkâma ilişkin meselelerde konuşamıyorlarsa, bu meselede de konuşmamalıdırlar. Eğer Allah'tan korkuları varsa bilmedikleri şeylerin ardına düşmemelidirler. Böylelerine Rabbimizin şu ayetini hatırlatarak konumuzu noktalıyoruz.

"Hakkında ilim (kesin bir bilgi) sahibi olmadığın şeylerin ardına düşme! Çünkü kulak, göz ve kalp (evet) bunların hepsi ondan sual edilecek/hesaba çekilecektir." (İsra, 36)

YEDİNCİ KURAL

من كفّر مسلماً فقد كفر

"MÜSLÜMANI TEKFİR EDEN KÂFİR OLUR"

Bu konu, tarihte olduğu gibi günümüzde de en çok karıştırılan konuların başında gelmektedir. Sebepsiz yere tekfir etmeyi kendisine adet edinen bazı kimseler, işin ne derece tehlikeli olduğunu henüz kavramış değillerdir. Bir Müslümanı, elde güneş kadar açık ve net deliller olmadan tekfir edenler Rasûlullah *sallallâhu aleyhi ve sellem* hadislerinde beyan edildiği üzere dinden çıkarlar. Bunun tehlikesini idrak edememiş bazı kimseler, bu meselede çok aceleci davranmaktadırlar. Oysa bir müslümanın din dışına itilmesi öyle sanıldığı gibi kolay ve basit bir iş değildir. Bu işin bir takım şartları vardır. Bunlara riayet etmeden bu işe dalanlar, büyük bir hüsranla karşılaşacaklardır. Bu, Allah ve Rasûlünün bizlere bildirdiği bir gerçektir. Bu gerçeğe inanmalı ve tevhidi gerçekleştirmiş kimseleri tekfirde aceleci davranmamalıyız.

Şimdi konumuzun izahına geçebiliriz. Meseleye öncelikle konuyla akalı bazı hadisleri naklederek başlayacağız. Rasûlullah *sallallâhu aleyhi ve sellem* şöyle buyurur:

"Kişi (din) kardeşine 'Ey kâfir!' dediğinde ikisinden birisi bu sıfatla dönmüş olur."[624]

"Her kim kardeşine "kâfir" derse, bu söz nedeniyle küfür, ikisinden birisine döner. Eğer (o kimse) dediği gibi ise (problem yoktur.) Ancak böyle değilse sözü kendisine döner."[625]

"Müslüman bir kişi (kendisi gibi) Müslüman (olan) birisini tekfir ettiğinde eğer o kâfir ise ne ala, şayet kâfir değilse tekfir eden kâfir olur."[626]

---

[624] Buhârî, Edeb, 73. Hadis no: 6103.
[625] Müslim, İman, 26. Hadis no: 60.
[626] Sahihu Süneni Ebi Davud, 3921.

İşin hakikatine bakacak olursak, bu hadisler hiç şüphesiz en çok istismar edilen hadisler arasında yerini almıştır. Kimileri "aman ben de kâfir olurum" düşüncesiyle açıkça küfre giren insanlara bile bir şey dememekte; bazıları da "nasıl olsa burada kastedilen küçük küfürdür, bir şey olmaz" mantığıyla çok basit meselelerde bile ehl-i imanı küfre nispet etmektedirler. Acaba meselenin tahkiki nedir? Gerçekten de bir Müslümana kâfir diyen dinden çıkar mı? Şayet çıkıyorsa bu ne zaman olur? Hz. Ömer'in, Hatıp b. Ebi Belta'ya söylediği sözü veya kimi sahabelerin Peygamberin huzurunda birbirlerini küfre nispet eden sözlerini ve Hz. Peygamberin onlara ses çıkarmamasını nasıl değerlendirmemiz gerekir?

Evet, bu ve benzeri müşkil soruların çözümü için meselenin mutlaka ilmi bir zeminde incelenmesi gerekmektedir. Üstat Abdulmun'im "Kavaid fi't-Tekfir" adlı eserinde bu meseleyi ele almış ve kanaatimizce meselenin hakkını vermiştir. Biz de onun yaptığı taksimatı, aynen buraya aktararak meseleyi izah etmeye çalışacağız. O şöyle der:

"Bil ki şu dört gruptan başka hiç kimse bir Müslümanı tekfir etmez:

1) Allah'ın hükmün hiçe sayan kimse,

2) Şakacı ve alaycı kimse,

3) Tevilde hata eden kimse,

4) İçtihatta hata eden kimse.

1) Allah'ın Hükmünü Hiçe Sayan Kimse: Böylesi birinin kâfir olacağı açıktır. Kâfir olmasının gerekçesi ise şudur: O, Allah'ın verdiği hükümle çelişmeyi kendisine caiz görmüş ve eşyayı/varlıkları Allah'ın verdiği isimden başka bir isimle vasıflandırmıştır. Örneğin, Allah bir şey için "bu helaldir" der, o ise –hiçbir özrü olmaksızın– "hayır o haramdır" der. Allah "kim şu işi yaparsa o mümindir" der, o ise "hayır kim onu yaparsa kâfir olur" der. Dolayısıyla böyle birisi eşyaya Allah'ın verdiği hükümden başka bir hüküm verir, Allah'ın verdiği vasıftan başka bir vasıf takar ve böylece Allah'ın "iman" dediğine "küfür" der. Böylelerinin küfründe ve İslam'dan çıkışlarında hiçbir şek ve şüphe yoktur.

2) Şakacı Ve Alaycı Kimse: Bu, bir Müslümanı şaka yere, oyun olsun diye tekfir eden kimsedir. Böyle birisinin –bir önceki kısımda ki gibi– kâfir olacağında şüphe yoktur. Bunun delili Yüce Allah'ın şu sözüdür:

"De ki; Allah ile O'nun ayetleri ile ve O'nun Peygamberi ile mi alay ediyorsunuz. Artık özür dilemeyin. Siz imanınızdan sonra kâfir oldunuz..."[627]

---

[627] Tevbe Suresi 65,66.

Bu ayet, kimi müminler hakkında alaycı bir üslup ile laf olsun diye ileri–geri konuşan bir takım insanlar hakkında inmiştir. Müminler hakkında ileri–geri konuşmak, onları tekfir etmekten daha basit bir şeydir. Buna rağmen onlar imanlarından sonra kâfir olmuşlardır. Onlar müminler hakkında şöyle diyorlardı: "Şu kurralarımız/Kur'ân okuyanlarımız var ya, (bununla sahabeden âlim olanları kastediyorlardı)[628] Biz onlardan daha çok midelerine düşkün, dilleri daha yalancı ve savaş anında daha korkak hiç kimse görmedik!" Onlar sırf bu söz sebebiyle imanlarından sonra küfre düşmüşlerdi. Peki, istihza ederek ve eğlence olsun diye müminleri küfürle ve İslâm dairesinden çıkmakla itham eden kimsenin durumu ne olur? Elbette o *"siz imanınızdan sonra kâfir oldunuz"* hükmüne (dâhil olmaya) daha lâyıktır.

3) Tevilde Hata Eden Kimse: Bir Müslümanı şüphe sonucu veya yanlış bir tevilden ötürü tekfir eden kimse gibi... Böylesi bir kimse –ilimsiz bir şekilde cahilce hüküm verdiği için– her ne kadar günahkâr olsa da, zayıf bir tevilin ve bazı nasslarla delil getirme şüphesinin bulunmasından dolayı kâfir olmaz. Böylelerinin örneği, bazı sahabeleri ve o sahabelere yardım eden Müslümanları tekfir eden, büyük günah işleyen Müslümanların küfrüne hükmeden Haricilerin örneği gibidir. Buna rağmen –sırf şüphe ve tevilleri bulunduğu için– sahabeden onların kâfir olduğunu söyleyen hiçbir kimse bulamamaktayız...[629]

İbn-i Teymiye der ki: *"Hariciler, ümmeti öldürme, onları tekfir etme ve bid'at işleme açısından insanların en belirginleri idiler. Sahabe arasında gerek Ali radıyallâhu anh olsun gerek diğerleri, hiç kimse onları tekfir etmemiş aksine haddi aşan ve haksızlık yapan Müslümanlar hakkında uyguladıkları hükümleri onlar hakkında da uygulamışlardır."*[630]

4) İçtihatta Hata Eden Kimse: Bir Müslümanı şeriatın tüm naslarını, kurallarını ve bu kuralların gerektirdiği ahkâmı işlettikten sonra içtihaden tekfir eden kimse bu kısma dâhildir. Böylesi birisi hata etmiş olmasına rağ-

---

[628] Maalesef yaşadığımız coğrafyada da buna benzer bir düşünce hâkim durumdadır. İlimle uğraşan veya "Hoca" diye bilinen insanlar halk nezdinde adeta bir "dilenci" mesabesindedirler. Hatta öyle olmuştur ki, hocaların menkıbe ve kıssaları milleti güldürmek için dilden dile dolaşmaktadır. *"Bahçene bir inek, bir de hoca girse, sen hocayı çıkar!"* diyecek kadar ileri gidilmiştir. Yaşadığımız coğrafya itibarı ile her ne kadar bu sayılan kötü vasıfların birçoğu hocalarda(!) bulunsa da, sırf dine nispet edildiklerinden dolayı böylesi lafları kullanmamak gerekir. Çünkü ulema ile istihza din ile istihzanın içerisine girer. Bu nedenle de sahibini kötü bir akıbete duçar eder. Ağzımızdan çıkan sözlere son derece dikkat etmeliyiz.

[629] Velid b. Raşid es-Sueydân, akaid ile alakalı meselelerde Ehl-i Sünnetin icma'larını cem ettiği *"el-İcmau'l Akdî"* adlı eserinde sahabenin Haricilerin tekfir edilmeyeceği hususunda icma' ettiklerini belirtmiş ve şöyle demiştir: *"Sahabiler, Haricilerin tekfir edilmemesi hususunda bildiğim kadarıyla icma' etmiştir. Onların tekfiri hususunda ki ihtilaf sahabeden sonra vuku bulmuştur."* Bkz. "el-İcmau'l-Akdî", 587. madde.)

[630] "Mecmuu'l-Fetâvâ", 7/217.

men mazurdur. Hatta (niyetine göre) sevap bile kazanır. Nitekim bu hususta Peygamber *sallallâhu aleyhi ve sellem* şöyle buyurur:

"Hâkim içtihad eder de hataya düşerse ona bir ecir vardır."[631]

Ömer *radıyallâhu anh*'ın, Hatıb b. Ebi Belta'ya münafık demesi, onun, Mekke'nin Müslümanlar tarafından fethedileceği hususunda muhbirlik yapmış olmasından dolayıdır. Bu nedenle Ömer *radıyallâhu anh* onun boynunun vurulması için izin istemiş, ama Peygamber *sallallâhu aleyhi ve sellem* Hatıb'ın münafık olmadığını ve İslâm bağının hâlâ onda devam ettiğini bildirmişti. Bununla beraber Efendimiz, Ömer *radıyallâhu anh*'a: "Sen Müslüman kardeşini münafıklık ve kâfirlikle itham ettin, hâlbuki o öyle değildi. Dolayısıyla münafıklık ve kâfirlik sana döndü/sen kâfir oldun" demedi. Sebebi ise, Hz. Ömer'in vermiş olduğu hükümde ve söylemiş olduğu sözde içtihad etmiş olmasıydı"[632]

İbn-i Kayyım *rahimehullah*, bu olaya dair yaptığı yorumda der ki:

"Kişi, kendi heva ve zevki için değil; Allah için, O'nun Râsulü ve dini için öfkelenip yoruma giderek bir Müslüman'a münafıklık ve kâfirlik suçlamasında bulunduğu vakit bundan dolayı küfre düşmez, hatta günah işlemiş bile sayılmaz. Hatta niyetinden ve maksadından ötürü sevaba nâil bile olur."[633]

Useyd b. Hudayr'ın Sa'd b. Ubâde'ye "Sen, muhakkak ki münafıkları savunan bir münafıksın" sözü de aynı bağlamda değerlendirilebilir. Olay şu şekilde cereyan etmiştir:

İfk hadisesi (Hz. Aişe'ye zina etti iftirası) Rasûlullâh'a çok ağır gelmişti. Bu olaya üzülen Rasûlullâh *sallallâhu aleyhi ve sellem* minbere çıkıp:

—Ey müslümanlar topluluğu! Ev halkım hususunda bana ezası ulaşan bir şahıstan dolayı bana kim yardım eder? Vallahi ben ehlim hakkında hayırdan başka bir şey bilmiş değilim. Bu iftiracılar bir adamın da ismini ortaya koydular ki, bu zat hakkında da ben hayırdan başka bir şey bilmiyorum. Bu ismi söyleyen kimse şimdiye kadar ben olmaksızın ailemin yanına da girmiş değildir, dedi.

Hz. Âişe der ki: Bunun üzerine Ensâr'ın Evs kabilesinden Abdu'l-Eşhel Oğulları'nın kardeşi Sa'd b. Muâz ayağa kalktı ve:

—Ya Rasûlallah! O kimseye karşı Sana ben yardım edeceğim. Eğer bu iftirayı çıkaran Evs Kabilesi'nden ise ben onun boynunu vuracağım. Eğer Hazreçli kardeşlerimizden ise, yapılacak işi Sen bize emredersin, biz de

---

[631] Müslim, 1716.

[632] "Kava'id fi't-Tekfir", sf. 250–253.

[633] "Zâdu'l-Meâd", 3/372. Müessesetü'r-Risâle baskısı.

emrini yerine getiririz, dedi. Hz. Âişe devamla: Bu defa Hazreç Kabilesinden Sa'd b. Ubâde ayağa kalktı. O bu olaydan önce de iyi bir adamdı. Fakat bu defa kabile asabiyeti onu Sa'd b. Muâz'ın sözlerinden dolayı öfkeye sürükledi de, Sa'd b. Muâz'a karşı:

—Yalan söyledin. Allah'ın ebedîliğine yemin ederim ki, sen onu (yani Abdullah İbn-i Ubeyy'i) öldüremezsin ve onu öldürmeğe muktedir olamazsın. O, senin cemaatinden biri olmuş olaydı sen onun öldürülmesini istemezdin, dedi. Bu defa da Sa'd b. Muâz'ın amcasının oğlu Useyd b. Hudayr ayağa kalkarak, Sa'd b. Ubâde'ye karşı:

—Allah'ın ebedîliğine yemin ediyorum ki, sen yalan söylüyorsun. Vallahi biz onu elbette öldürürüz. Sen muhakkak ki münafıkları savunan bir münafıksın, dedi..."[634]

Bu olayda da Useyd b. Hudayr *radıyallâhu anh*, kendi içtihadına göre nifak olan bir ameli işlemesinden dolayı Sa'd b. Ubâde'ye Hz. Peygamberin huzurunda nifak suçlamasında bulunmuştu. Ama Rasûlullah *sallallâhu aleyhi ve sellem* ona "Sen kardeşine münafık dediğin için kâfir oldun" dememişti. Bunun nedeni ise, Hz. Useyd'in vermiş olduğu hükümde içtihada dayanıyor olmasıydı.

Tarihte buna benzer birçok olay vuku bulmuştur. Maksat hâsıl olduğu için bu iki örnekle iktifa ediyoruz.[635]

Yaptığımız nakilden anlaşıldığına göre; bir Müslümanı delilsiz ve gerekçesiz yere tekfir eden birisi dinden çıkar. Bu konuda bir tevile ya da bir ictihada dayanan kimse ise dinden çıkmaz. Hatta içtihadı bir delile mebni ise sevap bile kazanabilir. Âlimlerden kimisi konumuzun esasını teşkil eden *"Her kim kardeşine kâfir derse..."* hadisinde geçen "küfür" lafzını küçük küfre hamletmiş ve böylesi birisinin dinden çıkmayacağını söylemiştir. Ama yukarıda zikri geçen taksimat ilmî veriler açısından daha isabetlidir. İmam Nevevî bu hadisi "muşkil" hadislerden saymış ve beş manası olduğunu söylemiştir.[636]

◊ **Sonuç** ◊

İzahını yapmaya çalıştığımız bu kâide, şer'î delillerin ortaya koyduğu hakikatlere göre sahih ve sabit bir kâidedir. Ancak alelıtlak kullanılacak bir kâide değildir. Her kim bu kâideden söz etmek isterse üstte geçen taksimata riayet etmesi zorunludur. Aksi halde karmaşıklıkların önüne geçilemez.

---

[634] Buhârî, 4041 numaralı hadisin bir bölümü.
[635] Konuyla alakalı diğer örnekler için bkz. "Kava'id fi't-Tekfir", sf. 253.
[636] Bkz. "Şerhu Sahîhi Müslim", İmam Nevevî, 1/238.

Müslümanı tekfir etmek sanıldığı gibi basit ve kolay bir iş değildir. Elinde kat'î deliller olmadan bu işe kalkışanların küfre girmesinden korkulur. İmam Şevkânî *rahimehullah*, geçen sayfalarda da naklettiğimiz bir sözünde der ki:

"Bilinmelidir ki, Müslüman bir şahsiyetin dinden çıktığına ve küfre girdiğine hüküm vermeye kalkışmak —elinde güneşten daha açık bir delil olmadıkça— Allah'a ve ahiret gününe iman eden bir kul için münasip bir şey değildir."[637]

Tehlikesinden dolayı nice ulema bu konuda çok temkinli davranmış ve çok net delillere vâkıf olmadan İslam akdi sâbit olan kimseleri tekfir etmekten hep kaçınmışlardır.

Bizim tekfirinden uzak durulması noktasında sürekli olarak sakındırmaya çalıştığımız kimseler; tağutlardan teberri etmiş, tevhidi sağlam ve İslam'ı sâbit olan Müslümanlardır. Böylelerini tekfirde aceleci davranmak hatadır. Bizim sakındırmalarımız hep böylesi kimselere yöneliktir. Bunların dışında kalanların ise konumuzla alakası yoktur. Yani tevhidi bozuk, kalbini tağutlara bağlamış ve şirkten uzak durmayan kimselerin bu kâide ile alakaları yoktur. Yapmış oldukları küfür amelleri nedeniyle böylelerini tekfir edenler, bu hareketlerinden dolayı tehdit kapsamına girmezler. Onların —zaten olması gerekeni yaptıkları için— kınanmaları dahi söz konusu değildir. Bu ayrıntıya dikkat edilmeli ve muradımız iyi tahkik edilmelidir.

Allah en iyisini bilendir.

---

[637] Şevkânî, "es-Seylü'l-Cerrâr ala Hadâiki'l-Ezhâr", 4/578.

SEKİZİNCİ KURAL

من لم يكفر الكافر أو شك في كفره فقد كفر

"KÂFİRİ TEKFİR ETMEYEN VEYA ONUN KÜFRÜNDEN ŞÜPHE EDEN KÂFİR OLUR"

Şerhini yapacağımız bu kural, tekfir kâidelerinin sonuncusudur.[638] Bir önceki bölümde şer'î bir gerekçeye dayanmaksızın Müslümanı tekfir etmenin ne kadar tehlikeli bir iş olduğundan bahsetmiştik. Bu bölümde ise açıkça küfre düşen kimseleri tekfir etmemenin ne denli büyük bir yanlış olduğundan bahsetmeye çalışacağız.

Malum olduğu üzere dinimiz bizlere her şeyi yerli yerine koymayı emretmiştir. Bir şeyi hak ettiği yerden başka bir yere koymanın adı İslam'da "zulüm"dür. Zulüm ise Allah tarafından sevilmeyen bir davranıştır. Allah bir insana Müslüman hükmünü vermişse, bizim o insana başka bir isim takmamız ona karşı yapılmış bir zulümdür. Aynı şekilde Allah bir insana kâfir hükmü vermişse, bizim kalkıp o insanı başka bir isimle tesmiye etmemiz de zulüm kapsamına girmektedir. Bu nedenle varlıkları Allah'ın isimlendirdiği şekilde isimlendirmemiz bizlerin temel vasfı olmalıdır. Her hak sahibine hakkını vermeli ve asla insanları hak etmedikleri isimlerle isimlendirmemeliyiz. Aksi halde hem onlara, hem de kendimize haksızlık etmiş oluruz.

"Kâfiri tekfir etmeyen veya onun küfründen şüphe eden kâfir olur" şeklinde zikrettiğimiz bu kâide, şer'î delillerin ortaya koyduğu sahih bir kâidedir. Şimdi bu kâidenin delillerini zikredelim.

1-) Rabbimiz şöyle buyurur:

---

[638] Buraya kadar zikretmiş olduğumuz tekfir kaidelerini Abdulmun'im Mustafa et-Tartûsî'nin "Kava'id fi't-Tekfir" adlı eserinden seçtik. Zikretmiş olduğumuz kâideler elbette bunlarla sınırlı değildir. Ancak halkımızın durumu göz önüne alındığında mezkûr kitaptaki kaidelerin hepsinin zikredilmesinin faydalı olmayacağı aşikârdır. Bu nedenle bu kâideleri sekiz ile sınırlandırdık. Dileyen kardeşlerimiz, adı geçen kitaba müracaat ederek konu hakkında yeterli bilgiye ulaşabilirler.

"Deki, ey kâfirler!" (Kâfirun, 1)

Bu Âyet-i Kerime'de Rabbimiz, elçisi Muhammed *sallallâhu aleyhi ve sellem*'e kâfirleri, küfürleri ile vasıflandırmasını emretmiştir. Aslı itibarı ile buradaki hitabın muhatapları Mekkeli müşriklerdir. Allah *celle celâluhu*, peygamberi Muhammed *sallallâhu aleyhi ve sellem*'e *"De ki ey Kureyşliler!"* veya *"De ki ey Mekkeliler!"* demesini emretmemiş; aksine onlara hak ettikleri küfür vasfı ile hitap etmesini emir buyurmuştur. Usul ilminde bilindiği üzere aksi bir karine olmadığı sürece emirler farziyet ifade eder; burada da aksini ifade eden bir karine yoktur. DolayısıylaPeygamberimizin onlara bu şekilde hitap etmesi farz olmuştur.

Yine usul ilminde bilindiğine göre tahsis ifade eden bir karine olmadığı sürece Rasûlullah'a hitap, aynı zamanda ümmetine de hitaptır. Yani O ne ile mükellef ise, ümmeti de aynı şeyle mükelleftir. Ancak Rasûlullah *sallallâhu aleyhi ve sellem*'e has olduğu bildirilen şeyler bundan müstesnadır. Burada da tahsis ifade eden bir şey olmadığına göre, ümmetinin de bu emre dâhil olduğu kesinleşmiş olur.

Ayet-i Kerime'nin Arapça metninde yer alan *"قل/qul"* lafzı Türkçede *"söyle, bildir, haykır, ilan et"* gibi manalara gelmektedir. Yani *"onların kâfir olduklarını de, bildir, söyle, ilan et"* demektir. Allah'ın Rasûlü'de bu emri yerine getirmiş ve Mekkeli müşriklere bu ifadelerle hitap etmiştir.

Hatırlanacağı üzere kitabın giriş bölümlerinde Utbe b. Rebîa ile Rasûlullâh *sallallâhu aleyhi ve sellem* arasında geçen bir konuşmayı nakletmiştik. Olay şu şekildeydi:

Utbe b. Rebîa Rasûlullâh *sallallâhu aleyhi ve sellem*'e gelerek:

—Ey kardeşimin oğlu! Sen aramızda bildiğin (gibi değerli bir) konumdasın. Ama kavmine öyle bir şey getirdin ki, bununla onların birliğini bozdun, akıllılarını aptallıkla suçladın, ilâhlarını ve dinlerini kötüledin ve babalarını tekfir ettin. Şimdi beni dinle; sana bir takım tekliflerde bulunacağım... demişti.[639]

Yine, Hz. Ebu Bekir'in Müslüman olmadan önce Rasûlullâh *sallallâhu aleyhi ve sellem* ile arasında geçen bir konuşmayı aktarmıştık. İbn-i İshak'ın naklettiğine göre olay şu şekilde cereyan etmişti: "Hz. Ebu Bekr, Rasûlullâh *sallallâhu aleyhi ve sellem* ile karşılaşır ve ona:

—Ey Muhammed! İlahlarımızı terk ettiğin, akıl(lı)larımızı aptallıkla suçladığın ve babalarımızı tekfir ettiğine dair Kureyş'in söyledikleri doğru mudur? der. Rasûlullâh *sallallâhu aleyhi ve sellem*'de ona bunun doğru olduğunu

---

[639] "Siyretu İbn-i Hişam", sf. 293 vd.

anlatır…"[640]

Bu ve benzeri rivayetlerden anlaşıldığına göre Allah'ın Rasûlü *sallallâhu aleyhi ve sellem*, daveti esnasında hiçbir taviz vermemiş ve gerek Mekke'nin önde gelenlerini ve gerekse atalarını çok sarih ifadelerle tekfir etmişti. Rasûlullah'ın onları tekfir ettiği o kadar şöhret bulmuştu ki, bu artık dillerden dillere dolaşır olmuştu. Mekke'nin önde gelenleri Rasûlullâh *sallallâhu aleyhi ve sellem*'in çok değerli bir konumda olduğunu kabul etmekle birlikte bu hareketi ona yakıştıramamışlar(!) ve kendilerince onu vazgeçirme çabası içerisine girmişlerdi.

Bu gün bazı çevrelerin "Allah'ın Rasûlü, hiç bir insana kâfir demiş midir?" şeklinde sıkça dile getirdikleri şüphenin cevabını Kâfirûn Sûresine ilişkin yapmış olduğumuz değerlendirmeleri ve sonrasında yer alan rivayetleri okuyan değerli okuyucuların insafına bırakıyoruz.

2-) Rabbimiz şöyle buyurur:

"Gerçekten İbrahim'de ve beraberindeki müminlerde sizin için çok güzel bir örnek vardır. Hani onlar kavimlerine 'Biz hem sizden hem de Allah'ın dışında ibadet ettiğiniz şeylerden uzağız. Biz sizi tekfir ettik.[641] Bir olan Allah'a iman edinceye kadar bizimle sizin aranızda ebedi bir düşmanlık ve kin baş göstermiştir' demişlerdi." (Mümtahine, 4)

Burada da bizler için *"çok güzel bir örnek"* olarak takdim edilen bir peygamberin, tekfiri hak eden kavmine karşı takınmış olduğu tavrı ile karşı karşıyayız. Hem o, hem de yanında ki müminler, hak ettikleri için kavimlerini tekfir etmiş ve bu tavır bize *"çok güzel bir örnek"* olarak sunulmuştur.

Küfrü kesin olan kimseleri tekfir etmek imanın bir gereğidir. Küfründe iki akıl sahibi insanın dahi ihtilaf etmeyeceği kimseleri tekfir etmede duraksayanlar, henüz imanın kendilerinden ne istediğini anlayamamış kimselerdir. İman, her hak sahibine hak ettiği hükmü vermeyi gerektirir.

Konumuzun detayına geçmeden önce burada bir hatırlatmada bulunmanın yararlı olacağını düşünüyoruz. Biz "Kâfiri tekfir etmek gereklidir" dediğimizde, bununla birilerinin zannettiği gibi insanların yüzlerine karşı sürekli "kâfir, kâfir, kâfir…" demeyi kastetmiyoruz; bu ancak Hz. İbrahim örneğinde olduğu gibi istisnaî durumlarda, şartların gerektirmesi sonucu olabilir. Bizim bu söz ile asıl kastettiğimiz; tekfiri hak eden insanlara karşı bunun gerektirdiği ahkâmı icra edebilmektir. Yani namaz kıldırdıklarında arkalarında namaza durmamak, evlendirecek kızımız olduğunda onlara

---

[640] "Siyretu İbn-i İshak", 1/44. ayrıca bkz. "Delailü'n-Nübüvve", 2/33, 468 nolu haber.
[641] Ayetin orijinalindeki *"Kefernâ bikum"* ifadesi *"sizi reddettik, sizden uzağız"* anlamına da gelir. Biz bazı âlimlere ittibaen bu şekilde tercüme ettik.

vermemek, öldüklerinde cenazelerine gitmemek ve benzeri şeylerde Müslümanlara uyguladığımız hükümleri onlara uygulamamaktır. Bu nokta' önemlidir; buna dikkat edilmesi gerekir.

Kâfiri Tekfir Etmeyen Kimsenin Küfründeki İllet

Kâfiri tekfir etmemek küfürdür. Said Havva der ki: *"Kâfiri tekfir etmeyen ve onun küfründe şüpheye düşen kimse kâfir olur."*[642]

Kadı Iyaz der ki: *"Kim Yahudi, Hıristiyan ve Müslümanların dinini terk edenlerden birisini tekfir etmez, onların tekfirinde duraksar veya şüphe ederse kâfir olur."*[643]

Biraz sonra ilim ehlinin bu kâideye ilişkin sözlerini nakledeceğiz. Bu iki imamın sözlerinden de anlaşıldığı üzere, küfrü sarih olan bir kâfiri tekfir etmeyen, onun tekfirinde duraksayan ya da şüphe eden kimse onlar gibi küfre girer. Onun küfre girmesinin illeti/gerekçesi ise şudur: Bu kimse varlıkları hak ettikleri isimden başka bir isimle adlandırmış ve eşyaya Allah'ın verdiği hükümden başka bir hüküm vermiştir. Allah ve Rasûlü bir kimse için "Bu kâfirdir" dedikleri halde o, böylesi bir kimse için aynı ismi takmayarak Allah'ı ve Rasûlünü yalanlamış olur. Bu ise küfrün ta kendisidir. Abdulmun'im der ki:

"Kâfiri tekfir etmeyen kimsenin küfre girişinde ki illet, onun, varlıklara şeriatın taktığı isimlerden başka isim takması ve onlara Allah'ın verdiği hükmün hilafına hüküm vermesidir. Şöyle ki; böyle birisi küfrü ve şirki iman, düşmanlığı hak eden kâfir ve müşrikleri de dost edinilmesi vacip olan Müslüman kabul etmiştir. Bu ise o kişinin Allah'ı tenkit etmesi, hükmünü reddetmesi ve –her ne kadar kendisi bunu yalanlama ve inkâr olarak değerlendirmese de– Allah'ın emrettiği şeyleri yalanlayıp inkâr etmesi manasına gelir. Bu hiç kuşku yok ki açık bir küfür, sarih bir yalanlamadır."[644]

Evet, Allah'ın kesin olarak kâfir diye adlandırdığı birisini tekfir etmemek Allah'ı yalanlamak demektir. Örneğin birisi "Ben Firavun'a kâfir diyemem" dese, bu insan Allah'ın Kur'an'da Firavun'un küfrüne dair indirmiş olduğu ayetleri inkâr etmiş demektir. İşte bunun gibi bu gün de tıpkı Firavun misali küfürde önder olmuş kimseleri tekfir etmeyen kimseler, Allah'ın Kur'an'da ifade buyurduğu birçok nassı yalanlamış olmaktadır. Her ne kadar kendileri bunu kabul etmese de bu, yalanlamadan başka bir şey değildir.

---

[642] "el-İslâm", sf. 122.

[643] "eş-Şifâ, bi Ta'rifi Hukuki'l-Mustafâ", sf. 846.

[644] "Kava'id fi't-Tekfir", sf. 256.

Âlimlerin Bu Kâidenin Sıhhatine Dair Söylemiş Oldukları Sözler

Burada bazı âlimlerin konuya ilişkin sözlerini nakletmenin faydalı olacağını düşünüyoruz; ta ki bu sayede mesele hakkında şüphesi bulunanların şüpheleri zâil olsun.

Araştırmalarımız neticesinde 42 farklı müellifin bu kâideyi kitaplarına yerleştirdiğini ve kâidenin sıhhati üzerinde söz söylediğini gördük. Hatta akaitle alakalı meselelerde âlimlerin icma' ettiği hususları kaleme alan Şeyh Velid b. Raşid es-Sueydân *"el-İcmau'l-Akdî"* adlı eserinde bu kâide üzerinde İslam âlimlerinin icma' ettiğini belirtmiştir. Şimdi burada bazı âlimlerin sözlerini naklederek konumuza devam edelim.

Kadı Iyaz der ki: *"Kim Yahudi, Hıristiyan ve Müslümanların dinini terk edenlerden birisini tekfir etmez, onların tekfirinde duraksar veya şüphe ederse kâfir olur."*[645]

Kadı Iyaz bir başka ibaresinde şöyle der: *"Biz, İslam dininden başka dinlere mensup olan kimseleri tekfir etmeyenleri veya onlar hakkında kararsız kalıp duraksayanları ya da şüphe edenleri yahut onların yollarının (dinlerinin) doğru olduğunu kabul edenleri tekfir ederiz. Böyleleri –her ne kadar Müslüman olduğunu ortaya koysa, İslam inancını kabul ettiğini söylese ve İslam'ın dışındaki tüm yolların/dinlerin batıl olduğuna inansa da– içindeki inancın hilafını ortaya koyduğu için kâfir olmuş olur."*[646]

İmam Nevevî der ki: *"Kim, İslam dininden başka dinlere mensup olan kimseleri tekfir etmez veya onları tekfir etme hususunda şüpheye kapılır ya da onların yollarının (dinlerinin) doğru olduğunu kabul ederse Müslüman olduğunu ortaya koysa veya İslam inancını kabul ettiğini söylese dahi yine de kâfir olur."*[647]

Ebu Batîn der ki: *"Âlimler Yahudi ve Hıristiyanları tekfir etmeyenin veya onların küfründen şüphe edenlerin kâfir olacağı hususunda icma' etmişlerdir."*[648]

Velid b. Raşid es-Sueydân der ki: *"Âlimler kâfir ve müşrikleri tekfir etmeyen, onların küfründen şüphe eden veya onların yollarını doğrulayan kimselerin kâfir olacakları hususunda icma' etmişlerdir."*[649]

---

[645] "eş-Şifâ, bi Ta'rîfi Hukuki'l-Mustafâ", sf. 846.
[646] "eş-Şifâ, bi Ta'rîfi Hukuki'l-Mustafâ", sf. 851. (Not: Yaptığımız bu tercüme "eş-Şifâ" adlı eserin elimizde bulunan "Dâru'l-Fayhâ" baskısından değil, başka bir yayınevinin baskısından yapılmıştır; çünkü elimizdeki baskıda bazı yerlerin atlandığı son anda fark edilmiş ve bazı karşılaştırmalar sonucu mevcut baskının hatalı olduğu tespit edilmiştir. Bu nedenle başka baskıdan alıntı yapılmıştır.)
[647] "Ravdatu't-Talibîn", 10/70.
[648] "el-İntisâr li Hizbillahi'l-Muvahhidîn", sf. 32.
[649] "el-İcmau'l-Akdî", sf. 54. 374. madde.

Abdullah el-Eserî der ki: *"Ehl-i Sünnet ve'l-Cemaat âlimleri muayyen bir Müslümanı tekfir etmekten sakınmış ve ilimsizce bir Müslümanın tekfirine yönelmenin çok tehlikeli bir iş olduğunu beyan etmişlerdir. Şu kadar var ki, onların bu tavrı şer'î şartlar çerçevesinde küfrü sabit olan kimselere küfür hükmü vermekten alıkoymamıştır. Şer'î nasslar küfür ameli işleyen veya küfür sözü söyleyen bir kimsenin tekfir edilebileceğini gösterdiği için onlar Allah ve Rasûlünün tekfir ettiği kimseleri tekfir etmekte asla tereddüt etmemişlerdir. Hatta öyle ki, kâfiri tekfir etmeyi inanç esaslarının temellerinden kabul etmişler ve kâfiri tekfir etmeyenin veya onun küfründe şüphe edenin kâfir olacağına hükmetmişlerdir. Onların kâfir ve müşriklerin tekfirine böylesine ihtimam göstermesi heva ve heveslerinden kaynaklanmamaktadır. Onlar bununla ancak Allah'a kulluğu, velâ ve berâ akidesini yerine getirmeyi amaçlamışlardır..."*[650]

Ali b. Nâif der ki: *"Yahudi, Hıristiyan ve Putperestler gibi Rasûlullah sallallâhu aleyhi ve sellem'in getirdiği dine girmeyen kimselerin kâfir olduğuna inanmak, onları kâfir diye adlandırmak, onların Allah'ın, Rasûlünün ve müminlerin düşmanları olduğuna ve cehennemde ebedî olarak kalacaklarına inanmak İslam'ın en temel asıllarındandır."*[651]

Yaptığımız bu nakillerden şerhini yapmaya çalıştığımız kâidenin sıhhati ve ulemanın bunun üzerinde ki ittifakı açığa çıkmış oldu.

Bir Uyarı

İzahını yapmaya çalıştığımız bu kâide her kâfiri tekfir etmeyenleri kapsamaz. Her kâfiri tekfir etmeyene bu kâideyi getirip kalkan gibi kullanmak caiz değildir. Nerede bu kâide zikredilse mutlaka bir ayırıma gitmek gerekir. Kimileri vardır ki, bir içtihada ya da bir tevile dayanarak tekfirden uzak durur. Kimileri vardır, kâfirin küfrünü ve küfrünün niteliğini bilmez, bu nedenle de tekfirlerinden uzak durur. Kimileri de vardır, bir engelden dolayı tekfirden sakınır. İşte böylesi ihtimallerden bu kâideyi umumileştirmek doğru değildir.

Bizim bu kâide ile kastettiğimiz; küfrü kesin olan ve küfründe aklıselim iki insanın ihtilaf etmeyeceği kimselerdir. Böylelerini tekfir etmeyenler Kur'an ve Sünnet nasslarını tekzip ettikleri için küfre düşerler. Kimin hali böyle ise, bu kâideyi ona hamletmek caiz olur; aksi halde ayırıma gitmek ve konuyu detaylandırmak gerekir. Burada Şeyh Ebu Hümam el-Eserî'nin

---

[650] "el-Îmân, Hakikatuhu, Havarimuhu, Nevakiduhu", sf. 129.
[651] "el-Mufassal fi'r-Reddi alâ Şubuhâti A'dâi'l-İslâm", sf. 82

zikrettiği şu güzel taksimata yer vermenin faydalı olacağını düşünüyoruz. O, *"el-Kevkebu'd-Durriyyu'l-Münîr"* adlı eserinde şöyle der:

"Biz bu meseleyi şu şekilde özetleriz:

1) Kim vahyin kâfir addettiklerini tekfir etmezse kâfir olur. Kim Şeytanı, Firavun'u, Haman'ı, Ebu Leheb'i, Ebu Cehil'i, Ebu Talib'i ve Kur'an ve Sünnette kâfir olduğu belirtilen kimseleri tekfir etmezse vahyi yalanladığı için kâfir olur.

2) Kim Yahudi, Hıristiyan ve Mecusiler gibi aslî kâfirleri tekfir etmezse kâfir olur. Kadı Iyaz der ki: 'Kim Yahudi, Hıristiyan ve Müslümanların dinini terk edenlerden birisini tekfir etmez, onların tekfirinde duraksar veya şüphe ederse kâfir olur.' (eş-Şifâ, 846)

3) Âlimlerin küfründe icma' ettiği kimseleri tekfir etmeyen kâfir olur. Hafız Sehâvî, İbn-i Mukrî'nin *'er-Ravd'* adlı eserinin riddet bahsinde şöyle dediğini nakleder: 'Kim Yahudilerin, Hıristiyanların ve İbn-i Arabî ve taifesinin tekfirinde tereddüt ederse kâfir olur.'

4) Şer'î deliler sonucu insanlardan birisinin kâfir olduğunu gören, sonra da onu tekfir etmekte duraksayan kimse kâfirdir. Ebu Zür'a er-Râzî der ki: 'Kim Kur'an'ın mahlûk olduğunu zannederse, Yüce Allah'a karşı dinden çıkarıcı bir küfürle kâfir olmuş olur. Anlayış sahibi kimselerden kim de onun küfründe şüphe ederse o da kâfir olur.'[652]

İmam Tâvus, Haccac'ı tekfir eder ve onun kâfir olduğunu söylerdi. Seleften bazıları da onunla aynı görüşteydi.[653] Buna rağmen o, Haccac'ı tekfir etmeyenlere şöyle derdi: Irak'ta ki kardeşlerimize şaşırıyorum doğrusu! Onlar Haccac'ı 'mümin' diye adlandırıyorlar!"[654]

İmam Tâvus Haccac'ı tekfir etmesine rağmen Irak'ta ona Müslüman diyenlere 'kardeşlerimiz' diye hitap etmiş ve tekfir ettiği birisine mümin dedi diye karşıyı itham etmemişti. Bunun da nedeni Haccac'ın tekfirinde icma' olmamasıydı. Bu noktayı iyi anlamak gerekir. Aksi halde konular birbirine karışır, Müslümanlar birbiri ile anlaşmazlığa düşer.

---

[652] "el-Kevkebu'd-Durriyyu'l-Münîr", sf. 11.
[653] Said b. Cübeyr, İbrahim en-Nehaî, İmam Mücahid ve İmam Şa'bî bunlardan bazılarıdır.
[654] "Kava'id fi't-Tekfir", sf. 257.

Yahudi ve Hıristiyanları Tekfir Etmemek

Yaşadığımız dönemin en acı olaylarından birisi de, kendisini İslam'a nispet eden bazı çevrelerin "Allah üçün üçüncüsüdür" diyen, O'na oğul isnat eden ve Hz. Muhammed'in peygamberliğini inkâr eden Yahudi ve Hıristiyanlarla inanç birlikteliklerinin(!) olduğunu savunmaları ve onların cennete gireceğini iddia etmeleridir. Bu gerçekten de garip bir iddiadır. Tarihte böylesi bir söylemi ortaya atan hiçbir Rabbanî âlim olmamasına rağmen, bu çevreler, biraz önce atıfta bulunduğumuz garip inancı hararetle savunmakta ve bunun için gece–gündüz demeden çalışmaktadırlar.

Biz burada onların ortaya attıkları bu iddialara cevap verecek değiliz. Ancak onların böylesi bir inanca sahip olmaları kitabımızın konusu olması itibarı ile bizi ilgilendirmektedir. Dolayısıyla burada böylesi bir insanın İslam'a göre hükmünün ne olduğunun izah edilmesi gerekmektedir.

Tarih sayfasına adını kaydetmiş Sünnet ehli âlimlerinin tamamı, Yahudi ve Hıristiyanların cehennemlik oldukları hususunda görüş birliği içerisindedirler. Bu noktada içlerinden farklı bir görüş öne süren birisini bilmiyoruz. Durum bu kadar kesin olmasına rağmen, bu gün bazı çevreler ümmetin bu ittifakını göz ardı ederek Allah düşmanı olan Yahudi ve Hıristiyanları dost kabul etmekte, hatta daha da ileri giderek cennetlik olduklarını bile söyleyebilmektedirler. Bırakın onları tekfir etmemelerini, onların cennete gireceklerine inanmaları tehlikenin boyutlarını gözler önüne serme açısından son derece önemlidir. Bu noktada üstte yaptığımız nakillerden bazılarını burada tekrar hatırlatarak Yahudi ve Hıristiyanları tekfir etmemenin insanı dinden çıkaran bir amel olduğunu hatırlatmak isteriz.

Kadı Iyaz der ki: *"Kim Yahudi, Hıristiyan ve Müslümanların dinini terk edenlerden birisini tekfir etmez, onların tekfirinde duraksar veya şüphe ederse kâfir olur."*[655]

İmam Nevevî der ki: *"Kim, İslam dininden başka dinlere mensup olan kimseleri tekfir etmez veya onları tekfir etme hususunda şüpheye kapılır ya da onların yollarının (dinlerinin) doğru olduğunu kabul ederse Müslüman olduğunu ortaya koysa veya İslam inancını kabul ettiğini söylese dahi yine de kâfir olur."*[656]

---

[655] "eş-Şifâ, bi Ta'rifi Hukuki'l-Mustafâ", sf. 846.
[656] "Ravdatu't-Talibîn", 10/70.

Ebu Batîn der ki: *"Âlimler Yahudi ve Hıristiyanları tekfir etmeyenin veya onların küfründen şüphe edenlerin kâfir olacağı hususunda icma' etmişlerdir."*[657]

Bu noktada daha birçok nakil zikretmek mümkündür. Ancak buna gerek yoktur; zira ümmetin tamamı bu hususta icma' ettiği için bir tek nakil bile meselenin hükmünü belirtme açısından yeterlidir.

Bu gün bırakın onları tekfir etmeyi, aksine onların cennet ehli insanlar olduğunu savunanlar tüm ulemaya göre kâfir olmuştur. Onların kâfir olmalarının nedeni ise; Kur'an ve Sünnette yer alan nassları yalanlamaları ve geçici dünya menfaatleri karşılığında dinin hükümlerini satmalarıdır.

Onların bu durumu ilimden birazcık nasibi olanlar için son derece açıktır. Allah'tan böyleleri için hidayet diliyor ve konumuzu burada sonlandırıyoruz.

---

[657] "el-İntisâr li Hizbillahi'l-Muvahhidîn", sf. 32.

YEDİNCİ BÖLÜM

TEKFİRLE ALAKALI MUHTELİF MESELELER

Buraya kadar ki bölümlerde tekfirin şartları, sebepleri ve mânileri gibi konuyla alakalı temel esasları ele almaya çalıştık. Burada ise tekfir ile alakalı bazı meseleleri açıklığa kavuşturmaya ve üzerindeki sis perdelerini aralamaya çalışacağız.

1-) Ehl-i Kıblenin Tekfiri Caiz Değildir

Konumuza giriş yapmadan önce *"Ehl-i Kıble"* kavramının tanımını vermekte fayda vardır. Ehl-i Kıble, "Kâbe'ye doğru yönelerek namaz kılanlar" anlamına gelmektedir. İslâm literatüründe küfre girmediği kabul edilen ve Kâbe'ye doğru yönelerek namaz kılmanın farz olduğuna inanan farklı mezheplere bağlı bütün Müslüman zümreleri ifade etmek üzere kullanılan bir tabirdir.[658]

Bir insanın Ehl-i Kıble'den sayılabilmesi için asıl olan, onun mücerret olarak namaz kılması değil, hiçbir küfür ve şirk ameline bulaşmayarak namaz ehli olmasıdır. Bir insan küfrü veya şirki gerekli kılan bir inanca sahip olsa veya bu bağlamda bir söz söyleyip bir amel işlese tüm ulemaya göre küfre girer ve Ehl-i Kıble'den sayılmaz. Biraz sonra geleceği üzere şirk amelleri ile beraber namaz kılması, o insanı Ehl-i Kıble dairesine sokmaz. Bir insanın Ehl-i Kıble'den kabul edilebilmesi için her şeyden önce küfür ve şirkten uzak durması gerekmektedir.

Zikri geçen vasıflarla muttasıf bir şahsın tekfiri caiz değildir. Yani kendisini şirk ve küfürden koruduğu halde namaz kılan kimselerin, işlemiş oldukları bazı günahlardan dolayı tekfiri caiz değildir. Aynı şekilde böylelerinin Ehl-i Kıble dışı kabul edilmeleri de uygun olmaz. Burada bir insanın kıble ehlinden olup-olmadığını tespitte bizim dikkat etmemiz gereken nok-

---

[658] Bkz. DİA, 10/515, vd.

ta, o kişinin kendisini şirke ve küfre bulaştıracak amelleri işlememesidir. Eğer bu amellerden birisini işlerse, o kişi Ehl-i Kıble olmaktan çıkar ve ulemanın "Ehl-i Kıble'nin tekfiri caiz değildir" şeklindeki sözlerinin o kişi hakkında işletilmesi artık geçersiz olur. Zira âlimlerin bu söz ile kastettikleri hiçbir şekilde şirke ve küfre bulaşmadığı halde bazı günahlara müptela olan insanlardır. Böyleleri, işledikleri günahları helal görmedikleri sürece kâfir olmazlar.[659] Kimin hali böyle olursa, ona zikri geçen kâideyi tatbik eder ve onu tekfir etmekten uzak dururuz.

Dolayısıyla biz *"Ehl-i Kıble'nin tekfiri caiz değildir"* derken bununla hiçbir sûrette şirke bulaşmadığı halde bazen kendisinden günah sadır olan günahkâr Müslümanları kastediyoruz. Biz böylelerinin tekfir edilmesini caiz görmediğimiz gibi, bu işe kalkışanların dinde aşırıya gittiğine inanıyoruz. Çünkü böyleleri günahlar sebebiyle tekfir ettikleri için Hâricilerle bir noktada birleşmiş olurlar. Malum olduğu üzere Haricîlerin inanç esaslarından birisi de, günahlar sebebiyle insanları tekfir etmektir. Önceki bölümlerde de değinmeye çalıştığımız üzere Ehl-i Sünnet, dinden çıkarıcı olmayan günahlar sebebiyle hiç kimseyi tekfir etmez. Bundan dolayı da Haricîlerden ayrılmıştır. Biz menhec olarak Ehl-i Sünneti benimsediğimiz için dinden çıkarıcı olmayan günahlardan dolayı insanları tekfir etmiyor, aksini yapan insanların dinde aşırıya kaçtıklarına inanıyoruz.

Küfür Ameli İşlediği Halde Namaz Kılan Birisi Ehl-i Kıbleden Sayılır mı?

Burada üstte de kısmen değindiğimiz bir meseleyi yanlış anlaşıldığından dolayı biraz daha açmaya çalışacağız. Ehl-i Sünnete göre bir insan, küfrü gerektiren bir amel işlese kesinlikle dinden çıkar ve Ehl-i Kıble olma vasfını yitirir. Onun namaz kılıyor olması kendisini küfre düşmekten kurtarmadığı gibi, bu vasfın kendisinde devam etmesini de gerektirmez. İçerisine düştüğü küfürden tevbe edip, vazgeçmediği sürece namazı ona bir fayda sağlamaz. Bu nokta üzerinde ulema arasında herhangi bir ihtilaf söz konusu değildir. Burada İmam Aliyyu'l-Kârî'nin bir tespitini nakletmekte yarar görüyoruz. O, *"Fıkh-ı Ekber"* şerhinde der ki:

---

[659] Burada çok önemli bir noktaya temas etmek istiyoruz: Bilindiği üzere günahlar "dinden çıkaran" ve "dinden çıkarmayan" olmak üzere ikiye ayrılır. Dinden çıkarmayan günahlar; içki, faiz, kumar, zina ve benzeri günahlardır. Dinden çıkaran günahlar ise; Allah ve Rasûlüne sövmek, dinin şiarlarını küçümsemek, Allah'ın kanunlarını değiştirmek, kâfirleri veli edinmek ve benzeri günahlardır. Bizim yukarıda "günahlar" lafzı ile kastettiğimiz, dinden çıkarmayan günahlardır. Böylesi günahlarda kişinin dinden çıkması için onları helal kabul etmesi gerekir. Dinden çıkaran günahlara gelince; bunlarda "helal görme/istihlâl" şartı aranmaz. Bunları işleyenler o amelleri helal görseler de görmeseler de dinden çıkarlar. Bu tür günahlarda helal görme şartı aranmaz. Bu ayırıma dikkat etmek gerekir.

"Bil ki, kıble ehlinden maksat; âlemin yaratılmış olması, cesetlerin tekrar dirilmesi ve eczasının (cüzlerinin) bir araya getirilmesi, Allah'ın hem bütünleri, hem de parçaları bildiği ve benzeri dinî bakımdan inanılması zarurî olan inançlar üzerinde ittifak eden kimselerdir. Ömrü boyunca bu âlemin kadîm olduğu, (yani yaratılmamış olduğu) haşrın vuku bulmayacağı yahut Allah'ın parçalara ait bilgisinin bulunmadığı inancı ile ömrü boyunca taat ve ibadetlerle meşgul olan bir kimse kıble ehlinden değildir. Ehl-i Sünnet'e göre, Kıble ehlinden hiç kimsenin tekfir edilmemesinden kastedilen, küfrün alâmet ve işaretlerinden herhangi birşey bulunmadıkça kıble ehline kâfir denilemeyeceğidir."[660]

Aliyyu'l-Kârî'nin bu tespiti gerçekten de yerindedir. Bir insan kâinatın kadim olduğuna inansa, bu inancı onu kâfir yapmaya yeterlidir. Böylesi birisi ömrü boyunca taat ve ibadetlerle meşgul olsa yine de kıble ehlinden sayılmaz. Burada bizim dikkat etmemiz gereken bir insanın kâinatın kadim olduğuna inanması değil, aksine kendisini küfre sokan bir inanca sahip olmasıdır. Aliyyu'l-Kârî'nin zikrettiği bu ifade sadece bir örnektir. Biz buna kıyasla kendisini küfre düşürecek ameller işleyen insanların Ehl-i Kıble'den olamayacağı sonucuna ulaşabiliriz. Çünkü bir insanın Ehl-i Kıble'den sayılabilmesi için –Aliyyu'l-Kârî'nin de belirttiği gibi– kendisinde küfür alâmetlerinden herhangi bir emarenin bulunmaması gerekmektedir. Aksi halde kıble ehlinden sayılmaz.

Sonuç olarak; bizler kıble ehli olan hiçbir kimseyi işlemiş olduğu günahlar sebebiyle tekfir etmeyiz; ancak kıble ehli kimselerle de her namaz kılanı kastetmeyiz. Bizim bunun ile kastımız; küfür ve şirkten uzak durarak namaz kılanlardır; namaz kıldığı halde şirk ve küfre bulaşanlar değildir.

Bu gün Allah'ın şeriatını kaldırıp yerine beşer mahsulü kanunlar icat eden, Allah'ın hükümlerini arkaya atarak bu kanunlarla hükmeden, onları seven, destekleyen ve korumasını sağlayanlar, namaz da kılsalar kıble ehlinden sayılmazlar. Çünkü onlar bu amelleri ile küfre sapmış ve dinden çıkmışlardır. Kıldıkları namazın kendilerine bir faydası olmayacaktır. Yaptıkları bu ameller nedeniyle onları tekfir eden kimselere *"Ehl-i Sünnete göre kıble ehli tekfir edilmez"* diyerek karşı çıkmak bu kâideyi anlamamaktan başka bir şey değildir. Onlar eğer kıble ehli olsalardı bu küfür amellerini işlemezlerdi. Bu amelleri işlediklerine göre kıble ehli olmaktan çıkmışlardır.

2-) Tekfirde Silsile Meselesi

Bu mesele, yaşadığımız bölge itibarı ile en çok karıştırılan meselelerin başında gelmektedir. Kimi ifratçı çevreler, hakkında delalet ve sübut açısından kat'î bir delilin olmadığı, içtihada dayalı bazı konularda kendileri gibi

---

[660] "Şerhu Kitabi'l-Fıkhi'l-Ekber", sf. 258.

düşünmeyen Müslümanları tekfir etmektedirler. Bununla da kalmayıp onlara aynı ismi takmayan diğer Müslümanları, sonra onları tekfir etmeyenleri, sonra öbürlerini, sonra onları tekfir etmeyenleri, sonra öbürlerini, derken berikilerini... hâsılı silsile yapmayanları tekfir etmekte ve bu şekilde bir zincirleme yapmaktadırlar. Bu ne kadar doğrudur? Bunu yapanlar nerede hata etmektedirler? Silsile caiz midir? Caiz ise bunun alanı nedir? İşte bu ve benzeri sorular bazı Müslümanların kafalarında yıllardır çözümlenmeyi aramaktadır. Şimdi bu meseleyi ilim ehlinin tahkikâtları çerçevesinde ele alalım.

İslam âlimleri, tekfirde silsile yapma meselesini *"delaleti ve sübûtu[661] kat'î olan meselelerde silsile"* ve *"delaleti ve sübutu zannî olan meselelerde silsile"* diye ikiye ayırmışlardır. Biz de bu ayırımı dikkate alarak meseleyi incelemeye çalışacağız.

a-) Delaleti ve Sübûtu Kat'i Olan Meselelerde Silsile

İslam âlimleri, küfre müteallik meselelerde delalet ve sübût açısından kat'îlik (kesinlik) arz eden bir hususta muhalefete düşen birisini tekfir etmişlerdir. Bununla birlikte böylesi bir kimseyi tekfir etmeyenleri de aynı kategori de değerlendirmişler ve onu da küfre nispet etmişlerdir. Çünkü böylesi birisi, aslı itibarı ile bir nassı yalanlamaktadır. Bu nedenle de küfre girmiştir. Şimdi bunu bir örnekle izah etmeye çalışalım. Rabbimiz Kur'an'ı Kerim'de şöyle buyurmaktadır:

"Meryem oğlu Mesih; gerçekten Allah'ın kendisidir, diyenler hiç kuşkusuz; kâfir olmuşlardır." (Maide, 72)

"Şüphesiz ki, Allah, üçün üçüncüsüdür, diyenler kesinlikle kâfir olmuşlardır." (Maide, 73)

Bir insan Allah Teâlâ'nın bu kesin hükmünden sonra "Ben Ehl-i Kitabı tekfir edemem, onlar kâfir değildir, onların tekfirinden bana ne?" gibi ifadeler kullansa, sırf bu nedenle kâfir olur. Böylesi birisini tekfir etmek tüm Müslümanlara vaciptir. Bundan sonra birisi çıksa ve "Ben Yahudi ve Hıris-

---

[661] Bilindiği üzere şer'î deliller sübût ve delalet açısından ikiye ayrılır. Bunlardan da her biri ayrıca kendi içerisinde kat'î ve zannî olmak üzere ikiye bölünür. Bu ayrımların neticesi olarak karşımıza dörtlü bir taksimat çıkmaktadır:
1) sübûtu ve delaleti kat'î,
2) sübûtu kat'î, delaleti zannî,
3) sübûtu zannî, delaleti kat'î,
4) hem sübûtu hem de delaleti zannî.
Kur'an ve mütevatir hadisler sübût (sözün sahibine nispetinin gerçekliği) açısından kat'î delillerdir. Bununla beraber gerek Kur'an ayetleri gerekse hadisler delalet (hangi manayı içerdiği) açısından kat'î veya zannî olabilirler. Sübûtu ve delaleti kat'î olan bir şeyi inkâr eden küfre düşer. Eğer sübûtunda zannilik varsa bunu kabul etmeyen hemen küfre nispet edilmez, ama yerine göre dalalete düşmekle suçlanabilir.

tiyanları tekfir etmeyen bu adamı tekfir edemem" dese, o da kâfir olur. Üçüncü bir şahıs onu tekfir etmeyeni tekfir etmese, o da kâfir olur. Burada silsile yapmak zaruridir; çünkü bu silsile içerisinde yer alan her bir kimse, Allah'ın delaleti ve sübûtu kat'î olan bir ayetini yalanlamakta veya yalanlayan birisine Allah'ın hükmünü vermemektedir. Bu ise küfrün ta kendisidir.

Bir örnek daha verelim. Rabbimiz, İblis hakkında şöyle buyurmaktadır:

"İblis (secde etmekten) kaçındı, kibirlendi ve kâfirlerden oldu." (Bakara, 34)

Allah Teâlâ, emirlerine karşı geldiği için İblis'in kesinlikle kâfir olduğunu beyan etmektedir. İblis'in kâfir olduğu hususunda İslam Ümmeti arasında hiçbir ihtilaf yoktur. Şimdi, birisi çıksa ve bunun aksini iddia ederek İblis'in kâfir olmadığını söylese, bu kişi sırf bu nedenle kâfir olur. Birisi de "Ben İblis'i tekfir etmeyeni tekfir edemem, böylesi birisi kâfir değildir" dese, bu kişi Allah'ın açık ayetini yalanlayan birisine Allah'ın verdiği ismi vermediği için aynı şekilde kâfir olur. Onu tekfir etmeyen veya onu tekfir etmeyeni tekfir etmeyen de kâfir olur. Çünkü burada Allah'ın kesin bir nassını yalanlama vardır. Böylesi bir durumda silsile caiz, hatta vaciptir. Tereddüt eden küfre düşer. Bu konuda âlimler arasında her hangi bir ihtilaf yoktur. Müslümanların bu konuya dikkat etmesi gerekir.

b-) Delaleti ve Sübûtu Kat'i Olmayan Meselelerde Silsile

İşte, bazılarının ifrata kaçtığı nokta burasıdır. Küfür olduğunda kesin ve açık delillerin olmadığı yerde silsile yapmak caiz değildir. Böylesi bir durumda kişi, her ne kadar tercih yapma hakkına sahipse de, asla kendisi gibi düşünmeyen diğer Müslümanları tekfir edemez. Şayet ederse, aşırıya kaçmış olur ve Allah'a hesap verme durumunda kalır. Bunu bir örnekle izah etmeye çalışalım: Malum olduğu üzere namazı tamamıyla terk eden kimsenin kâfir olup-olmayacağı İslam fıkhının en tartışmalı meselelerinden birisidir. Fakihlerden bazıları böylesi birsinin kesinlikle kâfir olacağını söylerken, bazıları da farziyetini inkâr etmediği sürece kâfir olmayacağını söylemiştir. Burada önemli olan namazı terk edenin hükmünün ne olduğu değildir. Asıl önemli olan fakihlerden bazısının kâfir dediğine, diğerlerinin kâfir dememesidir. Eğer ihtimalle tekfir caiz olacak olsaydı, burada ulemanın birbirini tekfir etmesi gerekirdi.

Namazı terk eden kimsenin kâfir olacağını ortaya koyan deliller delalet yönünden kat'î değildir. Bu delillerden en meşhur olanları Rasulullah *sallallâhu aleyhi ve sellem*'den nakledilen hadislerdir. Rasulullah *sallallâhu aleyhi ve sellem* şöyle buyurur:

"Kul ile küfür arasında ancak namazı terk vardır."[662]

"Küfür ile iman arasında namazı terk vardır." [663]

"Bizim ile onların arasında ki ahit namazdır. Kim onu terk ederse kâfir olmuştur." [664]

Bu hadislerde yer alan küfür lafzı, acaba dinden çıkaran büyük küfür müdür, yoksa dinden çıkarmayan küçük küfür mü? Bu iki görüşten hangisi kabul edilirse edilsin, ortaya çıkacak sonuç tamamen içtihada dayalı olacak ve yüzde yüz doğru olan budur denilemeyecektir. Ahmed b. Hanbel ve aynı menheci takip eden âlimler bu iki görüşten ilkini seçerek namazı tamamen terk eden birisine kâfir hükmünü vermişlerdir. Diğer üç mezheb âlimi ise ikinci görüşü tercih ederek, namazı terk eden birisini tekfir etmemişlerdir. Buradaki ihtilaf içtihada dayalı olduğu için, ne Ahmed b. Hanbel diğer âlimlere "benim kâfir dediğime kâfir demediler" diyerek küfür suçlamasında bulunmuştur, ne de diğer âlimler Ahmed b. Hanbel'e "Sen bizim Müslüman kabul ettiğimizi tekfir ederek dinden çıktın" demişlerdir. Her iki tarafta ihtilafın içtihada mebni olduğunu iyi bildiklerinden dolayı birbirlerini mazur görmüşler ve asla karşı tarafı itham etmemişlerdir.

İşte bu nedenle, bu ve benzeri meselelerde deliller kat'î olmadığı için silsile yapmak caiz değildir. Bir Müslüman içtihada dayalı böylesi meselelerde silsile yapıyorsa, kesinlikle aşırıya kaçmış ve sapkınlığa düşmüştür.

Bu gün yaşadığımız ülkede tevhid inancına sahip olmayan insanların kestiklerinin haram olduğunu söyleyerek et yiyen kardeşleri, Allah'ın haram kıldığını helal kabul ettikleri(!) gerekçesiyle tekfir edenler, hatta biraz daha ileri gidip bu konuda silsile yapanlar, kesinlikle açık bir sapkınlık içerisindedirler. Et meselesi tamamen içtihada dayalı ve ihtilaflı bir meseledir. Hakkında delalet yönü kesin olan bir delil yoktur. Bu nedenle Müslümanların birbirini mazur görmeleri ve asla birbirlerini itham etmemeleri gerekmektedir.

Konumuzu özetleyecek olursak; tekfirde silsile meselesi delaleti ve sübûtu kat'î olan meselelerde olur. Zanna veya içtihada dayalı meselelerde –kişi her ne kadar bir görüşü tercih etse de– asla silsile yapamaz. Ayet ve mütevatir hadislerin kesin olarak ortaya koyduğu esasları inkâr edenleri tekfir etmeyenlerde, silsile kuralının işletilmesi gereklidir. Tabi ki bu esnada kişinin muteber bir tevile dayanmaması gerekir. Muteber bir tevile dayana-

---

[662] Nesâî rivayet etmiştir. Bkz. "Sahihu't-Terğib", 563.

[663] Tirmizî rivayet etmiştir. Bkz. "Sahihu't-Terğib", 563.

[664] Ahmed b. Hanbel rivayet etmiştir. Bkz. Sahihu't-Terğib, 564.

rak aksi bir görüş beyan eden birisi hakkında bu kuralın icra edilmesi uygun değildir. Allah en iyisini bilir.[665]

3-) Tekfire Kim Yetkilidir?

Günümüzde karıştırılan meselelerden birisi de tekfire kimin yetkili olduğudur. İlmin aydınlığının, yerini cehaletin karanlığına bıraktığı şu asırda insanlar bilir-bilmez İslamî her konu hakkında Allah'ın hükmüne isabet ettirip-ettirmediğine aldırış etmeksizin konuşabilmektedirler. Öyle ki, bu meseleler bazen âlimlerin bile konuşmaya cesaret edemediği ve söz söylemeye kendilerini ehil görmedikleri meseleler olabilmektedir. Bu, bizleri kuşatmış amansız bir hastalıktır. Rabbimizin bir an önce bizleri bu hastalıktan kurtarmasını diliyoruz.

Bu konuyu izaha geçmeden önce kitabın muhtelif yerlerinde de birçok kez atıfta bulunduğumuz çok önemli bir hatırlatmayı tekrar edelim: Tağutu reddedip Allah'a iman etmiş bir Müslümanı, küfre delaleti sarih olmayan bir mesele nedeniyle tekfir etmek gerçekten de çok zor bir iştir. Eğer bu şartları ve manileri gözetilmeksizin yapılırsa, sahibini büyük sıkıntılara sokar ve Allah katında hesabı çok zor bir pozisyonla karşı karşıya bırakır. Bu nedenle bizim –elimizde güneş kadar berrak deliller olmadığı sürece– tevhide gönül vermiş Müslümanları tekfir etmekten uzak durmamız gerekmektedir. Bu hatırlatmayı yaptıktan sonra şimdi konumuzun izahına geçebiliriz.

Allah'a iman etmiş ve şirki reddetmiş bir Müslümanı tekfir etmeye ve onun dinden çıktığına karar vermeye elbette ki İslam'ı çok iyi bilen ve tekfirin kuralları hakkında etraflı bir bilgiye sahip olan âlimler yetkilidir. İslam ahkâmının icra edildiği beldelerde ise bu yetki, sadece hâkim ve kâdıların elindedir. Ancak hemen hatırlatalım ki, âlimlerin bir insanın dinden çıkıp mürted olduğuna dair vermiş oldukları hüküm asla icra edilmez. Bu hükmün icra edilmesi sadece hâkimin/kâdının elindedir. Yani hâkim ve kâdı bir adamın mürted olduğuna hüküm verdiğinde, o adam bu hükmün neticesi ile yüz yüze kalır; ama bir âlim bir şahsın mürtet olduğu kanısına ulaşırsa, onun bu kanısı adama riddet ahkâmının icra edilmesini gerektirmez. Bu iki merci arasındaki fark asla göz ardı edilmemelidir.

---

[665] Bu konu hakkında Ebu Muhammed el-Makdisî'nin "Hüsnü'r-Rifâka fi Ecvibeti Suâlâti Ehli Süvâka" adlı eserinin "Kâfiri tekfir etmeyen kâfir olur" kuralı üzerine yapmış olduğu değerlendirmesinde güzel bilgiler vardır. Dileyen kardeşlerimiz oraya müracaat edebilirler. Bkz. "Hüsnü'r-Rifâka fi Ecvibeti Suâlâti Ehli Süvâka", Dördüncü Mesele, sf.16.

Bir Müslümanı tekfire bu iki grubun dışında başka bir merci yetkili değildir. Hatta bırakın avam insanları, ilim talebelerinin bile bu konu hakkında söz söylemeye hak ve yetkileri yoktur. Fehd Abdullah der ki:

"Bir fikre, bir olaya veya bir şahsa küfür hükmü vermek ancak şeriatı hakkıyla bilen ve ilimlerini ehil insanlardan almış muteber âlimlerin işidir. Bu mertebeye ulaşmamış insanların aynî tekfir yapmaları haramdır. Bunlar da iki guruptur: 1- İlim talebeleri. 2- Avam."[666]

Fehd Abdullah kitabının ilerleyen sayfalarında da şöyle der:

"Tekfir meselesi ciddi ve önem arz eden bir meseledir. Bu nedenle bu hükmü verecek tek merci âlimler ve hâkimlerdir. Bazılarının içerisine düştüğü fahiş hatalardan birisi de, ümmetin âlimlerine müracaat etmeksizin tekfir hükmü vermesidir. Tekfir hükmünü vermeye tek yetkili olanlar âlimlerdir. İlim talebesi, ilimde ne kadar ilerlerse ilerlesin (gerçek bir âlim olmadığı sürece) muayyen bir Müslümana tekfir hükmü veremez. Çünkü ortada bir takım dakîk meseleler ve ihtimalli durumlar vardır. Bunlara ise ilimde derinleşmiş olan âlimlerden başka kimse dikkat edemez."[667]

Şam'ın büyük âlimlerinden birisi olan Mustafa Said el-Hınn der ki:

"Muayyen şahısları tekfirde ihtiyatlı davranmak, en uygun ve en selametli yoldur. Bir şahsa veya bir cemaate küfür hükmü vermede en uygun olan yol, bu işi ilmî inceleme imkânlarına sahip olan yargı heyetine havale etmektir. Avamın kulaktan duyma yaygaralara dayanarak bu gibi konulara dalmaktan men edilmesi yine bu konuda en tutarlı yoldur. Allah Teâlâ şöyle buyurur: 'Hakkında ilim (kesin bir bilgi) sahibi olmadığın şeylerin ardına düşme! Çünkü kulak, göz ve kalp bunların hepsi ondan sual edilecek/hesaba çekilecektir.' (İsra, 36)"[668]

Bu nakillerden de anlaşılacağı üzere, bir Müslümanın dinden çıktığına hüküm vermek için kesinlikle ya âlim olmak gerekir ya da kâdi. Aksi halde Allah'a iman etmiş bir Müslümanı işlemiş olduğu küfre delaletinde ihtimal bulunan bazı ameller sebebiyle dinden çıkmış kabul edemeyiz. Çünkü buna yetkili değiliz.

Bu konu anlaşıldıktan sonra önemli bir ayrıma daha dikkat çekmek istiyoruz. Malum olduğu üzere İslam âlimleri, küfürle alakalı meseleleri her-

---

[666] "et-Tekfîr; Hükmuhu-Davâbituhu- el-Ğuluvvu fîhi", sf. 40 vd. (**Not:** İlim talebesi ile kastedilen, İslamî camialardan eline diploma geçirmiş olan kimseler değildir. Nice diploma sahibi insanlar var ki, ilimle onun arası, yerle gök arası gibi uzaktır. İlim talebesi ile kastedilen; nereden mezun olursa olsun ehliyet sahibi bir âlimin önünde şer'î ilimleri tahsil eden ve tahsil ettiği bu ilimle amel eden kimselerdir.)

[667] A.g.e. sf. 103, 104.

[668] "el-Akîdetu'l-İslâmiyye Erkânuha-Hakâikuha-Müfsidâtuha", sf. 582.

kesin bilebileceği *"zâhir"* meseleler ve yalnızca âlimlerin bilebileceği *"hafî"* meseleler olmak üzere ikiye ayırmışlardır.

1-) Herkesin Bilebileceği Zâhir Meseleler

Bu, Allah'a ve Rasûlüne sövmek, din ile alay etmek ve İslam'a hakaret etmek gibi küfür olduğunda kesin delillerin bulunduğu meselelerdir. Böylesi bir meselede âlim olmaya veya kâdı olmaya gerek yoktur. Bir Müslüman bu amellerden birisini işlediğinde –eğer ikrah altında değilse– âlim veya cahil herkes tarafından tekfir edilebilir. Örneğin bir Müslüman –hâşâ– Allah'a sövse, bu sövgüyü duyan herkesin onu tekfir etmesi gerekir. Burada âlim olma şartı aranmaz. Âlim veya kâdı olma şartı bir sonraki başlıkta da göreceğimiz üzere hafî meselelerde geçerlidir. Eğer bir mesele hafî değil de zâhir ise, orada âlim olma şartı aranmaz.

2-) Yalnızca Âlimlerin Bilebileceği Hafî Meseleler

Hafî meselelerle kastedilen; küfür olduğunda kesin nasların olmadığı veya nassın bulunup küfre delaletinin zannî olduğu meselelerdir. Burada âlim ve kadıların dışında kalan insanların konuşma hakkı yoktur. Böylesi bir meselede sadece âlimler ve kadılar söz söyleyebilirler. Aksi caiz değildir.

Bu iki başlığı öğrendiğimize göre şunu açıkça söylemeliyiz: Bizim yukarıdan beri Müslümanları kendisinden sakındırmaya çalıştığımız konu budur. Yani hafî veya içtihada dayalı meselelerde Allah'a iman etmiş kulları tekfir etmek... Bu konuda söz söylemek ne bizim, ne de diğer ilim talebesi kardeşlerimizin işidir; aksine bu konuda söz söylemek ilimde derinleşmiş, meseleleri enine boyuna bilen tahkik ehli âlimlerin işidir. Fehd Abdullah der ki:

"Şahıslara tekfir hükmü vermek ancak âlimlerin işidir. (Ancak) bu, Allah'a ve Peygambere sövmek ve İslam karşıtı olduğunu ilan etmek gibi sarih olan küfürlerde geçerli değildir. (Yani böylesi durumlarda tekfir hükmünü vermek için âlim olmaya gerek yoktur.)"[669]

Sonuç olarak; bu gün küfür olduğu ihtimalli olan meselelerde Müslümanların birbirlerini tekfir etme hakları yoktur. Böylesi meselelerde ancak ilimde derinleşmiş âlimler söz söyleyebilir. Cahil olanların sükût etmesi hem dünyaları, hem de ahiretleri için daha hayırlıdır.

Küfür olduğu güneşin parlaklığı kadar açık olan meselelere gelince; bu noktada herkesin aynı tavrı göstermesi ve Allah ve Rasûlünün küfür olarak adlandırdığı şeylerde hiçbir ihtilafa düşmemeleri gerekmektedir. Böylesi bir

---

[669] A.g.e. sf. 160.

konuda muhalefete düşen kimseleri tekfir etmek için âlim olmak şart değildir.

Konuyu bu şekilde izah ettikten sonra deriz ki; bu gün küfür olduğu hususunda kesin ve kat'î nasların olmadığı meselelerde Müslümanlar birbirlerini tekfir etmemelidirler. Çünkü onlar hem bu hususta yeterli delile sahip değiller, hem de bu işe yetkili değiller. Ancak içlerinde ciddi ilmî birikimi olan, nassları yerli yerinde kullanan ve tekfirin kurallarını etraflıca bilen birisi varsa, o zaman durum farklıdır. Böylesi biri içtihatını ortaya koyarak kendince küfür kabul ettiği bir ameli işleyenleri tekfir edebilir. Bunun hesabını Rabbine verecektir; isabet etmişse iki, hata etmişse bir sevap alacaktır. Ancak burada şu noktanın da altını çizmek gerekir: Bu âlim her ne kadar kendi içtihadına dayanarak bir ameli küfür kabul ediyor ve o ameli işleyenleri tekfir ediyorsa da, onunla aynı düşünmeyen kimseleri tekfir hakkına sahip değildir. Çünkü bu içtihada dayalı bir meseledir. İçtihada dayalı olan yerlerde de tekfirleşme olmaz. Allah en iyisini bilir.

4-) Tekfirci veya Haricî Kime denir?

Toplumumuzda yanlış anlaşılan meselelerden birisi de, tekfirciliğin ve Haricîliğin ne olduğudur. Bazı guruplar ağzından "kâfir" lafzı duyduğu herkese, isabet edip-etmediğini araştırmaksızın bu ismi yakıştırmaktadırlar. Doğru bir hüküm verip-vermediklerini tahkik etmeden bir kişiye "tekfirci" veya "Haricî" demek gerçekten de büyük bir haksızlıktır; zira burada insana hak etmediği bir vasıf takılmaktadır. Bu da büyük bir zulümdür.

Meselenin detayına girmeden önce geçmiş bölümlerde anlatmaya çalıştığımız bazı meseleleri burada yeniden hatırlatalım. Malum olduğu üzere Haricîlerin/tekfircilerin bir takım özellikleri vardır. Bunlar kısaca şöyledir:

1-) Haricîler, büyük günah işleyen herkesi günahın nevine bakmaksızın tekfir eder ve böylesi birisinin ebedî cehennemlik olduğuna hükmederler.

2-) Hiçbir ayırım yapmaksızın daru'l-küfürde yaşayan her Müslümanı tekfir ederler.

3-) Allah'ın hükmü ile hükmeden Müslüman yöneticilere karşı ayaklanırlar.

4-) Sahabeyi tekfir ederler.

Bir insanda Haricîlerin vasıflarından birisinin bulunması onun "Haricî" diye damgalanmasını gerektirmez. Bizler nasıl ki bir kâfirin; yolda insanlara eziyet veren şeyleri izale etme, ana-babaya iyilik etme ve tasaddukta bulunma gibi imanın şubelerinden birisini eda ettiğini gördüğümüzde ona hemen "mümin" hükmü veremiyorsak ya da bir müminin adam öldürme, zina etme ve hırsızlık yapma gibi küfür şubelerinden birisini işlediğinde ona "kâfir" ismini kullanamıyorsak, aynı şekilde bir insanda Hariciliğin vasıflarından bir tanesinin bulunması sebebiyle hemen ona "haricî" hükmü veremeyiz.

Ebu Hümam el-Eserî *hafizehullah* der ki:

"Haricîlerin temel ve fer'î inanç esaslarından birisine muvafakat eden birisi, onların tüm esaslarını kabul etmediği sürece haricî olmaz. Geçmiş âlimler bunu bu şekilde izah etmişlerdir. Mutezile'den Kadı Abdulcebbar der ki: 'İnsan, Mutezilenin beş temel ilkesini kabul etmediği sürece 'Mutezilî' olamaz.' Ebu'l Hasen el-Hayyât şöyle der: 'Kişi, beş esası kabul etmediği sürece 'Mütezilî' ismine hak kazanamaz. Bu beş esas şunlardır: Tevhid, adl, vaad ve vaîd, el-menzile beyne'l menzileteyn, emr-i bi'l Ma'rûf-nehy-i ani'l münker. Kişi bu beş esası kabul ettiğinde, işte o zaman Mutezilî olur.'"[670]

Bu kuralın Sünnet-i Seniyye'den de delili vardır. Rasûlullâh *sallallâhu aleyhi ve sellem* şöyle buyurur:

"Dört şey vardır ki, bunlar kimde olursa halis münafık olur. Kimde de bunlardan birisi bulunursa —onu terk edene dek— kendisinde nifaktan bir şube bulunmuş olur. (Bu dört şey şunlardır:) Kendisine bir şey emanet edildiğinde ihanet eder, konuştuğunda yalan söyler, söz verdiğinde aldatır ve düşmanlık ettiğinde haddi aşar."[671]

Kişide bu hasletlerden birisi bulunduğunda ona "Bu münafıktır" diyemeyiz. Böylesi birisine münafıktır diyebilmemiz için bu dört hasletin hepsinin bir anda o şahısta bulunması gerekmektedir. Aynı şekilde bir insanda Haricîlerin hasletlerinden birisi bulunduğunda "Bu Haricîdir" veya "tekfircidir" diyemeyiz. Böylesi birisine haricîdir veya tekfircidir diyebilmemiz için Haricîlerin tüm hasletlerinin o şahısta bulunması gerekmektedir. Aksi halde o şahsa bu ismi takmamız uygun olmaz.

Yine bir insanın haricî veya tekfirci diye adlandırılabilmesi için insanları günahlar sebebiyle tekfir etmesi gerekir. Allah ve Rasûlünün küfür olarak adlandırdığı bir ameli işleyene kâfir adını takanlara "tekfirci" veya "haricî" demek yanlıştır. Bir insanın tekfirci diye adlandırılabilmesi için küfür sebebiyle değil, günah sebebiyle insanları tekfir etmesi gerekir. Aksi halde bu ismi ona takmak caiz olmaz.

Yine kişi elindeki delillerden hareketle bir ameli veya bir amelim terkini "küfür" diye adlandırıyor ve neticesinde o hataya düşenleri tekfir ediyorsa asla "Haricî" veya "tekfirci" diye itham edilemez. Örneğin namazın terkini

---

[670] "el-Kevkebu'd-Durriyyu'l Münîr", sf. 45.
[671] Buhârî, İman, 24; Müslim, İman, 25.

küfür kabul eden birisine göre doğal sonuç olarak namazı terk edenlerin kâfir olması gerekir. Böyle birisi "namazı terk eden herkesi ben tekfir ediyorum" dese hata yapmış olmaz; bu inanca sahip olan birisine de "sen tekfircisin" denmesi caiz değildir.

Sonuç olarak; bir insanın "tekfirci" diye adlandırılabilmesi için sahabeyi küfürle itham etmek, günahlar sebebiyle tekfir etmek ve Kur'ân'la hükmeden meşru yöneticilere baş kaldırmak gibi vasıfların tamamıyla muttasıf olması gerekir. Bu vasıfların hepsine birden değil de, bazısına sahip olan kimselere "tekfirci" demek uygun değildir.

Allah'ın hükümlerini arkasına atarak beşerî kanunlarla hükmeden yöneticileri tekfir ettikleri için bazı cemaatler tarafından kimi kardeşlere tekfirci damgası vurulmaktadır. Bu yanlış bir damgalamadır; zira onlar Allah'ın "küfür" demiş olduğu bir ameli işledikleri için yöneticilere bu ismi vermektedirler. Eğer Allah, kitabında kendi hükümleri ile hükmetmeyenler için bu ismi vermiş olmasaydı, kardeşlerin aşırıya kaçtığı söylenebilirdi. Ama Kitabullah'ta böylesi insanlar için açıkça "kâfir" denmiştir. Bu nedenle onların kâfir olduğunu söyleyenlere "tekfirci" demek, hem yersizdir hem de aşırılıktır.

Bazı Müslümanlar küfür olduğuna dair hakkında kesin delillerin bulunmadığı bir takım içtihadî meseleler hakkında hemen küfür hükmü vererek o amellere bulaşan Müslümanları tekfir etmektedirler. Hatta bazen bu hususta silsile bile yapabilmektedirler. Bizler böylelerini her ne kadar "Haricî" diye adlandırmasak da kendilerinin Haricîlik fitnesinden nasibini almadıklarını da söyleyemeyiz.

5-) Tekfirin Faydası Var mıdır?

Önceki bölümlerde de kısmen işaret etmeye çalıştığımız üzere tekfir şer'î bir görev ve İslamî bir hükümdür. Nikâh, miras, kısas ve benzeri ahkâm nasıl ki Allah'ın birer hükmü ise, tekfir de aynı şekilde Allah'ın bir hükmüdür ve dinin ahkâmından bir ahkâmdır.

Şeyhu'l-İslam İbn-i Teymiyye der ki: *"Tekfir şer'î bir hükümdür ve ancak şer'î delillerle sâbit olur..."*[672]

Takiyyuddin es-Subkî de şöyle der: *"Tekfir şer'î bir hükümdür..."*[673]

Bu nedenle tekfir boş ve faydasız bir şey değil, aksine üzerine birçok ahkâmın terettüp ettiği İslamî bir hükümdür. Bizler nasıl ki, nikâh, talak veya miras gibi ahkâm için "Bunların ne faydası var?" diyemiyorsak aynı

---

[672] İbn-i Teymiyye, "Mecmuu'l-Fetâvâ", 17/78.
[673] Ebu'l Hasen Takiyyuddin es-Subkî, "Fetâvâ's-Subkî", 2/586.

şekilde tekfir meselesi için de böylesi bir ifade kullanamayız. Zira her iki konuda İslamî birer hüküm olma noktasında eşittir ve kendisine göre bir takım faydaları vardır. Bu noktada Allah'tan korkan bir Müslümanın, ağzından çıkan sözlere dikkat etmesi ve Allah'ın ahkâmı için "Boş ve faydasız işler" dememesi gerekir; aksi halde Allah'a vereceği hesap çok zor olur.

Ebu Muhammed el-Makdisî der ki: *"Gerek dünyevî hükümler açısından gerekse uhrevî hükümler açısından birçok sonuç, tekfir ahkâmı üzerine terettüp etmektedir..." "Fıkıh kitaplarını inceleyen birisi açıkça görür ki, birçok mesele ve ahkâm, tekfir konusu ile yakından alakalıdır."*[674]

Allah Teâlâ'nın yeryüzünde icra edilmesi için indirmiş olduğu hükümlerin hemen hemen tamamı tekfir ahkâmı üzerine kurulmuştur. Şimdi kısaca bunları açıklamaya çalışalım:

1) Yöncticilerle Alakalı Hükümler. Müslüman yönetici ile beraber olmak, onu desteklemek, ona itaat etmek, açık bir küfür işlemedikçe ona isyan etmemek veya itaatsizlik yapmamak, İslam dairesinde kaldığı ve İslam şeriatını uyguladığı sürece iyi veya kötü olsun arkasında namaz kılmak ve beraberinde cihada çıkmak vaciptir. Yine Müslüman yönetici, velisi olmayan Müslümanların velisi konumundadır. Kâfir yönetici hakkında ise ona bey'at etmek, onu yönetici edinmek, desteklemek, yardım etmek, onu dost edinmek, sancağı altında onunla beraber savaşa çıkmak, arkasında namaz kılmak, onun hükmüne başvurmak caiz değildir. Bu kâfire itaat yoktur. Aksine ona karşı çıkmak, yönetimden uzaklaştırmak ve yerine Müslüman yöneticiyi getirmek vaciptir.[675] Buna bağlı olarak onu dost edinen, küfrünü veya küfür yasalarını destekleyen, koruyan, yasalarının yapılmasında ve uygulanmasında ortak olan ve bu kanunlar ile hüküm verenlerin kâfir olduğu sonucu ortaya çıkmaktadır.

2) Velâyet İle Alakalı Hükümler. Kâfirin Müslümana velayeti geçerli değildir. Kâfirin, Müslümanlara veli (yönetici) yahut namaz imamı olması caiz değildir. Müslüman kadına nikâhta veli olması, Müslüman çocuklara veli yahut vâsi olması yahut onlardan yetim olanların malları hakkında velayet makamında olması caiz değildir.

3) Nikâh İle Alakalı Hükümler. Kâfirin Müslüman kadınla nikâhlanması caiz değildir ve nikâhta ona veli olamaz. Müslüman erkek, Müslüman kadınla evlendikten sonra mürted olursa, aradaki nikâh bâtıl olur ve ikisi birbirinden ayrılır.

---

[674] "er-Risâletu's-Selâsîniyye", sy. 12.

[675] Allah Teâlâ şer'î siyasetle ilgili konularda Müslümanlara Müslüman yöneticiye itaat edilmesini vacip, buna karşılık kâfir yöneticiye itaat ve yardımı ise haram kılmıştır. İslam âlimlerinin *"Hâkim olan yöneticinin durumunu bilmek her Müslümana vaciptir"* demelerinin altında yatan etken de budur.

4) Miras İle Alakalı Hükümler. Bütün âlimlere göre din farklılığı mirasçı olmaya engeldir.

5) Kısas Ve Kan Diyetleri İle Alakalı Hükümler. Kâfirin kanına karşı Müslüman öldürülmez. Muharip kâfirin veya mürtedin bilerek veya yanlışlıkla öldürülmesi kefaret ya da diyet vermeyi gerektirmez. Öldürülenin Müslüman olması halinde ise, durum bunun aksinedir.

6) Cenazeler İle Alakalı Hükümler. Kâfir için cenaze namazı kılınmaz, yıkanmaz, Müslüman mezarlığına gömülmez, kendisi için istiğfar caiz olmaz ve kabrinin başında durulmaz. Müslüman ise böyle değildir.

7) Yargı İle Alakalı Hükümler. Kâfir kişi Müslümanlar için yargıç olmaz, Müslüman hakkında kâfirin şahitliği geçerli olmaz, küfür yasaları ile karar veren kâfir yargıcın mahkemesine başvurmak caiz değildir. Bu yargıcın verdiği hükümler uygulanmaz ve o hükümlere gereken sonuçlar terettüp etmez.

8) Savaş İle Alakalı Hükümler. Kâfir, müşrik ve mürted ile savaşmak, Müslüman bâği ve âsiler ile savaşmaktan farklıdır. Kâfirler ile savaşırken kaçanları kovalamak ve öldürmek mubah olduğu halde, âsi ve bâğilerden kaçanlar izlenmez, yaralıları öldürülmez, malları yağmalanmaz, kadınları esir alınmaz. Müslümanın imanı sebebiyle kanı, malı ve namusu diğer bir Müslüman için haramdır. Hâlbuki kâfir hakkında asıl olan, kanı, malı ve namusu, Müslüman olmadıkça mubahtır.

9) Velâ ve Berâ (dostluk ve düşmanlık) **İle Alakalı Hükümler.** Müslümana velâyet vacip olup tümden onunla ilişkiyi kesmek caiz değildir. Sadece günah olan fiillerinden uzak durmak gerekir. Kâfire velayet ve Müslümanlara karşı kâfire destek vermek veya Müslümanların sırlarını kâfire bildirmek haramdır. Kâfirden ilişkiyi kesmek ve ona buğzetmek vacip olup onu dost edinmek caiz değildir.

Tekfir ahkâmı ile ilgili ve etkileri büyük olan daha pek çok mesele vardır... Verdiğimiz örnekler devede kulak misalidir. Örnek olması amacı ile burada sadece çok küçük bir kısmını aktardık.[676] Bu konularla ilgili deliller ve hükümler fıkıh kitaplarında belli ve açıktır. Mü'min ile kâfir ayrımı yapmayanların, aktardığımız bütün bu konularda dini ve işi karışık olur. Verdiğimiz örneklerden de anlaşıldığı gibi Müslümanlarla ilgili hükümlerin

---

[676] Tüm bunlardan sonra *"Tekfirin Anlamsızlığı"* şeklinde risaleler kaleme alıp insanları mutlak anlamda tekfirden sakındıranların ne kadar büyük bir hataya düştüklerini anlamak zor olmasa gerek. Bizim kendisinden sakındırmaya çalıştığımız tekfir, şartları ve manileri gözetilmeden yapılan tekfirdir. Tüm şartları oluşmuş ve engelleri ortadan kalkmış tekfire gelince; bu, Allah'ın bir hükmüdür. Bu hükümden ise ancak Allah'ın ahkâmını işlevsiz bırakmak isteyenler sakındırır. Bu ayırıma dikkat et!

kâfirlerle ilgili hükümlerle karıştırılmasında çok büyük sakıncalar, zararlar ve kötülükler bulunmaktadır.

Bugün doğru ile yanlışın, hak ile bâtılın birbirine karıştığını, bu konularla ilgili şer'î meselelerde birçok Müslümanın kafasında ölçülerin bozulduğunu hepimiz görüyoruz. Bu durum, oldukça önemli olan tekfir konusuna gereken önemin verilmemesinden, Müslüman ile kâfirin birbirinden ayrılmamasından ve bu konuda ihmalkâr davranılmasından dolayı ortaya çıkmaktadır. Avamından, yetişmiş olanına kadar birçok kimsenin ahkâmda, muamelelerde, ibadetlerde, dostluk ve düşmanlıkta ve daha birçok işte bocalamalarından bu durum açıkça anlaşılmaktadır."[677]

Yaptığımız bu nakillerden şartları ve mânileri gözetilerek yapılan tekfirin boş ve faydasız bir hüküm olmadığını rahatlıkla anlayabiliriz. Ancak şartlarına ve mânilerine dikkat edilmeden yapılan tekfirin ise sahibine fayda getirmeyeceği açıktır. Bu noktaya dikkat etmek gerekir. Fakat yaşadığımız bölgedeki İrca Ehlinin *"Kâfirleri tekfir etmenin ne faydası var?"* şeklinde ortaya attıkları şüphe, İslam şeriatının bütün hükümlerini iptal etmeye ve işlevsiz kılmaya yöneliktir. Samimiyet duyguları içerisinde söylenmiş bir söz değil, aksine tağutları ve yandaşlarını temize çıkarma adına dile getirilmiş bir lakırtıdır. Bunun bu şekilde bilinmesi gerekir.

6-) Kişi Dinin Hangi Kapısından Çıkmışsa Tekrar O Kapıdan Girmedikçe İmanı Sahih Olmaz

Günümüzün en çok karıştırılan meselelerinden birisi de budur. Kendisinde Mürcie bulantısı olan bazı çevreler ve hatta bazı meşhur yazarlar, bu konuda ilimden fersah fersah uzak bir düşünceyi savunmakta ve ne aklın ne de naklin kabul edeceği çok garip bir fikir ortaya atmaktadırlar.

Bir gün kitaplarından çokça istifade ettiğimiz bir hoca efendinin tekfir ile alakalı bir konuşmasını dinliyordum... Konuşma ilerledikçe şaşkınlığım artıyor ve bir âlimden nasıl böylesi sözler sadır oluyor anlayamıyordum doğrusu. Hoca efendi şöyle diyordu konuşmasında:

"Bu gün Allah'ın kanunlarını kaldırıp yerine küfür kanunlarını ikame edenlerin küfre girdikleri kesin. Ancak bu insanlar bu amelleri ile küfre girmelerinin yanı sıra diğer taraftan da 'Lâ ilâhe illallah' diyor ve namaz kılıyorlar. Kanun koyarak küfre giriyorlar sonra 'Lâ ilâhe illallah' diyerek imana giriyorlar. Küfür sözleri söyleyerek ve küfür amelleri işleyerek dinden çıkıyorlar, sonra 'Lâ ilâhe illallah' diyerek yeniden imana giriyorlar. Şimdi biz onların ortaya koyduğu amellerden hangisini

---

[677] "er-Risâletu's-Selâsîniyye Tercümesi", sy. 36-38. Konu hakkında daha geniş bilgi için Şeyh Abdulkadir bin Abdulaziz'in "el-Cami' fi Talebi'l-İlmi'ş-Şerif" adlı eserinin "İman ve Küfür Konularının Önemi" başlıklı bölümüne müracaat ediniz.

tercih edeceğiz? Acaba küfür yönlerini ağır görüp onlara kâfir hükmü mü vereceğiz, yoksa imanlarına delalet eden amellerini baskın kabul edip onlara Müslüman mı diyeceğiz?"[678]

Bu sözler yüzeysel bir şekilde okunduğunda evvelemirde doğru gibi algılanabilir. Ancak ilmî bir bakışla derinlemesine okunduğunda sözlerde çok ciddi bir hatanın olduğu aşikârdır. Bir insan, küfrü mucip bir söz söylese o sözün içerdiği manadan tevbe etmediği sürece Lâ ilâhe illallah demesi kendisine fayda vermez. Aynı şekilde kişi küfre düşürücü bir amel işlese o amelden tevbe etmediği sürece Lâ ilâhe illallah demesi veya İslamî ameller izhâr etmesi kendisine bir fayda sağlamaz. Şimdi bunu birkaç örnekle izah etmeye çalışalım:

Bir insan içkinin haram olduğunu bildikten sonra onun helal olduğunu iddia etse, bu iddiasından dönene kadar Lâ ilâhe illallah demesi kendisine fayda vermez. Çünkü o kişinin küfrü, bir haramın helalliğini itikad etmek sureti ile meydana gelmiştir. Bu itikadından vazgeçmediği sürece hiçbir İslamî amel kendisine fayda vermeyecektir.

Ya da bu gün Allah'ın ahkâmını değiştiren, O'nun kanunlarına alternatif kanunlar çıkaran, helalleri haram, haramları helal yapan tağutlar sırf bu yaptıkları sebebiyle dinden çıkmış ve kâfir olmuşlardır. Onlar bu görevlerinden vazgeçmedikleri sürece Kelime-i Tevhidi telaffuz etmeleri veya dinin bazı emirlerini yerine getirmeleri asla kendilerine bir fayda sağlamaz. Çünkü onların küfrü "tağut" olmalarından ve Allah'ın haramlarını helal, helallerini haram saymaları yönündendir, Kelime-i Şahadeti telaffuz etmemelerinden değil. Bu nedenle onların Müslüman olabilmeleri için tağutluklarını bırakmaları ve küfürlerini terk etmeleri gerekmektedir. Aksi halde mümin olmazlar.

Bu bağlamda misalleri çoğaltmak mümkündür... Ancak maksat hâsıl olduğu için bu iki örnekle iktifa ediyoruz. Enverşah el-Keşmîrî "İkfâru'l-Mulhidîn" adlı eserinde şöyle der:

"Kimin küfrü, dinin kesin bir hükmünü örneğin içkinin haramlığını inkâr etme yönünden olursa itikad ettiği o şeyden vazgeçmesi gerekir. (Kelime-i Şehadeti ikrar etmesi ona fayda vermez) zira o kişi bu inancıyla beraberde Kelime-i Şehadeti telaffuz ediyordu. Böylesi birisinin (yeniden Müslümanlığına hüküm verebilmemiz için) bu inancından vazgeçmesi gerekmektedir..." "...Sonra bu kişi âdeten Kelime-i

---

[678] Bu konuşma Hasan Karakaya hocaya aittir. Konuşma metni birebir deşifre edilmemiş, özet olarak nakledilmiştir.

şehadet getirse (içkinin helalliğine dair) söylemiş olduğu sözden vazgeçmediği süre-ce Kelime-i Şehadet ona her hangi bir fayda sağlamaz..."[679]

Enverşah el-Keşmîrî'nin bu tespiti gerçekten de çok yerindedir; zira bir insan kendisini küfre ve şirke düşürecek bir amel işlese, o amelden teberri etmediği sürece söylediği tevhidin ve yaptığı amellerin ona hiçbir faydası olmayacaktır. Kişinin, bu amellerden istifade edebilmesinin bir tek yolu vardır, o da içerisine düştüğü şirkten uzaklaşmasıdır. Eğer içerisine düşmüş olduğu şirkten uzaklaşmazsa hiçbir amel ona fayda sağlamayacaktır.

Hasan Karakaya Hoca'nın ifade ettiği şeyler ise, tahkik edilmeden ve ilmî süzgeçten geçirilmeden söylenmiş sözlerdir. Biz bunu ilmî bir varta olarak değerlendiriyor ve Hoca efendinin bu yanlıştan dönmesini temenni ediyoruz. Allah bize de Hocaefendiye'de hatalarımızı göstersin. (Âmin)

7) Küfrü Kesin Olan Birisini Tekfir Etmemenin Zararları

Allah, her daim kendi hükmüyle hükmetmeyi bizlere farz kılmış ve varlıklara O'nun verdiği isimlerli takmayı bizlere emir buyurmuştur. Allah'ın "kâfir" olarak adlandırdığı bir kimseyi bizim de aynı isimle adlandırmamız ibadetin ta kendisidir. Nasıl ki İslam'ına şahit olduğumuz kimselere "Müslüman" adını takıyorsak, aynı şekilde küfrüne şahit olduğumuz kişilere de kâfir ismini takmalıyız. Bu, tekfircilik değil, aksine Müslüman olmanın bir gereğidir. Burada önemli olan kâfir ismini verdiğimiz kimsenin kendi inanç ve yöntemlerimizle değil, şer'î yollarla küfre düştüğünün ispatlanmasıdır. Bu ispat edildikten sonra ona o ismi vermek artık şer'î bir vecibedir.

Bazı çevreler küfre düştüğü kesin olan kimi şahısları, özellikle de tağutları tekfir etmekten uzak durmaktadırlar. Bu son derece yanlış ve hatalı bir tutumdur. Çünkü Allah'ın verdiği hükmü onlara vermemek bir takım hataları da beraberinde getirir. Bunun sonucunda da hem kendimizin hem de insanların dalalete düşmesi kaçınılmazdır. Küfre girdiği kesin olan insanları –ki bunların başında tağutlar gelir– tekfir etmemenin zararlarını şu şekilde sıralayabiliriz:

1) Allah'ın onlar hakkında vermiş olduğu hüküm işlevsiz hale getirilmiş olur. Malum olduğu üzere Allah Teâlâ bizlere kendi hükmüyle hükmetmeyi farz kılmıştır. Böylesi bir durumda bizler Allah'ın hükmüyle hükmetmemiş ve varlıkları O'nun verdiği isimle isimlendirmemiş oluruz. Rabbimiz şöyle buyurur:

---

[679] "İkfâru'l-Mulhidîn", 63. "Kava'id fi't-Tekfir" adlı eserden alıntılanmıştır. Bkz. sf. 197.

"Kim Allah'ın indirdiği hükümlerle hükmetmezse işte onlar kâfilerin (zalimlerin, fasıkların) ta kendileridir." *(Maide, 44, 46, 47)*

Eğer onlar hakkında Allah'ın hükmünü vermezsek, o zaman yöneticileri razı edebilme adına Allah'ın hükmünü gizlemek sureti ile Yahudilerin düşmüş oldukları hataya düşmüş oluruz.

2) Onları tekfir etmemek, açıklanması bizlere farz olan ilmi ketmetmek anlamına gelir. Özellikle de açıklanmasına ve beyan edilmesine şiddetle ihtiyaç duyulduğu zamanlarda bu, gizlemenin en şerlisinden kabul edilir. Bu gibi durumlarda Allah'ın hükmünü gizleyenler Rabbimizin şu tehdidine muhatap olurlar:

"İndirdiğimiz apaçık delilleri ve hidayeti Kitap'ta açıklamamızdan sonra onları gizleyenler var ya, işte onlara hem Allah lânet eder, hem de bütün lânet etme konumunda olanlar lânet eder." *(Bakara, 159)*

3) Onları tekfir etmemek, tağutların gerçek yüzünü insanlardan saklamak ve küfür ve zulümleri hakkında insanları doğru bilgiden uzaklaştırmak manasına gelir. Hele bir de onlara İslam elbisesi giydirmek akla gelmeyecek mefsedetlere yol açar.

4) Tağutların tekfirini abesle iştigal olarak değerlendirmek –hâşâ– Rasûlullah'ın kendi dönemindeki tağutları tekfir etmesini de abesle iştigal olarak değerlendirmeyi gerektirir.

5) Tağutları tekfir etmemek, onların artmasına ve çoğalmasına yol açtığı gibi zulüm ve küfürlerinin de artmasına yol açar.[680] Onlar, âlimler (!) tarafından kendilerinin Müslüman addedildiğini bildiklerinde, yaptıklarının doğru olduğunu zannedecek ve kendilerine karşı çıkan muvahhid Müslümanları, işlemiş oldukları hatalar nedeniyle cezalandıracaklardır. Bu da son derece tehlikeli bir durumdur.

Bu saydığımız ve daha zikredilmesi mümkün olan diğer sebepler nedeniyle küfrü kesin olan kimseleri tekfir etmemek şer'an çok sakıncalı bir tutumdur. Bu hataya düşmemek için görüş ve düşüncelerimizi daima gözden geçirmeliyiz.

---

[680] Bu tespitler üstat Abdulmun'im'in son dönemin meşhur hadisçisi Nasiruddin el-Elbânî'ye reddiye olarak kaleme aldığı *"el-İntisâr li Ehli't-Tevhîd ve'r-Reddu alâ men Câdele ani't-Tevâğît"* adlı kıymetli eserinden alınmıştır. Bkz. sf. 36.

SEKİZİNCİ BÖLÜM

TEKFİRLE ALAKALI BAZI FIKHÎ MESELELER

1-) Küfre Düşen Birisinin İmamlığı Caiz Değildir

İşlemiş olduğu bir amel veya söylemiş olduğu bir söz sebebiyle küfre düşmüş birisinin imamlığı ittifakla bâtıldır. Böyle birisinin arkasında kılınan namaz tüm ulema nezdinde sahih değildir. Bu şekilde eda edilen bir namaz sahibine sevap getirmeyeceği gibi, namaz borcunu da üzerinden düşürmez. Dolayısıyla küfre girmiş birisinin arkasında namaz kılınmaz.

Malum olduğu üzere kâfir birisi ibadete ehil değildir. Tüm ibadetleri gibi kılmış olduğu namazları da geçersizdir. Çünkü ibadetlerin kabulündeki temel şart şirk ve küfürden arınmış imandır. Dolayısıyla imanı olmayanın veya imanına şirk bulaştıranın ibadetleri kabul değildir.

Kâfirin kıldığı namazın kabul edilmeyeceği noktasında ulema ihtilaf etmemiştir. Onun kılmış olduğu namaz kabul olmadığına göre, kıldırmış olduğu namaz da haliyle kabul olmayacaktır. Zira kendisi için namazı sahih olanın başkası için de namazı sahihtir; kendisi için namazı sahih olmayanın başkası için de namazı sahih değildir. Bu nedenle kâfirler namaz kıldırmaya ehil değildirler.

Sonuç olarak ibadete ehil olmamaları ve amellerinin kabul edilmemeleri sebebiyle kâfirlerin arkasında namaz kılmak sahih değildir. Cünübün veya abdestsiz birisinin arkasında kılınan namaz nasıl ki kabul edilmeyecekse, kâfir birisinin arkasında kılınan namaz da aynı şekilde kabul edilmeyecektir. Bu, tüm ulemanın ittifakla kabul ettiği bir husustur. Şimdi bu noktada bazı nakiller yapalım.

İmam Şafiî "el-Ümm" adlı eserinde der ki:

"Şayet kâfir birisi Müslüman olan bir topluluğa imamlık yapacak olsa, Müslümanlar onun "kâfir" olduğunu bilseler de bilmeseler de namazları sahih olmaz. Onun namaz kılması -eğer namazdan önce İslam'a girecek bir söz söylememişse- kendisini İslam'a sokmaz. Onun kâfir olduğunu bildiği halde arkasında namaz kılanlar çok kötü bir şey yapmış olurlar..."[681]

İbn-i Kudâme el-Makdisî der ki:

"Kâfir birisinin arkasında -onun kâfir olduğu ister namazın bitiminde bilinsin ister namazdan önce bilinsin- namaz kılmak hiçbir surette sahih olmaz. Arkasında namaz kılanların namazlarını iade etmeleri gerekmektedir..."[682]

İmam Nevevî der ki:

"Küfre düşürücü bir bidat işleyen kimsenin arkasında namaz kılmak sahih değildir."[683]

Kitabın aynı yerinde yine şöyle der:

"İşlemiş olduğu bidat sebebiyle küfre düşmeyen bir bidatçinin arkasında namaz kılmak mekruh olmakla birlikte sahihtir. Ancak işlediği bidat sebebiyle küfre düşmüşse önceden de ifade ettiğimiz gibi böylesi birisinin arkasında diğer kâfirlerin arkasında olduğu gibi namaz kılmak sahih değildir."[684]

Şâşî der ki:

"Kâfirin imameti sahih değildir."[685]

Şankîtî der ki:

"Küfre düşmüş birisinin, kadının ve hünsanın arkasında namaz kılmak sahih değildir"[686]

İbn-i Useymîn der ki:

"Küfre düşmüş birisinin arkasında namaz kılmak mutlak surette sahih/geçerli değildir..."[687]

Vehbe Zuhayli der ki:

"Bir kişinin imamlığı şu şartlar sayesinde geçerli olur:

1) İslam. Kâfirin imamlığı ittifakla sahih değildir..."[688]

---

[681] "el-Ümm", 1/168.

[682] "el-Muğnî", 3/438.

[683] "el-Mecmu' Şerhu'l-Mühezzeb", 4/252.

[684] Aynı kaynak.

[685] "Hilyetu'l-Ulema fi Marifeti Mezâhibi'l-Fukahâ", 2/169.

[686] "Şerhu Zâdi'l-Müstekni'", Muhammed b. Muhammed eş-Şankîtî, 1/60.

[687] "eş-Şerhu'l-Mumti' alâ Zâdi'l-Müstakni'", Muhammed Salih b. Useymîn, 4/220.

[688] "el-Fıkhu'l İslâmî ve Edilletuhu", 2/340.

Diyanet Vakfının hazırlamış olduğu "İman ve İbadetler" adlı İslam il-mihalinde şöyle geçer:

"İmamın ergin (baliğ), belli bir aklî olgunluk düzeyine ulaşmış (âkil), ve tabii ki Müslüman olması şarttır. Küfrü gerektirecek bir inancı bulunan, bid'at ve dalalet ehlinin arkasında namaz kılınmaz."[689]

Yaptığımız nakillerden de anlaşılacağı üzere küfre girmiş birisinin ar-kasında namaz kılınmayacağı kuşkusuzdur. Şer'î kurallar çerçevesinde bir kimsenin küfre düştüğüne inanıyorsak, o kişinin arkasında namaz kılama-yız. Bu gün bu mesele çok basite indirgenmekte ve hafife alınmaktadır. Oy-sa mesele hiç de basite alınmayacak kadar önemlidir. Zira sonucunda na-maz gibi önemli bir ibadetimizin kabul edilip-edilmemesi söz konusudur. Bu nedenle birilerinin bu meseleyi hafife almasına ve hassasiycti elden bı-rakmasına aldırış etmemeli, namazlarımızı kime teslim ettiğimize dikkat göstermeliyiz.

Son olarak; günümüzde insanlara namaz kıldıran din görevlilerinin gö-reve başlarken altına imza attıkları maddelerin küfre delaleti sarihtir. Böyle-si küfür içerikli metinlere bir müslümanın imza atması düşünülemez. Bu nedenle böylesi kimselerin arkasında namaz kılmanın ne kadar doğru ol-duğunu varın, siz düşünün.

2-) Kâfirin Cenaze Namazı Kılınmaz

Şer'an küfre girdiğine karar verilen bir kimsenin cenaze namazını kıl-mak caiz değildir. Bu konuda ulema arasında herhangi bir ihtilaf söz konu-su değildir. Rabbimiz şöyle buyurur:

"Onlardan ölen kimsenin namazını sakın kılma, mezarı başında da durma! Çün-kü onlar Allah'a ve peygamberine karşı küfre saptılar ve fasık olarak öldüler."
(Tevbe, 84)

İmam Kurtubî İslam âlimlerinin şöyle dediğini nakleder:

"Bu ayet, kâfirler için cenaze namazı kılmanın yasak olduğunu ortaya koyan bir nasstır."[690]

Tefsir ve fıkıh kitapları gözden geçirildiğinde İslam ulemasının bu nok-tadaki sözlerinin birbiri ile uyumluluk arz ettiği görülür.

Cenaze namazı ölü için bir dua ve mağfiret sebebidir. Küfre girmiş biri-si ise buna layık değildir. Bu nedenle İslam, kâfir birisinin namazını kılmayı ve bu namazla alakalı işlemlerle meşgul olmayı yasaklamıştır.

---

[689] "İman ve İbadetler, İlmihal", Türkiye Diyanet Vakfı Yayınları, (Yeni Şafak Gazetesi armağanı) sf. 278.
[690] "el-Cami' li Ahkâmi'l-Kur'an", 4/118.

Cenaze ile alakalı olarak yıkama, kefenleme, kokulama, Müslüman mezarlığına defnetme, kabri başında durma ve iman edenlere has bazı defin işlemleri kâfirler hakkında yasaklanmıştır. Bu nedenle, etrafımızda küfre destek veren, kâfirleri savunan, İslam'a ve Müslümanlara kin duyan kâfir kimselerin cenaze merasimlerine katılmamız ve namazlarını kılmamız asla caiz değildir. Cenaze namazı asıl itibarı ile bir insan için şereftir; izzet ve şeref tamamıyla müminlere ait olduğu için onların bundan faydalanmaları söz konusu olamaz.

Günümüzde Allah'a ve İslam şeriatına düşmanlığı ile bilinen ve İslam'la savaşan insanların cenazesini kıldıran hocalar, üç kuruşluk dünya menfaati için dinlerini satmaktan başka bir şey yapmamaktadırlar. Oysa kendisini İslam'a nispet eden bir hocadan beklenen; Rabbanî bir tavırla hiç kimseden korkmaksızın Allah'ın emir ve direktiflerine boyun eğmesi ve geçici dünya menfaati karşılığında dinini satmamasıdır. Bu şekilde davranmayıp dünyayı ahirete tercih edenler karınlarına ateşten başka bir şey doldurmuyorlar.

"Allah'ın indirdiği kitaptan bir şey gizleyip de, onu az bir pahaya satanlar; işte onlar karınlarına ateşten başka bir şey doldurmuyorlar. Kıyamet günü Allah onlarla konuşmaz. Onları temize de çıkarmaz. Ve onlar için acıklı bir azap vardır." (Bakara, 174)

3-) Kâfir Ana-Babaya İtaatin Hükmü

İslam, Allah'a isyanı emretmedikleri sürece ana-babaya itaati emretmiştir. Öyle ki, onlara itaat Allah'a ve Rasulüne itaatten sonra itaatlerin en efdali kabul edilmiştir. Onlara isyan etmek, Kur'an ve Sünnetin açık nassları ile şiddetle kınanmıştır. Rabbimiz şöyle buyurur:

"Rabbin, yalnız Kendisine ibadet etmenizi ve ana babaya iyilikte bulunmanızı emir buyurmuştur. Eğer ikisinden biri veya her ikisi, senin yanında iken ihtiyarlayacak olursa, onlara karşı 'Öf' bile deme! Onları azarlama! İkisine de hep tatlı söz söyle! Onlara acıyarak alçak gönüllülük kanatlarını ger ve: 'Rabbim! Küçükken beni yetiştirdikleri gibi sen de onlara merhamet et!' de." (İsra,23, 24)

Ana-babaya "öf" bile demek yasak iken, onları azarlamanın, kendilerine sövüp-saymanın ve onları dövmenin hükmü nedir? Elbette ki bunlar haramlık açısından öf demekten daha ileri bir seviyededirler.

Müslim'in rivayet ettiği bir hadiste Peygamberimiz sallallâhu aleyhi ve sellem: *"Günahların en büyüğü Allah'a şirk koşmak, ana babaya karşı gelip eziyet vermek ve yalancı şahitlikte bulunmaktır"*[691] buyurarak, ana babaya itaatsizliği şirkten sonra en büyük günah olarak nitelendirmiştir.

Çocuklar ebeveynlerine son derece itaat etmeli, onlara saygıda kusur etmemeli ve rızalarını kazanabilmek için ellerinden gelen tüm gayreti sarf etmelidirler. Unutulmamalıdır ki; *"Allah'ın rızası, ana-babanın razı edilmesine bağlıdır. Allah'ın gazabı da ana-babanın gazabındadır."* [692]

Peygamberimiz *sallallâhu aleyhi ve sellem,* hadislerinde ana-babaya itaatin üzerinde çok durmuş ve onları razı edemeyenlere ağır beddualarda bulunmuştur. Onlardan bir tanesi şu şekildedir:

"Ana-babasından birisine veya her ikisine ihtiyarlık devrelerinde yetişip de (onları razı edemediğinden ötürü) cennete giremeyen kimsenin, burnu yerde sürtülsün, burnu yerde sürtülsün, burnu yerde sürtülsün!"[693]

Dolayısıyla bir Müslüman, ana-babasına son derece hürmet etmeli ve onları razı edebilmek için elinden gelen tüm çabayı sarf etmelidir.

Ana-Babaya İtaatin Sınırı

Ana-babaya itaatte Müslüman-kâfir ayırımı yoktur. Kâfir bir ebeveyn çocuklarına isyanı emretmedikleri sürece itaat edilmeyi hak ederler. İslam âlimleri şöyle demiştir: *"İyilik ve itaat hususunda ebeveynin ille de Müslüman olması şart değildir. Kâfir bile olsa –şirki ve günahı emretmediği sürece– ebeveyne iyilikte bulunmak ve güzellik etmek vaciptir."*[694]

Esmâ *radıyallahu anha* anlatır:

*"Rasûlullah sallallâhu aleyhi ve sellem'*in zamanında (müşrik olan) annem hasret gidermeyi arzulayarak beni ziyarete geldi. Ben de Rasûlullah *sallallâhu aleyhi ve sellem'*e 'Ona iyilik edeyim mi?' diye sordum. Rasûlullah *sallallâhu aleyhi ve sellem* 'Evet' buyurdu."*[695]

Bu hadisten de anlaşıldığına göre ana-babaya –müşrik dahi olsalar– iyilik yapılması zorunludur. Bu asla engellenemez. Bununla birlikte İslam, her meselede olduğu gibi ebeveyne itaatte de bir takım şartlar getirerek itaatin sınırlarını belirlemiştir. Ana-babaya itaat mutlak itaat değildir. Mutlak itaat ancak Allah ve Rasulüne yapılır. Bu nedenle ana-babaya itaat, Allah ve Rasulüne itaatle sınırlıdır. Yani onlar Allah ve Rasulüne isyanı emretmedikleri sürece itaati hak ederler; ama her ne zaman ki Allah ve Rasulüne isyanı

---

[691] Müslim, Kitabu'l iman, 87.
[692] Tirmizi, 1899.
[693] Müslim, Bir ve Sıla, 9.
[694] Bkz. "el-Mevsuatu'l-Fıkhiyyetu'l-Kuveytiyye", 8/65.
[695] Buhârî, "el-Edebu'l-Müfred", hadis no:25.

ve günah içeren bir şeyi bizlere emrederlerse, bizlerin onlara itaat etmesi asla caiz değildir. Şimdi ana-babaya itaatin caiz olmadığı yerleri zikredelim:

a-) Şirk ve Küfürde İtaat Caiz Değildir

Rabbimiz şöyle buyurur:

"Biz, insana, anne babasına karşı iyi davranmasını emrettik..." "...Bununla beraber, eğer, hakkında hiçbir bilgi sahibi olmadığın bir şeyi bana şirk koşman için seninle mücadele ederlerse, onlara itaat etme. Fakat dünyada onlarla iyi geçin..."
(Lokman, 14, 15)

Bu ayet, ebeveyne itaatin sınırını belirlemektedir. Şöyle ki, eğer onlar çocuklarını şirke ve küfre zorlarlarsa, çocuk onlara asla itaat etmemelidir. *"Şirk koşman için seninle uğraşırlarsa, onlara itaat etme!"* buyruğu bunun açık bir göstergesidir. Mevdûdî der ki:

"Allah'ın yarattıkları arasında anne babanın hakları en üst seviyededir. Fakat anne baba kişiyi şirke zorlarsa, onlara itaat edilmemelidir. Anne baba çocuklarının kendilerine hizmet etme, saygı gösterme ve helal şeylerde itaat etmeleri konusunda mutlak haklara sahiptirler. Fakat onların bir kişiyi körü körüne, gerçeklerden habersiz bir şekilde itaate zorlama hakları yoktur."[696]

Bu gün kimi ana-babalar, çocuklarını tevhid akidesinden ve bu akidenin gerektirdiği esaslardan döndürebilmek için uğraşmakta ve bin bir türlü baskı yoluyla onları şirke zorlamaktadırlar. Bu noktada çocuklara düşen, ana-babalarını güzellikle tevhide davet etmeleri, şayet kabule yanaşmıyorlarsa onları incitmeden gereken tavrı göstermeleridir. Bazı genç kardeşler, tevhidî ve İslamî hakikatleri bilmeyen ebeveynlerine karşı çok sert davranmakta, onları rencide ederek gayri İslamî bir tavır takınmaktadırlar. Böylesi bir hataya düşen genç muvahhitlere, kendileri gibi genç yaşta iman eden Sa'd b. Ebî Vakkas'ın annesi ile arasında geçen şu olayı hatırlatmakta yarar görüyoruz:

Sa'd *radıyallahu anh* der ki:

"Ben anneme son derece itaatkâr bir gençtim. İslam'ı kabul ettiğim vakit annem bana:

— İhdas ettiğin bu din de neyin nesi, ey Sâ'd! Ya bu dini terk edersin ya da ölene dek yiyip-içmeyi bırakırım da, bu nedenle kınanır ve "anne katili" diye itham edilirsin, dedi. Bunun üzerine ben:

---

[696] "Tefhîmu'l-Kur'an", 4/229.

— Anneciğim bunu yapma! Zira ben bu tür şeylerden dolayı dinimi terk etmem, dedim.

Tam bir gün bir gece hiç bir şey yemeden bekledi. Takati kesilmişti. Sonra yine tam bir gün bir gece hiç bir şey yemeden bekledi. Bu durumu görünce anneme:

— Anneciğim! Vallahi biliyorsun ki, yüz tane canın olsa ve hepsi de bu şekilde tek tek çıksa, ben asla dinimi değiştirmem. Dilersen yersin, dilersen aç kalırsın, dedim.

Olayın ciddiyetini anlayan annem yemeye başladı ve bunun üzerine Allah Teâlâ *"Biz, insana, anne babasına karşı iyi davranmasını emrettik..."* (Lokman, 14, 15) ayetlerini indirdi.[697]

Rivayetlerden anlaşıldığına göre Sâ'd *radıyallahu anh* dininden dönmesini emrettiği için annesine itaat etmemiş, ama ona karşı kusurda da bulunmamıştır. Dolayısıyla İslam erlerinin bu sahabîyi kendilerine örnek edinmesi ve şirk hususunda ana-babalarına itaat etmemeleri gerekmektedir.

b-) Günahta İtaat Caiz Değildir

Ebeveyne şirk hususunda itaat etmek caiz olmadığı gibi, haram ve günahlarda itaat etmek de aynı şekilde caiz değildir. Rasûlullah *sallallâhu aleyhi ve sellem* şöyle buyurur:

"Yaratana isyan hususunda hiç bir mahlûka itaat yoktur. İtaat ancak iyi şeylerdedir."[698]

"Hiç bir mahlûka itaat yoktur" ifadesinin içerisine ana-baba da dâhildir. Yani Allah'a isyanı emreden ana-baba bile olsa onlara itaat edilemez.

c-) Farzların Terkinde İtaat Caiz Değildir

Eğer ebeveyn çocuklarına bir farzı terk etmeyi emrediyorsa, çocuk onlara itaat edemez; çünkü farzları terk etmek de masiyet/günah kapsamına girer.[699]

---

[697] "Safvetu't-Tefâsîr", 2/451.
[698] Müslim, Kitabu'l İmara, 40.
[699] Ebu Muhammed el-Makdisî ve beraberindeki ilim ehli âlimlerin oluşturduğu fetva kurulunun vermiş olduğu bir fetvayı burada aktarmanın faydalı olacağını düşünüyoru: Bir genç tevhidî ve cihadî düşüncelerinden dolayı babası tarafından şiddetli baskılara maruz kalır. Öyle ki babası, kendisini birkaç defa hastanelik edecek şekilde döver ve ilim tahsil ettiği sohbet halkalarına gitmeyi yasaklar. Çocukta babasına itaat etmek için sohbetlere katılmayı terk eder ve fetva kuruluna *"Benim bu nedenle sohbetleri terk etmemin hükmü nedir?"* şeklinde bir soru yöneltir. Soruya kurulun verdiği fetva şu şekildedir: "Farz-ı ayn olan ilimleri tahsil etmek senin üzerine farzdır. Aynı şekilde mescidde cemaatle namaz kılman da böyledir. Baban seni bunlardan men ettiği zaman ona itaat edemezsin. Bu görevleri yerine getirebilmek için babana açıkça muhalefet ettiğini göstermeksizin kurnazca davranmalı ve bu görevleri yerine getirmelisin..."

d-) Revâtib Olan Sünnetlerin Tamamen Terkinde İtaat Caiz Değildir

"Revâtib" kelimesi ile kastedilen; belirli vakitler için konulmuş sünnetlerdir. Bayram namazı, kurban ve benzeri ibadetler gibi.[700] Cemaat ile namaz kılmak, sabah namazının sünneti ve vitir namazı gibi şeyler de buna dâhildir. Eğer ebeveyn çocuklarından bu tür ibadetleri sürekli olarak terk etmelerini isterlerse, çocukların onlara itaat etmeleri caiz değildir.[701]

Buraya kadar izah etmeye çalıştığımız maddelerde bir Müslümanın ana-babasına itaat etmesi caiz değildir. Bunun dışında, itaatin caiz olduğu yerlerde –ebeveyn kâfir bile olsa– çocukların onlara itaat etmesi ve rızalarını gözetmesi gereklidir. Bu, İslam'ın bizlerden istediği bir ameldir. Buna muhalefet etmek caiz değildir.

4-) Kâfir Yöneticiye İtaatin Hükmü

İslam, insanlara yaşadıkları coğrafyaya hükmeden yöneticinin durumunu bilmeyi farz kılmıştır. Eğer bu yönetici Müslüman ise ona itaat edip destek vermek; kâfir ise ona isyan edip onu azletmek şer'î bir vecibedir. İmam Ğazalî der ki:

"Halkın, hâkim olan yöneticinin durumunu bilmesi vaciptir"[702]

Küfre girmiş bir yöneticiye itaat edilmesi ittifakla haramdır. Bu itaat bazen haram olabileceği gibi, bazen de küfür olabilir. Bunun hükmünü belirleyen yapılan itaatin nevidir. Eğer itaat haramı helal, helali de haram yapma noktasında ise (bu günün ifadesi ile kanun yaptırmada ise) bu, kesinlikle küfürdür ve sahibini dinden çıkarır. Şayet itaat, kanun yaptırmanın dışında ise o zaman bu da haram ve mubah diye ikiye ayrılır. Meselenin detayını Abdulmun'im şu şekilde izah eder:

"Kâfir ve müşriklere itaatin her türlüsü küfür müdür?" denilse bu soruya şu şekilde cevap veririz: Kâfir ve müşriklere itaat farklı farklıdır. Öyle itaat vardır ki, sahibini dinden çıkarır. Bazısı harama sokar. Bazısı da mubahtır.

a) Dinden Çıkaran İtaat. Bu; şirkte ve Allah'ın haram kıldığı şeyleri helal, helal kıldığı şeyleri de haram kılma hususunda onlara itaat etmende olur. Onlara, şahıslarından dolayı ve falanca oldukları için hak–batıl demeden çıkarmış oldukları tüm kanun ve yasalarda itaat etmen ve onlara göre hareket etmen de aynı kapsamda değerlendirilir. İşte itaatin bu kısmı şirktir ve sahibini dinden çıkarır.

---

[700] Mehmet Erdoğan, "Fıkıh ve Hukuk Terimleri Sözlüğü", sf. 474.
[701] Bkz. "el-Mevsuatu'l-Fıkhiyyetu'l-Kuveytiyye", 8/71.
[702] "el-Mustasfâ", sf. 373.

b) Harama Sokan İtaat. Bu, helal görmeksizin bazı haramları işleme hususunda onlara itaat etmekle olur. Müslüman birisinin, içki içmeye davet ettiği zaman helal görmeksizin bir kâfire itaat etmesi bu kabildendir. İtaatin bu kısmı büyük bir günahtır. Ancak sahibini küfür derecesine götürmez.

c) Mubah Olan İtaat. Bu da, idare ile alakalı sağlık ve benzeri konularda onlara itaat etmekle olur. Trafik kurallarına uyma hususunda onlara itaat etmek bu kapsamda değerlendirilir. İtaatin bu kısmı mubah olduğu gibi –inşâallah– bir günahı da yoktur."[703]

Bu bilgiler ışığında diyoruz ki; bu gün Allah'ın arzında hüküm süren tağutların teşrie yönelik çıkarmış olduğu kanunlara itaat etmek ve onları desteklemek asla caiz değildir. Böylesi bir itaat kişiyi dinden çıkardığı gibi ebedî bir azaba da duçar eder. Bu nedenle küfre girmiş yönetimlere destek vermemeli ve itaatimizi kime yaptığımıza son derece dikkat etmeliyiz.

5-) Kâfirin Velâyeti. Küfre girmiş birisinin bir Müslümanın velisi olması caiz değildir. Ulema, kâfir birisinin Müslümanın velisi olamayacağını şu ayetle delillendirmiştir:

"Allah, mü'minlerin aleyhine kâfirler için asla bir yol vermeyecektir." (Nisa, 141)

Bu ayete binaen bir kâfirin Müslüman bir şahsiyete veli olması ve velayete ehil kabul edilmesi asla caiz değildir. Bu hakikati göz önünde bulunduran âlimler, kâfir bir babanın Müslüman olan kızına veli olamayacağını ifade etmişlerdir. Zira bir kâfir, ancak kendisi gibi bir kâfire veli olabilir. Böylesi birisinin bir mümine veli olması olacak şey değildir. Rabbimiz şöyle buyurur:

"Kâfirler birbirlerinin velileridir." (Enfal, 73)

Yani küfre girmiş birisi, ancak kendisi gibi küfre girmiş birisine veli olabilir. Böylesi bir kimsenin müminlere veli olması ve onların işlerini üstlenmesi caiz değildir. Müminlerin velisi, ancak kendileri gibi iman eden kimselerdir. Rabbimiz şöyle buyurur:

"Mü'min erkeklerle mü'min kadınlar birbirlerinin velîleridirler..." (Tevbe, 71)

Bu gün şirk ve küfür bataklığına bulaşmış babaların, iman etmiş olan kızlarına velilik etmeleri caiz değildir. Bunun neticesi olarak kızlarını diledikleri gibi evlendirmeleri de elbette ki söz konusu olamaz. Böylesi akidevî bir farklılığın olduğunu bilen bacıların, evlilik hususunda kendileri gibi inanan yakınlarını veli tayin etmeleri gerekir. Şirke düşmüş ebeveynlerine velayet hakkı vermeleri caiz değildir. Şayet böylesi bir hata söz konusu

---

[703] "Kava'id fi't-Tekfîr", sf. 190.

olursa, ebeveyn, kızlarını kendileri gibi şirk ehli olan insanlarla evlendirecektir. Bu da hem kız için hem de ebeveyn için sonu hayır getirmeyen birçok probleme kapı aralayacaktır. Bunun önüne geçmek için velayet hakkının tayinine çok dikkat edilmelidir.

Kâfir bir baba nasıl ki Müslüman olan kızını evlendirmeye yetkili değilse, aynı şekilde mümin bir baba da kâfir olan kızını evlendirmeye ve ona velilik etmeye yetkili değildir. Çünkü mümin birisi, ancak kendisi gibi mümin bir şahsiyete velilik edebilir. Aksi caiz değildir.[704]

6-) Kâfirin Nikâhı

Aslen Müslüman olmayıp sonradan İslam'a giren bir kâfirin, küfür halinde iken akdettiği nikâhı Hanefî, Şafiî ve Hanbelîlerin oluşturduğu cumhuru ulema nezdinde sahihtir. Böylesi bir kimseden nikâhını yenilemesi istenmez. İslam'a girmeden önce akdetmiş olduğu nikâhı nasıl yaptığı, İslam'a uygun akdedip-etmediği, sıhhat şartları ve benzeri sorular sorulmaz. Aynı şekilde Müslümanların nikâhında aranan veli, iki şahit, icap-kabul gibi şartların onların nikâhında bulunması da şart değildir. İbn-i Abdilberr *rahmetullâhi aleyh* der ki:

"Müslüman olmayan çift aynı anda İslam'a girdiğinde –eğer aralarında her hangi bir nesep ve sütkardeşliği yoksa– (eski) nikâhı üzere kalacağı hususunda âlimler icma' etmişlerdir. Allah Rasûlü döneminde birçok insan İslam'a girdiği halde Rasûlullah sallâllahu aleyhi ve sellem onların nikâhını olduğu gibi kabul etmiş ve nikâhlarının şart ve keyfiyeti hakkında onlara her hangi bir soru da sormamıştır. Bu, tevatür yoluyla bilinen ve kesinlik kazanmış bir olaydır…"[705]

Bu görüşe sadece Malikîler itiraz etmiş ve kâfirin küfür halinde iken akdettiği nikâhı fasit kabul etmişlerdir; ancak İbn-i Abdilberr *rahmetullâhi aleyh*'in de ifade ettiği gibi Rasûlullah *sallâllahu aleyhi ve sellem*'in döneminde on binlerce insan İslam'a girdiği halde efendimiz onların nikâhlarının şekil ve keyfiyetine dair herhangi bir soru yöneltmemiştir. Bu da –İslam'a göre fasit dahi olsa– Rasûlullah *sallâllahu aleyhi ve sellem*'in onların nikâhını onayladığı ve olduğu gibi kabul ettiği manasına gelir.

Dolayısıyla bu gün de aslen kâfir olan evli bir çift İslam'a girmek istediğinde, üç mezhebin görüşünden hareketle kendilerinden tecdid-i nikâh yapmaları istenmez. Rasûlullah *sallâllahu aleyhi ve sellem*'in izlediği yol gereği eski nikâhlarının bekâsına hükmedilir ve eski nikâhları geçerli kabul edilir.

---

[704] Bu konuda detaylı bilgi için bkz. "el-Mevsuatu'l-Fıkhıyyetu'l-Kuveytiyye", 26/35. "Küfür" maddesi.
[705] İbn-i Abdilberr'in bu kavli için bkz. "el-Mevsuatu'l Fıkhıyyetu'l Kuveytiyye", 35/25.

Burada dikkat edilmesi gereken bir nokta vardır, o da şudur: Bizim burada anlatmaya çalıştığımız hüküm hiç İslam'a girmemiş aslî kâfirler için geçerlidir. Çiftler eğer aslen kâfir değil de, İslam'a girip sonra da çıkmak suretiyle irtidat etmiş kimselerden ise, o zaman üstte zikrettiğimiz hüküm böylelerini kapsamaz. Bunların –tekrar İslam'a girmek istediklerinde– nikâhlarını yeniden kıymaları ve bunu İslamî usullere göre yapmaları gerekir. Allah en iyisini bilendir.

SONSÖZ

Kitabımızı noktalarken bazı hususların altını çizmek istiyoruz:

1) Kitabın yedinci ve sekizinci bölümlerinde yer alan konular tekfirle alakalı bilinmesi gercken önemli konulardan sadece bir kaçıdır. Biz bu konuları sadece tekfir meselesinin ehemmiyetine dikkat çekmek ve okuyucuya bu mevzunun –bazı yazarların iddia ettiği gibi– önemsiz ve boş bir mesele olmadığını gösterebilmek için kaleme aldık. Asıl konumuz tekfirin fıkhî boyutu olmadığı için sözü fazla uzatmayı istemedik; şayet konu hakkında sözü uzatmak isteyip tekfirin fıkhî boyutlarını etraflıca ele almaya kalkış- saydık, hem bu eserin hacmini aşmış, hem de konumuzun dışına çıkmış olurduk. Bu nedenle bazı önemli başlıkları izah etmek suretiyle tekfir konusunun "boş ve anlamsız!" olmadığını okuyucuya anlatmaya çalıştık.

2) Kitabın başından beri okuyucuya vermek istediğimiz mesaj şu iki şeyden müteşekkildir:

a) Allah'a iman edip tağutu reddeden Müslüman kimseleri küfre delaleti kat'î olmayan meselelerde tekfir etmekten uzak durmalıyız. Zira bu, hem bizim işimiz değildir, hem de –sorumlu olmadığımız bir şeyi deruhte etmek suretiyle– altından kalkamayacağımız bir yükün altına girmektir. Bu nedenle günümüzde hararetle tartışılan ve üzerinde muvahhid âlimlerin söz birliği edemediği meselelerde birbirimizi mazur görmeli ve itham türü etik olmayan bazı tavırlardan şiddetle sakınmalıyız. Ancak bununla birlikte Müslüman bir kul –Allah'a, Peygamberlerine veya dinin mukaddes addettiği şeylere sövmek ve onları tahfif etmek gibi– küfre delaleti sarih ve zâhir olan meselelerde bir muhalefete düşerse o zaman o kimsenin tekfiri –gerek âlim olsun gerekse cahil– her Müslüman üzerine şer'î bir vecibedir. Bu noktada –İrcâ ehli hariç– hiçbir kimsenin ihtilaf etmesi düşünülemez. Böylesi hallerde bu ameli işleyenlerin kaçınılmaz olarak küfre girdiğine inanmalı ve anlaşmazlığa düşmemeliyiz.

b) Allah'a şirk koşan müşrik ve kâfirler kimseleri de hiçbir tereddüt duymadan tekfir etmeliyiz. Bu da şu şekilde olmalıdır: Bir kimse –teşride bulunmak, Allah'ın yasalarını hiçe sayarak kanunlar yapmak, bunları korumak, desteklemek ve bekası için mücadele vermek gibi– Kur'an ve Sünnette büyük şirk olduğu bildirilen amelleri hiçbir şüpheye mahal vermeyecek şekilde işliyor ve bu noktadaki ikazları dikkate almıyorsa, onun küfre girdiğini ve Allah'a ortak koştuğunu bilmeliyiz ve bunların hükmüne dair bizden bir şey talep edildiğinde hiç tereddüt etmeden küfürlerine ve şirklerine dair beyanda bulunmalıyız.

İşte bu iki mesele (yani şirkten uzak durmaya çalışan Müslümanları kat'î olmayan bazı meselelerden dolayı tekfir etmekten uzak durmak ve kâfirleri tekfir etmek) baştan beri anlatmaya ve izahını yapmaya çalıştığımız şeydir. Bunu iyi anlamalı ve bu noktada hataya düşmemeliyiz.

İşin aslı tekfir meselesi Türkiyeli Müslümanlar için henüz vuzuha kavuşmamış kapalı konuların başında gelmektedir. Bu nedenle bu ve benzeri konular hakkında etraflıca bilgiye ve gerekli ilmî donanıma sahip olmadan konuşmamak gerekmektedir. Aksi halde bizler için haram olan malları, kanları ve ırzları helal görmek gibi akıbeti hiçte iyi olmayan bir hatanın içine düşebiliriz.

Ümmetin ihtilaf ettiği meselelerde birbirimize rahmet etmeliyiz. Kesin olmayan konularda birbirimizi mazur görmeliyiz. Hele bir de kendisi ile anlaşmazlığa düştüğümüz kimse bizimle aynı akideyi paylaşıyorsa, o zaman rahmet alanını son derece geniş tutmalı ve birbirimizi ithamdan olabildiğince kaçınmalıyız.

Bu yazdıklarım, kendisini Allah'ın dininin bir eri gören her Müslüman için samimiyetle kaleme alınmış nasihatlerdir. Bunlara riayet etmek sureti ile muvahhidlerin kanına girmekten uzak duran birisi, hata etmiş bile olsa Müslümanların kanına giren kimseye nispetle mağfiret edilmeye daha hak sahibidir. Bu noktada hakka isabet eden Allah'a hamd etsin, hataya düşen ise sadece kendisini kınasın.

Dualarımızın sonu âlemlerin Rabbi olan Allah'a hamd etmektir.

Ve sallallahu alâ nebiyyina Muhammed...

Faruk Furkan
20.05.2010
KONYA

الحمد لله رب العالمين

BİBLİYOGRAFYA

1. Kur'n- Kerim.

2. Kütüb-ü Sitte.

3. ABDULBAKİ, Muhammed b. Fuad, *"el-Mu'cemu'l-Müfehres li Elfâzi'l-Kur'ani'l-Kerîm"*, Dâru'l-Marife, Beyrut-1424/2003.

4. ABDULKADİR b. Abdulaziz, *"İman ve Küfür Hükümleri"*, Umde Yayınları, 2007.

5. ABDULLATİF, Abdulaziz b. Muhammed B. Ali, *"el-Hukmu bi Ğayri ma Enzelallâh"*, (www. almaqdese. net).

6. ABDURRAHMAN b. Fuad, *"Kava'id fi't-Tekfir"*,

7. ABDURREZZAK, Ebu Bekr b. Hümam es-San'anî, *"Musannefu Abdirrezzak"*, el-Mektebu'l-İslâmî, Beyrut-1403.

8. AHMED MUHAMMED el-BUKRÎN, *"et-Tekfir Mefhumuhu-Ahtaruhu-Davabituhu"*, (el-Mektebetü'ş-Şâmile içerisinde)

9. ALİ b. Nâyif, *"el-Mufassal fi'r-Reddi alâ Şubuhâti A'dâi'l-İslâm"*, (el-Mektebetü'ş-Şâmile içerisinde)

10. ALÛSÎ, Ebu'l-Fadl Şihabuddin Mahmud, *"Ruhu'l-Me'ânî fî Tefsîri'l-Kur'ani'l-Azîm ve's-Seb'i'l-Mesânî"*, Dâru'l-Fikr, Beyrut-1414/1994.

11. ÂLU'Ş-ŞEYH, Muhammed b. İbrahim, *"Risâletu Tahkîmi'l Kavânîn"*, (Sefer Havâlî şerhiyle birlikte). Daru'l Kelime, Hollanda-1420/1999.

12. ATAR, Fahreddin, *"Fıkıh Usûlü"* İFAV Yayınları-1988.

13. el-AYNÎ, Bedreddin Mahmud b. Ahmed, *"Umdetü'l-Kârî, Şerhu Sahihi'l-Buhârî"*, Hayra Hizmet Kütüphanesi'ndeki nüsha.

14. el-BAĞDÂDÎ, Ebu Mansûr Abdulkahir b. Tahir b. Muhammed, *"el-Fark beyne'l-Firak"*, Dâru'l-Âfâki'l-Cedîde, Beyrut-1977.

15. BEĞAVÎ, Hüseyn b. Mesud, *"Şerhu's-Sünne"*, el-Mektebu'l-İslâmî, Dımeşk-1403/1983. (Şuayb el-Arnavut tahkikiyle); *"Me'âlimu't-Tenzîl"*, Dâru'l-Kütübi'l-İlmiyye", Beyrut-1415/1995. (Hâzin Tefsiri ile beraber).

16. BEYDÂVÎ, Kâdı Nasiruddin Ebi Saîd Abdullah b. Ömer b. Muhammed, *"Envâru't-Tenzîl ve Esrâru't-Te'vîl"* Daru'l Kütübi'l İlmiye baskısı.

17. BEYHAKÎ, Ebu Bekr Ahmed b. el-Huseyn, *"Şuabu'l-Îman"*, Dâru'l-Kütübi'l-İlmiyye", Beyrut- 1410.

18. BİLMEN, Ömer Nasuhi, *" Hukuku İslâmiyye Kamusu"*, Bilmen Yayınları, Fatih/İstanbul, 1967.

19.   BUHÂRÎ, Ebu Abdillah Muhammed b. İsmail, *"el-Edebu'l-Müfred"*, (Tercüme: Ramazan Sönmez), Konevî Yayınları, Konya-2007.

20.   el-CESSÂS, Ebu Bekr Ahmed er-Râzî, *"Ahkâmu'l-Kur'an"*, Dâru'l-Fikr, Beyrut-1414/1993.

21.   DEMİRCAN, Adnan, *"Hz. Peygamber Devrinde Münafıklar"*, Esra Yayınları, Konya, tarihsiz.

22.   DİYANET, *"Türkiye Diyanet Vakfı İslam Ansiklopedisi"*, İstanbul-1988, 2009.

23.   DİYANET, Türkiye Diyanet Vakfı, *"İman ve İbadetler-İlmihal"*, Türkiye Diyanet Vakfı Yayınları, (Yeni Şafak Gazetesi armağanı)

24.   EBU BATÎN, Abdullah b. Abdirrahman b. Abdilaziz, *"el-İntisâr li Hizbillâhi'l-Muvahhidîn ve'r-Reddu alâ men Cadele ani'l-Muşrikîn"*, Dâru Tayba, Riyad-1409/1989.

25.   EBU HANZALA, *"Güncel İtikat Meseleleri"*, yer ve tarih yok.

26.   EBU MUHAMMED, Asım el-Makdisî, *"er-Risâletu's-Selâsîniyye"*,

----, *"Hüsnü'r-Rifâka fi Ecvibeti Suâlâti Ehli Süvâka"*,

----, *"İmtau'n-Nazar fi Keşfi Şubuhati Mürcieti'l-Asr"*, (www. almaqdese. net).

----, *"Otuz Risâle"*, İstikamet Yayınları, İstanbul-2009.

27.   EBU'L-ULÂ, Raşid b. Ebi'l-Ulâ er-Râşid, *"Davabitu Tekfiri'l-Muayyen İnde Şeyhay ibni Teymiyye ve'bni Abdilvehhab ve Ulemai'd-Da'veti'l-Islâhiyye"*, Mektebetü'r-Rüşd, Riyad-1427/2006.

28.   EBU ZEHRA, *"Mezhepler Tarihi"*, (Çeviren: Sibğatullah Kaya), Yeni Şafak Gazetesi, İstanbul. Tarihsiz.

29.   ECE Hüseyin K., *"İslâm'ın Temel Kavramları"*, Beyan Yayınları, İstanbul.

30.   el-ELBÂNÎ, Muhammed Nasiruddin, *"Silsiletu'l-Ehâdîsi's-Sahîha"*, Mektebetü'l-Meârif, Riyad-1415.

----, *"Silsiletu'l-Ehâdîsi'd-Daîfe"*, Mektebetü'l-Meârif, Riyad-1412/1992.

31.   ERDOĞAN, Mehmet, *"İslam Hukukunda Ahkâmın Değişmesi"*, Marmara İlahiyat Yayınları, İstanbul.

----, *"Fıkıh ve hukuk Terimleri Sözlüğü"*, Ensar Neşriyat, İstanbul-2005.

32.   ERYARSOY, M. Beşir *"İman ve Tavır"*, Şafak Yayınları, İstanbul-1993.

33.   el-ESERÎ, Abdullah b. Abdulhamîd, *"el-İman; Hakikatuhu, Havarimuhu ve Nevakiduhu inde Ehli's-Sünne ve'l-Cemaa"*, (el-Mektebetü'ş-Şâmile içerisinde)

34.   el-ESERÎ, Ebu Abdirrahman, *"el Hakku ve'l Yakîn fi Adâveti't-Tuğâti ve'l Mürteddîn min Kelâmi Eimmeti'd-Da'veti'n-Necdiyye"*, (www. almaqdese. net).

35.   el-ESERÎ, Ebu Hümam Bekr b. Abdulaziz, *"el-Kevkebu'd-Durriyyu'l-Munîr fi İbtali Hukni't-Tahdîr an Tekfiri Kulli Hâkimin Kâfirin Şerîr"*, (Ebu Muhammed el-Makdisî takdimi ile) www. almaqdese. net.

36. Ş'ARÎ, Ebu'l-Hasen Ali b. İsmail, *"Makâlâtu'l İslâmiyyîn ve İtilâfu'l-Musallîn"*, Daru İhyâi't-Turâsi'l Arabî, Beyrut. Tarihsiz.

37. FEHD, Abdullah. *"et-Tekfir Hukmuhu-Davabituhu-el ğuluvvu fihi"*, (el-Mektebetü'ş-Şâmile içerisinde)

38. FERİD, Ahmed, *"Cehalet Özürdür Bid'atçi Tekfircilere Reddiye"*, Guraba Yayınları, İstanbul-1996.

39. FURKAN, Faruk, *"Kelime-i Tevhid'in Anlam ve Şartları"*, Konya-2009. Yayınevi adı yok.

40. GADBAN, İbrahim, *"Peygamber Efendimiz (s.a.v.)'den 55 Altın Öğüt, Tercüme-Şerh"*, Konya-2009. yayınevi yok.

41. GEZENLER, Murat, *"İrca Saldırılarına Karşı Şüphelerin Giderilmesi"*, Şehadet Yayınları, Konya-2010;

----, *"İslam Hukuku Açısından Cehalet Özrü"*, Şehadet Yayınları, Konya-2010.

42. GÖLCÜK, Şerafeddin, *"Kelam Tarih-Ekoller-Problemler"*, Tekin Kitabevi, Konya-2001. Beşinci baskı.

43. ĞAZÂLÎ, Ebu Hamid Muhammed b. Muhammed, *"el-Mustasfâ"*, Dâru'l-Kütubi'l-İlmiyye, Beyrut-1413.

44. HALİDÎ, Salah Abdulfettah, *"el-Kabassâtu's-Seniyye min Şerhi'l-Akîdeti't-Tahâviyye"*, Dâru'l-Kalem, Dımeşk, 1421/2000.

45. HATİPOĞLU, Haydar, *"İbn-i Mâce Tercümesi ve Şerhi"*, Kahraman Neşriyat.

46. HAVVA, Said, *"İslam"* Tekin Kitabevi, Konya-1992.

47. HÂZİN, Alâuddin Ali b. Muhammed b. İbrahim el-Bağdâdî, *"Lübâbu't-Te'vîl fi Meâni't-Tenzîl"*, Dâru'l-Kütübi'l-İlmiyye, Beyrut-1415/1995. (Beğavî Tefsiri ile birlikte)

48. HEYET, *"İslam'da İnanç, İbadet ve Günlük Yaşayış Ansiklopedisi"*, İFAV Yayınları, İstanbul-2006. (Gerçek Hayat Dergisi)

49. HEYET, *"el-Mevsû'atu'l-Fıkhıyyet'l-Kuveytiyye"*, Vizâratu'l-Evkâfi ve'ş-Şuûni'l-İslâmiyye, Kuveyt-1427.

50. HEYET, *"Pratik Akaid Dersleri"*, (Çeviri: Beşir Eryarsoy) Ümmülkura Yayınları, İstanbul, 2007.

51. el-HINN, Mustafa Saîd, *"el-Kafî'l-Vâfî fi Usûli'l-Fıkhi'l-İslâmî"*, Müessesetü'r-Risâle, Beyrut-1422/2201.

----, *"el-Akîdetu'l-İslâmiyye Erkânuha-Hakâikuha-Müfsidâtuha"*, Dâru'l-Kelimi't-Tayyib, Dımeşk-1423/2003.

----, *"Nüzhetu'-Müttakîn Şerhu Riyâzi's-Salihîn"*, Müessesetü'r-Risâle, Beyrut-1422/2001.

52. İBN-İ ATİYYE, Ebu Muhammed Abdulhakk b.Ğalib b. Abdirrahman, *"el-Muharraru'l-Vecîz"*, (el-Mektebetü'ş-Şâmile içerisinde)

53. İBN-İ BATTÂL, Ebu'l-Hasen Ali b. Halef b. Abdilmelik b. Battâl, *"Şerhu Sahihi'l-*

Buhârî", Mektebetü'r-Rüşd, Riyad-1423/2003.

54. İBN-İ CEVZÎ, Ebu'l-Ferec Cemaluddin Abdurrahman b. Ali b. Muhammed, *"Zâdu'l-Mesîr fî İlmi't-Tefsîr"*, el-Mektebu'l-İslâmî-Dâru İbn-i Hazm, Beyrut-1423/2002.

55. İBN-İ EBİ'L-İZZ, el-HANEFÎ, *"Şerhu'l-Akideti't-Tahâviyye"* el-Mektebu'l-İslâmî, Beyrut-1408/1988.

56. İBN-İ EBİ ŞEYBE, Ebu Bekr Abdullah b. Muhammed *"Musannefu İbni Ebi Şeybe"*, (el-Mektebetü'ş-Şâmile içerisinde)

57. İBN-İ ESÎR, Mecduddin Ebu's-Saadât el-Mubarek b. Muhammed el-Cezerî, *"Camiu'l-Usûl fî Ehâdîsi'r-Rasûl"*, Mektebetu'l-Halvânî, 1389/1969.

58. İBN-İ HACER, Ebu'l-Fadl Ahmed b. Ali el-Askalânî, *"Fethu'l-Bârî bi Şerhi Sahîhi'l-Buhârî"*, Mektebetu Mısr-1421/2001.

----, *"Fethu'l-Bârî Tercümesi"* Polen Yayınları, İstanbul 2006/2008.

59. İBN-İ HAZM, Ali b. Ahmed b. Saîd, *"el-Fisal fî'l-Mileli ve'l-Ehvâi ve'n-Nihal"*, Mektebetü'l Hancî, Kahire.

60. İBN-İ HİŞÂM, Abdulmelik b. Hişam b. Eyyub, *"es-Siyretü'n-Nebeviyye"*, Dâru'l-Ceyl, 1411.

61. İBN-İ İSHAK, *"Siyretu İbn-i İshak"*, (Mektebetü'ş-Şâmile içerisinde).

62. İBN-İ KAYYIM, Şemsuddin Ebi Abdillah Muhammed b. Ebi Bekr ed-Dimeşkî, *"Zâdu'l-Meâd fî Hedyi Hayri'l-İbâd"* (Şuayb ve Abdulkadir el-Arnavut tahkikiyle), Müessesetü'r-Risâle, Beyrut-1424/2003.

63. İBN-İ KESÎR, Ebu'l-Fidâ İsmail b. Kesir, *"es-Siyretü'n-Nebeviyye"*;

----, *"el-Bidâye ne'n-Nihâye"* (Mektebetü'ş-Şâmile içerisinde);

----, *"Tefsiru'l-Kur'ani'l-Azîm"* Dâru's-Selam, Riyad-Dâru'l-Fayhâ, Dımeşk-1418/1998.

64. İBN-İ KUDÂME, Muvafikuddin Abdullah b. Ahmed b. Muhammed el-Makdisî, *"el-Muğnî"*, (el-Mektebetü'ş-Şâmile içerisinde).

65. İBN-İ MANZÛR, Ebu'l-Fadl Cemaluddin Muhammed b. Mukerrem b. Ali b. Ahmed *"Lisânu'l-Arab"* Dâru Sâdır, Beyrut. Tarihsiz.

66. İBN-İ RECEB, Zeynuddin Ebi'l-Ferec Abdurrahman b. Şihabiddin b. Ahmed, *"Camiu'l-Ulûmi ve'l-Hikem"*, Dâru'l-Vefâ, 1419/1998.

67. İBN-İ TEYMİYYE, Takiyyuddin Ebu'l-Abbas Ahmed b. Abdulhalim, *"Mecmuu'l-Fetâvâ"* Dâru'l-Vefâ, 1926/2005.

----, *"es-Sârimu'l-Meslûl alâ Şatimi'r-Rasûl"*, Dâru İbn-i Hazm, Beyrut-1417.

----, *"Ref'u'l-Melâm an Eimmeti'l-A'lâm"*, el-Mektebetu'l-Asriyye, Beyrut.

68. İSLAMOĞLU Mustafa, *"Ayetler Işığında"*, Düşün Yayıncılık, İstanbul-2006.

----, *"İman"*, Düşün Yayıncılık, İstanbul-1995.

69. el-KADI, Ebu'l-Fadl Iyaz b. Musa el-Yahsûbî, *"eş-Şifâ bi Ta'rifi Hukuki'l-Mustafa"*,

Mektebetü'l Ğazalî, Dımeşk-1420/2000.

70. KAHTÂNÎ, Muhammed b. Saîd, *"el-Velâu ve'l-Berâu fi'l-İslâm"*, (Mektebetü'ş-Şâmile içerisinde).

71. KALKAN, Ahmed, *"Dâru'l Harp mi Dâru'l Harap mı?"* Beka Yayınları, İstanbul-2008.

72. el-KARADAVÎ Yusuf, *"Tekfirde Aşırılık"*, Ağaç Yayınları, İstanbul-2006;

----, *"İslam'da Helal ve Haram"*, Hilal Yayınları, İstanbul-Tarihsiz;

----, *"es-Sünnetü ve'l-Bid'a"*, Müessesetü'r-Risâle, Beyrut-1425/2004.

73. KARAKAYA, Hasan *"Fıkıh Usulü"*, Buruc Yayınları, İstanbul-1998.

74. KARAMAN, Hayreddin, *"Günlük Hayatımızda Helaller ve Haramlar"*, İz Yayıncılık, İstanbul-2006.

75. el-KÂRÎ, ALİ b. Sultan Muhammed, *"Şerhu Kitabi'l-Fıkhi'l-Ekber"*, Dâru'l-Kütübi'l-İlmiyye, Beyrut. *"Fıkh-ı Ekber Şerhi"*, Çağrı Yayınları, İstanbul.

76. KASIMÎ, Cemaleddin *"Tefsir İlminin Temel Meseleleri"*, İz Yayıncılık, İstanbul-1990.

77. el-KURTUBÎ, Ebu Abdillah Muhammed b. Ahmed el-Ensârî, *"el-Cami' li Ahkâmi'l-Kur'an"*, Dâru'l-Fikr, Beyrut-1422/2002.

78. KUDÂÎ, Ebu Abdillah Muhammed b. Selame, *"Müsned-i Şihâb"*, Armağan Kitaplar, Konya-2009.

79. KUTUB, Seyyid, *"Fi Zilâli'l-Kur'an"*, Daru'ş-Şurûk, Kahire-1408/1987.

80. el-MAĞRİBÎ, Ali Abdulfettah, *"el-Firaku'l-Kelâmiyyetu'l-İslâmiyye"*, Mektebetu Vehbe, Kahire-1415/1995.

81. MEVDÛDÎ, Ebu'l-A'lâ, *"Fetvâlar"*, Nehir Yayınları, İstanbul-1992. *"Tefhimu'l-Kur'an"*, İnsan Yayınları, İstanbul-1997.

82. MUKÂTİL b. Süleyman, Ebu'l-Hasen el-Ezdî, *"Tefsiru Mukatil b. Süleyman"* Dâru'l-Kütübi'l-İlmiyye, Beyrut-1424/2003.

83. el-MÜNECCİD, Salih, *"Şirkten Korunmak"*, Polen Yayınları, İstanbul.

84. el-MÜTTAKÎ, Ali b. Husmuddin el-Hindî, *"Kenzu'l-Ummal fi Süneni'l-Akvâli ve'l-Ef'âl"*, (el-Mektebetü'ş-Şâmile içerisinde).

85. en-NEVEVÎ, Ebu Zekeriya Muhyiddin Yahya b. Şeref, *"Şerhu Sahîhi Müslim"* Dâru'l-Menâr, Kahire-1423/2003.

----, *"el-Mecmu' Şerhu'l-Mühezzeb"*, (Mektebetü'ş-Şâmile içerisinde).

86. PALEVÎ, Abdullah, *"İstismar Edilen Kavramlar"*. Yayınevi ve tarih yok

87. er-RÂZÎ, Fahruddin Muhammed b. Ömer, *"Mefatîhu'l-Ğayb"*, Daru'l-Kütübi'l-İlmiye, Beyrut-1421/2000. *"Tefsir-i Kebîr"*, Huzur Yayınevi, Ankara-1988.

88. es-SABÛNÎ, Muhammed Ali, *"Tefsiru Ayâti'l Ahkâm"*, Dâru'l-Kütübi'l-İlmiyye, Beyrut-1420/1999.

----, *"Safvetu't-Tefâsîr"*, Dersaadet Kitabevi, İstanbul, tarihsiz.

89.   es-SABÛNÎ, Nureddin Ahmed b. Mahmud b. Ebi Bekr, *"el-Bidâye fi Usuli'd-Dîn"*, Diyanet İşleri Başkanlığı yayınları, Ankara-2005.

90.   es-SAKKÂF, Ulvî, *"et-Tevessut ve'l-İktisâd fi enne'l-Küfra Yekûnu bi'l-Kavli ve'l-Fi'li evi'l-İ'tikâd"* (el-Mektebetü'ş-Şâmile içerisinde)

91.   SAMARRÂÎ, N. Abdurrezzak. *"Dünden Bügüne Tekfir Olayı"*, Vahdet Kitap Kulubü, İstanbul-1990.

92.   es-SERAHSÎ, Muhammed b. Ahmed b. Ebi Sehl Şemsi'l-Eimme, *"Şerhu's-Siyeri'l-Kebîr"*, (Mektebetü'ş-Şâmile içerisinde).

93.   es-SUAYDÂN, Velid b. Raşid b. Abdulaziz, *"el-İcmau'l-Akdî"*, (el-Mektebetü'ş-Şâmile içerisinde)

94.   es-SUBKÎ, Ebu'l-Hasen Takiyyudddin Ali b. Abdilkâfi, *"Fetâvâ's-Subki"* (el-Mektebetü'ş Şâmile içerisinde)

95.   ŞABAN, Zekiyyuddin, *"İslam Hukuk İlminin Esasları"* Tercüme: İbrahim Kâfi Dönmez, Diyanet Vakfi Yayınları, Ankara-1996.

96.   eş-ŞAFİÎ, Muhammed b. İdris, *"el-Ümm"*, Dâru'l-Marife, Beyrut-1393.

97.   ŞAMİL, *"İslam Ansiklopedisi"*, Akit Gazetesi, İstanbul-2000.

98.   eş-ŞANKÎTÎ, Muhammed b. Muhammed el-Muhtâr, *"Şerhu Zâdi'l-Müstekni'"* (el-Mektebetü'ş-Şâmile içerisinde)

99.   eş-ŞÂŞÎ, Seyfuddin Ebu Bekr Muhammed b. Ahmed, *"Hilyetu'l-Ulema fi Marifeti Mezâhibi'l-Fukahâ"*, Müessesetü'r-Risâle, Beyrut-1980.

100.   eş-ŞEHRİSTÂNÎ, Muhammed b. Abdulkerim, *"el-Milel ve'n-Nihal"*, Dâru'l-Marife, Beyrut-1404.

101.   eş-ŞEVKÂNÎ, Muhammed b. Ali b. Muhammed *"es-Seylü'l Cerrâr'ul-Mütedeffik alâ Hadâiki'l Ezhâr"* Dâru İbn-i Hazm, birinci baskı;

----, *"Fethu'l-Kadîri'l-Camiu beyne Fenneyi'r-Rivâyeti ve'd-Dirâyeti min İlmi't-Tefsîr"*, (el-Mektebetü'ş-Şâmile içerisinde).

102.   et-TABERÎ, Muhammed b. Cerîr b. Yezîd b. Kesîr, *"Camiu'l-Beyân fi Te'vîli Âyi'l-Kur'an"*, Müessesetü'r-Risâle, Beyrut-1420/2000.

103.   TAHÂVÎ, Ebu Cafer Ahmed b. Muhammed b. Selame, *"Şerhu Me'âni'l-Âsâr"*, (Hadislerle İslam Fıkhı), Kitabî Yayınları, İstanbul-1428/2007.

104.   et-TARTÛSÎ, Ebu Basîr, Abdulmun'im Mustafa Halime, *"Kava'id fi't-Tekfîr"*,

----, *"el-İntisâr li Ehli't-Tevhîd ve'r-Reddu alâ men Câdele ani't-Tevâğît"* (www.AbuBasaer.bizland).

----, *"Dinden Çıkaran Ameller"*, Şehadet Yayınları.

105.   TOPRAK, Süleyman, *"Kelam Tarih-Ekoller-Problemler"*, Tekin Kitabevi, Konya-2001. Beşinci baskı.

106. USEYMÎN, Muhammed b. Salih b. Muhammed, *"eş-Şerhu'l-Mumti' alâ Zâdi'l-Müstakni'"*, Dâru İbni'l Cevzî, 1422-1428.

107. YENİEL, Necati, *"Ebu Davud Terceme ve Şerhi"*, Şamil Yayınevi, İstanbul-1987.

108. YUNUS, Hüseyin, *"Tekfir Meselesi"*, Ahenk Yayınevi, Van, Tarihsiz.

109. ZEYDÂN, Abdulkerim, *"el-Vecîz fî Şerhi'l-Kavâ'idi'l-Fıhkiyye"*, Müessesetü'r-Risâle, Beyrut-1424/2003.

----, *"el-Vecîz fî Usûli'l-Fıkh"*, Müessesetü'r-Risâle, Beyrut-1423-2002.

----, *"Fıkıh Usûlü"*, iFAV Yayınları, İstanbul-1993.

110. ez-ZUHAYLÎ, Vehbe, *"el-Fıkhu'l-İslâmî ve Edilletuhu"*, (el-Mektebetü'ş-Şâmile içerisinde);

----, *"Usulu'l-Fıkhi'l-İslamî"*, Daru'l-Fikri'l-Muasır, Beyrut.